D1935530

hessen
ARCHÄOLOGIE

hessen
ARCHÄOLOGIE

Jahrbuch für Archäologie und Paläontologie in Hessen

Sonderband 5

hessenARCHÄOLOGIE

des Landesamtes für Denkmalpflege Hessen

In Kommission bei
THEISS

Iucundi acti labores*

Festschrift für Egon Schallmayer
anlässlich des 65. Geburtstags

Herausgegeben von Udo Recker

Bibliografische Information der Deutschen Nationalbibliothek
Die Deutsche Nationalbibliothek verzeichnet diese Publikation
in der Deutschen Nationalbiografie; detaillierte bibliografische Daten
sind im Internet über http://dnb.d-nb.de abrufbar

Umschlagbild:
Rechts: Blick auf das Haupttor des Römerkastells Saalburg. – Foto: Römerkastell Saalburg.
Links: Porträtbüste des Trajan aus der Sammlung Clarke im Römerkastell Saalburg. – Foto: J. Bahlo.

Foto auf Seite 9: B. Steinbring, hA.

* „Angenehm sind die erledigten Arbeiten“ (nach *Cicero, de finibus 2,105*)

© Landesamt für Denkmalpflege Hessen, Wiesbaden
Alle Rechte vorbehalten

In Kommission bei Konrad Theiss Verlag, Darmstadt 2017
Schriftleitung: Stefan Thörle
Redaktion: Petra Hanauska, KAL, und Stefan Thörle, hA
Typografie: rjm medienservice GmbH, Lampertheim
Umschlaggestaltung: rjm medienservice GmbH, Lampertheim
Druck und Bindung: Druckerei Chmierlotz GmbH, Wiesbaden
Printed in Germany

ISBN 978-3-8062-3606-4

Inhalt

Zum Geleit

Udo Recker

Eine Festschrift ist stets mit einem besonderen Ereignis, einem Jubiläum, etwa einem runden Geburtstag oder – im Fall einer Person – mit dem Eintritt in den Ruhestand, verbunden. Im Fall von Prof. Dr. Egon Schallmayer kommen mehrere Beweggründe zugleich zum Tragen: das vorzeitige Ende einer Ära durch den selbst gewählten Rückzug aus den Ämtern des hessischen Landesarchäologen und des Saalburgdirektors zur Mitte des Jahres 2013 (Altersteilzeit), der 65. Geburtstag Ende September 2016 und schließlich der Eintritt in den Ruhestand im Frühjahr 2017. Somit bestehen also genügend Anlässe für Kolleginnen und Kollegen, Mitarbeiterinnen und Mitarbeiter, Wegbegleiterinnen und Wegbegleiter sowie Freundinnen und Freunde, den Kollegen, den Vorgesetzten, den Wissenschaftler oder einfach auch den Menschen Egon Schallmayer mit einem Beitrag in einer Festschrift zu ehren.

Der Jubilar hat fast zwei Jahrzehnte meines beruflichen Lebens in unterschiedlichen Positionen begleitet und so fällt mir die dankbare Aufgabe zu, dieser Festgabe für meinen langjährigen Vorgesetzten, Amtsvorgänger und Kollegen die passenden Worte zum Geleit voranzustellen. Diese Aufgabe habe ich gerne übernommen, wenngleich mir bewusst ist, dass es kaum möglich ist, dem Wirken Egon Schallmayers im Rahmen einiger weniger Zeilen gerecht zu werden. Was immer ich an dieser Stelle erwähne, es in den Vordergrund stelle oder es auch unterlasse, es wird Wegbegleiterinnen und Wegbegleiter des Jubilars geben, die sagen, warum hat er gerade dieses betont und nicht jenes, warum hat er eben dieses ausgelassen und nicht jenes.

Die berufsbiografischen Daten sind schnell zusammengefasst: Vom August 1973 bis Oktober 1974 leistete Egon Schallmayer als erster Zivildienstleistender in der Archäologischen Denkmalpflege Hessens seinen Ersatzdienst in der Außenstelle Darmstadt ab. Dem Studium der Provinzialrömischen Archäologie, der Vor- und Frühgeschichte, der Mittelalterlichen Geschichte und der Germanistik in den Jahren 1973 und 1974–1979 an der Johann Wolfgang Goethe-Universität Frankfurt a. M. folgten im Wesentlichen zwei große Abschnitte mit unterschiedlichen regionalen Schwerpunkten. Da ist zunächst die Tätigkeit in der Archäologischen Denkmalpflege des damaligen Landesdenkmalamtes Baden-Württemberg zwischen 1979 und 1995, zuletzt als Gebietsreferent und Oberkonservator für die Archäologische Denkmalpflege im Regierungsbezirk Karlsruhe. 1995 wechselte Egon Schallmayer in seine hessische Heimat, wo er zunächst zum Direktor des Saalburgmuseums in Bad Homburg v. d. H. ernannt wurde, bevor er im Jahr 2001 in Personalunion als Landesarchäologe von Hessen zusätzlich die Leitung der damaligen Abteilung „Archäologische und Paläontologische Denkmalpflege" des Landesamtes für Denkmalpflege Hessen mit Sitz in Wiesbaden übernahm. Nach nicht ganz 18 Dienstjahren in Hessen verabschiedete sich der Jubilar zur Jahreshälfte 2013 aus dem aktiven Dienst in den Vorruhestand.

Als Direktor des Saalburgmuseums und Landesarchäologe war Egon Schallmayer nicht nur Herausgeber bereits altbewährter Schriftenreihen und Zeitschriften (etwa Saalburg-Jahrbuch, Fundberichte aus Hessen, Materialien zur Vor- und Frühgeschichte von Hessen, Archäologische/Paläontologische Denkmäler in Hessen), sondern darüber hinaus auch Initiator der „Saalburg-Schriften" (1995), des populärwissenschaftlichen Jahrbuches „hessenARCHÄOLOGIE" (2002) und der Broschürenreihe „Themen der hessenARCHÄOLOGIE" (2005) und „Reanimator" der Beihefte der Fundberichte aus Hessen (2005). Des Weiteren war er als Vorstandsmitglied des Verbandes der Landesarchäologen in der Bundesrepublik Deutschland e. V. zwischen 2003 und 2012 Mitherausgeber der populärwissenschaftlichen Zeitschrift „Archäologie in Deutschland".

Von 1995–2001 saß er dem West- und Süddeutschen Verband für Altertumsforschung e. V. vor. Gleichzeitig war er Mitglied des Präsidiums der Deutschen Altertumsverbände. 1996 wurde er in die Hessische Historische Kommission Darmstadt berufen. Von 1997 bis 2000 gehörte er dem Wissenschaftlichen Beirat zur Einrichtung des Museums der Varusschlacht in Kalkriese bei Osnabrück an. Im Jahr 2000 wurde er zunächst Mitglied des Beirats zur Geschichtlichen Landeskunde Hessens und später auch des wissenschaftlichen Beirats zur Einrichtung des Regionalmuseums im Archäologischen Park Xanten. Zwischen 2003 und 2012 war er stellvertretender Vorsitzender des Verbandes der Landesarchäologen in der Bundesrepublik Deutschland e. V. (VLA). Im Jahr 2003 gehörte er darüber hinaus zu den Gründungsmitgliedern der Deutschen Limeskommission und avancierte später zu deren stellvertretendem Vorsitzenden. Er ist korrespondierendes Mitglied der Römisch-Germanischen Kommission des Deutschen Archäologischen Instituts (DAI) und ordentliches Mitglied desselben.

Zwischen 1983 und 1990 nahm er Lehraufträge an der Ruprecht-Karls-Universität Heidelberg wahr, ebenso 1996 an der Johann Wolfgang Goethe-Universität Frankfurt a. M. sowie 2002/03 an der Philipps-Universität Marburg. Seit dem Wintersemester 1999/2000 bekleidet er eine Honorarprofessur am Archäologischen Institut der Universität zu Köln.

Egon Schallmayer wurde mehrfach für sein wissenschaftliches Wirken und sein Engagement im Kulturbereich ausgezeichnet. Im Jahr 1985 erhielt er als erster Preisträger den ältesten Archäologiepreis in der Bundesrepublik Deutschland, den Eduard-Anthes-Preis. 2005 wurde er mit dem „Saalburgpreis für Geschichts- und Heimatpflege des Hochtaunuskreises“ bedacht. 2011 würdigte die damalige Hessische Staatsministerin für Wissenschaft und Kunst, Eva Kühne-Hörmann, seine Verdienste um das kulturelle Erbe des Landes Hessen mit der Verleihung der Goethe-Plakette.

Aber sind mit diesen Eckdaten die Person Egon Schallmayer und sein Wirken adäquat beschrieben? Aus wissenschaftlicher Sicht zählt der Jubilar zur Gruppe international ausgewiesener Experten auf dem Gebiet der Provinzialrömischen Archäologie und insbesondere der Limesforschung. Als Initiator oder Mitarbeiter war er an verschiedenen Forschungsvorhaben wie der Erstellung eines Corpus der römischen Amphoren hispanischer Herkunft aus Deutschland (spanisch-deutsches Kulturabkommen zwischen der Universidad Complutense, Madrid, und der Abteilung Archäologische Denkmalpflege des Landesdenkmalamtes Baden-Württemberg) oder der wissenschaftlichen Bearbeitung des Beneficiarier-Weihebezirks von Osterburken (Neckar-Odenwald-Kreis) unter Berückichtigung aller epigrafischen und archäologischen Zeugnisse der Beneficiarier im Imperium Romanum (Projektförderung durch die Deutsche Forschungsgemeinschaft) beteiligt. Auf ihn geht auch die Abfassung des sog. Limesentwicklungsplans Hessen zurück, in welchem alle relevanten Teile des Denkmals erfasst und beschrieben sind sowie Überlegungen zum künftigen Umgang mit dem 2005 zum UNESCO-Weltkulturerbe erhobenen Abschnitt der ehemaligen römischen Reichsgrenze in Hessen niedergelegt sind.

Aber auch jenseits der fachlichen Spezialisierung tat sich Egon Schallmayer bei Kulturprojekten wie den sog. ökologisch-kulturhistorischen Erlebnisschneisen im Regionalpark Rhein-Main (Projekt im Rahmen des Interreg-IC-Europa-Programms, 1999/2000) oder der Keltenstraße (Projekt der Hessischen Kultur-GmbH im Auftrag des Hessischen Ministeriums für Wissenschaft und Kunst, 2000) hervor.

Der Jubilar blieb stets seiner südhessischen Heimat eng verbunden und so kann es nicht verwundern, dass er neben zahlreichen archäologischen Ausgrabungen in Rödermark–Ober-Roden auch für die Konzeption von Kulturentwicklungsplänen der Stadt Rödermark (seit 1991), die Dokumentation der Geschichte des Dritten Reichs in Ober-Roden und Urberach (1990–1998) oder auch den ökologisch-kulturhistorischen Erlebnispfad „Auf der Bulau“ bei Rödermark-Urberach (1999) verantwortlich zeichnet.

Als Museumsdirektor hat er das Kastell Saalburg „entstaubt“, es durch ein vielfältiges Veranstaltungsprogramm und eine umfassende Öffentlichkeitsarbeit einem weitgefächerten Publikum (wieder) bekannt und interessant gemacht. In die Zeit seines Direktorats datieren millionenschwere Investitionen des Bundes und des Landes (Kulturinvestitionsprogramm) in den Erhalt der wilhelminischen Bausubstanz sowie in den Ausbau des Kastells zum Archäologischen Park. Zwischen 1995 und 1999 wurden museale Bereiche wie das *contubernium* (Mannschaftsunterkunft), die *aedes principiorum* (Fahnenheiligtum), das *aerarium* (Truppenkasse im Keller des Fahnenheiligtums) und die *taberna* (Museumscafe) ausgebaut, aber auch das Institutsgebäude umgestaltet. Für die Zeit nach 2000 sind v. a. die Erweiterung des Institutsgebäudes, die Errichtung der *fabrica* (Werkstattgebäude), die für Ausstellungen und museumspädagogische Zwecke ebenso genutzt werden kann wie für andere Veranstaltungen, sowie die Rekonstruktion der sog. Streifenhäuser im Bereich des ehemaligen *vicus* (Zivilsiedlung) des Kastells zu nennen, in denen heute das Zentrale Limesinformationszentrum Hessen, der neu geschaffene Museumsshop und der Kassenbereich untergebracht sind.

Im Zuge der Bemühungen um die Aufnahme des Obergermanisch-Raetischen Limes in die Liste der UNESCO-Weltkulturerbestätten gelang es Egon Schallmayer, den Sitz der Geschäftsführung der Deutschen Limeskommission nach Hessen zu holen, der seitdem in den Räumlichkeiten der Saalburg untergebracht ist. Heute ist die Saalburg als Teil der multinationalen UNESCO-Welterbestätte Frontiers of the Roman Empire (Obergermanisch-Raetischer Limes in Deutschland) und des Archäologischen Landesmuseums Hessen eine Kultur-Destination ersten Ranges, deren Sammlungsbestände einem europäischen Vergleich standhalten.

Ein zweiter Standort des Archäologischen Landesmuseums Hessen und zugleich ein weiteres museales Highlight Hessens ist ohne Frage das 2011 eröffnete Museum der „Keltenwelt am Glauberg“, zu der auch ein Archäologischer Park und ein Forschungszentrum gehören. Egon Schallmayer begleitete als Landesarchäologe die Museumspläne der Landesregierung, die nach langwierigen Diskussionen schließlich zum Bau des zwischenzeitlich preisgekrönten Museumsgebäudes führten. Im Jahr 2011 wurden das Museum und der rekonstruierte Grabhügel-Prozessionsstraßen-Komplex eröffnet.

Ganz wesentliche Veränderungen, die über sein Dienstende hinaus nachwirken, bewirkte der Jubilar in seiner Funktion als hessischer Landesarchäologe.

Sein Dienstantritt war mit einer umfassenden konzeptionellen Neuaufstellung der Landesarchäologie verbunden. Dazu legte er unter der Überschrift „**hessen**ARCHÄOLOGIE**21.**“ ein ganzheitliches Konzept vor, in dem er sein Verständnis einer die gesamte inhaltliche Breite des Faches abdeckende Landesarchäologie und deren Verhältnis etwa zu

Universitäten, Forschungseinrichtungen und Museen skizzierte. Bis heute ist sein Wirken in Fachkreisen wie in der öffentlichen Wahrnehmung weit über die hessischen Grenzen hinaus mit der Wortmarke **hessen**ARCHÄOLOGIE verbunden.

Zum Zeitpunkt der Übernahme der Amtsgeschäfte befand sich die hessische Landesarchäologie in keinem guten Zustand. Finanziell wie personell unterbesetzt und konzeptionell schlecht aufgestellt, wurde diese im Verwaltungsalltag und im Kulturleben eines wirtschaftlich starken und kulturell bedeutenden Landes wie Hessen kaum wahrgenommen. Die Folgen für den Bestand an und die Pflege von Bodendenkmälern in Hessen waren dramatisch. Entgegen der Stellung bedeutender hessischer archäologischer Universitätsinstitute wie Marburg, die im Fach Vor- und Frühgeschichte eine eigene Schule geprägt haben, trug die Landesarchäologie bis dahin trotz ihres gesetzlichen Forschungsauftrags kaum zur archäologischen Landesforschung bei und blieb auf einige wenige, zeitlich eng gefasste Beiträge beschränkt. Trotz Neuaufstellung wirken die erkannten und benannten Versäumnisse der 1970er- und 1980er-Jahre bis heute nach. Darüber können auch einzelne bedeutende Funde nicht hinwegtäuschen. Die hessische Bodendenkmalpflege war zu Beginn des 21. Jahrhunderts in der Fläche nicht präsent. Aber auch innerhalb des 1974 gegründeten Landesamtes für Denkmalpflege Hessen war man trotz inhaltlicher Überschneidungen bis dato von einem gleichberechtigten Neben- oder gar Miteinander von Bodendenkmalpflege einerseits sowie Bau- und Kunstdenkmalpflege andererseits weit entfernt.

Dem setzte der Jubilar eine klare inhaltliche Programmatik, ein Beharren auf eine konsequente Gleichbehandlung beider Abteilungen des Landesamtes für Denkmalpflege, das Bemühen um eine strikte Umsetzung des Hessischen Denkmalschutzgesetzes in allen relevanten Planverfahren und eine konsequente Öffentlichkeitsarbeit entgegen. Dies zeitigte trotz vielfältiger hausinterner Probleme und Auseinandersetzungen mit Verwaltungen, Investoren und sonstigen Dritten im alltäglichen Geschäft der Bodendenkmalpflege recht bald erste Erfolge. Natürlich wären diese nicht ohne die tatkräftige Unterstützung der Kolleginnen und Kollegen der hessenARCHÄOLOGIE sowie der im Jahr 2003 eingegliederten Mitarbeiterinnen und Mitarbeiter des vormaligen Instituts der Kommission für Archäologische Landesforschung in Hessen (KAL) möglich gewesen. Es entsprach Egon Schallmayers Führungsstil und ist seinem Weitsinn zuzuschreiben, dass er seine „Leute“ in der Bodendenkmalpflege im Rahmen der Agenda **hessen**ARCHÄOLOGIE**21.** möglichst frei agieren ließ. Auch dies war ein ganz wesentlicher Erfolgsgarant, sodass sich die Landesarchäologie, die alsbald unter dem Namen hessenARCHÄOLOGIE firmierte, innerhalb weniger Jahre zu einem verlässlichen Partner (Planungssicherheit) und regionalen Wirtschaftsfaktor (Reinvestment eingeworbener Drittmittel im Zuge von archäologischen Untersuchungen in ganz Hessen) entwickelte. In Spitzenzeiten beschäftigte die hessenARCHÄOLOGIE zeitlich befristet mehr als dreimal so viele Grabungsmitarbeiterinnen und -mitarbeiter als sie über unbefristet angestelltes Personal in der Bodendenkmalpflege verfügte. Dabei wurde mitunter ein jährliches Finanzvolumen im Millionenbereich umgesetzt, das weit über dem finanziellen Engagement des Landes lag. Entsprechende Investitionen in archäologische Grabungen, die wissenschaftliche Dokumentation und/oder Rettung des archäologischen Erbes waren bis dahin in der hessischen Landesarchäologie unvorstellbar gewesen. Nicht verhindern konnte der Jubilar hingegen die drastischen finanziellen und personellen Einschnitte im Zuge der „Operation sichere Zukunft“, mit der Einsparungen im Landeshaushalt im Volumen von 1,03 Milliarden Euro erzielt werden sollten. In seinen strategischen Überlegungen und organisatorischen Ansätzen ging Egon Schallmayer oftmals immer noch einen Schritt weiter und testete so konsequent aus, wie weit er gehen konnte. In den letzten Jahren seiner Amtszeit gelang es ihm auf diese Weise, eine verwaltungs- und finanztechnisch nahezu autarke Stellung der hessenARCHÄOLOGIE innerhalb des Landesamtes für Denkmalpflege Hessen zu erreichen.

Gestatten sie mir zum Abschluss ein persönliches Wort. Egon Schallmayer war für mehr als ein Jahrzehnt das Gesicht der hessenARCHAEOLOGIE. Er hat in seinem beruflichen Wirken wichtige Weichen gestellt, manches ist ihm auch nicht geglückt, aber v. a. hat er die ein Schattendasein führende Landesarchäologie Hessens nach 2001 wiederbelebt. Er hat immer wieder die gesellschaftspolitische Bedeutung der Archäologie im Allgemeinen hervorgehoben und ihre identitätsstiftenden Impulse für das in seinen heutigen Grenzen erst nach 1945 entstandene Bundesland Hessen im Speziellen betont. Er hat die Grundlagen dafür geschaffen, dass die hessenARCHÄOLOGIE heute als Garant für ein sachgerechtes bodendenkmalpflegerisches Handeln in Hessen anerkannt wird und im neustrukturierten Landesamt für Denkmalpflege Hessen auf Augenhöhe mit der Bau- und Kunstdenkmalpflege agiert. Dafür gebührt ihm große Anerkennung und aufrichtiger Dank.

Vita Prof. Dr. Egon Schallmayer

zusammengestellt
von Eveline Grönke

Ausbildung

April 1964–Juni 1967
Realschule Dieburg

September 1967–November 1969
Berufsschule Obertshausen

Oktober 1969–Januar 1973
Abendgymnasium Darmstadt

September 1967–November 1969
Lehre zum Bankkaufmann an der Rodgau Bank eG, Rodgau

August 1973–Oktober 1974
Zivildienst am Landesamt für Denkmalpflege Hessen, Abteilung für Vor- und Frühgeschichte, Außenstelle Darmstadt als erster Zivildienstleistender in der Denkmalpflege in Deutschland

April 1973–Mai 1979
Studium: Geschichte und Kultur der römischen Provinzen, Vor- und Frühgeschichte, Mittelalterliche Geschichte sowie Germanistik an der Johann Wolfgang Goethe-Universität, Frankfurt am Main

1979
Promotion an der Johann Wolfgang Goethe-Universität, Frankfurt am Main, mit dem Thema „Das römische Dieburg und seine Gräberfelder" (bei Prof. Dr. Hans-Ulrich Nuber)

Beruf

1979–1995
Gebietsreferent in der Abteilung Archäologische Denkmalpflege des Landesdenkmalamtes Baden-Württemberg in der Außenstelle Karlsruhe

1995–2013
Direktor des Römerkastells Saalburg bei Bad Homburg v. d. Höhe

2001–2013
Hessischer Landesarchäologe

Lehrtätigkeiten

Sommersemester 1983–Sommersemester 1990
Fakultät für Orientalistik und Altertumswissenschaften an der Ruprecht-Karls-Universität, Heidelberg

ab Sommersemester 1993
Abteilung Archäologie der römischen Provinzen an der Universität zu Köln

Sommersemester 1996
Seminar für Griechische und Römische Geschichte, Abt. II, an der Johann Wolfgang Goethe-Universität, Frankfurt am Main

Wintersemester 1999/2000
Ernennung zum Honorarprofessor für Provinzialrömische Archäologie an der Universität zu Köln

Wintersemester 2002/03
Gastvorlesung am Vorgeschichtlichen Seminar der Philipps-Universität, Marburg

Auszeichnungen

1985
Verleihung des erstmals vergebenen „Eduard-Anthes-Preises" für herausragende wissenschaftliche Arbeiten, die archäologische Themen aus dem Mittelgebirgsraum behandeln, am 15. März 1985

2005
Verleihung des Saalburg-Preises für Verdienste um die Geschichts- und Heimatpflege im Hochtaunuskreis am 11. September 2005

2011
Verleihung der Goethe-Plakette des Landes Hessen für die Förderung von Kunst und Kultur am 5. Mai 2011

Mitgliedschaften in Verbänden und Kommissionen (Auswahl)

Seit 1979 (Konstituierung)
Mitglied der Ladenburg-Kommission zur Begleitung denkmalpflegerischer Maßnahmen in der Stadt Ladenburg

1985–1994
Stellvertretender Vorsitzender der Arbeitsgemeinschaft für geschichtliche Landeskunde am Oberrhein (bis Wechsel des Gesamtvorstandes)

Seit 1987
Korrespondierendes Mitglied der Römisch-Germanischen-Kommission des Deutschen Archäologischen Instituts in Frankfurt am Main

1990 (Konstituierung) bis 1995
Mitglied der Baden-Baden-Kommission zur Begleitung denkmalpflegerischer Maßnahmen in der Stadt Baden-Baden

1995–2001
Vorsitzender des West- und Süddeutschen Verbandes für Altertumsforschung e. V.

1995–2001
Mitglied des Präsidiums der Deutschen Altertumsverbände e. V.

Seit 1996
Mitglied der Hessischen Historischen Kommission Darmstadt e. V.

1997–2000
Mitglied des Wissenschaftlichen Beirats zur Einrichtung des Museums der Varusschlacht in Kalkriese bei Osnabrück

1998–2005 (Auflösung)
Mitglied der Kommission zur Aufarbeitung des NS-Gefangenenlagers Dieburg II – Rollwald bei Rodgau – Nieder-Roden

Seit 2000
Mitglied des Beirats zur Geschichtlichen Landeskunde Hessen

Mitglied des wissenschaftlichen Beirats zur Einrichtung des Regionalmuseums im Archäologischen Park Xanten

Seit 2001
Mitglied des Wissenschaftlichen Beirats der Zeitschrift „Archäologie in Deutschland“

Seit 2002
Mitglied des Hessischen Landesdenkmalbeirates

Ordentliches Mitglied der Römisch-Germanischen Kommission des Deutschen Archäologischen Instituts

2003–2013
Stellvertretender Vorsitzender des Verbandes der Landesarchäologen in der Bundesrepublik Deutschland e. V. (VLA)

Seit 2004
Mitglied der Historischen Kommission für Hessen, Marburg

Forschungsprojekte (Auswahl)

1980
Erstellung eines Corpus der römischen Amphoren hispanischer Herkunft aus Deutschland in Zusammenarbeit mit Prof. Dr. José Remesal-Rodriguez, Madrid, im Rahmen des spanisch-deutschen Kulturabkommens zwischen der Universidad Complutense (Madrid) und der Abteilung Archäologische Denkmalpflege des Landesdenkmalamtes Baden-Württemberg

1985
Bearbeitung des Beneficiarier-Weihebezirks von Osterburken, Neckar-Odenwald-Kreis, Baden-Württemberg, im Rahmen eines von der Deutschen Forschungsgemeinschaft (Bonn) geförderten Projektes

1997
Aufarbeitung der archäologischen Ausgrabung, insbesondere des römischen Gräberfeldes, von Groß-Gerau im Rahmen eines von der Deutschen Stiftung Denkmalschutz geförderten Vorhabens

Erschließung, Verzeichnung und Zugänglichmachung des Saalburg-Archives im Rahmen eines von der Volkswagenstiftung Wolfsburg geförderten Archivierungsprojektes „Erschließung archäologischer Forschungsarchive“ in Zusammenarbeit mit der Universität zu Köln

1999
Projektberater (wise-man), Konzept und Planungsumsetzung zu ökologisch-kulturhistorischen Erlebnisschneisen im Regionalpark Rhein-Main beim Umlandverband Frankfurt am Main im Rahmen des Interreg-IIC-Europa-Programms 1999/2000

Schriftenverzeichnis Prof. Dr. Egon Schallmayer

zusammenstellt von Eveline Grönke

Monografien

Das römische Dieburg und seine Gräberfelder. Dissertation Goethe-Universität Frankfurt a. M. 1979 (Online-Publ.: http://publikationen.ub.uni-frankfurt.de/frontdoor/index/index/docld/27620 [Frankfurt a. M. 2012]).

Der Limes. Geschichte einer Grenze (München 2003; 2. Aufl. 2007; 3. überarb. Aufl. 2011).

Der Odenwaldlimes. Entlang der römischen Grenze zwischen Main und Neckar (Stuttgart 2010).

(zusammen mit B. Rabold u. A. Thiel)
Der Limes – Die deutsche Limes-Straße vom Rhein bis zur Donau (Stuttgart 2000).

125 Jahre Volksbank Ettlingen – 1875–2000 (Ettlingen 2000).

Cultural-Historical-Ecological Experience Lines in the Rhine-Main-Regional Park. Papers Offered to the Closing Session of the Sustainable Open Space Project in INTERREG IIC-Programme (Frankfurt a. M. 2000).

Der römische Gutshof „Am Kirchbornweiher" bei Dreieich-Götzenhain, Lkr. Offenbach. Stud. u. Forsch. N. F. 13, 1990.

Aquae – das römische Baden-Baden. Führer arch. Denkmäler Baden-Württemberg 11 (Stuttgart 1989).

Aquae – Baden-Baden in römischer Zeit. Veröff. Badische Heimat, H. 1 (Freiburg 1986).

Punzenschatz südgallischer Terra Sigillata-Töpfer, 3 Bde. (Stuttgart 1985).

Der Odenwaldlimes. Die römische Grenze zwischen Main und Neckar (Stuttgart 1984).

Das römische Osterburken. Kastelle – Bäder – Vicus – Benefiziarier-Weihebezirk (Osterburken 1983).

Vor- und frühgeschichtliche Funde aus den Gemarkungen Nieder-Roden, Ober-Roden und Urberach. Stud. u. Forsch. N. F. 9, 1979.

(zusammen mit J. Leuschner)
Ober-Roden und Urberach im Dritten Reich. Vorgeschichte, Ereignisse, Dokumente (Rödermark 1998).

(zusammen mit K. Eibl, J. Ott, G. Preuß, E. Wittkopf)
Corpus der griechischen und lateinischen Beneficiarier-Inschriften des Römischen Reiches (CBFIR). Forsch. u. Ber. Vor- u. Frühgesch. Baden-Württemberg 40 (Stuttgart 1990).

(zusammen mit D. Lutz)
1200 Jahre Ettlingen – Archäologie einer Stadt. Begleitheft zur gleichnamigen Ausstellung. Arch. Inf. Baden-Württemberg 4 (Stuttgart 1988).

Aufsätze

2015

Griechisch sprechende Bevölkerung im römischen Dieburg? – Ein auffälliger Graffito auf einer Terra-Sigillata-Scherbe. Hessen-Arch. 2014 (2015) 107–109.

In Sichtweise der Römerstadt – eine frühalamannische Siedlungsgrube in der Flur „Auf die Allmendsländer" bei Dieburg. Hessen-Arch. 2014 (2015) 110–112.

2014

Vorbemerkung des Ausgräbers. In: S. Huther, Der römische Weihebezirk von Osterburken III: Bd. 1.1 – die Holzbauwerke. Text. Forsch. u. Ber. Vor- u. Frühgesch. Baden-Württemberg 127 (Darmstadt 2014) 7–10.

Eduard Anthes – Limesforscher – Denkmalpfleger. Eine biographische Skizze. In: Eduard Anthes – ein Leben für die Archäologie in Hessen. Den Gründervätern der Hessischen Landesarchäologie gewidmet. Vorabdruck aus Fundber. Hessen 53/54, 2013/14 (Wiesbaden 2014) 1–70.

2013

Persistenz und Wandel – Aufnahme, Bewahrung und nachhaltige Weiterentwicklung der Kulturlandschaft mittels Kulturlandschaftskataster und Managementplan. Denkmalpflege u. Kulturgesch. 2013, H. 2, 39–45.

(zusammen mit S. Schade-Lindig u. J. Meyer)
De bello Gallico in Hessen – archäologische Spuren Caesars rechts des Rheins. Denkmalpflege u. Kulturgesch. 2013, H. 4, 2–9.

Kontinuität, Konsolidierung, Weiterentwicklung – zur Sicherung der Nachhaltigkeit in der hessenARCHÄOLOGIE. Hessen-Arch. 2012 (2013) 11–16.

Der Bau einer Brücke über den Main bei Ginsheim-Gustavsburg unter Valentinian I. Fernstraßennutzung in der Spätantike und die Rolle der Germanen. In: A. Zeeb/R. Stupperich (Hrsg.), Palatinus Illustrandus. Festschrift für Helmut Bernhard zum 65. Geburtstag. Mentor – Stud. Metallarb. u. Toreutik Ant. 5 (Mainz, Ruhpolding 2013) 201–215.

(zusammen mit S. Schade-Lindig u. J. Meyer)
Mit den Kelten kommen die Römer – Militäranlagen an der Lahn bei Limburg-Eschhofen. Hessen-Arch. 2012 (2013) 95–101.

Besprechung: D. J. Breeze, The Frontiers of Imperial Rome (Barnsley 2011). In: Hist. Zeitschr. 296,1, 2013, 161–162.

2012

Der Wiederaufbau der Saalburg als Modell eines römischen Limeskastells. In: M. Luik/D. Planck (Hrsg.), 100 Jahre Kastellturm Köngen. Eine Rekonstruktion und ihre Geschichte. Arch. Inf. Baden-Württemberg 65, 2012, 41–63.

„Vor den Toren der Stadt". Römischer Brunnen mit Bronzekessel aus Dieburg. Fundber. Hessen 50, 2010 (2012) 595–606.

Zwei Holzbrunnen an der Frankfurter Straße in Dieburg. Hessen-Arch. 2011 (2012) 105–109.

... per nota itinera gradu celeri contendere? – Über bekannte Strecken schnell marschieren? Hessen-Arch. 2011 (2012) 109–117.

hessenARCHÄOLOGIE**21.** Hintergründe und Konzeption. In: E. Schallmayer (Hrsg.), Neustart – Hessische Landesarchäologie 2001–2011. Hessen-Arch., Sonderbd. 2 (Stuttgart 2012) 9–24.

Römer in Hessen – Facetten der jüngsten Forschung von den Kimbern und Teutonen bis zur Spätantike. In: E. Schallmayer (Hrsg.), Neustart – Hessische Landesarchäologie 2001–2011. Hessen-Arch., Sonderbd. 2 (Stuttgart 2012) 187–207.

hessenARCHÄOLOGIE**21.***plus*. In: E. Schallmayer (Hrsg.), Neustart – Hessische Landesarchäologie 2001–2011. Hessen-Arch., Sonderbd. 2 (Stuttgart 2012) 274–299.

Römer und Germanen in Hessen. Ausgewählte Beispiele zu den jüngsten Forschungen. Nassau. Ann. 123, 2012, 7–42.

Der Odenwaldlimes – ein Bodendenkmal in romantischer Landschaft. In: E. Schallmayer (Hrsg.), Der Odenwaldlimes. Neueste Forschungsergebnisse. Beiträge zum wissenschaftlichen Kolloquium am 19. März 2010 in Michelstadt. Saalburg-Schr. 8 (Bad Homburg v. d. Höhe 2012) 99–136.

2011

Erkenntnisschätze aus Archiven und Altgrabungen. Arch. Deutschland 2011, H. 2, 36–37.

Der Glauberg in schwieriger Zeit. Archäologische Forschung, Zeitgeschichte und soziopolitische Gefüge vor Ort und in der Region vor dem Hintergrund der Entwicklung des Faches Vor- und Frühgeschichte im „Dritten Reich". In: E. Schallmayer (Hrsg.) in Zusammenarbeit mit K. v. Kurzynski, Archäologie und Politik. Archäologische Ausgrabungen der 30er und 40er Jahre des 20. Jahrhunderts im zeitgeschichtlichen Kontext. Internationale Tagung anlässlich „75 Jahre Ausgrabungen auf dem Glauberg" 16.–17. Oktober 2008 in Nidda-Bad Salzhausen. Fundber. Hessen, Beih. 7 = Glauberg-Forsch. 1 (Wiesbaden 2011) 141–180.

Oberrheingermanen im Hessischen Ried – neue Grabfunde römischer Militärsiedler bei Biblis. Hessen-Arch. 2010 (2011) 75–80.

„Vor den Toren der Stadt" – römischer Brunnen mit Bronzekessel aus Dieburg. Landkreis Darmstadt-Dieburg. Hessen-Arch. 2010 (2011) 85–88.

„sum figuli lussus ..." – „bin eine Laune des Töpfers ..." – eine römische Terrakottamaske aus Groß-Gerau. Hessen-Arch. 2010 (2011) 89–94.

Maximinus Thrax. Geschehnisse und Maßnahmen nach dem Schicksalsjahr am Limes: 233 n. Chr. Varus-Kurier 17, 2011, 18–21.

(zusammen mit E. Hahn u. K. Kerth)
Die römische Nekropole von Groß-Gerau, Südhessen. Archäozoologische und anthropologische Ergebnisse der Grabung von 1997. Fundber. Hessen 48/49, 2008/09 (2011) 89–108.

Besprechung: M. A. Speidel, Heer und Herrschaft im Römischen Reich der hohen Kaiserzeit. MAVORS. Roman Army Researches 16 (Stuttgart 2009). In: Hist. Zeitschr. 293,3, 2011, 765–766.

2010

Vorwort. In: M. Hundt, Von Enten und Eroten. Neue Forschungen zum Meerwesenmosaik von Bad Vilbel. Bad Vilbeler Heimatbl. 53, 2010, 1–5.

Rekonstruierte Neubauten von Streifenhäusern im Lagerdorf des Saalburgkastells. Arch. Nachrbl. 15, 2010, 12–20.

Ausgrabungen an der Siedlungsmauer des römischen Civitas-Hauptortes MED(---)/Dieburg. Fundber. Hessen 46/47, 2006/07 (2010) 107–168.

Die endgültige Lokalisierung von WP 10/16 „Bei Vielbrunn“ mittels Geophysik und Laserscanning. Hessen-Arch. 2009 (2010) 103–108.

2009

Antike Grenzruinen in romantischer Umgebung. Denkmal Hessen. Arch. Deutschland 2009, H. 6, 70–71.

Fabrica, Streifenhäuser und Bauhof – Nach- und Neubauten im Römerkastell Saalburg – Archäologischer Park. Denkmalpflege u. Kulturgesch. 2009, H. 3, 19–26.

hessenARCHÄOLOGIE**21.** In: J. Biel/J. Heiligmann/D. Krausse, Landesarchäologie. Festschrift für Dieter Planck zum 65. Geburtstag. Forsch. u. Ber. Vor- u. Frühgesch. Baden-Württemberg 100 (Stuttgart 2009) 707–717.

Lager und Badegebäude des Numeruskastells Lützelbach. Hessen-Arch. 2008 (2009) 77–80.

Eine römische Grenze wird sichtbar gemacht. Hessen-Arch. 2008 (2009) 81–85.

Neue Streifenhäuser als Eingang zur Saalburg. Kasse und Museumsshop im Lagerdorf vor dem Römerkastell. Jahrb. Hochtaunuskreis 18, 2010 (2009) 174–199.

Die Fabrica im Römerkastell Saalburg – Archäologischer Park. Der Limes 3,1, 2009, 18–20.

Kapitel 1: Die archäologische Erforschung der Martinskirche in Ettlingen. In: St. Martin in Ettlingen, hrsg. von Stadt Ettlingen – Stadtarchiv (Ubstadt-Weiher 2009) 9–37.

2008

Geophysikalische Prospektion am Limes in Hessen. In: A. Thiel (Hrsg.), Neue Forschungen am Limes. 4. Fachkolloquium der Deutschen Limeskommission 27./28. Februar 2007 in Osterburken. Beitr. Welterbe Limes 3 (Stuttgart 2008) 58–81.

Raubgräberei und Landesarchäologie – Sichtweise und Praxis. Denkmalpflege u. Kulturgesch. 2008, H. 3, 2–9.

Sankt Nazarius zu Ober-Roden. Denkmalpflege u. Kulturgesch. 2008, H. 3, 32–34.

Von der Holzkirche zum Rodgauer Dom. Denkmal ... Zeitung zum „Tag des offenen Denkmals“ in Hessen (14. September 2008), Jg. 17, 2008, 27.

Geophysik am Odenwaldlimes – erste Einblicke seit der Reichs-Limeskommission. Hessen-Arch. 2007 (2008) 88–92.

Ausgrabungen an der Stadtmauer des römischen Civitas-Hauptorts MED(---)/Dieburg. Hessen-Arch. 2007 (2008) 97–102.

Kaiserzeitliche Antikenbegeisterung. Der Wiederaufbau des Römerkastells Saalburg. SehensWertes. Schlösser & Gärten in Hessen. Besuchermagazin 4 (Bad Homburg v. d. Höhe 2008) 16–17.

Besprechung: E. Ernst, Das Neu-Anspacher Siedlungsgefüge in Zeit und Raum (mit Beiträgen von M. Kirsch, R. Tochtenhagen u. H. Schöffner). Heimat u. Geschichtsver. Neu-Anspach, H. 4 (Neu-Anspach 2007). In: Nassau. Ann. 119, 2008, 588–589.

2007

Archäologische Ausgrabungen an WP 5/4 „An der alten Rüdigheimer Hohle“ bei Ravolzhausen, Gemeinde Neuberg. In: A. Thiel (Hrsg.), Forschungen zur Funktion des Limes. 3. Fachkolloquium der Deutschen Limeskommission 17./18. Februar 2005 in Weißenburg i. Bay. Beitr. Welterbe Limes 2 (Stuttgart 2007) 56–82.

Denkmalpflege und Tourismus am UNESCO-Welterbe Limes. In: Tourismus und Denkmalpflege. Modelle im Kulturtourismus. Jahrb. Stiftung Thüringer Schlösser u. Gärten 11, 2007, 32–49.

30 Jahre Grabungstechnik stets auf der Höhe der Zeit. Norbert Fischer anlässlich seines Dienstendes. Denkmalpflege u. Kulturgesch. 2007, H. 3, 46.

Honorarprofessur für Frau Dr. Angela Kreuz an der Johannes Gutenberg-Universität Mainz. Denkmalpflege u. Kulturgesch. 2007, H. 2, 47–48.

Prof. Dr. Lutz Fiedler im Ruhestand. Fundber. Hessen 42/43, 2002/03 (2007) VII–XXIV.

Nachruf Privatdozent Dr. Helmut Spatz 2.2.1954–22.8.2002. Fundber. Hessen 42/43, 2002/03 (2007) 241–244.

Die fabricae. Handwerkerbauten in römischen Kastellen. Jahrb. Hochtaunuskreis 2008 (2007) 67–87.

(zusammen mit S. Pfnorr)
Zum Schutz eines verborgenen Weltkulturerbes. Zerstörungsfreie Bestandsaufnahme und Forschungen am hessischen Limes. In: M. Posselt/B. Zickgraf/C. Dobiat (Hrsg.), Geophysik und Ausgrabung. Einsatz und Auswertung zerstörungsfreier Prospektion in der Archäologie. Internat. Arch. – Naturwiss. u. Technologie 6 (Rahden/Westf. 2007) 253–262.

Besprechung: F. M. Ausbüttel, Germanische Herrscher. Von Arminius bis Theoderich (Darmstadt 2007). In: Ant. Welt 39, 2007, 90.

2006

Einführung. Denkmalpflege u. Kulturgesch. 2006, H. 3, 2–6.

Die frühalamannische Siedlung in der Flur „Auf Esch" südlich von Groß-Gerau. In: K. Kerth/E. Schallmayer/J. Schultze, Die Tierknochen aus den frühalamannischen Siedlungen in Wiesbaden-Breckenheim und Groß-Gerau (Südhessen) – Haustierhaltung im Vorfeld der spätrömischen Reichsgrenze. Germania 84, 2006, 387–413 bes. 391–394.

Das Mosaik im Prätorium des Saalburg-Kastells. Jahrb. Hochtaunuskreis 2007 (2006) 94–107.

Prof. Dr. Hans Schönberger. Direktor des Saalburgmuseums von 1948 bis 1956. Saalburg-Jahrb. 52/53, 2002/03 (2006) 5–7.

Gräber von Kindern und Jugendlichen in römischer Zeit. In: G. Seitz (Hrsg.), Im Dienste Roms. Festschrift für Hans-Ulrich Nuber (Remshalden 2006) 55–69.

Stichworte: 2.15 Les ouvrages linéaires 139–149 (mit M. Reddé); Wachtposten 10/37 „In der Schneidershecke" 149–152; Der sechseckige Turm bei Gleichen 153; Die Saalburg 209–215; Lützelbacher Bannholz 315–316; Neckarburken 338–340; Osterburken 359–361; Wachturm bei Rüsselsheim 376; Walldürn-Reinharsachsen 413–414; Kleinkastell Welzheim-Rötelsee 418–419. In: M. Reddé/R. Brulet/R. Fellmann/J.-K. Haalebos †/S. von Schnurbein, Les fortifications militaires. L'architecture de la Gaule romaine. Doc. Arch. française 100 (Bordeaux 2006).

(zusammen mit C. Moneta)
Principia, Praetorium und Augustus – Architektur als verkörperte Staatsidee. Saalburg-Jahrb. 56, 2006, 115–125.

(zusammen mit J. Renz)
Vorwort, In: P. Steppuhn unter Mitarb. von I. Berg, Waldglashütten im Taunus. Schr. Hessisches Freilichtmus. Hessenpark 13 (Neu-Anspach 2006) 9–10.

2005

Der Obergermanisch-Raetische Limes. Von der römischen Reichsgrenze zum UNESCO-Weltkulturerbe. Denkmalpflege u. Kulturgesch. 2005, H. 3, 2–3.

Der Limes: Ein Bodendenkmal hat Konjunktur. Denkmalpflege u. Kulturgesch. 2005, H. 3, 3–7.

Der Limesentwicklungsplan Hessen. Leitfaden für den Umgang mit der römischen Reichsgrenze in Hessen. Denkmalpflege u. Kulturgesch. 2005, H. 3, 8–10.

Neue Forschungen am Limes in Hessen. Denkmalpflege u. Kulturgesch. 2005, H. 3, 17–21.

Germanen und Römer im Limesgebiet. Denkmalpflege u. Kulturgesch. 2005, H. 3, 22–25.

Kulturhistorisch-ökologische Erlebnisschneisen im Rhein-Main-Gebiet. In: V. Denzler/J. Hasse/K.-D. Kleefeld/U. Recker (Hrsg.), Kulturlandschaft. Wahrnehmung – Inventarisierung – Regionale Beispiele. Fundber. Hessen, Beih. 4 (Wiesbaden 2005) 159–176.

Soldatenleben an einem Wachtposten am östlichen Wetteraulimes. Hessen-Arch. 2004 (2005) 103–108.

Der Obergermanisch-Raetische Limes ist Weltkulturerbe. Qualitätssiegel wird internationale Aufmerksamkeit und touristisches Interesse bewirken. Jahrb. Hochtaunuskreis 2006 (2005) 9–19.

Das Praetorium des Saalburg-Kastells. Vom antiken Kommandantenhaus zum modernen Institutsgebäude. Jahrb. Hochtaunuskreis 2006 (2005) 42–60.

Die Römer in Germanien. Zur Geschichte des Obergermanisch-Raetischen Limes. Jahrb. Rheingau-Taunus-Kreis 2006 (2005) 35–40.

Denkmal unter der Erde. Der Obergermanisch-Raetische Limes als Weltkulturerbe. Jahrb. Rheingau-Taunus-Kreis 2006 (2005) 71–73.

Das Ende des Zweiten Weltkrieges in Ober-Roden. Landschaft Dreieich 2005, 58–80.

Vereinsgeschichte als Spiegelbild der Entwicklung einer Gemeinde – Musikverein 03 Ober-Roden. Landschaft Dreieich 2005, 99–110.

Das Praetorium des Saalburg-Kastells. Vom antiken Kommandantenwohnhaus zum modernen Institutsgebäude. In: J. Banzer/E. Schallmayer (Hrsg.), Mit der Antike in die Zukunft: Der Limes auf dem Weg zum Weltkulturerbe. Bericht über das Kolloquium am 30. Oktober 2004 im Saalburgmuseum. Saalburg-Schr. 7 (Bad Homburg v. d. Höhe 2005) 83–105.

Der Römische Limes: Grenzschutz für Germanien und Gallien. In: J. Banzer/E. Schallmayer (Hrsg.), Mit der Antike in die Zukunft: Der Limes auf dem Weg zum Weltkulturerbe. Bericht über das Kolloquium am 30. Oktober 2004 im Saalburgmuseum. Saalburg-Schr. 7 (Bad Homburg v. d. Höhe 2005) 106–123.

Beispiel Ober-Roden (Stadt Rödermark): Ein Ort erhält Geschichte. Altstadtgrabungen in Rödermark–Ober-Roden. Zeitschr. Arch. Mittelalter 33, 2005, 145–162.

Die römische Reichsgrenze wird bekannt gemacht. Das UNESCO-Weltkulturerbe Limes und seine Vermittlung in Hessen. Landesstelle für die nichtstaatlichen Museen beim Bayerischen Landesamt für Denkmalpflege. In: W. Stäbler (Red.), Fakten, Tendenzen, Hilfen. Museum heute 29, 2005, 30–34.

Stichworte: Buchen-Hettingen 56–58; Nagold 221–222; Niefern 226–227; Niefern-Öschelbronn 227; Osterburken 243–250 (mit K. Kortüm); Remchingen-Wilferdingen 265–266; Rheinmünster-Greffern 273. In: D. Planck (Hrsg.), Die Römer in Baden-Württemberg. Römerstätten und Museen von Aalen bis Zwiefalten (Stuttgart 2005).

Wie schützt man eine Provinz? In: E. Schallmayer/M. Kliem/W. Schmidt (Hrsg.), Die Römer im Taunus (Frankfurt a. M. 2005) 8–11.

Von der Schanze zum Museum. In: E. Schallmayer/M. Kliem/W. Schmidt (Hrsg.), Die Römer im Taunus (Frankfurt a. M. 2005) 31–34.

Konfrontation und Koexistenz. In: E. Schallmayer/M. Kliem/W. Schmidt (Hrsg.), Die Römer im Taunus (Frankfurt a. M. 2005) 103–105.

Einleitung. In: St. Bender/G. Preuß, Der Limesentwicklungsplan Hessen (Bad Homburg v. d. Höhe 2005) AIIG 5 – ALL 5-8.

„Habemus Unesco hereditatum mundi" – Weltkulturerbe Limes (Interview-Statement). IHK WirtschaftsForum. Unternehmermagazin für die Region FrankfurtRheinMain 10, 2005, 34–36.

Der Beneficiarier-Weihebezirk von Osterburken. Elitesoldaten des Statthalters am Limes. In: Imperium Romanum. Roms Provinzen an Neckar, Rhein und Donau. Begleitband zur Ausstellung des Landes Baden-Württemberg im Kunstgebäude Stuttgart 1. Oktober 2005 bis 8. Januar 2006 (Stuttgart 2005) 214–216.

Zur Frage der Palisade am Obergermanisch-Raetischen Limes im 3. Jahrhundert n. Chr. In: Limes XIX: Proceedings of the XIXth International Congress of Roman Frontier Studies held in Pécs, Hungary, September 2003 (Pécs 2005) 801–813.

(zusammen mit E. Löhnig)
Ausgrabungen 2004 in der Kapersburg. Hessen-Arch. 2004 (2005) 89–92.

(zusammen mit E. Löhnig)
Sanierungsmaßnahmen im Feldberg-Kastell. Hessen-Arch. 2004 (2005) 93–96.

(zusammen mit E. Löhnig)
Neue Grabungen im Saalburg-Kastell. Hessen-Arch. 2004 (2005) 97–99.

(zusammen mit E. Löhnig)
Das Prätorium der Saalburg. Hessen-Arch. 2004 (2005) 167–170.

(zusammen mit Ch. Meiborg)
Neue Wege ins alte Hessen. Kongress zur Archäologie des Mittelalters und der Neuzeit. Zeitschr. Arch. Mittelalter 33, 2005, 1–2.

2004

Gesellschaft und Archäologie – Gedanken zum kulturpolitischen Auftrag: ein Resümee. Arch. Nachrbl. 9, 2004, 172–180.

Das Praetorium des Saalburg-Kastells. Vom antiken Kommandantenwohnhaus zum modernen Institutsgebäude. Arch. Nachrbl. 9, 2004, 301–313.

hessenARCHÄOLOGIE**21.** Neue Positionierung der Landesarchäologie. Denkmalpflege u. Kulturgesch. 2004, H. 3, 3–7.

Das Archäologische Landesmuseum Hessen. Denkmalpflege u. Kulturgesch. 2004, H. 3, 43–46.

Keltische und römische Geschichte „auf der Bulau", kulturhistorische Erlebnisstätte bei Rödermark-Urberach. Landschaft Dreieich 2004, 33–42.

Zur Limespalisade im 3. Jahrhundert n. Chr. Funktion und Bedeutung. In: E. Schallmayer (Hrsg.), Limes Imperii Romani. Beiträge zum Fachkolloquium „Weltkulturerbe Limes" November 2001 in Lich-Arnsburg. Saalburg-Schr. 6 (Bad Homburg v. d. Höhe 2004) 29–46.

Ober-Roden/Rothaha. In: F. Jürgensmeier/F. Büll in Verb. mit E. Schwerdtfeger, Die benediktinischen Mönchs- und Nonnenklöster in Hessen. Germania Benedictina VII (St. Ottilien 2004) 891–899.

RGA[2] XXVI (Berlin, New York 2004) 3–7 s. v. Saalburg.

(zusammen mit E. Löhnig)
Neue Grabungen im Limeskastell Kapersburg. Hessen-Arch. 2003 (2004) 106–109.

2003

Der Limes, Marköbel und Kaiser Hadrian. Neue wissenschaftliche Ergebnisse zum Obergermanisch-Raetischen Limes und ihre öffentlichkeitswirksame Präsentation. Denkmalpflege u. Kulturgesch. 2003, H. 2, 12–21.

Usingen „Auf der Beund" – Germanisches Grubenhaus und karolingischer Herrenhof. Hessen-Arch. 2002 (2003) 95–99.

Kulturhistorische Erlebnisstätte „Auf der Bulau" bei Rödermark-Urberach. Hessen-Arch. 2002 (2003) 194–196.

Amphorenstempel (M 196–213). In: W. Czysz, Heldenbergen in der Wetterau. Feldlager, Kastell, Vicus. Limesforsch. 27 (Mainz 2003) 427–429.

Das „Amphitheater" der Saalburg: Pferdeschwemme, mittelalterliche Motte oder adlige Reitbahn? Saalburg-Jahrb. 51, 2001 (2003) 359–380.

Das wiederaufgebaute Römerkastell Saalburg als Beispiel der Rezeptionsgeschichte am Obergermanisch-Raetischen Limes. In: H. Becker, Der Limes. Römische Grenze zwischen Rhein und Donau. Geschichte und Archäologie – ein Denkmal entdecken (Stuttgart 2003) 33–35.

100 Jahre Musikverein 03 Ober-Roden. Vereinsgeschichte vor dem Hintergrund der Entwicklung einer Gemeinde im 20. Jahrhundert. In: Wir machen Musik! Festschrift 100 Jahre Musikverein 03 Ober-Roden e. V. 1903–2003 (Rödermark 2003) 35–39.

(zusammen mit V. Rupp)
Vorwort. In: Sole und Salz schreiben Geschichte – 50 Jahre Landesarchäologie. 150 Jahre Archäologische Forschung in Bad Nauheim, zusammengestellt von B. Kull (Mainz 2003) 13–16.

2002

Professor Dr. Lutz Fiedler im Ruhestand. Denkmalpflege u. Kulturgesch. 2002, H. 2, 62.

Privatdozent Dr. Helmut Spatz †. Denkmalpflege u. Kulturgesch. 2002, H. 2, 63.

Neuer Raum für Altertümer und ihre Vermittlung. Jahrb. Hochtaunuskreis 2003 (2002) 48–56.

Ober-Roden und Urberach im Dritten Reich. Landschaft Dreieich 2002, 141–147.

Zur wissenschaftlichen Aufarbeitung des Komplexes Strafgefangenenlager Rollwald, Gemeinde Nieder-Roden, Stadt Rodgau. Landschaft Dreieich 2002, 148–155.

(zusammen mit V. Rupp)
Auf keltischen Spuren. Wanderung in Hessen. Arch. Deutschland 2002, H. 3, 68–69.

(zusammen mit F. Saltenberger)
Archäologische Untersuchungen im Saalburg-Kastell. Hessen-Arch. 2001 (2002) 86–89.

(zusammen mit W. Schmidt)
Bericht über die Jahrestagung des West- und Süddeutschen Verbandes für Altertumsforschung e. V. vom 5. bis 10. Juni 2001 in Trier. Arch. Nachrbl. 7, 2002, 269–276.

(zusammen mit V. Rupp)
Die Kelten kommen! Neue Keltenstraße präsentiert Zeugnis keltischer Kultur in Hessen. Denkmalpflege u. Kulturgesch. 2002, H. 1, 22–25.

Besprechung: S. Biegert, Römische Töpfereien in der Wetterau. Schr. Frankfurter Mus. Vor- u. Frühgesch. 15 (Frankfurt a. M. 1999). In: Hess. Jahrb. Landesgesch. 52 (Marburg 2002) 440–442.

2001

Mitgliederversammlung und Festveranstaltung anlässlich des 100jährigen Bestehens des West- und Süddeutschen Verbandes für Altertumsforschung e. V. am 14. Juni 2000 im Refektorium des Karmeliterklosters Frankfurt am Main. Arch. Nachrbl. 6, 2001, 230–236.

Archive und Sammlungen zur Archäologie als Quelle der Forschung und der Forschungsgeschichte. Bericht über das 4. Saalburg-Kolloquium vom 12. bis 13. Oktober 2000. Arch. Nachrbl. 6, 2001, 301–302.

Die Toten vom Laiberg: Merowingerzeitliche Gräber aus Wittendorf (2001). In: Gräberfeld am Laiberg. Loßburger Hefte 7 (Wittendorf 2001) 43–63.

Unterlagen zur römischen Rheinbrücke von Köln im Archiv des Saalburgmuseums. Saalburg-Jahrb. 50, 2000 (2001) 205–211.

Freiluftanlagen. In: Th. Fischer (Hrsg.), Die römischen Provinzen. Eine Einführung in ihre Archäologie (Stuttgart 2001) 25–28.

Numeruskastelle. In: Th. Fischer (Hrsg.), Die römischen Provinzen. Eine Einführung in ihre Archäologie (Stuttgart 2001) 119–120.

Kleinkastelle. In: Th. Fischer (Hrsg.), Die römischen Provinzen. Eine Einführung in ihre Archäologie (Stuttgart 2001) 120–121.

Türme. In: Th. Fischer (Hrsg.), Die römischen Provinzen. Eine Einführung in ihre Archäologie (Stuttgart 2001) 121–123.

Limites. In: Th. Fischer (Hrsg.), Die römischen Provinzen. Eine Einführung in ihre Archäologie (Stuttgart 2001) 123–142.

Die Saalburg – ein wiederaufgebautes Römerkastell als touristisches Ziel im Taunus. In: U. Eisenbach/G. Hardach (Hrsg.), Reisebilder aus Hessen. Fremdenverkehr, Tourismus und Kur seit dem 18. Jahrhundert. Schr. Hessische Wirtschafts-

u. Unternehmensgesch. 5 (Darmstadt 2001) 323–334.

Die deutsche Limesstraße. Römererlebnis vom Rhein bis zur Donau. In: Ch. Schlott (Hrsg.), Dünsberg, Keltenmetropole an der Lahn. Begleitheft zur Sonderausstellung „Dünsberg – Keltenmetropole an der Lahn" (Wetzlar 2001) 58–59.

Die Saalburg – ein wiederaufgebautes Römerkastell gestern und heute. In: P. Noelke (Hrsg.), Archäologische Museen und Stätten der Römischen Antike. Auf dem Wege vom Schatzhaus zum Erlebnispark und virtuellen Informationszentrum? 2. Internationales Colloquium zur Vermittlungsarbeit im Museum. Schriftenr. Museumsdienst Köln 4 (Köln 2001) 76–83 Taf. V.

(zusammen mit M. Becker)
Traian und die Militärgrenzen des Römischen Reiches. In: A. Nünnerich-Asmus (Hrsg.), Traian. Ein Kaiser der Superlative am Beginn einer Umbruchszeit? (Mainz 2001) 41–48.

(zusammen mit M. Becker)
RGA² XVIII (Berlin, New York 2001) 402–443 s. v. Limes.

(zusammen mit V. Rupp)
Die Keltenstraße. Zeugnisse keltischer Kultur in Hessen. Hrsg. von Hess. Kultur GmbH (Wiesbaden 2001) 1–20.

(zusammen mit V. Rupp)
Die Keltenstraße. Zeugnisse keltischer Kultur in Hessen. In: Ch. Schlott (Hrsg.), Dünsberg, Keltenmetropole an der Lahn. Begleitheft zur Sonderausstellung „Dünsberg – Keltenmetropole an der Lahn" (Wetzlar 2001) 52–53.

(zusammen mit W. Schmidt)
Der Neue Pauly XV (Stuttgart, Weimar 2001) Sp. 156–170 s. v. Limes, Limesforschung.

(zusammen mit Th. Fischer, W. Löhlein, J. Obmann)
Erfassung und Erschließung des Archivs und der Sammlungen des Saalburgmuseums. Saalburg-Jahrb. 50, 2000 (2001) 195–196.

2000

100 Jahre West- und Süddeutscher Verband für Altertumskunde. Jubiläum. Arch. Deutschland 2000, H. 3, 60–61.

100 Jahre West- und Süddeutscher Verband für Altertumsforschung. Vorwort. Arch. Nachrbl. 5, 2000, 3–12.

100 Jahre West- und Süddeutscher Verband für Altertumsforschung. Der West- und Süddeutsche Verband an der Schwelle zum 21. Jahrhundert. Arch. Nachrbl. 5, 2000, 107–123.

Bericht über den 3. Deutschen Archäologenkongreß vom 25. bis 30. Mai 1999 in Heidelberg. Arch. Nachrbl. 5, 2000, 346–359.

Archäologische Landesforschung. 3. Die provinzialrömische Forschung in Hessen. In: U. Reuling/W. Speitkamp (Hrsg.), Fünfzig Jahre Landesgeschichtsforschung in Hessen. Hess. Jahrb. Landesgesch. 50, 2000, 45–56.

Die Saalburg und die Römer. In: B. Heidenreich/K. Böhme (Hrsg.), Hessen – Geschichte und Politik. Schr. politische Landeskde. 5 (Stuttgart 2000) 20–34.

Beobachtungen zur Fliesenherstellung des älteren Fliesenbodens aus St. Nazarius zu Ober-Roden. In: E. Schallmayer/G. Weber, Mittelalterliche Bodenfliesen aus dem Kreis Offenbach. Stud. u. Forsch. N. F. 17, 2000, 9–11.

Rödermark–Ober-Roden. Alte St. Nazarius-Kirche. In: E. Schallmayer/G. Weber, Mittelalterliche Bodenfliesen aus dem Kreis Offenbach. Stud. u. Forsch. N. F. 17, 2000, 37–53.

Die Saalburg – Römerkastell als Wissenschaftszentrum. In: K. Mathieu (Hrsg.), Froschkönige und Dornröschen. Einblicke in die Staatlichen Schlösser und Gärten Hessens 2, 1998/99 (Regensburg 2000) 25–29.

Der obergermanisch-raetische Limes bis zum Beginn des 3. Jahrhunderts n. Chr. In: L. Wamser (Hrsg.), Römer zwischen Alpen und Nordmeer. Katalog-Handbuch zur Landesausstellung 2000 in Rosenheim (Mainz 2000) 64–74.

Das Römerkastell Saalburg am Obergermanisch-Rätischen Limes. In: Taunus-Lehrpfad Saalburg-Hessenpark. Freizeit-Mat. 1 (Frankfurt a. M. 2000) 9–33.

Nachruf Helga Menke (1938–2000). Arch. Nachrbl. 5, 2000, 367.

(zusammen mit M. Becker)
Der Limes in Rheinland-Pfalz und Hessen. In: B. Rabold/E. Schallmayer/A. Thiel, Der Limes. Die Deutsche Limes-Straße vom Rhein bis zur Donau (Stuttgart 2000) 25–72.

1999

Rom vor der Haustür. Römerkastell Saalburg nach 100 Jahren auf neuen Wegen. Ant. Welt 30, 1999, 169–174.

Wissenschaftstagung auf hohem Niveau. 3. Deutscher Archäologen-Kongreß führte 1.000 Altertumsforscher unter dem Thema „Archäologie – Naturwissenschaften – Umwelt“ in Heidelberg zusammen. Ant. Welt 30, 1999, 510–511.

Archäologie – Naturwissenschaften – Umwelt. Arch. Deutschland 1999, H. 4, 66.

Zur Situation in den Altertumswissenschaften und die zukünftige Rolle des West- und Süddeutschen Verbandes für Altertumsforschung e. V. Arch. Nachrbl. 4, 1999, 101–105.

Bericht über die Mitgliederversammlung des West- und Süddeutschen Verbandes für Altertumsforschung e. V. am 2. Juni 1998 in den Räumen des Saalburgmuseums. Arch. Nachrbl. 4, 1999, 106–107.

Traian in Germanien – Traian im Reich. Bericht über das 3. Saalburg-Kolloquium vom 14. bis 17. Oktober 1998 auf der Saalburg. Arch. Nachrbl. 4, 1999, 367–369.

Traian in Obergermanien und die Folgen. In: E. Schallmayer (Hrsg.), Traian in Germanien – Traian im Reich. Bericht des dritten Saalburgkolloquiums. Saalburg-Schr. 5 (Bad Homburg v. d. Höhe 1999) 179–194.

Geschichte erleben auf der Saalburg. In: B. Heidenreich/E. G. Franz (Hrsg.), Die Hessen und ihre Geschichte. Wege-Weiser durch die hessische Landes- und Regionalgeschichte (Wiesbaden 1999) 124–128.

Eisen zwischen Modernität und Archaik. In: Metall in Form. Katalog zur Ausstellung des Internationalen Fachverbandes Gestaltende Schmiede (IFGS) vom 2. Mai bis 19. Juni 1999 auf der Saalburg (Immenstadt 1999) 6.

Das History-Interview zum Thema „Limes“. P. M. History. Das neue Magazin für Geschichte 5, 1999, 76–79.

(zusammen mit M. Porzenheim)
Der römische Tempelbezirk mit Kultgeschirrdepot von Dieburg, Landkreis Darmstadt-Dieburg. In: F.-R. Herrmann (Hrsg.), Festschrift für Günter Smolla. Mat. Vor- u. Frühgesch. Hessen 8 (Wiesbaden 1999) 539–596.

1998

Bericht über die Jahrestagung des West- und Süddeutschen Verbandes für Altertumsforschung e. V. und der Österreichischen Gesellschaft für Ur- und Frühgeschichte vom 19. bis 24. Mai 1997 in Wien. Arch. Nachrbl. 3, 1998, 281–290.

Die Kirchenbauten auf dem Ober-Rodener Kirchenhügel als Ausdruck des religiösen Lebens und der Ortsgeschichte. Landschaft Dreieich 1998, 56–73.

Germanen in der Spätantike im hessischen Ried mit Blick auf die Überlieferung bei Ammianus Marcellinus. Neue Ausgrabungen in Groß-Gerau. Saalburg-Jahrb. 49, 1998, 139–154.

100 Jahre Saalburg. In: Froschkönig und Schneewittchen. Die Pflege der staatlichen Schlösser und Gärten Hessen im Jahre 1997. Edition der Verwaltung der Staatlichen Schlösser und Gärten Hessen. Monogr. 6 (Bad Homburg v. d. Höhe 1998) 27–29.

1997

Inszenierte Geschichtlichkeit. Die Saalburg als wilhelminisches Gesamtkunstwerk. In: E. Schallmayer (Hrsg.), Hundert Jahre Saalburg – Vom Grenzposten Roms zum Museum in Europa. Festschrift zum 100jährigen Jubiläum. Ant. Welt, Sonderh. (Mainz 1997) 3–21.

Kastelle am Limes. Die Entwicklung der römischen Militäranlagen auf dem Saalburg-Pass. In: E. Schallmayer (Hrsg.), Hundert Jahre Saalburg – Vom Grenzposten Roms zum Museum in Europa. Festschrift zum 100jährigen Jubiläum. Ant. Welt, Sonderh. (Mainz 1997) 106–118.

Nachrufe Herbert Nesselhauf (1909–1995), Rolf Nierhaus (1911–1996), Hanns Gabelmann (1937–1996); Otto Richard Kleemann (1911–1996). Arch. Nachrbl. 2, 1997, 339–340; 409–410.

Saalburgmuseum feiert hundertjähriges Jubiläum und gräbt. Arch. Nachrbl. 2, 1997, 354–356.

Archäologische Ausgrabungen im Lagerdorf des Römerkastells Groß-Gerau. Denkmalpflege in Deutschland. Denkmalschutz-Inf. 21 (Bonn 1997) 50–52.

100 Jahre Saalburg 1897–1997. Gedanken zum Jubiläum. Jahrb. Hochtaunuskreis 5, 1997, 35–46.

Die Römer in Rai-Breitenbach. In: Stadt Breuberg. 1200 Jahre Rai-Breitenbach (Breuberg 1997) 83–101.

(zusammen mit H. Castritius)
Kaiser Julian am obergermanischen Limes in den Jahren 357 bis 359 n. Chr. In: W. Wackerfuß (Hrsg.), Beiträge zur Erforschung des Odenwaldes und seiner Randlandschaften 6 (Breuberg-Neustadt 1997) 1–16.

1996

Römische Verkehrswege im Oberrheingebiet. Alemannisches Jahrb. 1995/96 (1996) 81–95.

Antike Thermen in der Kurstadt – Erhaltung, Erschließung und Vermarktung römischer Bäder in Baden-Baden. 6. Denkmaltag Baden-Württemberg 1995. Denkmalpfl. Baden-Württemberg 25, 1996, 70–78.

Rock-Idol mit Interesse an der Antike. Rolling-Stones-Chef Mick Jagger auf der Saalburg. Jahrb. Hochtaunuskreis 4, 1996, 96–102.

Ein Krug der „Getauchten Ware“ und eine Steinzeugkugel aus Jügesheim, Stadt Rodgau, Kreis Offenbach. Der Odenwald 43, 1996, 166–172.

Vorwort. In: Postumus, Niederbieber und der Limesfall. Stationen eines politischen Prozesses. Bericht des 1. Saalburgkolloquiums. Saalburg-Schr. 3 (Bad Homburg v. d. Höhe 1996).

Geschichte bis zum Bau der neuen Kirche. In: 100 Jahre St. Nazarius. Festschrift zum 100-jährigen Bestehen der Pfarrkirche St. Nazarius in Ober-Roden (Rödermark 1996) 19–46.

St. Nazarius in der Zeit. 1. Vom Kirchenbau bis zum Ende des Zweiten Weltkrieges. In: 100 Jahre St. Nazarius. Festschrift zum 100-jährigen Bestehen der Pfarrkirche St. Nazarius in Ober-Roden (Rödermark 1996) 103–115.

(zusammen mit Th. Becker)
Das bearbeitete Knochenmaterial der Kastelle Zugmantel, Alteburg-Heftrich, Feldberg, Saalburg und Stockstadt. In: M. Kokabi/B. Schlenker/J. Wahl (Hrsg.), „Knochenarbeit“ – Artefakte aus tierischen Rohstoffen im Wandel der Zeit. Begleitheft zur Ausstellung auf der Saalburg. Saalburg-Schr. 4 (Bad Homburg v. d. Höhe 1996) 140–153.

1995

Germanien und Raetien im 3. Jahrhundert n. Chr. In: E. Schallmayer (Hrsg.), Der Augsburger Siegesaltar. Zeugnis einer unruhigen Zeit. Saalburg-Schr. 2 (Bad Homburg v. d. Höhe 1995) 7–11.

Der „Augsburger Siegesaltar“. In: E. Schallmayer (Hrsg.), Der Augsburger Siegesaltar. Zeugnis einer unruhigen Zeit. Saalburg-Schr. 2 (Bad Homburg v. d. Höhe 1995) 13–26.

Kastell Niederbieber oder am Ende „Römer gegen Römer“? In: E. Schallmayer (Hrsg.), Der Augsburger Siegesaltar. Zeugnis einer unruhigen Zeit. Saalburg-Schr. 2 (Bad Homburg v. d. Höhe 1995) 51–54.

Die „andere Seite“: Germanen in Thüringen. In: E. Schallmayer (Hrsg.), Der Augsburger Siegesaltar. Zeugnis einer unruhigen Zeit. Saalburg-Schr. 2 (Bad Homburg v. d. Höhe 1995) 55–60.

Vor- und Frühgeschichte. In: Der Stadtkreis Baden-Baden. Kreisbeschreibungen des Landes Baden-Württemberg (Sigmaringen 1995) 79–104.

Der römische Kastellort von Walldürn. In: P. Assion † (Hrsg.), 1200 Jahre Walldürn (Walldürn 1995) 17–84.

Vor- und Frühgeschichte. In: Der Stadtkreis Baden-Baden. Kreisbeschreibungen des Landes Baden-Württemberg (Sigmaringen 1995) 79–104.

(zusammen mit P. Knierriem)
Die Ausgrabungen Baden-Baden, Römerplatz 4 – Erste Einblicke in die Struktur des Weihebezirks von Aquae? Arch. Ausgr. Baden-Württemberg 1994 (1995) 124–128.

(zusammen mit G. Preuß)
Von den Agri Decumates zum Limes Dacicus. Bericht über eine Reise nach Rumänien. Saalburg-Schr. 1 (Bad Homburg v. d. Höhe 1995).

(zusammen mit P. Knierriem u. E. Löhnig)
Zum Abschluß der Ausgrabungen auf dem Rettig in Baden-Baden. Arch. Ausgr. Baden-Württemberg 1994 (1995) 117–124.

Besprechung: H. Schönberger/H.-G. Simon, Die Kastelle in Altenstadt. Limesforsch. 22 (Berlin 1983). In: Fundber. Hessen 29/30, 1989/90 (1995) 361–367.

1994

Eine Siedlungsgrube mit reichhaltigen Keramik-, Botanik- und Tierknochenresten der späten Urnenfelderzeit in Knittlingen, Enzkreis. Arch. Ausgr. Baden-Württemberg 1993 (1994) 87–89.

Grabungen in Ettlingen, Landkreis Karlsruhe – Neue Aufschlüsse zur Römerzeit und zum Mittelalter in der Altstadt. Arch. Ausgr. Baden-Württemberg 1993 (1994) 175–181.

Die Verarbeitung von Knochen in römischer Zeit. In: J. Biel/M. Kokabi/R. Röber/E. Schallmayer/B. Schlenker/B. Theune-Großkopf/E. Wagner/J. Wahl (Hrsg.), „Knochenarbeit“. Artefakte aus tierischen Rohstoffen im Wandel der Zeit. Arch. Inf. Baden-Württemberg 27 (Stuttgart 1994) 71–82.

Die archäologische Erforschung der Martinskirche in Ettlingen. St. Martin in Ettlingen. Beitr. Gesch. Stadt Ettlingen 13 (Ettlingen 1994) 8–45.

Die Nonnenwiese auf Altensteiger Markung. Fundplatz der Späten Altsteinzeit und der Mittleren Steinzeit seit dem Frühjahr 1990. Der Landkreis Calw. Ein Jahrbuch 12, 1994, 157–161.

Die Lande rechts des Rheins zwischen 260 und 500 n. Chr. In: F. Staab (Hrsg.), Zur Kontinuität zwischen Antike und Mittelalter am Oberrhein. Oberrheinische Stud. 11 (Sigmaringen 1994) 53–68.

Vor- und frühgeschichtliche Siedlungsspuren und Funde aus den Gemarkungen von Kirrlach, Waghäusel und Wiesental. In: B. Guttmann (Hrsg.),

Stadt Waghäusel. Die Geschichte von Kirrlach, Wiesental und Waghäusel (Karlsruhe 1994) 15–52.

Rede gehalten anläßlich der Verleihung des Eduard-Anthes-Preises in Darmstadt am 15.3.1985. Fundber. Hessen 24/25, 1985 (1994) 256–260.

(zusammen mit E. Löhnig)
Spuren eines römischen Militärstützpunktes auf dem Rettig in Baden-Baden. Arch. Ausgr. Baden-Württemberg 1993 (1994) 129–134.

(zusammen mit P. Knierriem u. E. Löhnig)
Aquae – Baden-Baden. Die antike Bäderstadt im Lichte neuerer Ausgrabungen und Forschungen. Denkmalpfl. Baden-Württemberg 23, 1994, 139–147.

1993

Ein römischer Münzschatzfund aus Osterburken, Neckar-Odenwald-Kreis. Arch. Ausgr. Baden-Württemberg 1992 (1993) 125–129.

Abschließende Ausgrabungen des römischen Gräberfeldes „Affeldürn“ in Osterburken, Neckar-Odenwald-Kreis. Arch. Ausgr. Baden-Württemberg 1992 (1993) 159–162.

Grabungen in Ettlingen, Landkreis Karlsruhe – Neue Aufschlüsse zur Römerzeit und zum Mittelalter in der Altstadt. Arch. Ausgr. Baden-Württemberg 1992 (1993) 175–181.

Ein weiterer Ziegelbrennofen im römischen Töpfereibezirk bei Stettfeld, Gemeinde Ubstadt-Weiher, Landkreis Karlsruhe. Arch. Ausgr. Baden-Württemberg 1992 (1993) 203–208.

Ein mesolithisches Gerät aus Bergkristall. In: E. Sangmeister (Hrsg.), Zeitspuren. Archäologisches aus Baden. Arch. Nachr. Baden 50, 1993, 32–33.

Ein römischer Münzsammler in Portus/Pforzheim? In: E. Sangmeister (Hrsg.), Zeitspuren. Archäologisches aus Baden. Arch. Nachr. Baden 50, 1993, 138–139.

Der ährentragenden Göttin geweiht. In: E. Sangmeister (Hrsg.), Zeitspuren. Archäologisches aus Baden. Arch. Nachr. Baden 50, 1993, 140–141.

Das Ettlinger Weinrelief. In: E. Sangmeister (Hrsg.), Zeitspuren. Archäologisches aus Baden. Arch. Nachr. Baden 50, 1993, 142–143.

Fibeln, Kamm und Münzanhänger. In: E. Sangmeister (Hrsg.), Zeitspuren. Archäologisches aus Baden. Arch. Nachr. Baden 50, 1993, 164–165.

Phantastische Bilderwelt auf dem Boden einer mittelalterlichen Kirche. In: E. Sangmeister (Hrsg.), Zeitspuren. Archäologisches aus Baden. Arch. Nachr. Baden 50, 1993, 204–205.

(zusammen mit E. Löhnig)
Zum Fortgang der Ausgrabungen auf dem „Rettig“ in Baden-Baden. Arch. Ausgr. Baden-Württemberg 1992 (1993) 138–144.

1992

Die endpaläolithische-mesolithische Fundstelle „Nonnenwiese“ bei Altensteig, Kreis Freudenstadt. Arch. Ausgr. Baden-Württemberg 1991 (1992) 40–44.

Neue Beobachtungen im Kohorten- und Annexkastell Osterburken, Neckar-Odenwald-Kreis. Arch. Ausgr. Baden-Württemberg 1991 (1992) 120–123.

Ein römischer Kalkbrennofen in Neckarburken, Gemeinde Elztal, Neckar-Odenwald-Kreis. Arch. Ausgr. Baden-Württemberg 1991 (1992) 123–126.

Abschluß der archäologischen Untersuchungen am Kappelhofplatz in Pforzheim. Arch. Ausgr. Baden-Württemberg 1991 (1992) 135–139.

Römische Baureste auf dem „Rettig“ in Baden-Baden. Arch. Ausgr. Baden-Württemberg 1991 (1992) 139–145.

Das merowingische Gräberfeld von Wittendorf, Gemeinde Loßburg, Kreis Freudenstadt. Arch. Ausgr. Baden-Württemberg 1991 (1992) 212–214.

Archäologische Zeugnisse aus der Stadtwerdungsphase Ettlingens. Ettlinger Hefte, Sonderh. 3, 1992, 41–57.

Production d'amphores en Germanie Supérieure? In: F. Laubenheimer (Hrsg.), Les Amphores en Gaule. Production et Circulation. Actes Table Ronde (Metz, 4-6 oct. 1990). Centre Rech. Hist. Ancienne 116 = Ann. Litt. Univ. Besançon 474 (Besançon, Paris 1992) 71–74.

Römerzeit. In: Der Neckar-Odenwald-Kreis. Kreisbeschreibungen des Landes Baden-Württemberg (Sigmaringen 1992) 45–63.

(zusammen mit F.-R. Hermann)
Ausgewählte restaurierte Denkmäler am Limes. In: Der römische Limes in Deutschland. Arch. Deutschland, Sonderh. (Stuttgart 1992) 101–103.

1991

Eine mesolithische Freilandstation in Ettlingen, Kreis Karlsruhe. Arch. Ausgr. Baden-Württemberg 1990 (1991) 22–24.

Notbergung eines hügelgräberbronzezeitlichen Grabfundes bei Weingarten, Kreis Karlsruhe.

Arch. Ausgr. Baden-Württemberg 1990 (1991) 62–63.

Fortsetzung der Ausgrabungen auf dem Kappelhofplatz in Pforzheim. Arch. Ausgr. Baden-Württemberg 1990 (1991) 141–145.

Notgrabung an der Villa rustica „Saukopftunnel" bei Weinheim, Rhein-Neckar-Kreis. Arch. Ausgr. Baden-Württemberg 1990 (1991) 145–147.

Das merowingerzeitliche Gräberfeld von Wittendorf, Gemeinde Loßburg, Kreis Freudenstadt. Arch. Ausgr. Baden-Württemberg 1990 (1991) 212–214.

Das gerettete Denkmal. Ein römisches Landgut an der Bergstraße. Arch. Deutschland 1991, H. 3, 38–39.

Archäologische Ausgrabungen auf dem „Rettig" in Baden-Baden. Aquae 91 = Beitr. Gesch. Stadt u. Kurort Baden-Baden 24, 1991, 9–12.

Graf Reinhard von Hanau-Lichtenberg (1494–1537), die „Ober-Rodener Spendung" und ihre Wiederbelebung als „Stiftung für Rödermark". Heimat u. Gesch. Inf. kulturelles Geschehen Kr. Offenbach 13, 1991, 11–16.

Die Lande rechts des Rheins zwischen 260 und 500 n. Chr. Vortragsprotokoll 307 vom 16.3.1991, hrsg. von Arbeitsgemeinschaft für Geschichtliche Landeskunde am Oberrhein e. V. (Karlsruhe 1991).

Die Villa rustica „Alter Weg" bei Großsachsen, Gemeinde Hirschberg, Rhein-Neckar-Kreis (Hirschberg 1991).

Hessen als Teil des römischen Weltreichs. Chronik der Jahre 100 v. Chr. bis 399 n. Chr. In: E. G. Franz (Hrsg.), Die Chronik Hessens (Dortmund 1991) 11–20.

Zur Herkunft und Funktion der Beneficiarier. In: V. A. Maxfield/M. J. Dobson (Hrsg.), Roman Frontier Studies 1989. Proceedings of the XVth International Congress of Roman Frontier Studies. Exeter Stud. Hist. (Exeter 1991) 400–406.

Besprechung: P. Wagner, Die Holzbrücke bei Riedstadt-Goddelau, Kreis Groß-Gerau. Mat. Vor- u. Frühgesch. Hessen 5 (Wiesbaden 1990). In: Hess. Jahrb. Landesgesch. 41 (Marburg 1991) 385–388.

1990

Der Kappelhofplatz – Ausgrabungen im ältesten Siedlungsteil Pforzheims. Arch. Ausgr. Baden-Württemberg 1989 (1990) 139–143.

Grabungen in der Altstadt von Baden-Baden. Arch. Ausgr. Baden-Württemberg 1989 (1990) 143–147.

Ein steinernes Zeugnis römischen Weinbaus in Ettlingen, Landkreis Karlsruhe. Arch. Ausgr. Baden-Württemberg 1989 (1990) 148–149.

Kurzbericht über die archäologische Untersuchung auf dem Grundstück Heitkämperstraße 1 in Rödermark–Ober-Roden. Heimat u. Gesch. Inf. kulturelles Geschehen Kr. Offenbach 12, 1990, 5–6.

Archäologische Ausgrabungen und Forschungen zum Kloster Rothaha. Der Odenwald 37, 1990, 43–60.

Die Siedlungsgeschichte Pforzheims im Lichte neuer Ausgrabungen am Kappelhofplatz. 299. Protokoll über die Arbeitssitzung am 8.6.1990, hrsg. von der Arbeitsgemeinschaft für Geschichtliche Landeskunde am Oberrhein e. V. (Karlsruhe 1990) 1–33.

1989

Neues vom alten Ettlingen, Kreis Karlsruhe. Arch. Ausgr. Baden-Württemberg 1988 (1989) 137–142.

Römermauern unter alten Bauten. Neue Einblicke in das römische Baden-Baden. Denkmalpfl. Baden-Württemberg 18, 1989, 121–126.

Zur Archäologie der St. Martinskirche Ettlingen. Neue Bausteine zur Geschichte Alt-Ettlingens. Ettlinger Hefte, Sonderh. 2, 1989, 5–19.

(zusammen mit J. Schleifring)
Bemerkenswerte Grablegen in der St. Martins-Kirche zu Ettlingen. Fundber. Baden-Württemberg 14, 1989, 487–514.

Besprechung: M. Mackensen, Frühkaiserzeitliche Kleinkastelle bei Nersingen und Burlafingen an der oberen Donau. Mit Beiträgen von A. von den Driesch, G. Endlicher, F. Fröhlich, L. Pauli, D. Rose, P. Schröter, U. Willerding. Münchner Beitr. Vor- u. Frühgesch. 41 (München 1987). In: Fundber. Baden-Württemberg 14, 1989, 701–704.

Besprechung: St. Martin-Kilcher, Die römischen Amphoren aus Augst und Kaiseraugst. Ein Beitrag zur römischen Handels- und Kulturgeschichte. Bd. 1: Die südspanischen Ölamphoren (Gruppe 1). Forsch. Augst 7,1 (Augst 1987). In: Fundber. Baden-Württemberg 14, 1989, 705–710.

1988

Abschluß der archäologischen Ausgrabungen am Bischofshof in Ladenburg. Arch. Ausgr. Baden-Württemberg 1987 (1988) 107–111.

Neue Ausgrabungen in der Martinskirche zu Ettlingen, Kreis Karlsruhe. Arch. Ausgr. Baden-Württemberg 1987 (1988) 220–224.

Neue Denkmäler des Jupiterkultes aus Nordbaden. Arch. Nachr. Baden 40/41, 1988, 28–39.

Eine neue Weiheinschrift eines Centurio der Legio VIII Augusta aus Brötzingen, Stadtkreis Pforzheim. Fundber. Baden-Württemberg 13, 1988, 433–444.

Graf Reinhard von Hanau-Lichtenberg (1494–1537) – Begründer der „Ober-Rodener Spendung". Hist. Bl. Rödermark 7 (Rödermark 1988).

Kap.: Die Römerzeit 49–71; Das Wagbachkastell 98–102; Ettlingen – Römische Zeit 190–200; Die villa rustica am Hedwigshof bei Ettlingen 200–203; Merowingerzeit und frühes Mittelalter 203–207; Die Martinskirche 207–217; Ettlingen – Vom Dorf zur Stadt 217–225; Albgau-Museum 225–228; Baden-Baden – Aquae in römischer Zeit 244–255; Das Stadtmuseum Baden-Baden 260–262. In: Karlsruhe und der Oberrheingraben zwischen Baden-Baden und Philippsburg. Führer arch. Denkmäler Deutschland 16 (Stuttgart 1988).

(zusammen mit L. Hildebrandt)
Römische Siedlungsstrukturen östlich der „Dornenmühle" bei Wiesloch, Rhein-Neckar-Kreis. Arch. Ausgr. Baden-Württemberg 1987 (1988) 142–144.

(zusammen mit J. Remesal-Rodríguez)
Römische Amphoren aus Baden-Württemberg. Fundber. Baden-Württemberg 13, 1988, 395–432.

Besprechung: J. Metzler/J. Zimmer/L. Bakker, Ausgrabungen in Echternach (Luxembourg 1981). In: Germania 66, 1988, 246–250.

1987

Neue Untersuchungen beim Benefiziarier-Weihebezirk von Osterburken, Neckar-Odenwald-Kreis. Arch. Ausgr. Baden-Württemberg 1986 (1987) 105–109.

Ein basilikaähnlicher Gebäudegrundriß in Neckarburken, Gemeinde Elztal, Neckar-Odenwald-Kreis. Arch. Ausgr. Baden-Württemberg 1986 (1987) 134–137.

Römische Steinfunde aus Pforzheim. Arch. Ausgr. Baden-Württemberg 1986 (1987) 142–145.

Ausgrabungen im Bereich des Schloßgartenhallen-Neubaus in Ettlingen, Kreis Karlsruhe. Arch. Ausgr. Baden-Württemberg 1986 (1987) 145–150.

Das römische Landgut mit Zierteich bei Hirschberg-Großsachsen, Rhein-Neckar-Kreis. Arch. Ausgr. Baden-Württemberg 1986 (1987) 153–158.

Die Jupitergigantensäule von Mosbach-Diedesheim, Neckar-Odenwald-Kreis. Arch. Ausgr. Baden-Württemberg 1986 (1987) 174–178.

Zur Chronologie in der römischen Archäologie. Arch. Korrbl. 17, 1987, 483–497.

Stadtkerngrabungen aus der Sicht der Archäologischen Denkmalpflege. Sonderheft zum 2. Landesdenkmaltag Baden-Württemberg 1986. Denkmalpfl. Baden-Württemberg 16, 1987, 14–21.

Deutsch-französisches Kolloquium in Karlsruhe am 20.2.1987 (Ziegelstempel der legio VIII Augusta). Denkmalpfl. Baden-Württemberg 16, 1987, 157–158.

Herrschaftsverhältnisse in Urberach vom 14. bis zum 17. Jahrhundert. Hist. Bl. Rödermark 6 (Rödermark 1987).

Ausgrabungen in Seligenstadt. Zur römischen und mittelalterlichen Topographie der Stadt. Saalburg-Jahrb. 43, 1987, 5–60.

(zusammen mit J. Schleifring)
Ausgrabungen im Altstadtbereich und in der St.-Martins-Kirche zu Ettlingen mit anthropologischer Auswertung des geborgenen Skelettmaterials. Ettlinger H. 21, 1987, 19–36.

1986

Weitere Grabungen an der römischen Villa rustica „Alter Weg" bei Großsachsen, Gemeinde Hirschberg, Rhein-Neckar-Kreis. Arch. Ausgr. Baden-Württemberg 1985 (1986) 159–163.

Ein frühalamannisches Grubenhaus am Südrand von Ladenburg, Rhein-Neckar-Kreis. Arch. Ausgr. Baden-Württemberg 1985 (1986) 177–179.

Der archäologische Wanderweg: Der Odenwaldlimes. Arch. Deutschland 1986, H. 4, 44–45.

Ein frühalamannisches Grubenhaus in der Flurgewann „Ziegelscheuer" bei Ladenburg, Rhein-Neckar-Kreis. Arch. Korrbl. 16, 1986, 341–346.

Die villa rustica „Alter Weg" bei Großsachsen, Gemeinde Hirschberg, Neckar-Odenwald-Kreis. Archäologische Denkmalpflege zwischen landwirtschaftlichen Bedürfnissen und öffentlichem Interesse. Denkmalpfl. Baden-Württemberg 15, 1986, 125–132.

Die Jupitersäule aus Mosbach-Diedesheim, Neckar-Odenwald-Kreis. Denkmalpfl. Baden-Württemberg 15, 1986, 137–141.

Eine neue Jupitergigantensäule aus Mosbach-Diedesheim, Neckar-Odenwald-Kreis. Der Odenwald 33, 1986, 106–111.

Stichworte: Baden-Baden 226–234; Buchen-Hettingen–Fahrenbach-Robern 263–264; Elztal-Neckarburken 279–285; Ettlingen 286–288; Nagold 454–455; Neidenstein 456–457; Niefern 457–458; Niefern-Oeschelbronn 458–459; Osterburken 468–476; Pfinztal-Kleinsteinbach 476–477; Remchingen-Wilferdingen 500; Rheinmünster-Greffern 504; Sinsheim-Steinsfurt 558–559; Waghäusel-Wiesental 591–592. In: Ph. Filtzinger/D. Planck/B. Cämmerer (Hrsg.), Die Römer in Baden-Württemberg[3] (Stuttgart 1986).

Beneficiarier-Weihebezirk und römische Holzbauten zwischen Römer- und Seedammstraße. In: E. Weiß/H. Neumaier (Hrsg.), Geschichte der Stadt Osterburken mit Beiträgen über ihre Teilorte Bofsheim, Hemsbach und Schlierstadt 1 (Osterburken 1986) 85–106.

Ausgrabung eines Benefiziarier-Weihebezirks und römischer Holzbauten in Osterburken. In: Studien zu den Militärgrenzen Roms III. 13. Internationaler Limeskongreß Aalen 1983 (Stuttgart 1986) 256–261.

Besprechung: J. Bellot/W. Czysz/G. Krähe (Hrsg.), Forschungen zur provinzialrömischen Archäologie in Bayerisch-Schwaben. Mit Beiträgen von L. Bakker, O. Braasch, W. Czysz, K. Dietz, J. Eingartner, P. Fasolt, R. A. Maier, B. Overbeck, S. von Schnurbein, H.-P. Uenze u. G. Weber. Schwäbische Geschichtsquellen u. Forsch. 14 (Augsburg 1985). In: Fundber. Baden-Württemberg 11, 1986, 400–408.

Besprechung: W. Eck, Die Statthalter der germanischen Provinzen vom 1.–3. Jahrhundert. In: Fundber. Baden-Württemberg 11, 1986, 408–409.

1985

Ein Töpferofen mit Ziegelstempel beim römischen Wagbachkastell, Gemeinde Waghäusel-Wiesental, Landkreis Karlsruhe. Arch. Ausgr. Baden-Württemberg 1984 (1985) 94–96.

Die Badeanlage der römischen Villa rustica „Alter Weg" bei Großsachsen, Gemeinde Hirschberg, Rhein-Neckar-Kreis. Arch. Ausgr. Baden-Württemberg 1984 (1985) 139–144.

Neue Funde aus dem Bereich des Benefiziarier-Weihebezirks von Osterburken, Neckar-Odenwald-Kreis. Arch. Ausgr. Baden-Württemberg 1984 (1985) 147–149.

Silvanus-Relief und Teile von Jupitergigantensäulen aus der Pfarrkirche St. Martin zu Mömlingen, Landkreis Miltenberg, Unterfranken. Arch. Jahr Bayern 1984 (1985) 107–110.

Neue Funde aus dem römischen Kastell- und Lagerdorfbereich von Walldürn, Neckar-Odenwald-Kreis. Fundber. Baden-Württemberg 10, 1985, 197–252.

Messenhausen bis zum Dreißigjährigen Krieg. Hist. Bl. Rödermark 5 (Rödermark 1985).

Ein Kultzentrum der Römer in Osterburken. In: D. Planck (Hrsg.), Der Keltenfürst von Hochdorf. Methoden und Ergebnisse der Landesarchäologie in Baden-Württemberg (Stuttgart 1985) 378–407.

(zusammen mit J. Wahl)
Zwei urnenfelderzeitliche Grabfunde aus Stettfeld, Gemeinde Ubstadt-Weiher, Kreis Karlsruhe. Fundber. Baden-Württemberg 10, 1985, 1–18.

Besprechung: B. Overbeck, Geschichte des Alpenrheintals in römischer Zeit auf Grund der archäologischen Zeugnisse, Teil I: Topographie, Fundvorlage und historische Auswertung. Münchner Beitr. Vor- u. Frühgesch. 20 (München 1982). In: Fundber. Baden-Württemberg 10, 1985, 435–438.

Besprechung: J. Topal, The Southern Cemetery of Matrica (Százhalombatta-Dunafüred). Fontes Arch. Hungaricae (Budapest 1981). In: Germania 63, 1985, 591–595.

Besprechung: H. Stather, Konstanzer Grabungsberichte. Neue Ausgrabungsfunde Alt-Konstanzer Baulichkeiten – Zeugnisse frühmittelalterlichen Lebens (Konstanz 1984). In: Denkmalpfl. Baden-Württemberg 14, 1985, 138.

1984

Ausgrabungen im Lagerdorf des Numeruskastells Walldürn, Neckar-Odenwald-Kreis. Arch. Ausgr. Baden-Württemberg 1983 (1984) 167–171.

Ausgrabungen eines Benefiziarier-Weihebezirks und römischer Holzbauten in Osterburken, Neckar-Odenwald-Kreis (II). Arch. Ausgr. Baden-Württemberg 1983 (1984) 171–176.

Eine Terra-sigillata-Imitation aus Stettfeld, Gde. Ubstadt-Weiher, Lkr. Karlsruhe. Arch. Nachr. Baden 33, 1984, 23–32.

Das zweite Militärbad von Neckarburken mit neuen Inschriften. Fundber. Baden-Württemberg 9, 1984, 435–470.

Besprechung: I. Moosdorf-Ottinger, Der Goldberg bei Türkheim, Hauptbd. Der Goldberg bei Türkheim, Teil 2: Bericht über die Grabungen in den Jahren 1942–1944 und 1958–1961. Münchner Beitr. Vor- u. Frühgesch. 24 (München 1981). In: Fundber. Baden-Württemberg 9, 1984, 547–553.

Besprechung: G. C. Boon/M. W. C. Hassall, The coins. Inscriptions and graffiti. Report on the excavations at Usk 1965–1976, vol. III (Cardiff 1982). In: Germania 62, 1984, 511–514.

1983

Ein römischer Töpfereibezirk bei Stettfeld, Gde. Ubstadt-Weiher, Landkreis Karlsruhe. Arch. Ausgr. Baden-Württemberg 1982 (1983) 106–109.

Römische Skulpturenfunde aus dem Waldgewann „Streitenbach" von Illingen-Schützingen, Enzkreis. Arch. Ausgr. Baden-Württemberg 1982 (1983) 113–114.

Das zweite Militärbad von Neckarburken, Gemeinde Elztal, Neckar-Odenwald-Kreis. Arch. Ausgr. Baden-Württemberg 1982 (1983) 135–137.

Ausgrabungen im Lagerdorf des Numerus-Kastells Walldürn, Neckar-Odenwald-Kreis. Arch. Ausgr. Baden-Württemberg 1982 (1983) 146–150.

Alamannische Reihengräber in Birkenfeld. Arch. Ausgr. Baden-Württemberg 1982 (1983) 197–198.

Römische Ausgrabungen in Neckarburken, Osterburken und Walldürn. Denkmalpfl. Baden-Württemberg 12, 1983, 133–142.

Kastelle, Kastellbäder, Lagerdorf und Benefiziarier-Weihebezirk von Osterburken, Neckar-Odenwald-Kreis. In: Führer zu römischen Militäranlagen in Süddeutschland. Herausgegeben aus Anlaß des 13. Internationalen Limeskongresses in Aalen, 18.–25. September 1983 (Stuttgart 1983) 83–90.

Die Kleinkastelle „Altheimer Straße" und „Hönehaus" sowie die Wachttürme am Limes bei Hettingen, Stadt Buchen, Neckar-Odenwald-Kreis. In: Führer zu römischen Militäranlagen in Süddeutschland. Herausgegeben aus Anlaß des 13. Internationalen Limeskongresses in Aalen, 18.–25. September 1983 (Stuttgart 1983) 91–93.

Kastell, Badegebäude und Lagerdorf von Walldürn, Neckar-Odenwald-Kreis. In: Führer zu römischen Militäranlagen in Süddeutschland. Herausgegeben aus Anlaß des 13. Internationalen Limeskongresses in Aalen, 18.–25. September 1983 (Stuttgart 1983) 93–97.

Keltische Eisenverhüttung in Neuenbürg. In: Die Bedeutung der Eisenherstellung im süddeutschen Raum in der Vor- und Frühgeschichte (Erlangen 1983) 3,1–3,14.

Römische Okkupationslinien in Obergermanien und Raetien. Zur chronologischen Typologie der Amphoren. In: J. M. B. Martinez/J. Remesal Rodríguez, Producción y comercio del' aceite en la antigüedad. Segundo congresso internacional (Sevilla, 24-28 Febrero 1982) (Madrid 1983) 281–336.

(zusammen mit U. Groß)
Die mittelalterlichen und neuzeitlichen Befunde und Funde der Grabung auf dem Gelände des Domhofes in Ladenburg, Rhein-Neckar-Kreis, 1980 und 1981. Forsch. u. Ber. Arch. Mittelalter Baden-Württemberg 8 (Stuttgart 1983) 79–138.

Besprechung: J. Oldenstein, Der obergermanisch-raetische Limes des Römerreiches. Fundindex (Mainz 1982). In: Fundber. Baden-Württemberg 8, 1983, 81–83.

1982

Archäologische Ausgrabungen in Nagold, Kr. Calw. Arch. Ausgr. Baden-Württemberg 1981 (1982) 56–59.

Ein römischer Töpferofen in der Flur „Hasenlauf" von Sinsheim, Rhein-Neckar-Kreis. Arch. Ausgr. Baden-Württemberg 1981 (1982) 145–147.

Römische Siedlung und Badegebäude in der Altstadt von Ettlingen, Lkr. Karlsruhe. Arch. Ausgr. Baden-Württemberg 1981 (1982) 153–159.

Wegemarken des antiken Welthandels. Römische Amphoren aus Baden-Württemberg. Denkmalpfl. Baden-Württemberg 11, 1982, 116–123.

Der Torso einer Jupitergigantengruppe aus Ettlingen, Kr. Karlsruhe. Fundber. Baden-Württemberg 7, 1982, 301–316.

Die Ausgrabungen auf dem Gelände des Domhofplatzes in Ladenburg während der Jahre 1980/81. In: Archäologische Entdeckungen unter dem neuen Rathaus von Ladenburg. Der Lobdengau. Sonderausgabe zum Tag der offenen Tür am 27. Juni 1982 (Ladenburg 1982) 1–8.

Besprechung: H. Schönberger/H.-G. Simon, Das Kastell Okarben und die Besetzung der Wetterau seit Vespasian. Limesforsch. 19 (Berlin 1980). In: Fundber. Baden-Württemberg 7, 1982, 592–595.

1981

Neue Ausgrabungen in Ladenburg 1980. Denkmalpfl. Baden-Württemberg 10, 1981, 81–86.

Stichworte: Babenhausen-Hergershausen 234; Bad König 236; Breuberg 244–245; Dieburg 250–256; Dreieich-Dreieichenhain 256–257; Dreieich-Götzenhain 257–259; Gernsheim 315; Groß-Gerau 322–324; Groß-Umstadt 328–329; Groß-Umstadt–Dorndiel 330–331; Groß-Umstadt–Heubach 331–332; Groß-Umstadt–Kleestadt 332–333; Hanau-Steinheim 341–342; Heppenheim 346–347; Höchst i. Odw.–Mümling-Grumbach 350; Lorsch 423–424; Michelstadt 431; Michelstadt-Steinbach 435–436; Ober-Ramstadt 459–461; Offenbach 461–462; Otzberg–Ober-Klingen 463; Pfungstadt 463; Reinheim-Georgenhausen 464; Rüsselsheim 469; Schaafheim-Mosbach 474; Schaafheim-Radheim 474–475; Seligenstadt 477–479; Trebur 482.

In: F.-R. Herrmann/D. Baatz (Hrsg.), Die Römer in Hessen (Stuttgart 1981; 2. Aufl. 1989).

Zum römischen Namen von Dieburg. Germania 59, 1981, 307–319.

Frühe Urkunden aus Urberach. Hist. Bl. Rödermark 4 (Rödermark 1981).

(zusammen mit R.-H. Behrends)
Ausgrabungen und Neufunde der Bodendenkmalpflege im Regierungsbezirk Karlsruhe während des Jahres 1980. Arch. Nachr. Baden 26, 1981, 34–55.

(zusammen mit R.-H. Behrends)
Archäologische Beobachtungen im römischen Ladenburg. Arch. Nachr. Baden 26, 1981, 49–55.

1980

Das Wagbachkastell – ein frührömisches Kleinkastell. Denkmalpfl. Baden-Württemberg 9, 1980, 51–54.

Grabungen an der Limesmauer bei Mudau, Ortsteil Schlossau, Neckar-Odenwald-Kreis. Fundber. Baden-Württemberg 6, 1980, 551–564.

Zur Geschichte der Röder Mark. In: Rödermark wird Stadt. Festschrift zur Stadtrechtsverleihung (Rödermark 1980) 96–149.

(zusammen mit R.-H. Behrends)
Ausgrabungen und Neufunde der Bodendenkmalpflege im Regierungsbezirk Karlsruhe während des Jahres 1979. Arch. Nachr. Baden 24, 1980, 39–54.

1979

Das römische Kastell Seligenstadt, Kreis Offenbach. Führungsblatt zum Kastell und zur Zivilsiedlung. Arch. Denkmäler Hessen 9 (Wiesbaden 1979).

Kloster Rothaha und Ober-Roden im frühen Mittelalter. Hist. Bl. Rödermark 3 (Rödermark 1979).

(zusammen mit H. U. Nuber)
Das Kleinkastell „Haselburg“ bei Walldürn-Reinhardsachsen, Neckar-Odenwald-Kreis. Kulturdenkmale in Baden-Württemberg. Kleine Führer 47 (Stuttgart 1979).

1978

Archäologische Funde aus Urberach. Hist. Bl. Rödermark 2 (Rödermark 1978).

(zusammen mit Jü. Wahl u. Jo. Wahl)
Untersuchungen am Wp. 4/5 – Steinturm. Fundber. Hessen 15, 1975 (1978) 253–302.

1977

Archäologische Funde aus Ober-Roden. Hist. Bl. Rödermark 1 (Rödermark 1977).

1976

Spätmittelalterliche und neuzeitliche Brunnenfunde aus Rödermark–Ober-Roden, Kr. Offenbach a. M. Stud. u. Forsch. N. F. 7, 1976, 29–52.

Herausgeberschaften

Neustart – Hessische Landesarchäologie 2001–2011. Konzeption – Themen – Perspektiven. Hessen-Arch., Sonderbd. 2 (Stuttgart 2012).

Quer durch Hessen. Archäologie entlang der Ferngasleitung 83. Hessen-Arch., Sonderbd. 1 (Stuttgart 2012).

Der Odenwaldlimes. Neueste Forschungsergebnisse. Beiträge zum wissenschaftlichen Kolloquium am 19. März 2010 in Michelstadt. Saalburg-Schr. 8 (Bad Homburg v. d. Höhe 2012)

Archäologie und Politik. Archäologische Ausgrabungen der 30er und 40er Jahre des 20. Jahrhunderts im zeitgeschichtlichen Kontext [Koll. Nidda-Bad Salzhausen 2008]. Fundber. Hessen, Beih. 7 = Glauberg-Forsch. 1 (Wiesbaden 2011).

Limes Imperii Romani. Beiträge zum Fachkolloquium „Weltkulturerbe Limes“ November 2001 in Lich-Arnsburg. Saalburg-Schr. 6 (Bad Homburg v. d. Höhe 2004).

Traian in Germanien – Traian im Reich. Bericht des dritten Saalburgkolloquiums. Saalburg-Schr. 5 (Bad Homburg v. d. Höhe 1999).

Hundert Jahre Saalburg – Vom Grenzposten Roms zum Museum in Europa. Festschrift zum 100jährigen Jubiläum. Ant. Welt, Sonderh. (Mainz 1997).

Niederbieber, Postumus und der Limesfall. Stationen eines politischen Prozesses. Bericht des ersten Saalburgkolloquiums. Saalburg-Schr. 3 (Bad Homburg v. d. Höhe 1996).

Der Augsburger Siegesaltar. Zeugnis einer unruhigen Zeit. Saalburg-Schr. 2 (Bad Homburg v. d. Höhe 1995).

(zusammen mit M. Kliem/W. Schmidt)
Die Römer im Taunus (Frankfurt a. M. 2005).

(zusammen mit J. Gorecki)
Heroische Landschaften. Eine pittoreske Reise zu den antiken Stätten der türkischen Mittelmeerküste. Zaberns Bildbde. Arch. (Mainz 2000).

Grußwort des Vizepräsidenten der Philipps-Universität Marburg

Anlässlich des wissenschaftlichen Kolloquiums am 5. Juli 2013 zur Verabschiedung des Landesarchäologen Prof. Dr. Egon Schallmayer in den Ruhestand

Joachim Schachtner

Sehr geehrte Damen und Herren,
sehr geehrte Gäste,
liebe Kolleginnen und Kollegen,

im Namen der Philipps-Universität Marburg begrüße ich Sie alle sehr herzlich hier in der ehrwürdigen Alten Aula der Universität und überbringe Ihnen damit auch die herzlichsten Grüße unserer Präsidentin, Frau Professorin Katharina Krause.

Besonders begrüßen möchte ich unsere Ministerin für Wissenschaft und Kunst, Frau Eva Kühne-Hörmann, Frau Staatsministerin a. D. Ruth Wagner, alle Referentinnen und Referenten der heutigen Veranstaltung und natürlich nicht zuletzt – die Person um die es heute insbesondere geht – Herrn Prof. Dr. Schallmayer.

Ich freue mich sehr, sehr geehrter Herr Schallmayer, dass Ihre Mitarbeiterinnen und Mitarbeiter der hessenARCHÄOLOGIE unsere Universität und diesen besonderen Ort hier gewählt haben, um Sie mit einem wissenschaftlichen Kolloquium aus dem Amt des Saalburgdirektors und des Landesarchäologen von Hessen in den Ruhestand zu verabschieden. Dass dies in Zusammenarbeit mit dem Vorgeschichtlichen Seminar unserer Universität, namentlich Herrn Prof. Dr. Müller-Karpe, geschieht, verdeutlicht die kollegialen freundschaftlichen Beziehungen zwischen den Archäologen der hessenARCHÄOLOGIE und unseren Archäologen hier an der Universität.

Mit der hessenARCHÄOLOGIE, Herr Schallmayer, sind wir *per definitionem* schon immer in sehr gutem Kontakt, wenn es um Baumaßnahmen der Universität im Stadtkern von Marburg geht. So wurden zuletzt auf dem Gelände der früheren Deutschordensniederlassung – auf dem künftigen Campus Firmanei, auf dem der Neubau der Zentralen Universitätsbibliothek errichtet werden soll – archäologische Ausgrabungen durch das Sachgebiet Mittelalter- und Neuzeitarchäologie der Hessischen Landesarchäologie unter der Leitung von Dr. Christa Meiborg durchgeführt. Selbstverständlich finden solche archäologischen Untersuchungen immer im Vorfeld unserer Baumaßnahmen statt, was erheblich zu unserer Planungssicherheit beiträgt. Hier können wir – sehr geehrte Frau Ministerin – sagen, dass zwei Ihrer Landeseinrichtungen, in bestem Einvernehmen zusammenarbeiten.

Doch zurück zum Anlass des Kolloquiums: Heute werden Sie – Herr Schallmayer – mit einem breit gefächerten Kolloquium, nicht nur in Bezug auf Ihre wissenschaftliche Arbeitsleistung gewürdigt – die Vorträge berühren die Epochen und Themen, über die Sie während Ihrer Zeit als Saalburgdirektor und Landesarchäologe wissenschaftlich gearbeitet haben –, sondern es wird Abschied genommen – und ich zitiere hier aus verschiedenen Artikeln – von einem Reformer, einem Ideengeber, einem Organisator, der seit 2001 als Landesarchäologe maßgeblich das Konzept der **hessen**ARCHÄOLOGIE entwickelt hat und die Weiterentwicklung dieses Konzepts unter der Bezeichnung **hessen**ARCHÄOLOGIE**21plus** vorangetrieben hat; ebenso wird auch das Konzept des Dezentralen Archäologischen Landesmuseums untrennbar mit Ihrem Namen verbunden.

Sehr geehrter Herr Schallmayer, ich darf Ihnen – auch im Namen des Präsidiums der Philipps-Universität – alles Gute für Ihre Zukunft wünschen und möchte nochmals betonen, dass Ihre Mitarbeiterinnen und Mitarbeiter keinen besseren Rahmen als die Alte Aula finden konnten, um Ihre Leistungen und Ihre Verdienste zu würdigen.

Ich wünsche Ihnen, verehrte Gäste, eine erkenntnisreiche Tagung und eine guten Gedankenaustausch.

Laudatio auf Prof. Dr. Egon Schallmayer am 05. Juli 2013 in der Alten Aula der Philipps-Universität Marburg

Jürgen Kunow

Sehr geehrte Frau Staatsministerin Kühne-Hörmann,
sehr geehrter Herr Vizepräsident Prof. Schachtner,
sehr verehrte Damen, meine Herren,
liebe Kolleginnen und Kollegen,
sehr geehrter Herr Prof. Schallmayer – und ich darf hinzufügen, weil wir uns schon seit 30 Jahren kennen, lieber Egon!

Der Einstieg mag nicht sonderlich originell sein, aber es ist mir wirklich ein besonderes Vergnügen, die Laudatio auf Egon Schallmayer anlässlich seiner Verabschiedung als hessischer Landesarchäologe zu halten – und hierfür gibt es viele Gründe. Zunächst einmal freut es mich, hier in Marburg an einen Ort zurückzukommen, wo ich immerhin vier Jahre studiert habe und vor 33 Jahren auch am Vorgeschichtlichen Seminar der Philipps-Universität promoviert wurde. Darüber hinaus persönlich, also familiär, sind meine Frau, die mich heute begleitet, und ich Marburg aufs Engste verbunden geblieben. Immerhin steht Marburg als Geburtsort im Ausweis unseres Sohnes und solch ein Bezug bleibt.

In seinem Roman „Die geheimnisvolle Flamme der Königin Loana“ lässt Umberto Eco seinem Romanhelden, der unter retrograder Amnesie leidet, mitteilen: „Wir leben in den drei Zeitstufen der Erwartung, der Aufmerksamkeit und der Erinnerung, und keine davon kann auf die andere verzichten.“ Auch unser heutiger Anlass passt sich hier gut ein. Wir bewegen uns noch in der „Aufmerksamkeit“ und schon in der „Erinnerung“.

Egon Schallmayer wird heute als hessischer Landesarchäologe verabschiedet und ich muss gestehen, dass es nicht meine erste Verabschiedung von Egon Schallmayer in diesem Jahr ist. Genau genommen ist es sogar schon meine dritte! Als Berufsrheinländer fällt mir dazu die berühmte „Rheinische Klimax“ ein, wonach es beim ersten Mal „Innovation“ ist, beim zweiten schon „Tradition“ und beim dritten schließlich „Brauchtum“. Die Ethnologen hingegen sprechen anlassbezogen gerne von einem «rite de passage», der nun bereits seit einigen Monaten andauert. Im April haben wir Egon Schallmayer aus der Deutschen Limeskommission im Limesinformationszentrum Hof Grass bei Hungen verabschiedet; im Mai folgte anlässlich unserer Jahrestagung des Verbandes der Landesarchäologen in Bremen der Abschied aus dem dortigen Kollegenkreis. Heute ist nun der Höhepunkt, quasi das Finale, erreicht.

Kollege Schallmayer gehört zweifelsohne – und das beweist ja auch die „große Verabschiedungsschleife“ – zu den bekanntesten Archäologen in Deutschland. Selbstverständlich finden Sie *sub voce* „Egon Schallmayer“ einen entsprechenden Eintrag in der Internet-Enzyklopädie Wikipedia. Sogar ein Bild von ihm ist beigefügt, wo man ihn bei einer seiner Lieblingstätigkeiten sieht, nämlich der Präsentation einer Publikation. Diese hat er in der linken Hand, die rechte hält ein Mikrofon, die Zuhörer bleiben unbekannt. Das Foto ist vor einem dreiviertel Jahr entstanden, am 9. Oktober 2012, in Michelstadt-Vielbrunn, also beim Odenwaldlimes, wo zwei Jahre zuvor ein Spezialkongress stattgefunden hatte – und ich denke, es ist der einschlägige Tagungsband, der hier vorgestellt wird.

Bei Wikipedia lesen Sie unter anderem, dass Egon Schallmayer zunächst eine Lehre als Bankkaufmann absolviert hatte, bevor er zum Archäologiestudium an die Goethe-Universität nach Frankfurt a. M. wechselte. Mir hat er einmal zu später abendlicher Stunde gesagt, dass seinerzeit insbesondere die drohende Monotonie und die frühen Öffnungszeiten der Bank ihn dazu bewogen hätten, sich für ein Studium einzuschreiben. Nun ja, über Monotonie muss man sich als Landesarchäologe sicherlich keine Gedanken machen, aber man wird zum „Early Bird“, ob man es nun schätzt oder auch nicht.

Übrigens war damals auch die Philipps-Universität in Marburg für ihn im Gespräch, doch lag Frankfurt zu seinem Wohnort einfach günstiger. 1979 wurde er bei Hans Ulrich Nuber über ein hessisches Thema, nämlich das römische Dieburg und seine Gräberfelder, promoviert und aktuell hat sich Egon Schallmayer noch einmal der Mühe unterzogen, seine damalige Dissertation auf den neuesten Stand zu bringen und die hinzugekommenen Fundplätze aufzuarbeiten.

Nach dem Studium, im Jahr 1979, ging er nach Baden-Württemberg in die dortige Außenstelle Karlsruhe der archäologischen Denkmalpflege. Baden-Württemberg stellte sich damals an, zum „Gelobten Land“ zumindest der Bodendenkmalpflege zu werden. Ein Jahr zuvor war das berühmte Keltengrab von Hochdorf entdeckt und ausgegraben worden. Nicht nur die Fachöffentlichkeit war von diesem unberaubten keltischen Fürstengrab begeistert, auch die Landespolitik erkannte das Potenzial und so wurden die 1980er-Jahre, insbesondere durch die Förderung des damaligen Ministerpräsidenten

Lothar Späth, zur absoluten Hochzeit. Es war aber nicht nur das Fürstengrab von Hochdorf, was in diesen Jahren national wie international aufmerksam begleitet wurde.

Ich selbst lernte Egon Schallmayer – zumindest bewusst – im Herbst 1983 kennen. Es war auf dem 13. Internationalen Limeskongress, der vom 18. bis 25. September in Aalen stattfand. Wie nicht anders zu erwarten, war alles absolut mustergültig organisiert, wobei man bisweilen den Eindruck hatte, dass gerade die Baden-Württemberger mit einem Übermaß an Kompetitivität gesegnet waren. Zusätzlich gab es in Aalen einen neuen herausragenden römerzeitlichen Fundplatz, einen echten Hotspot, den man der internationalen Fachwelt vorstellte. Egon Schallmayer hatte die Ausgrabungen im Benefiziarier-Weihebezirk von Osterburken aufgenommen. Die dortigen Steindenkmäler, die Weihesteine der Benefiziarier, entzückten die Fachwelt. Da Benefiziarier als Spezialeinheiten im gesamten römischen Reichsgebiet eingesetzt waren, schrieb der Fundplatz Osterburken „Reichsgeschichte" und interessierte alle. Spätere Fachkolloquien zu den Benefiziariern gingen deshalb immer wieder von dieser besonderen Grabungsstätte und ihrem Inschriftenbestand aus, zu der es keine echte Parallele bis heute gibt. Der Aalener Limeskongress erließ – völlig ungewöhnlich – spontan eine Resolution, welche die wissenschaftliche Untersuchung dieses durch ein Straßenbauprojekt gefährdeten Platzes einforderte. Egon Schallmayer war so etwas wie der „heimliche Star" dieses Internationalen Limeskongresses geworden und das Angenehme war, dass er dennoch nicht „abhob".

Wer die Situation an den deutschen Universitäten noch in den 1970er-Jahren kennt, weiß, dass es im Bereich der Archäologie, also der Vor- und Frühgeschichte, aber auch der Provinzialrömischen Archäologie eine intensive „Schulenbildung" gab. Der Studienort, genauer der Doktorvater (noch eher selten waren damals Doktormütter) als „Gatekeeper" legte im Grunde fest, in welchen Bundesländern man beruflich tätig werden konnte und in welchen nicht. Damit wurde auch der fachliche Kollegenkreis determiniert, in dem man sich bewegte – quasi der Klassiker eines selbstreferenziellen Systems. Für die Provinzialrömische Archäologie waren damals München, Freiburg und Frankfurt a. M. die einschlägigen Universitäten in Deutschland. Darüber hinaus gab es dieses Studienfach noch in Bonn und auch hier in Marburg fanden regelmäßig Veranstaltungen mit provinzialrömischen Themen statt. Die jüngeren Fachkolleginnen und Fachkollegen, die mit der Provinzialrömischen Archäologie vor allem als Museumsleute oder Bodendenkmalpfleger berufsmäßig zu tun hatten, wollten den ihnen mitgegebenen Separatismus überwinden und so wurde die „Arbeitsgemeinschaft für römische Archäologie" im Rahmen des West- und Süddeutschen Verbandes für Altertumskunde gegründet. Diese Arbeitsgemeinschaft gibt es noch heute und man hat damals eine wirklich gute Kommunikationsform gefunden. Es wurde im geregelten Rotationsverfahren ein Sprecherrat installiert, der das Thema der Fachtagungen festlegte und die Referenten einlud. Dieser Sprecherrat bestand aus vier Personen, die das „Provinzialrömische Deutschland" auch geografisch widerspiegelten. Im Vorfeld hatte es bereits in Worms ein Treffen gegeben, wo die Modalitäten im Einzelnen festgelegt worden waren. Natürlich war auch Egon Schallmayer „mit von der Partie", die von den Arrivierten auch als „Wormser Konkordat" bezeichnet wurde.

Zum ersten Mal tagte die Arbeitsgemeinschaft für römische Archäologie im Rahmen der Jahrestagung des West- und Süddeutschen Verbandes in Koblenz. Man hatte sich das Thema „Chronologie" ausgesucht und Egon Schallmayer hielt auf dieser ersten Sitzung am 20. Mai 1986 das Einführungsreferat. Dieses findet sich im folgenden Jahrgang des Archäologischen Korrespondenzblattes veröffentlicht und Egon Schallmayer enttäuschte die rund 100 Tagungsteilnehmer nicht – es waren viel mehr gekommen, als von den Veranstaltern erwartet. Er rüttelte ganz kräftig an den chronologischen Grundfesten und vertiefte insbesondere die Problematik, Keramiksequenzen aus den sog. fest datierten Plätzen mit den absoluten historischen Ereignissen, wie sie von den antiken Schriftstellern überliefert sind, zu verknüpfen. Eigentlich blieb kaum einer von unseren chronologischen Ankerpunkten unbestritten und wir alle waren der Auffassung, die neue Arbeitsgemeinschaft hätte einen prima Start hingelegt.

Auch wenn die 1980er-Jahre für die Landesarchäologie in Baden-Württemberg sicherlich so etwas wie eine „Goldene Ära" waren und man nicht nur sensationelle Entdeckungen und spannende Forschungsergebnisse präsentieren konnte oder auch die Öffentlichkeit vorbildlich mit neu in Wert gesetzten archäologischen Denkmälern beglückte, war doch klar, dass es auf Dauer Egon Schallmayer nicht befriedigen konnte, in Karlsruhe als zweiter Wissenschaftler und stellvertretender Außenstellenleiter für Nordbaden zu bleiben.

1995 zog es ihn zurück nach Hessen und er trat in Nachfolge von Dietwulf Baatz das Direktorat auf der Saalburg an. Natürlich hatte die Saalburg eine hohe internationale Reputation und gehörte auch zum Pflichtbesucherprogramm der hessischen Schulkinder. Dennoch war deutlich, dass hier ein „Relaunch" notwendig war. Egon Schallmayer setzte nicht nur auf das wissenschaftliche Standbein, sondern wusste, dass Wiederaufbauaktivitäten und weitere Maßnahmen im Saalburgkastell unumgänglich waren, um die Attraktivität dieses Museumsortes wieder zu stärken. Es gelang ihm, auch die Landespolitik zu interessieren und so konnte er nach einer gewissen Vorbereitungs- und Planungszeit ein finanzstarkes Investitionsprogramm für die Saalburg verkünden.

Eine kleine „Saalburggeschichte" darf in dieser Laudatio einfach nicht fehlen: Am 24. August 1996 kam – völlig unerwartet – der „Frontman" der Rolling Stones, Mick Jagger, zu einem mehrstündigen Besuch auf die Saalburg und wurde von Egon Schallmayer geführt. Ich bin – so denke ich – wirklich kein neidischer Mensch, aber das damals entstandene Foto, das Mick Jagger und Egon Schallmayer in Großaufnahme nebeneinander zeigt, ist schon „ganz großes Kino". Wer von uns hat schon solch ein Erinnerungsstück in seiner Trophäensammlung!?

Ab 1999 ging es mit der Archäologie in Hessen spürbar bergauf. Ruth Wagner war neue Hessische Ministerin für Wissenschaft und Kunst und leitete eine Entwicklung ein, die nicht nur das Saalburgmuseum mit einem großzügig aufgelegten Investitionsprogramm, sondern auch die Landesarchäologie nachhaltig verändern sollte. Im November 2001 bestellte man in Nachfolge von Fritz-Rudolf Herrmann Egon Schallmayer zum neuen Landesarchäologen. Er blieb zugleich Direktor der Saalburg und damit leitete erstmals in Hessen eine Person zugleich das besucherstärkste Archäologiemuseum und die Landesarchäologie. Nur dadurch war es möglich, das Konzept der „hessenARCHÄOLOGIE" auf dem musealen und bodendenkmalpflegerischen Feld aufeinander abgestimmt umzusetzen. Dieses Konzept ist, so denke ich, den hier Anwesenden bestens bekannt. Es trägt Egon Schallmayers Handschrift und wird in dem Sammelband „Neustart – Hessische Landesarchäologie 2001–2011" ausführlich dargestellt.

Ich vermute, Egon Schallmayer hat im Verlaufe seines Berufslebens vor allem zwei Dinge als entscheidend erkannt, wie man Öffentlichkeit und Landespolitik für die Landesarchäologie gewinnt:

(1) Die Landesarchäologie braucht als Visitenkarte ein populärwissenschaftliches Jahrbuch, in dem die neuen Ausgrabungen und Forschungen allgemeinverständlich und spannend dargestellt werden. Unsere „Blaupause" war hier „Das archäologische Jahr in Bayern" (erstmals für das Jahr 1980 erschienen), die bald darauf dann Dieter Planck als „Archäologische Ausgrabungen in Baden-Württemberg" adaptierte. Harald Koschik führte wenig später mit seinem Wechsel nach Bonn die „Archäologie im Rheinland" ein. Und auch ich habe nach der Wende mit der „Archäologie in Berlin und Brandenburg" entsprechend nachgelegt. Egon Schallmayer ging unmittelbar nach seiner Berufung als Landesarchäologe nach diesem bewährten Muster vor und so erschien die „hessenARCHÄOLOGIE" erstmals für das Berichtsjahr 2001.

(2) Eine weitere Tatsache war ihm im Zusammenhang mit dem Hochdorfer Grab bewusst geworden. Die Landesarchäologie kann sich gerade institutionell im Windschatten eines Leitfundes („Jahrhundertfund") bestens entwickeln und hier bot sich die 1996 geborgene, überlebensgroße Statue des keltischen Fürsten vom Glauberg als Ikone resp. Monstranz bestens an.

Möglicherweise hat Egon Schallmayer in seinen ersten Dienstjahren – wie Dieter Planck in Baden-Württemberg – zunächst noch daran gedacht, ein Archäologisches Landesmuseum für Hessen an zentraler Stelle zu installieren und dort die wichtigsten archäologischen Funde aus dem Land Hessen zusammenzuführen. Derartige Pläne sind politisch kaum noch durchsetzbar, zu stark sind die zentrifugalen Kräfte und Befindlichkeiten. Deshalb wurde das Konstrukt eines dezentralen Landesmuseums gewählt, das an unterschiedlichen Orten jeweils landesgeschichtlich wichtige Abschnitte präsentiert. Mit der Saalburg ist die römische Epoche und mit dem 2011 eröffneten Glaubergmuseum die Keltenzeit bereits hervorragend abgedeckt. Dieses Konzept ist – das beweisen auch ganz aktuelle Aktivitäten – in jeder Hinsicht ausbaubar und damit zukunftsbezogen.

Wenigstens kurz muss hier der Obergermanisch-Raetische Limes noch Erwähnung finden. Egon Schallmayer gehört sicherlich zu den profiliertesten Limesforschern nicht nur in Deutschland und so war er natürlich maßgeblich auch an dem erfolgreichen Antrag der Bundesländer Rheinland-Pfalz, Hessen, Baden-Württemberg und Bayern beteiligt, den Obergermanisch-Raetischen Limes in die Welterbeliste der UNESCO aufzunehmen. Im Jahr 2005 gelang dieses bekanntlich. Im Vorfeld bereits hatten die vier Bundesländer die Deutsche Limeskommission als Nachfolgeinstitution der „Reichslimeskommission" gegründet und Egon Schallmayer war von Beginn an Mitglied dieser Kommission. Aktuell ist er dort noch stellvertretender Vorsitzender, der jetzt aber die Kommission verlässt.

Auch im Verband der Landesarchäologen gehörte Egon Schallmayer seit 2003 bis zum Jahr 2012 dem Vorstand an. Er war stellvertretender Vorsitzender. Seine Wahl bzw. seine zwei Wiederwahlen absolvierte er mit Traumvoten. Ausschlaggebend war nicht nur das fachliche Wissen, sondern insbesondere seine konziliante Art, die auch Vertreter gegensätzlicher Positionen zusammenfinden lässt. Uns allen ist immer klar gewesen, dass Egon Schallmayer persönlich absolut integer ist. Er hat eine immense fachliche, aber auch eine ausgeprägte soziale Kompetenz.

Aber muss das auch jemanden erfolgreich werden lassen? Nein, muss es nicht! Einer der in diesem Metier überragenden Analysten – ich rede von Niccolò Machiavelli – hat zwei wesentliche Voraussetzungen für den Erfolg definiert. Zum einen, so Machiavelli, braucht man *„virtù"*, also die Fähigkeit, absolut entschlossen und zum richtigen Zeitpunkt zu handeln. Man benötigt aber noch etwas, nämlich *„fortuna"*, was natürlich viel mehr als nur „Glück" impliziert. Fortuna, die Göttin des Glücks bzw. des Schicksals, ist Egon Schallmayer im modernen politischen Gewande zweimal begegnet: jeweils in Person einer Ministerin, nämlich Ruth Wagner und Eva Kühne-Hörmann, die beide entscheidende Weichenstellungen eingeleitet haben. Beide sind heute hier und auch das demonstriert ihre Verbundenheit mit der hessischen Landesarchäologie.

Ich komme zum Ende der Laudatio für Egon Schallmayer. Was soll man ihm für die Zukunft wünschen oder was kann man ihm mitgeben? Bei der Verabschiedung von Dieter Planck, wo ich im Herbst 2009 in Esslingen ebenfalls die Laudatio halten durfte, habe ich die Elementaraussage von Udo Lindenberg aufgegriffen: „Hinter dem Horizont geht es weiter …"

Für Dich, lieber Egon, bin ich auf eine kleine literarische Sensation gestoßen. Es handelt sich um die Novelle „Monsieur Bougran in Pension" von Joris-Karl Huysmans. Bei Monsieur Bougran handelt sich um einen „kleinen" Büroangestellten, der gegen seinen Willen und – wie es heißt – „wegen moralischer Invalidität" vorzeitig in den Ruhestand versetzt wird. Er irrt die ersten Wochen planlos durch Paris. Ihm fehlt die Routine des Büros und so kommt er folgerichtig zur einzig möglichen Lösung. Er richtet sich zu Hause das gleiche Büro ein. Verfasst an sich selbst Petitionen, die er kunstvoll (abschlägig) bescheidet und stellt sogar seinen alten Bürodiener ein, der ihn mit seiner eigenen Post versorgt. Ich finde diese kleine Novelle und das Schicksal von Monsieur Bougran ungemein eindrucksvoll und das Erstaunliche ist, dass sie bereits 1888, also vor 125 Jahren, geschrieben, allerdings erst Jahrzehnte später, nämlich 1964, erstmals veröffentlicht wurde und jetzt auch in einer modernen deutschen Ausgabe vorliegt.

Honoré de Balzac, großes Vorbild Huysmans', hatte sich bereits zuvor in seinem wirklich lesenswerten Traktat «Physiologie de l'Employé» mit dem Angestellten befasst und dessen Büro als «coque de l'employé», also als „Eierschale des Angestellten", charakterisiert. Ich wünsche Dir, lieber Egon, alles, alles erdenklich Gute für die Zukunft, wenn Du – um im Bilde zu bleiben – nun von innen heraus die Eierschale durchbrichst und die Welt völlig neu kennenlernst.

Von Amt zu Amt – ein Grußwort

Ursula Braasch-Schwersmann

Die Grüße von Amt zu Amt gehen vom Hessischen Landesamt für geschichtliche Landeskunde an die hessenARCHÄOLOGIE und ihren Leiter, den Landesarchäologen Egon Schallmayer, einen fachlich wie persönlich sehr geschätzten Kollegen der benachbarten Behörde.

Die guten Beziehungen zwischen den beiden Einrichtungen bestehen seit vielen Jahrzehnten und gehen bereits auf die früheren Amtsinhaber zurück. Landeshistoriker wie Walter Schlesinger und Fred Schwind haben mit Rolf Gensen und Fritz-Rudolf Herrmann seit den 1960er-Jahren immer wieder zusammengewirkt, etwa bei den Projekten der Deutschen Forschungsgemeinschaft mit Grabungen zur Frühzeit in Hessen nahe Fritzlar am Sitz des Bistums Büraberg, am Christenberg im Burgwald mit keltischen und karolingischen Siedlungsresten oder bei Maßnahmen am Glauberg in der Wetterau.

Die Tradition der gegenseitigen Einbeziehung in Fachfragen ist zwischen den Dienststellen kontinuierlich fortgesetzt worden. Auf unkomplizierte Weise konnte man sich in allen archäologischen Belangen an Egon Schallmayer und sein Team wenden. Die zwei Institutionen versuchen, sich aus der jeweiligen Kompetenz heraus zu unterstützen und werden dies zum gemeinsamen Nutzen auch weiterhin tun. Zudem verbindet das Bestreben, historische Begebenheiten nicht nur durch Forschungen zu erschließen, sondern deren Ergebnisse breit zu vermitteln, sowohl der Fachwelt wie jedem Interessierten. Zu dieser Öffentlichkeitsarbeit in Stadt und Land, in Festsälen und Dorfgemeinschaftshäusern gehören Vorträge für Laien, denen sich Egon Schallmayer in ungezählten Veranstaltungen immer wieder zugewandt hat, um in verständlichen Worten über Kelten, Römer und den Limes zu berichten. Die Vermittlung von Wissen und neuen Erkenntnissen ist eine Aufgabe, über deren Bedeutung sich beide Institute sehr einig sind.

Das Hessische Landesamt für geschichtliche Landeskunde hat die Kooperation mit Egon Schallmayer während seiner gesamten Dienstzeit als große Bereicherung und als wichtige Ergänzung erfahren. Ein herzlicher, aufrichtiger Dank gilt nicht nur für die gewährte fachliche Zusammenarbeit, sondern auch für die guten persönlichen Beziehungen und den angenehmen kollegialen Umgang, sei es bei der Planung gemeinsamer Vorhaben, bei Ausstellungen, bei Vortragsveranstaltungen oder bei der Durchführung von Projekten im Kulturbereich. 1999 hat Egon Schallmayer zusammen mit Claus Dobiat die „Archäologische Landesforschung" auf einer Tagung zum Thema „Fünfzig Jahre Landesgeschichtsforschung in Hessen"[1] vorgestellt, die das Hessische Landesamt für geschichtliche Landeskunde organisiert hatte. Dieses Institut profitiert in vielfacher Hinsicht von Egon Schallmayers Tätigkeit und Wirken als Wissenschaftler. Das gilt sowohl für das Hessische Ortslexikon[2], in das die Ergebnisse seiner Studien einfließen, als auch für den Hessischen Städteatlas, der sich in den schwierigen Fragen zur Siedlungsentwicklung auf fundierte Studien des Archäologen Schallmayer stützen kann, so im Fall von Dieburg[3].

Um neue Aspekte der Vergangenheit zu untersuchen, ist 2012 mit der hessenARCHÄOLOGIE unter Leitung von Egon Schallmayer über die Möglichkeiten diskutiert worden, „Roms Weg vom Rhein zur Elbe" zum Gegenstand der Forschung zu machen, wobei der Part des Landesamtes für geschichtliche Landeskunde darin bestand, den versammelten Fachleuten bei dem Treffen auf der Saalburg einen Überblick über vorhandene Materialien und Grundlagen zu geben. Das Institut selbst stellt schriftliche und visuelle Zeugnisse bereit. Im Landesgeschichtlichen Informationssystem LAGIS gibt es u. a. ein Angebot mit „Historischen Kartenwerken"[4]. Dort findet sich die territoriumbezogene Überlieferung zum

- Fürstentum Waldeck und Pyrmont (1856)
- Herzogtum Nassau (1819)
- Großherzogtum Hessen-Darmstadt (1823–1850)
- Kurfürstenthum Hessen (1840–1861)

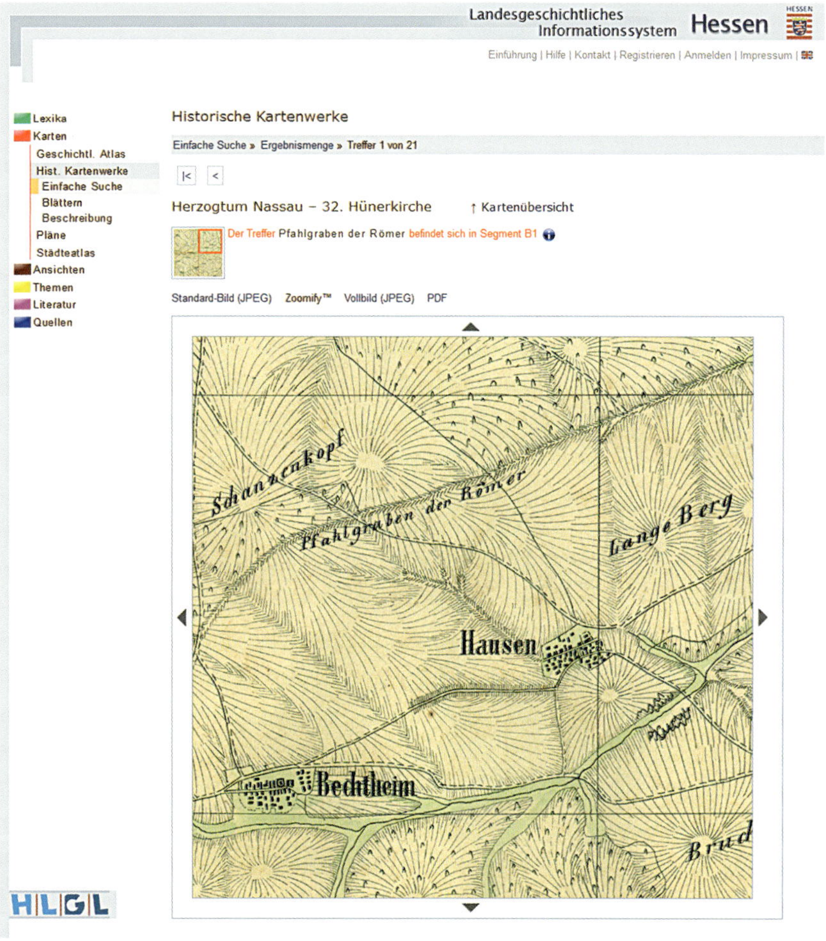

1 Ausschnitt von Blatt 32 Hünerkirche der Karte vom Herzogthum Nassau (Anm. 5) in LAGIS (screenshot: Hessisches Landesamt für geschichtliche Landeskunde).

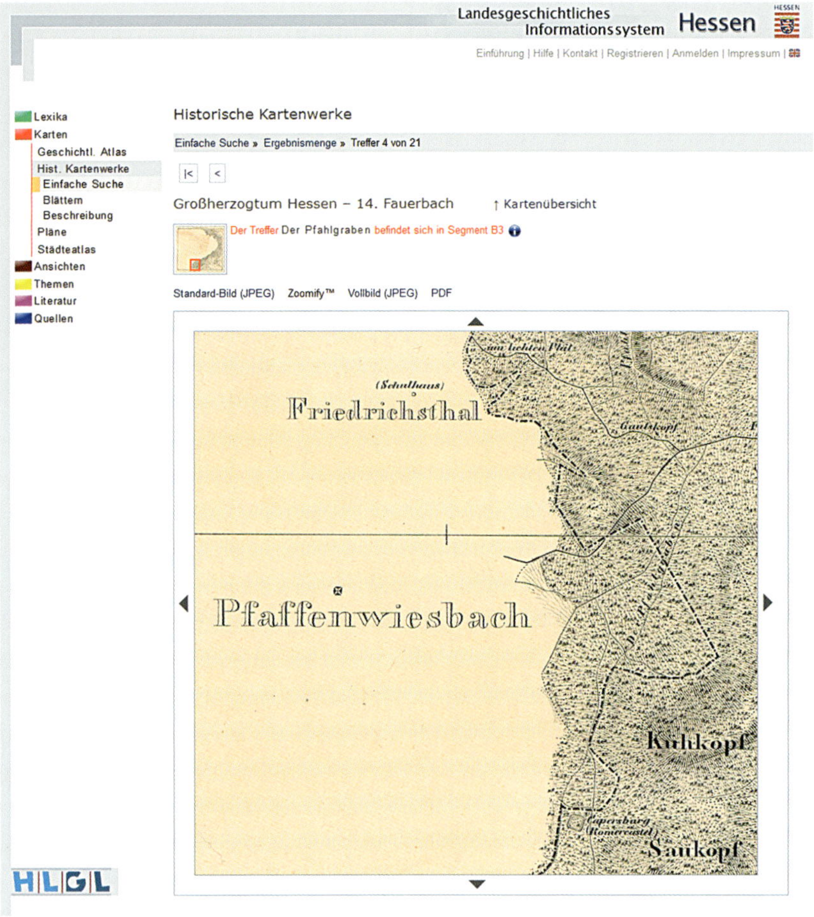

2 Ausschnitt von Blatt 14 Fauerbach der Karte vom Großherzogtum Hessen (Anm. 6) in LAGIS (screenshot: Hessisches Landesamt für geschichtliche Landeskunde).

Die 112 Blätter der letztgenannten Niveau Karte stehen vollständig bis Ende 2013 im Netz, alle übrigen Ansichten sind bereits verfügbar. Sämtliche digitalisierten Altkarten werden nicht nur statisch gezeigt, sondern sie wurden vom Landesamt in vollem Umfang inhaltlich erschlossen und mit einem Index versehen. Somit sind alle in diesen kartografischen Darstellungen des 19. Jahrhunderts enthaltenen Informationen zu Städten, Dörfern, Siedlungen, Flurnamen und sonstigen Objekten recherchierbar – auch zu den Stichwörtern „Römer“ und „Limes“. Über ein differenziertes Suchsystem ergibt sich erstmals die Möglichkeit, gezielte Fragen zu stellen.

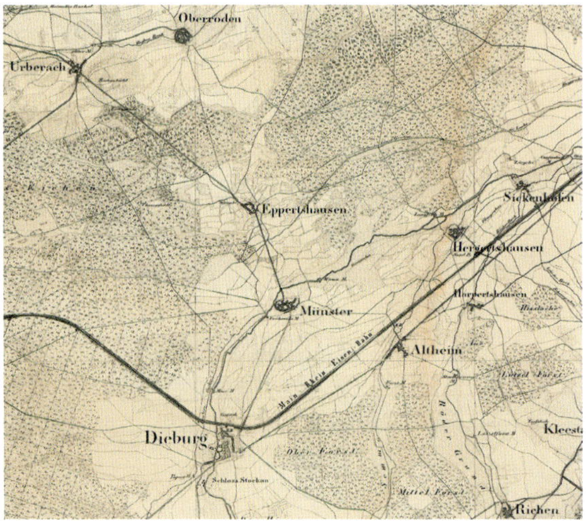

3 Ausschnitt von Blatt 23 Ober-Roden der Karte vom Großherzogtum Hessen (Anm. 6) in LAGIS (Karte: Hessisches Landesamt für geschichtliche Landeskunde).

Unter anderem findet sich in der Überlieferung zum Großherzogtum Nassau die Beschriftung „Pfahlgraben der Römer“[5] (Abb. 1). Selbst wenn in heutiger Zeit nicht mehr an allen Stellen Reste des Limes im Gelände vorhanden sein sollten, kann man seinen Verlauf und seine Benennung im 19. Jahrhundert aus den Altkarten rekonstruieren. Das digitale Angebot des Landesamtes bringt vielfältige Chancen zur Analyse. Auch die vom Großherzogtum Hessen-Darmstadt kartierten Bereiche beinhalten historische Bauzeugnisse, die sich auf elektronischem Weg nunmehr einfach aufsuchen lassen, wie etwa das „Römercastell Capersburg“[6] (Abb. 2), das an dem wiederum als „Pfahlgraben“ betitelten Limes lag.

Für den Kollegen Egon Schallmayer mag es jenseits seiner Dienstgeschäfte Zeit und Gelegenheit geben, das Angebot Historischer Karten in LAGIS auf seine Tauglichkeit zu prüfen, auch zu seinem Heimatort Ober-Roden[7] (Abb. 3).

Anmerkungen

1 C. Dobiat/E. Schallmayer, Archäologische Landesforschung. In: U. Reuling/W. Speitkamp (Hrsg.), Fünfzig Jahre Landesgeschichtsforschung in Hessen. Hessisches Jahrb. Landesgesch. 50 (Marburg 2000) 29–56.

2 Historisches Ortslexikon des Landes Hessen; online unter www.lagis-hessen.de.

3 Hessischer Städteatlas, Lfg. I 4: Dieburg, bearb. von H. Gräf/U. Ritzerfeld (Marburg 2005). Online: www.lagis-hessen.de, Karten, Städteatlas.

4 Die Historischen Kartenwerke befinden sich in dem Modul „Historische Kartenwerke“ in www.lagis-hessen.de.

5 Karte vom Herzogthum Nassau: von den im Jahr 1819 geschehenen Aufnahmen längs der Preussischen und Hessischen Gränzen etc.; orientirt nach Parallelen vom Meridian und Perpendikel von Paris. 51 Blätter. 1 : 20.000 (o. O. 1819) hier Bl. 32 Hünerkirche in: www.lagis-hessen.de, Historische Kartenwerke, Herzogtum Nassau, Bl. 32.

6 Karte von dem Großherzogthume Hessen: in das trigonometrische Netz der allgemeinen Landesvermessung aufgenommen von dem Grossherzoglich Hessischen Generalquartiermeisterstabe / lith. von C. Kling. [Koord.: L. Lyncker] 32 Blätter. 1:50.000 (Darmstadt 1823–1850) hier Bl. 14 Fauerbach in: www.lagis-hessen.de, Historische Kartenwerke, Großherzogtum Hessen, Bl. 14.

7 Ebd. hier Bl. 23 Dieburg in: www.lagis-hessen.de, Historische Kartenwerke, Großherzogtum Hessen, Bl. 23. Der Treffer Ober-Roden (Oberroden) befindet sich dort in Segment B1.

In der Karlsruher Inventarisation auf den Spuren von Egon Schallmayer

Anita Gaubatz-Sattler

Im Rahmen der archäologischen Inventarisation werden bei der Landesdenkmalpflege in Baden-Württemberg die archäologischen Kulturdenkmale ausgewiesen. Dem liegt eine gründliche Bearbeitung der Quellenlage zu jedem einzelnen Denkmal zugrunde. Das Vorgehen bei dieser Grundlagenarbeit kann vielschichtiger nicht sein. Es besteht zunächst aus einer Bürotätigkeit beim Recherchieren der bislang bekannten Faktenlage, bisweilen gelingt dabei die genaue Lokalisierung einer alt erwähnten Fundstelle. Eine große Hilfe ist es, wenn beim zuständigen Gebietsreferenten direkt nachgefragt werden kann. Im Idealfall wird das archäologische Objekt vor Ort aufgesucht.

Dieser Aufgabenkomplex obliegt der Autorin am Karlsruher Dienstsitz. In dieser Eigenschaft hat sie mit dem Jubilar Egon Schallmayer mehrere Jahre vertrauensvoll zusammengearbeitet. Schallmayer war von Juli 1979 bis Dezember 1994 als Gebietsreferent beim damaligen Landesdenkmalamt Baden-Württemberg an der Außenstelle Karlsruhe tätig. Er war als solcher für die südlichen Kreise des Regierungsbezirkes Karlsruhe zuständig, als Referent für die Römerzeit für den kompletten Regierungsbezirk Karlsruhe, der vom Odenwald bis in den Schwarzwald reicht. Somit finden sich seine Spuren über den ganzen Bezirk verteilt und diesen soll im Rahmen des vorliegenden Festschrift-Beitrags gefolgt werden, wobei keine Vollständigkeit angestrebt wird; vielmehr werden ausgewählte Fundplätze in der Reihenfolge von Norden nach Süden aufgeführt.

Mörschenhardt

Alsbald nach Schallmayers Dienstantritt führte ihn seine erste Ausgrabung im Juli 1979 in den Odenwald fast an die hessische Grenze und zwar an den Odenwaldlimes bei Mudau-Mörschenhardt (Neckar-Odenwald-Kreis). Dort wurde durch das Schlagen einer Waldschneise für eine geplante Wegeanlage der hier von einer Mauer gebildete Limeszug beeinträchtigt[1]. Es handelt sich am Odenwaldlimes um eine „einzigartige Erscheinung“[2], die bereits 1925 von der Reichs-Limeskommission auf einer Länge von 112 m dokumentiert worden war. Bei der Ausgrabung im Sommer 1979 wurde die letzte Steinlage bestehend aus mächtigen Sandsteinquadern nachgewiesen, die auf einer Rollierungsschicht trocken aufgesetzt war. Offensichtlich waren die Quader zur Frontseite hin nur grob, auf der Innenseite hingegen sehr sorgfältig behauen worden. Neben dem im Boden noch sichtbaren Mauerzug lagen halbwalzenförmige Zinnensteine, die zur Abdeckung der Mauer gedient hatten.

Die vorhandenen Reste erlaubten die Rekonstruktion eines kurzen Mauerabschnitts (Abb. 1). Die durchschnittlich 0,60 m (zwei römische Fuß) breite Mauer dürfte 2–3 m hoch gewesen sein. Jeweils an den Mauerenden wurden die Reste der daran anschließenden Palisade entdeckt. Da sich keine älteren Befunde unter der Mauer fanden, muss diese gleich bei der Anlage des Limes errichtet worden sein. Der parallel verlaufende Limesweg war im Grabungsbereich von 1979 nur noch in den letzten Resten in Form einer Rollierungsschicht aus Steinkleinschlag feststellbar. Mit den 1979 eingemessenen Befunden dieses Odenwaldlimesabschnittes war eine genauere Kartierung der Liste der archäologischen Kulturdenkmale möglich.

Großsachsen

Im Gewann „Alter Weg“, früher „Maueräcker“ genannt, liegt westlich von Hirschberg-Großsachsen (Rhein-Neckar-Kreis) eine lange bekannte römische Siedlungsstelle in nur geringer Entfernung zu Ladenburg, dem römischen Civitas-Hauptort *Lopodunum*. Die römische Bausubstanz wurde nach einer Flurbereinigung durch den Einsatz von Tiefpflügen in größerem Maße beeinträchtigt. Nach Suchschnitten im Spätjahr 1983 begann E. Schallmayer im Frühjahr 1984 mit der ersten Grabung[3]. In den darauffolgenden Jahren wurden bis 1987 das Bad und das Hauptgebäude der Villa rustica in ihrer Ausdehnung und ihren Bauphasen erforscht. Das zunächst aus Holz errichtete Wohngebäude wurde um die Mitte des 2. Jahrhunderts n. Chr. in Stein ausgebaut. Das Hauptgebäude (Abb. 2) bestand aus einer repräsentativen Risalitvilla, deren Front in ihrem letzten Bauzustand über 35 m lang war. Vor der Hauptfront wurde ein sich fast über

1 Mudau-Mörschenhardt (Neckar-Odenwald-Kreis). Rekonstruiertes Stück der Limesmauer am Odenwaldlimes (Foto: Landesamt für Denkmalpflege im Regierungspräsidium Stuttgart, Dienstsitz Karlsruhe).

2 Hirschberg-Großsachsen (Rhein-Neckar-Kreis). Luftbild des restaurierten Hauptgebäudes der *villa rustica* (Foto: O. Braasch, Landesamt für Denkmalpflege im Regierungspräsidium Stuttgart).

die gesamte Länge erstreckendes Wasserbecken nachgewiesen, das wohl als Zierbecken – vielleicht als Fischteich – genutzt worden war und einen Beleg für eine aus dem mediterranen Raum entlehnte Gartenarchitektur darstellt[4].

Westlich und nordwestlich des Hauptgebäudes stand ein als Heiligtum interpretiertes Gebäude; der Tempel war über Mauerzüge mit dem Hauptgebäude verbunden. Das Badegebäude, das erst in der Steinbauphase der Villa errichtet worden war, lag südlich des Wohngebäudes. Der Blocktyp beinhaltete alle für den Badevorgang notwendigen Einrichtungen und wurde mehrfach erweitert. Die Villa rustica hatte wohl kaum bis in die Mitte des 3. Jahrhunderts Bestand. Mehrere alamannische Funde belegen außerdem eine nachrömische Nutzung im 4. Jahrhundert[5].

Schon während der Grabung kam aus den Reihen der Bürgerschaft der Wunsch auf, die archäologischen Befunde der Öffentlichkeit zugänglich zu machen. Eine Konservierung gelang für den Bereich des Hauptgebäudes (Abb. 2); die Einweihung der rekonstruierten Anlage fand im Frühjahr 1991 statt[6]. Auf jüngeren Luftbildaufnahmen ist nicht nur der erhaltene Befund bestens sichtbar, sondern es sind auch Bereiche der Hofmauer erkennbar, sodass die Ausdehnung des gesamten Kulturdenkmals nun klarer bestimmt werden kann.

Ladenburg

3 Ladenburg (Rhein-Neckar-Kreis). Nord-Süd-Profil mit Blick auf die Kastellgräben und die Kastellmauer am rechten Bildrand (Foto: Landesamt für Denkmalpflege im Regierungspräsidium Stuttgart, Dienstsitz Karlsruhe).

Im April 1980 begannen in Ladenburg (Rhein-Neckar-Kreis) die Grabungen im Bereich des Erweiterungsbaus des neuen Rathauses, dem sog. Domhof[7], nahezu im Zentrum des römischen *Lopodunum*, Hauptort der *Civitas Ulpia Sueborum Nicrensium*. Im Rahmen der großflächigen Untersuchung wurden nicht nur Kastell- und zivile Baubefunde aus der Römerzeit, sondern auch mittelalterliche und neuzeitliche Baustrukturen dokumentiert. Dank der vorhandenen Kellerpläne zur jüngeren Bebauung war es möglich, den Schnitt durch die mehrphasigen römischen Kastellumwehrungen so zu legen, dass er von keiner späteren Bebauung beeinträchtigt war. Das Nord-Süd-Profil (Abb. 3) zeigt die relativchronologische Abfolge der Kastelle sehr deutlich: Zwei fast sterile Spitzgräben, die im anstehenden Sandboden mit einer Gesamtbreite von 14 m zu sehen waren, gehörten zu einem in vespasianischer Zeit gegründeten Holz-Erde-Kastell. Der fast 10 m breite Spitzgraben des wohl um 90 n. Chr. gegründeten Steinkastells überlagerte die beiden älteren Gräben. Dessen noch erhaltene Mauer reichte fast bis an die moderne Straßenoberfläche heran, wie am rechten Bildrand zu sehen ist. Der Schnitt durch die Kastellgräben war so eindrucksvoll, dass der Befund mit einem großen Lackprofil für das Lobdengau-Museum in Ladenburg konserviert wurde. In einer Ausstellung im Sommer 1982 wurden die neuen Befunde und Funde der Öffentlichkeit präsentiert[8].

Durch diese großflächige Ausgrabung wurden nicht nur weitere Erkenntnisse zur römischen Geschichte von *Lopodunum* gewonnen, sondern es konnte auch die innerstädtische Siedlungsentwicklung des mittelalterlichen Ladenburgs aufgezeigt werden[9]. Dieser Bedeutung soll das 1994 ausgewiesene Grabungsschutzgebiet für den Innenstadtbereich von Ladenburg Rechnung tragen.

Osterburken

Am 25. August 1982 meldete das Straßenbauamt Buchen, dass im Zentrum von Osterburken (Neckar-Odenwald-Kreis) bei Tiefbohrungen für Pfahlgründungen zum Bau der Straßenbrücke über die Eisenbahnlinie ein römischer Altarstein durchbohrt worden war (Abb. 4)[10]. Bei der sogleich von E. Schallmayer veranlassten Sondierung wurden im Bereich der Bohrstelle innerhalb kurzer Zeit sechs vollständig erhaltene Altarsteine freigelegt, darunter der Stein des Benefiziariers Publius Junius Secundus, der das gemeldete Bohrloch aufwies, das man zur Stabilisierung durch einen Holzpfropfen geschlossen hatte. Alsbald begann die Ausgrabung; die Baugrube wurde erweitert und ein römischer Benefiziarier-Weihebezirk mit verschiedenen Tempelbauwerken, Baustrukturen und Weihesteinaufstellungen wurde freigelegt (Abb. 5). Die in Osterburken stationierte Spezialeinheit der Benefiziarier, die hier ihren halbjährigen Dienst ableisteten, überwachte sicherlich den grenzüberschreitenden Handel. Der bis 1986 untersuchte Bereich stellt nicht nur wegen der vielen Weihealtäre, sondern auch aufgrund der hervorragend erhaltenen Holzbaubefunde einen Glücksfall für die Archäologie dar. Die römischen Befunde wurden in einer Tiefe von 3,50 m bis 5,50 m unter Straßenniveau angetroffen, wo man in dem feuchten Bereich der Kirnauniederung keine römischen Baustrukturen erwartet hatte[11].

Aufgrund der erhaltenen Hölzer und Weihesteine können die römischen Bauwerke und deren Abfolge recht genau datiert werden[12]. Der Osterburkener Weihebezirk entstand um die Mitte des 2. Jahrhunderts mit einem kleinen Quellheiligtum und einer Steinexedra. Um 160 n. Chr. baute man bei der Quelle den ersten Holztempel – ein Gebäude mit Vorraum und Cella –, auf den ein Holzbohlenweg zuführte (Abb. 6). Das erste Wasserbecken entstand auch in diesem Zeitraum. Um 165 wurde über der Exedra ein dreiachsiger Holztempel in Pfostenbauweise errichtet. Nach 172 wurde der Tempel als Schwellenbau mit Brettausfachung neu gebaut. In das Jahr 174 ist die früheste datierbare Inschrift eines Benefiziarier-Weihesteines zu setzen. Um 180 wurde außerdem ein kleines, der Göttin Dea Candida geweihtes Heiligtum erbaut. In den 90er-Jahren des 2. Jahrhunderts wurde der Weihebezirk nochmals erweitert, die Weihesteine wurden in mehreren Reihen aufgestellt. Für das Jahr 207 sind der Umbau des Wasserbeckens sowie ein Tempelneubau in Form eines Schwellenbaus mit Lehmausfachung belegt. Schließlich entstand um das Jahr 226 ein bis zum Ende des Weihebezirks existierender Holzbau.

Anhand der Sockelsteine ließen sich sechs Reihen von vor dem großen Holztempel aufgestellten Weihesteinen rekonstruieren. Von diesen standen noch einige *in situ*, viele lagen verstürzt oder fehlten bereits ganz (Abb. 5). Ehemals handelte es sich

4 Osterburken (Neckar-Odenwald-Kreis). Benefiziarier-Weihebezirk. Altarstein des Benifiziariers Publius Junius Secundus. Das Loch entstand durch die Tiefbohrung am 25.08.1982 (Foto: Landesamt für Denkmalpflege im Regierungspräsidium Stuttgart, Dienstsitz Karlsruhe).

5 Osterburken (Neckar-Odenwald-Kreis). Benefiziarier-Weihebezirk. Blick von Westen auf die Grabungsfläche von 1982 (Foto: Landesamt für Denkmalpflege im Regierungspräsidium Stuttgart, Dienstsitz Karlsruhe).

6 Osterburken (Neckar-Odenwald-Kreis). Benefiziarier-Weihebezirk. Holzbohlenweg zum älteren Holztempel (Foto: Landesamt für Denkmalpflege im Regierungspräsidium Stuttgart, Dienstsitz Karlsruhe).

7 Elztal-Neckarburken (Neckar-Odenwald-Kreis). Blick von Westen auf das basilikaähnliche Gebäude (Foto: Landesamt für Denkmalpflege im Regierungspräsidium Stuttgart, Dienstsitz Karlsruhe).

um etwa 200 Altäre. Durch datierbare Inschriften lässt sich folgender Ablauf feststellen[13]: Der älteste Stein aus dem Jahr 174 stand in der ersten Reihe, die zweite Reihe wurde bis 182 n. Chr. genutzt, die vierte Reihe bis in die Jahre 203 bzw. 205. Neben der beeindruckenden Inschriftenvielfalt[14] kann hier dank der erhaltenen Holzbefunde auch das römische Zimmermannshandwerk nicht nur an den Tempelbauten, sondern darüber hinaus an Wasserbecken, Bohlenwegen, Deuchelleitungen oder Holzzäunen genauer studiert werden[15]. Die zahlreich geborgenen Pflanzenreste[16] wie auch viele Lederfunde[17] ermöglichen darüber hinaus, das römische Lebensbild klarer entstehen zu lassen.

Gerade dieser Grabungsausschnitt lässt erahnen, welch interessante Befunde sich im Bereich des Doppelkastellplatzes Osterburken noch im Boden befinden können. Demnach ist es wichtig, dieses

Areal zu schützen und die Ausweisung als Grabungsschutzgebiet wurde beantragt. Seit 2005 ist Osterburken Teil des UNESCO-Welterbes Limes.

Neckarburken

Elztal-Neckarburken (Neckar-Odenwald-Kreis) mit seinen beiden Kastellen, einem Kohorten- und einem Numeruskastell, am Odenwaldlimes wurde bereits im 19. Jahrhundert durch die Reichs-Limeskommission erforscht[18]. Schon damals waren das Bad des Kohortenkastells und einzelne Gebäudestrukturen des zugehörigen römischen Vicus bekannt, der sich vor allem westlich der Kastelle erstreckte. Aufgrund von Luftbildaufnahmen aus den Jahren 1982/83 und der zunehmenden Bodenerosion im leicht ansteigenden Hangbereich südlich des alten Ortskerns wurden 1986/87 im Gewann „Tiefer Weg“ Ausgrabungen durchgeführt[19]. Im Zentrum der Grabung stand ein lang rechteckiges Steingebäude (Abb. 7) mit einer Apsis, das sich bereits im Luftbild abgezeichnet und in dessen Innenbereich es anscheinend einen Vorgängerbau aus Holz gegeben hatte. Dass das Gebäude der Götterverehrung diente, legen Reste einer Inschrift, eines Altars sowie das Oberteil eines Jupitergigantenreiters nahe. Der basilikaähnliche Gebäudegrundriss veranlasste den Ausgräber Schallmayer, das Gebäude als Versammlungshaus *(schola)* für Offiziersverbände, Soldatengruppen oder Vereine anzusprechen[20]. Damit liegt ein Gebäudegrundriss vor, der sich von den bislang bekannten, streifenhausartigen Baubefunden in Neckarburken abhebt.

Nicht unerwähnt soll hier der Grabungsbefund von 1982 bleiben. Damals wurde bei Kanalverlegungsarbeiten nördlich der Bundesstraße das zum Numeruskastell gehörende Badegebäude (sog. Bad II) in seinem östlichen Bereich angeschnitten. Im nördlichsten Raum lag ein Altarstein, der über die im Jahr 158 n. Chr. erfolgte Weihung des durch die Elzbritonen renovierten Gebäudes berichtet[21]. Diese Inschrift ist im Kontext der Verlegung der Truppen vom Odenwaldlimes an den Vorderen Limes von besonderer Bedeutung. Die Ergebnisse der beiden Ausgrabungen weisen erneut auf die besondere Bedeutung des römischen Neckarburken hin. Daher wurde das Areal 1986 bzw. 1987 in das Denkmalbuch eingetragen sowie als Grabungsschutzgebiet ausgewiesen.

Stettfeld

Nachdem im Frühjahr 1982 bei den Bauarbeiten für einen Autobahnzubringer westlich von Stettfeld, Gde. Ubstadt-Weiher (Lkr. Karlsruhe), ein römischer Töpferofen angeschnitten worden war, wurden im Sommer desselben Jahres die in der Straßentrasse liegenden Bereiche eines Töpfereibezirks ausgegraben[22]. Ein Rundofen hatte noch eine fast vollständige Lochtenne (Abb. 8). Besonders in den Bedienungsgruben fand sich reichlich Töpfereiabfall der dort wohl bis zur Mitte des 3. Jahrhunderts n. Chr. hergestellten Gebrauchskeramik. Im nördlichen Grabungsareal wurden auch zwei urnenfelderzeitliche Grabstellen[23] freigelegt, deren zugehörige Siedlung nicht lokalisiert werden konnte.

1992 wurde im Bereich dieses römischen Gewerbegebiets ein weiterer Ziegelbrennofen[24] aufgedeckt, ohne dass mit diesem Befund die Gesamtausdehnung jenes großen Töpfereibezirks erfasst werden konnte. Hauptsächlich stellte man dort Leistenziegel her. Einzelne Ziegel weisen den in der Umgebung von Stettfeld schon lange bekannten Stempel LPL auf, der die Initialen des Ziegelproduzenten wiedergibt. Der römische Gewerbebereich wie auch der vorgeschichtliche Bestattungsplatz wurden mit genauer Ansprache und Datierung auf Grundlage der Grabungsbefunde in die 1992 vorgelegte Liste der archäologischen Kulturdenkmale aufgenommen.

Ettlingen

Die mittelalterliche Stadt Ettlingen (Lkr. Karlsruhe) bildete angesichts der Altstadtsanierung in den 1980er-Jahren einen Schwerpunkt der Karlsruher Denkmalpflege[25]. Mehrfach bot sich durch den Abbruch nicht erhaltenswürdiger Bausubstanz die Gelegenheit, freigeräumte Flächen archäologisch zu untersuchen. Besonders im Umgebungsbereich der St. Martinskirche konnte dadurch nicht nur die Geschichte der mittelalterlichen Stadt fortgeschrieben werden, sondern es gelang auch, Strukturen und Ausdehnung der bekannten römischen Siedlung weiter zu bestimmen. Aufgrund verschiedener Renovierungsarbeiten fanden auch in der St. Martinskirche selbst mehrmals Grabungen statt. So wurden 1987 in einem Heizungsschacht Bereiche des im Kellergeschoss der Kirche konservierten römischen Badegebäudes wie auch mittelalterliches Mauerwerk erfasst[26]. In dem kleinen Grabungsfenster gelang damals auch der Nachweis eines frühgotischen Ziegelplattenbodens, der durch das Einbringen zweiter spätgotischer Grabplatten gestört war (Abb. 9)[27].

Die siedlungsgeschichtliche Abfolge der Stadt wurde 1988 in der Ausstellung „1200 Jahre Ettlingen – Archäologie einer Stadt“ präsentiert, die E. Schallmayer mit seinem Karlsruher Team erarbeitet hatte und welche anlässlich der Feier der ersten urkundlichen Erwähnung Ettlingens entstanden war[28]. Im selben Jahr fand in Ettlingen auch die Landesgartenschau Baden-Württemberg statt und im Mai trafen sich etwa 700 Archäologen auf ihrer Jahrestagung. Bei Führungen durch Stadt und Ausstellung gewannen die archäologischen Gäste einen informativen Einblick in die Historie der Stadt Ettlingen.

1990 gelang in einer weiteren Grabungsfläche der Nachweis einer mesolithischen Freilandstation[29], die sich durch über 500 Artefakte, darunter eine Klinge aus Bergkristall, zu erkennen gab. Demnach waren es nicht erst die Römer, die das hiesige Siedlungsareal aufgesucht hatten. Dank der verschiedenen Grabungsareale konnte die Ausdehnung der römischen Siedlung klarer bestimmt werden, was der präziseren Kartierung des Kulturdenkmals in der archäologischen Liste zugutekam.

8 Stettfeld, Gde. Ubstadt-Weiher (Lkr. Karlsruhe). Römischer Töpfereibezirk, Blick auf Ofen 2 (Foto: Landesamt für Denkmalpflege im Regierungspräsidium Stuttgart, Dienstsitz Karlsruhe).

Pforzheim

Im Stadtgebiet von Pforzheim führten verschiedene Bautätigkeiten zu Grabungen; ein Schwerpunkt war zwischen 1989 und 1991 der Kappelhofplatz[30] (Abb. 10). Das nördlich der Enz gelegene Grabungsareal erbrachte aus der römischen Epoche des antiken *Portus* beidseits der Römerstraße eine Streifenhausbebauung in Holz und Stein. Einzelne Holzfunde aus Brunnen konnten dendrochronologisch in die erste Hälfte des 2. Jahrhunderts n. Chr. datiert werden[31]. Aus der jüngsten Bauphase eines kleinen Metallschmelzofens stammt ein rö-

9 Ettlingen (Lkr. Karlsruhe). St. Martinskirche. Blick auf den Ziegelplattenboden und die beiden Grabplatten (Foto: Landesamt für Denkmalpflege im Regierungspräsidium Stuttgart, Dienstsitz Karlsruhe).

10 Pforzheim. Kappelhofplatz. Das Grabungsgelände im Luftbild von 1991 (Foto: O. Braasch, Landesamt für Denkmalpflege im Regierungspräsidium Stuttgart).

mischer Silbermünzschatz[32], der wohl gegen Ende des 2. Jahrhunderts von seinem Besitzer nicht mehr geborgen werden konnte. Besonderes Augenmerk legte E. Schallmayer auch hier auf die früh- und hochmittelalterlichen Siedlungsphasen, da sich im Umgebungsbereich der Altstädter Kirche mit einem Martinspatrozinium das mittelalterliche Zentrum von Pforzheim entwickelt hatte.

Mit dem Grabungsfortschritt mehrten sich die Stimmen aus der Bevölkerung, die archäologischen Befunde dauerhaft zu erhalten und der Öffentlichkeit zugänglich zu machen. Das Untergeschoss des Baukomplexes wurde daher als musealer Bereich „Schauplatz Kappelhof" konzipiert[33]. Seit 1995 kann man hier einen Rundgang durch 1.900 Jahre Stadtgeschichte machen. Eine solche Möglichkeit ist gerade für eine Stadt wie Pforzheim von besonderer Bedeutung, da sie mehrfach von Zerstörungen ab dem Dreißigjährigen Krieg und am schwersten zum Ende des Zweiten Weltkriegs betroffen war.

Baden-Baden

Auch in Baden-Baden wurde ab den 1980er-Jahren eine Altstadtsanierung durchgeführt. Die besondere Bedeutung des römischen Kurortes *Aquae* mit seinem Bäderzentrum, das seit dem 19. Jahrhundert bekannt ist, soll in diesem Rahmen nur erwähnt werden[34]. Eine der Schallmayer'schen Grabungen im Jahr 1989 befand sich an der Gernsbacher Straße 13, südwestlich des römischen Bäderzentrums. Hier zeigte sich ebenfalls deutlich, dass trotz der mittelalterlichen bzw. neuzeitlichen Bebauung noch zahlreiche römische Baustrukturen (Abb. 11) vorhanden waren[35]. Zur Steinbauphase des Gebäudekomplexes mit Fußbodenheizung in einem der Häuser gehörte wohl auch eine Garküche. Die Gestaltung der Wände mit polychromer Malerei belegte ein *in situ* zusammenhängend geborgenes Wandstück. Darüber hinaus gelang es, Teile der älteren Holzbebauung mit interessanten Details der Fachwerkkonstruktion freizulegen.

Die mehrjährigen Grabungskampagnen in den 1990er-Jahren am Rettig[36] sollen hier als weiteres Beispiel genannt werden, um deutlich zu machen, wie viel römische Vergangenheit noch im Boden von Baden-Baden zu erwarten ist.

11 Baden-Baden. Gernsbacher Straße 13. Egon Schallmayer erklärt der Oberbürgermeisterin die Grabungsbefunde, im Vordergrund wird römischer Wandputz vom Restaurator geborgen (Foto: Landesamt für Denkmalpflege im Regierungspräsidium Stuttgart, Dienstsitz Karlsruhe).

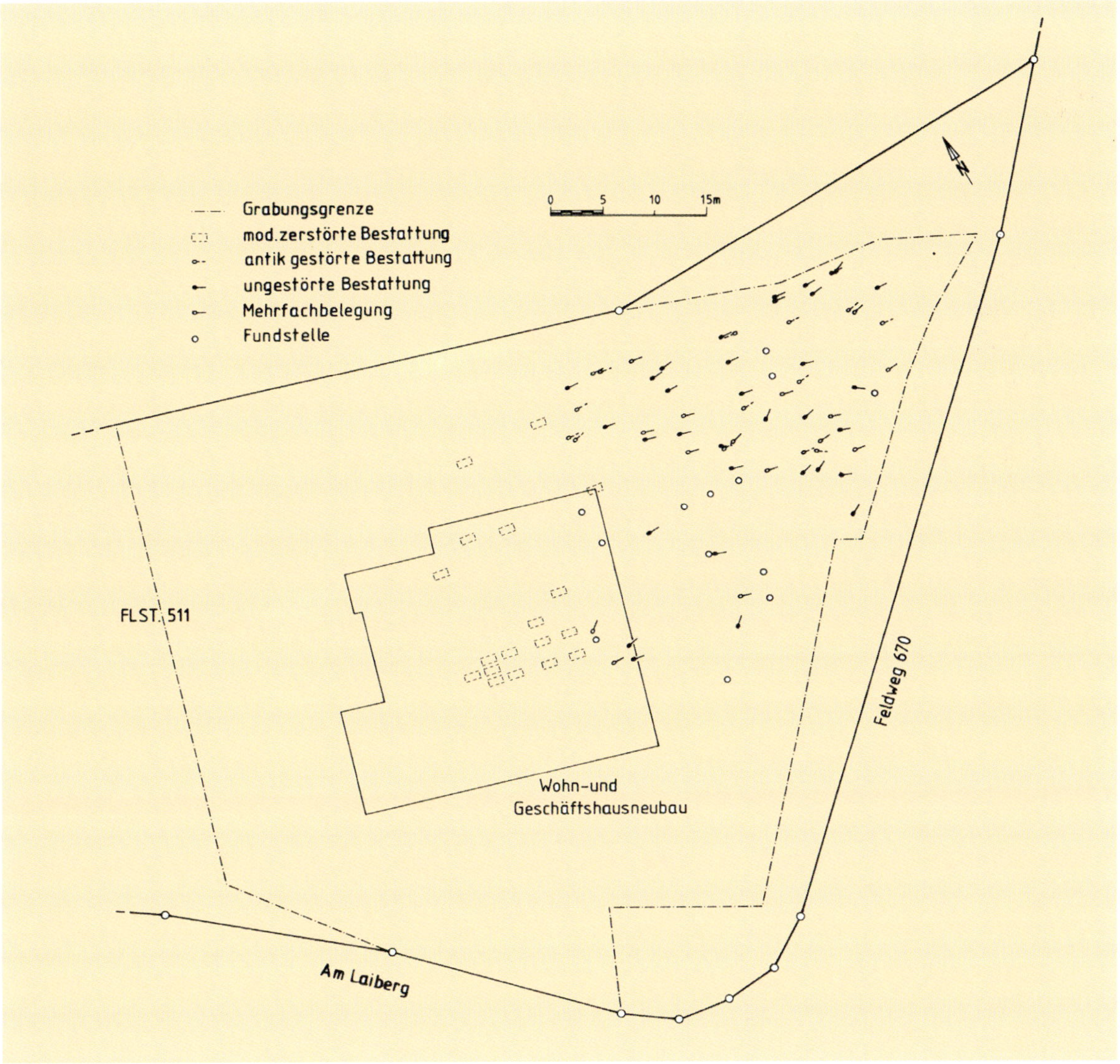

12 Loßburg-Wittendorf (Lkr. Freudenstadt). Gesamtplan des merowingerzeitlichen Gräberfeldes (Grafik: Landesamt für Denkmalpflege im Regierungspräsidium Stuttgart, Dienstsitz Karlsruhe).

Wittendorf

Loßburg-Wittendorf (Lkr. Freudenstadt), am Schwarzwaldrand liegend, zählt zu den südlichsten Gemeinden des Regierungsbezirks Karlsruhe. Dort wurden in einem Neubaugebiet 1991 Grabungen im Bereich eines altbekannten Gräberfelds aus der Merowingerzeit durchgeführt[37]. Im Untersuchungsbereich (Abb. 12) wurden 96 Gräber dokumentiert. Oft waren die einzelnen Grabgruben in dem anstehenden, steinigen Boden nur schwer erkennbar. Selten zeigten sich Reste von hölzernen Grabeinfassungen; viele Gräber waren mit Steinen eingefasst, einige hatten Abdeckungen aus Sand- oder Kalksteinplatten. Einzelne, reicher ausgestattete Gräber lassen an Bestattungen des örtlichen Adels denken. Auffallend war die Beobachtung, dass Frauengräber weniger oft beraubt waren als Männergräber. Eine botanische Untersuchung von Holzresten erbrachte den Beleg eines Nadelholzes (Weißtanne, Fichte oder Lärche), dessen Erhaltungszustand eventuell auf eine frühe Öffnung dieses Grabes hindeuten könnte[38]. Die Grenzen des im 7. Jahrhundert angelegten Gräberfelds wurden 1991 wohl an zwei Seiten erreicht; weitere Bestattungen dieses Ortsfriedhofes liegen noch im Boden. Siedlungsbefunde waren bei den Grabungen 1991 nicht erfasst worden.

Als Wittendorf 1993 sein 850-jähriges Bestehen aufgrund der ersten urkundlichen Erwähnung feierte, wurde im Rahmen der regionalen Heimattage im September 1993 die Ausstellung „Die Toten vom Laiberg – Merowingerzeitliche Gräber von Wittendorf" mit bereits restaurierten Fundstücken gezeigt. Am 10. September 1993 hielt Egon Schallmayer den Festvortrag. Auf diese Weise wurden der Öffentlichkeit die archäologischen Hinterlassenschaften ihrer Ortsgeschichte nähergebracht, was die Akzeptanz der Liste der archäologischen Kulturdenkmale fördern kann.

Mit dem südlichsten Fundplatz endet diese „archäologische Reise" durch das ehemalige Karlsruher Arbeitsgebiet von Egon Schallmayer. Möge ihm diese Zusammenstellung als kleine Erinnerung an die Zeit im Karlsruher Amt dienen.

Ad multos annos!

Anmerkungen

1 E. Schallmayer, Untersuchungen an der Limesmauer im „Hohewald“ bei Schlossau, Neckar-Odenwald-Kreis. Fundber. Baden-Württemberg 6, 1981, 551–564. – Hinweis: Aus Platzgründen wird in folgenden Anmerkungen jeweils nur ein ausgewähltes Literaturzitat von mehreren angegeben.
2 ORL A Strecke 10 (Berlin, Leipzig 1926/35) 73.
3 E. Schallmayer, Die Badeanlage der römischen Villa rustica „Alter Weg“ bei Großsachsen, Gemeinde Hirschberg, Rhein-Neckar-Kreis. Arch. Ausgr. Baden-Württemberg 1984, 139–144.
4 A. Hagendorn, Das Wasserbecken des römischen Landgutes bei Hirschberg-Großsachsen, Rhein-Neckar-Kreis. Arch. Ausgr. Baden-Württemberg 1987, 144–146.
5 E. Schallmayer, Die Villa rustica „Alter Weg“ bei Großsachsen, Gemeinde Hirschberg, Rhein-Neckar-Kreis. Denkmalpfl. Baden-Württemberg 15, 1986, 130 Abb. 8.
6 Ders., Ein römisches Landgut an der Bergstraße. Arch. Deutschland 1991, H. 3, 38–39.
7 Ders., Neue Ausgrabungen in Ladenburg 1980. Denkmalpfl. Baden-Württemberg 10, 1981, 81–86.
8 Ders., Archäologische Entdeckungen unter dem Rathaus. Der Lobdengau. Sonderausgabe zum Tag der offenen Tür am 27. Juni 1982.
9 E. Schallmayer/U. Gross, Die mittelalterlichen Befunde und Funde der Grabungen auf dem Gelände des Domhofes in Ladenburg, Rhein-Neckar-Kreis, 1980 und 1981. Forsch. u. Ber. Arch. Mittelalter Baden-Württemberg 8 (Stuttgart 1983) 79–138.
10 E. Schallmayer, Ausgrabungen eines Benefiziarer-Weihebezirkes und römischer Holzbauten in Osterburken, Neckar-Odenwald-Kreis. Arch. Ausgr. Baden-Württemberg 1982, 138–146.
11 Ders., Ein Kultzentrum der Römer in Osterburken. In: Der Keltenfürst von Hochdorf. Methoden und Ergebnisse der Landesarchäologie [Ausstellungskat. Stuttgart] (Stuttgart 1985) 337–407.
12 Der römische Weihebezirk von Osterburken II. Kolloquium 1990 und paläobotanische-osteologische Untersuchungen. Hrsg. von Landesdenkmalamt Baden-Württemberg. Forsch. u. Ber. Vor- u. Frühgesch. Baden-Württemberg 49 (Stuttgart 1994).
13 E. Schallmayer, Die Steinfunde aus dem Heiligtum von Osterburken. In: Der römische Weihebezirk von Osterburken II. Kolloquium 1990 und paläobotanische-osteologische Untersuchungen. Hrsg. von Landesdenkmalamt Baden-Württemberg. Forsch. u. Ber. Vor- u. Frühgesch. Baden-Württemberg 49 (Stuttgart 1994) 15–73 bes. 28–37.
14 E. Schallmayer/K. Eibl/J. Ott/G. Preuß/E. Wittkopf, Der römische Weihebezirk von Osterburken I. Corpus der griechischen und lateinischen Beneficiarier-Inschriften des Römischen Reiches. Forsch. u. Ber. Vor- u. Frühgesch. Baden-Württemberg 40 (Stuttgart 1990) bes. 131–160 Nr. 146–175.
15 S. Huther, Der römische Weihebezirk von Osterburken III. Die Holzbauwerke und Kompendium zum römischen Holzbau. Forsch. u. Ber. Vor- u. Frühgesch. Baden-Württemberg 127 (Darmstadt 2014).
16 B. Fröschle, Botanische Untersuchung römerzeitlicher Pflanzenreste aus der archäologischen Ausgrabung in Osterburken. In: Der römische Weihebezirk von Osterburken II. Kolloquium 1990 und paläobotanische-osteologische Untersuchungen. Hrsg. von Landesdenkmalamt Baden-Württemberg. Forsch. u. Ber. Vor- u. Frühgesch. Baden-Württemberg 49 (Stuttgart 1994) 319–362. – U. Körber-Grohne, Der Torf unter der römischen Siedlung in der Flussaue der Kirnau: Stratigraphie und Pollenanalyse. In: Ebd. 363–397.
17 P. Knötzele, Die Lederfunde aus Osterburken. Fundber. Baden-Württemberg 34/1, 2013, 699–766.
18 ORL B 53 Neckarburken (Heidelberg 1898).
19 E. Schallmayer, Ein basilikaähnlicher Gebäudegrundriß in Neckarburken, Gemeinde Elztal, Neckar-Odenwald-Kreis. Arch. Ausgr. Baden-Württemberg 1986, 134–137.
20 Ders., Der Odenwaldlimes² (Stuttgart 2010) 138.
21 Ders., Das zweite römische Militärbad von Neckarburken, Gemeinde Elztal, Neckar-Odenwald-Kreis, mit neuen Inschriften. Fundber. Baden-Württemberg 9, 1984, 435–470.
22 Ders., Ein römischer Töpfereibezirk bei Stettfeld, Gde. Ubstadt-Weiher, Landkreis Karlsruhe. Arch. Ausgr. Baden-Württemberg 1982, 106–109.
23 Ders., Zwei urnenfelderzeitliche Grabfunde aus Stettfeld, Gemeinde Ubstadt-Weiher, Kreis Karlsruhe. Fundber. Baden-Württemberg 10, 1988, 1–18.
24 Ders., Ein weiterer Ziegelbrennofen im römischen Töpfereibezirk bei Stettfeld, Gemeinde Ubstadt-Weiher, Kreis Karlsruhe. Arch. Ausgr. Baden-Württemberg 1992, 203–208.
25 Ders., Römische Siedlung und Badegebäude in der Altstadt von Ettlingen, Landkreis Karlsruhe. Arch. Ausgr. Baden-Württemberg 1981, 153–159.
26 Ders., Neue Ausgrabungen in der Martinskirche zu Ettlingen, Kreis Karlsruhe. Arch. Ausgr. Baden-Württemberg 1987, 220–224.
27 E. Schallmayer/J. H. Schleifring, Bemerkenswerte Grablegen in der St. Martins-Kirche zu Ettlingen. Fundber. Baden-Württemberg 14, 1989, 487–513.
28 D. Lutz/E. Schallmayer, 1200 Jahre Ettlingen. Archäologie einer Stadt. Arch. Inf. Baden-Württemberg 4 (Stuttgart 1988).
29 E. Schallmayer, Eine mesolithische Freilandstation in Ettlingen, Kreis Karlsruhe. Arch. Ausgr. Baden-Württemberg 1990, 22–24.
30 Ders., Abschluß der archäologischen Untersuchungen am Kappelhofplatz in Pforzheim. Arch. Ausgr. Baden-Württemberg 1991, 135–139.
31 A. Billamboz, Der Stand der Dendrochronologie für die Römerzeit in Baden-Württemberg. In: J. Biel/J. Heiligmann/D. Krauße (Hrsg.), Landesarchäologie [Festschr. D. Planck]. Forsch. u. Ber. Vor- u. Frühgesch. Baden-Württemberg 100 (Stuttgart 2009) 671.
32 E. Schallmayer, Ein römischer Münzsammler in Portus/Pforzheim? Arch. Nachr. Baden 50, 1993, 138 f.
33 H. Kronenwett/Ch. Timm, Fenster zur Pforzheimer Stadtgeschichte: der archäologische Schauplatz Kappelhof. Badische Heimat 75, 1995, 441–468 bes. 453–461.
34 E. Schallmayer, Aquae – das römische Baden-Baden. Führer Arch. Denkmäler Baden-Württemberg 11 (Stuttgart 1989).
35 Ders., Grabungen in der Altstadt von Baden-Baden. Arch. Ausgr. Baden-Württemberg 1989, 143–146.
36 P. Knierriem/E. Löhnig/E. Schallmayer, Zum Abschluß der Ausgrabungen auf dem Rettig in Baden-Baden. Arch. Ausgr. Baden-Württemberg 1994, 117–124.
37 E. Schallmayer, Das merowingerzeitliche Gräberfeld von Wittendorf, Gemeinde Loßburg, Kreis Freudenstadt. Arch. Ausgr. Baden-Württemberg 1991, 212–214.
38 Notiz E. Schallmayer in Ortsakte Wittendorf (Landesamt für Denkmalpflege, Dienstsitz Karlsruhe).

Archäologische Denkmalpflege 2003–2013, ein Rückblick aus der Wetterau

Jörg Lindenthal

Die Neuausrichtung der Archäologischen Denkmalpflege in Hessen, die mit der Umsetzung des Konzeptes **hessen**ARCHÄOLOGIE**21.** unter dem Landesarchäologen Prof. Dr. Egon Schallmayer verknüpft ist, lässt sich aus der „Außensicht" der Archäologischen Denkmalpflege Wetteraukreis klar ablesen. Besonders deutlich zeigt sich dies in zwei Arbeitsbereichen:

1. In der Durchführung notwendiger Grabungen, verursacht durch die drohende endgültige Vernichtung von Bodendenkmälern im Zuge unterschiedlichster Bodeneingriffe. Beispielhaft ist die konsequentere zielgerichtete Umsetzung notwendiger Grabungen der bedrohten Bodendenkmäler zu nennen.

2. In einer verstärkten Öffentlichkeitsarbeit. In diesem Fall sind exemplarisch die Anerkennung des Obergermanisch-Raetischen Limes als UNESCO-Welterbestätte und das Konzept des „Dezentralen Archäologischen Landesmuseums", das für den Wetteraukreis in der Eröffnung der „Keltenwelt am Glauberg" mit der Präsentation der international wertgeschätzten keltischen Funde im Museum am Fundort gipfelte, zu nennen.

Im Folgenden werden einige Projekte skizziert, die während der gemeinsamen zehn Jahre mit Egon Schallmayer – der Autor hat die Leitung der

1 Wetterau. Körperbestattung auf der Trasse der B455 nordöstlich von Friedberg (Foto: J. Lindenthal, Archäologische Denkmalpflege Wetteraukreis).

2 Wetterau. Teilfläche der Grabung 2005 in Echzell, Siedlung „Mühlbach", im Hintergrund die Horloffaue (Foto: J. Lindenthal, Archäologische Denkmalpflege Wetteraukreis).

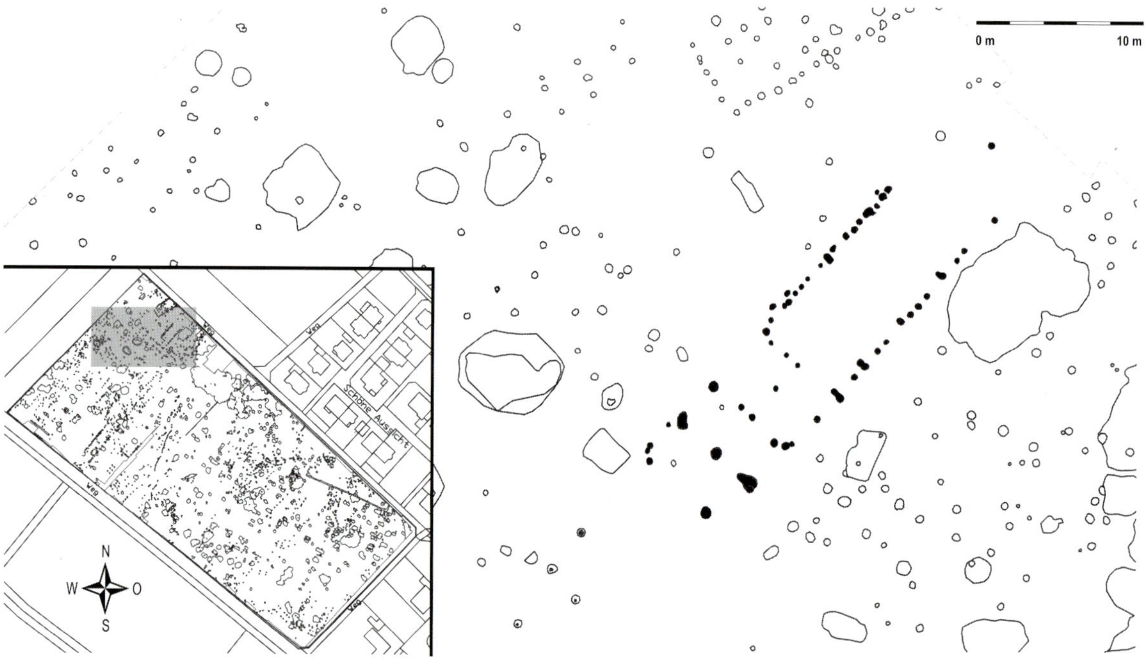

3 Wetterau. Gesamtplan der Siedlung „Heinrichswiese" in Echzell (Foto: J. Lindenthal/ N. Boenke, Archäologische Denkmalpflege Wetteraukreis).

Archäologischen Denkmalpflege des Wetteraukreises seit 2003 inne – im Wetteraukreis bearbeitet wurden. In diesem Zusammenhang verdient nicht zuletzt auch die für den Wetteraukreis zuständige Bezirksarchäologin der hessenARCHÄOLGIE, Frau Dr. Schade-Lindig, Erwähnung, die maßgeblich zur Entwicklung der hessenARCHÄOLOGIE beigetragen hat. Getragen bzw. entscheidend befördert wurden die getroffenen notwendigen Maßnahmen durch die gute wirtschaftliche Entwicklung in der Metropolregion Frankfurt/Rhein-Main. Diese äußert sich in der erheblich angestiegenen Ausweisung zahlreicher Wohn- und Gewerbegebiete sowie in einer zunehmenden Ausführung von Infrastrukturmaßnahmen und dem damit einhergehenden Flächengebrauch, sprich Verbrauch von Bodendenkmälern. Diesbezüglich hervorzuheben sind im Aufgabenbereich Straßenbau die Umgehungsstraße B3 um Friedberg und Bad Nauheim oder die Umgehungsstraße B455 um Friedberg-Dorheim (Abb. 1).

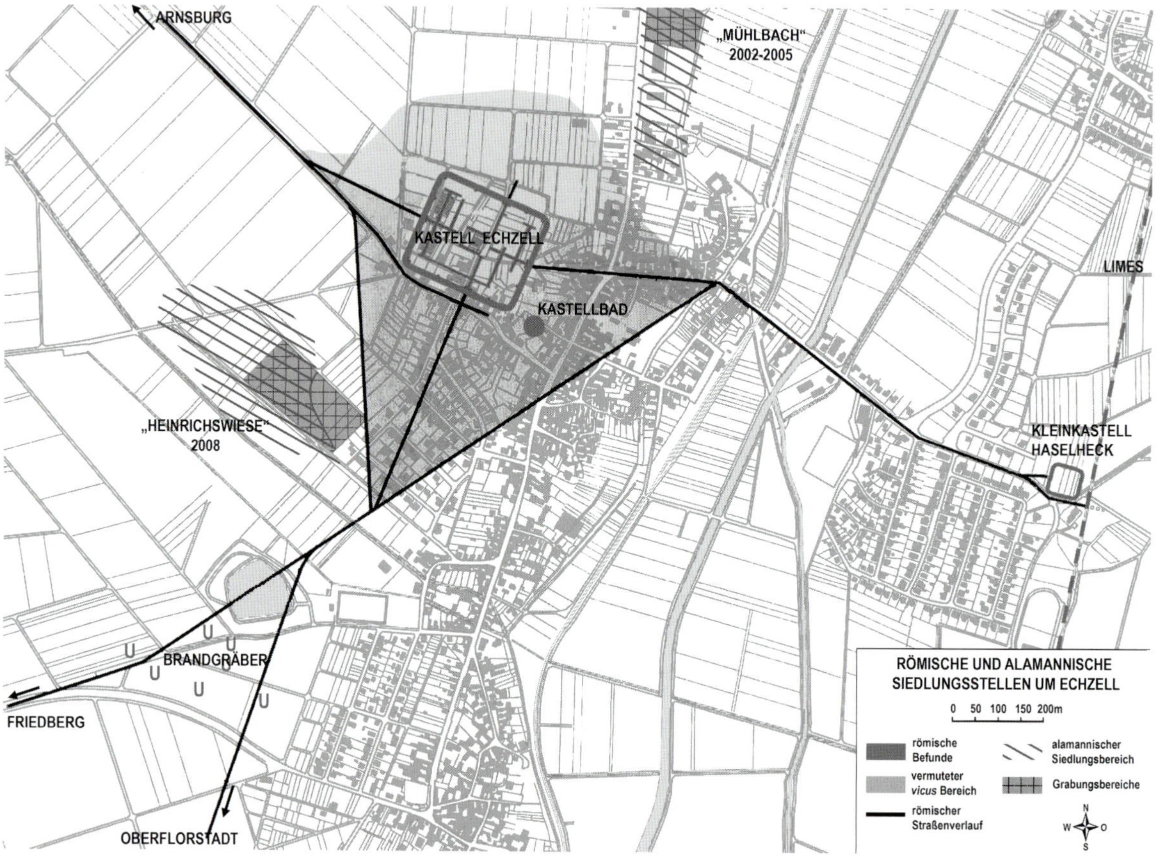

4 Wetterau. Übersichtsplan zum Kastellort Echzell mit Lage der alamannischen Siedlungen (Foto: J. Lindenthal, Archäologische Denkmalpflege Wetteraukreis).

Als erstes Beispiel für eine großflächige Aufdeckung von Siedlungsstrukturen sei die bereits 2002 mit Sondageflächen begonnene Ausgrabung der spätantiken Siedlung „Mühlbach“ in Echzell genannt. Im Zuge zweier nachfolgender Kampagnen in den Jahren 2003 und 2005 konnten insgesamt knapp 9.000 m^2 untersucht werden, sodass nach Grabungsende die bis dahin größte zusammenhängende alamannische Siedlungsfläche in Hessen vorlag[1]. Neben zahlreichen Grubenhäusern war es möglich, eine Reihe von Pfostenbauten nachzuweisen sowie umfangreiches Fundmaterial der Spätantike zu gewinnen (Abb. 2). Herauszuheben ist in diesem Fall auch ein Brunnen, der gemäß der dendrochronologischen Analyse Bauholz mit dem Fälldatum 317 ± 10 n. Chr.[2] enthielt. Es handelte sich um einen Brunnen in Holz-Stein-Bauweise, dessen oberer Bereich mit römischen Werksteinen verstärkt war. Das Material stammt, wie weitere römische Funde des 2.–3. Jahrhunderts, aus der intensiven Begehung römischer Ruinen des Kastellplatzes Echzell mit zugehörigem *vicus*. Weitere Beobachtungen von Baubegleitungen deuten stark darauf hin, dass die alamannische Siedlung gezielt am Rand des römischen *vicus* platziert worden war.

Nur wenige Jahre später wurde eine andere, am südwestlichen Rand des *vicus* gelegene alamannische Siedlung mit einem Neubaugebiet überplant und anschließend überbaut. Auch hier erwies es sich als voller Erfolg, die gesamte Fläche des Baugebietes von drei Hektar archäologisch zu untersuchen. Als ein wichtiges Ergebnis ist auch hier der Gesamtplan der spätantiken Siedlung herauszustellen (Abb. 3). So gelang es erstmals in der Siedlung „Heinrichswiese“, Grundrisse von typischen germanischen Wohnstallhäusern im ehemaligen rechtsrheinischen Limesgebiet nachzuweisen[3]. Noch exakter als im Fall der Siedlung „Am Mühlbach“ lässt sich hier die gezielte Standortwahl am Rande des römischen *vicus* belegen[4] (Abb. 4).

Abgerundet werden die Untersuchungen spätantiker Siedlungen durch die nur drei bzw. vier Kilometer entfernte Fundstelle „An der Heuchelheimer Hohl“ in Reichelsheim-Heuchelheim. Ebenfalls im Rahmen der Erschließung eines Baugebietes konnte dort 2012 ein weiterer großflächiger Einblick (Arealgröße: 1,5 ha) in eine alamannische Siedlungsstruktur innerhalb des ehemals vom Wetteraulimes umschlossenen Gebietes gewonnen werden.

Schon bei der Betrachtung der topografischen Gegebenheiten der drei alamannischen Siedlungen fallen deutliche Gemeinsamkeiten auf. Alle drei Fundstellen setzten im unmittelbaren Unterhangbereich ein und erstreckten sich entlang der Gewässer. Im Fall der Fundstelle Echzell „Mühlbach“ war dies ein mit Lösslehm bedeckter, sanft aus dem Auenbereich des Flusses Horloff ansteigender Hang. Bei den Siedlungen Echzell „Heinrichswiese“ und Heuchelheim „An der Heuchelheimer Hohl“ handelte es sich jeweils ebenfalls um den untersten Abschnitt flacher, lössbedeckter Hänge entlang kleiner Bachläufe – dem Biedrichgraben in Echzell und dem Sommerbach in Heuchelheim. Anscheinend keine Rolle bei der Auswahl des Siedlungsplatzes spielte die Ausrichtung des Hanges nach einer bevorzugten Himmelsrichtung (Echzell „Mühlbach“ nach Osten,

5 Wetterau. Reich ausgestattete frühmittelalterliche Männerbestattung von Wölfersheim-Berstadt (Foto: S. Piffko, Archäologische Denkmalpflege Wetteraukreis).

6 Wetterau. Ein Paar silberner merowingerzeitlicher Bügelfibeln mit halbrunder Kopfplatte und Almandineinlagen nach der Restaurierung (Foto: hA).

Echzell „Heinrichswiese" nach Süden, Heuchelheim „Heuchelheimer Hohl" nach Norden abfallend).

Gerade diese Position der germanischen Siedlungen im unteren Hangbereich, deren Areale sich teilweise bis in die heutige Aue erstreckten, verdeutlicht die bodendenkmalpflegerische Notwendigkeit, Baumaßnahmen in den Niederungen verstärkt im Auge zu behalten[5].

Ein weiterer deutlicher Erkenntniszuwachs innerhalb der Siedlungsarchäologie lässt sich im Fall der Strukturen der frühen Jungsteinzeit ausmachen. Angesprochen seien etwa die von der Goethe-Universität Frankfurt a. M. 2003 durchgeführten Grabungen in Friedberg-Bruchenbrücken oder die unten genannten Siedlungen im Bereich der Trasse der B3 um Friedberg. Vor allem jedoch erbrachten mehrere mittelneolithische Siedlungen mit zahlreichen Hausgrundrissen den eindrucksvollen Nachweis, wie sehr sich eine konsequente archäologische Begleitung von Baumaßnamen lohnt. An erster Stelle verdient in diesem Zusammenhang die in den Jahren 2008–2010 freigelegte Fundstelle im Gewerbegebiet „Friedberg West" Erwähnung[6].

Einen Höhepunkt der archäologischen Untersuchungen im Zuge der Erschließung von Bau- und Gewerbegebieten des beschriebenen Zeitraumes bildete das 2006 neu entdeckte frühmittelalterliche Gräberfeld in der Flur „Über den Holdergärten" von Wölfersheim-Berstadt[7]. In zwei Grabungskampagnen, die 2006/07 durchgeführt wurden, konnten 380 frühmittelalterliche Gräber dokumentiert und geborgen werden (Abb. 5). Schon in der ersten Grabungskampagne zeigte sich, dass die z. T. sehr diffizilen Grabbefunde nach herkömmlicher Grabungsmethode in Form einer „Einzelbergung" der Objekte vor Ort einen hohen Zeitaufwand für die Grabung erfordert hätten. Zudem konnten bereits vor Ort in einigen Gräbern erhaltene organische Reste erkannt werden. Dies führte zu dem Entschluss, möglichst viele Grabbefunde samt Inventaren in größeren Segmenten zusammenzufassen und „im Block" zu bergen. In enger Zusammenarbeit mit den Mitarbeiterinnen und Mitarbeitern der Restaurierungswerkstatt der hessenARCHÄOLOGIE konnte erstmals eine sowohl zügige als auch präzise Methode für die Bergung eines umfangreichen merowingerzeitli-

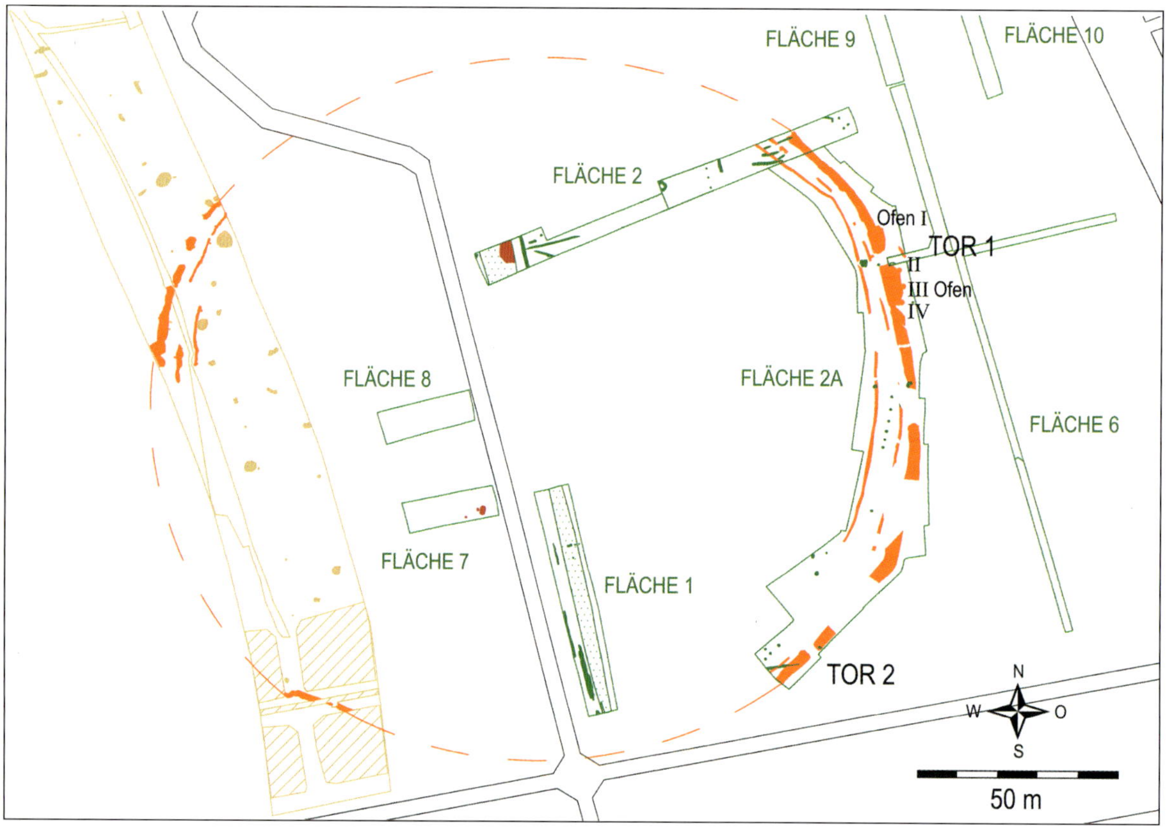

7 Wetterau. Das Michelsberger Erdwerk im Bereich der B3 und des Bad Nauheimer Gewerbegebietes „Frankfurter Straße" (Foto: N. Boenke/ R. König, Archäologische Denkmalpflege Wetteraukreis).

chen Gräberfeldes entwickelt werden. Als besonders günstig erwies sich, dass die Erfahrungen der „Grabung unter Laborbedingungen“ im Fall des sog. Keltenfürsten aus Grabhügel 1 vom Glauberg (Glauburg-Glauberg), dessen Bodenverhältnisse denen in Wölfersheim ähnelten, für die umfangreiche Aufgabe genutzt werden konnten. Natürlich war es, wenngleich dies wünschenswert gewesen wäre, nicht möglich, alle weitestgehend ungestörten Gräber komplett im Block zu bergen. Es ist jedoch mit den konsequent und gezielt geborgenen (über 1.000) Blöcken gelungen, eine neue Qualität hinsichtlich der Dokumentation eines frühmittelalterlichen Reihengräberfeldes zu erreichen. Schon jetzt ergibt ein erster Überblick, dass die Beobachtung und die Konservierung zahlreicher Detailbefunde, die nur im Zuge der Freilegung und Restaurierung der Funde in der Werkstatt gelingen konnten, eine Vielzahl an neuen Erkenntnissen liefern wird (Abb. 6). Somit wird die Nekropole von Wölfersheim-Berstadt aufgrund ihrer auf neustem Forschungsstand erfolgten, annähernd kompletten Erfassung und der auf höchstem technischen Standard unter Laborbedingungen vorgenommenen Dokumentation der Inventare einen wichtigen Beitrag zur Archäologie der Merowingerzeit leisten[8]. Die Erforschung des Gräberfeldes in Wölfersheim-Berstadt zeigt wie zuvor der Weg von den Grabungen am Glauberg bis zur Errichtung des Museums und zum Ausbau der Keltenwelt aufs Deutlichste, dass Archäologie stets eine Generationenaufgabe ist, deren Erträge – wie in diesen beiden Fällen – jeweils in die Zeit des nachfolgenden Landesarchäologen fallen.

Als wichtigste Infrastrukturmaßnahme der letzten Jahrzehnte im Wetteraukreis ist der Bau der Ortsumgehungen der B3 um Friedberg und Wöllstadt anzusehen, deren erstgenannter Abschnitt im Jahre 2009 eröffnet werden konnte. Ausgehend von Bad Nauheim durchschneidet dieser erste Trassenabschnitt zunächst eine bandkeramische Siedlung, dann ein Michelsberger Erdwerk (Abb. 7) und zwei Gräberfelder der Bronze- und der Eisenzeit, um schließlich im Süden von Friedberg im Bereich einer hallstattzeitlichen Siedlung und eines in Deutschland bisher einzigartigen Grabbaus der mittleren Jungsteinzeit in die alte Trasse einzumünden[9]. Auch dieses Beispiel illustriert eindrucksvoll, wie wichtig die konsequente archäologische Begleitung und die großflächige Aufdeckung im Bereich der Trassen sind. Nur ein Jahr nach den betreffenden Untersuchungen mussten 2008 erneut Grabungen im Bereich der B455 Ortsumgehung Dorheim durchgeführt werden. Auch hier konnten auf wenigen Kilometern zahlreiche Siedlungs- und Grabfunde im Wesentlichen aus der späten Bronze- und der frühen Hallstattzeit dokumentiert werden.

Ein weiterer Schwerpunkt in der Zusammenarbeit mit der Landesarchäologie resultiert aus der Aufnahme des Obergermanisch-Raetischen-Limes in die Welterbeliste der UNESCO im Jahr 2005. An

8 Wetterau. Der „Gaulskopfturm“ während der Wiedereröffnung 2006 (Fotos: J. Lindenthal, Archäologische Denkmalpflege Wetteraukreis).

dem vorangegangenen Antragsverfahren hatte sich Egon Schallmayer als Landesarchäologe von einem der vier involvierten Bundesländer maßgeblich mitbeteiligt. Mit Blick auf die allein in Hessen 153 km lange Welterbestätte mit ihren verschiedenen baulichen Komponenten bilden nicht nur die Erhaltung und die Bewahrung der zugehörigen Bodendenkmäler ein wichtiges Aufgabenfeld, sondern auch die öffentliche Vermittlung bzw. Erlebbarkeit des Welterbes. Diesbezüglich konnte in der Wetterau auf ein gutes Fundament zurückgegriffen werden. So werden die vorhandenen Abteilungen zur Römerzeit im Wetterau-Museum Friedberg, im Museum der Stadt Butzbach und im Museum Echzell nunmehr als Limesinformationszentren genutzt. Zudem wurde ein weiteres Informationszentrum im Hofgut Grass bei Hungen (Lkr. Gießen) am „Wetteraulimes“ zusammen mit dem regionalen Energieversorger OVAG eingerichtet. Ebenso war es möglich, mehrere, bereits bestehende, jetzt zum UNESCO-Welterbe gehörige römische Denkmäler zu sanieren. So wurde im Mai 2006 der lange Jahre wegen Vandalismus geschlossene Signalturm auf dem Gaulskopf restauriert und wieder der Öffentlichkeit

9 Wetterau. Logo der Tourismusregion Wetterau (Logo: Wetteraukreis).

zugänglich gemacht (Abb. 8). Ein weiteres Projekt bildete die Sanierung der Signalturmreste auf dem Johannisberg bei Bad Nauheim[10]. Als drittes Objekt wurde der Schutzraum der römischen Badeanlage auf dem Friedberger Burgberg überarbeitet. Die Ruine der kleinen Badeanlage gehört zu den am besten erhaltenen römischen Originalbauwerken in Hessen. Mithilfe einer modernen Lichtanlage wird das Bad eindrucksvoll in Szene gesetzt, sodass es einen der Höhepunkte einer Stadtführung durch Friedberg darstellt. Zu den spektakulärsten Aktionen am Wetteraulimes zählt der Nachbau eines Limes-Wachtturms in Limeshain-Rommelhausen, der von Grund auf als ein archäologisches Experiment anvisiert war. All diese Maßnahmen zur Vermittlung unseres kulturellen Erbes wurden in Zusammenarbeit mit der hessenARCHÄOLOGIE durchgeführt und von dieser unterstützt. Sie passen zur Bestrebung des Wetteraukreises, das Thema Archäologie als wichtiges Element in der touristischen Vermarktung zu etablieren. So wird die Region unter dem Label „TourismusRegion Wetterau Heimat der Keltenfürsten" beworben (Abb. 9).

Einen weiteren wichtigen Schauplatz der hessenARCHÄOLOGIE in der Wetterau bildet der Glauberg. Seit Mitte der 1990er-Jahre sorgt der Berg mit seinen sensationellen Funden – der Freilegung von drei keltischen Fürstengräbern und der lebensgroßen Statue eines sog. Keltenfürsten – für Aufsehen. Das Ensemble von Wallanlagen, Grabhügeln und „Prozessionsstraße" macht den Glauberg zu einer kulturhistorischen Besonderheit europäischen Ranges.

Richtigerweise wurde nach einer langen, gründlichen Entscheidungsphase der Entschluss gefasst, die einzigartigen Funde in einem eigenen Museum direkt vor Ort zu präsentieren. Es bildet, gemeinsam mit der Saalburg, ein wichtiges Element des seit Beginn seiner Amtszeit von Egon Schallmayer verfolgten Projektes des „Dezentralen Archäologischen Landesmuseums" der hessenARCHÄOLOGIE. Schnell entwickelte sich das Museum, das zusammen mit Plateau und Grabhügel die „Keltenwelt am Glauberg" bildet, zum Besuchermagnet in der östlichen Wetterau; sie gehört sicher zu den wichtigsten Projekten in der Zeit der Amtsführung des Landesarchäologen Prof. Dr. Egon Schallmayer.

Anmerkungen

1 N. Boenke/J. Lindenthal, Vergangenheit unter mächtigen Deckschichten. Hessen-Arch. 2005 (2006) 94–97.

2 Ehemaliges Dendrochronologisches Labor des Seminars für Vor- und Frühgeschichte der Johann Wolfgang Goethe-Universität Frankfurt a. M. (Labor-Nr. Ffm 2934–2935).

3 N. Boenke/J. Lindenthal/S. Schade-Lindig, Leben nach der Römerzeit – Siedlungsreste des 3. bis 7. Jahrhunderts n. Chr. auf der „Heinrichswiese" bei Echzell, Wetteraukreis. Hessen-Arch 2008 (2009) 96–100. – J. Lindenthal/N. Boenke, Ausgrabungen auf der „Heinrichswiese" bei Echzell (Wetteraukreis). Einblicke in die frühmittelalterliche Siedlungsentwicklung im Rhein-Main-Gebiet. Denkmalpflege u. Kulturgesch. 2009, H. 3, 7–13.

4 Am Südwestrand des *vicus* konnte ein Spitzgraben erfasst werden, der die römische Siedlung begrenzt und im Wesentlichen den Rand der nachfolgenden alamannischen Besiedlung bildet (vgl. Abb. 4).

5 So lagen die unteren Abschnitte der Siedlung unter teils mächtigen Kolluvien. Hierbei sei auf den Missstand verwiesen, dass im Rahmen der Umsetzung des Denkmalschutzgesetzes im Vorfeld von Bauleitplanungen oder Baumaßnahmen nur agiert werden kann, wenn bereits Bodendenkmäler bekannt sind.

6 J. Lindenthal, Jungsteinzeit im „Gewerbegebiet West". Hessen-Arch 2011 (2012) 24–27. Die Entdeckung mittelneolithischer Hausgrundrisse lässt sich aktuell um Friedberg „Steinernes Kreuz" und Münzenberg-Gambach ergänzen. Vgl. J. Lindenthal/M. Jae/R. König, *Villa rustica* und vorgeschichtliche Siedlungsreste „Im Brückfeld IV" in Gambach. Hessen-Arch 2015 (2016) 214 Abb. 1.

7 J. Lindenthal/S. Piffko, Das merowingerzeitliche Gräberfeld von Wölfersheim-Berstadt – ein erstes Fazit nach Grabungsende. Hessen-Arch. 2007 (2008) 105–109.

8 Im Mai 2016 wurde mit der Erstellung des Katalogs durch Dr. Eveline Saal als Grundlage für die wissenschaftliche Aufarbeitung des Gräberfeldes „Über den Holdergärten" begonnen.

9 J. Lindenthal/S. Schade-Lindig, Von der Jungsteinzeit bis ins Mittelalter – baubegleitende Beobachtungen entlang der neuen Bundesstraße B3a. Hessen-Arch. 2007 (2008) 168–171. – S. Schade-Lindig, Ein Grabmonument aus mittelneolithischer Zeit? Hessen-Arch. 2007 (2008) 31–34.

10 Th. Becker/I. Faulstich/J. Lindenthal, Archäologie und Sanierung Hand in Hand – Maßnahmen am römischen Signalturm auf dem Johannisberg bei Bad Nauheim. Hessen-Arch 2010 (2011) 107–111.

„Eatur quo deorum ostenta et inimicorum iniquitas vocat"

Über die Vermittlung der Geisteswissenschaften

Peter Schallmayer

I

Es ist der 10. Januar 49 v. Chr. und Caesar fühlt sich unwohl. Vielleicht ist das üppige Gastmahl in Ravenna daran schuld, vielleicht die holprige Irrfahrt mit dem Eselskarren. Jedenfalls steht er mit flauem Magen am Scheideweg und denkt bei sich: *„Regredi possumus"*. – „Es gibt für uns ein Zurück."[1] Dabei hat er sich, nein: hat ein Schalmeispieler in Wirklichkeit längst entschieden und den Rubicon überschritten. Caesar bleibt nur noch der Stoßseufzer: *„Eatur quo deorum ostenta et inimicorum iniquitas vocat."* – „Man soll dorthin gehen, wohin der Götter Zeichen und die Ungerechtigkeit der Feinde einen rufen."[2]

Im Grunde geht es den Geisteswissenschaften heute kaum anders. Es ist der 5. Juli 2013 (n. Chr.) und auch sie fühlen sich unbehaglich. Vielleicht ist das Berauschen an ihrer goldenen Vergangenheit dafür verantwortlich, vielleicht das Ernüchtern an ihrer grauen Gegenwart. Auf jeden Fall sehen auch sie sich mit Bauchgrimmen an einem Scheideweg und fragen sich, ob es ein Zurück gibt. Dabei haben sie, haben andere das Urteil längst gefällt. Die Öffentlichkeit behelligt sie kaum mehr, Politik und Wirtschaft umso mehr. Und so stehen die Geisteswissenschaften vor der Frage, ob sie wieder dorthin gehen sollen, wohin die Zeichen sie seit Langem rufen, oder doch dorthin, wo ihre Herausforderer sie seit Kurzem sehen wollen.

Was bei dem Einen *„discrimen"* heißt, nennen die Anderen „Krise". Anders lassen sich die immer wiederkehrenden Veröffentlichungen wie „Wozu noch Geisteswissenschaften?", „Geisteswissenschaften – wozu?" oder „Wozu Geisteswissenschaften?"[3] auch gar nicht deuten – einfallsreiche Titel als Offenbarung der ganzen Einfalls- oder Ratlosigkeit einer Fächergruppe. Sind die Geisteswissenschaften überhaupt noch zu vermitteln?

II

Quantitativ scheint es den Geisteswissenschaften, die in der Hochschulstatistik in der Fächergruppe der Sprach- und Kulturwissenschaften (mit ihrem Studienbereich Geschichte und dem Studienfach Archäologie) nachgewiesen werden, eigentlich recht gut zu gehen. Legt man die Tafeln des Statistischen Bundesamtes zugrunde[4], steigt die Zahl der Studierenden in den geisteswissenschaftlichen Fächern bundesweit stetig an (2000: 400.680, 2011: 457.464). Ebenso nimmt die Zahl der Abschlüsse in den Geisteswissenschaften ununterbrochen zu (2000: 16.778, 2011: 17.388)[5]. Noch nie hat die Anzahl der Promotionen in geisteswissenschaftlichen Fächern diese Höhe erreicht (2000: 2.674, 2011: 2.711)[6]. Das hauptberufliche Personal in den geisteswissenschaftlichen Fächern hat an Umfang gewonnen (2000: 19.626, 2011: 25.585)[7]. Die eingeworbenen Drittmittel in den Geisteswissenschaften (2000: 177,9 Millionen Euro, 2011: 409,7 Millionen Euro) und die Fördergelder der Deutschen Forschungsgemeinschaft (DFG), der wohl wichtigsten Förderagentur für geisteswissenschaftliche Grundlagenforschung an Universitäten, wachsen beständig (2008: 237 Millionen Euro, 2011: 318,3 Millionen Euro)[8].

Auch qualitativ scheinen die Geisteswissenschaften ganz gut dazustehen. Zieht man die Empfehlungen des Wissenschaftsrates zur vergleichenden Forschungsbewertung in den Geisteswissenschaften heran[9], punkten die geisteswissenschaftlichen Fächer sowohl in Sachen Forschungsqualität, wenn immer mehr und immer hochwertigere Publikationen entstehen[10], als auch mit Blick auf die Forschungsermöglichung, wenn eben immer mehr Geld eingeworben und immer mehr Nachwuchs gefördert wird, sowie in Sachen Transfer an außerwissenschaftliche Adressaten, wenn zunehmend die Öffentlichkeit angesprochen wird[11]. Und natürlich kommen immer mehr Studierende (WS 2000/01: 44.584, WS 2010/11: 47.133) und Lehrende der Geisteswissenschaften (2005: 34.632, 2011: 45.226) aus dem Ausland nach Deutschland, wie umgekehrt immer mehr Studierende aus Deutschland ins Ausland gehen[12]. „Insgesamt ist [also] festzuhalten, dass hinsichtlich ihrer wissenschaftlichen Qualität und Leistungsfähigkeit von einer ‚Krise' der Geisteswissenschaften in Deutschland nicht gesprochen werden kann"[13], also eigentlich auch nicht von einer Krise der Vermittelbarkeit der Geisteswissenschaften. Trotzdem reißen Jammern und Zetern nicht ab. Wie kann das sein?

Gejammert und gezetert wurde in den Geisteswissenschaften schon immer. So formierten sich entsprechende Äußerungen in einem Krisendiskurs unter äußerem und innerem Druck schon früh zu Geltungsgeschichten oder *legitimation narratives*[14]. Das sind Erzählungen (Narrative) über die Richtigkeit oder Rechtmäßigkeit (Legitimation) der einen oder anderen Wahrheit. Dabei gingen die Erzählungen von vornherein in zwei Richtungen. Legitim glaubten sich die Geisteswissenschaften im 19. Jahrhundert zum Beispiel, weil sie einen Sinn an sich hatten (Stichwort Neuhumanismus im Bildungsbürgertum) und weil sie einen Sinn für andere besaßen (Stichwort Identitätsstiftung im Deutschen Kaiserreich)[15]. Ähnliche Auseinandersetzungen um den Dienst an der Wissenschaft oder ihre gesellschaftliche Indienstnahme traten auch in den Diskursen während der Krisenjahre 1918, 1933, 1945 und 1968 zutage – und jedes Mal setzten Wissenschaftlichkeit[16] und Gesellschaftlichkeit[17] neue Maßstäbe.

Besonders gut funktioniert der Mechanismus der Be-Sinnung allerdings, wenn nicht nur das Eigene (an sich, für andere) legitimiert, sondern auch das Andere delegitimiert wird. Und da die geisteswissenschaftlichen Fächer im 19. Jahrhundert erst nach ihren naturwissenschaftlichen Pendants entstanden, waren die Naturwissenschaften gleich von Anfang an das erklärte (Angriffs-)Ziel der Geisteswissenschaften. Deswegen klagte Johann Gottlieb Fichte schon 1807: „Die drei so genannten höheren Facultäten [Philologie, Mathematik, Naturwissenschaft] würden schon früher wohlgethan haben, wenn sie sich in Absicht, ihres Wesens, in dem ganzen Zusammenhange des Wissens deutlich erkannt, und sich darum nicht, pochend auf ihre praktische Unentbehrlichkeit und ihre Gültigkeit beim Haufen, als ein abgesondertes und vornehmeres Wesen hingestellt, sondern lieber jenem Zusammenhange sich untergeordnet und mit schuldiger Demuth ihre Abhängigkeit erkannt hätten."[18] Trotzdem kämpften die verschiedensten Geisteswissenschaftler immer heftiger um eine klare Grenzziehung zu ihren naturwissenschaftlichen Kollegen, so z. B. Wilhelm Dilthey 1883, Edmund Husserl 1925, Karl Jaspers 1946, Joachim Ritter 1961 und Jürgen Habermas 1986[19]. All ihren *legitimation narratives* zugrunde liegt die immer größere Distanzierung von den Naturwissenschaften. Doch da diese teils mit den gleichen Problemen wie die Geisteswissenschaften zu ringen haben – Theoretiker gegen Praktiker, Grundlagenforschung gegen angewandte Forschung[20] – kommt der Verdacht auf, dass die Naturwissenschaften hier eher symbolisch begriffen werden müssen: Ihnen werden (die verpönte) Nützlichkeit und Anwendbarkeit zugeschrieben. Trotzdem: Die Geisteswissenschaften sind angesichts des oben Gesagten durchaus noch zu vermitteln. Nur was (für ein Bild) vermitteln sie?

III

Im geisteswissenschaftlichen Bereich sind die Akteure ganz mit der Kritik beschäftigt. „Kritisches Handeln oder Kritiküben beginnt mit einer Beunruhigung, die zur Empörung anwächst, und endet mit der Versprachlichung einer Kritik [in *legitimation narratives*], die Lösungsvorschläge unterbreitet. Kritik verfügt damit grundsätzlich über eine emotionale (Beunruhigung, Empörung) und eine rationale Seite (Kritik, Lösungsvorschlag)."[21]

Legt man die Ergebnisse einer Befragung zum Wissenschaftsjahr 2007 zugrunde[22], offenbart sich die emotionale Dimension der Kritik in den geisteswissenschaftlichen *legitimation narratives* schon am Umgang mit der Frage nach den Leistungen der Geisteswissenschaften. Neun von 14 bzw. Zweidrittel der Befragten lehnen sie entweder empört ab: „Die Frage liegt in meinen Augen neben der Sache. Sie führt einen ökonomisierten Leistungsbegriff als Maßstab ein und legt gleichzeitig die Entscheidung darüber, was beobachtet werden soll, fest. [...] Die Frage nach der Leistung der Geisteswissenschaften bringt eine Sichtweise hervor, in der sie ihren Nutzen für die Gesellschaft fortwährend rechtfertigen und sich gemäß den politischen, ökonomischen, kulturellen und sozialen Anforderungen präsentieren müssen."[23] Oder die Befragten stellen beunruhigt eine Gegenfrage: „Fortschritte in der Medizin können das Leben auf Erden verlängern, aber nützt sie der Masse der Erdbewohner ‚zeitnah' innerhalb der gleichen Generation und weltweit?"[24] Oder aber die Befragten formulieren die Frage empört um: „Fragen wir nicht nach Funktion und Leistung, sondern nach dem Sinn der Geisteswissenschaften."[25]

Die rationale Dimension der Kritik wird sichtbar, wenn die Befragten entweder die wachsende Instrumentalisierung der Geisteswissenschaften kritisieren: „Die Zukunftsvisionen eines Bundes- wie Landespolitikers können und dürfen gar nichts anderes, als die Zukunft der Geisteswissenschaften optimistisch einzuschätzen. Die Formulierung der Ziele muss den IST-Zustand übertreffen. Die Politik hat schließlich jetzt die Universitäten mit einer enormen Freiheit zur Selbstverantwortung ausgestattet."[26] Oder die Befragten beanstanden die zunehmende Vernutzung: „Zwei Argumentationslinien stehen sich in den Philosophischen Fakultäten der Universitäten gegenüber: Die erste Gruppe knüpft an die Kosten-Nutzen-Perspektive an mit dem Hinweis, dass insbesondere die Philologen ein Großteil der Lehrerschaft ausbilden."[27] Oder aber die Befragten tadeln die voranschreitende Ökonomisierung: „[Es ist] Heuchelei, wenn diese [kleinen Fächer] einen höheren Forschungsoutput erbringen sollen und zugleich die finanziellen Zuweisungen von Studenten- und Drittmittelzahlen abhängig gemacht werden. Weder erscheint die Erhöhung von Studierendenzahlen immer sinnvoll, noch bezeichnet die Akquise höherer Verbrauchsmittel schon einen gesteigerten Ertrag." [28] Jedenfalls findet sich unter den dann doch recht zahlreichen Lösungsvorschlägen auch folgender Katechismus: „Diene der Wissenschaft, nicht dem Marketing! [...] Folge deinem Interesse, nicht den Ausschreibungen! [...] Lehre Inhalte, nicht Kompetenzen!"[29] So wirken die geisteswissenschaftlichen *legitimation narratives* insgesamt recht defensiv, was vielleicht auch dem Druck aus anderen Gesellschaftsbereichen wie der Politik geschuldet ist.

Auch dort, im nicht-geisteswissenschaftlichen Bereich, nutzen die Volksvertreter *legitimation narratives*. Ob sie nun auf die Kritik reagieren oder die Kritik auf sie (immerhin stehen sie in einem Wechselverhältnis), die Durchsetzung der eigenen Vorgaben wird von Rechtfertigungen begleitet bzw. weisen die Rechtfertigungen auf die Durchsetzung dieser Vorgaben hin. Untersucht man das neue Kerncurriculum Hessens für das Fach Geschichte in der gymnasialen Sekundarstufe I[30], zeigt sich die Rechtfertigung schon formal an Dreierlei: Zum Ersten bevollmächtigt sich das Kerncurriculum gewissermaßen selbst, indem es auf Autoritäten verweist: „Die Bildungsstandards der Kultusministerkonferenz als länderübergreifender Bildungsplan sind im hessischen Kerncurriculum berücksichtigt und konkretisiert."[31] Zum Zweiten begründet das Kerncurriculum sich selbst, indem es auf seine Nützlichkeit verweist: „Im Mittelpunkt steht das, was alle Kinder und Jugendlichen am Ende ihrer schulischen Laufbahn (bzw. nach bestimmten Abschnitten ihres Bildungsweges) können und wissen sollen."[32] Und zum Dritten beurteilt sich das Kerncurriculum selbst positiv, indem es seinen Wert aufzeigt: Die „Konkretisierung und Umsetzung des hessischen Kerncurriculums bietet Anlass für eine gemeinsame Reflexion und Verständigung in den Fach- bzw. Planungsteams über Ziele und erfolgreiche Wege des Lernens und die angestrebte Kompetenzentwicklung der Lernenden sowohl im Fach als auch über die Fächergrenzen hinaus."[33] Damit ist eine gewisse Instrumentalisierung nicht von der Hand zu weisen. Das Kerncurriculum soll eben ein Werkzeug sein, und zwar für Kompetenzentwicklung. Und Kompetenzen werden ganz instrumentell verstanden als „Verbindung von Wissen und Können – Wissen soll transferierbar und in Anwendungssituationen nutzbar sein."[34] Und ausschließlich darauf konzentriert sich das Kerncurriculum auch, nämlich „die angestrebten Ergebnisse des Lernens in Form von Könnenserwartungen (Bildungsstandards) darzustellen."[35]

Die Rechtfertigungen des Kerncurriculums lassen sich inhaltlich noch genauer fassen. So pocht das Kerncurriculum darauf, endlich die wirklich wichtigen Dinge in den Mittelpunkt zu stellen: „Dies führt zur Beschreibung von Kompetenzen [...] verstanden als Verbindung von Wissen und Können [...]. Damit richtet sich der Blick [...] auf weitere Bedingungen der erfolgreichen Bewältigung kognitiver Anforderungen. Hierzu zählen Strategien zum Erwerb von Wissen und dessen Nutzung und Anwendung sowie personale und soziale Dispositionen, Einstellungen und Haltungen."[36] Zugleich besteht das Kerncurriculum darauf, endlich die gröbsten Ungleichheiten aus dem Weg zu räumen: „Anliegen seiner Konzeption ist die Darstellung eines kumulativen Kompetenzaufbaus von Jahrgang 1 bis zur Jahrgangsstufe 10 in einem einheitlichen Format [...]. Dies führt zur Beschreibung von Kompetenzen, die zu einem bestimmten Zeitpunkt von allen Lernenden erwartet werden."[37] Damit dringt das Kerncurriculum darauf, die Solidarität zu fördern: „[D]as schuleigene Curriculum [wird] zum Bindeglied zwischen dem Kerncurriculum und der individuellen Unterrichtsgestaltung."[38] Insgesamt verspricht das Kerncurriculum, den betroffenen Akteuren relativ freie Hand zu lassen. Die Vorgaben seien „auf die wesentlichen Aspekte, den Kern eines Faches, fokussiert und stellen die zentralen Ankerpunkte für die Ausgestaltung der jeweiligen Fachcurricula dar. Dies bietet zum einen eine Orientierung für schulische Entwicklungs- und Planungsprozesse, eröffnet aber auch Gestaltungsräume"[39]. Gerade der enge Fokus aber beweist die versteckte Vernutzung, wenn wie in den Synopsen zum Kompetenzstand sowohl geordnet nach Jahrgangsstufen (4, 9/10) als auch nach Bildungsgängen (Hauptschulabschluss, Mittlerer Schulabschluss, Übergang Sekundarstufe II) nur noch Anwendungstechniken aufgelistet werden, teilweise sogar sprachlich passend formuliert: „Strategien der Erschließung von Textquellen, audiovisuellen und Sachquellen anwenden"[40]. Spätestens das erregt nach den Naturwissenschaften wieder den Verdacht, dass das Kerncurriculum vor allem für Nützlichkeit und Anwendbarkeit oder Ökonomie stehen soll. Immerhin rechtfertigt es sich genau mit all den positiven Aspekten des Kapitalismus, nämlich Gerechtigkeit, Reichtum, Solidarität, Freiheit.

Die Rechtfertigungen lassen sich aber auch sprachlich noch genauer beschreiben. Wenn das Kerncurriculum sagt: „Bildungsstandards und Inhaltsfelder stehen in einem korrespondierenden Verhältnis zueinander: Kompetenzen werden – im Sinne vernetzten Lernens – an geeigneten Inhalten in lebensweltlich bedeutsamen Zusammenhängen erworben", dann sagt es das im Tonfall einer Wahrscheinlichkeit: Wahrscheinlich wird das gelingen. Wenn das Kerncurriculum hingegen davon spricht, „Im Sinne vernetzten Lernens ist eine Verknüpfung der verschiedenen Kompetenzbereiche und Inhaltsfelder untereinander notwendig. Für das Verständnis größerer Zusammenhänge ist es darüber hinaus unabdingbar, Kompetenzbereiche und Inhaltsfelder auch über die Fächergrenzen hinaus zu vernetzen"[41], dann tut es das im Tonfall der Verpflichtung: Die Akteure sollen die Vorgaben befolgen. Das stellt sie vor das Problem, mit der Ökonomisierung (als Haushaltung) umgehen zu müssen. Sie tritt vor allem als Zerstückelung in Erscheinung. Im Kerncurriculum flankieren grundsätzlich überfachliche Kompetenzen die eigentlichen Fachkompetenzen. Darunter fallen die Wahrnehmungs-, Analyse- und Urteilskompetenz für Kontinuität und Veränderung in der Zeit sowie die Orientierungskompetenz für Zeiterfahrung. Mit ihnen „wird die narrative Kompetenz ausgebildet, also die Fähigkeit, vorliegende Geschichte(n) zu verstehen, auf sinnvolle Art und Weise eigene zu bilden und diese auch selbst erzählen zu können."[42] Geschichten zusammenhängend erzählen zu können, beruht also darauf, Geschichte zusammenhängend sehen zu können. Und dennoch berücksichtigt das Kerncurriculum nur fünf geschichtswissenschaftliche Dimensionen, darunter ein wirtschaftsbezogenes („Wirtschaft") und ein nutzenbetreffendes Themenfeld („Nutzung von Räumen"). Noch knapper, nämlich in Stichworten hinter Spiegelstrichen, fallen die Wissensinhalte zu den fünf Epochen aus. Die Herstellung des Epochenbezugs Antike beschränkt sich dann z. B. auf die Überschriften „Freiheit und Mitbestimmung in der griechischen Polis", „Entwicklung zum Imperium Romanum" und „Griechische und römische Ursprünge der europäischen Kultur"[43].

Nimmt man nun die beiden Verdachtsmomente zusammen, also die Fremdzuschreibung von Nützlichkeit in den wissenschaftlichen *legitimation narratives* und die Selbstzuschreibung von Anwendbarkeit in den nicht-wissenschaftlichen *legitimation narratives*, wird eines klar: *Legitimation narratives* müssen als Wellenschläge an der Oberfläche begriffen werden, die auf ein Beben in der Tiefe zurückgehen, denn als gesellschaftliche Ereignisse bauen sie auf gesellschaftlichen Gegebenheiten auf: „Die Akteure verfertigen die Ereignisse demnach unter Bezugnahme auf Strukturen und Praktiken gewissermaßen in einem schöpferischen (Übersetzungs-)Akt; sie externalisieren oder veräußerlichen sich gewissermaßen in Texten. [...] In einem solchen Text treten die Grundwerte endlich ganz zutage, ist der Text doch das Ergebnis strukturell eines Wertewiderspruchs und praktisch eines Werteabgleichs."[44] So lässt sich der wachsende Angriff auf Nützliches und Anwendbares (bzw. deren zunehmende Verteidigung) in den gesellschaftlichen Ereignissen der *legitimation narratives* auf die gesellschaftlichen Gegebenheiten in den Strukturen und Praktiken zurückführen. Wenn moderne Gesellschaften sich durch ihre Ausdifferenzierung in Teilsysteme auszeichnen, die für das Gesamtsystem bestimmte Funktionen erfüllen oder bestimmte Leistungen erbringen, dann müssten diese Teilsysteme ihren Nutzen, ihre Anwendbarkeit oder ihre Legitimation für das Gesamtsystem doch in sich tragen[45] – außer die Teilsysteme stehen nicht mehr gleichgeordnet nebeneinander, sondern nachgeordnet hintereinander. Und genau das passiert seit einigen Jahren. „So kann man zwar nach wie vor von einer solchen funktionalen Differenzierung ausgehen, aber angesichts knapper Ressourcen und der Notwendigkeit, Prozesse neu zu regeln, scheinen einige Systeme in den Vordergrund zu treten und andere in den Hintergrund zu drängen."[46] Während also in der gesellschaftlichen Tiefe ein Kampf um Vorherrschaft oder Hegemonie tobt, findet an der gesellschaftlichen Oberfläche ein Ringen um Deutungshoheit oder Legitimation statt[47]. Dabei ist es genau die Ressourcenknappheit, die „das Wirtschaftssystem zu dem hegemonialen System gemacht [hat], das allen anderen Systemen seine Vorgaben aufzwingt."[48] Und das macht meines Erachtens auch den Unterschied zwischen Gestern und Heute aus. Krisendiskurse und also Krisen gab es schon immer, nur hat sich jetzt der Ton im Diskurs zusammen mit dem Ernst der Krise verschärft; die Auseinandersetzungen sind existenzieller geworden. Bei genauerem Hinsehen verraten das die Empfehlungen des Wissenschaftsrates zur Entwicklung und Förderung der Geisteswissenschaften. Zumindest die sog. kleinen Fächer stehen mancherorts vor der Existenzfrage, wenn sie mit geringerem Personal neue Studiengänge (Bachelor, Master) oder neue Finanzmittel (Hochschuletat, Drittmittel) besorgen müssen. Darunter leidet letztlich nicht nur die Forschung, sondern auch die Lehre: „Die unzureichende personelle Ausstattung der Universität führt angesichts der u. a. infolge der Studienreform wachsenden Lehr- und Prüfungsverpflichtungen gerade bei den Kleinen Fächern zu deutlichen Engpässen in der Lehre. Besonders gefährdet sind Angebote zur Schaffung von Studienvoraussetzungen."[49] – und das kann auch zum Austrocknen der kleinen Fächer beitragen, wenn irgendwann eben qualifizierter Nachwuchs fehlt. Wie die Tiefenstrukturen haben außerdem auch die Oberflächenmuster immer mehr Schlagseite.

Also: Die Geisteswissenschaften vermitteln vor allem (das Bild von) Besorgnis angesichts von Ökonomisierungstendenzen, und das selbst sehr ökonomisch-einseitig, wenn sie dem Schwerpunkt Form lediglich ihren Schwerpunkt Inhalt entgegensetzen[50]. Wie lassen sich die Geisteswissenschaften da (in die Schulen) vermitteln?

IV

Allgemein beginnt alles mit einer wissenschaftlichen Forschungsarbeit, die neue Erkenntnisse liefert. Diese werden dann von vielen Händen langsam bis zum Schüler durchgereicht[51]. Zunächst setzt sich die Kultusministerkonferenz (KMK) als gemeinsames Organ der Bundesländer mit den neuen Erkenntnissen auseinander, denn Bildungspolitik ist gemäß Art. 30 GG Ländersache: „Die Ausübung der staatlichen Befugnisse und die Erfüllung der staatlichen Aufgaben ist Sache der Länder, soweit dieses Grundgesetz keine andere Regelung trifft oder zuläßt."[52] Die KMK als Versammlung der Länderminister und Ländersenatoren für Bildung, Wissenschaft und Kultur betraut zur Ausarbeitung von passenden Entwürfen schulische Fachgruppen, „die aus Fachdidaktikern und Schulpraktikern aus den Ländern in der Bundesrepublik Deutschland bestehen"[53] und die von wissenschaftlichen Steuerungsgruppen aus Unterrichtsforschung und Fachdidaktik unterstützt werden. Zur Überarbeitung der Entwürfe veranstaltet die KMK dann öffentliche Fachtagungen „mit Vertretern der Wirtschaft, der Wissenschaft, Fachdidaktik, Lehrkräften, Eltern und der Schülerschaft"[54]. Und schließlich fasst die KMK ihre eigentlichen Beschlüsse, die von den einzelnen Bundesländern umgesetzt werden müssen, so z. B. auch von Hessen.

Dort beauftragt das Hessische Kultusministerium das Institut für Qualitätsentwicklung (IQ) mit einem Konzept zur Konkretisierung der KMK-Beschlüsse. Das IQ zieht entsprechende Schulspezialisten und Universitätsexperten zu Fachgruppen zusammen, die ihre Entwürfe anhand von eigenen Fachexpertisen und fremden Praxiserfahrungen entwickeln. Die Fachgruppen bitten dann um interne (Schulämter, Studienseminare, Verbände) wie externe Rückmeldungen (über die IQ-Homepage)[55]. Am Ende treten die Entwürfe über Verordnungen der Hessischen Landesregierung in Kraft.

An den Schulen selbst sind es die Fachkonferenzen, welche die formalen Beschlüsse und Verordnungen inhaltlich (weiter) ausarbeiten. „Die weitere Konkretisierung wird dabei den einzelnen Schulen – im Zuge einer stärkeren schulischen Selbstständigkeit – übertragen. Den Schulen fällt damit die Aufgabe zu, Schulcurricula mit konkreten jahrgangsbezogenen Zuordnungen zu entwickeln."[56] Als letzte Station in der Postenkette sind es die Lehrkräfte, welche die neuen Erkenntnisse an die Schüler weiterreichen. Dabei gewährt ihnen § 86 HSchG einen gewissen Spielraum: „Die für die Unterrichts- und Erziehungsarbeit der Lehrerin oder des Lehrers erforderliche pädagogische Freiheit darf durch Rechts- und Verwaltungsvorschriften und Konferenzbeschlüsse nicht unnötig oder unzumutbar eingeengt werden."[57] – weswegen die Lehrkraft die neuen Erkenntnisse übrigens auch gleich in den eigenen Unterricht einbauen dürfte. Sie als eigentlicher Vermittler ist es tatsächlich auch, die entsprechend geschult, unterstützt, entlastet werden sollte[58]. Wie aber ließe sich nun angesichts dieser Vielzahl an Mitbestimmungschancen und Ausgestaltungsmöglichkeiten die andauernde Kritik oder auch die fortbestehende Krise erklären?

Wie an der funktionalen Differenzierung der modernen Gesellschaft bereits dargelegt, entsteht eine Krise, „sobald strukturelle Widersprüche zwischen gesellschaftlichen Teilbereichen auftauchen, sich diese Widersprüche nicht mehr auflösen lassen und Lösungsversuche die Situation noch verschärfen. Die Krise führt zu Spannungen zwischen allen Beteiligten, bringt ihr gewohntes Verhältnis aus dem Gleichgewicht und startet einen Machtkampf mit offenem Ausgang."[59] Und wie oben an der gesellschaftlichen Ökonomisierung aufgezeigt, „sind es die ‚Überlegenheitseffekte' des Kapitalismus, die die Krise heraufbeschwören (und der Kritik auf die Beine helfen). Die akute Krise zeichnet sich dadurch aus, dass sie objektiv überbestimmt und subjektiv unterbestimmt ist: Ein struktureller Wandlungsprozess hat entschieden eingesetzt [...], doch fallen Einflussnahmen noch zögerlich aus."[60] Um das zu ändern (und die soeben gestellte Frage zu beantworten), ließe sich etwa folgende (kapitalismuskritische) *legitimation narrative* erzählen:

Als die Organisation für wirtschaftliche Zusammenarbeit und Entwicklung (OECD) nachzuprüfen begann, „inwieweit Schülerinnen und Schüler gegen Ende ihrer Pflichtschulzeit die Kenntnisse und Fähigkeiten für eine volle Teilhabe an der Wissensgesellschaft erworben haben"[61], tat sie das in den Bereichen Leseverständnis, Mathematik und naturwissenschaftliche Fähigkeiten. Die entsprechenden PISA-Tests prüften dabei „die Fähigkeit oder Kompetenz, Wissen in der Praxis anzuwenden."[62] Auf diese Art und Weise behandelte die OECD den geisteswissenschaftlichen Bereich ungleich gegenüber dem naturwissenschaftlichen Bereich, unterdrückte die an sich sinn-vollen Wissensinhalte gegenüber den für andere wert-vollen Kompetenzen und entzauberte diese genau darüber auch. Da die OECD ihren PISA-Test als Produkt versteht, müssen die Teilnehmerländer bezahlen: "The international overhead costs for new participants in PISA 2015 is EUR 182,000 payable over four years at EUR 45,500 per year from 2013 to 2015 inclusive; [...] the costs for the national implementation of the programme are borne entirely by the participating countries."[63] Gleichzeitig erstellt die OECD ihre Testergebnisse für einen bestimmten Personenkreis: „Nicht die Lehrkräfte oder die Schulen, sondern die Planer und Entscheider in den Ministerien gelten als Hauptadressaten der Ergebnisse. Sie sollen diese konstruktiv verarbeiten und dann das Schulsystem besser ‚steuern'."[64] So legt die OECD ein gerüttelt Maß an Egoismus und Opportunismus an den Tag und gibt den Testergebnissen darüber nur den Anstrich echten Interesses.

Nicht anders verhält es sich mit der KMK, die den Weg für eine PISA-Studie mit dem Beschluss geebnet hatte: „[D]ie Vergleichsstudien sollten vorrangig auf die Entwicklung grundlegender Kompetenzen ausgerichtet werden, die die Schülerinnen und Schüler zu einer gleichberechtigten Teilhabe am gesellschaftlichen, wirtschaftlichen, kulturellen und politischen Leben befähigen."[65] Die Vorgabe lautete dabei: „Entsprechend dem Beschluss zu den ‚Standards für den mittleren Schulabschluss' sollten vor allem muttersprachliche, mathematische, naturwissenschaftlich-technische und fremdsprachliche Kompetenzen Beachtung finden."[66] Dabei spielt auch in der KMK das Ökonomische eine Rolle, wie eine spätere Erklärung schon dem Wortlaut nach verrät: „Somit ist ein Paradigmenwechsel in der Bildungspolitik im Sinne von ‚outcome-Orientierung', Rechenschaftslegung und Systemmonitoring eingeleitet."[67]

Auch auf Ebene des Hessischen Kultusministeriums ereignet sich das gleiche Spiel, wenn verkündet wird: „In Hessen hat man sich für einen anderen Weg entschieden: Die Standards sind weitgehend inhaltsunabhängig formuliert."[68] In der Regierungserklärung heißt es entsprechend: „Die Landesregierung bekennt sich [...] zu Vielfalt im Schulwesen. [...] Damit Schulen dieser Vielfalt Rechnung tragen können, müssen sie flexibel sein. [...] Daher ist neben der Vielfalt die Freiheit die zweite tragende Säule schwarz-gelber Bildungspolitik."[69] Der ökonomische Ausdruck „Rechnung tragen" erscheint darin auf jeder zweiten Seite. Dass grundsätzlich aufs Geld geschaut wird, bringt folgendes Lob zum Ausdruck: „Im Haushaltsjahr 2011 hat keine der teilnehmenden Schulen ihr Gesamtbudget inklusive der zur Verfügung stehenden Rücklagen überschritten."[70] Und das, obwohl die Schulen in Hessen (und anderswo) gleichzeitig auf Ganztagesbetrieb umstellen, die Inklusion voranbringen, die Schulcurricula entwickeln und neue Fächer wie islamische Religion unterrichten sollen.

Insgesamt würde es eine solche *legitimation narrative* also schaffen, all diese Inhalte auf die vier kapitalismuskritischen Kerngehalte einzukochen, denn gegen nichts anderes als die Ökonomisierung oder den Kampf gegen sie geht es hier: „Armut und Opportunismus bilden das Anliegen eher der sozialen [Kapitalismus-]Kritik [...] Entzauberung und Unterdrückung bilden das Anliegen eher der ästhetischen [Kapitalismus-]Kritik".[71] Deswegen: Geisteswissenschaften werden offiziell nur sehr ökonomisch-bruchstückhaft (in die Schulen) vermittelt. Wie kann da ein konkreter Lösungsvorschlag für die geisteswissenschaftliche Bildung, für die Geisteswissenschaften aussehen?

V

Als Caesar am 10. Januar 49 (v. Chr.) am Rubicon steht, entfährt ihm nicht der Stoßseufzer: „Man soll dorthin gehen, wohin der Götter Zeichen ODER die Ungerechtigkeit der Feinde einen rufen." Vielmehr sagt Caesar: „Man soll dorthin gehen, wohin der Götter Zeichen UND die Ungerechtigkeit der Feinde einen rufen." Vielleicht sollten sich die Geisteswissenschaften daran orientieren: das Eigene, den Dienst an der Wissenschaft, genauso wenig vernachlässigen wie das Andere, den Dienst an der Gesellschaft; vermitteln nach innen und nach außen. Jedenfalls aber sollten wir gerade an Universitäten und noch mehr an Schulen gegen jegliche ökonomistische Vereinseitigung angehen. Dann ließe sich bekräftigend mit Caesar ausrufen: „*Iacta alea est*. Der Würfel ist gefallen."[72] Und dieses Mal in unserem Sinne.

Anmerkungen

1 Caius Suetonis Tranquillus, Die Kaiserviten. De Vita Caesarum. Berühmte Männer. De Viris Illustribus. Lateinisch-Deutsch. Hrsg. u. übersetzt v. H. Martinet (Düsseldorf, Zürich 2000) 58 f.

2 Ebd. 60 f.

3 Vgl. M. Goldmann/J. Köhrsen/R. Schulz/D. Thomaschke (Hrsg.), Wozu noch Geisteswissenschaften? (Oldenburg 2007). – J. Hörisch/J. Ph. Reemtsma/J. Lüthje/W. Ch. Zimmerli/H.-J. Rheinberger, Geisteswissenschaften – wozu? Eine Reihe von Vorträgen. Schr. Freie Akad. Künste Hamburg 32 (Hamburg 2005). – F. Keisinger/St. Seischab/T. Lang/M. Müller/A. Steinach/Ch.-A. Wörner (Hrsg.), Wozu Geisteswissenschaften? Kontroverse Argumente für eine überfällige Debatte (Frankfurt a. M. 2003). Und die Liste mit ähnlich lautenden Titeln ließe sich weiter fortsetzen: H. Reinalter/R. Benedikter (Hrsg.), Geisteswissenschaften wozu? Studien zur Situation der Geisteswissenschaften (Wien, München 1997). – H.-H. Krummacher (Hrsg.), Geisteswissenschaften – wozu? Beispiele ihrer Gegenstände und ihrer Fragen; eine Vortragsreihe der Johannes Gutenberg-Universität Mainz im Wintersemester 1987/88 (Wiesbaden 1988). – K. M. Michel/T. Spengler, Wozu Geisteswissenschaften? Kursbuch 91 (Berlin 1988).

4 Soweit nicht anders vermerkt, entspringen die Angaben einer Anfrage beim Bundesamt.

5 Ohne Lehramt.

6 Die Anzahl der Habilitationen hingegen ist deutlich zurückgegangen (2000: 410, 2011: 268).

7 Gegen den Trend geschrumpft sind darin die Zahlen der C2-Professuren auf Dauer und der Dozenten und Assistenten.

8 Jahresbericht 2011, 166. Hrsg. von Deutsche Forschungsgemeinschaft. URL: http://web.archive.org/web/20130117175352/http://dfg.de/download/pdf/dfg_im_profil/geschaeftsstelle/publikationen/dfg_jb2011.pdf (Zugriff: 29.10.2016).

9 Empfehlungen zur vergleichenden Forschungsbewertung in den Geisteswissenschaften. Hrsg. von Wissenschaftsrat. Siehe: www.wissenschaftsrat.de/download/archiv/10039-10.pdf (Zugriff: 08.08.2016).

10 „Wer heutige Texteditionen mit denen vor 50 Jahren vergleicht, wer derzeitige Bildwissenschaften mit der Kunstgeschichte vor 100 Jahren vergleicht oder eine durchschnittliche literaturwissenschaftliche Dissertation des Jahres 2000 mit einer der besseren der Jahre 1970, 1940, 1910 oder 1880, muss zu dem Ergebnis kommen, dass die Geisteswissenschaften in glänzender Form sind" (J. Hörisch, Geister, die man ruft. Frankfurter Rundschau [10.02.2007] 17).

11 Erinnert sei hier an das Jahr der Geisteswissenschaften 2007, das Annette Schavan der Öffentlichkeit mit den Worten anpries: „Liebe Leserinnen, liebe Leser, von AUFKLÄRUNG bis ZUKUNFT reicht das ABC der Menschheit, das die Geisteswissenschaften buchstabieren. Ob Geschichtswissenschaften oder Philosophie, Amerikanistik oder Turkologie: Die Geisteswissenschaften sind von unschätzbarem Wert [...] Im Wissenschaftsjahr 2007 wird eine große Zahl unterschiedlicher Veranstaltungen und Publikationen die Geisteswissenschaften in ihrer Vielfalt und Qualität für alle sichtbar und erlebbar machen. Ich lade Sie herzlich ein: Entdecken Sie 2007 die Geisteswissenschaften in Deutschland!" Bundesministerium für Bildung und Forschung, Die Geisteswissenschaften. Das ABC der Menschheit (Berlin 2007).

12 „Stärker noch als bei den Inlandsstudierenden ist bei den Auslandsstudierenden in diversen Zielländern die Fächergruppe ‚Sprach- und Kulturwissenschaften, Sport' vertreten. Während an den Hochschulen der Bundesrepublik Deutschland 21 % aller deutschen Studierenden in dieser Fächergruppe eingeschrieben sind, liegt der entsprechende Anteil bei den Auslandsstudierenden z. B. in Frankreich bei 50 %. Das deutet darauf hin, dass ein großer Teil der Studienaufenthalte im Ausland dazu dient, die Kultur und Sprache des jeweiligen Gastlandes besser kennenzulernen". Statistisches Bundesamt, Deutsche Studierende im Ausland, 16. URL: www.destatis.de/DE/Publikationen/Thematisch/BildungForschungKultur/Hochschulen/StudierendeAusland5217101127004.pdf?__blob=publicationFile (Zugriff: 08.08.2016).

13 Empfehlungen zur Entwicklung und Förderung der Geisteswissenschaften in Deutschland, hrsg. von Wissenschaftsrat (Köln 2006) 17.

14 Zur Differenzierung der beiden Begriffe vgl. P. Schallmayer, Kapitalismuskritik. Theorie und Praxis bei Marx, Nietzsche, Mann, Müntefering und in der Heuschreckendebatte (Würzburg 2009) 27 f.

15 Vgl. Wissenschaftsrat (Anm. 13) 10 f.

16 Vgl. noch einmal Hörisch (Anm. 10).

17 1918 und 1933: Legitimation der Nationalen; 1945: Legitimation des Individuellen; 1968: Legitimation des Liberalen und Pluralen. Vgl. Wissenschaftsrat (Anm. 13) 11.

18 J. G. Fichte, Deducirter Plan einer zu Berlin zu errichtenden höheren Lehranstalt. In: I. H. Fichte (Hrsg.), Vermischte Schriften und Aufsätze. Fichtes Werke 8 (Berlin 1971) 133.

19 Vgl. W. Dilthey, Einleitung in die Geisteswissenschaften. Versuch einer Grundlegung für das Studium der Gesellschaft und der Geschichte (Göttingen 1979). – E. Husserl, Phänomenologische Psychologie. Vorlesungen Sommersemester 1925 (Den Haag 1962). – K. Jaspers, Die Idee der Universität (Berlin 1946). – J. Ritter, Die Aufgabe der Geisteswissenschaften in der modernen Gesellschaft (Essen 1961). – J. Habermas, Die Idee der Universität – Lernprozesse. In: J. Habermas, Eine Art Schadensabwicklung. Kl. Politische Schr. 6 (Frankfurt a. M. 1987) 71–100.

20 „Ein Vertreter der *string theory*, der kosmologische Modelle durchrechnet, die jenseits experimenteller Verifizierbarkeit liegen, hat aus diesem Blickwinkel mehr mit einem theoretischen Mathematiker und vielleicht sogar mehr mit einem Philosophen gemein als mit seinem Kollegen im selben Institut zwei Bürotüren weiter, der seine Entdeckungen auf dem Gebiet der Nanotechnologie serienweise zur Patentreife bringt und deshalb vom Landesministerium hofiert wird". Vgl. A. Koschorke, Über die angebliche Krise der Geisteswissenschaften. Aus Politik u. Zeitgesch. 2007, H. 46, 21–25 bes. 24.

21 Schallmayer (Anm. 14) 23. Wie sich gleich zeigen wird, handelt es sich bei diesen geisteswissenschaftlichen *legitimation narratives* mit ihrer Kritik der Ökonomisierung übrigens um nichts anderes als Kapitalismuskritiken.

22 Dabei wurden die Vertreter der Geisteswissenschaften gerade mit der Frage konfrontiert, die hier zur Debatte steht: „Was leisten die Geisteswissenschaften für die Gesellschaft?" Siehe Vorwort in: J.-D. Gauger/G. Riether (Hrsg.), Warum die Geisteswissenschaften Zukunft haben! Ein Beitrag zum Wissenschaftsjahr 2007 (Freiburg 2007) 11 f. bes. 11. Natürlich dürften sich vor allem jene zu Wort gemeldet haben, die die neuesten Entwicklungen kritisch betrachten. Somit ist der Band vermutlich nicht ganz repräsentativ, dafür gewährt er interessante Einblicke in geisteswissenschaftliches Denken.

23 E. von Erdmann, Imagination und Reflexion. Zur Gefangenschaft der Geisteswissenschaften im Nutzen- und Leistungsdenken. In: Gauger/Riether (Anm. 22) 180–191 bes. 180. Andere Befragte sehen in der Frage sogar erst den Grund für die Krise: „Es ginge hier also um eine Behebung von Grundlagenkrisen, von denen eigentlich bis zum Anlaufen dieses Rotationstheaters gar keine Rede sein konnte!". W. Schweidler, Den eigenen Gegenständen gerecht werden. In: Gauger/Riether (Anm. 22) 344–356 bes. 347.

24 E. Graefe, Was bedroht aktuell so genannte kleinere Fächer wie Ägyptologie? In: Gauger/Riether (Anm. 22) 211–220 bes. 212.

25 O. Jahraus, Sinn und Eigenrecht der Geisteswissenschaften. In: Gauger/Riether (Anm. 22) 242–253 bes. 253.

26 D. Kessler, Die Realität der universitären Geisteswissenschaften. In: Gauger/Riether (Anm. 22) 254–273 bes. 260.

27 A.-M. Horatschek, Die Kartographie der Kultur aus blendender Nähe. In: Gauger/Riether (Anm. 22) 230–241 bes. 231.

28 J. Rüpke, Differenzieren, Kommunizieren, Integrieren. Die Religionswissenschaft als Geisteswissenschaft. In: Gauger/Riether (Anm. 22) 322–330 bes. 326. Diese Kritik kommt übrigens von einem Befragten, der die Frage nach der Leistung der Geisteswissenschaften eigentlich bereitwilliger aufgreift. Insgesamt kann die rationale Kritik, wenigstens in aller Kürze, bis dahin führen, den oben erläuterten Zusammenhang von Strukturen, Praktiken und Ereignissen herzustellen: „Geld und Förderung gibt es für die Geisteswissenschaften, doch müssen sie von Fall zu Fall neu verdient werden, indem geisteswissenschaftliche Forschung und Lehre unter Überschriften und Programme gestellt werden, die zum Teil wenig mit Wissenschaft, aber viel mit den gesellschaftlichen, politischen und ökonomischen Interessen zu tun haben, wie sie von einer der Ökonomisierung aller Bereiche verschriebenen Elite, die mit Zwängen der Globalisierung argumentiert, definiert werden". Von Erdmann (Anm. 23) 183.

29 C. Albrecht, Vom Aufstieg und Niedergang der Geisteswissenschaften. In: Gauger/Riether (Anm. 22) 448–457 bes. 457.

30 Dieses Kerncurriculum ist insofern das Ergebnis von Politik oder eine politische *legitimation narrative*, als es auf die Festlegungen der Kultusministerkonferenz zurückgeht: „Die Bildungsstandards der Kultusministerkonferenz als länderübergreifender Bildungsplan sind im hessischen Kerncurriculum berücksichtigt und konkretisiert". Bildungsstandards und Inhaltsfelder. Das neue Kerncurriculum für Hessen. Sekundarstufe I – Gymnasium. Geschichte. Hrsg. von Hessisches Kultusministerium, 5. URL: https://kultusministerium.hessen.de/sites/default/files/media/kerncurriculum_geschichte_gymnasium.pdf (Zugriff: 08.08.2016). Diesen Empfehlungen voran gingen wiederum die Wünsche der Wirtschaftsvertreter, für eine bessere Berufsvorbereitung zu sorgen: „Wissen soll transferierbar und in Anwendungssituationen nutzbar sein". Ebd.

31 Ebd.

32 Ebd.

33 Ebd. 7.

34 Ebd. 5.

35 Ebd. Dementsprechend nehmen die Darlegungen des „Können-sollens" neun Seiten und die Beschreibungen des „Wissenkönnens" zwei Seiten im Kerncurriculum ein.

36 Ebd. 5.

37 Ebd.

38 Ebd. 6.

39 Ebd.

40 Ebd. 26. In der Liste der am häufigsten benutzten Wörter im Curriculum stehen übrigens „Beurteilen", „Bewerten" und „Reflektieren" recht weit vorne, „Wissen" oder Ähnliches jedoch nirgendwo. Wie aber könnte Ersteres ohne Letzteres funktionieren?

41 Ebd. 7.

42 Ebd.

43 Alle ebd. 21.

44 Schallmayer (Anm. 14) 26.

45 Vgl. N. Luhmann, Die Gesellschaft der Gesellschaft (Frankfurt a. M. 1997).

46 Jahraus (Anm. 25) 247 f.

47 Das kann bis zum regelrechten Kulturkampf führen. Vgl. Ch. P. Snow, Die zwei Kulturen. Literarische und naturwissenschaftliche Intelligenz (Stuttgart 1967).

48 Jahraus (Anm. 25) 247 f.

49 Wissenschaftsrat (Anm. 13) 66 f.

50 So wird z. B. auch die Kritik am Kerncurriculum verständlich, wie sie die Gewerkschaft Erziehung und Wissenschaft Hessen (GEW) geübt hat: „Der Verzicht auf eine notwendigerweise kontroverse Verständigung über oberste Lernziele führt zu einer inhaltlichen Beliebigkeit, die mit dem Verweis auf die selbstständige Schule kaschiert wird". Siehe Kerncurricula für Hessen – GEW-Landesvorstand moniert „gravierende Mängel". HLZ – Zeitschr. GEW Hessen Erziehung, Bildung, Forsch. 63, H. 6, 2010, 19–21 bes. 19 (URL: http://www.gew-hessen.de/fileadmin/user_upload/veroeffentlichungen/hlz/1006_hlz.pdf [Zugriff: 08.08.2016]). Da helfen übrigens auch nicht der inhaltlich leere Begleittext zum Kerncurriculum und der inhaltlich unvollständige Leitfaden weiter, auf die in diesem Zusammenhang gern verwiesen wird.

51 Vgl. DRadio: Gut Ding will Weile haben. URL: ondemand-mp3.dradio.de/file/dradio/2012/08/20/drw_201208200802_gut_ding_will_weile_haben_-_gespr_89b56053.mp3 (Zugriff: 08.08.2016).

52 Bundestag, Grundgesetz. II. Der Bund und die Länder. URL: www.bundestag.de/bundestag/aufgaben/rechtsgrundlagen/grundgesetz/gg_02.html (Zugriff: 08.08.2016).

53 Kultusministerkonferenz (Anm. 30) 15.

54 Ebd.

55 Vgl. Hessisches Kultusministerium – Kerncurriculum. URL: verwaltung.hessen.de/irj/HKM_Internet?uid=9c43019a-8cc6-1811-f3ef-ef91921321b2 (Zugriff: 08.08.2016).

56 Bildungsstandards und Inhaltsfelder. Hrsg. v. Hessisches Kultusministerium, 9. URL: http://lakk.sts-ghrf-ruesselsheim.bildung.hessen.de/modul/mathe_hr_modul_b/Rechtliche_Grundlagen/Hoefer_et_al_-_Eine_Darstellung_fuer_Lehrerinnen_und_Lehrer.pdf (Zugriff 29.10.2016).

57 Hessenrecht – Hessische Rechts- und Verwaltungsvorschriften. [Hessisches Schulgesetz.] URL: www.rv.hessenrecht.hessen.de/jportal/portal/t/pcb/page/bshesprod.psml?doc.hl=1&doc.id=jlr-SchulGHE2005V10P86&documentnumber=5&numberofresults=41&showdoccase=1&doc.part=S&paramfromHL=true#focuspoint (Zugriff: 08.08.2016).

58 J. Hattie: „Schaut hin!" Die Zeit 2013, Nr. 19, 36.

59 Schallmayer (Anm. 14) 37.

60 Ebd.

61 OECD – Pisa auf Deutsch. URL: http://www.oecd.org/pisa/aboutpisa/pisaaufdeutsch.htm (Zugriff: 08.08.2016).

62 OECD – PISA – Hintergrund. URL: www.oecd.org/berlin/themen/pisa-hintergrund.htm (Zugriff: 08.08.2016).

63 OECD – How to join PISA. URL: https://www.oecd.org/pisa/aboutpisa/howtojoinpisa.htm (Zugriff: 08.08.2016).

64 K.-J. Tillmann: Was ist eigentlich neu an PISA. Neue Sammlung. Vierteljahreszeitschr. Erziehung u. Ges. 44,4, 2004, 477–486 bes. 481.

65 Grundsätzliche Überlegungen zu Leistungsvergleichen innerhalb der Bundesrepublik Deutschland – Konstanzer Beschluss. Hrsg. von Kultusministerkonferenz. URL: www.kmk.org/fileadmin/veroeffentlichungen_beschluesse/1997/1997_10_24-Konstanzer-Beschluss.pdf (Zugriff: 08.08.2016).

66 Ebd.

67 Bildungsstandards der Kultusministerkonferenz. Erläuterungen zur Konzeption und Entwicklung. Veröffentlichungen der Kultusministerkonferenz (München, Neuwied 2005) 6 (URL: www.kmk.org/fileadmin/veroeffentlichungen_beschluesse/2004/2004_12_16-Bildungsstandards-Konzeption-Entwicklung.pdf [Zugriff: 08.08.2016]). Diesen bildungspolitischen Schwenk bringt die Schlagzeile eines Zeitungsartikels – und seinen Inhalt – auf den Punkt: „Wie Betriebswirtschaftler ihrer selbst kalkulieren sie [die Schüler] Input und Output. Und wenn dann Putput herauskommt, wird das als Beweis dafür angesehen, dass noch nicht genug gestopft und standardisiert worden ist". Vgl. R. Kahl: Input, Output, Putput. taz, 22.06.2013, 7.

68 Kultusministerium (Anm. 56) 8 f.

69 N. Beer, Regierungserklärung zum Schuljahr 2012/2013. Hessisches Kultusministerium, S. 1 (URL: https://kultusministerium.hessen.de/sites/default/files/media/hkm/regierungserklaerung_der_hessischen_kultusministerin_2012_2013.pdf [Zugriff: 08.08.2016]).

70 Ebd. 7.

71 Schallmayer (Anm. 14) 33.

72 Suetonis Tranquillus (Anm. 1) 60 f.

Neufunde fossiler kleiner Echsen und Schlangen aus der tertiärzeitlichen Wiesbaden-Formation

Thomas Keller

Einführung

Kalksteine gehören in der Region Wiesbaden-Mainz zu landschaftstypischen Relikten einer lange vor der letzten Eiszeit im Bereich des Rheingrabens und seiner Randgebiete erfolgten Meeresbedeckung. Sie sind in den letzten 170 Jahren hier vorrangig für die Zementherstellung abgebaut worden. Fossilien liegen dort, wo einst vom offenen Binnenmeer abgetrennte lagunäre Bereiche existierten, oft in großer Fülle vor. So etwa gehören fossile Muscheln, Schnecken, aber auch Ansammlungen kleiner Fische zu häufigen und typischen Überresten, die zumeist auch geeignet sind, etwas über den einstigen Lebensraum dieser Organismen auszusagen. Die paläontologische Denkmalpflege hat die auf dem östlichen Stadtgebiet Wiesbadens liegenden Aufschlüsse (im großen Dyckerhoff'schen Steinbruch) seit längerer Zeit regelmäßig begangen und fossile Befunde dokumentiert und darüber hinaus allgemeinverständlich dargestellt[1].

Neu aus dieser Wiesbadener Fundstelle sind vereinzelte Knochenreste kleinwüchsiger Echsen und Schlangen. Diese Überreste sind so zart und diffizil, dass sie nur durch Ausspülen mit dem Sieb unter Behandlung größerer Sedimentmengen zu gewinnen waren. Unter Bedingungen, die vor der Einstellung des Kalksteinabbaus im Jahr 2005 noch sehr günstig zu beurteilen waren, konnte die paläontologische Denkmalpflege der hessenARCHÄOLOGIE (hA) über einen längeren Zeitraum Sedimentproben aus fundhöffigen Schichten zusammentragen. Im Frühjahr 2012 erfolgte die präparative Aufarbeitung und Gewinnung der Fossilien. Dass es zu einer rasch darauffolgenden wissenschaftlichen Bearbeitung der Kleinechsen und Schlangen durch führende Spezialisten des Faches kam – vermittelt durch K. Smith vom Forschungsinsititut Senckenberg – ist ein Glücksfall. Gegen alle Erwartungen erwies sich gerade die Fauna reptilischer Kleinvertebraten als sehr divers mit überraschenden Neu-Nachweisen und gewährte neue Einsichten in die Evolution und Ausbreitungsgeschichte[2]. Die Ergebnisse dieser maßgeblichen Bearbeitung werden hier vorgestellt.

Technische Aufbereitung der Fossilien

Die technischen Vorarbeiten waren beträchtlich. Zunächst galt es, das aus ganz bestimmten – vereinzelten – Horizonten über längere Zeiträume im Steinbruch entnommene Material grünlich grauer Tone und Mergel aufzubereiten und zu erweichen. Durch Trocknung während der Lagerung waren die Sedimentproben sehr hart geworden. Insgesamt wurde (im Frühjahr 2012) 258 kg wiegendes Sediment in Eimergrößen zu je 6 l mit stark verdünntem H_2O_2 behandelt, bis das Material eine breiartige Konsistenz aufwies. Danach konnten die aufgeweichten Proben im Labor der Archäobotanik der hA mit der Handbrause durch einen kombinierten Siebsatz (Vorsieb: 5 mm Maschenweite,

1 Wiesbaden-Formation. (A) Die fundreichen Sedimente werden im Labor der Archäobotanik geschlämmt; fossile Reste konzentrieren sich in den Sieben. – (B) Auslesen der Funde unter dem Stereomikroskop (Fotos: Th. Keller, hA).

2 Wiesbaden-Formation. In der Ausleseschale die im Fundgut dominierenden Schnecken, insbesondere *Hydrobia* (s.l.). Links ein planspirales Gehäuse von *Gyraulus* sp. Im Bereich rechts der Mitte der Schneidezahn eines kleinen Nagers. Ursprüngliche Bildhöhe: 14 mm (Foto: Th. Keller, hA).

Hauptsieb: 1 mm Maschenweite) geschlämmt werden (Abb. 1A), sodass sich mehr als 1 mm große Partikel in den Sieben fingen. Das Sediment war außerordentlich reich an kalkschaligen Schnecken (Abb. 2), die sich neben den gesuchten knöchernen Relikten gleichermaßen im Sieb angesammelt hatten. Dieser biogene Kalkanteil (Abb. 3) erwies sich als so hoch, dass an eine diesen Anteil reduzierende Behandlung mit verdünnter Salz- oder Essigsäure gedacht wurde. Jedoch zeigten Probeätzungen, dass die chemische Reaktion eine starke Turbulenz nach sich zog mit der negativen Folge der Beschädigung zarter Knochen. Wir entschieden uns daher, das zuvor im Wärmeschrank getrocknete konzentrierte Schlämmgut ohne eine Umfang reduzierende Salzsäure-Behandlung unter einem Stereomikroskop sorgfältig durchzusehen. In einem letzten Arbeitsschritt folgte dann das Auslesen der Funde mitsamt nachfolgender fotografischer Dokumentation, Registrierung und sachgemäßer Aufbewahrung in Kunststoff- bzw. Glasröhrchen.

Alle Siebe- und Auslesearbeiten wurden von Frau Michaela Wettlaufer mit großer Sorgfalt ausgeführt.

Überblick zu sonstigen Faunenresten

Das fossile Schlämmgut aus den mergeligen Absätzen der Lagune erwies sich beim Auslesen unter dem Stereomikroskop (Abb. 1B) als sehr divers. Die Gastropoden (Schnecken) wurden freundlicherweise von D. Kadolsky (Sanderstead, England) bestimmt. Zahllose Schalenreste einer größeren Landschnecke gehören zu *Cepaea* cf. *maguntina*; eine weitere Landschnecke tritt mit *Vallonia lepida* auf. Als Süßwasserschnecken – nach Kadolsky mit einer gewissen Toleranz für erhöhten Salzgehalt – sind *Gyraulus dealbatus* und *Gyraulus applanatus*, *Stagnicola subpalustris* und *Planorbarius solidus* aufzufassen. Die Schnecke *Theodoxus gregarius* ist in Bezug auf die bevorzugte Wasserqualität zweideutig, doch die Brackwasser anzeigende kleine Turmschnecke *Hydrobia (s.l.) caerulescens* war in allen Proben die absolut häufigste und damit dominante Art.

Unter den Kleinwirbeltieren liegen Fischreste vor (knöcherne Skelettreste und Gehörsteine). Sehr häufig zeigten sich Wirbel- und Unterkieferreste diverser Amphibien (Salamander, Froschartige). Die im Folgenden näher erläuterten Echsen- und Schlangenreste erwiesen sich bereits als weniger häufig. Vogelüberreste, z. B. knöcherne Krallen unterschiedlicher Größe, darunter die große Kralle eines Eulenvogels[3], waren ausgesprochene Seltenheiten. In Bezug auf die Fundhäufigkeit konkurrierten allerdings Mikromammalier – insbesondere Nager und Insektenfresser, vertreten vor allem durch Einzelzähne bzw. Unterkiefer – mit Reptilien.

Das Schlämmgut enthielt – sieht man von der Schnecke *Hydrobia* einmal ab – überwiegend Bewohner verschiedener Bereiche des festen Landes, wozu sicher auch Süßwasserarten zu rechnen sind. Deren Reste waren zum größten Teil durch Süßwasserzuflüsse in die Lagune eingeschwemmt worden. Längere Transport- und zwischengeschaltete De-

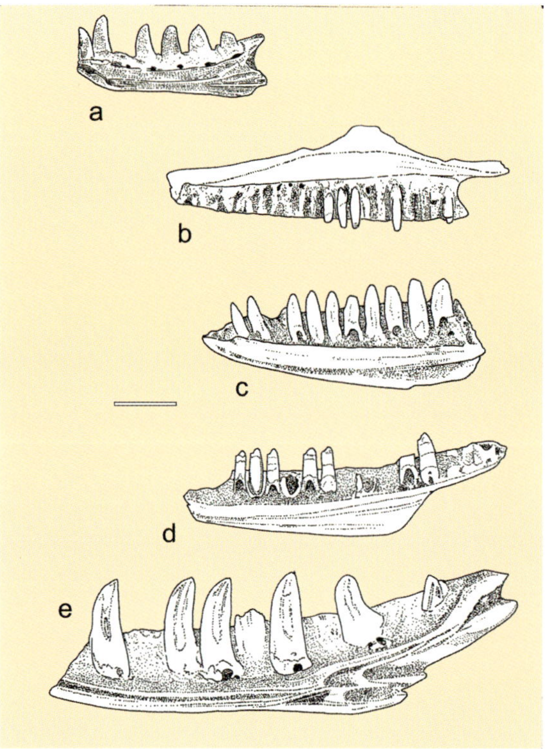

3 Wiesbaden-Formation. Kieferfragmente kleiner Echsen. Dargestellt ist jeweils die Innenseite des Kieferknochens. (a) Doppelschleiche *Blanus thomaskelleri*, Unterkieferfragment; (b) Geckoartiger, unbestimmt, Maxillare (Oberkieferfragment); (c) Skinkartiger, unbestimmt, Unterkieferfragment; (d) „echte" Eidechse *Lacerta poncenatensis*, Unterkieferfragment; (e) Schleiche *Ophisaurus* sp., Unterkieferfragment (ehemals Sammlung H. u. M. Gruner, Langen). Maßstab = 1 mm (Zeichnungen: Th. Keller, hA).

ponierungsstadien sorgten für einen vollständigen Zerfall vorhandener Skelette und eine Vermischung und Dispersion der vereinzelten Elemente. Die tonig-mergeligen, landschneckenreichen Fundschichten markieren besonders günstige Zeitphasen für einen solchen Eintransport vom Land.

Bedeutung der Kleinvertebraten für die Erforschung des Tertiärs

Warum beschäftigt sich die Paläontologie mit diesen Kleinvertebraten? Im Gegensatz zu den im Bereich von Wiesbaden und andernorts bereits seit 150 Jahren bestimmten und publizierten Makrofaunen[4] sind Überreste kleiner Vertebraten an einer Vielzahl von Fundstellen und auch Fundstellentypen berechenbarer und auch z. T. auch häufiger aufzufinden. Insbesondere die Kleinsäugetiere sind hinsichtlich der Beständigkeit ihrer evolutionären Abänderung – die sich in der Differenzierung des Gebisses zeigt – so verlässlich, dass sich auf deren Grundlage international anerkannte Stratigrafien über die Grenzen Europas hinaus etabliert haben. Bei den fossilen Kleinreptilien tritt ein anderer Aspekt in den Vordergrund. Reptilien sind ektotherme Lebewesen, die in der Regel keine konstante Körpertemperatur aufrechterhalten können. Einige von ihnen, darunter unterschiedlich große Echsen (z. B. Warane, Chamäleons oder Krokodile) und insbesondere einige Schlangen, sind darüber hinaus „thermophil". Dies bedeutet, dass sie an besonders warme, tropische und subtropische Klimabedingungen gebunden sind. Im Fall der fossilen Reptilien sind derartige Klima- bzw. Temperaturansprüche zumeist aufgrund der mehr oder weniger engen Verwandtschaftsbeziehungen zu heute lebenden Gruppen zu folgern. Damit ist das während der Tertiärzeit sehr wechselhafte klimatische Geschehen durchaus auch mit reptilischen Kleinfunden der hier vorgestellten Art zu entschlüsseln. Hinweise aus der Verbreitung thermophiler Arten können wichtige Ergänzungen zu den für Klimaermittlungen vorrangig verwendeten paläobotanischen Daten geben.

Obwohl bereits H. H. Schleich 1988 eine Materialliste von 16 Fundstellen sowie Sammlungsbeständen fossiler Reptilien und Amphibien aus dem Kalktertiär des Mainzer Beckens vorlegte[5], sind bisher detaillierte Bearbeitungen der Kleinreptilien- und Amphibienfaunen nur zögernd erfolgt. Die allermeisten Fundstellen der genannten Liste sind schon seit vielen Jahrzehnten verschwunden; eine Lesbarkeit der wenigen im Wiesbadener Raum noch vorhandenen und von der Denkmalpflege geschützten Profile ist nur noch selten uneingeschränkt gegeben.

Kleine Echsen

Unter den kleinen Echsen fallen im Material aus Wiesbaden-Amöneburg extremitätenlose Formen unterschiedlicher Körpergröße auf, die allerdings nur oberflächlich Ähnlichkeiten mit Schlangen aufweisen. Unterirdisch lebende, grabende und durchgehend kleine Tiere sind die sog. Doppelschleichen (Ordnung Amphisbaenia), die am Beginn der Tertiärzeit auftraten und wahrscheinlich von Nordamerika aus sehr früh in Europa einwanderten (Abb. 3a). Sehr viel größer und heute überwiegend in Südosteuropa und Asien verbreitet sind Schleichen (Familie Anguidae), von denen neben Schädelresten (Abb. 3e; 4) und Wirbeln vor allem zahllose Hautknochen-Schuppen (Osteoderme) im Sieb hängenblieben. Diese Tiere waren effiziente Tagesjäger in Gras- und Buschland; klingenartige Zähne bei *Ophisaurus* belegen ein Beutespektrum kleinerer Säugetiere oder Echsen, die stumpfen Zähne von *Pseudopus* (Abb. 4) lassen eher auf hartschalige Mollusken- und Käfernahrung schließen.

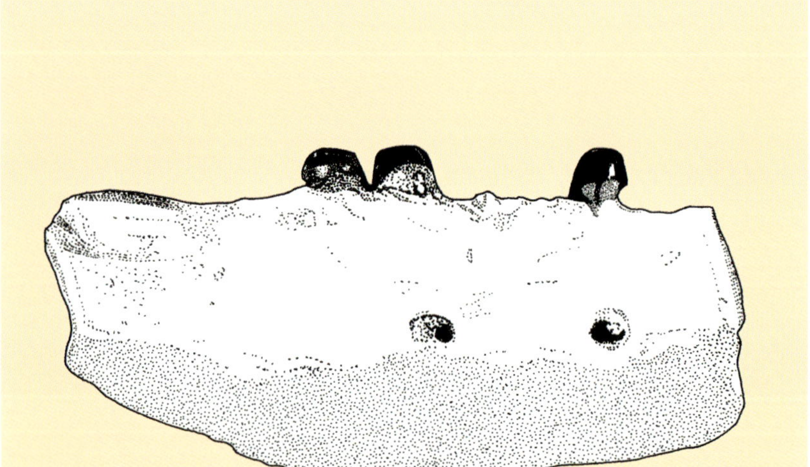

4 Wiesbaden-Formation. Schleiche *Pseudopus* cf. *ahnikoviensis*, Unterkieferfragment, Ansicht von außen. Maßstab = 1 mm (Zeichnungen: Th. Keller, hA).

Die Extremitäten tragenden Echsen des Fundmaterials entsprechen mehr unserer Vorstellung von Eidechsen, so die „echten" Eidechsen der Gattung *Lacerta* (Abb. 3d), deren Zähne meist mehrere Spitzen aufweisen und auf Insektennahrung hindeuten. Diese Tiere gehören einer alten Gruppe an, die wohl bereits zu Beginn der Tertiärzeit in Europa beheimatet war. Ein Oberkieferfragment mit schlanken, stiftförmigen Zähnchen (Abb. 3b) belegt einen Angehörigen der formenreichen Echsengruppe der Geckos im Fundmaterial; heute bewohnen die Geckos als Dämmerungs- bzw. Nachtjäger vielfältige Biotope in den Subtropen bzw. Tropen. „Exotisch" erscheint eine skinkartige Echse (Abb. 3c), noch rätselhaft, da diese Echsengruppe im Tertiär Europas insgesamt nur wenige Spuren hinterließ. Ähnlich verhält es sich mit einer anderen Art im Fundspektrum, *Merkurosaurus ornatus* (benannt nach dem nordböhmischen Braunkohletagebau „Merkur" [bei Kadaň, Ústecký kraj, Tschechien] und der auf einigen Knochen auftretenden Ornamentation). Diese Form gehört offensichtlich zu der alten asiatisch-nordamerikanischen Echsengruppe der „anguimorphen" Familie Shinisauridae, die vorwiegend aus dem ältesten Abschnitt der Tertiärzeit vor mehr als 50 Millionen Jahren belegt ist; *Merkurosaurus* ist der einzige europäische Angehörige dieser Gruppe.

Schlangen

Von großer Bedeutung sind in der Squamatenfauna Überreste von Schlangen, die vermutlich neun auseinanderzuhaltende Taxa[6] belegen. Bis auf eine Ausnahme liegen durchweg voneinander isolierte Wirbel vor, deren geringe Größe von nur wenigen Millimetern auffällt (Abb. 5).

Entscheidend für die Evolution der Schlangen auf dem europäischen Kontinent (Zentraleuropa) waren einschneidende und günstige klimatische Veränderungen während der zum jüngeren Tertiär gehörigen Miozänzeit, die die Evolution und Ausbreitung dieser Tiere begünstigten. Diese begannen nach M. Böhme vor 18 bzw. 20 Millionen Jahren[7] und reichen damit in den frühen Abschnitt der Miozänzeit zurück. Böhme erkennt ein klimatisches Optimum zwischen 18 bis 16,5 Millionen Jahren vor unserer Zeit. Unsere Wiesbadener Fundschichten besitzen allerdings ein höheres Alter (von circa 22 Millionen Jahren) und für thermophile Reptilien, zu denen auch Schlangen gehören, waren die klimatischen Bedingungen zu dieser frühen Zeit daher nicht – noch nicht – ideal. Dies ist gut an den im Wiesbadener Fundgut auftretenden booiden Schlangen zu sehen. Sie zählen wohl zur Gruppe der sog. Tropidophiidae („Erdboas"). Sie waren durchweg kleine, wahrscheinlich in ihrer Lebensweise fossoriale, also grabende Tiere mit Körperlängen von circa 50 cm. Sie waren in der späten Oligozänzeit des auslaufenden Alttertiärs und der frühen Miozänzeit – vor circa 25 bis 21 Millionen Jahren – derart selten, dass J.-C. Rage und Z. Szyndlar von einer „Dunklen Periode" aufgrund ihres weitgehenden Fehlens in der Fossilüberlieferung sprechen[8]. Dafür waren, wie die genannten Autoren argumentieren, offensichtlich klimatische Gründe (Abkühlung, Trockenheit) verantwortlich. Die in unserer Fauna vermutete booide Gattung *Falseryx* könnte ein Erstnachweis für die Miozänzeit sein.

Die weiter in der Assoziation erkennbaren *Natrix*, *Neonatrix* und *Coluber* gehören zur großen Gruppe der Nattern (Colubridae), zu der auch der größere Teil der modernen Schlangenarten zu rechnen ist. Die im Fundmaterial nachgewiesenen (cf.) *Natrix* sp. und (cf.) *Neonatrix* sind überhaupt die frühesten dokumentierten Funde ihrer Art. Erste Vertreter der Nattern wanderten wahrscheinlich bereits im frühen Oligozän vermutlich aus Asien nach Europa ein[9]. Speziell die altertümlichen booiden Schlangen wurden unter der wachsenden Konkurrenz der colubriden Schlangen während der frühen Miozänzeit aus vielen Lebensräumen graduell verdrängt. Wenige Wirbel im Schlangenmaterial belegen das Vorkommen von Vipern (Familie Viperidae), Giftschlangen, zu denen auch die heutige Kreuzotter gehört. Die Vipern aus Wiesbaden-Amöneburg zählen zu den ältesten überhaupt nachgewiesenen Fossilien dieser in Europa entstandenen Giftschlangengruppe. Nur zwei weitere Lokalitäten, eine in direkter Nach-

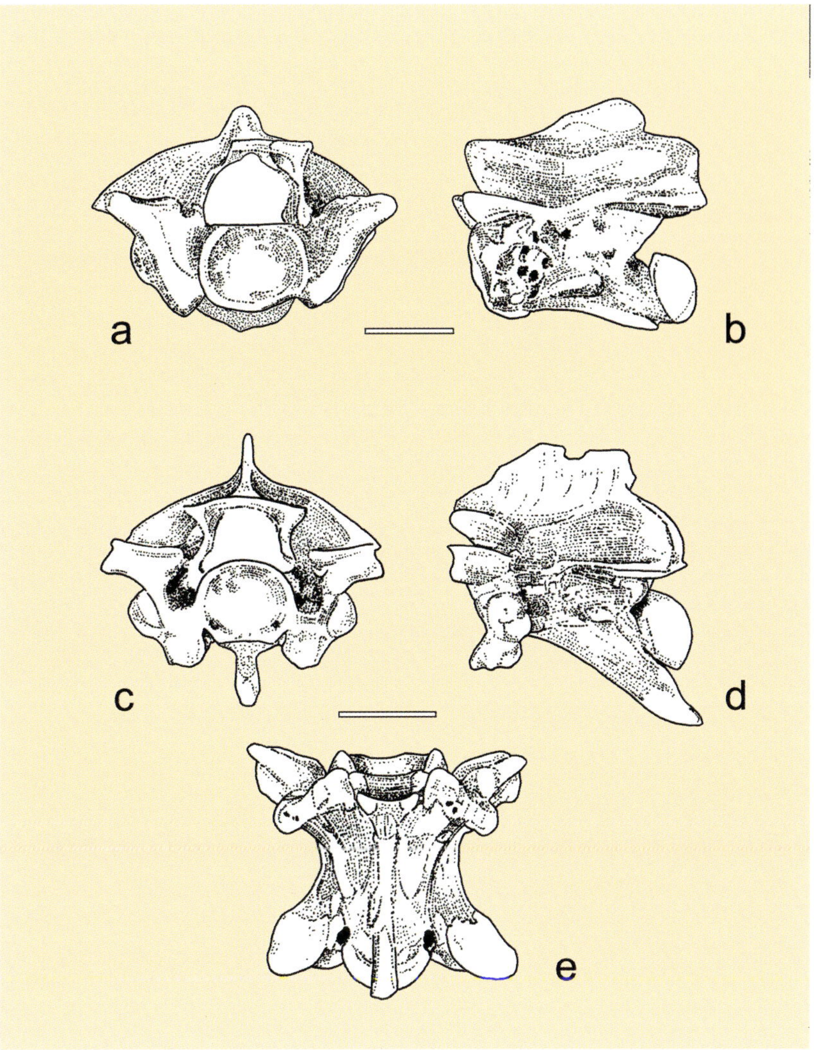

5 Wiesbaden Formation. Schlangenwirbel: (a–b) booide Schlange, unbestimmt, Rumpfwirbel (a) von vorn, (b) von der Seite. Maßstab = 1 mm; (c–e) Viper, *Vipera* cf. ‚aspis-Komplex', Rumpfwirbel, (c) von vorn, (d) von der Seite, (e) von unten (ventral). Maßstab = 2 mm (Zeichnungen: Th. Keller, hA).

barschaft (Mainz-Weisenau), die andere in Frankreich, haben Knochenreste gleichen Alters geliefert. In diesem Zusammenhang ist erwähnenswert, dass bereits im 19. Jahrhundert ein fossiler Giftzahn aus Schichten des „Hessler“ bei Biebrich-Mosbach entdeckt und beschrieben wurde[10], wobei Letztere hinsichtlich des stratigrafischen Alters und der Lage der Fundstelle vom heutigen Aufschluss nicht zu weit entfernt sind. U. Kuch u. a. veröffentlichten 2006 Giftzähne früher Vipern aus einem tertiären Aufschluss von Nierstein/Oppenheim, die hinsichtlich ihres Alters den Wiesbadener Fundschichten ungefähr entsprechen[11]. Die betreffenden Zähne sind von solchen heutiger Vipern nicht unterscheidbar. Die Autoren vermuten daher, dass die Jagdtechnik durch rapide Verabreichung hoch toxischer Gifte mitsamt den erforderlichen anatomischen Adaptationen bereits viele Millionen Jahre vor dem ersten Fossilnachweis entwickelt war. Die Vipern der ältesten Miozänzeit waren übrigens kleinwüchsige Schlangen (informell als „Vipera-aspis-Komplex“ bezeichnet); einige Millionen Jahre später erst erschien dann in Zentraleuropa eine Gruppe größerwüchsiger „orientaler“ Vipern.

Ein einziger fragmentarischer Rumpfwirbel im Wiesbadener Material könnte übrigens auf die frühe Anwesenheit weiterer Giftschlangen hindeuten – der Familie Elapidae. Sie ist von einigen zentraleuropäischen Fundstellen erst ab einem Alter von etwa 20 Millionen Jahren belegt. Das Vorhandensein kobraähnlicher Giftzähne im Material von Nierstein/Oppenheim ist nachgewiesen und liefert einen weiteren Hinweis auf das hohe Alter dieser Schlangen.

Fazit

Die frühe Squamatenfauna von Wiesbaden-Amöneburg füllt eine bisher deutlich wahrgenommene Lücke in der europaweiten Überlieferung niederer Vertebraten. Erste Anfänge einer modernen Fauna werden sichtbar. Das spätere miozänzeitliche Klimaoptimum, das so exotischen Formen wie booiden Pythonschlangen und Chamäleons die zeitweise Ausbreitung in Zentraleuropa ermöglichen sollte, ist darin noch nicht bemerkbar. Diese von überdurchschnittlich warmen Temperaturen sehr abhängigen Reptilien, die in den jüngeren Faunen des miozänzeitlichen Klimaoptimums sehr präsent sind – und zu denen auch die bereits in der Wiesbaden-Amöneburger Fauna häufigen Krokodile gehören[12] – wurden durch eine drastische und andauernde Klimaverschlechterung, die ungefähr vor 14 Millionen Jahren eintrat, zu Abwanderung und Aussterben gezwungen. Danach erst ist die Zusammensetzung der Faunen in Europa wirklich „modern“.

Anmerkungen

1 Vgl. z. B. Th. Keller, Die Hydrobienschichten vom Hessler südöstlich von Wiesbaden. Paläontologische Denkmäler Hessen 2 (Wiesbaden 1994). – Th. Keller/S. Schunter, Neue Funde aus der Wiesbaden-Formation (Tertiär, Wiesbaden). Hessen-Arch. 2008 (2009) 14–17.

2 Siehe A. Čerňanský/J.-C. Rage/J. Klembara, The Early Miocene squamates of Amöneburg (Germany): the first stages of modern squamates in Europe. Journal Systematic Palaeontology 13/2, 2015, 97–128.

3 Th. Keller, Eulenkralle im Sieb. Arch. Deutschland 2012, H. 4, 43.

4 Vgl. z. B. H. Tobien, Taxonomic status of some cenozoic mammalian local faunas from the Mainz basin. Mainzer geowiss. Mitt. 9, 1980, 203–235.

5 H. H. Schleich, Paläoherpetologische Materialien und Faunenspektren aus dem Kalktertiär des Mainzer Beckens (Oberoligozän – Untermiozän). Geol. Jahrb. A 110, 1988, 289–306.

6 Systematische Einheiten, Arten oder Unterarten, deren Abgrenzung zueinander nicht immer abschließend geklärt ist.

7 M. Böhme, The Miocene Climatic Optimum: evidence from ectothermic vertebrates of Central Europe. Palaeogeogr., Palaeoclimatology, Palaeoecology 195, 2003, 389–401.

8 J.-C. Rage/Z. Szyndlar, Latest Oligocene – Early Miocene in Europe: Dark period for booid snakes. Comtes Rendus Palevol 4, 2005, 428–435.

9 M. Ivanov, The oldest known Miocene snake fauna from central Europe, Merkur-North Locality, Czech Republic. Acta Palaeontologica Polonica 47, 2002, 513–534.

10 F. Kinkelin, Ein fossiler Giftzahn. Zoologischer Anz. 15, 1892, 93–94.

11 U. Kuch/J. Müller/C. Mödden/D. Mebs, Snake fangs from the lower Miocene of Germany: evolutionary stability of perfect weapons. Naturwissenschaften 93, 2006, 84–87.

12 D. Berg, Aquitane Krokodile vom „Hessler“ (Wiesbaden-Biebrich) und anderen rheinhessischen Fossilfundstellen. Mainzer naturwiss. Archiv 5/6, 1967, 186–193.

Schildkröten in Hessen?

Exemplare der Europäischen Sumpfschildkröte aus südhessischen Grabungen

Ralf Klausmann

In den letzten Jahrzehnten kamen im Rahmen archäologischer Ausgrabungen durch die Außenstelle Darmstadt der hessenARCHÄOLOGIE immer wieder Teile oder vollständige Exemplare der einzigen einheimischen Schildkrötenart zum Vorschein[1]. An dieser Stelle sollen die Schildkrötenfunde vorgestellt und Überlegungen darüber angestellt werden, unter welchen Umständen die Tiere in den Boden gelangten. Zudem wird an ausgewählten Beispielen gezeigt, wie die Schildkröte durch die Zeiten von Menschen genutzt wurde.

Emys orbicularis – eine stark bedrohte einheimische Tierart

Die Europäische Sumpfschildkröte *(Emys orbicularis)* ist heute in Hessen eine extrem seltene Tierart. Bis 1999 galt sie in der einschlägigen Literatur sogar als ausgestorben. Nach intensiver Feldforschung gelang in der Zwischenzeit der Nachweis einzelner Tiere in südhessischen Gewässern und einer Restpopulation im Naturschutzgebiet Reinheimer Teich nordöstlich von Reinheim (Lkr. Darmstadt-Dieburg). Durch DNA-Untersuchungen lässt sich mittlerweile die Herkunft dieser Tiere bestimmen. Aufgrund der verschiedenen Haplotypen zeigt sich, dass ein erheblicher Prozentsatz des derzeitigen Bestandes ursprünglich nicht aus Hessen stammt und hier wohl vor längerer Zeit ausgesetzt wurde[2]. Gerade die aus archäologischem Kontext stammenden Tiere belegen, dass es sich sicher um eine einheimische Tierart handelt. Zurzeit laufen mehrere Auswilderungsprojekte, um die Schildkröten in Hessen wieder dauerhaft anzusiedeln[3]. Die Deutsche Gesellschaft für Herpetologie und Terrarienkunde erklärte die Europäische Sumpfschildkröte zum Reptil des Jahres 2015.

Lebensraum, Merkmale, Lebensweise

Die Sumpfschildkröte bevorzugt als Lebensräume Still- oder langsam fließende Gewässer, Seen sowie Altarme ehemaliger Flüsse (Abb. 1). Wichtig sind geeignete Plätze zum Sonnenbaden. Die Panzerlänge beträgt bis zu 20 cm. Der Rückenpanzer (Carapax) ist meist von dunkler Farbe und mit gelben Punkten versehen. Der Bauchpanzer (Plastron) ist häufig ebenfalls dunkel gefärbt. Bei älteren Tieren bildet sich im Bauchpanzer ein Scharnier, das eine gewisse Beweglichkeit desselben ermöglicht. Beine und Schwanz sind mit Schuppen bedeckt. Zwischen den mit Krallen versehenen Zehen der Vorder- und Hinterbeine befinden sich Schwimmhäute. Unter anderem an der Wölbung der Bauchpanzer lassen sich die Geschlechter der Individuen unterscheiden. Die männlichen Exemplare haben einen eher konkaven Bauchpanzer, während dieser bei den Weibchen plan ist. Im Sommer legen die Weibchen bis zu 15 Eier in eine – möglichst in sandiges Substrat eingetiefte – Nesthöhle. Hierzu verlassen sie das Wasser und legen auf der Suche nach einem geeigneten Eiablageplatz zuweilen auch größere Strecken an Land zurück. Das Wandern über Land erfolgt auch, wenn wegen Trockenheit neue Gewässer aufgesucht werden müssen. Die Sumpfschildkröte überwintert im Schlamm des Gewässergrundes. Sie ernährt sich von Schnecken, Krebstieren, Kaulquappen und anderen Wirbellosen. Auch pflanzliche Nahrung, wie Wasserpest oder Algen, wird nicht verschmäht. Die Tiere sind nur in der Lage, unter Wasser zu fressen, da sie nicht schlucken können, weshalb beim Aufreißen des Mauls die Nahrung mit dem Wasserschwall in den Hals gespült wird[4].

Archäologische Nachweise in Südhessen

Bislang sind aus archäologischen Ausgrabungen in Südhessen Überreste von 19 Individuen der Sumpfschildkröte bekannt geworden (Abb. 2). Eine frühe Erwähnung eines archäologischen Schildkrötenfun-

1 Sumpfschildkröte. Ein rezentes Beispiel einer Europäischen Sumpfschildkröte (Foto: S. Winkel, Offenbach).

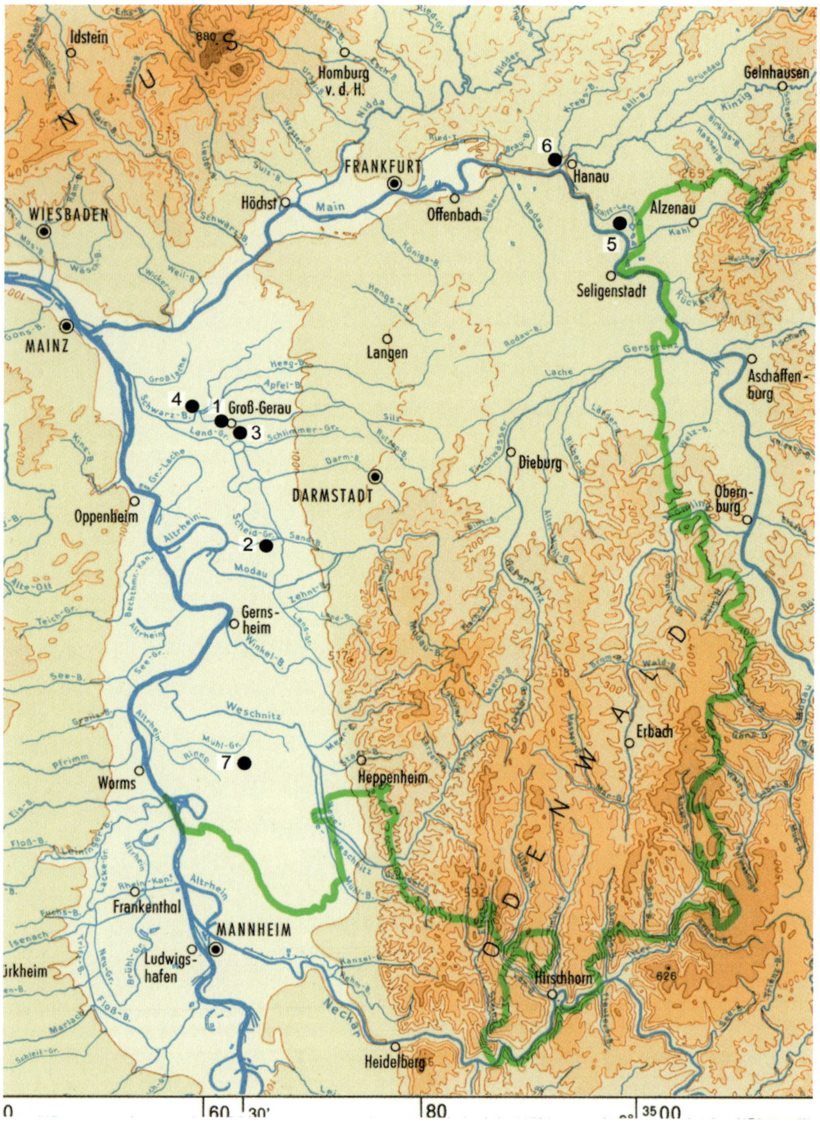

2 Sumpfschildkröte. Verbreitung der im Rahmen von Grabungen gefundenen Europäischen Sumpfschildkröten in Südhessen: (1) Groß-Gerau; (2) Crumstadt; (3) Büttelborn; (4) Trebur; (5) Großkrotzenburg; (6) Hanau; (7) Bürstadt (Kartengrundlage: Landesamt für geschichtliche Landeskunde; Bearbeitung: R. Klausmann, hA).

des in Groß-Gerau um die Jahrhundertwende geht auf E. Anthes zurück[5]; erste entsprechende Funde aus jüngerer Zeit wurden 1978 ebenfalls in Groß-Gerau (Groß-Gerau 1–4) angetroffen. Der bisher jüngste Fund trat 2014 im Rahmen einer Voruntersuchung in Trebur (Lkr. Groß-Gerau) zutage (Trebur 1). Teils liegen vollständige Panzer mitsamt Extremitätenknochen vor, teils nur Panzerfragmente. Auffällig ist das fast regelhafte Fehlen der Schädel. Lediglich in einem Fall (Crumstadt 1, Stadt Riedstadt, Lkr. Groß-Gerau) sind auch die Schädelknochen vorhanden (Abb. 3A–B). Bei der Mehrzahl der Tiere scheint es sich aufgrund der Form des Bauchpanzers um Weibchen zu handeln. Die Panzerlänge der ausgewachsenen hessischen Tiere beträgt maximal 16 cm.

Wie Fundliste (Abb. 4) und Verbreitungskarte (Abb. 2) der Panzerfunde zeigen, liegen die Fundstellen in den Tälern von Rhein und Main. Dort boten sich den Tieren in den Altläufen mit ihren Restgewässern ideale Lebensbedingungen. Die rezenten Vorkommen in Südhessen deuten allerdings darauf hin, dass für frühere Zeiten ebenfalls mit Populationen abseits der großen Flüsse zu rechnen ist.

Fundzusammenhänge und Hinweise zur Nutzung der Tiere

Die südhessischen Funde aus archäologischem Kontext lassen sich zwei Quellenkategorien – Gräbern und Siedlungen – zuordnen: Sie kamen als Reste von Speisebeigaben in Gräbern zutage oder Panzerfragmente bzw. vollständige Panzer wurden in Siedlungsbefunden angetroffen.

Als Relikte von Speisebeigaben in Gräbern sind unter den vorgestellten Panzern zwei Stücke anzusprechen. In einem bronzezeitlichen Kindergrab (Bef. 114 = Grab 9) von Crumstadt 2 lagen die Überreste einer Schildkröte südlich der/des Bestatteten in der Grabgrube (Abb. 5). Ist die Schildkröte von Crumstadt 2 nicht eindeutig als Speisebeigabe einzuordnen, so ist der Befund in Grab 208 des merowingerzeitlichen Gräberfeldes von Büttelborn, Lkr. Groß-Gerau, sicher als solche anzusehen. Es handelt sich um ein von einem Kreisgraben umgebenes, teilweise beraubtes Männergrab mit qualitätvollem Inventar. In der Südhälfte der Grabgrube befand sich einer der beiden bei der Bestattung angetroffenen Tierknochenkomplexe (XVII, XVIII). Neben anderen, noch nicht bestimmten Tierknochen lag hier das Fragment eines Rückenpanzers (Abb. 6). Zur Beigabe einer Sumpfschildkröte in einer frühmittelalterlichen Bestattung ließ sich im Zuge einer Literaturrecherche keine Parallele ermitteln.

Zur Gruppe fragmentierter Schildkrötenpanzer aus Siedlungsgruben zählen die Funde aus Trebur 1 und Groß-Gerau 5–7. Vermischt mit Siedlungskeramik und anderen Tierknochen handelt es sich bei diesen Stücken um die als Abfälle entsorgten Überreste geschlachteter Tiere. Hervorzuheben ist eines der beiden Panzerteile von Groß-Gerau 6. Es ist das einzige eindeutig bearbeitete Stück unter den bislang gefundenen Panzern. Am Rand des Carapax-Fragments befindet sich eine sehr sauber ausgeführte Durchbohrung mit einem Durchmesser von 2 mm (Abb. 7A–B). Sie zeigt keinerlei Verrundung, wie sie entstehen würde, wenn über einen längeren Zeitraum hinweg etwas hindurchgeführt worden wäre. Außerdem befinden sich auf der Außen- und Innenseite Schnittspuren. Unklar bleibt die ehemalige Funktion der Durchbohrung. Im Gegensatz zu den sonstigen Panzerfunden weist die Oberfläche dieses Stückes einen Glanz auf, der wohl durch längeren Gebrauch – vielleicht als Werkzeug (?) – hervorgerufen wurde.

Die umfangreichste Gruppe bilden die aus Siedlungsbefunden überlieferten vollständigen Panzer (Abb. 8). Hierzu werden auch Stücke gezählt, die im Rahmen der Grabungen fragmentiert wurden. Dies konnte bei Tieren geschehen, die dicht unter der Pflugschicht lagen und deshalb in das Baggerplanum gerieten, was bei den Exemplaren aus Crumstadt 3 und 4 der Fall ist. Dieser Untergruppe sind die Stücke der Fundstellen Groß-Gerau 1–4, Crumstadt 1, 3–5 und Büttelborn 2 zuzurechnen.

Allen Schildkrötenüberresten ist gemein, dass – mit Ausnahme des Befundes von Crumstadt 1 – die

Schädelknochen fehlen. In mehreren Fällen wurden die Panzer frühzeitig als solche erkannt und im Block geborgen. Bei den vollständig erhaltenen Panzern stellt sich die Frage, unter welchen Umständen sie in den Boden gelangten. Bei den zugehörigen Befunden handelt es sich in Crumstadt um runde oder ovale Eingrabungen, die zumeist nur wenig, wohl eisenzeitliches Keramikmaterial enthielten. Im Fall des Befundes von Büttelborn 2 war die Grube ansonsten fundleer. Das dort gefundene Exemplar weist einen merkwürdigen Defekt des Rücken- und Bauchpanzers auf. Es scheint sich um eine „Durchbohrung" zu handeln. Möglicherweise entstand sie durch Grabräuber im Zusammenhang mit dem Aufspüren merowingerzeitlicher Gräber mittels einer Stange. Das Fehlen der Schädel spricht für durch den Menschen vorgenommene Tötungen. Zudem deuten die Auffindungstiefen von mindestens 0,5 m auf ein anthropogenes Einwirken hin, da die lebenden Tiere solche Tiefen nicht aus eigener Kraft erreichen. Sollte es sich tatsächlich um als Nahrungsmittel verwertete Schildkröten handeln[6], so stellt sich angesichts der unversehrten Panzer die Frage nach der Art der Zubereitung. Da die Anzahl der überlieferten Panzer recht gering ist, sind Aussagen zur Verwendung der Europäischen Sumpfschildkröte als Nahrungsmittel oder auch im Rahmen kultischer bzw. religiöser Riten schwierig.

Überregionale Nachweise vor- und frühgeschichtlicher Sumpfschildkröten

Außerhalb Hessens lassen sich im deutschsprachigen Raum ebenfalls nur vereinzelt Hinweise auf die Sumpfschildkröte im Fundmaterial namhaft machen. Als prominentes Beispiel ist die mesolithische Bestattung von Bad Dürrenberg[7] (Saalekreis) anzuführen[8]. Im Grab fanden sich die Überreste verschiedener Tierarten. Neben Knochen von Hirsch, Reh, Ur, Wisent, Wildschwein, Biber und Kranich kamen auch Panzerteile von drei Sumpfschildkröten zum Vorschein. Das außergewöhnliche Ensemble wird als Ausstattung einer Schamanin gedeutet. Im Tierknochenbestand einer Pfahlbausiedlung der jungneolithischen Schussenrieder Kultur in Blaustein-Ehrenstein (Alb-Donau-Kreis) sind neun Relikte von *Emys orbicularis* verzeichnet[9]. Im römischen Gräberfeld von Stettfeld (Gde. Ubstadt-Weiher, Lkr. Karlsruhe) wurde in der Grube von Grab 28 ein vollständiger Panzer angetroffen, der jedoch von den Bearbeitern aufgrund seiner Vergesellschaftung mit Knochen u. a. von Hase, Hund, Kleinsäugern und Kröten als Inventarteil eines zufällig über dem Grab eingegrabenen Fuchsbaus interpretiert wird[10].

Vielfältiger und aufschlussreicher ist dagegen die Situation in Südosteuropa und Kleinasien. Dort ist vor allem aus dem Neolithikum und der Kupferzeit eine ganze Reihe von Fundstellen bekannt, die Überreste der Sumpfschildkröte beinhalten. Zudem fanden diese dort als motivische Vorbilder von Tonfiguren Eingang[11].

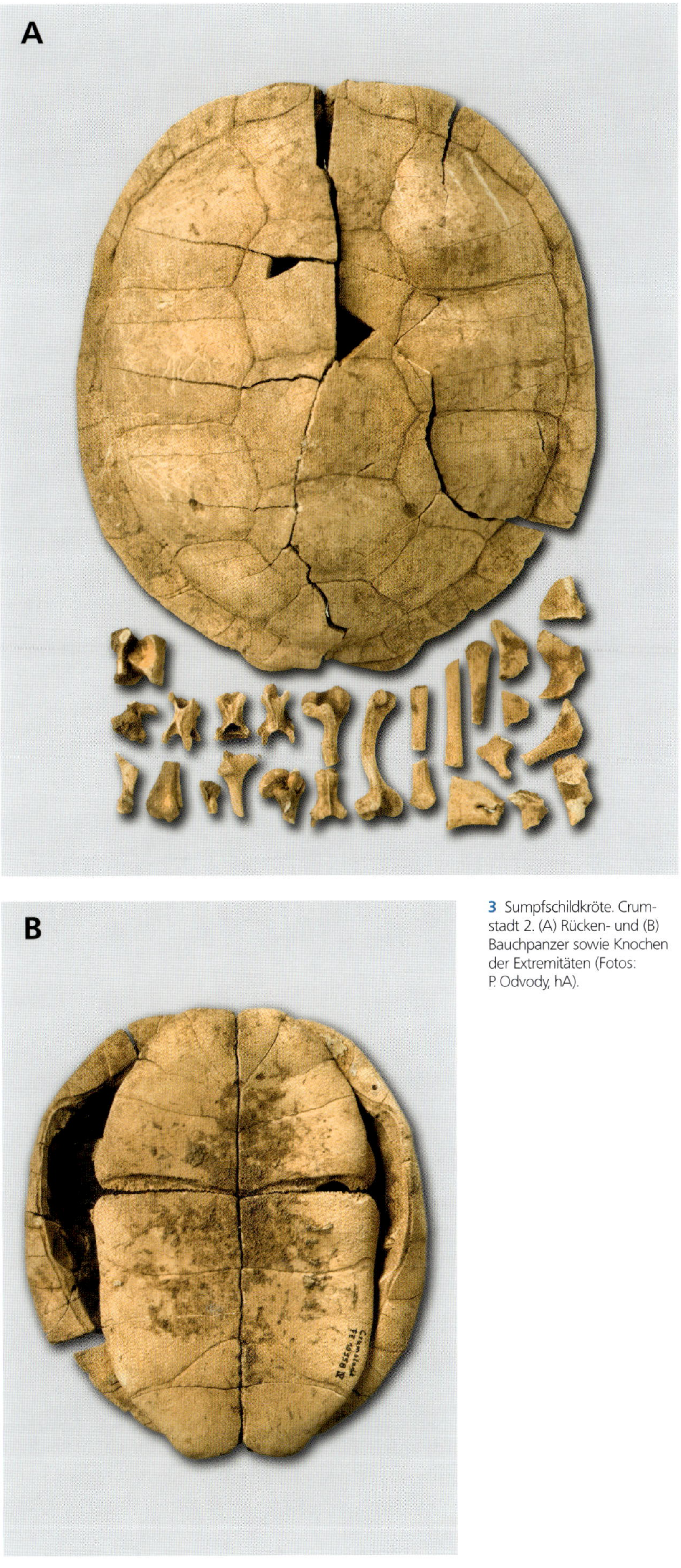

3 Sumpfschildkröte. Crumstadt 2. (A) Rücken- und (B) Bauchpanzer sowie Knochen der Extremitäten (Fotos: P. Odvody, hA).

4 Sumpfschildkröte. Liste der Befunde mit Schildkrötenpanzern in Hessen (Vorlage: R. Klausmann, hA).

Fundort	Erhaltungszustand	Datierung/Befundgattung
Bürstadt	vollständiger Panzer	?, Befund 318
Büttelborn 1, Fläche 8	Panzerteil, Carapax	merowingerzeitlich, Grab 208, Speisebeigabe
Büttelborn 2, Fläche 3	ursprünglich vollständiger Panzer, Carapax und Plastron durchbohrt	fundleere Grube, Befund 107
Crumstadt 1, Fläche 4	ursprünglich vollständiger Panzer, nicht ausgewachsenes Tier	vorgeschichtliche Grube, Befund 102, Eisenzeit?
Crumstadt 2, Fläche 4	vollständiger Panzer	bronzezeitliches Grab, Befund 114
Crumstadt 3, Fläche 5	ursprünglich vollständiger Panzer, angebaggert	vorgeschichtliche Grube, Befund 202, Eisenzeit?
Crumstadt 4, Flächen 7, 9	ursprünglich vollständiger Panzer, angebaggert	vorgeschichtliche Grube, Befund 304, Eisenzeit?
Crumstadt 5, Fläche 9	ursprünglich vollständiger Panzer	vorgeschichtliche Grube, Befund 353, Eisenzeit?
Groß-Gerau 1, Fl.St. 538/3	ursprünglich vollständiger Panzer	eisenzeitliche Grube
Groß-Gerau 2, Fl.St. 580/6	ursprünglich vollständiger Panzer	vorgeschichtliche Grube
Groß-Gerau 3, Fl.St. 580/10	ursprünglich vollständiger Panzer	eisenzeitliche Grube
Groß-Gerau 4, Fl.St. 539/29	vollständiger Panzer	?
Groß-Gerau 5, Fläche 21	Panzerteil, Carapax	römisch/spätantik, Kastellvicus, o. Bef.-Zusammenhang
Groß-Gerau 6, Fläche 22	2 Panzerteile, Carapax, ein Teil mit Bohrung	römisch?/spätantik?, Kastellvicus, Bereich Befund 758
Groß-Gerau 7, Fläche 22	2 Panzerteile, Carapax	spätantik, Kastellvicus, Befund 758, Grubenhaus
Groß-Gerau 8	„Bauchschild einer Schildkröte, 18 cm lang“	Kastellvicus, Altfund, Anthes (Anm. 5)
Großkrotzenburg 1, 81/3	4 Panzerteile, Carapax	römisch, Kastellvicus, Grube
Hanau-Salisberg 1	vollständiger Panzer	römisch, Kastellvicus, Brunnen
Trebur 1, Fläche 1	Panzerteil, Carapax u. Plastron	späthallstattzeitl. Grube, Befund 7

Zur Nutzung von *Emys orbicularis* in Mittelalter und Neuzeit

Alles in allem handelt es sich bei der Europäischen Sumpfschildkröte um einen Exoten im heimischen archäozoologischen Fundgut. Sie scheint nicht regelhaft verzehrt worden zu sein. Auffällig ist auch, dass die Schildkröte im Gegensatz zu anderen Kulturkreisen – genannt seien Nordamerika und Asien – hierzulande keine Erwähnung in Märchen und Sagen findet. In unserem Raum ist erst für das Mittelalter eine bessere Quellenlage vorhanden. In ihrem um die Mitte des 12. Jahrhunderts verfassten Werk „Physica“ beschreibt Hildegard von Bingen im achten Buch auch die Sumpfschildkröte, die sie mit ihrem umgangssprachlichen Namen *„Scherczbedra“* bezeichnet. Genannt wird ein Rezept, das bei Vergiftungen helfen sollte. Hierzu pulverisierte man zunächst die Schildkröten und verbackte sie dann zu Törtchen[12].

Die Speiseregeln während der Fastentage und -zeiten in den katholischen Gebieten wirkten sich wahrscheinlich stark auf die Populationen der Sumpfschildkröte aus und ließen die Bestandszahlen sicherlich einbrechen. Gemäß den Regeln waren nur Tiere mit rotem, kaltem Blut zum Verzehr erlaubt. Hierzu zählten Fische, Frösche, Schildkröten, Schnecken und Krebse. Toleriert wurde auch das Fleisch von Otter, Biber und einigen Wasservogelarten. Belegt ist der Handel mit Schildkröten aus dem protestantischen Norden Deutschlands in die katholischen Gebiete Bayerns und Böhmens. Überhaupt scheint es immer wieder Sendungen von lebenden Tieren quer durch Europa gegeben zu haben[13]. Einzigartig sind die Befunde aus der Kartause Mauerbach in Niederösterreich. Dort wurden aus Schichten des 17. und 18. Jahrhunderts große Mengen von Speiseabfällen geborgen, unter denen die Überreste von *Emys orbicularis* und anderer Fastentiere einen gewichtigen Platz einnehmen. Pläne zeigen zudem einen Schildkrötengarten auf dem Klostergelände. Es handelt sich um ein ummauertes Areal, in dem die Tiere gehalten wurden[14]. Eine ähnliche Anlage ist im Heidelberger Schloss belegt[15].

Im 18. Jahrhundert vollzog sich ein Wandel. Sumpfschildkröten wurden zum Bestandteil fürstlicher Tafeln und begegneten in den Menüs der damaligen Zeit als Schildkrötenfrikassee. Aus den Kochbüchern vergangener Jahrhunderte erfahren wir Einzelheiten über die Art und Weise der Zubereitung. Getötet wurden die Schildkröten mittels einer brachialen Methode: Durch das Auflegen eines heißen Eisens auf den Rückenpanzer streckt das Tier alle Extremitäten aus dem Panzer und verliert durch rasche Schnitte Kopf, Beine und Schwanz. Empfohlen wird langes Kochen. Hernach kann der Panzer aufgebrochen und Fleisch sowie Innereien können herausgelöst werden[16].

5 Sumpfschildkröte. Crumstadt 2. Bronzezeitliches Kindergrab (Grab 9). Südlich des Skeletts liegt der Schildkrötenpanzer in der Grabgrube (Foto: R. Klausmann, hA).

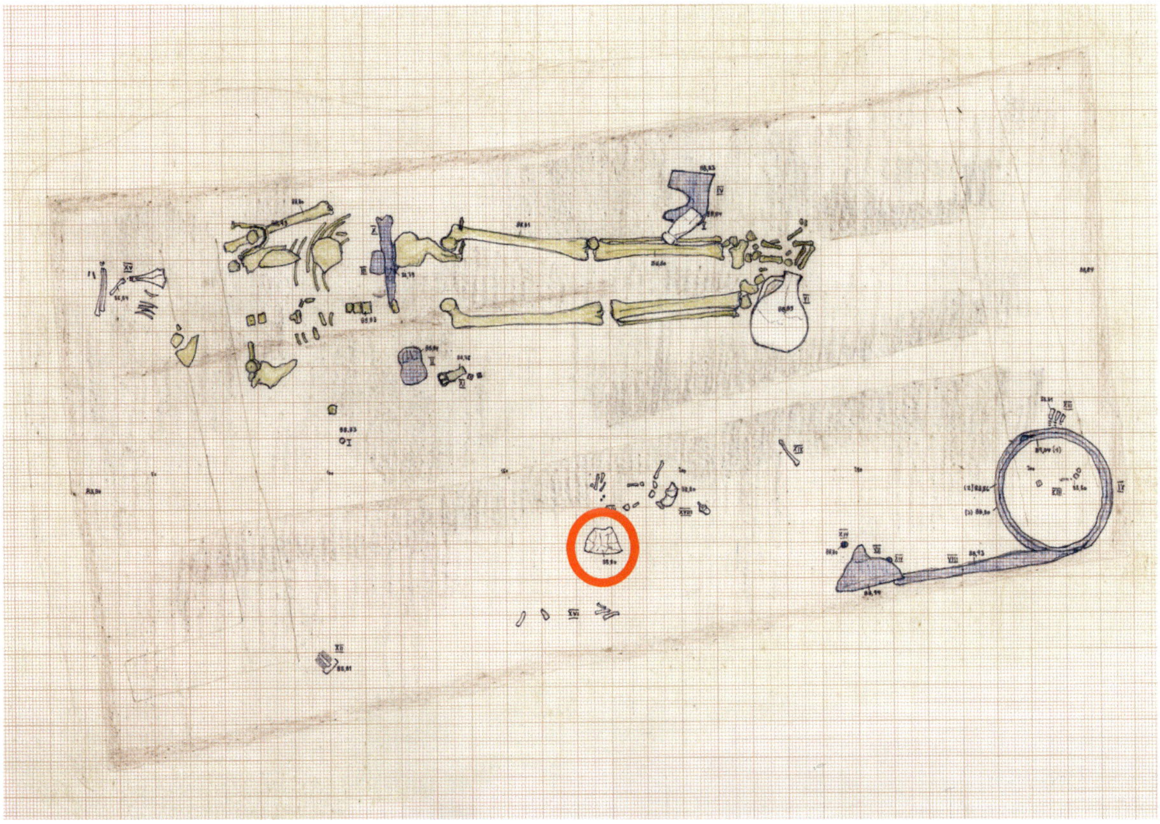

6 Sumpfschildkröte. Büttelborn 1. Plan von Grab 208. In der Südhälfte der Grabgrube rot eingekreist: das Panzerteil (Zeichnung: R. Klausmann, hA).

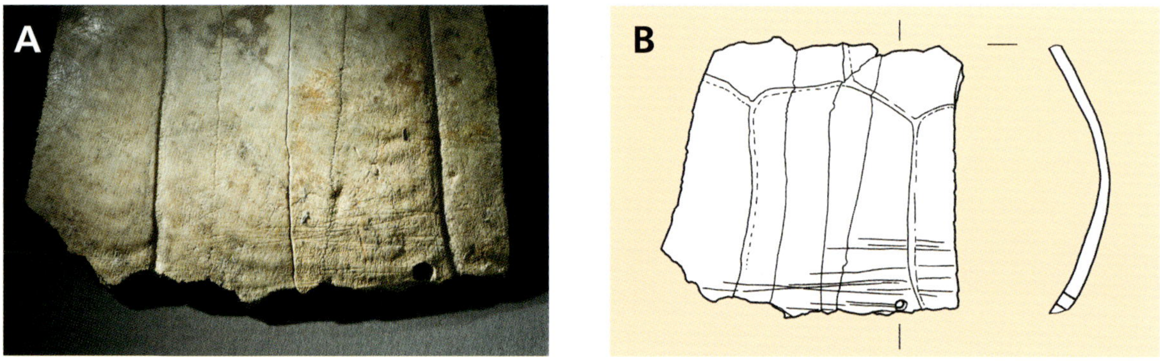

7 Sumpfschildkröte. Groß-Gerau 6. Bruchstück des Rückenpanzers mit Durchbohrung und Schnittspuren (Foto/ Zeichnung: P. Odvody, hA).

Heute ist die Europäische Sumpfschildkröte eine seltene Tierart und kaum jemandem wirklich vertraut. Dies mag dazu beitragen, dass sich sicherlich in den Fundkomplexen archäologischer Ausgrabungen noch das ein oder andere, noch nicht als solches erkannte Panzerfragment verbirgt.

Anmerkungen

1 Dank gilt den Archäozoologinnen PD Dr. Sabine Deschler-Erb, Basel, und PD Dr. Kerstin Pasda, Kassel/München, für Hinweise auf und die Weiterleitung von grundlegender Literatur zum Thema sowie den Biologen Dipl.-Biol. Sibylle Winkel und Dr. Matthias Kuprian, Offenbach und Wiesbaden, für umfassende Auskünfte zur Biologie der Tiere. Dank gilt auch den Kollegen der hessenARCHÄOLOGIE Dr. Dieter Neubauer und Thomas Becker M. A. für Literaturhinweise und Hinweise auf die Fundstellen am Main. Dankenswerterweise haben Ralf Eltner, Werner Jährling und Peter Jüngling mir kurzfristig Informationen über die Exemplare von Groß-Krotzenburg, Groß-Gerau und Hanau zukommen lassen. Zu den Grabungen von Groß-Gerau, Crumstadt und Büttelborn siehe: H. Göldner, „ … südlich und nördlich des Dornheimer Pfades“. Die Wiederentdeckung des fränkischen Reihengräberfeldes bei Büttelborn. Hessen-Arch. 2002 (2003) 136–140. – Ders., Scheibenfibel und Mantelschließe. Ein Nachtrag zum fränkischen Gräberfeld von Büttelborn. Hessen-Arch. 2008 (2009) 109–111. – Ders., Alles begann während einer Geschichtsstunde im Jahr 1900 ... Hessen-Arch. 2013 (2014) 117–119. – W. Jährling, Groß-Gerau, „Auf Esch“ – Römisches Kastell, vicus und Gräberfelder. Führungsblatt zu Kastell und Lagerdorf – Ausgrabungen in den römischen Gräberfeldern 1978–1984. Arch. Denkmäler Hessen 57 (Wiesbaden 1987).

8 Sumpfschildkröte. Rückenpanzer der Exemplare Crumstadt 1, Büttelborn 2 und Groß-Gerau 4 (Foto: P. Odvody, hA).

2 M. Kuprian/S. Winkel/O. Hohmeier/M. Hohmeier/H.-J. Klein/M. Mähn/R. Wicker, Reinheimer Sumpfschildkröten erhalten hessischen Pass. Jahrb. Naturschutz Hessen 6, 2001, 239–247.

3 S. Winkel/M. Kuprian, Die Umsetzung der FFH-Richtlinie am Beispiel des Artenschutzprogramms Europäische Sumpfschildkröte in Hessen. Jahrb. Naturschutz Hessen 7, 2002, 122–129.

4 Siehe: Wikipedia, Schlagwort „Europäische Sumpfschildkröte“. URL: <https://de.wikipedia.org/wiki/Europ% C3% A4ische_Sumpfschildkr%C3%B6te> (Zugriff: 10.08. 2016).

5 E. Anthes, Quartalbl. Hist. Ver. Großherzogtum Hessen N. F. 2, 1896–1900, 679.

6 Ch. Willms, Die europäische Sumpfschildkröte im neolithischen Nahrungssystem. Germania 64, 1986, 561–564.

7 J. Grünberg, Die mesolithischen Bestattungen in Mitteldeutschland. In: H. Meller (Hrsg.), Paläolithikum und Mesolithikum. Kataloge zur Dauerausstellung im Landesmuseum für Vorgeschichte Halle 1 (Halle, Saale 2004) 275–290. – M. Porr, Grenzgängerin. Die Befunde des mesolithischen Grabes von Bad Dürrenberg. In: Meller a. a. O. 291–300.

8 Zur Bedeutung der Sumpfschildkröte als Indikator gewandelter Klima- und Umweltbedingung am Ende der Eiszeit bzw. im frühen Holozän: R. Sommer/U. Schmölke, Nach den Rentieren die Sumpfschildkröte – Faunen am Ende der Eiszeit. Arch. Deutschland 2011, H. 5, 22–23 bes. Verbreitungskarte auf S. 22.

9 A. von den Driesch/J. Boessnek, Schnittspuren an neolithischen Tierknochen. Germania 53, 1975, 1–23 bes. 4.

10 J. Wahl/M. Kokabi, Das römische Gräberfeld von Stettfeld I. Forsch. u. Ber. Vor- u. Frühgesch. Baden-Württemberg 29 (Stuttgart 1988) 252–253.

11 S. Hansen, Eine tönerne Rassel in Schildkrötengestalt aus Măgura Gorgana bei Pietrele, jud. Giurgiu. Cultură şi Civilizaţie la Dunărea de Jos 22 [Festschr. S. Marinescu-Bîlcu], 2005, 337–349.

12 Hildegard von Bingen, Heilkraft der Natur – „Physica“ (Augsburg 1997) 512.

13 G. K. Kunst/R. Gemel, Zur Kulturgeschichte der Schildkröten unter besonderer Berücksichtigung der Europäischen Sumpfschildkröte, Emys (L.) in Österreich. Stapfia 69, 2000, 21–62 bes. 41.

14 Ebd. 41–46.

15 Ebd. 47.

16 Ebd. 57.

Ein Figurgefäß aus der ältestbandkeramischen Siedlung Karben-Okarben, Wetteraukreis

Jessica Meyer,
Johanna Ritter

Im Zuge des Baus der Nordumgehung von Karben kam im Jahr 2014 am Rand eines bekannten merowingerzeitlichen Bestattungsplatzes eine Siedlung der ältesten und älteren Bandkeramik (im Folgenden LBK) unterhalb einer Lösskuppe auf dem nach Osten abfallenden Hang zutage[1]. Trotz vorher unternommener archäologischer Feldbegehungen war die Siedlungsstelle bis zu ihrer Ausgrabung unbekannt geblieben und überraschte das Grabungsteam aufgrund der Anwesenheit von sechs weitestgehend erhaltenen Hausgrundrissen: Aufgrund der für ihre Zeit typischen Pfostenstellungen im Innenraum, der Wandpfostenanordnung, der begleitenden Außengräben und Begleitgruben konnten die betreffenden Gebäudereste dem Abschnitt der ältesten LBK bis hin zum Übergang zur Phase Flomborn zugeordnet werden. Sie waren alle NW–SO orientiert und zeichneten sich durch eine Verfüllung aus Schwarzerde deutlich vom anstehenden Boden ab. In der maximalen Ausdehnung wurden Längen bis zu 31 m und Breiten bis zu 8,8 m erreicht, wobei die Begleitgruben z. T. umfangreiches Fundmaterial – darunter besonders Keramik[2] – enthielten.

In der westlichen begleitenden Längsgrube (Befund 13000) des Hauses II des bandkeramischen Siedlungsplatzes wurde ein keramisches Objekt (Fd. 1248) aufgefunden, das als Idolgefäß einzustufen ist und sich bei seiner Auffindung einer nahezu vollständigen Erhaltung erfreute (Abb. 1). Es wurde der Restaurierungswerkstatt der hessenARCHÄOLOGIE übergeben, jedoch gestaltete sich die Härtung des Scherbens aufgrund des im Zuge der Herstellung offenbar vorgenommenen Niedrigtemperaturbrandes und einer stetig zunehmenden Destabilisierung des Materials als problematisch, sodass aufwendige Konservierungsmaßnahmen erforderlich wurden[3].

Die Höhe des Exemplars beträgt 11 cm, die Länge 8,2 cm und die Breite ohne Ösen 5,6 cm. Innen ist es hohl, wodurch sich ein lichter Durchmesser von 3,5 cm und ein äußerer von 5 cm ergeben. Der abgerundete Rand ist einfach gestaltet und war bei der Auffindung leicht beschädigt worden. Im unteren Bereich lässt das Stück an zwei Stellen alte Brüche erkennen. In der Vorderansicht sind deutliche grobe Glättspuren im Ton sichtbar, während auf der Rückseite mäandrierende Ritzlinien angebracht sind. Der Ton ist oxidierend und hart gebrannt sowie grob mit Quarziten gemagert.

Das Idolgefäß aus Karben weist einen zylindrischen Korpus auf, der in einen nahezu dreieckigen, ebenfalls hohlen Fortsatz mündet. Im vorderen Drittel der Unterseite des Objektes war offenbar ein Standring angebracht, der nur noch in Teilen erhalten ist. Das deutlich erkennbar dargestellte Gesicht in Form einer kleinen, runden Nase, großen,

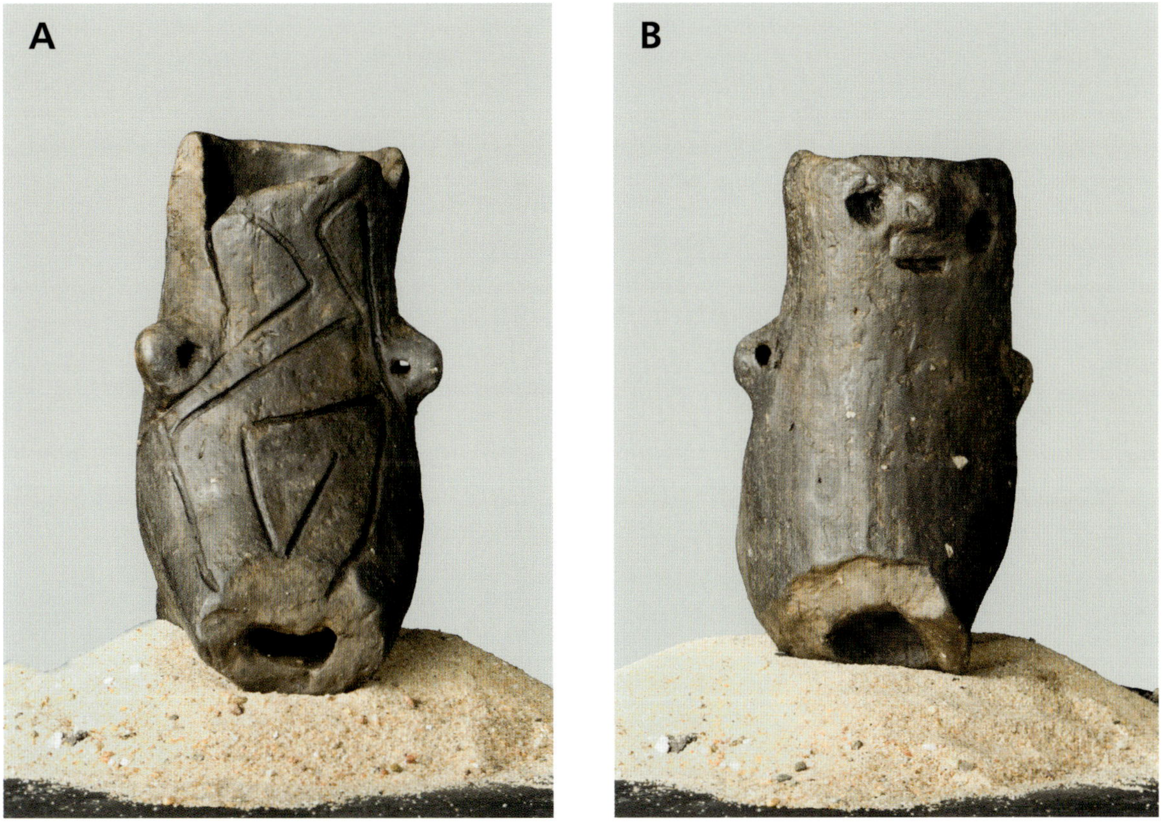

1 Okarben. Figürliches Gefäß aus Befund 13000: (A) von hinten; (B) von vorne (Fotos: P. Odvody).

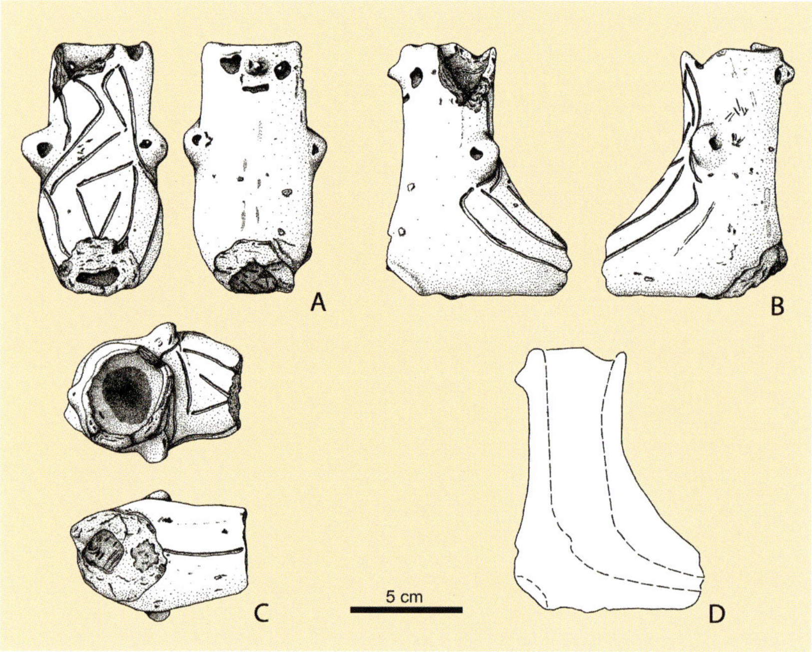

2 Okarben. Figürliches Gefäß aus Befund 13000 – verschiedene Ansichten (Zeichnungen: J. Ritter).

teilweise durch die Wandung gestochenen Augen und eines leicht lächelnden Mundes scheint ein anthropomorphes Antlitz wiederzugeben. Der flaschenartig ausgezogene Hals und das hohle Innere legen gemeinsam die Möglichkeit einer praktischen Nutzung als Gefäß nahe. Es kann von einem kannen- oder flaschenförmigen Figural- bzw. Idolgefäß[4] ausgegangen werden (Abb. 2). Am Übergang zwischen Hals und Gefäßkörper ist zur Rückseite hin versetzt ein Paar einander gegenüberstehender Ösen angebracht, die einen abgerundet dreieckigen Querschnitt aufweisen. Der Rücken zeigt eine geometrische Verzierung, wobei sich eine einfache Ritzlinie zu einem Dreieck- bzw. Zickzackmuster verschlingt, das fast bis an den Gefäßrand heranreicht. Diese Verzierung vermittelt in der Zusammenschau mit der Form und den kleinen Ösen gleichsam den Eindruck eines sitzenden Vogels mit angedeutetem Gefieder. Der zoomorphen Gestalt des Korpus, der dem Exemplar seitens der Bearbeiterinnen den Namen „Vögelchen" einbrachte, steht das Gesicht gegenüber, das eher anthropomorph anmutet – der kindliche Gesichtsausdruck erinnert dabei an eine Puppe.

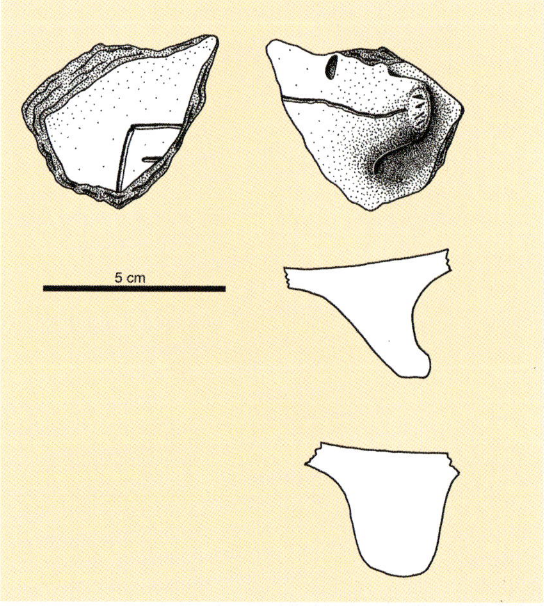

3 Okarben. Gefäßfuß aus Befund 16002 (Zeichnungen: J. Ritter).

Die Funde urgeschichtlicher Idole ziehen in der Forschung stets Fragen nach deren Bedeutung, Symbolwert und Funktion sowie nach dem Charakter des Befundkontextes nach sich. Das Idol aus Karben entstammt einem Grubenbefund, in dem es mit verschiedenartigem bandkeramischem Hausabfall vergesellschaftet war, was den allgemein üblichen Fundumständen derartiger Objekte entspricht[5]. Die nicht vollständig aufgedeckte Begleitgrube war der Ausrichtung des Hausgrundrisses entsprechend NW–SO orientiert und barg auf Höhe von Planum 1 nahezu ihr gesamtes Fundinventar in Form von zusammen etwa 1 kg wiegenden Keramikfragmenten, einem Brandlehmfragment und 0,2 kg schweren Steinfunden, unter denen auch ein kleines Beil anzutreffen war. Die Grube reichte im freigelegten Bereich noch bis 0,77 m unter Planum 1 und wies eine unregelmäßige Form auf; im enthaltenen Sediment konnte keine Schichtung festgestellt werden.

Eine genauere relativchronologische Einordnung des Befundes 13000 in Karben ist aufgrund der wenig aussagekräftigen keramischen Beifunde nicht möglich, jedoch ist das Gefäß sicher dem Zeitabschnitt der Besiedlung zuzuweisen, deren Hausgrundrisse von der ältesten LBK bis an den Beginn von Flomborn[6] datieren – eine Epoche, die gewissermaßen als Blütezeit der bandkeramischen Idolherstellung betrachtet wird. Idole, darunter menschliche Figuren, aus Ton sind ein Charakteristikum der materiellen Kultur des beginnenden Neolithikums ab dem 8. Jahrtausend v. Chr. Die bandkeramischen Exemplare wurden besonders während der älteren Phase dieser Kultur ab der Mitte des 6. Jahrtausends v. Chr. hergestellt. Sie begegnen im gesamten Verbreitungsgebiet der LBK zwischen dem Rhein-Main-Gebiet und Ungarn[7]. In Hessen sind v. a. LBK-Fundstellen in der Wetterau dafür bekannt, nahezu regelhaft Funde von Idolen und keramischen Sonderformen hervorzubringen[8]. Insoweit vermag das Vorkommen eines Idolgefäßes in Karben nicht zu verwundern, wenngleich es sich tatsächlich um einen besonderen Fund der LBK aus Hessen handelt.

Auch aus den Begleitgruben der weiteren Okarbener Hausgrundrisse stammen Funde, die sich qualitativ vom üblichen Hausmüll abheben. Besonders hervorzuheben ist dabei die Längsgrube 16002 des Hauses V, die sowohl einen keramischen Fuß (Fd. 1584) als auch eine Scherbe mit anthropomorpher Ritzverzierung (Fd. 1755) erbrachte und dem Übergang zur Phase Flomborn zuzuordnen ist. Der Gefäßfuß (Abb. 3) ist nur von geringer Höhe und zeigt eine deutliche, wenn auch kleine Standfläche mit Abnutzungsspuren sowie eine Ritzlinienverzierung. Die Innenwand weist ebenfalls eine geritzte Linienzier auf, die für eine Bestimmung als offene, innen verzierte Füßchenschale spricht. Solche Fußgefäße, die bereits seit Langem aus der LBK bekannt sind, beschränken sich chronologisch nicht auf die ältesten Phasen der Kultur[9]. Wie viele Füße das Okarbener Gefäß besaß, kann nicht mehr ermittelt werden – denkbar wären drei oder vier[10]. Die Wandscherbe eines Gefäßes mit figürlicher Ritzverzierung (Abb. 4) aus Befund 16002 lässt variable und in der Bandkeramik-Forschung seit Langem diskutierte Deutungsmöglichkeiten zu: So hat sich mit dem ersten dokumentierten Nachweis dieses Motives die Frage gestellt, ob es sich – wie von Quitta 1957 in einem Aufsatz ausgeführt[11] – um die Darstellung eines „Frosches", einer „Kröte" oder – eine in der jüngsten Forschung bevorzugte Interpretation[12] – eines Menschen handelt. Aus dem gesamten Verbreitungsgebiet und allen Phasen der LBK liegen insgesamt circa 30 Belege für dieses Verzierungselement vor[13]: Eine Darstellung des Kopfes entfällt in der Regel, die Arme sind als „W" oder „V" und die Beine umgekehrt V-förmig wiedergegeben, wobei der Körper selbst diagonal verläuft. Ob die anthropomorphe Verzierung eine „Gebärende" oder einen „Adoranten" darstellen sollte, kann in Unkenntnis bandkeramischer Bedeutungsinhalte – ebenso wie eine Herkunftsableitung des Motives aus dem Vorderen Orient – lediglich gemutmaßt werden[14].

Ein Miniaturgefäß (Fd. 1737) wurde aus dem Kolluvium 17022 geborgen, das die östliche Begleitgrube zu Haus III überdeckte. Es handelt sich um einen Kumpf von nur 3,6 cm Durchmesser, an dessen Wandung drei winzige Knubben angebracht sind (Abb. 5). Die eher grobe Machart und kleine Fingerabdrücke auf der Gefäßwand könnten aus einer Fertigung durch ein Kind resultieren und somit eine Deutung des Miniaturkumpfes als Kinderspielzeug nach sich ziehen[15].

Einen weiteren Keramikfuß (Fd. 1742) erbrachte die Ostgrube 12054 bei Haus VI. Der Fuß ist lang ausgezogen und weist auf einer Seite eine Ritzverzierung auf (Abb. 6). Auch wenn keine der charakteristischen Beinausformungen figuraler Plastiken der älteren LBK zu beobachten sind[16], könnte in diesem Fall das vollplastische Bein einer Idol-Figur vorliegen – auch eine einfache Ritzlinienzier[17] ist bei solchen Objekten belegt.

Komplizierter als die Interpretation der übrigen Okarbener Sonderkeramik erweist sich die Suche nach der Bestimmung des im Idolgefäß abgebildeten „Wesens". Dem unmittelbaren Eindruck folgend, den ebendiese Gestalt auf den Betrachter ausübt, könnte es sich um einen kleinen Vogel in sitzender Position handeln. Tatsächlich ist die Darstellung ohne Parallelen innerhalb des bandkeramischen Kulturkreises, zumal aus der Region der Wetterau, die doch allgemein eher durch Rinder- und besonders Schweinedarstellungen[18] geprägt zu sein scheint. Zwar sind verschiedene zoomorph-figürliche Gefäße der LBK bekannt – wie das Stiergefäß von Neustadt an der Donau-Hienheim, Lkr. Kelheim[19] – jedoch war diesen stets ein nach der dargestellten Tierart gestalteter Kopf gemein, was bei dem figürlichen Gefäß von Karben nicht gegeben ist. Zudem handelte es sich bei dem Korpus der dokumentierten Tiergefäße vielmehr um Schalen und nicht um flaschenförmige Gebilde wie im Fall Karben. Eine Deutung als Tier erscheint hier zwar möglich, passt aber nicht gänzlich.

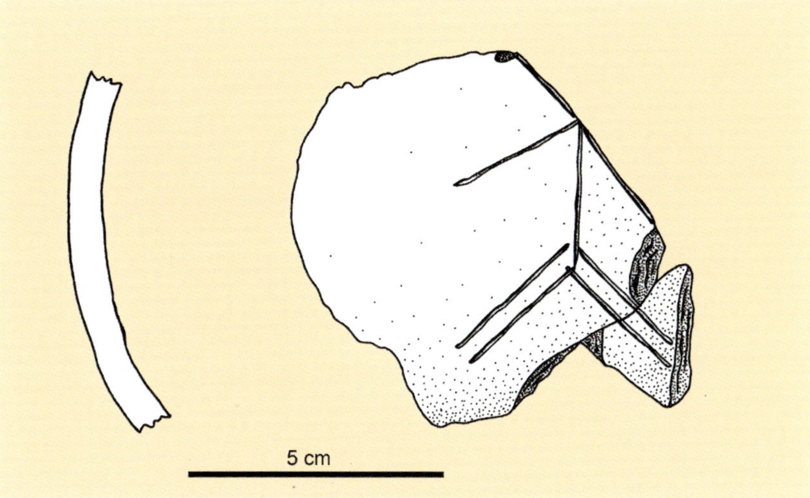

4 Okarben. Scherbe mit anthropomorpher Ritzverzierung aus Befund 16002 (Zeichnung: J. Ritter).

Das Okarbener Stück könnte aufgrund seines Gesichtes als anthropomorphe Darstellung gewertet werden. Bereits seit vielen Jahren beschäftigt sich die Bandkeramik-Forschung mit der Thematik der figürlichen Idole[20], sodass ein angesichts der Seltenheit dieser keramischen Besonderheiten vergleichsweise umfangreicher Fundkorpus entstanden ist. Sollte es sich bei dem Figurgefäß aus Karben um eine anthropomorphe Darstellung handeln, bieten sich andere bandkeramische und südosteuropäische figürliche Funde als Parallelen an: Eingestochene Augen und eine kleine, runde, plastisch herausgearbeitete Nase erscheinen auch bei Idolfunden sowohl im weiteren Kulturkreis als auch in direkter hessischer Nachbarschaft; so zeigt ein Objekt aus Nidderau-Windecken (Main-Kinzig-Kreis) ebenfalls einen eingeritzten lächelnden Mund[21]. Bei den abstrahierten menschlichen Darstellungen waren zudem in die Hüfte gestemmte oder vor dem Bauch liegende Arme beliebt[22]. Ob es sich bei den gewinkelten Ösen am Karbener Idolgefäß um eine stark reduzierte Variante dieser Armhaltung handelt, kann diskutiert werden. Möglich, jedoch aufgrund der rückwärtig versetzten Position unwahrscheinlich, ist auch eine Deutung der Ösen als versetzte Brüste zum Ausdruck des Geschlechts. Die Angabe von Geschlechtsmerkmalen ist allerdings bei den anthropomorphen Figuren der LBK nur zu einem geringen Prozentsatz[23] zu verzeichnen. Die Wiedergabe eines ausladenden Gesäßes, das im Fall des Okarbener Exemplars in Form des dreieckig ausgebuchteten Gefäßkörpers angedeutet sein könnte, war in der LBK und dem südosteuropäischen Frühneolithikum ein recht beliebtes Merkmal menschlicher Darstellungen und wird oftmals im Zusammenhang mit weiblicher Fruchtbarkeit gesehen. Hierbei erin-

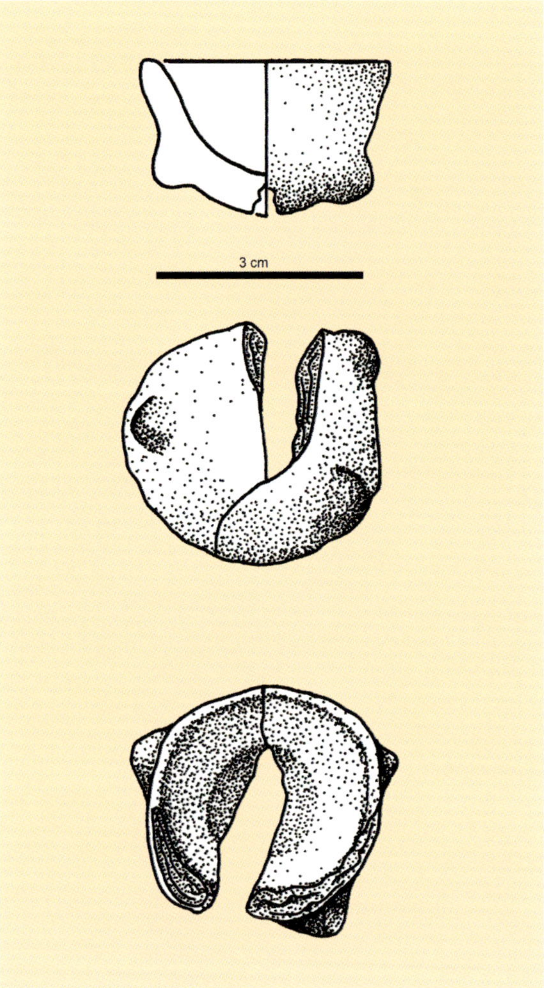

5 Okarben. Miniaturgefäß aus Kolluvium 17022 (Zeichnungen: J. Ritter).

nert es an Parallelen aus der modernen Ethnografie bis hin zu solchen des europäischen Jungpaläolithikums[24]. Eine Bestimmung der Okarbener Figur als weibliches Idol scheitert an den fehlenden weiteren Geschlechtsmerkmalen, da nicht nur Frauen mit einem betonten Gesäß dargestellt sind. Als problematisch erweist sich bei der Suche nach Analogien der Umstand, dass es sich bei dem Okarbener Fund im Gegensatz zur Mehrheit der anthropomorphen Plastiken der LBK[25] nicht um ein Idol, sondern ein Idolgefäß handelt. Auch der Standring ist für ein Idol der bandkeramischen Wetterau singulär. Gewisse motivische Parallelen lassen sich unter figürlichen Behältnissen der ungarischen Körös-Kultur namhaft machen, die ebenfalls den Gefäßcharakter mit der Anbringung von Ösen oder Knubben, einem reduziert wiedergegebenem Gesicht, einem ausladenden Gesäß sowie einem runden Standfuß[26] vereinen.

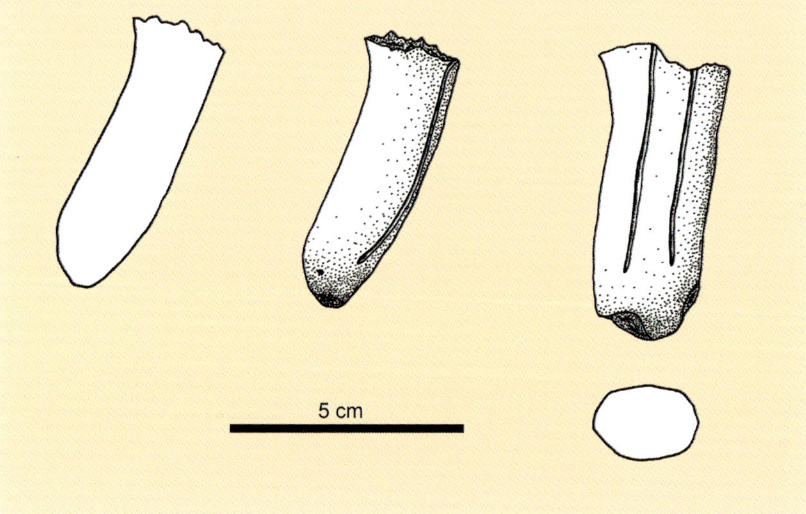

6 Okarben. Fuß aus Befund 12054 (Zeichnungen: J. Ritter).

Fraglich bleibt, ob sich an der beschädigten Stelle am unteren Bereich des Idols lediglich ein Standring anschloss oder auch Andeutungen von Beinen in Gestalt von Eindellungen vorhanden waren. Weiterhin verdienen die Beschädigungen des figürlichen Gefäßes Interesse, da sie in verhältnismäßig geringem Umfang vorliegen und somit in diesem Fall gegen eine intentionelle Zerstörung sprechen. Die Verzierung in Form eines einfachen Ritzlinienbandes entstammt dem Musterrepertoire der äLBK und kann keine weiteren Interpretationsansätze hinsichtlich Geschlecht oder Bekleidung[27] der möglicherweise abgebildeten Person bieten. Abschließend zu diesem Punkt sei noch einmal angemerkt, dass es sich bei dem Okarbener Objekt um ein Gefäß handelt, wodurch ein Unterschied zu den vollplastischen wie auch den selteneren hohlplastischen Figuren der LBK[28] gegeben ist.

Es stellt sich die Frage, ob mit der Ausarbeitung als Gefäß auch eine praktische Funktion – zum Aufbewahren von Flüssigkeiten – einherging. Eine hypothetische Möglichkeit stellt die Nutzung als eine „Saugflasche" dar: Sauggefäße sind archäologisch bereits ab dem Mittelneolithikum nachgewiesen und werden auch für die LBK angenommen[29]. Die betreffenden Gefäße sind aufgrund der Objekt-Nutzungs-Beziehung morphologisch einander ähnlich. Auf eine entsprechende Verwendung könnte auch die Form des Okarbener Objektes mit dem sich stark verjüngendem Fortsatz zurückgehen, dessen Fertigung sicherlich recht aufwendig war. Zwar sind die Ösen leicht asymmetrisch angeordnet, jedoch zeigt ein Versuch, dass sich das Gefäß mittels einer Schnur sehr gut an diesen aufhängen lässt. Ein Zusammenhang zu etwaigen Libationsritualen erscheint ebenfalls denkbar, bleibt allerdings rein spekulativ.

Wenn die Ansprache des Objektes aus Okarben als anthropomorphe Darstellung zutreffen sollte, bliebe die tatsächliche Identität – Darstellung einer bestimmten Person, eines verehrten Ahnen oder doch gar eines Götzen oder einer Gottheit in Menschengestalt – im Dunkeln. Selbst die Bezeichnung als „Idol" erscheint problematisch. Das altgriechische εἴδωλον bezeichnete zwar zunächst nur „Bild" oder „Gestalt", doch im Laufe der Zeit erhielt es die Bedeutung „Nachbildung" und „Götzenbild". So bleibt abschließend nur das Zitat von V. Becker: „[...] Letztlich ist es wohl eine „Glaubensfrage", wie anthropomorphe Plastiken der Linienbandkeramik zu interpretieren sind; was oder wen sie wirklich darstellten, geben sie (noch?) nicht preis"[30].

Anmerkungen

1 J. Meyer/S. Schade-Lindig, Weit mehr als erwartet … – Grabungen 2014 in Karben-Okarben. Hessen-Arch. 2014 (2015) 211–215.

2 Derzeit befindet sich ein Aufsatz von J. Meyer und H.-Ch. Strien zur älteren Linearbandkeramik in Karben und Wöllstadt in Vorbereitung, der in den „Fundberichten aus Hessen" erscheinen soll.

3 Für die Konservierung des seltenen Stückes sei den Mitarbeitern und Mitarbeiterinnen in der Restaurierungswerkstatt der hessenARCHÄOLOGIE gedankt.

4 Vergleichbare Stücke sind aus der LBK bekannt. Siehe dazu u. a.: J. Lüning, Die „Idole" – Kleinplastische Kunst der Bandkeramik. In: J. Lüning (Hrsg.), Die Bandkeramiker. Erste Steinzeitbauern in Deutschland. Bilder einer Ausstellung beim Hessentag in Heppenheim/Bergstraße im Juni 2004 (Rahden/Westf. 2005) 206–212 bes. 211 Abb. 459.

5 S. Schade-Lindig, Idol- und Sonderfunde der bandkeramischen Siedlung von Bad Nauheim-Nieder-Mörlen „Auf dem Hempler" (Wetteraukreis). Germania 80, 2002, 47–114 bes. 52. Allerdings entstammen die Idole aus dem Siedlungsabfall vermehrt Siedlungsgruben und nur selten Begleitgruben von Häusern. Dazu auch A. Zeeb-Lanz, Das bandkeramische Idol von Ilbesheim – Abbild des Ahnherrn eines weitverbreiteten „Clans"? In: A. Zeeb-Lanz/R. Stupperich (Hrsg.), Palatinatus illustrandus [Festschr. H. Bernhard]. Mentor – Stud. Metallarb. u. Toreutik Antike 5 (Mainz 2013) 52–61.

6 Diese Einschätzung wurde aufgrund der Morphologie der Hausgrundrisse I–VI aus Karben sowie einer Analyse der am Platz geeigneten Keramikinventare getroffen. Für Letztere sei H.-Ch. Strien gedankt.

7 Lüning (Anm. 4) 206–208.

8 Zur Sonderkeramik aus Hessen vgl. u. a. M. Gottwald/Ch. Röder/S. Schade-Lindig, Ein seltenes Fragment einer jungsteinzeitlichen Göttin. Hessen-Arch. 2002 (2003) 24–27. – A. Hampel, Bemerkenswerte Fundstücke aus der linienbandkeramischen Siedlung in Frankfurt a. M.-Niedereschbach. Germania 67, 1989, 149–157. – Schade-Lindig (Anm. 5). – Ch. Schade/S. Schade-Lindig, Neu entdeckte keramische Sonderformen der Bandkeramik aus Hessen und unbekannte Preziosen aus Magazinen, Sammlungen und Museen. Fundber. Hessen 50, 2010 (2012) 93–138 bes. 93 ff., dort auch mit einer ausführlichen Bibliografie.

9 Zu einem Fußgefäß der jüngeren LBK aus Friedberg-Fauerbach (Wetteraukreis) vgl. W. Meier-Arendt, Die bandkeramische Kultur im Untermaingebiet. Veröff. Amt Bodendenkmalpflege Regierungsbez. Darmstadt 3 (Bonn 1966) Taf. 21,6.6a.

10 Zur Anzahl von Füßen an bandkeramischen Gefäßen vgl. S. Lindig, Das Früh- und Mittelneolithikum im Neckarmündungsgebiet. Universitätsforsch. Prähist. Arch. 85 (Bonn 2002) 33–34.

11 „Krötenmotiv" nach H. Quitta, Zur Deutung und Herkunft der bandkeramischen „Krötendarstellungen". In: Varia Praehistorica. Forsch. Vor- u. Frühgesch. Leipzig 2 (Leipzig 1957) 51–81. Das Motiv selbst wurde aber bereits vorher dokumentiert und von J. Kern 1917 diskutiert; zur Forschungsgeschichte anthropomorpher Ritzverzierung in der LBK vgl. V. Becker, Anthropomorphe Plastik der westlichen Linearbandkeramik. Saarbrücker Beitr. Altkde. 83 (Bonn 2011) 138–139.

12 Besonders ebd. 139 ff.

13 Ebd. Taf. 101–106. Zur Fortsetzung des Motives in der Stichbandkeramik vgl. auch D. Kaufmann, Wirtschaft und Kultur der Stichbandkeramik im Saalegebiet. Veröff. Landesmus. Vorgesch. Halle 30 (Berlin 1976) 80–86.

14 Zur dezidierten Diskussion der geritzten anthropomorphen Darstellungen vgl. Becker (Anm. 11) 139–143.

15 Dazu auch Lindig (Anm. 10) 35 Taf 91A,1204; 95B,1249; 104,1565; 115A,1256; 130,752. Von Siemoneit werden Miniaturgefäße in Gräbern als „kinderspezifische Beigabe" definiert: B. Siemoneit, Das Kind in der Linienbandkeramik. Befunde aus Gräberfeldern und Siedlungen in Mitteleuropa. Internat. Arch. 42 (Rahden/Westf. 1997) 37.

16 Dazu Schade/Schade-Lindig (Anm. 8) 106 Abb. 5; Becker (Anm. 11) 56 ff.

17 Verzierungsmotiv p7-1 an Beinen anthropomorpher Plastiken nach Becker (Anm. 11) 71.

18 Zur Häufung von Schweinedarstellungen im hessischen Bereich vgl. Schade/Schade-Lindig (Anm. 8) 122 ff.

19 B. Engelhardt, Götteridole der ältesten Bauernkultur. In: B. Engelhardt/J. Prammer (Hrsg.) Bauern in Bayern. Von den Anfängen bis zur Römerzeit. Kat. Gäubodenmus. Straubing 19 (Straubing 1992) 373 Abb. 6.

20 O. Höckmann, Menschliche Darstellungen in der bandkeramischen Kultur. Jahrb. RGZM 12, 1965 (1967) 1–34. Zur Forschungsgeschichte anthropomorpher Plastik in der LBK vgl. Becker (Anm. 11) 38–45.

21 Abbildung des Idols aus Windecken bei V. Becker, Idole des südosteuropäischen Frühneolithikums und der Linienbandkeramik – Wanderung einer Glaubensvorstellung. In: H.-J. Beier/E. Claßen/F. Falkenstein/A. Krenn-Leeb/S. Schwenzer, Varia Neolithica V. Mobilität, Migration und Kommunikation in Europa während des Neolithikums und der Bronzezeit. Beiträge der Sitzungen der Arbeitsgemeinschaften während der Jahrestagung des West- und Südwestdeutschen Verbandes für Altertumsforschung e. V. in Xanten, 6.–8. Juni 2006. Beitr. Ur- u. Frühgesch. Mitteleuropa 53 (Langenweissbach 2009) 39–48; 44 Abb. 6,3.

22 Zum Gestus vgl. ebd. 41 f. – Becker (Anm. 11) 50 f. – Lüning (Anm. 4) 208.

23 Zur „Geschlechtslosigkeit" anthropomorpher Idole vgl. Becker (Anm. 21) 42.

24 Vor allem bei G. Bosinski/F. D'Errico/P. Schiller, Die gravierten Frauendarstellungen von Gönnersdorf. In: G. Bosinski (Hrsg.), Der Magdalénien-Fundplatz Gönnersdorf 8 (Stuttgart 2001) 11–138. – R. Hecker, Urmütter der Steinzeit. Bilder weiblicher Schöpfungskraft [Austellungskat. Staatl. Mus. Naturkde. Stuttgart] (Stuttgart 2001).

25 Zum Korpus der anthropomorphen Plastiken der LBK vgl. Becker (Anm. 11).

26 u. a. ebd. Taf. 148 (Funde aus Rákóczifalva, Öcsöd, Gorsza).

27 Zur Deutung von bestimmten Verzierungen auf anthropomorphen Idolen im Rahmen von Bekleidung vgl. Schade/Schade-Lindig (Anm. 8) 98 ff.

28 Ebd. 98.

29 Siemoneit (Anm. 15) 47.

30 Becker (Anm. 21) 47. Zu weiterführenden Betrachtungen und Lit. vgl. auch Becker (Anm. 11).

Urnenfelderzeitliche Totenhäuser in Hessen?

Claus Dobiat

Der hessische Mittelgebirgsraum war in nahezu allen vorgeschichtlichen Epochen ein überaus prägender Kontaktraum. Er ist zwar in weiten Bereichen als ein Ungunstraum zu bezeichnen, der sich auf den ersten Blick als Barriere zwischen der Norddeutschen Tiefebene und den süddeutschen Kulturlandschaften präsentiert. Andererseits hat vor allem die mit Löss bedeckte, von Norden nach Süden durch das hessische Mittelgebirge verlaufende Senkenlandschaft, die sog. Hessische Senke, gleichzeitig immer auch als Kontaktzone gewirkt, die zu einer Vermischung von nördlichen und südlichen Kulturelementen beigetragen bzw. diese veranlasst hat.

Als besonders augenfälliges Beispiel hierfür sei lediglich die jungneolithische Wartberg-Kultur genannt, die sich innerhalb dieser Hessischen Senke aus Einflüssen des Nordens, Südens und Ostens in jener Mittelgebirgslandschaft entwickelte[1]. Zahlreiche weitere Beispiele ließen sich aufzeigen, die diese Region einerseits als Grenzraum ausweisen, andererseits aber auch als Verzahnungszone, in der sich Kulturelemente aus weit entfernten Siedlungsräumen begegneten, übernommen oder auch verändert wurden. Die süddeutsch geprägten urnenfelderzeitlichen Hügelgräberfriedhöfe auf den Marburger Lahnbergen können in dieser Hinsicht ein weiterer Beleg sein.

Als im Jahr 1918 F. Küch und G. Wolff in jenem Bereich der Lahnberge, der heute zum „Neuen Botanischen Garten" der Philipps-Universität Marburg gehört, einen urnenfelderzeitlichen Grabhügel ausgruben (U 17. – Abb. 1), bemerkten sie nicht, dass es sich bei der Anlage um eine ungewöhnliche Grabkonstruktion handelte. Wolff schreibt von einem „unregelmäßig geformten Steinkreis"[2]. Über zwei Urnenbestattungen lag eine Steinpackung, darüber – so K. Nass – ein 5 cm starker „Estrich",

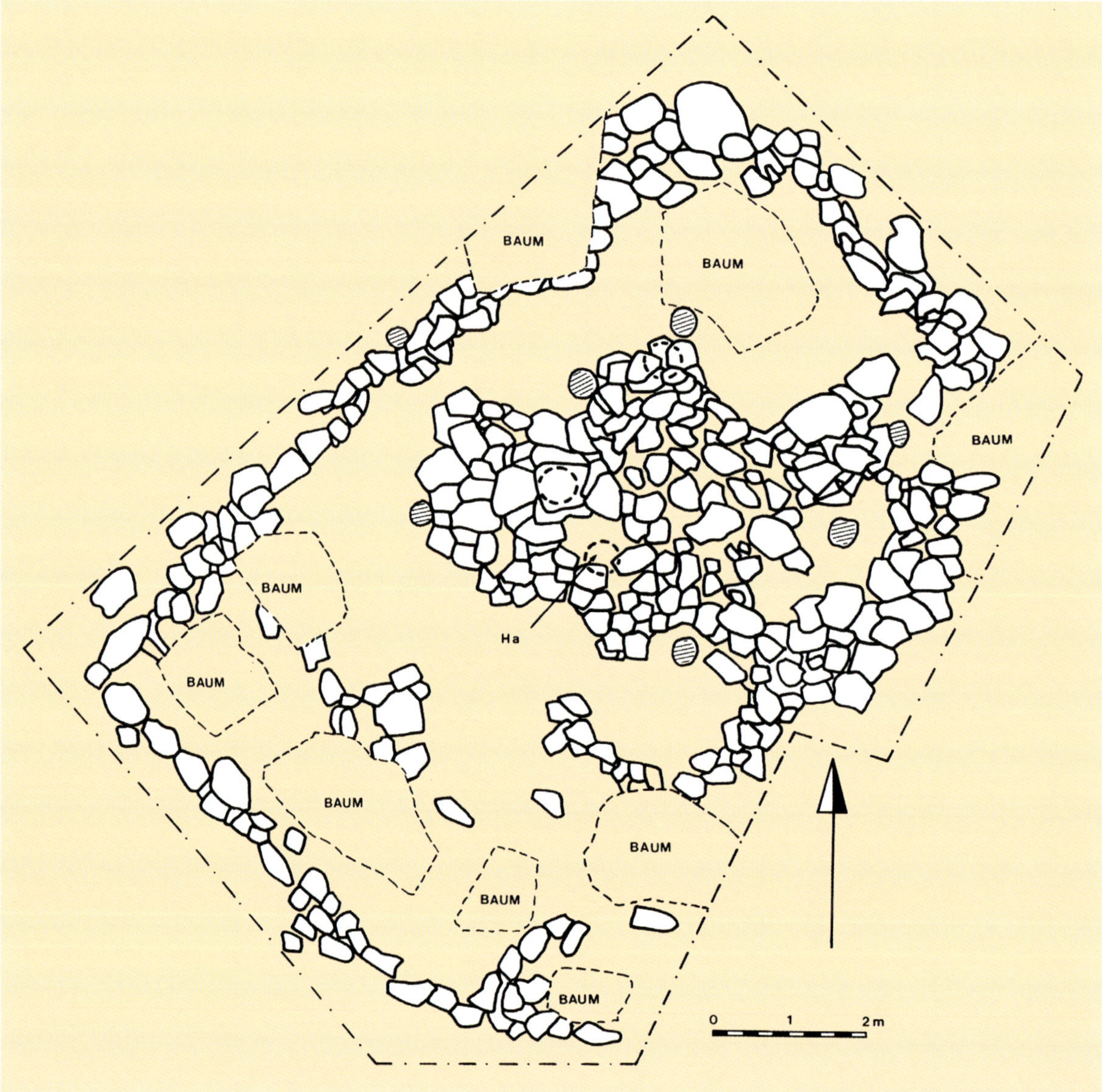

1 Totenhäuser. Marburg (Lkr. Marburg-Biedenkopf). Befund Grab U 17 der Grabhügelgruppe „Botanischer Garten" (Grafik: Plangrundlage nach Dobiat [Anm. 3] Plan 23).

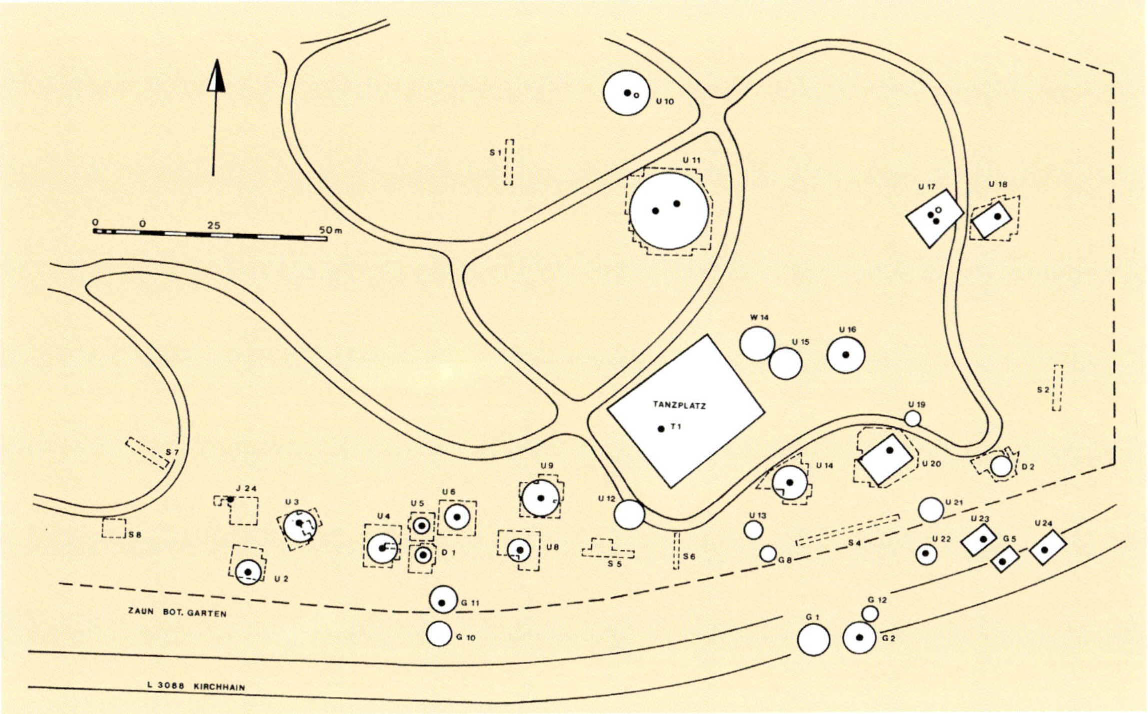

2 Totenhäuser. Marburg (Lkr. Marburg-Biedenkopf). Gesamtplan der Grabhügelgruppe „Botanischer Garten" (Grafik: Plangrundlage nach Dobiat [Anm. 3] Plan D).

gefolgt von „Kohle und Asche". 45 Jahre später (1963) musste R. Gensen im selben Areal zwölf Grabhügel dieser größten urnenfelderzeitlichen Grabhügelgruppe auf den Lahnbergen ausgraben, da die neue Landesstraße L3088 von Marburg nach Kirchhain gebaut werden sollte (Abb. 2). Drei der freigelegten Grabanlagen wiesen im Gegensatz zu den sonst üblichen kreisförmigen Steineinfassungen zur Begrenzung des Grabbezirkes viereckige sowie drei- bis vierlagige Umfassungsmäuerchen auf (G 5, U 23, U 24). Wiederum vergingen mehr als 20 Jahre, als zwischen 1984 und 1986 vom Vorgeschichtlichen Seminar der Philipps-Universität im Rahmen eines Forschungsprojektes der Deutschen Forschungsgemeinschaft (DFG) nahezu alle noch nicht untersuchten Grabhügel dieser Gruppe ausgegraben wurden[3]. Heute ist diese Nekropole restauriert und liegt als archäologische Zone innerhalb des „Neuen Botanischen Gartens" der Universität. Damals konnten erneut drei Gräber mit Viereckeinfassungen aufgedeckt werden. Es waren die Gräber U 18, U 20 und der sog. Tanzplatz, der mit einer rund 500 m² umfassenden Innenfläche die größte der sieben Viereckanlagen dieser Nekropole ist.

Im Rahmen desselben Forschungsprojektes wurden zwei weitere, bereits früher teilweise untersuchte bzw. Raubgrabungen zum Opfer gefallene Hügelgruppen auf den Lahnbergen vollständig freigelegt. In der Gruppe auf dem „Lichter Küppel" konnten abermals drei mit viereckigen bzw. trapezförmigen Grabbegrenzungen versehene Bestattungsplätze ausgegraben werden (Gräber Nr. 7, 8, 9. – Abb. 3). Schließlich wurde die dritte Grabhügelgruppe am „Stempel" untersucht. Auch dort konnte unter dem Grabhügel C eine solche Viereckanlage freigelegt werden (Abb. 4). Alle elf untersuchten viereckigen bzw. trapezförmigen Grabanlagen wiesen übereinstimmende Merkmale auf. Auffallend ist vor allem die gleichförmige NO-SW-Ausrichtung und in fast allen fand sich die Urnenbestattung dezentral niedergelegt.

Grabeinfassungen in Form von viereckigen Grabenzügen – in der Regel als Grabgärten bezeichnet – sind neben den kreisförmigen der süddeutschen Urnenfelderkultur beispielsweise aus Zuchering (Stadt Ingolstadt)[4], Künzing (Lkr. Deggendorf)[5] und von anderswo durchaus bekannt geworden. Viereckige Steineinfassungen der Marburger Art gibt es allerdings bisher nur in den drei genannten Urnenfriedhöfen auf den Lahnbergen. Küch und Wolff hatten 1918 die Struktur des Grabes U 17 der Gruppe „Botanischer Garten" – wie gesagt – noch gar nicht erkannt; R. Gensen wies

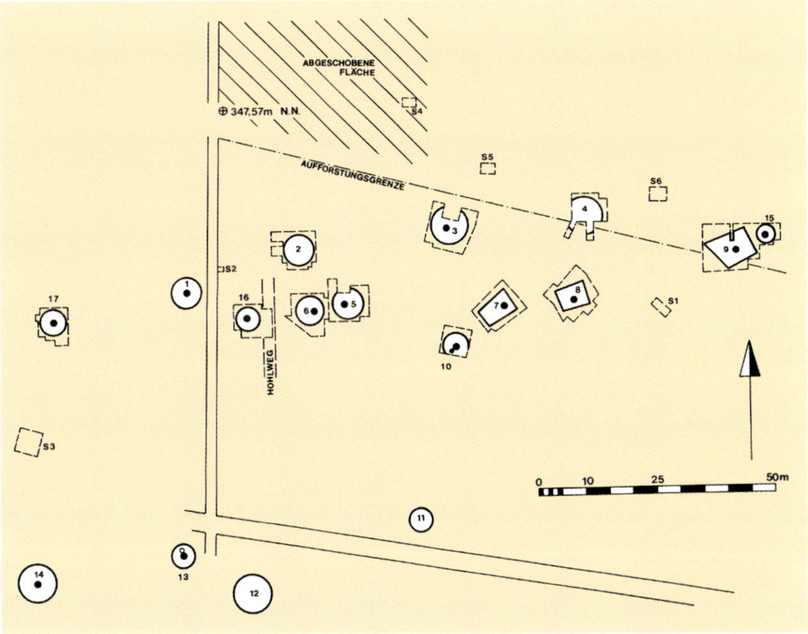

3 Totenhäuser. Marburg (Lkr. Marburg-Biedenkopf). Gesamtplan der Grabhügelgruppe „Lichter Küppel" (Grafik: Plangrundlage nach Dobiat [Anm. 3] Plan E).

4 Totenhäuser. Marburg (Lkr. Marburg-Biedenkopf). Gesamtplan der Grabhügelgruppe „Stempel“ (Grafik: Plangrundlage nach Dobiat [Anm. 3] Plan C).

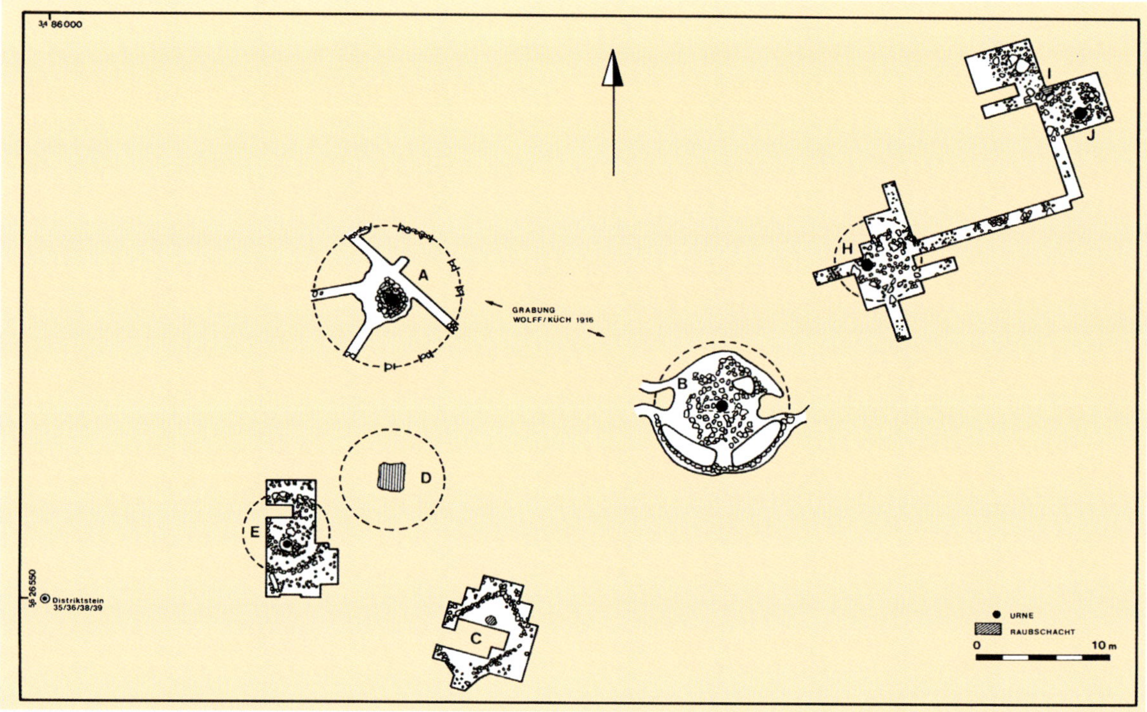

5 Totenhäuser. Sottorf (Lkr. Harburg). Befund (A) und Rekonstruktion (B) des Totenhauses (Grafik nach Busch [Anm. 6]).

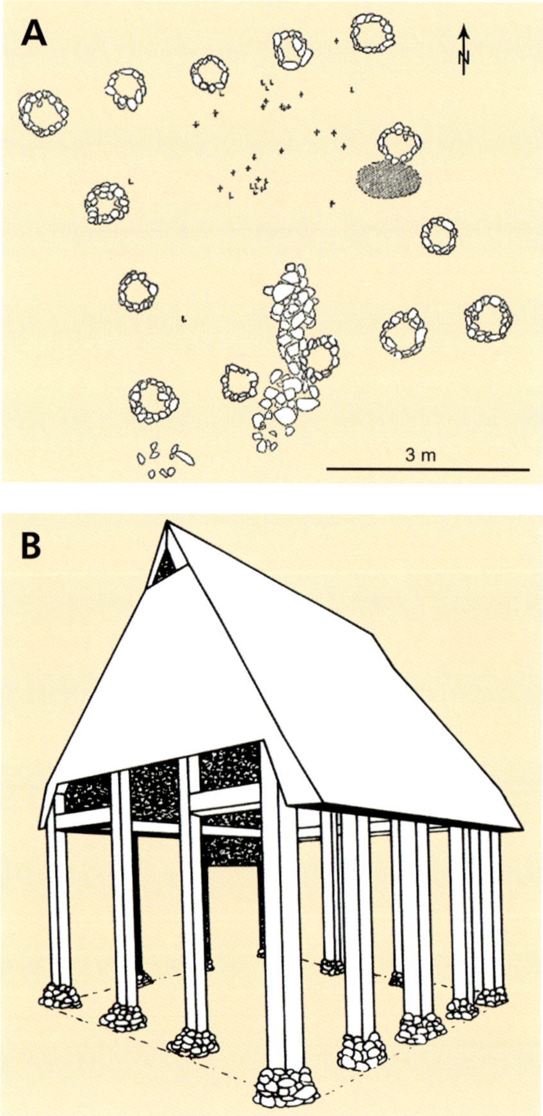

zwar nach seinen Ausgrabungen immer wieder auf diese ungewöhnliche Grabform hin, konnte aber keine Erklärung dafür finden. Erst durch die Forschungsgrabungen Mitte der 1980er-Jahre bzw. durch deren wissenschaftliche Auswertung wurde es möglich, diese in der Urnenfelderkultur unbekannten Grabkonstruktionen einer Interpretation zuzuführen. Der norddeutsche bronzezeitliche Kulturraum ließ diesbezüglich eine schlüssige Deutungsmöglichkeit erkennen.

Im Raum zwischen Aller und Elbe, der landschaftlich in weiten Bereichen von der Lüneburger Heide bestimmt wird, bezeichnet man die dort beheimatete Kulturgruppe der älteren Bronzezeit deshalb auch als die Lüneburger Gruppe. Seit der Stufe I, vor allem aber in der Stufe II und der beginnenden Stufe III der Nordischen Bronzezeit – es ist etwa der Zeitraum zwischen etwa 1500 und 1250 v. Chr. gemeint – gab es in dieser Region einen besonderen Bestattungsritus, der bislang nur von etwa einem Dutzend Grabanlagen bekannt ist. Über den Körperbestattungen errichtete man Totenhäuser oder besser gesagt Totenhallen, die im Zuge des Bestattungsvorganges in aller Regel abgebrannt und dann überhügelt wurden. In überwiegender Zahl wurden Frauenbestattungen in diesen Grabanlagen festgestellt. Besonders intensiv widmeten sich R. Busch[6], W. Wegewitz[7] und auch F. Laux[8] der Erforschung dieser Totenhäuser. Nur auf zwei der bislang bekannt gewordenen zwölf Anlagen soll an dieser Stelle kurz eingegangen werden.

1934 wurde bei Sottorf (Gde. Rosengarten, Lkr. Harburg) ein Grabhügel ausgegrabenen, in dem die verkohlten Balken eines im Grundriss circa 5,5 × 5,0 m großen und vermutlich ehemals 2,3 m hohen Totenhauses festgestellt werden konnten (Abb. 5). Dieses war aus 14 – wohl rechteckig zugerichteten – Pfosten erbaut und während des Be-

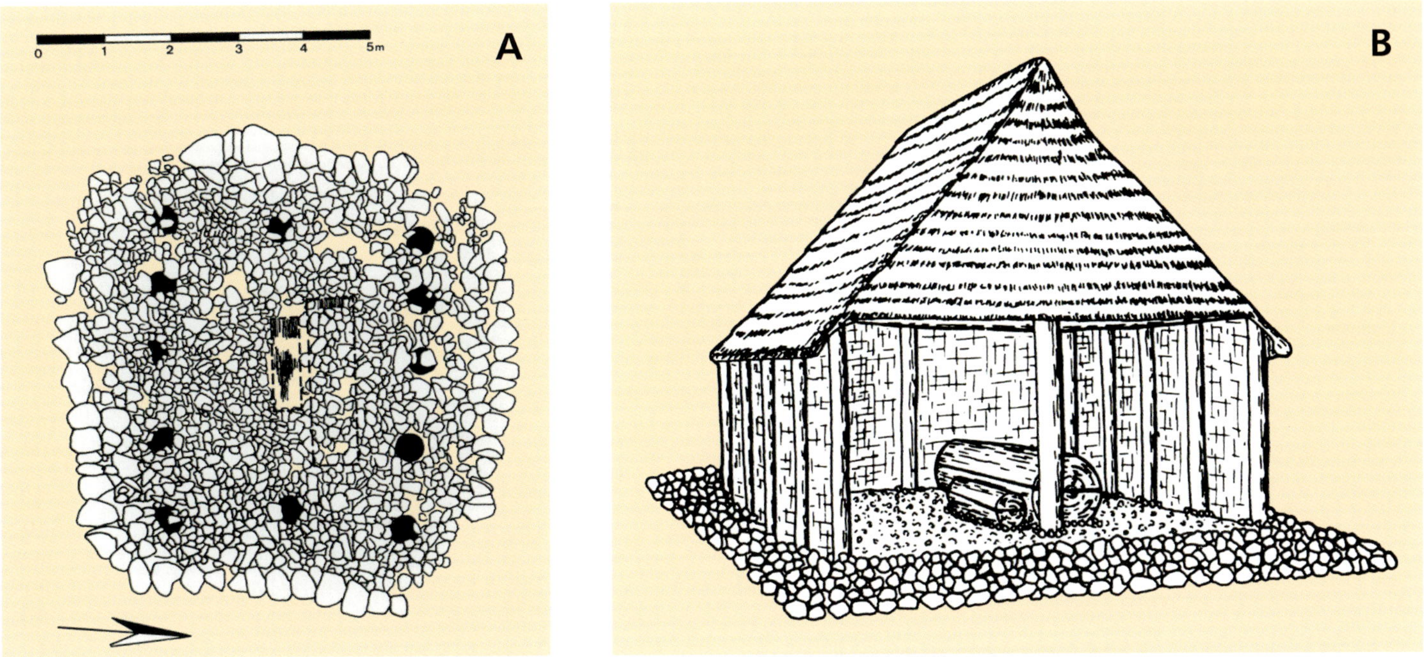

6 Totenhäuser. Grünhof-Tesperhude (Lkr. Herzogtum Lauenburg). Befund (A) und Rekonstruktion (B) des Totenhauses (Grafik nach Kersten [Anm. 10]).

stattungsvorganges bzw. danach abgebrannt worden. Die Brandreste überdeckte man zunächst mit Sand, dann mit Steinen und schüttete darüber den Grabhügel auf. Es handelte sich nach Ausweis einiger weniger Knochen um die Körperbestattungen einer Frau und eines Kindes aus der Schlussphase der Stufe II[9].

Ein weiteres Beispiel aus dem Lüneburger Raum für die Errichtung eines Totenhauses ist der Befund von Grünhof-Tesperhude (Lkr. Herzogtum Lauenburg), der möglicherweise bereits an den Beginn der Stufe III zu stellen ist[10]. Die Langseiten dieses Totenhauses maßen 4,4 m und wurden von je fünf Pfosten gebildet (Abb. 6). In der Mitte der 3,8 m breiten Schmalseiten standen kräftige Firstpfosten. Die Sohle des Hauses bestand aus einer dichten Steinpackung, die außerhalb der Pfostenstellungen von einer grob viereckigen Steinsetzung aus größeren Steinen begrenzt wurde. Das Haus bzw. die Halle, in der zwei Baumsärge mit den Leichen einer Frau und eines Kindes standen, wurde – wie in Sottorf – niedergebrannt und darüber ein Grabhügel errichtet.

Wendet man den Blick ins südöstliche Mecklenburg-Vorpommern bzw. ins nordöstliche Brandenburg, so findet man auch dort hallenartige Totenhäuser. Allerdings unterscheiden diese sich von den niederelbischen, denn sie wurden nicht abgebrannt und wohl auch nicht überhügelt. Außerdem datieren sie in die jüngere Bronzezeit (1100–900 v. Chr.) und sind damit jünger als jene an der Unterelbe.

Beim Bau der Autobahn A20, der sog. Hansa-Linie oder Ostsee-Autobahn, wurden in der Nähe von Stolzenburg (Lkr. Vorpommern-Greifswald) gleich zwei solcher Totenhallen bzw. Totenhäuser freigelegt[11]. Bei der besser erhaltenen Grabkonstruktion (Nr. 1) handelte es sich um eine 3,9 × 2,1 m große, O–W ausgerichtete Steinfläche, an deren Langseiten je drei Pfostenlöcher festgestellt wurden (Abb. 7). Drei Urnengräber waren in das Steinpflaster eingelassen. Leichenbrand und zusätzliche Gefäßreste an verschiedenen Stellen deuten darauf hin, dass es möglicherweise weitere Bestattungen gab. Im Gegensatz zu den niederelbischen Totenhäusern, in denen mehrheitlich Frauenbestattungen bestimmt werden konnten, stammte der Leichenbrand aus den beiden Totenhallen von Stolzenburg und aus anderen gleichartigen Befunden von männlichen Individuen.

Insgesamt wurden in dieser Region bislang sechs solcher Totenhäuser nachgewiesen, u. a. eines in Glasow-Streithof (Lkr. Vorpommern-Greifswald), wo eine ganz ähnliche Konstruktion festgestellt wurde wie in Stolzenburg (Abb. 8)[12]. In Hügel 40 am Breiten Luzin bei Feldberg (Lkr. Neustrelitz) wurden innerhalb der eiförmigen Steinumfassung die Standspuren von sechs Pfosten beobachtet

7 Totenhäuser. Stolzenburg (heutiger Lkr. Vorpommern-Greifswald). Befund der Totenhalle (Grafik nach Schmidt [Anm. 11]).

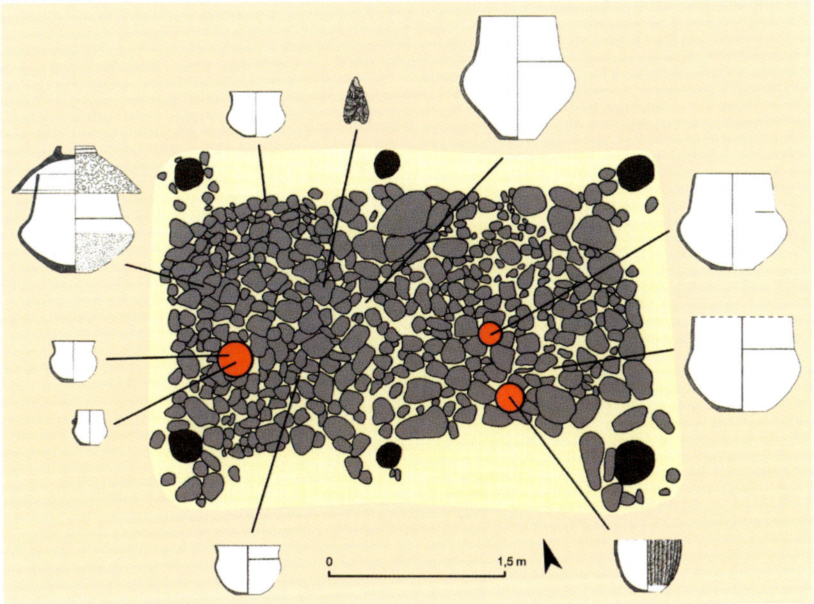

8 Totenhäuser. Glasow-Streithof (heutiger Lkr. Vorpommern-Greifswald). Rekonstruktion der Totenhalle (Grafik nach Sommerfeld [Anm. 12: Vorbericht]).

9 Totenhäuser. Breiten Luzin bei Feldberg (Lkr. Neustrelitz). Befund der Grabanlage (Grafik nach Hollnagel [Anm. 13]).

(Abb. 9), die ebenfalls auf eine Konstruktion schließen lassen, die hallenartig über der Bestattung errichtet gewesen war.[13]

Zurück in den lüneburgisch-niederelbischen-wendländischen Raum. Zeitlich unmittelbar nach dem Verschwinden der dortigen Bestattungsweise in Totenhäusern und etwa zeitgleich mit den eben genannten Totenhallen in Mecklenburg-Vorpommern bzw. Brandenburg waren zu Beginn der jüngeren Bronzezeit (Stufe IV, etwa 1100–1000 v. Chr.) in

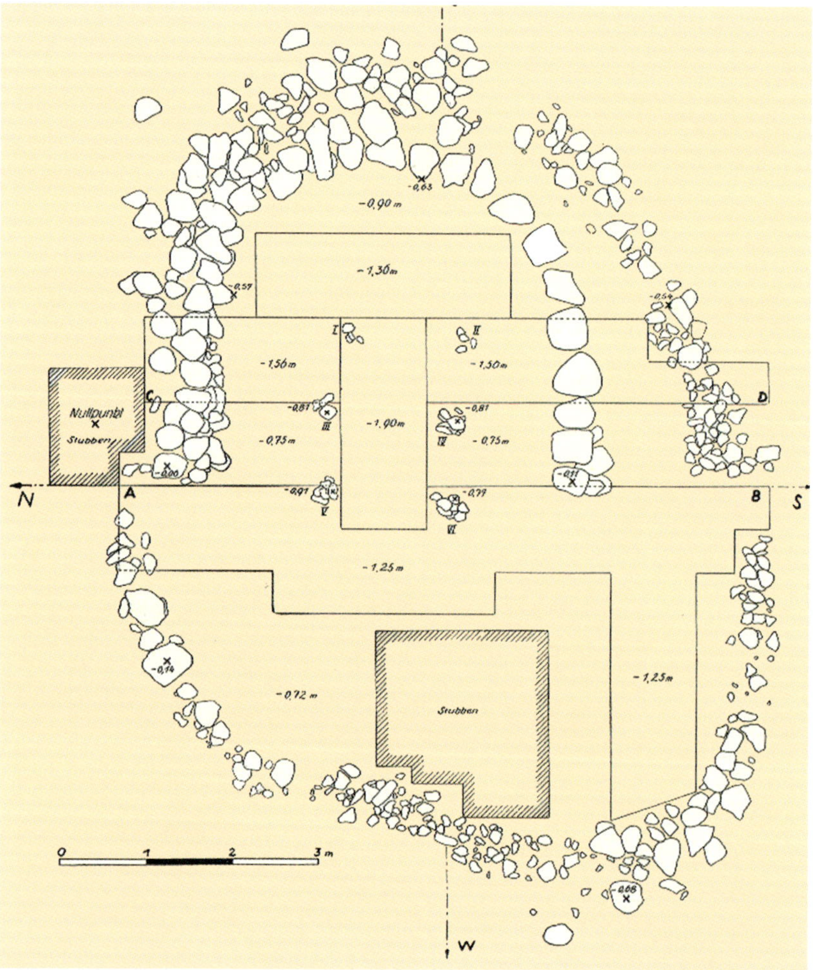

dieser Region dann ebenfalls Brand- bzw. Urnengräber verbreitet, und zwar solche, die eine viereckige Steineinfassung des Grabbezirkes aufweisen. Auch von dieser Grabform seien zwei Beispiele angeführt, auch wenn sie zunächst scheinbar keine Bezüge zur Totenhaussitte erkennen lassen[14].

Zu nennen wäre ein Grabhügel von Proitze (Stadt Schnega, heutiger Lkr. Lüchow-Dannenberg) unter dem sich eine 7 × 3 m große, O–W ausgerichtete, mehr oder weniger viereckige, aus Steinen errichtete Begrenzung des Grabfeldes fand (Abb. 10). Leicht dezentral war in den gewachsenen Boden die doppelkonische Urne mit einer Brandbestattung eingegraben, umstellt mit Steinplatten[15]. Eine zweite, leider jedoch gestörte Grabanlage mit viereckiger Steineinfassung stammt aus Appel-Oldendorf (Lkr. Harburg; Abb. 11). Diese Anlage ist 10,5 m lang, 6 m breit und ONO–WSW ausgerichtet[16]. Vermutet wird auch hier eine Urnenbestattung, die allerdings nicht erhalten ist. Hingewiesen sei auf den halbkreisförmigen Steinanbau an der östlichen Schmalseite, der noch einmal Erwähnung finden wird.

Damit wäre ein Bogen geschlagen über die norddeutschen Totenhäuser der mittleren/jüngeren Bronzezeit und die dortigen jungbronzezeitlichen Viereckgräber zurück zu den urnenfelderzeitlichen Viereckanlagen auf den Lahnberge bei Marburg. Vor dem Hintergrund der norddeutschen Bestattungsbräuche mögen auch hier zwei der elf Viereckanlagen etwas genauer betrachtet werden.

Zunächst soll noch einmal auf den bereits 1918 ausgegrabenen und bereits eingangs genannten Grabhügel U 17 der Gruppe „Botanischer Garten" Bezug genommen werden (Abb. 1). Bei der Umfassungsmauer handelte es sich um eine leicht trapezförmige Grabeinfassung von 11 × 6,5–7 m Größe. Sie enthielt zwei wohl gleichzeitig niedergelegte Urnengräber von einem Mann und einer Frau unter einer Blockpackung, ferner eine hallstattzeitliche Nachbestattung. Über den Urnengräbern fand sich eine ausgedehnte Brandschüttung von bis zu 10 cm Stärke. Darüber lag ein 5 cm starker „Estrich" und darauf wiederum lagen Holzkohle und Asche[17]. Seitlich der Blockpackung wurden zwei Reihen von je drei Pfostenverfärbungen beobachtet, die vermuten lassen, dass über den Bestattungen eine etwas unregelmäßig konstruierte Baulichkeit – eine Totenhütte – gestanden haben muss, die nach Ausweis der Holzkohle- und Ascheschicht vermutlich abgebrannt und dann mit Sand oder Erde abgedeckt bzw. gelöscht wurde; dies entspricht ganz den Befunden zu den Totenhäusern in der Lüneburger Gruppe.

Eine zweite Grabanlage der Gruppe „Botanischer Garten" dürfte für die Interpretation der viereckigen Grabanlagen sowohl auf den Marburger Lahnbergen als auch für jene im lüneburgisch-wendländischen Raum aufschlussreich sein. Es ist das Grab U 20, eine Viereckanlage mit einer Seitenlänge von 10 × 7,3 m (Abb. 2; 12). Genau in der Mitte der nordöstlichen Schmalseite war in die Umfassung eine 1 m hohe, nach außen verstürzte Steinsäule einge-

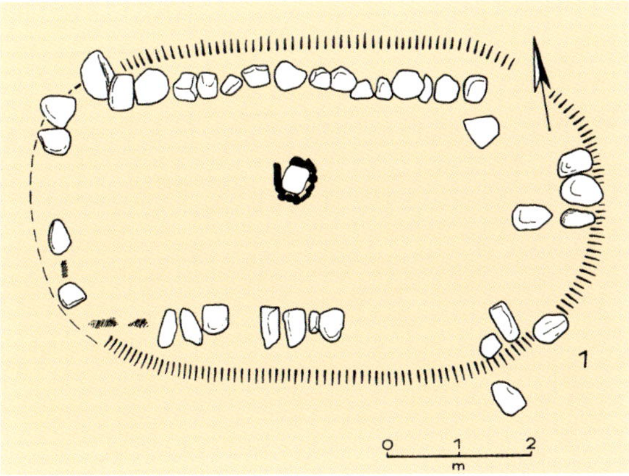

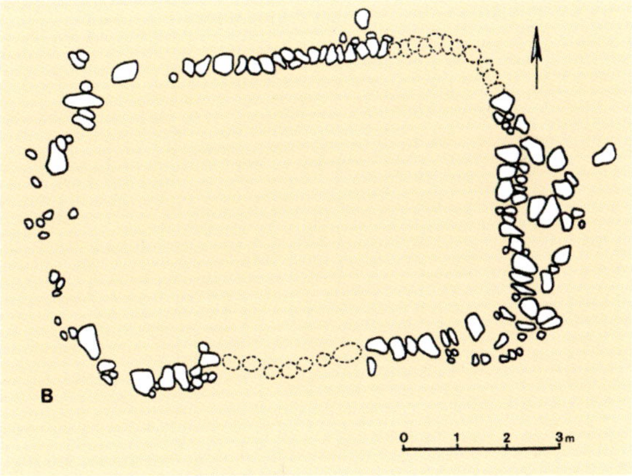

10 Totenhäuser. Proitze (heutiger Lkr. Lüchow-Dannenberg). Befund der Grabanlage (Grafik nach Sprockhoff [Anm. 15] 12 Abb. 1,1).

11 Totenhäuser. Appel-Oldendorf (Lkr. Harburg). Befund der Grabanlage (Grafik nach Wegewitz [Anm. 7]).

baut. Ähnliche, die Umfassungsmauer überragende Steinsäulen wurden in drei weiteren Viereckanlagen dieser Nekropole ebenfalls an den Schmalseiten beobachtet[18]. Dass die urnenfelderzeitlichen Marburger Viereckgräber unmittelbar mit jenen des Lüneburger Raumes zu verknüpfen sind, scheint auch der neben dem Firstpfeiler des Grabes U 20 angebaute Steinhalbkreis zu zeigen, in dem – offensichtlich im Rahmen der späteren Totenverehrung – ein Kegelhalsbecher und eine kleine Schale deponiert wurden, welche ehemals vermutlich Speisen und Getränke enthielten. Ein solcher Anbau fand sich auch bei der bereits genannten Viereckanlage von Appel-Oldendorf an der östlichen Schmalseite (Abb. 11). Die Interpretation der Steinsäulen könnte dahin gehen, dass es sich dabei möglicherweise um symbolische Reminiszenzen an die Firstpfosten eines Hauses handelt und die Viereckeinfassung einen Hausgrundriss, ein Haus für den Verstorbenen, widerspiegelt, gleichzeitig aber auch wie eine Art Temenosmauer den heiligen Grabbereich markiert.

Dass es die Errichtung von Totenhäusern bzw. Hütten über den Gräbern vereinzelt ebenso in der Süddeutschen Urnenfelderkultur gegeben hat, zeigen die Befunde zweier urnenfelderzeitlicher Gräber von Kindern (jeweils zwischen 7 und 13 Jahre alt) von Undenheim im Lkr. Mainz-Bingen (Abb. 13). Dort haben jeweils Vierpfostenbauten über den Körperbestattungen gestanden[19]. Nicht unerwähnt darf ein Befund aus Behringersdorf (Stadt Schwaig, heutiger Lkr. Nürnberger Land) bleiben. Dort wurde eine Gruppe von zwölf Brandbestattungen der Stufe Bz D ausgegraben, von denen das Grab 12 eine Reihe anderer Merkmale aufwies als die übrigen Gräber[20]. Es lag etwas abseits und isoliert auf einer leichten Dünenanhöhe, war reich ausgestattet – u. a. mit einem Riegsee-Schwert – und wies einen Grabbau auf, der sich von dem der anderen Gräber unterschied. Unter einer mächtigen Steinpackung wurde ein etwa 1 × 2 m großes Steinpflaster beobachtet (Abb. 14), auf dem die Bestattung niedergelegt war, überdeckt von einer tiefschwarzen Holzkohleschicht. An den Langseiten des Steinpflasters fanden sich jeweils vier Pfostenstandspuren in regelmäßigen Abständen[21]. Es dürfte kein Zweifel daran bestehen, dass auch hier eine Totenhütte über der Bestattung gestanden hatte, die im Zuge der Begräbnisvorgänge abgebrannt wurde. Die frühesturnenfelderzeitliche Zeitstellung (Bz D) korrespondiert etwa mit der Stufe III der

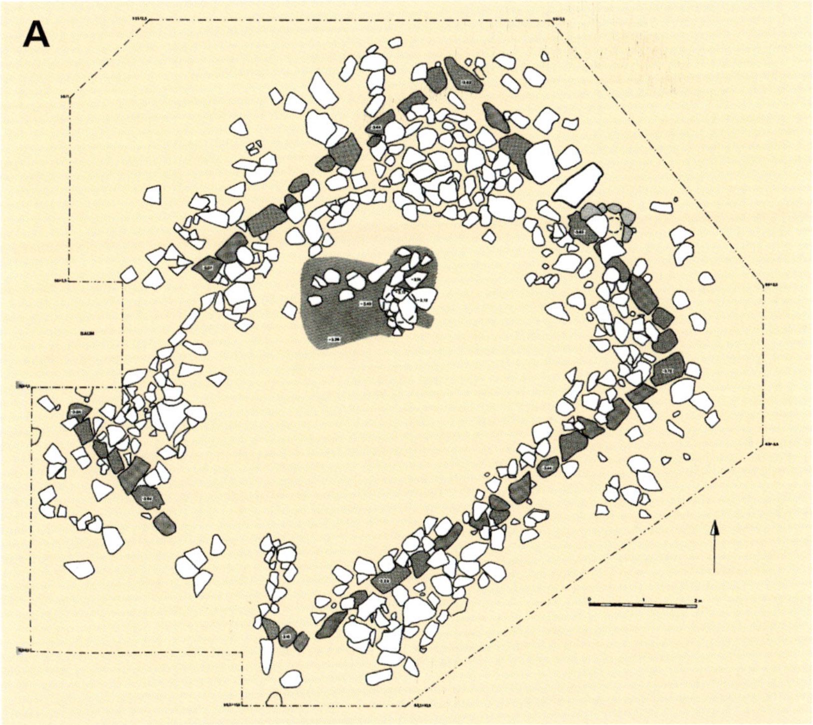

12 Totenhäuser. Marburg (Lkr. Marburg-Biedenkopf). Grab U 20 Grabhügelgruppe „Botanischer Garten". (A) Gesamtbefund; (B) Anbau und Stele (Grafik: Plangrundlage nach Dobiat [Anm. 3] Plan 25; Foto: Vorgesch. Seminar, Univ. Marburg).

13 Totenhäuser. Undenheim (Lkr. Mainz-Bingen). (A) Befund der Grabanlage 1 (Grafik nach Zylmann [Anm. 19] 200 Abb. 1); (B) Rekonstruktion der Totenhütte (Grafik nach Probst [Anm. 19] Abb. auf S. 281).

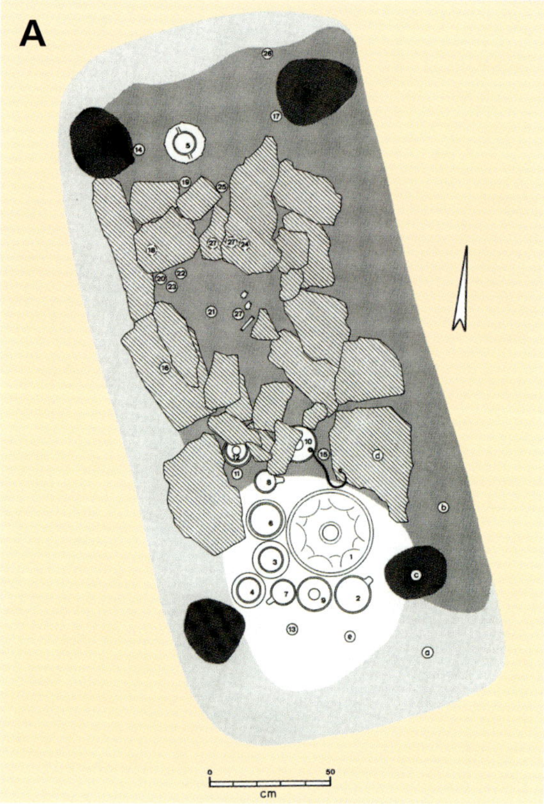

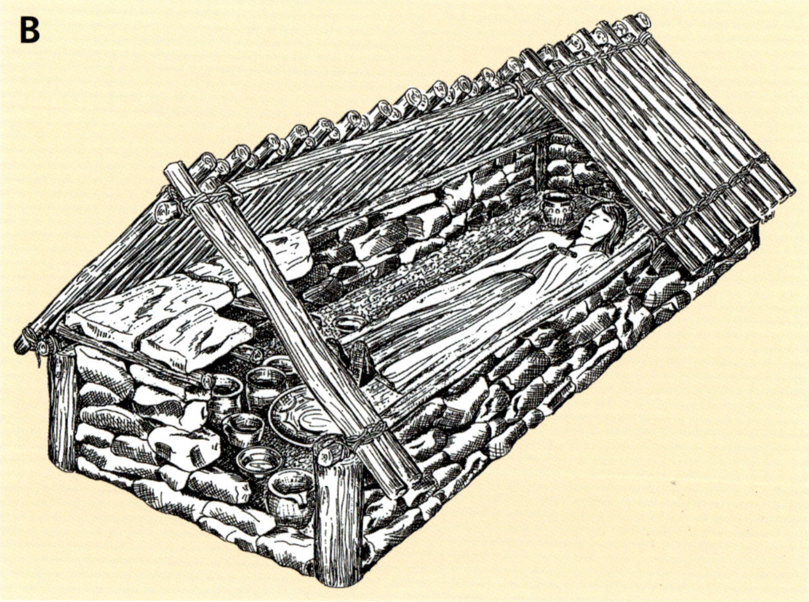

Nordischen Bronzezeit. Das bedeutet, dass dieses Grab mit Totenhütte in eine Zeit zu datieren ist, die zwischen den Totenhäusern des Lüneburger Raumes und jenen aus Mecklenburg-Vorpommern/Brandenburg liegt. Es ist jedoch älter als die Befunde aus Appel-Oldendorf oder Proitze und auch älter als die Viereckanlagen aus dem Ha-A2-zeitlichen Marburger Gebiet.

Ganz allgemein sind Pfostenstellungen von sehr variabler Anzahl und Anordnung in urnenfelderzeitlichen Grabzusammenhängen gar nicht so selten, wie zunächst vielleicht angenommen werden könnte. Allerdings ist ihr Konstruktionszusammenhang bzw. ihre Funktion in den meisten Fällen nicht eindeutig bestimmbar. Bei vier, sechs oder mehr Pfostenstellungen in linearer Zusammenstellung dürfte ihre Bedeutung als Totenhaus, Totenhalle oder Totenhütte jedoch eindeutig sein. N. Wiesner hat in seiner umfassenden Bearbeitung zum Grabbau und zu den Bestattungssitten der Urnenfelderzeit im südlichen Mitteleuropa zahlreiche Beispiele von urnenfelderzeitlichen Gräbern mit Pfostensetzungen zusammengestellt[22]. In diesem Zusammenhang soll auch die mit rund 500 m^2 Innenfläche größte Viereckanlage nicht unerwähnt bleiben, der sog. Tanzplatz der Nekropole „Botanischer Garten" bei Marburg (Abb. 2). Rings um die gewaltige Steinpackung, die über dem Urnengrab aufgeschichtet lag, fanden sich Spuren von schräg im Boden eingetieften Holzstangen, die ehemals offenbar zeltartig über der Grablege gestanden hatten.

Eine Verbindung zu den Anlagen im Norden scheint die wahrscheinlichste Erklärungsmöglichkeit für die so ungewöhnliche Architektur von Viereckgrabanlagen im nördlichsten Verbreitungsgebiet der Süddeutschen Urnenfelderkultur des Marburger Raumes zu liefern. Die inhaltlichen Zusammenhänge verdeutlichen, dass ein kulturgruppenübergreifender Austausch von Sitten, Gebräuchen und Vorstellungen von Norden nach Süden durch die Mittelgebirgszone hindurch immer wieder stattgefunden hat. Die Sitte, Totenhütten oder Totenhäuser als Haus/Wohnung des Verstorbenen zu errichten, ist grundsätzlich aus den unterschiedlichsten Regionen Europas und aus nahezu allen Epochen bekannt – vom Neolithikum bis in die Eisenzeit und darüber hinaus bis in die heutige Zeit. Man möchte annehmen, dass es sich bei den Toten in solchen als Haus/Hütte konstruierten Grabanlagen immer um Personen bzw. Persönlichkeiten einer Bevölkerungsgruppe handelte, denen eine besondere Funktion oder Stellung innerhalb des Gesellschaftsgefüges zukam, denn diese Bestattungsarchitektur ist nie und nirgendwo zu einer Standardsitte im Grabbrauch geworden, sondern zu allen Zeiten eine Ausnahme geblieben.

Nicht nur die gewaltige urnenfelderzeitliche Grabanlage des „Tanzplatzes" spricht für diese Ansicht, sondern auch die Tatsache, dass die Grablege ausgestattet war mit einer überdimensionierten Urne von circa 157 l Volumen, die den Leichenbrand eines Mannes barg. Ferner zählten über 20 Beigefäße zur Grabausstattung. Auch das isoliert liegende, mit einem Riegsee-Schwert ausgestattete und mit einer Totenhütte versehene Grab von Behringersdorf zeichnet den hier Bestatteten als eine Person von herausgehobenem Stand aus. Ja selbst für die Kinderbestattungen in Undenheim kann aufgrund der Grabausstattung angenommen werden, dass sie einer wie auch immer zu sehenden privilegierten Familie angehörten[23].

Andere Beispiele mögen diese Sicht der Dinge bestätigen, wie z. B. die bekannte frühbronzezeitliche Bestattung von Leubingen (Lkr. Sömmerda) in einer Totenhütte[24]. Sicherlich darf man den dort bestatteten Mann im unmittelbaren Zusammenhang mit der frühen Metallurgie und den sich herausbildenden hierarchischen Gesellschaftsstrukturen sehen. Die Tatsache, dass in den aufwendigen Totenhäusern der Lüneburger Gruppe Frauen bestattet waren, könnte veranlassen, an eine herausgehobene Stellung dieser Frauen innerhalb ihrer Gesellschaftsgruppe zu denken. Ein höchstens 3 Jahre altes Kind war in der recht großen Viereckanlage Nr. 7 der Gruppe „Lichter Küppel" auf den Lahnbergen bestattet (Abb. 3). Auch in diesem Fall spiegelt die Größe der Grabanlage sicherlich – wie beim Grab „Tanzplatz" – die soziale Stellung der Familie des verstorbenen Kleinkindes wider. So wird man die Sitte der Bestattung in einer Hütte, einer Totenhalle oder einem Totenhaus – heute würde man die Bezeichnung Mausoleum wählen – als einen bis heute praktizierten und nach außen sichtbaren Ausdruck des sozialen Standes besonderer Persönlichkeiten sehen können.

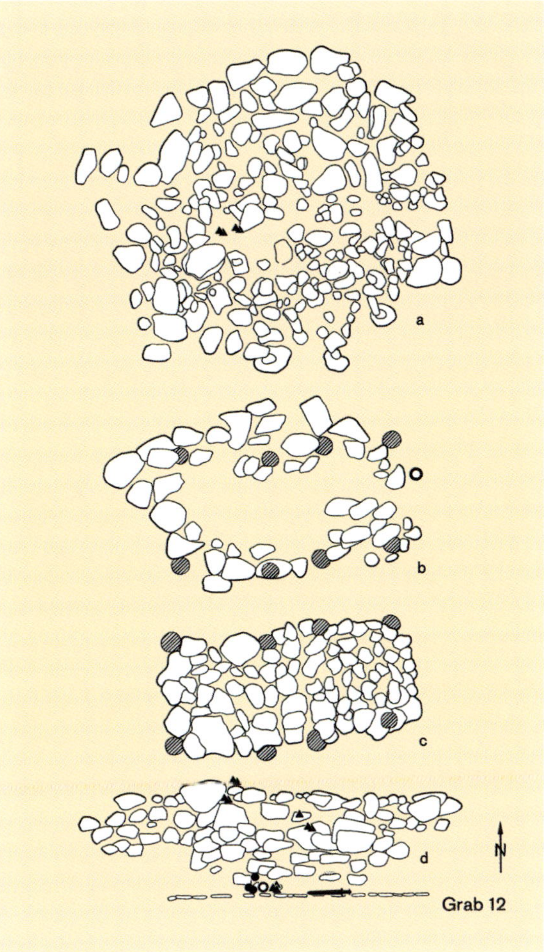

14 Totenhäuser. Behringersdorf (heutiger Lkr. Nürnberger Land). Befund des Grabes 12 in verschiedenen Ausgrabungsplana (Grafik nach Hennig [Anm. 20] 25 Abb. 5).

Anmerkungen

1 Siehe D. Raetzel-Fabian, Die ersten Bauernkulturen. Jungsteinzeit in Nordhessen. Vor- u. Frühgesch. Hessisches Landesmus. Kassel 2 (Kassel 2000) Abb. 156.

2 G. Wolff, Die Besiedelung des Ebsdorfer Grundes in vorgeschichtlicher Zeit. Zeitschr. Verein hess. Gesch. u. Landeskde. 52, N. F. 42, 1919, 138. – K. Nass, Die Nordgrenze der Urnenfelderkultur in Hessen. Kurhessische Bodenaltertümer II,1: Oberhessen (Marburg 1952) 47 f.

3 C. Dobiat, Forschungen zu Grabhügelgruppen der Urnenfelderzeit im Marburger Raum. Marburger Stud. Vor- u. Frühgesch. 17 (Marburg 1994).

4 C. Schütz, Das urnenfelderzeitliche Gräberfeld von Zuchering-Ost, Stadt Ingolstadt. Mit Beiträgen von A. Bartel und M. Kunter. Materialh. Bayerische Vorgesch. A 90 (Kallmünz 2006) Beil.

5 F. Schopper, Das urnenfelderzeitliche Gräberfeld von Künzing, Lkr. Deggendorf (Niederbayern). Mat. Bronzezeit Bayern 1 (Regensburg 1995) 15 u. Planbeil.

6 R. Busch, Häuser für die Toten. Die Rekonstruktion des Totenhauses der älteren Bronzezeit von Sottorf, Gde. Rosengarten, Ldkr. Harburg. In: G. Wegner (Hrsg.), Leben – Gauben – Sterben vor 3000 Jahren. Bronzezeit in Niedersachsen. Begleith. Ausstellungen Abt. Urgesch. Niedersächsisches Landesmus. Hannover 7 (Hannover 1996) 419–424.

7 W. Wegewitz, Ein bronzezeitliches Totenhaus in Sottorf, Kr. Harburg. Prähist. Zeitschr. 26, 1935, 257 f. – Ders., Ein Totenhaus unter einem bronzezeitlichen Hügelgrabe in der Feldmark Sottorf, Kreis Harburg. Nachrichtenbl. Dt. Vorzeit 12, 1936, 33–39. – Ders., Vorläufiger Bericht über die Untersuchung eines Totenhauses der älteren Bronzezeit in der Feldmark Sottorf, Kr. Harburg. Die Kunde 4, 1936, 138–144. – Ders., Ein Totenhaus unter einem bronzezeitlichen Hügelgrabe in der Feldmark Sottorf, Kreis Harburg. Harburger Kreiskalender 1936, 61 ff. – Ders., Totenhäuser und andere Grabformen der älteren Bronzezeit im Niederelbegebiet. Die Kunde 9, 1941, 75–93. – Ders., Die Gräber der Stein- und Bronzezeit im Gebiet der Niederelbe. Veröff. urgesch. Slg. Landesmus. Hannover 11 (Hildesheim 1949). – Ders., Rund um den Kiekeberg. Vorgeschichte einer Landschaft an der Niederelbe. Hammaburg N. F. 8, 1988, 41 ff.

8 F. Laux, Die Bronzezeit in der Lüneburger Heide. Veröff. urgesch. Slg. Landesmus. Hannover 18 (Hildesheim 1971).

9 G. Körner, Das bronzezeitliche Totenhaus zu Sottorf. Niederelbisches Tagebl. 11. Nebelung, 1934. – Busch (Anm. 6).

10 K. Kersten, Das Totenhaus von Grünhof-Tesperhude, Kreis Herzogtum Lauenburg. Offa 1, 1936, 56–87.

11 J.-P. Schmidt, Das Totenhaus von Stolzenburg, Lkr. Uecker-Randow. In: Die Autobahn A20 – Norddeutschlands längste Ausgrabung. Archäologische Forschungen auf der Trasse zwischen Lübeck und Stettin. Arch. Mecklenburg-Vorpommern 4 (Schwerin 2005) 61–64.

12 Ch. Sommerfeld, Erstes jungbronzezeitliches Totenhaus. Arch. Deutschland 1997, H. 1, 49. – Ders., Vorbericht über die Ausgrabungen in Glasow, Uecker-Randow-Kreis, Fpl. 14/15. In: Beiträge zum Oder-Projekt 2 (Berlin 1997) 7–14.

13 A. Hollnagel, Die Steinhügelgräber am Breiten Luzin bei Feldberg, Kreis Neustrelitz. Jahrb. Bodendenkmalpfl. Mecklenburg 1957 (1959) 31 ff.

14 F. Laux/O. Harck, Studien zur Bronzezeitchronologie an der Niederelbe. Neue Ausgr. u. Forsch. Niedersachsen 17, 1986, 61–105.

15 E. Sprockhoff, Eine neue Grabform der jüngeren Bronzezeit aus Proitze, Kr. Lüchow. Germania 32, 1954, 10 ff.

16 Wegewitz (Anm. 7, 1949) 60 Abb. 71. – Laux (Anm. 8) 192 Nr. 107C.

17 K. Nass (Anm. 2) 47 f.

18 Dobiat (Anm. 3) 93.

19 D. Zylmann, Ein Bestattungsplatz der Urnenfelderkultur von Undenheim, Landkreis Mainz-Bingen. Mainzer Zeitschr. 82, 1987, 199–210. – E. Probst, Deutschland in der Bronzezeit (München 1996) Abb. S. 281.

20 H. Hennig, Spätbronzezeitliche Gräber aus dem Behringersdorfer Forst, Landkreis Lauf a. d. Pegnitz. Jahresber. Bayer. Bodendenkmalpfl. 11/12, 1970/71, 19–60.

21 Ebd. 19.

22 N. Wiesner, Grabbau und Bestattungssitten während der Urnenfelderzeit im südlichen Mitteleuropa. Intern. Arch. 110 (Rahden/Westf. 2009) 353–362.

23 Vgl. Anm. 19.

24 Ebd.

Migration – Stabilisation – Formation

Phasen kultureller Entwicklung am Beispiel der Milseburg (Lkr. Fulda) in Osthessen

Frank Verse

Während der Mittelbronzezeit ist Osthessen Teil einer eigenständigen Kulturgruppe, nämlich der Fulda-Werra-Gruppe[1]. Diese zeichnet sich durch Gemeinsamkeiten im Grabbrauch sowie in der Trachtausstattung aus. Für die Frauentracht ist beispielsweise die Kombination von Radkopf- und Brillenkopfnadeln charakteristisch.

Wie andere Teile Mitteleuropas zeichnete sich auch Osthessen während der Hügelgräberbronzezeit anscheinend durch eine große gesellschaftliche und wirtschaftliche Stabilität aus. Die Menschen lebten in offenen, unbefestigten Siedlungen und in den Grabhügeln wurden nicht unerhebliche Bronzebeigaben niedergelegt[2]. Offensichtlich waren die Gesellschaften in der Lage, Bronze in ausreichender Menge zu beschaffen. Gleichzeitig lebten sie anscheinend ohne Sorge vor Angriffen oder Grabraub, denn zu anderen Zeiten waren gut sichtbare Grabhügel durchaus Ziel antiker Grabräuber.

Allein durch die Verbreitungsräume des Sachgutes kann eine gewisse temporäre Mobilität belegt werden, die durch Händler oder Handwerker getragen wird. In geringem Umfang können jedoch auch Migrationsbewegungen wahrscheinlich gemacht werden. So unterscheidet sich in Osthessen das „Mädchen von Molzbach" durch seine Grabausstattung deutlich von den übrigen Frauenbestattungen der Region[3] (Abb. 1). Die Tracht deutet auf eine Herkunft aus dem Obermaingebiet oder aus Südhessen hin. Warum die junge Frau von dort nach Osthessen einwanderte, ist allerdings unklar.

In der Urnenfelderzeit kam es zu großen gesellschaftlichen und kulturellen Umbrüchen. Am augenfälligsten sind zunächst die Neuerungen im Grabbrauch. Brandflachgräber ersetzten die überhügelten Körperbestattungen der Mittelbronzezeit, wobei der Leichenbrand zumeist in Urnen deponiert wurde. Parallel dazu etablierte sich in weiten Teilen Europas eine Vogel-Sonnen-Symbolik, die ebenfalls auf veränderte religiöse Vorstellungen hindeutet[4]. Sie lässt sich gut mit dem in den Himmel aufsteigenden Rauch bei der Totenverbrennung verbinden und weist vielleicht auf den Glauben an Himmelsgottheiten hin.

In Osthessen zerfiel zu dieser Zeit der zuvor recht einheitliche Kulturraum. Stattdessen befand es sich nun im Schnittpunkt verschiedener Kulturgruppen[5]. So sind Einflüsse aus der süddeutschen Urnenfelderkultur, der Niederhessischen Gruppe Nordhessens und der mitteldeutschen Unstrutgruppe zu erkennen.

Parallel dazu wurden nun die Höhen aufgesucht. Auf dem Haimberg bei Fulda-Haimbach bestand eine urnenfelderzeitliche Ringwallanlage[6]. An der Milseburg bei Hofbieber-Danzwiesen wurden im Bereich des Ostwalls urnenfelderzeitliche Scherben gefunden, die eine Besiedlung des Areals bereits zu dieser Zeit wahrscheinlich machen[7]. Allerdings konnten dort bisher keine urnenfelderzeitlichen Befestigungsspuren nachgewiesen werden. Auf dem Stallberg bei Hünfeld-Kirchhasel kam ein Bronzemesser zutage und vom Kleinberg bei Rasdorf stammt eine halbe Lanzenspitze[8]. Wie die Milseburg tragen auch diese beiden Berge vorgeschichtliche Wallanlagen, die aber bisher nicht in die Urnenfelderzeit zu datieren sind.

Die oben aufgelisteten Befestigungsanlagen und Höhensiedlungen liegen alle in Kulturräumen, die spätestens ab der Mittelbronzezeit erschlossen waren. Der Haimberg erstreckt sich am Übergang des fruchtbaren Fuldaer Beckens zum Lüdertal, das durch seine salzhaltigen Quellen charakterisiert wird[9]. Am Fuße des Stallbergs befinden sich insgesamt vier mittelbronzezeitliche Grabhügelgruppen und auch im Umfeld des Kleinbergs und der Milseburg sind mittelbronzezeitliche Grabhügelgruppen anzutreffen, die zumindest eine inselartige Erschließung der Landschaft zu dieser Zeit vermuten lassen[10].

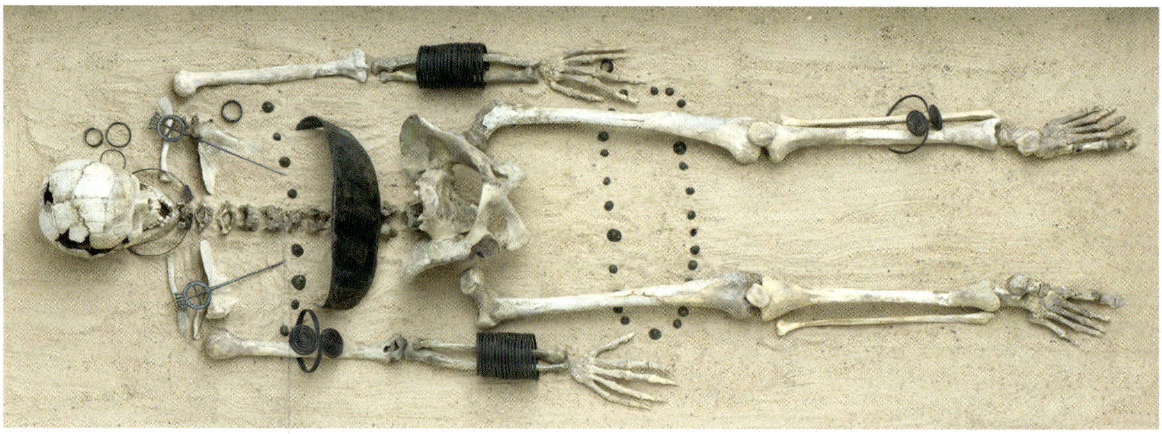

1 Osthessen. Das „Mädchen von Molzbach" (Stadt Hünfeld) während einer Ausstellung im Vonderau Museum Fulda (Foto: D. Bley).

Ohnehin gewähren die Gräberfelder interessante Einblicke in die kulturelle Entwicklung Osthessens während der Urnenfelderzeit. Bei Fulda–Maberzell-Trätzhof oder am Nordhang des Finkenbergs bei Großenlüder schließen die urnenfelderzeitlichen Bestattungen an die mittelbronzezeitlichen Grabhügel an[11]. Zwar kann eine Unterbrechung der Bestattungsfolge nicht völlig ausgeschlossen werden, eine ununterbrochene Nutzung als Bestattungsplatz scheint aber am wahrscheinlichsten zu sein. Demgegenüber begann das bereits erwähnte Gräberfeld am Lanneshof (Gde. Künzell) offensichtlich erst während der Urnenfelderzeit, auch wenn der Platz bisher nicht vollständig untersucht worden ist[12].

Am Lanneshof konnten nicht nur typische Gefäße der Unstrutgruppe entdeckt werden, vielmehr entspricht auch der dortige Grabbau einiger Bestattungen in Form von Steinkisten demjenigen dieser mitteldeutschen Kulturerscheinung (Abb. 2). Hier ist mit der Zuwanderung einer kleinen Siedlungsgemeinschaft zu rechnen. Ob auch andere Gräber, denen z. B. Gefäße fremder Prägung beigegeben waren, auf eine solche hinweisen, muss vorerst dahingestellt werden. Am Finkenberg wurden in einigen Gräbern typische Gefäße der süddeutschen Urnenfelderzeit entdeckt, deren Besitzer vielleicht ebenfalls nach Osthessen eingewandert waren[13] (Abb. 3). In diesem Zusammenhang können natürlich Fragen nach Art der Zuwanderung und des Zusammenlebens aufgeworfen werden. Kam es zu Auseinandersetzungen oder verlief die Migrationsbewegung friedfertig? Wer erbaute zu welchem Zweck die Höhenbefestigungen? Die Hortfunde vom Haimberg deuten auf Verbindungen zum Rhein-Main-Gebiet hin[14] (Abb. 4). Allerdings ist bisher nicht erkennbar, ob vom Haimberg aus das Umland kontrolliert und beherrscht werden sollte, ob dieser ein Handelsstützpunkt war oder vielleicht sogar in erster Linie als gemeinsamer Kultplatz genutzt wurde.

Obwohl bisher kein urnenfelderzeitliches Gräberfeld in Osthessen vollständig untersucht wurde, zeichnet sich schon ab, dass zumindest einige dieser Bestattungsplätze bis in die Eisenzeit hinein belegt worden waren. Dazu gehören u. a. die Bestattungsplätze bei Maberzell-Trätzhof, am Lanneshof bei Künzell oder am Finkenberg bei Großenlüder[15]. Zwar ist auch in diesen Fällen eine Belegungskontinuität letztlich nicht nachweisbar, es deutet jedoch umgekehrt auch nichts auf einen Abbruch der Bestattungen am Ende der Urnenfelderzeit hin. Ähnlich wie beispielsweise in Nordhessen scheinen die Siedlungskammern und auch die einzelnen Siedlungen zumindest teilweise fortbestanden zu haben. Es ist allerdings ebenso augenfällig, dass andere Gräberfelder, etwa diejenigen bei Molzbach „Sandstrauch“ oder Unterbimbach „Lingegrund“, während der Hallstattzeit neu angelegt wurden, wobei sich in ihrem Umfeld auch ältere Bestattungsplätze befinden[16].

Mit dem Beginn der Eisenzeit setzten erneut Veränderungen im Grabbrauch ein. Allerdings blieb die

2 Osthessen. Rekonstruiertes Grab aus Künzell „Lanneshof“ im Vonderau Museum Fulda (Foto: Z. Jez).

Brandbestattung in Osthessen weiterhin die dominierende Bestattungsart. Gerne wurden jedoch alte Grabhügel der Mittelbronzezeit, vereinzelt sogar noch des Neolithikums für Nachbestattungen genutzt. Daneben wurde nun jedoch ebenfalls wieder die Sitte der Körperbestattung praktiziert und zwar in Flach- oder Hügelgräbern.

Drei Körperflachgräber wurden bei Großenlüder-Unterbimbach „Lingegrund“ freigelegt[17]. In ihnen fanden sich jeweils ein scharflappiger Wendelring und zwei Sätze Steigbügelarmringe (Abb. 5). Daneben kamen teilweise noch Fibeln und Bernstein-

3 Osthessen. Grabbeigaben aus Grab 1 in Grabhügel 1 von Großenlüder „Finkenberg“ (Foto: Z. Jez).

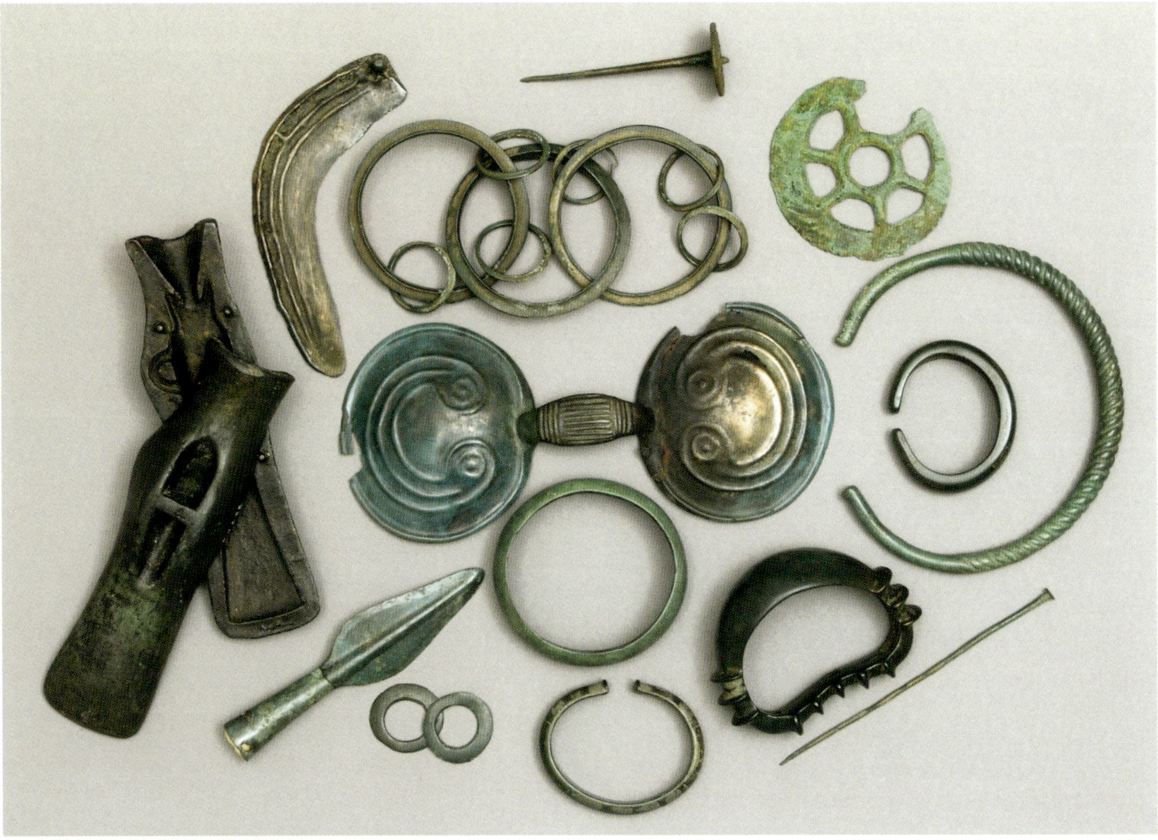

4 Osthessen. Auswahl von Fundstücken aus den Depots von Fulda-Haimbach „Haimberg" (Foto: Z. Jez).

perlen zutage. Weitere Steigbügelarmringe aus dem Umfeld deuten auf mindestens eine zusätzliche Körperbestattung mit entsprechender Ausstattung hin. Obwohl Gräber mit vergleichbarem Ausstattungsmuster zwischen Nordhessen und dem Grabfeld auftreten, sind sie in Osthessen nicht weit verbreitet. Lediglich bei Burghaun-Hünhan und Hünfeld wurden zwei weitere Wendelringe als Einzelfunde entdeckt, von denen jedoch nur das Exemplar aus Hünhan scharflappig war. Es muss dabei offen bleiben, ob es sich bei den Trägern dieser Halsringe um Angehörige einer lokalen Elite oder um Einwanderer handelte, die vielleicht ihre Bestattungssitten beibehielten.

Bei seinen Untersuchungen zum Gräberfeld bei Hünfeld-Molzbach „Sandstrauch" konnte H. Hahn anhand der Grabgefäße sowie des Grabbrauchs verschiedene Kultureinflüsse nachweisen. Dazu gehören solche der Koberstadter Kultur, der Nordostbayerischen Kultur sowie der Niederhessischen und der Thüringischen Hallstattkultur. Dabei kristallisierten sich jedoch auch eigenständige Kulturerscheinungen heraus. So finden sich zwar Gefäßformen, die in Nordostbayern beheimatet sind; allerdings wurden sie in Osthessen weiterhin für Brandbestattungen verwendet, während die Bevölkerung in Nordostbayern wieder zur Körperbestattung zurückgekehrt

5 Osthessen. Beigaben aus Grab 1 von Großenlüder-Unterbimbach „Lingegrund" (Foto: Z. Jez).

war[18]. Inwieweit das Auftreten neuer Elemente im Sachgut auch auf Bevölkerungsverschiebungen hindeutet, ist schwer einzuschätzen. Die weitgehende Beibehaltung der Brandbestattung legt jedoch ein Fortbestehen des vorrangegangenen Bevölkerungssubstrats nahe.

Es wird also deutlich, dass während der Hallstattzeit in Osthessen selbst bei so zentralen Bräuchen wie den Bestattungsriten keine festgelegten Normen existierten. Wir können somit von einer Gesellschaft ausgehen, die für neue Entwicklungen offen war. Demnach gab es auch keine oder allenfalls schwach entwickelte Hierarchien, welche die Einhaltung bestimmter Handlungen determinierten und überwachten. Anders als in der süddeutschen Hallstattkultur konnten in Osthessen bisher auch keine herausgehobenen Gräber nachgewiesen werden. Kammergräber mit Wagen, wie sie noch in Großeibstadt (Lkr. Rhön-Grabfeld) im bayerischen Abschnitt des Grabfelds vorkommen, sind in Osthessen zumindest bisher unbekannt[19].

Auch die Siedlungsplätze der Hallstattzeit geben bisher allenfalls Hinweise auf Ansätze hierarchischer Strukturen. So wurde eines der Gehöfte der hallstattzeitlichen Siedlung von Hünfeld-Mackenzell durch eine Umzäunung von den übrigen abgegrenzt[20] (Abb. 6). Auch die Bergkuppen wurden wie in der Urnenfelderzeit weiterhin besiedelt, allerdings kann ein deutlich stärkeres Ausgreifen der Besiedlung in die Rhön hinein ab der Eisenzeit festgestellt werden. So stammen hallstattzeitliche Scherben von der Kuppe des Wisselsbergs bei Hünfeld-Malges, wobei dort bisher keine Befestigungsanlagen nachgewiesen werden konnten.

Besonders interessant ist hingegen die eisenzeitliche Besiedlung auf der Milseburg, die ab der mittleren Späthallstattzeit (Ha D2) nachweisbar ist. Da die Milseburg bereits in der Urnenfelderzeit besiedelt war, ist eine kontinuierliche Belegung zwar nicht ausgeschlossen, nach heutigem Forschungsstand aber auch nicht belegbar. Es fällt jedoch generell auf, dass die in der Urnenfelderzeit besiedelten bzw. befestigen Höhen oftmals auch während der Eisenzeit besiedelt waren, was beispielsweise im Fall des Glaubergs bei Glauburg-Glauberg nahe Büdingen und des Dünsbergs bei Biebertal-Fellingshausen unweit von Gießen festgestellt werden konnte[21]. Dies kann ursächlich aber ebenso auf die gleichbleibend hohe Bedeutung bestimmter Siedlungskammern oder Verkehrswege zurückgehen.

Auf der Milseburg ist die früheisenzeitliche Besiedlung u. a. durch eine Paukenfibel und eine gekröpfte Nadel belegt (Abb. 7A – B). Gekröpfte Nadeln sind im Mittelgebirgsraum zwischen Hunsrück/Eifel und Thüringen sowie in Teilen Norddeutschlands verbreitet, während die Paukenfibeln vor allem nach Süden in Richtung Franken und Oberpfalz verweisen[22]. Die Paukenfibel von der Milseburg wurde im äußersten Nordwesten des Verbreitungsraumes dieses Typs angetroffen und kann sicherlich als Importstück angesehen werden. Schon diese beiden Stücke zeigen, dass die Milseburg während der Hallstattzeit im Schnittpunkt Nord-Süd- sowie Ost-West-gerichteter Kontaktströme lag.

Die Besiedlung der Höhenbefestigung konzentrierte sich zu dieser Zeit vor allem auf dem nach Westen hin abfallenden Hang unterhalb des Gipfels. Dieser Bereich weist aufgrund steil abfallender Felswände und Blockschutthalden einen natürlichen Schutz auf, sodass die Milseburg trotz bisher nicht gesicherter künstlicher Befestigungsanlagen sicherlich zu den hallstattzeitlichen Burgen gezählt werden darf. In diesem Bereich wurde bei Ausgrabungen in den Jahren 2014 und 2015 ein Podium mit zahlreichen Siedlungsspuren freigelegt. Umfangreiche Funde belegen hier eine Nutzung von der Späthallstattzeit bis zur Spätlatènezeit[23]. Spätestens ab der Späthallstatt-/Frühlatènezeit erfolgte ein Ausgreifen der Besiedlung auf den östlichen Bergfuß. So kamen 2003/04 bei Ausgrabungen im

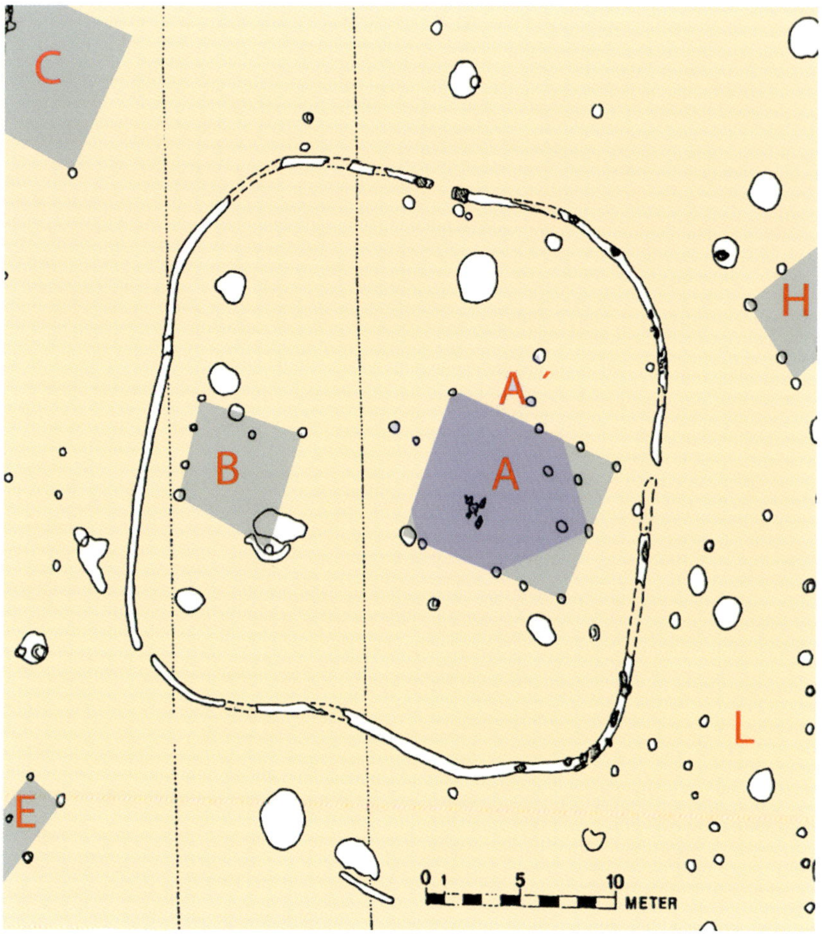

6 Osthessen. Ausschnitt aus dem Befundplan der eisenzeitlichen Siedlung von Hünfeld-Mackenzell (Umzeichnung: A. Janas).

7 Osthessen. Milseburg bei Hofbieber-Danzwiesen. (A) Paukenfibel aus Bronze; (B) einfach gekröpfte Nadel aus Eisen (Fotos: [A] D. Bley; [B] F. Verse).

Bereich des Ostwalls der Milseburg Fundstücke aus dieser Periode zum Vorschein[24]. Jedoch sind auch für diesen Zeitabschnitt noch keine künstlichen Befestigungsspuren nachweisbar.

Keramikfunde und Trachtbestandteile, darunter ein Armring mit abgesetzten Enden sowie Glasarmringfragmente, legen eine kontinuierliche Belegung der Anlage während der Früh- und Mittellatènezeit nahe. Besonders während der Frühlatènezeit erlebte das weitere Umfeld der Milseburg eine kulturelle Blüte. Davon zeugen z. B. die keltische Schnabelkanne von Borsch (Stadt Geisa, Wartburgkreis), die Maskenfibel von Ostheim v. d. Rhön (Lkr. Rhön-Grabfeld) oder der Halsreif mit Gesichtsdarstellung von Petersberg-Stöckels (Stadt Fulda) „Schoppeneller"[25] (Abb. 8). Letzterer gehört zu einem kleinen Flachgräberfeld mit fünf Körperbestattungen, das in Sichtweite zur Milseburg liegt. Vier Bestattungen enthielten bronzene Torquesringe. Damit gehört die betreffende Grabgruppe ähnlich wie das oben erwähnte hallstattzeitliche Gräberfeld von Unterbimbach „Lingegrund" zu den herausgehobenen Bestattungsplätzen seiner Zeit in Osthessen. Aufgrund des Ringschmucks ist es wahrscheinlich, wenn auch nicht sicher, hier einen Bestattungsplatz einer heimischen Elite zu vermuten.

Einiges deutet darauf hin, dass Osthessen am Ende der älteren Eisenzeit Teil einer eigenständigen Regionalgruppe war, die sich räumlich treffend anhand der bereits von G. Jacobi vorgestellten Gruppe von Tutulusnadeln des Typs Osthessen-Thüringen umschreiben lässt[26]. Auch die Halsringe mit Petschaftenden deuten zumindest auf eine lokale Werkstatt in diesem Umfeld hin[27]. Etwa gleichzeitig, also am Ende der Frühlatène- und zu Beginn der Mittellatènezeit, formierten sich auch andernorts neue Regionalgruppen[28].

8 Osthessen. Halsring aus Skelettgrab I von Petersberg-Stöckels (Fotos: D. Bley).

Die Milseburg war während der älteren Eisenzeit, die in diesem Fall die Hallstatt- und Frühlatènezeit umfasst, sicherlich ein bedeutender Zentralort der Region mit weitreichenden Kontakten; eine eindeutige Vorrangstellung innerhalb eines größeren Raumes während dieser Periode kann diesem allerdings nicht eingeräumt werden. Leider sind die meisten Befestigungsanlagen und Höhensiedlungen der Region nicht datiert. Ihre Anzahl scheint aber im Vergleich zur Urnenfelderzeit zugenommen zu haben. Mit Blick auf den Landkreis Fulda ist noch der Heidenküppel bei Großenlüder-Oberbimbach zu nennen, während im thüringischen Wartburgkreis der Öchsenberg bei Sünna sicherlich von zentraler Bedeutung war[29].

Betrachtet man die ältere Eisenzeit in Osthessen, so scheint die Region über eine recht heterogene kulturelle Prägung verfügt zu haben, was entweder auf schwach ausgeprägte Hierarchien oder auf ein Desinteresse, solche im Grabbrauch wiederzugeben, zurückzuführen sein könnte. Gleichzeitig kam es zur Errichtung erster Befestigungsanlagen, die jedoch untereinander keine ausgeprägten Unterschiede aufweisen. Die Milseburg zählte jedoch bereits zu dieser Zeit zu den herausgehobenen Orten der Region.

Im Zuge bzw. infolge der keltischen Wanderungen des 4. und frühen 3. Jahrhunderts v. Chr. kam es zu massiven Umgestaltungen des keltischen Kulturraums nördlich der Alpen. Die befestigten Siedlungen waren im Vergleich zu den älteren wesentlich weiträumiger und erhielten in Form der Oppida einen stadtartigen Charakter. Quellen wurden vermehrt durch Annexe in die nun aufwendigeren Befestigungswerke miteinbezogen und die Toranlagen stärker gesichert, wie etwa an den Zangentoren deutlich wird. Es ist wahrscheinlich, dass es sich hierbei um einen Reflex auf neu erworbene Belagerungstechniken und die Führung größerer Kriegerverbände handelt. Diese Kenntnisse hatten sich die Kelten bei den Kämpfen im Mittelmeerraum zwangsläufig aneignen müssen, um dort zu bestehen. Nun sollten sie auch nördlich der Alpen umgesetzt werden.

Die Milseburg wurde daraufhin in mehreren Etappen erweitert[30] (Abb. 9). Am Ostfuß wurde zunächst eine große Mauer errichtet, die man dann im Süden durch zwei Annexe erweiterte, um Quell- bzw. Feuchtgebiete in die Befestigung einzubeziehen. Außerdem konnte durch die Auswertung von LiDAR-Scans nachgewiesen werden, dass der Ostwall auch noch nach Norden bis an einen schluchtartigen Taleinschnitt herangeführt wurde. Erst durch diese Erweiterung versperrte man einen möglichen Zugang entlang der Nordseite zum Westfuß der Milseburg. Somit können die kürzlich mittels LiDAR-Scan am Westfuß der Milseburg entdeckten Befestigungsanlagen erst nach dieser

Erweiterung errichtet worden sein. Auch wenn die einzelnen Komponenten nicht genau datiert werden können, so zeigt sich doch ein mehrstufiger Ausbau der Befestigungsanlagen, die in der Spätlatènezeit eine Gesamtfläche von circa 45 ha umschlossen. Die Milseburg wies nun zumindest oppidaartigen Charakter auf und kann allein aufgrund Ihrer Ausdehnung als der Zentralort der Rhön bezeichnet werden. Das Fundmaterial verweist ebenfalls in diese Richtung. Neben großen Mengen von Keramik belegen zahlreiche Metallfunde die Ausübung verschiedener Handwerke, darunter Landwirtschaft sowie Holz- und Metallverarbeitung. Dazu kommt noch Hauswerk wie Spinnen, Weben und Lebensmittelverarbeitung. Des Weiteren wurden Lanzen und Schwerter bzw. Schwertfragmente gefunden, die auf kriegerische Tätigkeiten schließen lassen. Trachtbestandteile wie Fragmente eines Lochgürtelhakens oder einer Fibel der Var. Beltz J (Abb. 10) belegen eine Besiedlung bis mindestens in die Stufe Latène D1, vielleicht sogar noch bis zum Übergang nach Latène D2. Das Verbreitungsbild des Fundmaterials weist die Milseburg als wichtigen Schnittpunkt mehrer Handels- bzw. Verteilungswege aus. Dabei stellt sie eine wichtige „Relaisstation“ zwischen dem keltisch geprägten Süden, der Mittelgebirgszone sowie dem norddeutschen Tiefland dar.

Auch das Umfeld kann als weitgehend erschlossen gelten. Die Funde von landwirtschaftlichem Gerät lassen den Ausgangspunkt der Bewirtschaftung des näheren Umfelds auf der Milseburg selbst vermuten. Obgleich nur wenige Kenntnisse über die unbefestigten Siedlungen vorhanden sind, belegen doch allein die zeitgleichen Befestigungsanlagen der Region eine weitgehende Erschließung. Dabei kann diesen jedoch nicht zwangsläufig ein ausschließlicher Charakter als Wohn- und Arbeitsort zugewiesen werden. So wurden auf dem Habelberg bei Tann, der sich unweit der Milseburg über dem Ulstertal erhebt, zwei eiserne Schwerter gefunden, die beide noch in ihren eisernen Scheiden steckten[31]. Da eines sogar verbogen war, spricht einiges für die Existenz eines Kultplatzes an dieser Stelle.

Die hier in einem kurzen Überblick nachskizzierte Entwicklung im Umfeld der Milseburg während der Bronze- und Eisenzeit muss zwangsläufig als Momentaufnahme angesehen werden. Noch immer wissen wir zu wenig über die vorgeschichtlichen Kulturen, um bereits ein endgültiges Bild entwerfen zu können. Zudem erweist sich die Nachweisbarkeit von Wanderungsbewegungen auf rein archäologischer Basis mitunter als schwierig[32]. Dennoch lässt sich ein grobes Bild von den bevölkerungsdynamischen und gesellschaftlichen Abläufen im Umfeld der Milseburg entwerfen.

Nach einer stabilen Phase während der Mittelbronzezeit, während der sich unterhalb der Milseburg bei Langenbieber eine kleine Siedlungskammer ausbildete, kam es während der Urnenfelderzeit zu größeren Umwälzungen, die mit Bevölkerungs-

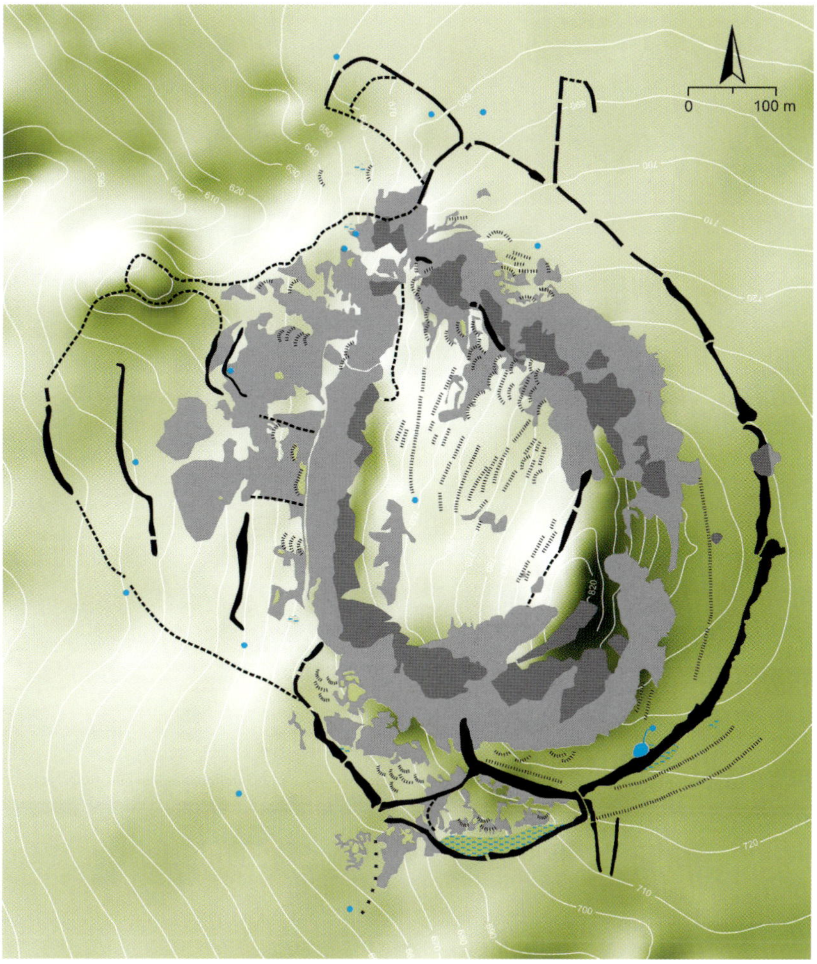

9 Osthessen. Plan der Befestigungsanlagen von der Milseburg bei Hofbieber-Danzwiesen (Grafik: U. Söder/M. Zeiler).

verschiebungen einhergingen. Die dadurch angestoßene kulturelle Zersplitterung bzw. Vielfalt in der Region setzte sich auch in der nachfolgenden Hallstattzeit fort. Es lassen sich einige schwache Ansätze gesellschaftlicher Hierarchisierung beobachten, die aber weit hinter diesbezüglichen Erscheinungen der süddeutschen Hallstattkultur zurückbleiben. In Osthessen stellt die Milseburg die bisher einzige gesicherte hallstattzeitliche Befestigungsanlage dar.

Während der Frühlatènezeit war Osthessen integraler Bestandteil der Latènekultur. Es kam zur Ausbildung einer eigenständigen Regionalgruppe, die Osthessen und das anschließende westliche Thüringen umfasste. Im Zentrum dieser Gruppe lag bereits damals die Milseburg, der jedoch gegenwärtig keine eindeutige Vorrangstellung gegenüber anderen zeitgleichen Befestigungsanlagen der Region beigemessen werden kann. Dies änderte sich nachweislich erst während der ausgehenden Mittel- und der Spätlatènezeit, als die Milseburg die große Zentralsiedlung der Rhön war. Sie kann vielleicht als Mittelpunkt eines Stammesgebietes angesehen werden, dessen erste Formierung bereits während der Frühlatènezeit begann.

Wie keine andere Befestigungsanlage Hessens bildete die Milseburg von der Urnenfelder- bis zur Spätlatènezeit einen bedeutenden Siedlungsmittelpunkt. Trotz oder gerade wegen ihrer wechselvollen Entwicklung ist sie ein überragender Indikator für

10 Osthessen. Milseburg bei Hofbieber-Danzwiesen. (A) Fragment eines Lochgürtelhakens; (B) Bügel einer Fibel vom Typ Beltz Var. J (Fotos: D. Bley).

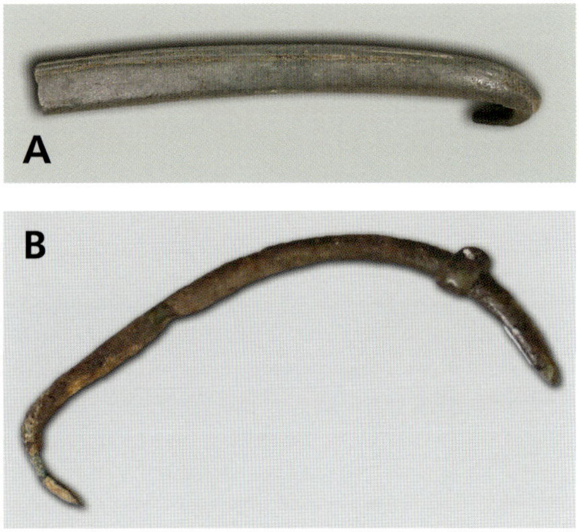

die gesellschaftliche und kulturelle Entwicklung während dieser Periode, der weit über Osthessen hinausstrahlte.

Anmerkungen

1 G. Weber, Händler, Krieger, Bronzegießer. Bronzezeit in Nordhessen. Vor- u. Frühgesch. Hess. Landesmus. Kassel 3 (Kassel 1992) 70 ff. – A. Jockenhövel, Die Bronzezeit. In: A. Jockenhövel/F.-R. Herrmann, Die Vorgeschichte Hessens (Stuttgart 1990) 195–243 bes. 209 ff. – I. Görner, Bestattungssitten der Hügelgräberbronzezeit in Nord- und Osthessen. Marburger Stud. Vor- u. Frühgesch. 20 (Rahden/Westf. 2002) 260 ff. (mit älterer Lit.).

2 Ebd. 325 ff.

3 Ebd. 349 ff. – A. Jockenhövel, Räumliche Mobilität von Personen in der Mittleren Bronzezeit des westlichen Mitteleuropa. Germania 69, 1991, 49–62. – F. Holste/W. Jorns, Der Grabhügel von Molzbach. Germania 19, 1935, 4–12.

4 Ch. Éluère, Die Götterwelt der Bronzezeit. In: K. Demakopulu/P. Kruse (Hrsg.), Götter und Helden der Bronzezeit. Europa im Zeitalter des Odysseus. 25. Ausstellung des Europarats (Kopenhagen, Bonn, Paris, Athen 1999) 132–136 bes. 134 f.

5 Weber (Anm. 1) 102 ff. – Jockenhövel (Anm. 1) 220 ff.

6 J. Vonderau, Das Gräberfeld bei dem Lanneshof im Kreise Fulda. Veröff. Fuldaer Geschver. (Fulda 1909).

7 U. Söder/M. Zeiler, Die Milseburg. Oppida Celtica 1 (Marburg 2012) 76 Abb. 42.

8 F. Verse/Th. Grasselt, Nördliche Rhön. Auf alten Wegen durch die Vor- und Frühgeschichte (Wiebelsheim 2014) 108 Abb. 97. – Ortsakten der hA, Außenstelle Marburg.

9 H. Gies, Zur Geologie des Großenlüderer Grabens und Geschichte seiner Mineralquellen. Beitr. Naturkde. Osthessen 46 (Fulda 2008).

10 Görner (Anm. 1) 338 ff.

11 M. Müller, Die vorgeschichtliche Besiedlung des Kreises Fulda (Osthessen). Ungedr. Diss. Goethe-Univ. Frankfurt a. M. 1989. – E. Jaspersen/F. Verse/M. Wingenfeld, Neue Ausgrabungen auf dem bronze- und eisenzeitlichen Gräberfeld bei Fulda–Maberzell-Trätzhof. Hessen-Arch. 2011 (2012) 57–60.

12 Vonderau (Anm. 6).

13 J. Vonderau, Denkmäler aus vor- und frühgeschichtlicher Zeit im Fuldaer Lande. Veröff. Fuldaer Geschver. 21 (Fulda 1931) 105 f. – M. Müller, Bemerkungen zu den Grabformen und Bestattungssitten auf dem urnenfelderzeitlichen Friedhof vom Finkenberg bei Oberbimbach (Kr. Fulda). Fuldaer Geschbl. 60, 1984, 25–48. – Jockenhövel (Anm. 1) 235.

14 S. Hansen, Studien zu den Metalldeponierungen während der Urnenfelderzeit im Rhein-Main-Gebiet. Univforsch. Prähist. Arch. 5 (Bonn 1991). – J. Vonderau, Wichtige Bronzefunde am Haimberg bei Fulda. Fuldaer Geschbl. 16, 1922, 81–85.

15 Müller (Anm. 13). – Jaspersen/Verse/Wingenfeld (Anm. 11).

16 H. Hahn, Die vorgeschichtlichen Funde und Denkmäler im Stadtgebiet Hünfeld. In: Hünfeld – 1200 Jahre Campus Unofelt – 10 Jahre Großgemeinde. Hrsg. von Magistrat der Stadt Hünfeld (Nüsttal-Hofaschenbach 1982) 19–90 bes. 34 ff. 51 ff.

17 Vonderau (Anm. 13) 135. – Müller (Anm. 11). – F. Verse, Keltische Kunst in Osthessen? In: A. Sorbello Staub/B. Jäger/Th. Heiler/M. Imhof (Hrsg.), Fulda in den Künsten [Festschr. G. K. Stasch] (Petersberg 2014) 17–25 bes. 18 f. Abb. 1.

18 Hahn (Anm. 16) 34 ff.

19 G. Kossack, Kammergräber der Hallstattzeit bei Großeibstadt (Unterfranken). In: Neue Ausgrabungen in Deutschland (Berlin 1958) 121–126. – L. Wamser, Wagengräber der Hallstattzeit in Franken. Frankenland N. F. 33, 1981, 225–262 bes. 227 ff.

20 A. Thiedmann, Der Keltenhof von Mackenzell. Vorgeschichtliche Siedlung am vorderen Haugraben und Rekonstruktion eines Gehöfts der Eisenzeit bei Hünfeld, Landkreis Fulda. Mit einem Beitrag von A. Kreuz. Arch. Denkmäler Hessen 169 (Wiesbaden 2007).

21 F.-R. Herrmann, Der Dünsberg bei Gießen. Führungsblatt zu dem keltischen Oppidum bei Biebertal-Fellingshausen, Kreis Gießen. Arch. Denkmäler Hessen 60 (Wiesbaden 1986). – H. Baitinger, Der Glauberg – ein Fürstensitz der Späthallstatt-/Frühlatènezeit in Hessen. Mat. Vor- u. Frühgesch. Hessen 26 = Glauberg-Stud. 1 (Wiesbaden 2010) 40 ff.

22 P. Ettel, Aufnahme der italischen Fibelmode in der älteren Eisenzeit nordwärts der Alpen und Italisches in Thüringen. In: Festschrift 75 Jahre Steinsburgmuseum. Alt-Thüringen 38, 2005, 119–142 bes. Abb. 7. – R. Heynowski, Eisenzeitlicher Trachtschmuck der Mittelgebirgszone zwischen Rhein und Thüringer Becken. Arch. Schr. Inst. Vor- u. Frühgesch. Johannes Gutenberg-Univ. Mainz 1 (Mainz 1992) 104.

23 U. Söder/F. Verse, Die Milseburg in der Rhön, immer für eine Überraschung gut. Hessen-Arch. 2014 (2015) 64–67.

24 Söder/Zeiler (Anm. 7) 82 ff.

25 Zuletzt: F. Verse, Vorgeschichtliche Besiedlung der Rhön. In: Th. Heiler/U. Lange/G. Stasch/F. Verse (Hrsg.), Die Rhön. Geschichte einer Landschaft. Katalog (Petersberg 2015) 63–127 bes. 77 ff. Kat.-Nr. 33 (Verse); Kat.-Nr. 35; 39 (Ettel/Kula/Przemuß).

26 G. Jacobi, Frühlatènezeitliche Tutulusnadeln vom Dünsberg. In: O.-H. Frey (Hrsg.), Marburger Beträge zur Archäologie der Kelten [Festschr. W. Dehn]. Fundber. Hessen, Beih. 1 (Bonn 1969) 69–84.

27 Th. Voigt, Latènezeitliche Halsringe mit Schälchenenden zwischen Weser und Oder. Jahresschr. Mitteldt. Vorgesch. 52, 1968, 143–232. – Verse (Anm. 17) 20 f. Abb. 5–6. – Ders. (Anm. 25) 77 ff. Kat.-Nr. 33 (Verse); Kat.-Nr. 36 (Ettel/Kula/Przemuß); Kat.-Nr. 38 (Verse).

28 S. Schade-Lindig/F. Verse, Latènezeitliche Siedlungsstrukturen zwischen Lahn und Sieg. In: S. Hornung (Hrsg.), Produktion – Distribution – Ökonomie. Siedlungs- und Wirtschaftsmuster der Latènezeit. Akten Internationales Kolloquium Otzenhausen, 28.–30. Oktober 2011. Univforsch. Prähist. Arch. 258 (Bonn 2014) 319–340 bes. 322 ff.

29 Zuletzt: Verse/Grasselt (Anm. 8) 193; 196.

30 Ch. Salzmann/U. Söder/M. Zeiler, Prospektion von Bodendenkmälern mithilfe digitaler Geländemodelle. Arch. Korrbl. 43, 2013, 509–522.

31 Verse (Anm. 17) 21 f. Abb. 8; 9. – Ders. (Anm. 25) Kat.-Nr. 59.

32 z. B. St. Burmeister, Migration und ihre archäologische Nachweisbarkeit. Arch. Inf. 19, 1996, 13–21. – R. Prien, Archäologie und Migration. Vergleichende Studien zur archäologischen Nachweisbarkeit von Wanderungsbewegungen. Univforsch. Prähist. Arch. 120 (Bonn 2005).

Zwischen Raps und Rüben – erste Metallfunde von einem vorgeschichtlichen Siedlungsplatz in Nordhessen

Andreas Thiedmann

Lateinische Weisheiten zu befolgen, war dem Jubilar als beinahe gebürtigem Provinzial-Römer vermutlich bereits in die wissenschaftliche Wiege gelegt worden. Dass er dies auch in seinen letzten Berufsjahren noch beherzigte, zeigte sich im Umgang mit dem denkmalpflegerisch akuten Problem der zunehmenden „Metallsondengängerei". „*Divide et impera*" könnte man dieses Kapitel der landesarchäologischen Alltagspraxis überschreiben. Ziel der pragmatischen Neuausrichtung des Hauses unter seiner Ägide nach Jahren des (mehr oder weniger konsequenten) Ignorierens der einschlägigen Protagonisten im Lande und der Abschottung gegen die außerhalb der professionellen Archäologie tätigen „Sondler" war die Aufteilung dieser insgesamt doch sehr heterogenen Personengruppe in einerseits die „Guten" (die im Töpfchen) und anderseits die „Schlechten" (die im Kröpfchen), um die eskalierende Situation irgendwie in den Griff zu bekommen. Die Ersteren sind unserem Verständnis nach die Kooperationswilligen, also diejenigen, die mit der Landesarchäologie zusammenarbeiten und in deren Auftrag oder zumindest mit deren Wissen und zur wissenschaftlichen Kenntnismehrung ihrer ehrenamtlichen Betätigung nachgehen wollen; die anderen, Letzteren hingegen sind die Unwilligen und Unbelehrbaren, die ihrem widerrechtlichen Tun weiterhin im Verborgenen zum eigenen Nutzen und gleichzeitigem Schaden der Allgemeinheit (somit widerrechtlich und sittenwidrig) frönen wollen. Erstere seien an die Landesarchäologie zu binden, zu unterstützen und zu fördern, Letztere dagegen ab-

1 Gudensberg, Schwalm-Eder-Kreis. Bronzene Nadel der Urnenfelderzeit, gefunden am Südhang des „Nenkel" zwischen Raps und Rüben (Fotos: H.-J. Vierke)

2 Gudensberg, Schwalm-Eder-Kreis. Die seit 2014 an der Fundstelle „unterm Nenkel" aufgesammelten Metallfunde. Die beiden frühmittelalterlichen Scheibenfibeln rechts können mit der nahe gelegenen Wüstung Ritter-Venne in Verbindung gebracht werden (Foto: R.-J. Braun, hA).

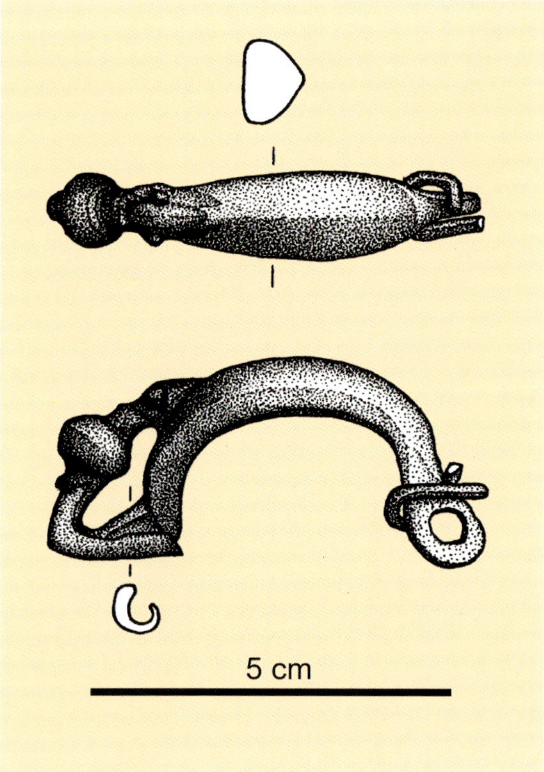

3 Gudensberg, Schwalm-Eder-Kreis. An der massiven Bügelfibel der mittleren Latènezeit fehlt bis auf einen kleinen Rest der Nadelapparat, sonst ist das Stück gut erhalten (Zeichnungen: B. Kaletsch, hA).

und auszugrenzen, von jeglicher Förderung auszuschließen und möglichst strafrechtlich zu verfolgen – so die landesarchäologische Devise!

Die Theorie ist somit zweiteilig und klar, die Realität freilich dagegen wie immer vielschichtiger. Allerdings bleibt unter dem Strich festzuhalten, dass das durchaus pragmatische „hessische Modell" gewisse Erfolge gezeitigt und auch seine Nachahmer gefunden hat. Den bodendenkmalpflegerischen Alltag hat es sicher nicht einfacher gemacht, jedoch wiegt ja bekanntlich der wissenschaftliche Ertrag so manches wieder auf. Davon soll an dieser Stelle zur Freude des zu Ehrenden und zur Erbauung aller übrigen Leser kurz berichtet werden.

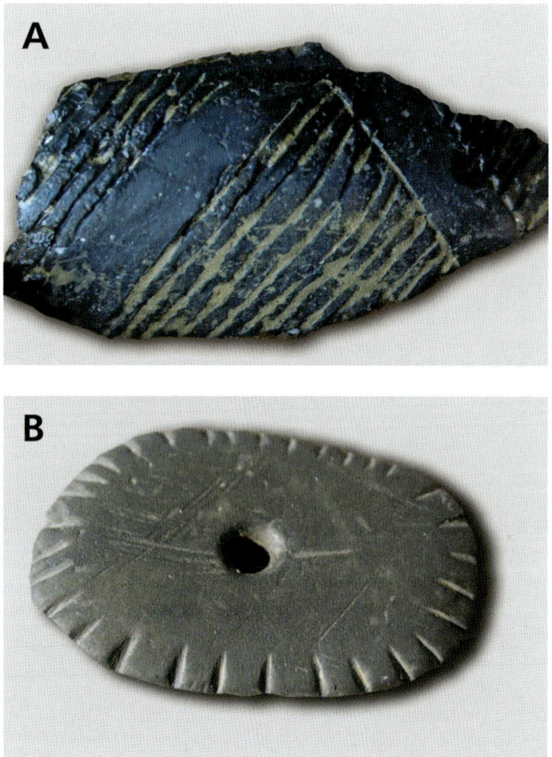

4 Gudensberg, Schwalm-Eder-Kreis. Die Wandscherbe (A) zeigt einen charakteristischen Strichdekor der Mittellatènezeit im Mittelgebirgsraum. Die Steinscheibe (B) aus Schiefer(?) dürfte zu unbekannter Zeit als Schmuckanhänger gedient haben (Fotos: [A] S. Meyer. – [B] R.-J. Braun, hA).

Ein seltener Lesefund als Ausgangspunkt neuer Prospektionen

Die Niederhessische Senke ist als Altsiedellandschaft bekannt und wurde nicht nur seit Jahrtausenden begangen, besiedelt und erschlossen, wovon bis heute ein dichtes Netz archäologischer Fundstellen zeugt, sondern sie ist auch mit einem besonderen landschaftlichen Reiz ausgestattet: Ihre meist steil aufragenden Basaltkegelberge sind weithin sichtbare Landmarken. Heute fast sämtlich mit Wald bedeckt, waren die meisten von ihnen zu diversen vorgeschichtlichen Epochen intensiv bewohnt. Doch die Mehrzahl der Siedlungsplätze unseres Raumes ist natürlich nicht auf den Höhen, sondern in den Tal- oder wenigstens unteren Hanglagen zu finden. So auch im vorliegenden Fall die Siedlungsstelle unter dem „Nenkel".

Von der recht kleinen Kuppe des Basaltkegels „Nenkel" bei Gudensberg (Schwalm-Eder-Kreis) ist ausgerechnet einmal keine Befestigung oder sonst ein Hinweis auf eine dauerhafte Besetzung während der vorgeschichtlichen Epochen bekannt geworden. Unterhalb des Kegels sind rundherum jedoch seit Langem zahlreiche Fundstellen im Ackerland lokalisiert, die eine Fülle an Lesefunden verschiedener Kulturepochen erbracht haben und die daher immer wieder begangen werden. Als Besonderheit ist aus den 1930er-Jahren vom Waldrand, also vom unmittelbaren Fuß des bewaldeten Bergkegels, eine unversehrte römische Tonlampe überliefert, die einst von den Bewohnern eines Dachsbaues ausgewühlt worden war, heute aber leider verschollen ist.

An dem hier in Rede stehenden Platz am sanft geneigten Mittelhang unterhalb der bewaldeten steil aufragenden Kuppe wurden bis vor Kurzem neben wenigen (neolithischen?) Steinartefakten, darunter auch ein bemerkenswert gut erhaltener Mahlstein, vornehmlich Scherben der vorrömischen Eisenzeit in solcher Fülle gefunden, dass die Charakterisierung dieser Fundstelle als Siedlungsplatz gerechtfertigt scheint. Zudem befindet sich heute noch eine feuchte Stelle im Acker, die auf älteren Karten als Quellmulde mit ablaufendem Gerinne verzeichnet ist und welche die Siedlungsgunst dieser Südhanglage, zudem auf guten Böden, noch unterstreicht.

Kürzlich nun fand einer der in der Region aktiven, ehrenamtlich mit der Landesarchäologie kooperierenden Feldbegeher – ohne Sonde – zwischen bereits aufgelaufenen Rapspflänzchen eine bronzene Gewandnadel (Abb. 1). Das Stück ist zwar verbogen, aber vollständig erhalten, wenn auch an der Oberfläche leicht angegriffen. Es misst in der Länge 134 mm bei einer Stärke von 3 mm im Mittelteil des rundstabigen Schaftes. Dessen oberes Ende trägt als Dekor zehn umlaufende Wulstrillen un-

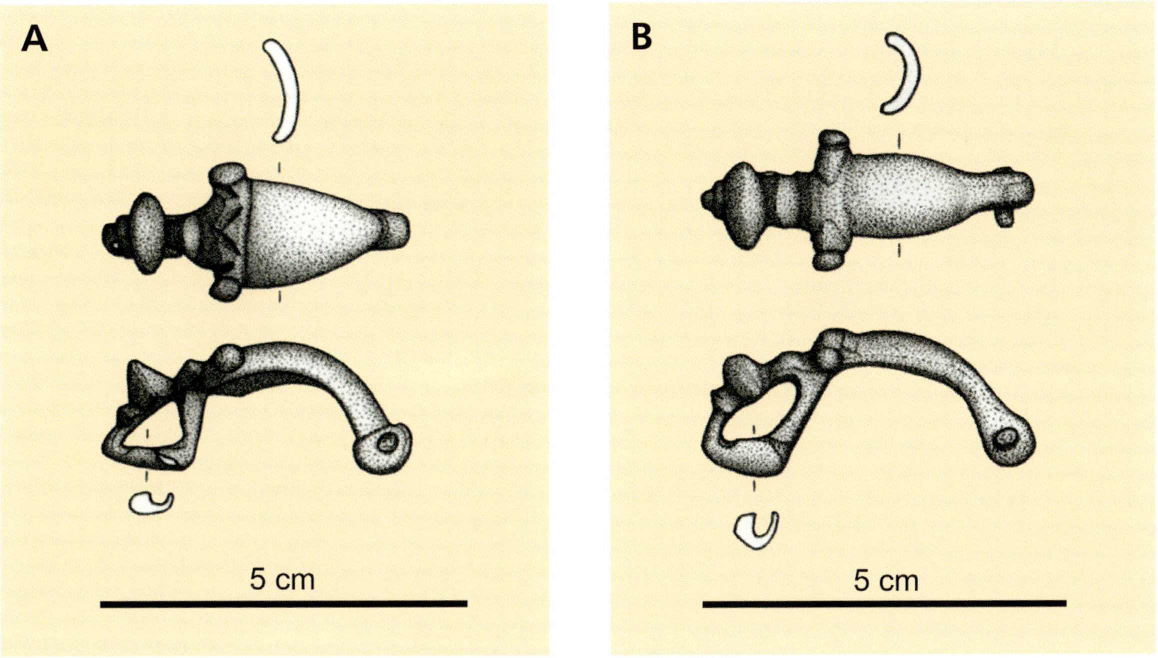

5 Gudensberg, Schwalm-Eder-Kreis. Die beiden Bügeljochfibeln (A – B) kamen zeitlich und räumlich nahe beieinander zutage (Zeichnungen: B. Kaletsch, hA)

mittelbar unter dem kleinen, flach doppelkonischen Kopf. Damit kann die Nadel wahlweise der Gruppe der „Nadeln mit unverziertem Kopf und kräftiger Linienverzierung am Schaftoberteil" oder derjenigen der „verschiedene[n] Nadeln mit einfach kugeligem bis doppelkonischem Kopf"– beide Gruppen nach W. Kubach – zugewiesen werden[1]. Sie datiert in jedem Fall in die jüngere Urnenfelderzeit. Dieser erste, zudem nicht-eisenzeitliche Metallfund von diesem mutmaßlich mehrperiodigen Siedlungsplatz (Eisenzeit und Neolithikum waren bislang belegt) ließ uns aufhorchen und beförderte unser Ansinnen, hier einmal genauer nachzuschauen. Sollte hier doch eine größere chronologische Tiefe zu fassen sein, die das keramische Material bislang nicht zu erkennen gegeben hatte oder konnte man ein solches schlichtweg nicht identifizieren?

Es bot sich nun an, technisches Gerät und versiertes Personal zu Hilfe zu nehmen, um weitere aussagekräftige Kleinfunde zu detektieren. In der Region hatten sich bereits seit einiger Zeit Personen der „Töpfchen-Kategorie" zusammengefunden, um Ihrer Geschichtsbegeisterung mit dem Ziel der Mehrung wissenschaftlicher Erkenntnis in Kooperation mit der Landesarchäologie tatkräftig, sinnvoll und vor allem rechtmäßig Ausdruck zu verleihen. Die Betreffenden erhielten also den Auftrag, das Terrain zu „sondieren" – mit und ohne technische Hilfsmittel – und sie wurden fündig. Das verwundert wenig in dieser alten Kulturlandschaft, jedoch sind die Funde hinsichtlich Qualität und Zustand bemerkenswert (Abb. 2). Im Folgenden sollen allein die bedeutendsten Metallobjekte vorgeschichtlicher Zeitstellung in aller gebotenen Kürze vorgestellt werden.

Fibeln, Münze, Vasenkopf

Die aufgefundene sog. massive Bügelfibel oder Fußzierfibel wiegt immerhin 27 g bei einer Länge von 55 mm (Abb. 3). Der Nadelapparat fehlt, hier

6 Gudensberg, Schwalm-Eder-Kreis. Der dritte Neufund einer Bügeljochfibel stammt von einer weiteren mehrperiodigen Siedlungsstelle bei Maden (Fotos: H.-J. Vierke).

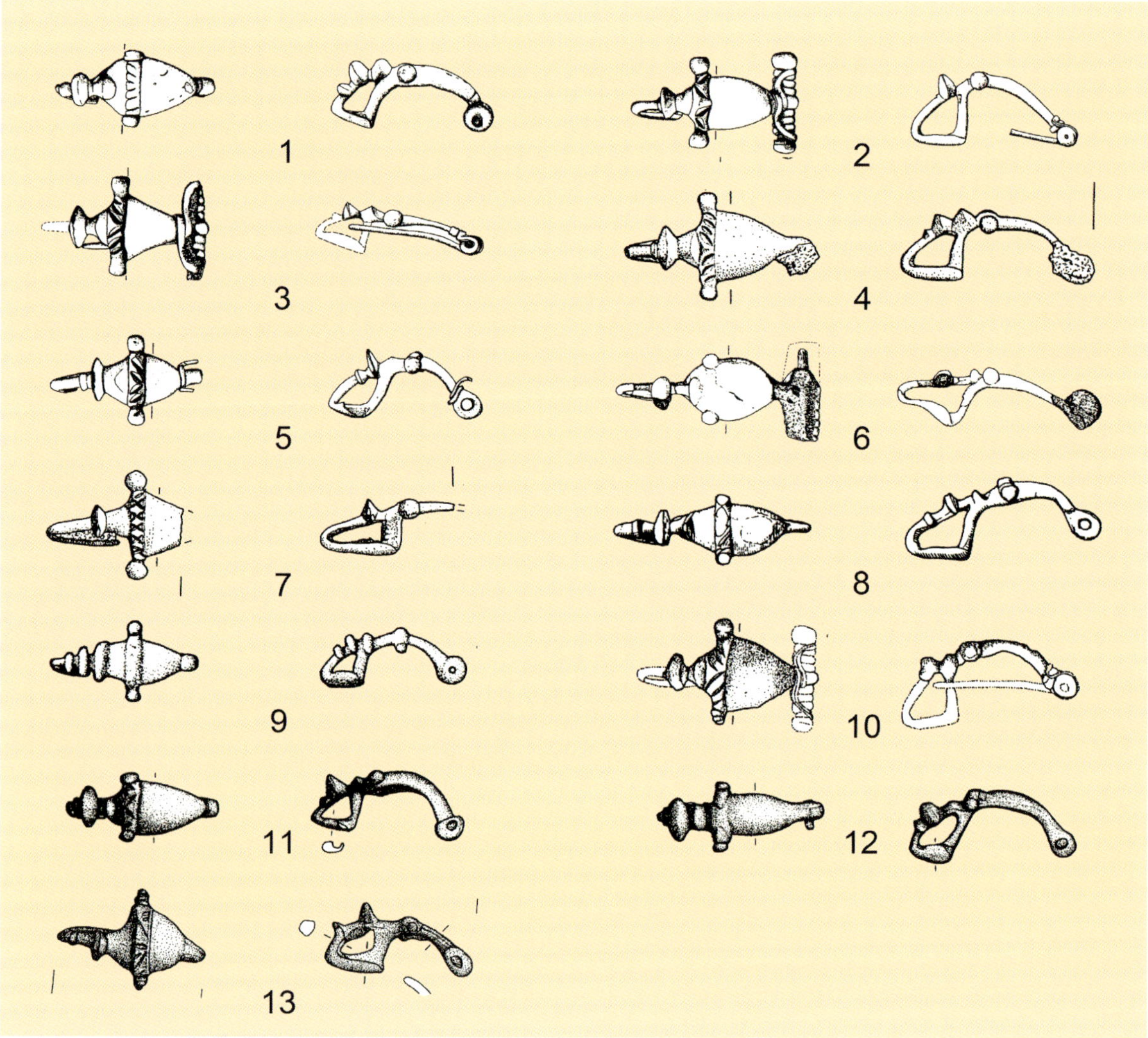

7 Gudensberg, Schwalm-Eder-Kreis. Die inzwischen bekannten Bügeljochfibeln (Fundort- und Urhebernachweis in Anm. 6).

zeugt ein Loch in dem als flache Scheibe ausgearbeiteten Bügelabschluss von einer ehemals durchgesteckten Achse, um welche die Nadelspirale gewunden war. Von diesem Nadelapparat ist lediglich noch die charakteristische einfache Schlinge des Spiraldrahtes um den Bügelkopf vorhanden. Der zum rahmenartigen Fuß nach oben umgeschlagene Bügel ist mehrfach knotig verdickt und endet in einem kleinen, nicht näher identifizierbaren Tierkopf auf dem insgesamt bogenförmigen Bügel. Dieser ist mittig schwellungsartig verdickt, insgesamt massiv dachförmig im Querschnitt und an den Seiten schwach facettiert. Dieser Fibeltyp kommt in einem Gebiet vom Nordrand der Mittelgebirgszone bis weit ins Norddeutsche Tiefland hinein mit Schwerpunkt im Mittelelbe-Havel-Raum vor. Die südlichsten Vertreter sind in Niederhessen und Nordthüringen bekannt. Damit erweist sich die Fibel als ein in verschiedenen Kulturräumen verbreitetes Trachtaccessoire, das, obwohl Stilelemente der Frühlatènekultur aufweisend, aufgrund des Verbreitungsschwerpunktes wohl im Bereich der Jastorfkultur beheimatet zu sein scheint. Die Fibel datiert in die Mittellatènezeit an den Übergang der Stufe Lt B2 nach Lt C1; in ihr findet der in dieser Zeit allgemein feststellbare, sich ausweitende Einfluss der Latènekultur über die Mittelgebirgszone hinaus nach Norden lebhaften Ausdruck[2]. Aus der nordhessischen Nachbarschaft sind drei weitere solcher Fibeln bekannt: vom Heiligenberg bei Gensungen (Schwalm-Eder-Kreis) in Sichtweite unseres Fundplatzes am Ostrand des Waberner Beckens, aus Alheim-Baumbach (Lkr. Hersfeld-Rotenburg) an der Werra und aus Altenritte (Lkr. Kassel) bei Kassel[3]. Mit Blick auf Mittelhessen kennen wir ein weiteres Stück von der Amöneburg (Lkr. Marburg-Biedenkopf) bei Marburg[4]. Dabei wurden die beiden erstgenannten als Lesefunde geborgen, während die übrigen bei Grabungen zutage kamen. Neben unserer massiven Bügelfibel sammelte der Finder gleichzeitig zahlreiche Keramikscherben auf, darunter eine verzierte Wandscherbe, die vom Schulterumbruch einer weiten Schale stammt und das charakteristische Ornament der strichverzierten hessischen Mittelgebirgsware der Mittellatènezeit zeigt, bestehend aus strichgefüllten gegenständigen Dreiecken (Abb. 4A). Ein weiteres nicht-metallisches Fundstück, eine durchlochte und randlich umlaufend gekerbte Steinscheibe, entzieht sich zwar einer engeren Datierung, kann aber aufgrund der doppelkonischen Durchbohrung immerhin als „wohl vorgeschichtlich" eingeschätzt werden. Sie trägt aber in jedem

Fall als interessanter Einzelfund zur Bereicherung des Fundspektrums am Platz bei (Abb. 4B).

Zwei weitere, ebenfalls „gewichtige“ Bronzefibeln wurden von einem anderen Mitglied der Gruppe kurz nacheinander und auch nur unweit voneinander entfernt geborgen. Sie stehen der zuvor genannten Fibel typologisch und chronologisch recht nahe. Es handelt sich um zwei sog. Bügeljochfibeln (Abb. 5), die ihre Benennung dem dominierenden Verzierungselement verdanken – einer plastisch hervortretenden Rippe, die einem Stirnjoch nicht unähnlich quer über dem sich aufwölbenden, breiten und unterseitig meist konkaven Bügel liegt. Die charakteristische Gestaltung des nach oben zu einem offenen Rahmen zurückgebogenen Fußes erinnert stark an die zuvor besprochene massive Bügelfibel, ist aber auch noch bei weiteren Typen plastisch gestalteter Latènefibeln festzustellen.

Diesen Bügeljochfibeln hatte sich zuerst J.-H. Schotten 1988 ausführlicher gewidmet, indem er die ihm damals bekannten sechs Exemplare in eine typologische und – wie er meinte – auch chronologische Entwicklungsreihe ordnete[5]. Zwischenzeitlich erhöhte sich der bekannte Bestand auf zehn Exemplare; unsere beiden Neufunde von Gudensberg machten das Dutzend voll[6]. Doch damit nicht genug: Ganz fundfrisch ist nun das Exemplar Nr. 13 von einer Siedlungsstelle bei Gudensberg-Maden (Abb. 6).

Allen unseren drei neu hinzugekommenen Fibeln ist jeweils der beiderseits des Kopfes mehrfach spiralig um eine eiserne Achse gewundene und dann zur Fußrast hin auslaufende Nadelapparat weitestgehend abhandengekommen. Lediglich rostige Eisenreste in der Lochung des schmal zulaufenden Kopfteils der Fibeln zeugen noch von der ehemals durchgesteckten Achse. Allen Stücken ist der sich zum Fuß hin verbreiternde, sowohl längs als auch quer konkav gewölbte Bügel und der rahmenförmige, oberseitig plastisch gestaltete Fuß gemeinsam. Unterschiede im Detail zeigen sich zum einen in der Breite des Bügels, der beim zuletzt gefundenen Stück dreieckssegelförmig ausgezogen wurde, und zum anderen in der plastischen Fußzier. Letztere fällt zwei- oder dreiteilig aus, wobei immer eine größere, knoten- oder scheibenförmige Verdickung auf der Oberseite mittig angebracht ist, in zwei Fällen flankiert von kleineren Rippen, beim dritten Objekt von nur einem weiteren Scheibenaufsatz. Das eponyme „Joch“ findet sich zwar an allen drei Fibeln, jedoch in deutlich unterschiedlicher Ausprägung: Während es bei einer Fibel nahezu schmucklos und beinahe nur durch die endständigen Knöpfe erkennbar ist, zeigen die beiden anderen auf der einmal schwach, das andere Mal deutlicher plastisch ausgearbeiteten Rippe die charakteristische Kerbzier in gegenläufiger Diagonalstellung, freilich in ganz unterschiedlicher Ausarbeitung. Wir haben hier also drei Ausformungen dieses eigenwilligen Fibeltyps vor uns, zu denen aber jeweils Parallelen unter den anderen zehn Stücken vorliegen (Abb. 7). So steht unser schmuckloses Exemplar vom Nenkel (Abb. 5B) den Funden von Hommertshausen (Lkr. Marburg-Biedenkopf) und Breckenheim (Stadt Wiesbaden) nahe. Das eher sparsam verzierte Stück (Abb. 5A) ist den Fibeln von der Kernstadt Fritzlar, Fritzlar-Holzheim (Schwalm-Eder-Kreis) oder Münchhausen-Christenberg (Lkr. Marburg-Biedenkopf) zur Seite zu stellen, während die Fibeln mit dem dreieckig verbreiterten Bügel und dem stark gekerbten Joch – wie das Madener Stück (Abb. 6) – anscheinend die meisten Vertreter (Gensungen-Heiligenberg [zwei Exemplare], Niedenstein-Altenburg, beide Schwalm-Eder-Kreis, Büren-Ahden, Kreis Paderborn) aufweisen, die einander zudem hinsichtlich der Fußzier stark ähneln. Gerade aufgrund dieser Übereinstimmungen mochte D. Bérenger in den Letztgenannten die Produkte einer einzigen nordhessischen Werkstatt erkennen, was schon Schotten im Fall der beiden Exemplare vom Heiligenberg vermutet hatte[7].

Da praktisch alle Fibeln dieses Typs als Lesefunde, jedenfalls ohne sicher datierbaren Fundkontext, geborgen wurden, kann eine chronologische Ein-

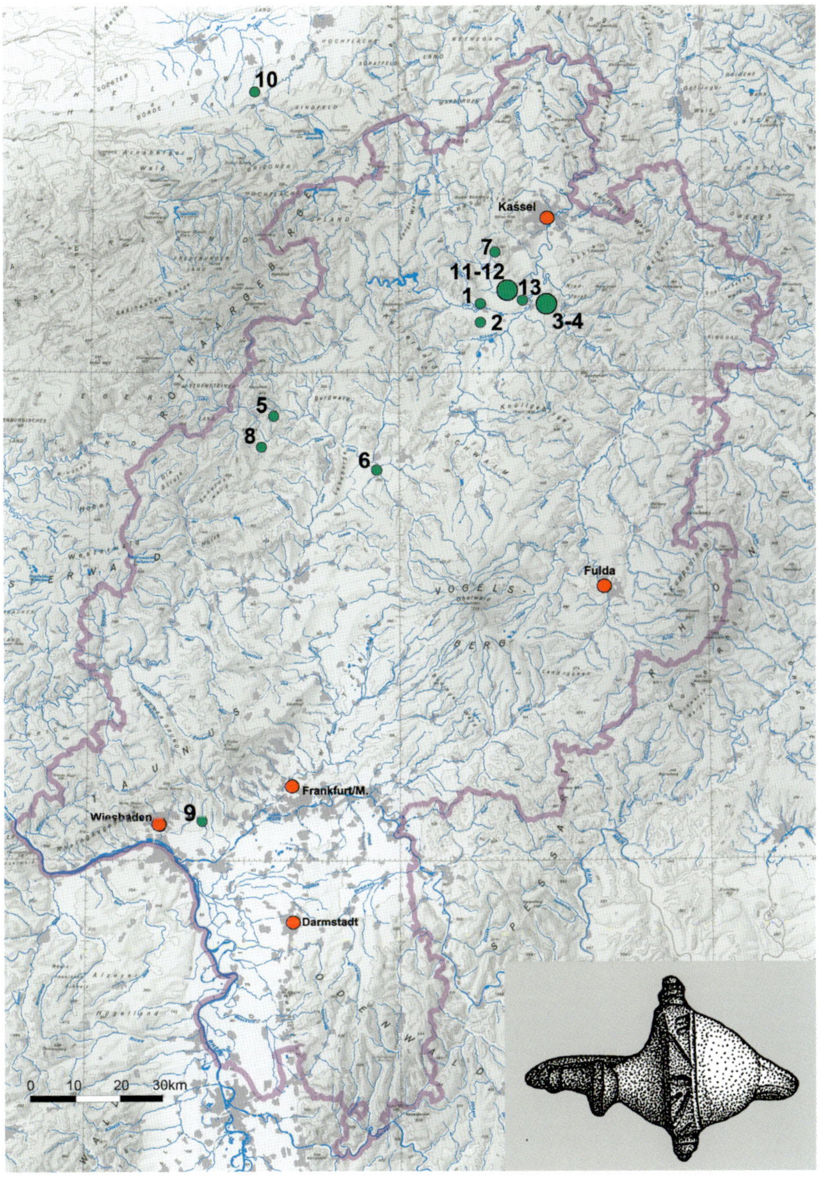

8 Gudensberg, Schwalm-Eder-Kreis. Das Vorkommen der Bügeljochfibeln konzentriert sich im nördlichen Teil des heutigen Bundeslandes Hessen (Fundortnachweis in Anm. 6, große Dreiecke = zwei Exemplare) (Karte: rjm medienservice GmbH, Lampertheim, Grafik: A. Thiedmann, B. Kaletsch, hA).

9 Gudensberg, Schwalm-Eder-Kreis. Der Quinar vom Typ „tanzendes Männlein" erweitert den bisher bekannten Verbreitungsraum dieses spätlatènezeitlichen Münztyps im Lahngebiet und an der Lippe deutlich nach Nordosten (Fotos: R.-J. Braun, hA).

ordnung, wie bereits von Schotten versucht, nur aufgrund typologisch-stilistischer Überlegungen erfolgen. Anzuführen sind hierbei nun als Kriterien die allgemein massive Bügelform, die Spiralkonstruktion mit zahlreichen Windungen, wohl meist mit Sehnenschlinge um den Bügelkopf und durchgesteckter eiserner Achse, sowie besonders der rahmenförmige Fuß, die zweifellos aus dem Spektrum der Frühlatènefibeln herzuleiten sind. So herrscht unter den Bearbeitern denn auch breiter Konsens dahingehend, diese Fibelform an den Übergang von der Früh- zur Mittellatènezeit – also in die Zeit von Stufe Lt B2 nach Lt C1 – zu stellen, womit absolutchronologisch die zweite Hälfte des 3. Jahrhunderts v. Chr. in Betracht kommt[8]. Bemerkenswert bei dieser in ihrem Habitus doch recht eigenwillig erscheinenden Fibelform ist das begrenzte Verbreitungsbild, das sich durch die hier vorgestellten drei Neufunde in Nordhessen nun noch einmal deutlich verdichtet hat (Abb. 8). Dies rechtfertigt möglicherweise den Ruf dieser Fibel als nordhessische „Landrasse".

Münzen aller Couleur gehören wohl zu den häufigsten und begehrtesten Einzelfunden aus Metall, die auf freiem Feld gefunden werden. Ihre Aussagekraft im Hinblick auf eine sichere und halbwegs exakte Datierung ist unbestritten hoch. So sind denn auch in dem hier in Rede stehenden Fundareal Münzen in einiger Zahl zutage getreten, die mehrheitlich historischen Epochen entstammen. Allein eine Silbermünze gehört in die jüngere vorrömische Eisenzeit (Abb. 9). Es handelt sich um eine keltische Prägung, genauer um einen Quinar vom Typ „Tanzendes Männlein" (Scheers 57) der Serie IIIA. Diese Münzen haben in jüngerer Zeit einen gewissen Bekanntheitsgrad erlangt, da sie zum einen verlässlich in die Jahre 45/40–30/25 v. Chr. datiert werden können und zum anderen – und dies als wichtigerer Aspekt – auf dem Oppidum Dünsberg als Leitwährung identifiziert werden konnten. Dort machen sie 50 % des Münzenbestandes aus und es wird angenommen, dass hier auch der (oder einer der) Prägeort(e) liegt[9]. Ein Verbreitungsschwerpunkt der älteren Serien I–IIIA ist unschwer in Mittelhessen im weiteren Lahngebiet zu erkennen, ein weiterer an der Lippe. Mit dem Stichwort „Ubiermodell" wird neuerdings die Hypothese umschrieben, wonach sich mit diesem Münztyp und seiner charakteristischen Verbreitung – einschließlich der der jüngeren Serien IIIB–C westlich des Niederrheins – der historisch bezeugte Stamm der Ubier und seine Wanderungen bzw. dessen Umsiedlungen unter römischer Ägide in den Jahren zwischen dem Erscheinen Caesars am Rhein und dem Beginn der augusteischen Okkupationsphase verbinden ließen. Jedenfalls erweitert unsere Münze den bisher bekannten Verbreitungsraum der „tanzenden Männlein" deutlich nach Nordosten in die Niederhessische Senke, deren Bevölkerungsverhältnisse zu dieser Zeit, also am Vorabend der Ansiedlung der germanischen Chatten, jedoch ziemlich unklar sind. Oder dokumentiert diese Münze gar den Weg dieser literarisch bezeugten Chatten aus dem von ihnen zwischenzeitlich besetzten vormaligen Ubiergebiet östlich des Mittelrheins nach Nordhessen[10]?

Zu guter Letzt sei der auf den ersten Blick recht unscheinbare Rest einer Schmucknadel vorgestellt, mit der sich der Kreis zum Ausgangsfund wieder schließt (Abb. 10). Hierbei handelt es sich um den oberen Abschluss einer bronzenen Vasenkopfnadel, eben den eponymen Kopf mit einem kurzen Stück des ehemals langen und im oberen Teil vierkantigen Schafts. Dieser Nadeltyp ist in zwei Grundformen – mit großem und mit kleinem Kopf – jeweils mit vielgestaltigen Varianten während der späten Bronzezeit in Mitteleuropa weit verbreitet. Das vorliegende Köpfchen zeigt auf einem kurzen Absatz einen gedrungen kugeligen Gefäßkörper und darüber einen geschwungen, konkav einziehenden Hals, auf dem die 13 mm durchmessende Abschlussscheibe sitzt. Der Kopf ist gänzlich unverziert und scheint im Überfangverfahren auf den Schaft aufgegossen zu sein. Die Abmessungen erlauben eine Zuordnung zu den „großköpfigen Nadeln", die im südlichen Hessen, soweit ich sehe, nur in gerippter Form vorkommen[11]. Auch im benachbarten Niedersachsen sind diese speziellen Nadeln offenbar große

Ausnahmeerscheinungen[12]. Ihr Verbreitungsgebiet reicht vielmehr während der gesamten Spätbronzezeit – Stufen Ha A–B – in einer breiten Zone von Ostfrankreich über die Schweiz und vor allem Süddeutschland bis nach Österreich[13]. Somit könnte dieses kleine Nadelfragment Zeugnis ablegen von weitreichenden Handelsbeziehungen oder persönlichen Kontakten und/oder ganz einfach von individueller Mobilität – aktuell ausgedrückt: eine Nadel mit Migrationshintergrund!

Zum Schluss

Die gezielte Nachsuche an einem schon lange bekannten Fundplatz hat also bemerkenswerte Früchte erbracht. Durch die Einbindung mehrerer ehrenamtlicher Kräfte und unter Einsatz technischer Hilfsmittel konnten Funde geborgen werden, die unser Bild dieses Siedlungsplatzes maßgeblich erweitern: zum einen im Hinblick auf die chronologische Dimension – eine Besiedlung des Platzes kann nun schon ab der späten Bronzezeit festgestellt werden – und zum anderen hinsichtlich seiner historischen Interpretation. So darf man konstatieren, dass die Bewohner schon während der Urnenfelderzeit wie auch in späteren Zeitabschnitten weitreichende Fernkontakte hatten bzw. sich der Charakter der niederhessischen Senkenlandschaft als Verkehrsraum, als Durchgangszone offenbart. Natürlich bleibt die Frage, wie und warum einzelne Objekte, wie etwa die Vasenkopfnadel, fern ihrer Stammlande auftauchen, im Einzelfall immer unbeantwortet. Aber wie man es auch dreht und wendet, es stecken immer Menschen und ihre Mobilität dahinter. In jedem Fall, auch in dem der massiven Bügelfibel oder erst recht des „tanzenden Männleins“, bezeugen diese Objekte Austausch oder wenigstens Kontakte mit mehr oder weniger fernen Regionen, sprich die Teilhabe der Bewohner der Region am „internationalen Warenverkehr“ seit der Bronzezeit. Das ist wahrlich keine neue Sache, aber trotz allem eine auch für die Landesforschung immer wieder schöne Erkenntnis, wenn sie sich so eindrücklich darstellen lässt wie anhand unserer Neufunde. Diese wären der Forschung nicht zur Kenntnis gelangt, wenn es diese fruchtbare Kooperation zwischen der Landesarchäologie und interessierten Geschichtsfreunden vor Ort nicht gäbe.

An diesem Umstand des funktionierenden Miteinanders von Landesarchäologie und den Freunden „im Töpfchen“ sowie an dem daraus entstehenden wissenschaftlichen Ertrag mag sich der Jubilar in zweifacher Weise erfreuen.

10 Gudensberg, Schwalm-Eder-Kreis. Der obere Abschluss einer Vasenkopfnadel, die sich hier fern ihres üblichen Verbreitungsgebietes fand (Foto: R.-J. Braun, hA).

Anmerkungen

1 W. Kubach, Die Nadeln in Hessen und Rheinhessen. PBF XIII 3 (München 1977) 477 ff. Taf. 76–78

2 Zuletzt ausführlich P. Eisenach, Späteisenzeitliche bis frühkaiserzeitliche Siedlungsspuren auf der Amöneburg. Ungedr. Diss. Univ. Marburg/Lahn 2014, 52 ff. – Früher schon J. Pape, Eine eisenzeitliche Bronzefibel mit stilisierter Vogelkopfverzierung aus Paderborn. Arch. Ostwestfalen 6, 2001, 25–27.

3 K. Sippel, Neue Einzelfunde von nordhessischen Burgen. In: Gedenkschrift für Gero v. Merhart. Marburger Stud. Vor- u. Frühgesch. 7 (Marburg 1986) 294 f. – Fundber. Hessen 31, 1991 (1999) 176; 233 Abb. 134,4. – W. Jordan, Funde von Altenritte. Verschiedenes 19 (Kassel 1941) 3 Taf. 8,1.

4 Eisenach (Anm. 2) 52 ff. Abb. 24,1.

5 J.-H. Schotten, Massive Bronzefibeln der Mittellatènezeit aus Nordhessen. Arch. Korrbl. 18, 1988, 47–53.

6 1. Fritzlar, Stadtbereich. – 2. Fritzlar, Wüstung Holzheim. – 3.–4. Felsberg-Gensungen, Heiligenberg (2 Ex.). – 5. Münchhausen, Christenberg. – 6. Amöneburg, Sportplatz. (alle Schotten [Anm. 5] Abb. 2–3). – 7. Niedenstein, Altenburg (Fundber. Hessen 31, 1991 [1999] 202 mit Abb. 134,2). – 8. Dautphetal-Hommertshausen, Eisenköpfe (C. Dobiat/M. Schefzik, Eisenzeitliche Höhensiedlungen und Rohstoffbezug im mittelhessischen Bergland. Ber. Komm. Arch. Landesforsch. 7, 2002/03, 160 mit Abb. 6). – 9. Wiesbaden-Breckenheim, „Wallauer Hohl“ (J. Schultze, Der spätrömische Siedlungsplatz von Wiesbaden-Breckenheim. Kl. Schr. Vorgesch. Seminar Marburg 53 [Marburg 2002] Taf. 19,5). – 10. Büren-Ahden (Kr. Paderborn) (D. Bérenger/E. Brebeck [Hrsg.], Die vorrömischen Metallzeiten. Führer Vor- u. Frühgesch. Hochstiftkreise Paderborn u. Höxter 2 [Paderborn 2004] 117 mit Abb. 70,3). Alle zuletzt zusammengestellt von Eisenach (Anm. 2) 54 ff. mit Abb. 26. – 11.–12. Gudensberg, Nenkel (2 Ex.). – 13. Gudensberg-Maden.

7 Bérenger/Brebeck (Anm. 6) 120. – Schotten (Anm. 5) 52.

8 So schon Schotten (Anm. 5) 51 und Dobiat/Schefzik (Anm. 6); zuletzt Eisenach (Anm. 2) 57

9 J. Schulze-Forster, Die latènezeitlichen Funde vom Dünsberg. Ber. Komm. Arch. Landesforsch. 13, 2014/15, bes. 128 ff. mit Kartierung Abb. 79.

10 A. Becker, Rom und die Chatten (Marburg 1992) bes. 93 ff.

11 Kubach (Anm. 1) etwa behandelt sonst keine großköpfigen Nadeln.

12 Vgl. F. Laux, Die Nadeln in Niedersachsen. PBF XIII 4 (München 1976) 99.

13 R. Heynowski, Nadeln – erkennen, bestimmen, beschreiben. Bestimmungsbuch Arch. 3 (Berlin, München 2014) 131.

„Über unbekannte Strecken schnell fahren?"

Die mittellatènezeitliche Brücke für Wagen und Fußverkehr bei Kirchhain-Niederwald, Lkr. Marburg-Biedenkopf

Esther Lehnemann,
Ralf Urz,
Christa Meiborg

Einleitung

Das rege fachliche Interesse von Prof. Egon Schallmayer führte ihn dazu, sich im Jahrgang 2011 des hauseigenen Jahrbuches hessenARCHÄOLOGIE mit den Überresten einer römischen Brücke über den Main bei Mainz-Kostheim (Stadt Wiesbaden) zu beschäftigen[1]. Hierbei gelang es ihm, das Bauwerk auf Basis neuer dendrochronologischer Analysen an Proben von noch *in situ* stehenden Brückenpfosten in die Spätantike (374 n. Chr.) zu datieren, sodass sich eine mehr als 200 Jahre spätere Erbauungszeit ergab, als dies bis dahin anhand älterer Holzuntersuchungen erschlossen worden war. Doch wie unterscheiden sich die wissenschaftliche Aufarbeitung und die Interpretation einer spätantiken Mainbrücke von der einer 600 Jahre älteren Holzbrücke im 120 km nordöstlich liegenden Siedlungsgebiet zwischen keltischer und germanischer Kultur? Der folgende Beitrag stellt die Möglichkeiten moderner interdisziplinärer Studien am Beispiel einer latènezeitlichen Jochpfahlbrücke aus Mittelhessen vor, die in Sichtweite der bekannten eisenzeitlichen Zentralsiedlung Amöneburg erbaut worden war.

Wie eine kleine Insel ragt das Gebiet des zu Kirchhain gehörenden Stadtteils Niederwald aus der breiten Ohmniederung am Nordrand des Amöneburger Beckens heraus. Wiesen und Ackerbauflächen prägen ihr heute stark verflachtes Umfeld und der steil aufragende Basaltkegel der Amöneburg dominiert die umliegende Beckenlandschaft. Die südöstlich des Ortes seit Anfang der 1960er-Jahre betriebene großflächige Kiesgrube erschließt unter Auelehmbedeckung kaltzeitliche Sande und Kiese, bis vor wenigen Jahren allerdings ohne nennenswerte Spuren vor- und frühgeschichtlicher Besiedlung.

Mit der Entdeckung aufrecht stehender Holzpfosten im Herbst 2008 durch den Geograf R. Urz rückte das Kiesgrubenareal erstmals in den Blickpunkt der hessenARCHÄOLOGIE an der Außenstelle Marburg (Abb. 1). Eine nachfolgende Ausgrabung von April bis September 2009 erstreckte sich über eine Fläche von rund 170 m² und legte die Überreste einer mindestens 21 m langen Holzbrücke frei. Rund 400 m westlich der Brückenfundstelle konnte 2011/12 ein weiteres circa 2,3 ha großes Areal untersucht werden, das Überreste der nahe gelegenen eisenzeitlichen Siedlung barg. Ebenso außergewöhnlich wie die Brücke selbst sind auch die Funde aus beiden Untersuchungsbereichen, die von ausgezeichnet erhaltenem keramischem Material über bronzene Trachtbestandteile, Glasschmuck, hölzerne Objekte und Tierknochen bis hin zu Viehdungfladen reichen. Die Feuchtbodenerhaltung ermöglichte auch die Entnahme von

1 Kirchhain-Niederwald. Pfahlreste der latènezeitlichen Brücke (Foto: R.-J. Braun, hA).

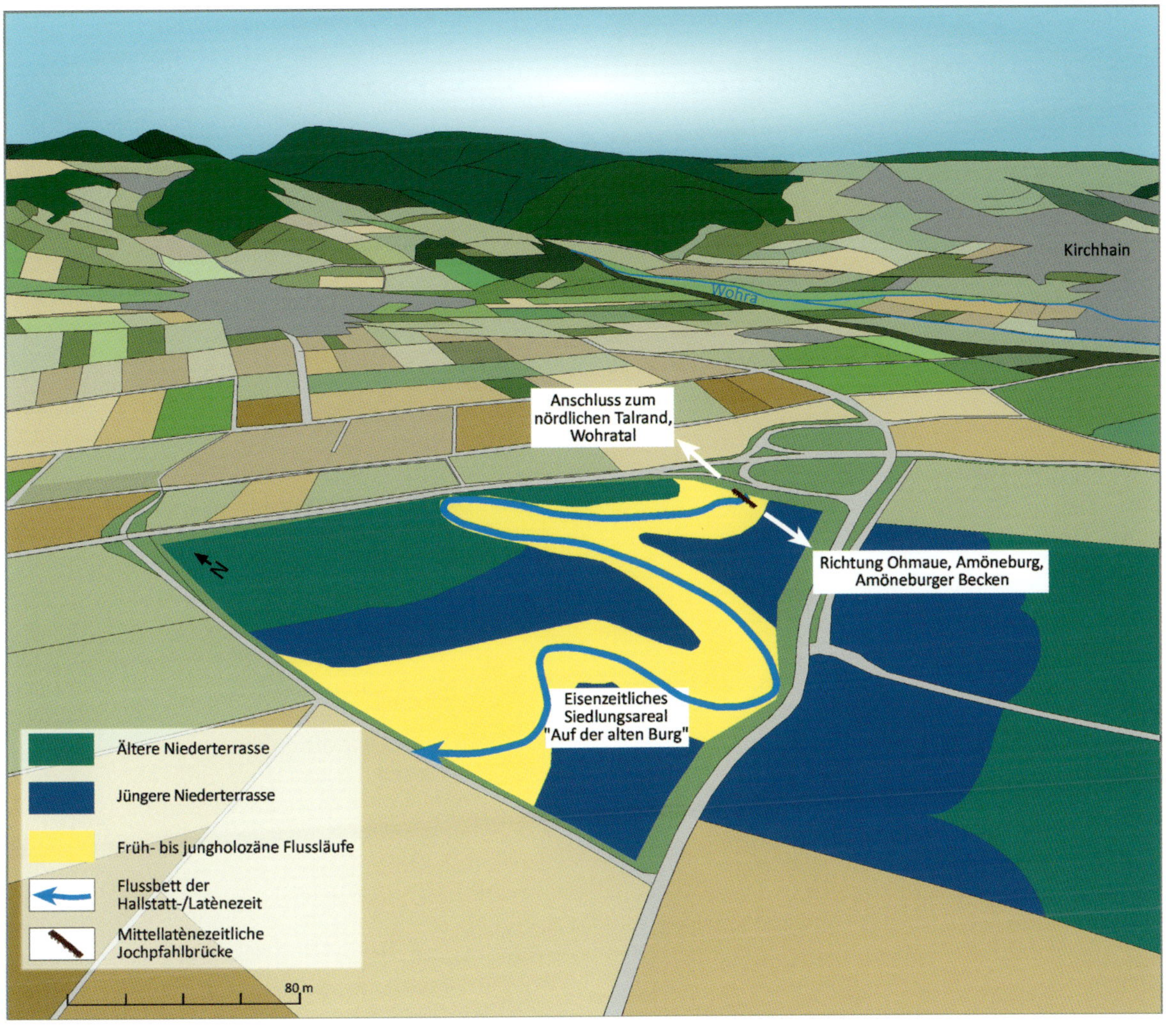

2 Kirchhain-Niederwald. Geologische Kartierung der verschiedenen Flussterrassenbereiche und des eisenzeitlichen Flusslaufs im Untersuchungsgebiet. Die potenzielle Wegeführung nach Norden und Süden ist durch die weißen Pfeile angedeutet (Grafik: R. Urz).

hervorragend konserviertem archäobotanischem Material. Gleichzeitig mit den archäologischen Untersuchungen erfolgte die geomorphologische Kartierung des sich mehrfach verlagernden Flusslaufes in der breiten Ohmniederung am Nordrand des Amöneburger Beckens[2].

Damit die vollständige Auswertung dieser außergewöhnlichen Grabungen nach archäologischen Gesichtspunkten und mit Blick auf die archäobotanischen und geomorphologischen Untersuchungsergebnisse erfolgen konnte, wurde 2012 ein Forschungsantrag bei der Deutschen Forschungsgemeinschaft gestellt. Das auf zwei Jahre ausgelegte Projekt mit dem sperrigen Titel „Die mittellatènezeitliche Holzbrücke mit Siedlung bei Kirchhain-Niederwald (Hessen) und ihre Einbettung in die Siedlungslandschaft des Amöneburger Beckens: Interdisziplinäre Untersuchungen zu Umweltbedingungen, wirtschaftlichen Grundlagen und überregionalen Verbindungen während der Latènezeit" wurde im selben Jahr bewilligt und startete im Januar 2013. Die Verlängerung um ein weiteres Jahr (Oktober 2016 bis September 2017) ermöglicht zusätzlich eine Betrachtung der Siedlungslandschaft im Wandel von der Urnenfelder- bis zum Ende der Latènezeit. Der nachfolgende Beitrag skizziert die umfangreichen Ergebnisse der ersten Projektphase mit einem Schwerpunkt auf der Erforschung des Brückenareals.

„Begrabene Flussgeschichte" – der eisenzeitliche Fluss im Ohmtal

Als im Herbst 2008 die ersten Pfähle der Brückenhölzer durch die Baggerarbeiten im Kiesgrubenbereich angerissen wurden, war die Überraschung zunächst groß. Seit Jahrzehnten erfolgte die Kiesgewinnung in Niederwald in einem Talabschnitt, der von späteiszeitlichen Niederterrassensedimenten geprägt ist. So ließen sich bis dahin sämtliche in den Profilwänden der Kiesgrube angeschnittenen Gerinne stets der ausgehenden letzten Kaltzeit oder der frühen Nacheiszeit zuordnen[3]. Von einem jüngeren Flusslauf oder einem Flussübergang war an dieser Stelle der Ohmniederung nichts bekannt. Auch verzeichnen weder aktuelle noch historische Karten, die bis an den Beginn des 18. Jahrhunderts zurückreichen, dort ein Fließgewässer. Die Entfernung zu den einzigen Flüssen im näheren Umfeld, der Wohra und der Ohm, beträgt heute knapp 1,00 bzw. 1,50 km.

Was war das für ein Gerinne, über das um 200 v. Chr. ein Verkehrsweg und das massive Brückenbauwerk führten? Welchem Fluss lässt sich das Ge-

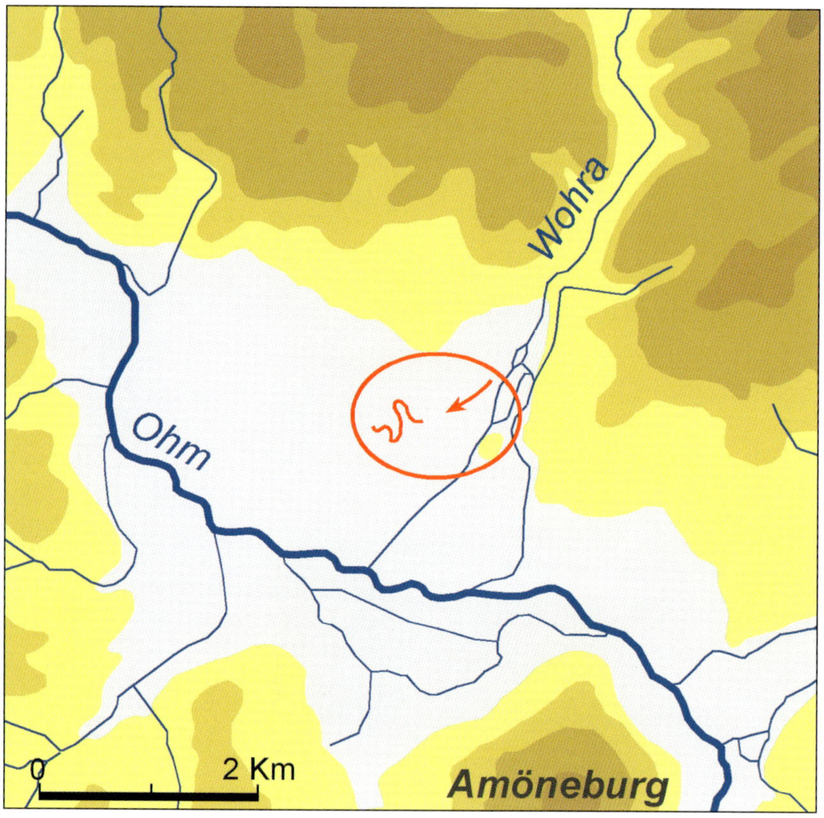

3 Kirchhain-Niederwald. Lage des rekonstruierten eisenzeitlichen Flussabschnitts im Mündungsbereich der Wohra in die Ohm (Karte: R. Urz).

wässer zuordnen und warum ist es heute von der Geländeoberfläche verschwunden? Diese Fragen waren grundlegend für das Verständnis der Brückenfundstelle und bildeten die Ansatzpunkte für grabungsbegleitende geomorphologische Untersuchungen zur Flussgeschichte im Bereich der Fundstelle. Auf den westlichen und östlichen Anschlussflächen des Kiesgrubenareals wurden sie durch geophysikalische und geotechnische Analysen ergänzt.

Die guten Aufschlussverhältnisse, die während der Erweiterung des Kiesabbaus geschaffen wurden, ermöglichten eine detaillierte geologische Gliederung des Talbodens im direkten Umfeld der eisenzeitlichen Flussbrücke. Die Ergebnisse zeigen, dass die östlich von Niederwald großflächig verbreiteten älteren Flussterrassenreste des Spätglazials und des frühen Postglazials an dieser Stelle von einem jüngeren Gerinne in O-W-Richtung durchschnitten wurden (Abb. 2). Dieses Flussbett bestand dort, wie ^{14}C-Untersuchungen gezeigt haben, über einen langen Zeitraum, mindestens zwischen 8000 v. Chr. und 250–400 n. Chr. Sein mäandrierender Lauf veränderte sich während dieser Zeit nur wenig. Spätestens seit dem Mittelalter fehlen Gerinnebettsedimente, die jüngere Flussläufe in diesem Bereich belegen könnten. Es ist nicht unwahrscheinlich, dass dieser Bruch im jüngeren Flussgeschehen mit großräumigen, vielleicht anthropogen bedingten Flussbettumleitungen am Ausgang des Wohratals nördlich der Stadt Kirchhain („Mühlen-Wohra“) in Verbindung steht.

Heute sind die holozänen Flussbettablagerungen im Kiesgrubenareal unter Auelehmschichten und Kolluvien begraben und morphologisch an der Geländeoberfläche nicht mehr als Flussläufe zu erkennen. Das trifft auch auf den eisenzeitlichen Fluss zu. Der Rekonstruktion seines Verlaufs, über den Fixpunkt der Brücke hinaus, stellten sich zunächst größere Probleme in den Weg. In dem über mehrere Jahrtausende durchflossenen Bereich zwischen den älteren Terrassenflächen führten seitwärts gerichtete fluviale Verlagerungsprozesse im Laufe der Zeit wiederholt zu Erosion, Umlagerungen und Überschneidungen älterer Gerinne, die eine lückenlose Kartierung nicht zulassen. Dass eine Rekonstruktion dennoch möglich ist, liegt vor allem an vielfältigem archäologischem Fundgut, das als „Leithorizont“ die Sedimente dieses Flusslaufs zwischen der mittellatènezeitlichen Holzbrücke im Osten und den eisenzeitlichen Siedlungsbefunden der Flur „Auf der alten Burg“ im Westen kennzeichnete (Abb. 2). Das Material gehört, wie die Einstufung der Keramikscherben und weiterer datierbarer Funde nahelegt, in den Zeitraum zwischen der Hallstattzeit und der Mittel-/Spätlatènezeit, was den vor Ort belegten Besiedlungsphasen entspricht. Keramik, Nutztierreste, im Feuer gefrittete, scharfkantige Gesteinsbruchstücke, Kulturpflanzenreste, stellenweise auch Hackspäne aus der Holzbearbeitung, kleinere Holzobjekte sowie an einer Stelle auch Glasfunde wie Perlen und ein Armringfragment sind wohl als Schutt und Abfall aus dem Siedlungsareal anzusprechen, der im Uferbereich entsorgt oder dort zur Befestigung der Ufer angeschüttet wurde. Schutt und Abfall weisen darauf hin, dass das direkte Umfeld des Flussübergangs zwischen der Hallstatt- und der Mittellatènezeit bis an die Ufer des Gewässers als Siedlungsgelände genutzt wurde.

Der rekonstruierte eisenzeitliche Flussabschnitt, über den die mittellatènezeitliche Brücke führte, liegt im Mündungsbereich der Wohra in die Ohm (Abb. 3). Das Gesteinsspektrum dieser Kiese wie auch die topografische Lage unweit des Talausgangs der Wohra sprechen dafür, dass es sich bei dem eisenzeitlichen Gerinne um einen ehemaligen Flusslauf der Wohra handelt.

„Nichts ist so beständig wie der Wechsel.“ – Das Flussbett im Bereich der Holzbrücke

Bei der Betrachtung der mittellatènezeitlichen Brücke liegt es nahe, nach den Kennzeichen des Flusses zu fragen, den das Brückenbauwerk querte, wie auch nach der Beschaffenheit der Flusslandschaft unterhalb der Amöneburg, durch die der vorgeschichtliche Verkehrsweg führte. Geben die im Brückenbereich abgelagerten Sedimente und die durch den Fluss geschaffenen Sedimentstrukturen Hinweise, warum an dieser Stelle ein Bauwerk von mindestens 21 m Länge nötig war, um ein Flussbett der Wohra zu queren, dessen heutiger Mündungsbereich nicht mehr als 4–5 m breit ist? Ermöglicht die Dynamik des Flusses, die sich in seinen Ablagerungen widerspiegelt, Rückschlüsse auf katastrophale Hochwässer und auf einen potenziellen

4 Kirchhain-Niederwald. Die Brückenfundstelle im ersten Planum. Unter rotbraunem Auelehm zeichnen sich im grundwassergesättigten Milieu dunkelgraue organische Sedimente und die Oberkanten der Brückenpfähle deutlich ab (Foto: R. Urz).

Zusammenhang mit dem Ende der Holzbrücke im zweiten vorchristlichen Jahrhundert?

Um Antworten auf diese Forschungsfragen zu finden, wurden während der Grabungskampagnen im Bereich der Brückenfundstelle Untersuchungen zum Sedimentaufbau und zur stratigrafischen Entwicklung durchgeführt. Die geowissenschaftlichen Analysen waren eine besondere methodische Herausforderung. Kleinräumig wechselhafte Ablagerungsbedingungen im fluvialen Milieu, begrenzte Datierungsmöglichkeiten und -ergebnisse, die – methodisch bedingt – innerhalb weniger Jahrhunderte der jüngeren Eisenzeit teilweise relativ unscharf blieben, erschwerten die Arbeiten „unter der Brücke" wesentlich.

Die Brückenfundstelle liegt im östlichen Randbereich des Kiesgrubenaufschlusses. In diesem Bereich hinterließen mehrere holozäne Gerinnebetten bis zu 1,50 m mächtige, grobe bis feinkörnige Sedimente. Im Gegensatz zu den kaltzeitlichen Kiesen und Sanden an ihrer Basis waren sie mit zusammengespülten Blatt-, Frucht- und Astresten sowie

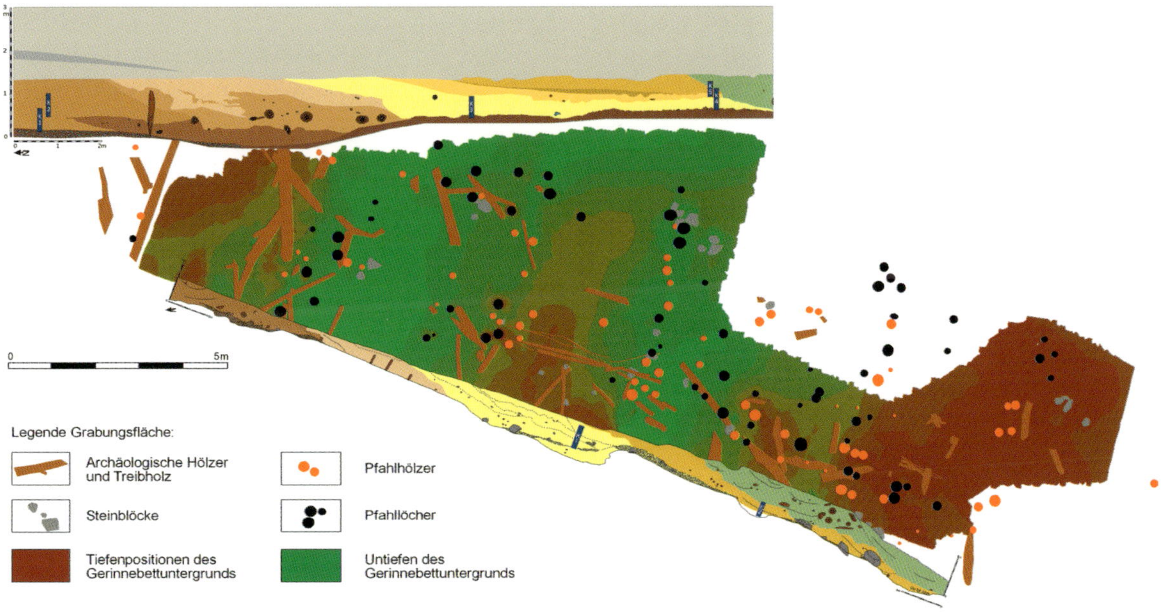

5 Kirchhain-Niederwald. Brückenfundstelle. Ausschnitt der Grabungsfläche mit Sedimentprofilen und der Morphologie des Gerinnebettuntergrundes (Grafik: R. Urz nach Grabungsunterlagen von R.-J. Braun, hA).

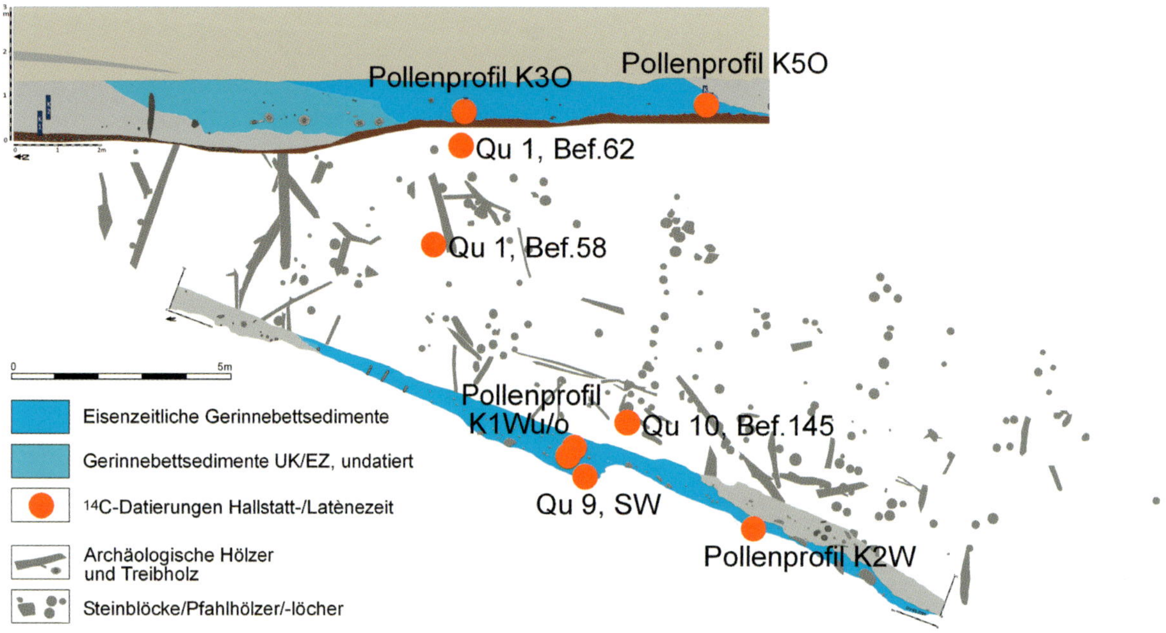

6 Kirchhain-Niederwald. Brückenfundstelle. Verbreitung eisenzeitlicher Gerinnebettsedimente mit ^{14}C-Altersdatierungen der Hallstatt- und Latènezeit (Grafik: R. Urz).

mit angeschwemmten Baumstammfragmenten durchsetzt und dadurch gut zu identifizieren. Bedeckt wurden die Gerinnebettsedimente durch bis zu 2 m mächtige Auelehmschichten und Kolluvien (Abb. 4). Die gesamte Schichtenfolge war durch bodenbildende Prozesse innerhalb des Grundwasserbodens (Auengley) sekundär überprägt, wobei der größte Teil der Flussbett- und Rinnensedimente im grundwassergesättigten Milieu lag. Auffällig waren dort die grauen und graublauen Farben der feinklastischen Ablagerungen, die unter sauerstoffarmen Bedingungen durch chemisch reduzierte Eisenverbindungen verursacht worden waren. Diese Verhältnisse begünstigten auch die ausgezeichnete Erhaltung der organischen Materialien, vom Pfahlholz bis zum pflanzlichen Mikrorest.

Im Bereich der Brückenfundstelle konzentrierte sich die Untersuchung der fluvialen Sedimente auf die beiden die Grabungsfläche östlich und westlich begleitenden Profilwände und auf den Schichtaufbau in den Grabungsquadranten (Abb. 5). Durch den Einsatz verschiedener chrono- und biostratigrafischer Methoden war es möglich, die Gerinnebettentwicklung im Bereich des Flussübergangs zu rekonstruieren und die Brückenbefunde damit zu korrelieren. Dazu trugen neben der Archäologie vor allem die ^{14}C-Analyse, die Dendrochronologie und die Pollen- und Sporenanalyse bei.

Anhand der Sedimentstrukturen, die das Flussbett im Brückenbereich geschaffen hatte, zeigte sich, dass die Ablagerungen durch eine seitwärts, von Norden nach Süden gerichtete Verlagerung eines Gerinnes entstanden waren. Altersbestimmungen mittels der ^{14}C-Methode belegen, dass jene zwischen der späten Bronzezeit am nördlichen Brückenende und der Völkerwanderungszeit an deren Südende dort abgelagert wurden. Das eisenzeitliche Flussbett zeigte sich als ein an dieser Stelle relativ flacher und breiter Abschnitt mit lokalen Vertiefungen. Seine Ablagerungen ließen sich über die Hallstatt-/Frühlatènezeit und den Bau der Brücke um 210 v. Chr. hinaus bis in die späte Mittel- oder frühe Spätlatènezeit verfolgen (Abb. 6). Die Brücke selbst umspannte daher nicht nur das während der Mittellatènezeit aktive Flussbett, sondern reichte nach Norden über ältere Ablagerungen hinweg bis in einen flach ansteigenden Uferbereich. Den Untergrund bildete ein toniges, bereits im frühen Holozän (Boreal) dort abgelagertes Rinnensediment, das eine trittfeste Basis und eine hohe Standfestigkeit der Brückenpfeiler gewährleistete. Es ist nicht unwahrscheinlich, dass die Beschaffenheit des Untergrundes an dieser Stelle bei der Auswahl des Brückenstandortes eine Rolle spielte. Im Flussbett dominierten unter ruhigen Bedingungen abgelagerte feinklastische Sedimente. Sie zeigen, dass die Dynamik des Gerinnes vor allem während der jüngeren vorrömischen Eisenzeit, von Einzelereignissen abgesehen, zwar kleinräumig sehr wechselhaft, aber nur mäßig stark war. Dass dieser Zeitraum in den Flusstälern des Lahneinzugsgebiets eine Phase eher geringer Sedimentumlagerungen gewesen sein dürfte, obwohl die anthropogenen Eingriffe in die Landschaft bereits einen ersten Höhepunkt erreichten, legen auch andere Untersuchungsergebnisse nahe. Im mittleren Flussabschnitt der Lahn zwischen Lollar und Wetzlar wurden aufgrund der dendrochronologischen Auswertung subfossiler Eichenstammfunde aus Flussbettsedimenten flussdynamisch stabile Phasen besonders für den Übergang von der Hallstatt- zur Latènezeit sowie für das 3. bis 1. Jahrhundert v. Chr. angenommen[4]. Warum dann in Kirchhain-Niederwald um 210 v. Chr. eine massive Holzbrücke über einen Fluss mit größtenteils festem Grund errichtet wurde, lässt sich anhand naturwissenschaftlicher Analysen nicht eindeutig bestimmen. Vielleicht wollte man mit einer Brücke über das Flussbett und Teile der feuchten Aue einen rasch zu querenden Übergang schaffen, der auch während der jahreszeitlich bedingten Hochwasserphasen zu passieren war. Dies würde die später noch näher darzulegende These zur Einbindung der Brücke in ein regionales Wegenetz stützen. Mit einer Brücke ließen sich auch die vom Gewässer ausgespülten Tiefenpositionen des Untergrundes umgehen, die besonders bei höherem Wasserstand zu einer Gefahr für Wagen, Vieh und Fußgänger werden konnten. Ein direkter Zusammenhang zwischen dem Nutzungsende der Brücke und einem allgemeinen Aufleben der Flussdynamik lässt sich mit Blick auf die Sedimente nicht herstellen. Leider waren die jüngsten eisenzeitlichen Sedimentschichten am Südende der Brücke durch rezente Baggerarbeiten und einen erosiven Einschnitt eines spätkaiserzeitlichen oder völkerwanderungszeitlichen Gerinnebetts zerstört. Flussabwärts zeigen die Sedimentprofile jedoch, dass sich die seitwärts gerichtete Verlagerung des Gerinnebetts ohne erkennbare Veränderungen der fluvialen Dynamik auch über die Eisenzeit hinaus fortsetzte. Wahrscheinlich sind daher ein Auflassen der Brücke und ihr langsamer Zerfall. Das deckt sich, wie archäologische Ergebnisse nahelegen, mit dem Abbruch der eisenzeitlichen Besiedlung im näheren Umfeld am Übergang von der Mittel- zur Spätlatènezeit oder in der Spätlatènezeit. Einschneidende Umweltveränderungen in der Ohmniederung um Kirchhain-Niederwald lassen sich als Gründe daher nicht anführen. Ob vielleicht schon eine leichte Zunahme der jährlichen Hochwasserereignisse im Laufe des zweiten vorchristlichen Jahrhunderts dazu beitrug, die Siedlung entlang des Gewässers und den Verkehrsweg in der Ohmniederung aufzugeben, lässt sich anhand der Sedimente des Flussübergangs nicht zweifelsfrei fassen.

„Blühende Landschaften" – die eisenzeitliche Flusslandschaft der Ohmniederung

Wie geophysikalische Messungen gezeigt haben, war der weitere Verlauf des Verkehrsweges im Anschluss an die Brücke im über Jahrhunderte ackerbaulich genutzten Talboden nicht erhalten geblieben. Jedoch kann als sicher gelten, dass der Weg über die Brücke eine schmale Aue querte und nach Norden mit flachem Anstieg auf die mit älteren Auelehmsedimenten bedeckten Niederterrassenflächen führte. Das geht aus einem im östlichen Auelehmprofil des Grabungsareals aufgeschlossenen, flach zur Brückenkonstruktion einfallenden Oberbodenhorizont hervor, der die ehemalige Geländeoberfläche nachzeichnet. Über die reliefarmen älteren Terrassenflächen war der Anschluss an den nördlichen Talrand ohne größere Hindernisse zu erreichen (Abb. 2). Nach Süden war der direkte Anschluss zerstört, jedoch kann dort ebenfalls ein entsprechender Übergang auf die Niederterrassenflächen angenommen werden.

Die ausgedehnten und relativ ebenen Niederterrassenflächen und älteren Auenterrassen des Talbodens waren besonders in den Mündungsbereichen der Nebenflüsse offensichtlich attraktive Siedlungs- und Wirtschaftsareale[5]. Diese Terrassen gewährleisteten zwischen jüngerer Hallstatt- und Mittellatènezeit weitgehend hochwassersichere und reliefarme Standorte für Gehöfte und Ackerflächen. Diese Verhältnisse boten auch der Wegeführung günstigere Bedingungen, als man dies bis dahin angenommenhatte[6]. Gleichzeitig ermöglichten sie im Umfeld der Siedlungen einen unmittelbaren Zugang zu feuchten Auenbereichen des Ohmtals, was einer intensiven Grünland- und Viehwirtschaft sehr entgegenkam.

7 Kirchhain-Niederwald. Landwirtschaftliche Flächen am Nordrand der Ohmniederung zwischen Stausebach und Anzefahr. Die Fundstelle liegt im Bereich des Kiesgrubengeländes am rechten Bildrand. Links ist die Basaltkuppe der Amöneburg zu erkennen. Der Höhenzug im Hintergrund gehört zum Südrand des Amöneburger Beckens (Foto: R. Urz).

8 Kirchhain-Niederwald. Botanische Makroreste verschiedener Ökogruppen aus eisenzeitlichen Flussbettsedimenten der Früh-/Mittellatènezeit im Bereich der Brückenfundstelle; im Hintergrund die Grabungsfläche (Foto/Grafik: R. Urz).

Das spiegelt sich auch in den archäobotanischen Untersuchungen wider, die im näheren Umfeld der latènezeitlichen Brücke eine stark durch Besiedlung sowie land- und viehwirtschaftliche Nutzung geprägte Tallandschaft nachweisen können[7]. Das betraf nicht nur die Zeit um 200 v. Chr., als die hier vorgestellte Holzbrücke über den Fluss führte, sondern den gesamten Zeitraum von der (späten) Hallstattzeit bis in die Mittellatènezeit. Hinweise auf Bodenerosion und Kolluvienbildung wie auch auf anthropo-zoogene Störungen der Pflanzendecke könnten erste Konsequenzen dieser umfangreichen Öffnung der Landschaft und des eisenzeitlichen Ackerbaus sein. Die intensive Nutzung erreichte in der Latènezeit bereits eine Dimension, die der heutigen Landnutzung wohl erstaunlich nahekam (Abb. 7).

Das hat auch die Analyse der pflanzlichen Makroreste aus den Sedimenten des Flussübergangs gezeigt: In den Ablagerungen, die von der späten Hallstattzeit bis in die Mittellatènezeit reichen, fanden sich zahlreiche Kultur- und Nutzpflanzen. Überliefert sind die Getreidearten Gerste, Emmer, Dinkel und Rispenhirse. Besonders zahlreich waren auch die Öl- und Faserpflanzen Leindotter, Lein und Schlafmohn. Spelz- und Spindelreste der Getreide in verkohlter und subfossiler Erhaltung sowie Schötchen- und Kapselbruch von Öl- und Faserpflanzen wurden gegenüber ihren Früchten und Samen sehr viel häufiger nachgewiesen. Dieser Befund unterstreicht, dass es sich überwiegend um Verarbeitungsabfälle aus der Landwirtschaft handelt und nicht um kultische Deponierungen einer Flussopferstätte oder um Pflanzen, die beim Über- oder Durchqueren des Flusses verloren gegangen bzw. dort entsorgt worden waren. Das im Bereich der Brücke zusammengespülte Material belegt die unmittelbare Siedlungsnähe des Übergangs (Abb. 8). Sehr wahrscheinlich ist, dass es ursprünglich aus ufernahen Kulturschichten und mit Tierdung angereicherten Mist- und Abfallhorizonten des unmittelbaren Umfelds der Brücke stammte, die flussabwärts in der Uferzone mehrfach nachweisbar waren. Eine Fortsetzung dieser Schichten flussaufwärts kann nur vermutet werden, da das Flussbett dort unter der neuzeitlichen Straßenführung begraben liegt.

Die außergewöhnlichen Funde von Dungresten in den latènezeitlichen Sedimenten der Brückenfundstelle stammten überwiegend von Rindern[8]. Ihnen stand den archäobotanischen Analysen zufolge nahrhaftes Futter zur Verfügung, sodass es naheliegt, bei den Rindern vor allem an Arbeitstiere der nahen Siedlung und an Zugtiere der den Fluss querenden Ochsenkarren zu denken.

Zentrale Fragen der archäologischen Untersuchung

Aus archäologischer Sicht war die Existenz der Siedlung und der Brücke in der Niederung eine unerwartete Überraschung. Zwar sind in den letzten Jahrzehnten mehr und mehr Hinweise gesammelt geworden, dass breite, häufig von Überschwemmungen betroffene Flusstäler nicht zu allen Zeiten so siedlungsungünstig waren, wie man heute allgemein annimmt, doch haben diese Erkenntnisse noch nicht zu einem grundsätzlichen Umdenken in der Siedlungs- oder Wegeforschung geführt.

Ein zentraler Teil der Untersuchung bestand daher darin, die Besiedlungsentwicklung während der Eisenzeit im Amöneburger Becken zu analysieren, um herauszufinden, ob die Ansiedlung in der Niederung das Resultat einer allgemeinen Verdichtung der Bevölkerung gewesen war, in deren Verlauf auch vermeintlich ungünstigere Standorte aufgesucht worden, oder ob andere Gründe für die Niederlassung an dieser Stelle ausschlaggebend gewesen waren. Anschließend wurde die Einbindung des Amöneburger Beckens in ein (über-)regionales Wegenetz untersucht.

Ebenso ungewöhnlich wie die Fundstelle war auch die Bauweise der Brücke. Eisenzeitliche Jochpfahlkonstruktionen mit Strebepfählen waren vor der Entdeckung in Kirchhain-Niederwald ausschließlich aus dem keltisch geprägten Raum bekannt. Im Rahmen des Projekts sollten deshalb auch die folgenden beiden Fragestellungen beantwortet werden: Entsprach die Konstruktion der Brücke den bis dahin bekannten Beispielen für Jochpfahlbrücken? Gab es einen Wissenstransfer aus dem keltischen Raum in die nördliche Peripherie des Einflussbereiches?

„Bridge over Troubled Water?" – Die Brückenkonstruktion

Zunächst wurde die Bauweise der Brücke analysiert. In den standfesten Untergrund, den das tonige Sediment in diesem Abschnitt des Gewässers bot, waren die Pfähle der Jochpfahlbrücke eingeschlagen. Während der Ausgrabung wurden die Reste von 63 Pfählen sowie 59 Pfahllöcher dokumentiert (Abb. 9). Dendrochronologische Analysen[9] belegen zwei Bauphasen. Die Errichtung der Brücke fand um 212/211 v. Chr. statt. Reparaturen, bei denen mehrere Pfähle ersetzt wurden, sind für die Jahre von 194 bis 192 v. Chr. belegt. Allerdings konnte ein Großteil der Hölzer, vor allem in der nördlichen Hälfte der Brücke, nicht zeitlich eingeordnet werden. Die Durchmesser der Brückenpfähle betrugen wie bei den meisten latènezeitlichen Brücken[10] zwischen 10 und 24 cm, wobei die tragenden Pfähle selten weniger als 18 cm im Durchmesser aufwiesen. Überwiegend waren für den Unterbau ganze Stämme verwendet worden. Vereinzelt waren aber auch halbierte Stämme, im Querschnitt keilförmige Spältlinge oder rechteckig zugeschlagene Hölzer zum Einsatz gekommen. Die Pfahlspitzen waren auf Längen zwischen 0,3 und 0,7 m facettiert abgebeilt. Die Pfahlreste wurden über eine Länge von 26 m und eine Breite von bis zu 4,9 m dokumentiert. Sie zeigen an, dass die Brücke in NNO-SSW-Richtung verlief. Das südliche Brückenende war bereits vor Beginn der archäologischen Untersuchung unerkannt zerstört worden. Der nördliche Abschluss lässt sich nicht zweifelsfrei lokalisieren: Zwei relativ dünne Pfähle, denen ein Querriegel vorgelagert war (Abb. 9G), können nicht sicher der Brücke zugeordnet werden. Der Querriegel lag parallel zu den Jochen, einer der Pfähle befand sich aber außerhalb der Flucht der Brücke. Etwas weiter nördlich wurde ein einzelner Pfahl in der Kiesgrubenböschung am nordöstlichen Rand der Grabungsfläche beobachtet, der genau in der Flucht der Brücke lag. Eine dendrochronologische Datierung dieser Hölzer war aufgrund der geringen Anzahl erhaltener Jahrringe nicht möglich. Damit erstreckte sich die Brücke gesichert über eine Länge von 21 m; sie war aber wahrscheinlich etliche Meter länger.

Die zweifelsfrei der Brücke zuzuweisenden Pfähle bildeten sechs Joche (Abb. 9A–F), von denen vier vollständig erhalten waren. Wie bei der römischen Brücke von Mainz-Kostheim schien es im Fall der Konstruktion in Kirchhain-Niederwald zuerst so zu sein, als seien die Pfähle der Brücke unregelmäßig und nicht nach einem festen Schema gesetzt worden. Dieser Eindruck ist zwar nicht ganz falsch, täuscht jedoch darüber hinweg, dass es eine vorherige Planung gegeben haben muss. Teils ist das unregelmäßige Erscheinungsbild auf spätere Ergänzungen und Reparaturen zurückzuführen, teils sind die Abweichungen durch Anpassungen des Unterbaus an die jeweilige Flussbettsituation zu begründen.

Die vollständig erhaltenen Joche zeigen eine ähnliche Grundstruktur aus vier oder fünf senkrechten Pfählen, den sog. Lotpfählen. Dabei ist der Abstand zwischen dem zweiten und dritten Pfahl von Westen aus gesehen stets größer als zwischen den anderen Pfählen. Für diese Anordnung gibt es bislang keine Erklärung. Bedeutsamer ist ein anderer Aspekt: Zum ersten Mal wurden außerhalb des keltischen Raumes Strebepfähle an einer eisenzeitlichen Brücke beobachtet. Strebepfähle an den Enden der Joche gelten als „keltische Erfindung“, die später von den Römern übernommen wurde[11]. Sie verleihen der Brücke von Kirchhain-Niederwald eine besondere Stellung unter den wenigen bisher bekannten vorgeschichtlichen Brücken.

Das weit im Süden gelegene Joch B bestand nur aus vier Lotpfählen, die nicht in einer geraden Reihe, sondern leicht zueinander versetzt angeordnet waren. In der Reparaturphase wurden sie durch nördlich vorgesetzte Pfähle verstärkt. Die Jochenden wurden nicht durch Strebepfähle unterstützt. Flussaufwärts war eine Gruppe aus vier schwächeren senkrechten Pfählen vorgelagert, die wohl nicht als Lot-, sondern als Prellpfähle gedeutet werden müssen. Vermutlich handelt es sich um eine nachträgliche, durch die Verlagerung des Flussbetts notwendig gewordene Schutzmaßnahme.

Joch C zeigt eine relativ klare Struktur. Es bestand aus fünf Lotpfählen; an den Jochenden stabilisierten schräge Pfähle die Brücke gegen schwankende Bewegungen. Dabei konnte am östlichen Ende ein Schrägpfahlpaar identifiziert werden, das vermutlich schon in der ersten Bauphase errichtet und zusätzlich durch einen etwas schwächeren Strebepfahl unterstützt worden war. Ein weiterer Strebepfahl mag gleichzeitig oder als spätere Verstärkung

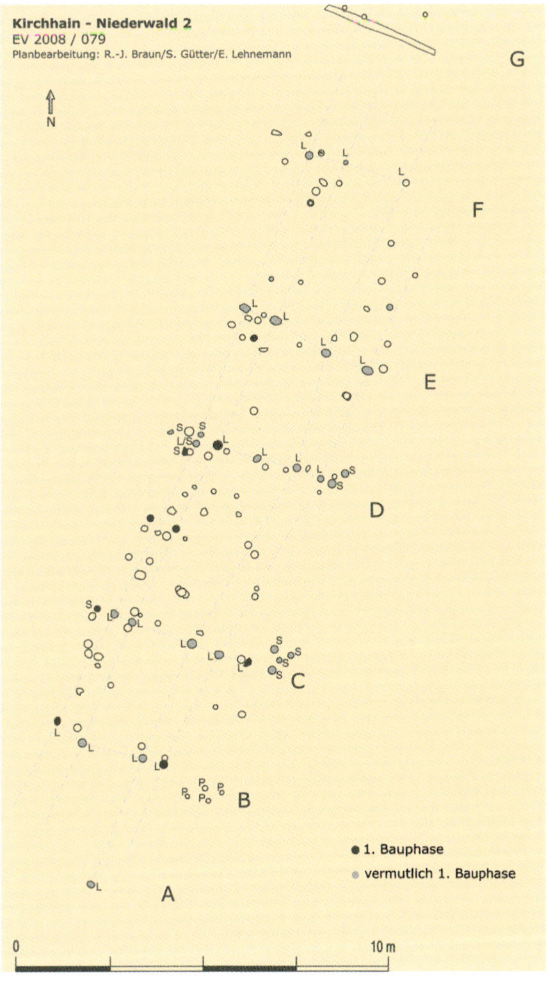

9 Kirchhain-Niederwald. Übersichtsplan der Pfähle und Pfahllöcher im Brückenbereich. L = Lotpfahl, S = Schräg- oder Strebepfahl, P = Prellpfahl (Grafik: E. Lehnemann, hA).

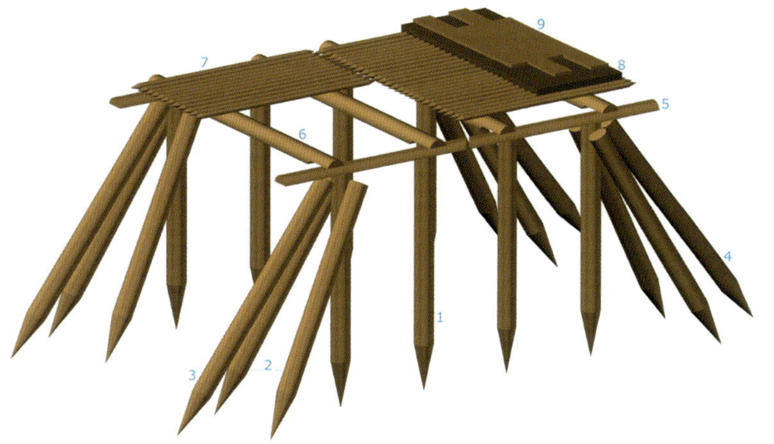

10 Kirchhain-Niederwald. Idealisierte Rekonstruktion der Brückenbauweise (Grafik: E. Lehnemann, hA).

gesetzt worden sein. Am westlichen Ende war in der ersten Bauphase nur ein Strebepfahl eingeschlagen worden, der später durch einen zweiten Strebepfahl und senkrechte Stützen um einen der Lotpfähle ergänzt wurde.

Joch D war sehr ähnlich aufgebaut wie Joch C. Es besaß fünf Lotpfähle sowie drei Strebepfähle – zwei massive und ein schwächerer – am östlichen Ende. Der westlichste Lotpfahl, der in der ersten Bauphase von einem weiteren senkrechten Pfahl flankiert gewesen war, wurde durch eine Dreierreihe aus Strebepfählen ersetzt. Letztere verstärkte ein vierter Strebepfahl am westlichen Brückenrand.

Die Joche E und F wiederum bestanden nur aus vier Lotpfählen – der östlichste Pfahl von Joch F lag wahrscheinlich außerhalb der Grabungsfläche – und kamen ohne Strebepfähle aus. Joch E zeigte allerdings südlich der beiden westlichen Lotpfähle eine Pfahlgruppe, die wohl ebenfalls als Absicherung diente. Die Abweichungen zwischen den Konstruktionen der Joche lassen sich mit großer Wahrscheinlichkeit auf die jeweilige kleinräumige Flussbettsituation zurückführen. Demnach wäre der Wasserdruck im Bereich der Joche C und D am stärksten ausgeprägt gewesen.

Auffällig sind nicht nur die massiven Verstärkungen an den Enden der Joche C und D, sondern auch die zahlreichen senkrechten und schrägen Pfähle, welche die Brücke besonders am südwestlichen, in geringerem Maße auch am nordöstlichen Rand zusätzlich unterstützten. An ihnen lässt sich ablesen, welche Bereiche der Brücke besonders stark durch schwankende Bewegungen belastet wurden.

Der Oberbau lässt sich dank einzelner Bauteile, die im Zuge einer Reparatur entsorgt worden oder beim Verfall nach der Auflassung der Brücke im ehemaligen Flussbett versunken waren, sowie anhand von Parallelbefunden aus der Schweiz und im Vergleich mit römischen Schriftquellen rekonstruieren[12]. Halbierte Baumstämme (Abb. 10) dienten als Holme, die quer zur Brücke die Lotpfähle zu einem Joch verbanden, sowie als Streckbalken, die den Abstand zwischen den Jochen überbrückten. Auf diesen Rahmen wurden schwächere Rundhölzer gelegt, um den Fahrbahnuntergrund zu bilden. Eine Auflage aus Reisig und/oder eine Kies-Erde-Schüttung stabilisierten den Oberbau durch ihr Gewicht; die eigentliche Fahrbahn wurde wahrscheinlich aus darüber verlegten Brettern geschaffen. Die Breite der Fahrbahn lässt sich nur annähernd ermitteln. Sie wird kaum größer gewesen sein als der Abstand zwischen den äußeren Lotpfählen der Brücke: Selbst wenn die Holme über die Lotpfähle hinausragten, muss man für den Fahrbahnaufbau und ein möglicherweise vorhandenes Geländer entsprechende Abzüge berücksichtigen. Wesentlich schmaler dürfte die Brücke aber auch nicht gewesen sein, sodass eine Fahrbahnbreite zwischen 3,00 und 4,00 m realistisch erscheint. Damit war sie problemlos von Wagen zu befahren. Da die bisher bekannten Wagen der Latènezeit Spurbreiten zwischen 1,10 m und 1,30 m aufweisen, wäre sogar ein gleichzeitiges Befahren in Gegenrichtung denkbar. Allerdings ragten die Achsen der Wagen wohl deutlich über die Räder hinaus und hätten bei einer Breite von weniger als 3,50 m ein ungehindertes Passieren erschwert[13].

Alle Wege führten zur Amöneburg? – Die Einbindung in Siedlungslandschaft und Wegenetz

Mit einer Breite zwischen 3,00 und 4,00 m erscheint die Brücke von Kirchhain-Niederwald nicht als eine einfache Verbindung von zwei ländlichen Siedlungen. Anders als bei der römischen Brücke von Mainz-Kostheim existieren für die Mittellatènezeit keine schriftlichen Quellen, die Hinweise auf die Erbauer der Brücke und ihre Absichten bezüglich des Ausbaus des Wegenetzes enthalten. Als unwahrscheinlich darf gelten, dass der Aufwand der Erbauung und Instandhaltung der Brücke einzig auf die Initiative der Bewohner der nahe gelegenen Siedlung zurückgeht. Eher wird eine wie auch immer geartete Obrigkeit die Einbindung in den regionalen oder überregionalen Verkehr betrieben haben. Es liegt nahe, den Sitz der lokalen Machthaber auf der in Sichtweite gelegenen Amöneburg zu vermuten, für die auch eine mittellatènezeitliche Besiedlung nachgewiesen ist[14]. Obwohl die Amöneburg gern als „nördlichstes Oppidum" bezeichnet wird, lässt sich eine echte Zugehörigkeit zum keltischen Kulturkreis nicht wahrscheinlich machen. Auch die Untersuchung des Fundmaterials der Brückenfundstelle ergab keine Hinweise auf enge Verbindungen. Die Brücke selbst findet zwar ihre besten Parallelen unter den Jochpfahlbrücken mit Strebepfählen in der westlichen Schweiz, ist aber älter als die dortigen Beispiele. Angesichts der insgesamt spärlichen Belege für diese Bauweise ist es zu früh, die Entstehung und Ausbreitung dieser Technik zu beurteilen.

Doch auch bei weniger weitreichenden Kontakten muss sich der Bau und die Instandhaltung der Brücke gelohnt haben. Um die Bedeutung der Brücke und der benachbarten Siedlung besser einschätzen zu können, erfolgte eine Analyse der Besiedlungsgeschichte im lokalen Umfeld und die Untersu-

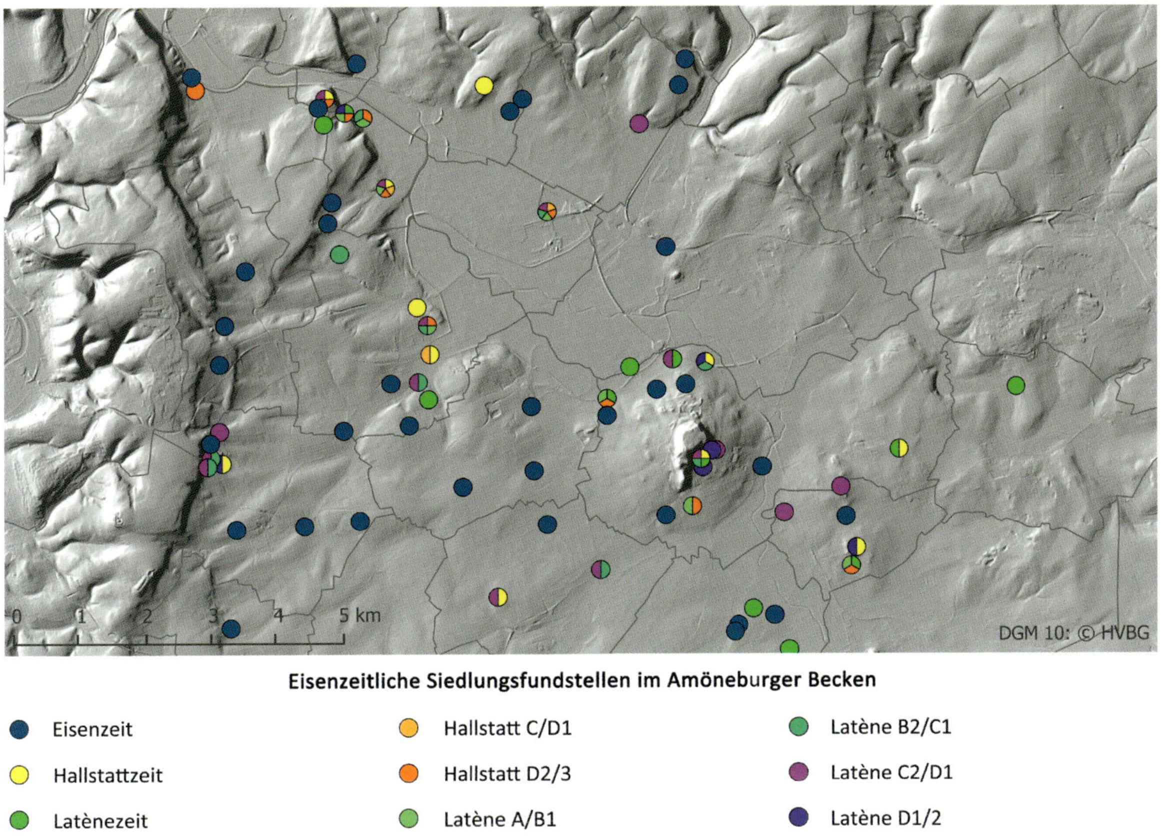

11 Kirchhain-Niederwald. Datierung der eisenzeitlichen Fundstellen im nördlichen Amöneburger Becken (Kartengrundlage: DGM 10: HVBG; Grafik: E. Lehnemann, hA).

chung eines möglichen Wegenetzes im regionalen Umkreis. Insgesamt ist unser Bild von der mittellatènezeitlichen Siedlungslandschaft in Mittel- und Nordhessen noch recht dürftig. Dies ist nicht zuletzt darauf zurückzuführen, dass die Keramikformen jener Zeit hier oft fließende Übergänge zu den vorangehenden früh- und nachfolgenden spätlatènezeitlichen Stufen zeigen. Nachdem in Kirchhain-Niederwald große Mengen mittellatènezeitlicher Keramik die Kenntnis der vertretenen Typen erweitert haben, wurden im Zuge des DFG-Projekts alle eisenzeitlichen Fundstellen des Amöneburger Beckens und der nördlich anschließenden Ausläufer des Burgwaldes einer erneuten Prüfung unterzogen. Dabei konnte ein Drittel der bekannten Fundstellen genauer datiert werden. Bei zehn Siedlungsplätzen gelang der Nachweis mittellatènezeitlicher Formen, die zuvor nicht als solche erkannt worden waren. Auf der Grundlage der Beurteilung aller ländlich geprägten eisenzeitlichen Siedlungen wurde danach der Versuch unternommen, eine Entwicklung der Besiedlung des Amöneburger Beckens im Lauf der Eisenzeit festzustellen. Neben der räumlichen Verbreitung der Fundstellen wurden mögliche Standortfaktoren ins Visier genommen, welche die Platzwahl beeinflusst haben können, darunter die Hanglage (Neigung und Ausrichtung), die Böden sowie die Nähe zu einem Gewässer.

Trotz der relativ großen Anzahl von 125 Siedlungsplätzen ist es schwierig, Entwicklungen innerhalb der Eisenzeit aufzuzeigen: Zu viele Siedlungen sind bislang ausschließlich aufgrund von Lesefunden bekannt und lassen sich nur allgemein der Eisenzeit zuordnen. Zusammen mit den Siedlungen, die zwar als hallstatt- oder latènezeitlich identifiziert werden konnten, aber keine feinere Datierung erlauben, sind es rund zwei Drittel der untersuchten Fundstellen, die sich nicht für eine abgestufte Darstellung der Besiedlungsentwicklung eignen (Abb. 11). Tendenzen werden dennoch sichtbar: Aus dem nördlichen Amöneburger Becken, das stark durch die breite Niederung der Ohm geprägt wird, sind bis heute keine urnenfelderzeitlichen Siedlungen bekannt. Mit Beginn der Hallstattzeit wuchs die Anzahl der Siedlungen in diesem Bereich rasch an und erreichte einen Höhepunkt am Übergang von der Hallstatt- zur Frühlatènezeit. Dieser Stand gilt auch noch für die Mittellatènezeit, mit deren Ende jedoch die Zahl der Siedlungen wieder leicht zurückging.

Dass die Siedlung von Kirchhain-Niederwald in ein lokales Wegenetz eingebunden gewesen sein muss, steht außer Frage. Ihre Abmessungen weisen jedoch auf eine zumindest regionale Bedeutung hin. Für den Bereich des Amöneburger Beckens gibt es nur wenige Vorschläge zum Verlauf vorgeschichtlicher Wege und keine der postulierten Strecken führt durch die breite Ohmniederung[15]. Die traditionellen Methoden der Altwegeforschung beruhen auf der Annahme, dass die Haupt- und Fernwege stets über Höhen, Geländerücken und hochwasserfreie Terrassen verlaufen. Habe man unbedingt ein Tal oder eine Niederung durchqueren müssen, so lautet die verbreitete Ansicht, sei eine möglichst schmale Stelle gewählt worden[16]. Nur vereinzelt wurde gefordert, den Talwegen eine größere Bedeutung zuzumessen[17]. Die geschilderten geowissenschaftlichen

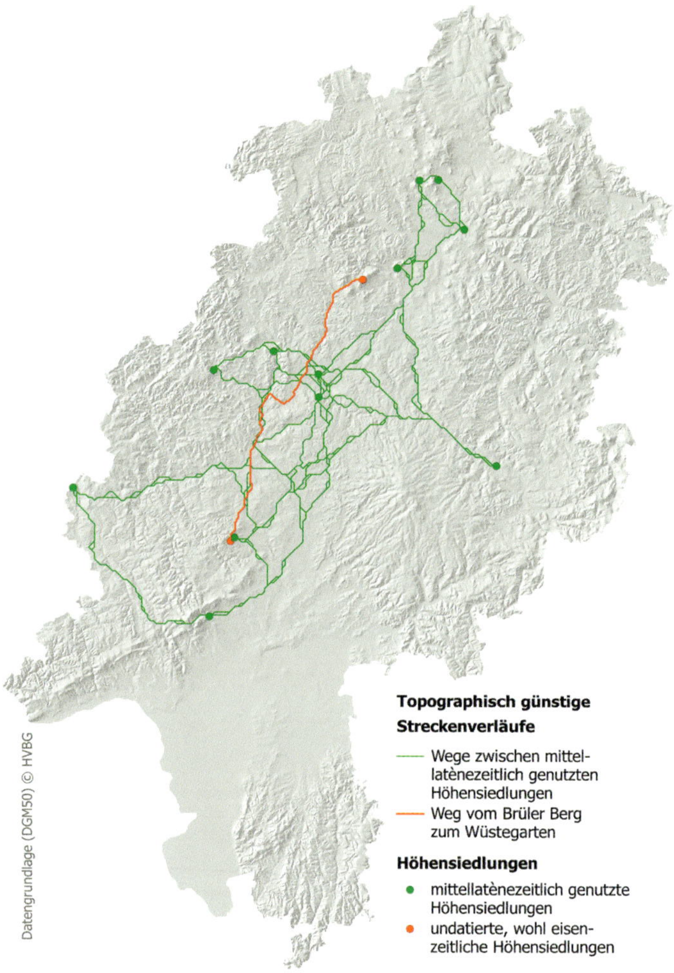

12 Kirchhain-Niederwald. Topografisch günstige Streckenführungen zwischen mittellatènezeitlich genutzten Höhensiedlungen (Kartengrundlage: DGM 50: HVBG; Grafik: E. Lehnemann, hA).

Ergebnisse weisen im engeren Untersuchungsgebiet von Kirchhain-Niederwald auf einen über größere Flächen relativ ebenen und keineswegs sumpfigen Talgrund hin, der schnell zu queren war. Der Fund der Brücke selbst zeigt, dass auch Flüsse dabei keine Hindernisse darstellten. Diese Hinweise belegen eindrucksvoll, dass der These zu den Talwegen intensiver nachgegangen werden muss. Im Rahmen des Projekts suchten wir daher Methoden anzuwenden, die eine geeignete Ergänzung zur herkömmlichen Vorgehensweise der Wegeforschung bieten.

Eine seit einigen Jahren etablierte Methode ist die sog. least-cost-path-Analyse, in deren Rahmen auf der Grundlage des Reliefs (und wahlweise weiterer Faktoren) der „kostengünstigste" Weg zwischen zwei Punkten berechnet werden kann. Die Kosten betreffen, abhängig vom verwendeten Algorithmus, entweder den Zeitaufwand oder den Kalorienverbrauch. Die für unsere Analyse verwendete Formel[18] bezieht sich auf den Zeitaufwand eines Fußgängers. Sie berücksichtigt neben dem Grad der Hangneigung auch die Richtung, in die der Weg führt, und unterscheidet so zwischen ebenem Gelände, sanft abfallenden Hängen, steil abfallenden Hängen und bergauf verlaufenden Wegstücken. Dadurch können sich für Hin- und Rückweg zwischen zwei Orten durchaus unterschiedliche Routen ergeben.

Um ein erstes Modell eines möglichen regionalen Wegenetzes zu erstellen, wurden als Start- und Zielpunkte Höhensiedlungen in Hessen eingesetzt, von denen mittellatènezeitliches Fundmaterial bekannt geworden ist. Es wurde der Weg von jeder Höhensiedlung zu jeder Höhensiedlung berechnet (Abb. 12). Dabei bezogen wir ausschließlich das Relief, aber keine weiteren Faktoren wie die Beschaffenheit des Bodens oder Hindernisse etwa in Form von Flüssen mit ein. Auch wenn unsere Untersuchungen gezeigt haben, dass sich in manchen Bereichen das Relief veränderte, ist Letzteres doch die beste Grundlage für die Berechnungen. So hat die Untersuchung für Kirchhain-Niederwald ergeben, dass das moderne Kartenmaterial ein Gewässernetz wiedergibt, das durch anthropogene Eingriffe, vorwiegend seit dem Mittelalter und verstärkt in der Neuzeit, deutlich von den vorgeschichtlichen Wasserläufen abweichen kann. Die Beschaffenheit des Bodens übt im Allgemeinen nur saisonal bzw. witterungsbedingt einen größeren Einfluss auf die Gangbarkeit eines Weges aus; außerdem zeigt das Beispiel der Brücke, dass es zumindest stellenweise Unternehmungen gab, das Wegenetz auszubauen und unabhängig von solchen Einflüssen reisen zu können.

Das errechnete Wegenetz zeigt allein schon aufgrund des geringeren Aufwandes für überwiegend eben verlaufende Strecken und die Vermeidung von steilen Auf- und Abstiegen eine klare Bevorzugung von Talwegen. Insofern bildet die least-cost-path-Analyse eine wertvolle Ergänzung zu den höhenweglastigen Modellen der traditionellen Wegeforschung. Ergeben sich bei ihrer Anwendung auch Strecken, die über die Brücke – das einzige sicher bekannte Stück eines Weges – führen? Tatsächlich ist bei der Berechnung eine hypothetische Route entstanden, die nahe der Brücke durch die breite Ohmniederung – allerdings in NW-SO-Richtung – verläuft, wohingegen die Brücke auf eine NNO-SSW-Verbindung hindeutet. Gerade in der Region nördlich der Brücke fehlt es jedoch an mittellatènezeitlichen Höhensiedlungen, die als Zielpunkte eingesetzt werden könnten. Aus diesem Grund wurde eine bisher undatierte, wahrscheinlich eisenzeitliche Höhensiedlung (der Wüstegarten bei Haina-Dodenhausen, Lkr. Waldeck-Frankenberg) für zusätzliche Berechnungen verwendet, woraus sich eine Wegeführung ergab, die genau über das Siedlungsareal westlich der Brücke zieht (Abb. 13). Weitere Untersuchungen müssen zeigen, ob es sich hier um einen glücklichen Zufall handelt oder ob die Ergebnisse der least-cost-path-Analyse verlässlich auf Korridore hinweisen, die den tatsächlichen Streckenverläufen zumindest sehr nahekommen.

Es ist zu erwarten, dass mit einer zunehmenden Verdichtung der Datengrundlage eine genauere Rekonstruktion der Besiedlungsentwicklung und des

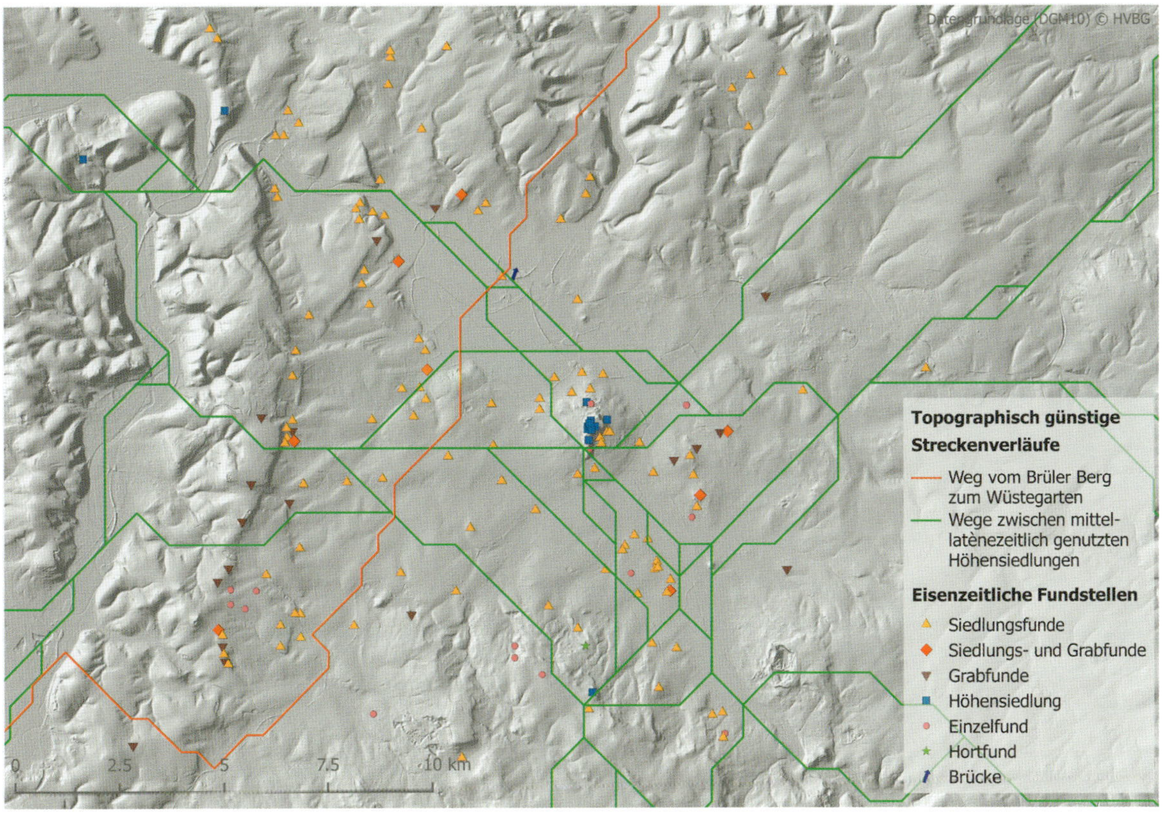

13 Kirchhain-Niederwald. Verlauf der berechneten Strecken in Bezug zu den eisenzeitlichen Fundstellen im Amöneburger Becken (Kartengrundlage: DGM 10: HVBG; Grafik: E. Lehnemann, hA).

Wegenetzes möglich sein wird. Notwendig sind auf archäologischer Seite z. B. feinere Datierungen der Fundstellen, Informationen über die Ausdehnung, Bebauung, Einwohnerzahlen und wirtschaftlichen Grundlagen der Siedlung. Begleitende geomorphologische und archäobotanische Untersuchungen zu Geländeaufschlüssen und Grabungen können weitere Daten zu Relief- und Landschaftsveränderungen liefern, die auch zu einem besseren Verständnis siedlungsgeschichtlicher Prozesse führen.

Eine Brücke überschreiten

Der vorliegende Beitrag zeigt methodische Parallelen zwischen der Untersuchung der eingangs erwähnten spätantiken Mainbrücke bei Mainz-Kostheim und derjenigen der Holzbrücke von Kirchhain-Niederwald auf. So wurden bei beiden Bauwerken mithilfe der Dendrochronologie die Erbauungszeit sowie eine Reparaturphase fast jahrgenau bestimmt. Doch die typologische Einordnung und die bauliche Rekonstruktion der römischen Brücke fallen vor dem Hintergrund zahlreicher z. T. noch existierender Vergleichsbeispiele aus dem Römischen Imperium deutlich leichter als bei der hier vorgestellten latènezeitlichen Brücke, da man in diesem Fall nur auf wenige Parallelen – überwiegend aus dem Westschweizer Seengebiet – zurückgreifen kann. Beide Flussübergänge geben auch den Anstoß zu weiterführenden Studien bezüglich einer überregionalen Straßen- und Wegeführung. Während die Mainbrücke einen weiteren Mosaikstein bei der Rekonstruktion der in ihrem Verlauf recht gut bekannten rechtsrheinischen Rheintalstraße darstellt, ist die Brücke bei Kirchhain-Niederwald allerdings der bislang einzige Fixpunkt im Amöneburger Becken, der die Basis für Überlegungen zum Verlauf einer möglichen überregional bedeutsamen Talquerung in der Latènezeit bildet.

Spätestens bei der historischen Einordnung beider Bauten enden die Gemeinsamkeiten bezüglich des anwendbaren Methodenspektrums. Während E. Schallmayer die Erbauung der römischen Brücke mit der Regierungszeit von Kaiser Valentinian und dessen Bauprogramm zur Grenzsicherung mithilfe von Schriftquellen in Verbindung bringen konnte, wird die in Betracht kommende, im Amöneburger Becken während der Eisenzeit ansässige soziale Elite als Initiator des hier vorgestellten Brückenbauwerks für immer namenlos bleiben. Gleichwohl lässt das vorliegende Beispiel trotz einer ausschließlichen Beschränkung auf archäologische Quellen erkennen, dass eine tatsächlich „gleichberechtigte" interdisziplinäre Auswertung viele Aspekte aus dem Lebensumfeld vorgeschichtlicher Gesellschaften mit dem Ziel einer Rekonstruktion erhellen kann. Dies mag man als einen starken Ansporn auch für zukünftige Forschungen werten, die engen Grenzen des eigenen Fachgebietes mithilfe einer „geistigen Brücke" immer wieder zu überschreiten.

Anmerkungen

1 E. Schallmayer, ... *per nota itinera gradu celeri contendere?* – Über bekannte Strecken schnell marschieren? Hessen-Arch. 2011 (2012) 109–117.

2 Ch. Meiborg/R.-J. Braun/E. Lehnemann/R. Urz, Eine latènezeitliche Siedlung am Fluss – Ausgrabungen 2009–2012 in Kirchhain-Niederwald. Hessen-Arch. 2012 (2013) 74–78.

– Ch. Meiborg, Die keltische Brücke von Kirchhain-Niederwald. Erste Ergebnisse der Ausgrabung von 2009. In: Archäologie der Brücken – Archaeology of Bridges, hrsg. von Bayerischer Gesellschaft für Unterwasserarchäologie (Regensburg 2011) 31–36. – Dies., Fundort Kiesgrube: Die keltische Brücke von Kirchhain-Niederwald, Hessen. Die Ergebnisse der dendrochronologischen Untersuchungen und der ^{14}C-Datierungen. In: C. Tappert/Ch. Later/J. Fries-Knoblach/P. C. Ramsl/P. Trebsche/St. Wefers/J. Wiethold (Hrsg.), Wege und Transport. Beiträge zur Sitzung der AG Eisenzeit während der 80. Verbandstagung des West- und Süddeutschen Verbandes für Altertumsforschung e. V. in Nürnberg 2010. Beitr. Ur- u. Frühgesch. Mitteleuropa 69 (Langenweißbach 2012) 49–59.

3 u. a. R. Urz, Jung-Quartär im Auenbereich der mittleren Lahn. Stratigraphische und paläontologische Untersuchungen zur Rekonstruktion vergangener Flusslandschaften (Marburg/Lahn 1995). – J. Wunderlich, Palökologische Untersuchungen zur spätglazialen und holozänen Entwicklung im Bereich der Hessischen Senke – ein Beitrag zur internationalen Global Change-Forschung. Unveröff. Habilitations-Schr. Univ. Marburg/Lahn 1998.

4 R. Urz/K. Röttger/H. Thiemeyer, Von der Natur- zur Kulturlandschaft – Das mittlere Lahntal (Hessen) in vor- und frühgeschichtlicher Zeit. Germania 80, 2002, 269–293.

5 R. Urz, Geo- und biowissenschaftliche Untersuchungen im Umfeld der keltischen Flussbrücke in der Ohmniederung bei Kirchhain-Niederwald. Ber. Komm. Arch. Landesforsch. Hessen 10, 2008/09, 167–172.

6 Allgemein gegen Wegeführungen durch Niederungen vgl. z. B. G. Landau, Historisch-topographische Beschreibung der wüsten Ortschaften im Kurfürstenthum Hessen und in den großherzoglich hessischen Antheilen am Hessengaue, am Oberlahngaue und am Ittergaue (Kassel 1858, Nachdruck Vellmar 1999) bes. 14. – H. Nicke, Vergessene Wege. Das historische Fernwegenetz zwischen Rhein, Weser, Hellweg und Westerwald, seine Schutzanlagen und Knotenpunkte. Land u. Gesch. zwischen Berg, Wildenburg u. Südwestfalen 9 (Nümbrecht 2001) bes. 7; 13–19. – W. Gerking, Alte Wege und neue Straßen in Ostlippe. Eine geographisch-archäologische und historische Studie zur Erforschung alter Wege und zur Entwicklung des Verkehrsnetzes im 19. Jahrhundert. Siedlung u. Landschaft Westfalen 39 (Münster 2013) bes. 1. – Zum Amöneburger Becken siehe: K. Schumacher, Beiträge zur Topographie und Geschichte der Rheinlande III. Mainzer Zeitschr. 7, 1912, 68–81 bes. 73 f. – G. Wolff, Die geographischen Voraussetzungen der Chattenfeldzüge des Germanicus. Zeitschr. Ver. hess. Gesch. u. Landeskde. 50 (N. F. 40), 1917, 52–123 bes. 103 u. Beil. – A. Schneider, Die vor- bis spätmittelalterlichen Verkehrswege des Amöneburger Beckens. Amöneburger Bl. 26, H. 4, 2012, bes. 2 u. Beil.

7 Die pollenanalytischen Untersuchungen wurden von A. Stobbe und L. Bringemeier, Goethe-Univ. Frankfurt a. M., durchgeführt. Untersuchungen botanischer Makroreste erfolgten durch R. Urz, Marburg. Die Analysen von Nutztierdung verdanken wir L. Wick und M. Kühn, Basel. Eine detaillierte Darstellung der archäobotanischen Ergebnisse ist der in Vorbereitung befindlichen Abschlusspublikation vorbehalten.

8 Viehtritt ist im tonigen Untergrund der Brücke zahlreich erhalten. Belegt sind Hufabdrücke von Rindern und Pferden, siehe Ch. Meiborg, Vorbericht zu den Ausgrabungen einer latènezeitlichen Brücke in der Kiesgrube von Kirchhain-Niederwald, Mittelhessen. Ber. Komm. Arch. Landesforsch. Hessen 10, 2008/09, 153–166.

9 Ausführlich zu den Ergebnissen der dendrochronologischen Untersuchung vgl. Ch. Meiborg, Fundort Kiesgrube: Die keltische Brücke von Kirchhain-Niederwald, Hessen. Die Ergebnisse der dendrochronologischen Untersuchungen und der ^{14}C-Datierungen. In: Tappert/Later/Fries-Knoblach u. a. (Anm. 2) 49–59.

10 Vgl. z. B. D. Pillonel/G. Reginelli Servais, Eisenzeitliche Pfahljochbrücken über die Zihl und die Broye (Schweiz). Zeichnerische Dokumentation und Bauweisen. In: Archäologie der Brücken (Anm. 2) 23–30 bes. 24 Abb. 2.

11 P. Jud, Keltische Brücken – Verkannte Monumente. In: La Tène. Die Untersuchung – Die Fragen – Die Antworten. Die Publikation zum Stand der Forschung und ihrer Geschichte [Ausstellungskat. Biel] (Biel 2007) 78–85.

12 Vgl. z. B. K. Saatmann/E. Jüngst/P. Thielscher, Caesars Rheinbrücke. Bonner Jahrb. 143/144, 1938/39, 83–208. – P. Jud, Keltische Brücken – Verkannte Monumente. In: La Tène (Anm. 11) 78–85.

13 M. Schönfelder, Das spätkeltische Wagengrab von Boé (Dép. Lot-Et-Garonne): Studien zu Wagen und Wagengräbern der jüngeren Latènezeit. Monogr. RGZM 54 (Mainz 2002) bes. 158–160.

14 Nach freundl. Mitt. von P. Eisenach ist die mittellatènezeitliche Besiedlungsphase der Amöneburg im Fundmaterial deutlicher ausgeprägt, als bislang bekannt.

15 Schumacher (Anm. 6) 68–81 bes. 73 f. – Wolff (Anm. 6) 52–123 bes. 103 u. Beil. – Schneider (Anm. 6) bes. 2 u. Beil.

16 Vgl. z. B. Landau (Anm. 6) bes. 14. – Nicke (Anm. 6) bes. 7; 13–19. – Gerking (Anm. 6) bes. 1.

17 A. Posluschny, Von Nah und Fern? Methodische Aspekte zur Wegeforschung. In: O. Dally/F. Fless/R. Haensch/F. Pirson/S. Sievers (Hrsg.), Politische Räume in vormodernen Gesellschaften. Gestaltung – Wahrnehmung – Funktion. Internationale Tagung des DAI und des DFG-Exzellenzclusters TOPOI vom 18.–22. November 2009 in Berlin. Menschen – Kulturen – Traditionen 6 (Rahden/Westf. 2012) 113–124 bes. 117.

18 Benutzt wurde die in QGIS eingebundene Grass-GIS-Variante r.walk (accumulated anisotropic cost).

Auf den Trichter gekommen.

Eine unterrepräsentierte keramische Fundgattung aus Kirchhain-Niederwald, Lkr. Marburg-Biedenkopf

Jens Köhler, Esther Lehnemann

Einleitung

Bei der Ausschachtung der Kiesgrube bei Kirchhain-Niederwald waren 2008 die Reste einer hölzernen Brücke der mittleren Latènezeit entdeckt worden, die im Jahr darauf von der hessenARCHÄOLOGIE unter der Leitung von Dr. Christa Meiborg untersucht wurde[1]. Der ehemalige Flusslauf, über den die Brücke führte, zeichnete sich im modernen Gelände nicht ab; Brücke und Fluss waren von meterdicken Auensedimenten bedeckt.

Dem Geografen Ralf Urz gelang es, während der fortschreitenden Abbauarbeiten den Verlauf des Flusses im Gelände zu verfolgen[2]. Dabei stieß er an mehreren Stellen auf Kulturschichten an den Ufern, die große Mengen eisenzeitlicher Keramik enthielten. Aus der Masse der Funde sticht ein aufgrund seiner feinkeramischen Machart bislang singulärer Trichter aus Keramik hervor, der aus einem Uferprofil im Norden der Kiesgrube geborgen wurde (Abb. 1). Das fragmentarisch erhaltene Stück besitzt die Form einer konischen bis schwach gebauchten Schüssel mit einbiegendem Rand; der Randdurchmesser beträgt 8,0 cm. Das Unterteil zieht mit einer kantig abgesetzten Stufe ein und mündet in eine Röhre, deren Abschluss nicht mehr vorhanden ist. Die fragile, dünnwandige Ausführung der Röhre ist aber ein Indiz dafür, dass es sich hierbei nicht um den Ansatz eines Standfußes gehandelt haben kann (Abb. 2).

Die chronologische Einordnung des Trichters in eine bestimmte Zeitstufe gestaltet sich schwierig, da formal übereinstimmende Vergleichsfunde bisher nicht vorliegen. Auch die Betrachtung der mit ihm vergesellschafteten sonstigen Funde führt zu keinem diesbezüglichen Ergebnis. Die Scherben des Trichters stammen aus einer Schlämmprobe, die den muddigen Ablagerungen des Flussbetts entnommen wurde. Zusammen mit den Trichterfragmenten wurde eine Wandscherbe mit gitterförmig eingeritztem Kammstrichmuster in der Probe gefunden. Die Verzierung mag für eine (spät-)latènezeitliche Datierung sprechen. Jedoch hat sich sowohl im Brückenbereich als auch in den Abfallschichten an den Flussufern gezeigt, dass die wiederholte Verlagerung des Gewässers zu einer Umwälzung und Durchmischung des Fundmaterials geführt hatte. So befanden sich in den während der Mittel- bis Spätlatènezeit abgelagerten Sedimenten unter der Brücke stets auch hallstatt- und frühlatènezeitliche Keramikfragmente. Ebenso verhält es sich bei den Schichten des Uferprofils, aus dem der Trichter stammt.

Die Suche nach Parallelen ergab, dass keramische Trichter vor allem aus dem süddeutschen Raum bekannt geworden sind und dort in die Hallstatt- und Frühlatènezeit datieren. Im heutigen Hessen hingegen sind Trichter eine unterrepräsentierte Keramikform, zumindest nach Ausweis der zur Verfügung stehenden Literatur. In einer Zusammenstellung der bekannten Beispiele aus den späten 1980er-Jahren[3] sind nur vier Exemplare für dieses Gebiet aufgeführt. Der Trichter aus Kirchhain-Niederwald bietet nun den Anlass, diese Fundgruppe wieder ins Gedächtnis zu rufen.

Quellenkritik und Typeneinteilung

Die Suche in verschiedenen Literaturquellen nach keramischen Objekten mit trichterartiger Form oder nach „bodenlosen" Gefäßen[4] erbrachte eine Gesamtanzahl von 92 Objekten, die sich auf 62 Fundorte verteilen (Abb. 3). Bei der Sichtung des Materials fiel auf, dass die Objekte oft sehr kleinteilig vorliegen, was besonders die Zuweisung zu bestimmten Formtypen erschwert. Fehlt der Boden bzw. die Tülle, sind sie kaum von anderen Gefäßformen zu unterscheiden. Ihr Erscheinungsbild entspricht dann eher dem eines Schalenfragmentes.

57 Objekte können anhand ihrer Form Gruppen zugeordnet werden. Dies entspricht einem Anteil von 62 %, wodurch eine solide statistische Basis für die weitere Auswertung gegeben ist. Zieht man Zufallsfunde in Form von Lese- oder Streufun-

1 Keramiktrichter. Gesamtansicht (A) und Tüllendetail (B) des Fundobjektes aus Kirchhain-Niederwald (Fotos: R.-J. Braun, hA).

2 Keramiktrichter. Zeichnerische Darstellung des Trichters aus Kirchhain-Niederwald (Zeichnung: B. Kaletsch, hA).

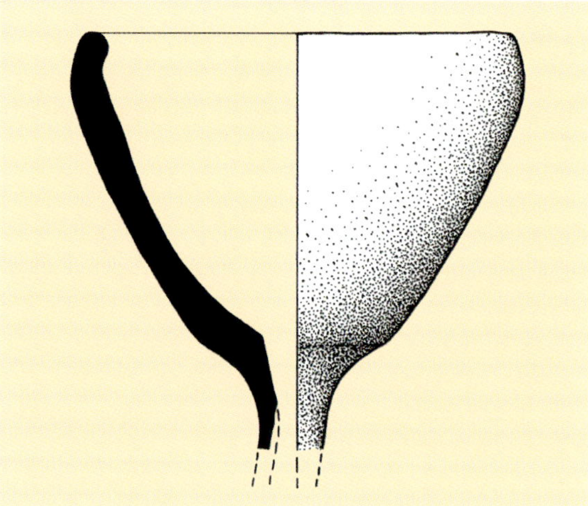

den ohne konkreten archäologischen Kontext ab, bleiben 53 Trichterobjekte aus Siedlungsbefunden übrig. Annähernd 90 % dieser Fundstücke wurden aus Abfallgruben oder Grubenhäusern geborgen. Mit Ausnahme des Stückes aus Hügel 4 von Frielendorf-Allendorf (Schwalm-Eder-Kreis; s. Liste Nr. 48) liegen keine Trichter aus Grabinventaren vor. Dies bedeutet, dass die Objekte dieser Fundgruppe einem haus- und/oder handwerklichen Kontext zuzuordnen sind.

3 Keramiktrichter. Fundstellenverteilung (Kartengrundlage: U.S. Geological Survey; Grafik: E. Lehnemann).

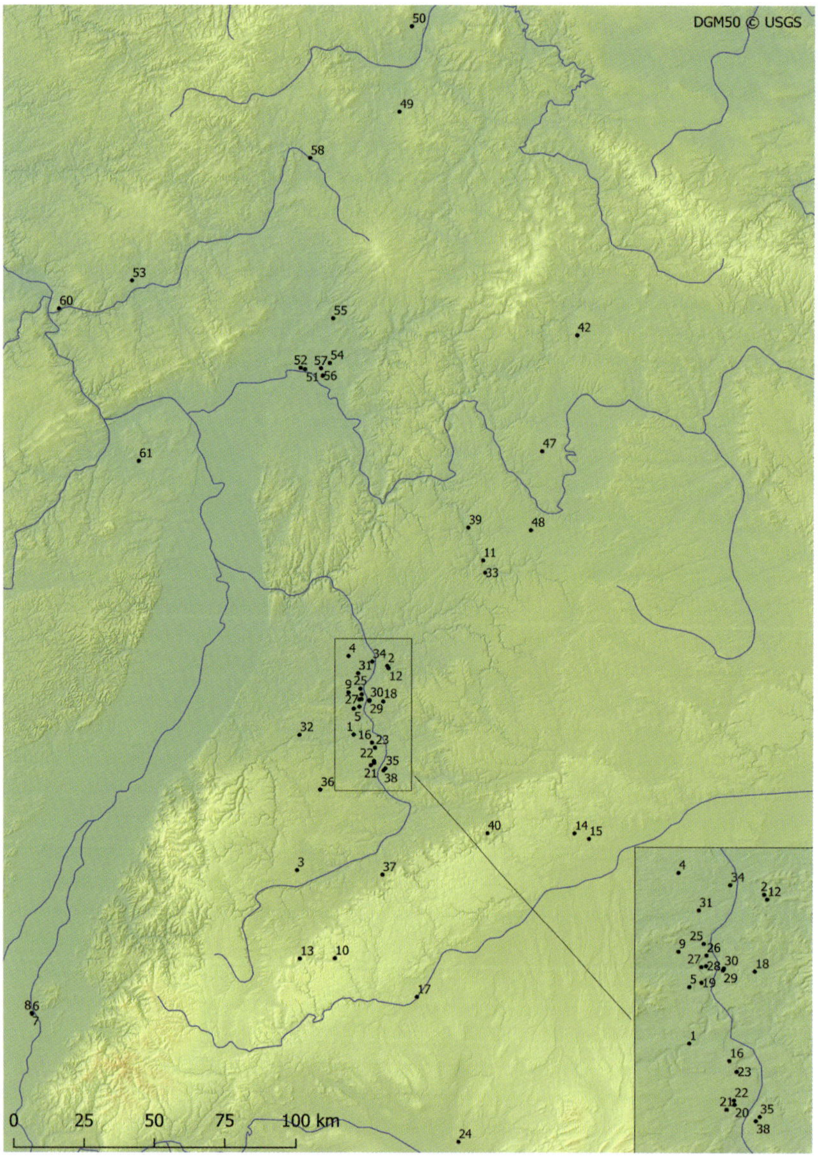

Die hier vorgenommene Gruppeneinteilung basiert auf unterschiedlichen Kombinationen von Gefäßmerkmalen (Abb. 4). Zu diesen gehören die Randausformung, der Gesamtverlauf der Wandung und die Gestaltung der Tülle. Die Differenzierung von Untergruppen erfolgt bei regelhafter Abweichung eines Merkmals.

Merkmalgruppe I (Abb. 4A) ist definiert durch einen gerundeten Rand, der deutlich nach innen zieht. Dieser geht über in einen geschwungenen oder halbkugeligen Körper, der wiederum in eine ungegliederte Tülle ausläuft. Diese Trichter werden hier aufgrund ihres Erscheinungsbildes als „Schalentrichter" bezeichnet und folgen gängigen Gefäßmorphologien der Eisenzeit. Es handelt sich um die zahlenmäßig kleinste Gruppe mit den am stärksten fragmentierten Exemplaren. Lediglich der Trichter aus Kirchhain-Niederwald (s. Liste Nr. 57) gibt aufgrund seiner annähernden Vollständigkeit (Abb. 1–2) einen visuellen Eindruck. Die geringe Objektzahl in dieser Kategorie von Trichtern erlaubt keine weitergehenden Schlüsse. Der momentane Datierungsspielraum reicht dabei von der Späthallstatt- bis in die Mittel-/Spätlatènezeit.

Merkmalgruppe II (Abb. 4B) dagegen ist mit einer größeren Fundzahl und mit besser erhaltenen Gefäßen im archäologischen Material präsent. Die Trichter dieser Gruppe verfügen über einen gerundeten und einfach aufgestellten Rand, der Körper ist steilwandig, seltener leicht geschwungen. Aufgrund unterschiedlicher Gestaltung der Gefäßunterseite können zwei Untergruppen gebildet werden: Trichter der Untergruppe IIa weisen eine Tülle, meist in ungegliederter Form, auf. Objekte der Untergruppe IIb hingegen besitzen keine Tülle, sondern nur eine unterschiedlich große Durchlochung des Bodens. Die jeweilige Anzahl verteilt sich auf beide Untergruppen annähernd gleich. Zur Chronologie lässt sich feststellen, dass Untergruppe IIb tendenziell eine ältere typologische Ausformung darstellt, wie das Beispiel aus Hanau „Lehrhofer Heide" (Liste Nr. 55) aus einem urnenfelderzeitlichen Kontext nahelegt[5]. Trichter der Untergruppe IIa dagegen datieren überwiegend in die Hallstattzeit.

Merkmalgruppe III der Keramiktrichter (Abb. 4C) ist durch eine außen stark abgeschrägte Randlippe gekennzeichnet. Diese Abschrägung in einem Winkel von rund 45° ist nicht durch den Herstellungsprozess bedingt. Die abgeriebenen und abgeschabten Oberflächen in diesem Bereich verweisen auf eine sekundäre Abnutzung, die Hinweise auf die Funktion geben könnte. Die Ausformung der Gefäßkörper dieser „Schrägrandtrichter" ist weniger einheitlich: Neben konischen oder steilen Wandungen treten auch z. T. ausgesprochen geschwungene Formen auf. Die unterschiedliche Ausformung des Gefäßbodens führt wiederum zur Bildung von zwei Untergruppen. In Untergruppe IIIa sind Gefäße mit

Tülle vereinigt. Sie bildet die quantitativ größte Gruppe aller Trichter. Chronologische Nachweise stammen bereits aus der frühen Hallstattzeit, der zeitliche Schwerpunkt liegt allerdings eindeutig in der Frühlatènezeit. Untergruppe IIIb umschreibt Trichter ohne Tülle. Sie sind zahlenmäßig weniger stark vertreten und die Beispiele bleiben auf ältereisenzeitliche Kontexte beschränkt.

Datierung

Die archäologische Bearbeitung der Keramiktrichter führte zur Unterscheidung von drei typologischen Gruppen, die anhand einzelner Merkmalskombinationen definiert wurden. Obwohl sicherlich nicht sämtliche existierende Objekte im Rahmen dieser Bearbeitung erfasst wurden, zeichnet sich bei den aufgenommenen Exemplaren eine chronologische Staffelung ab. Die Trichter der Merkmalgruppe II mit einer eher konischen Erscheinungsform und gering ausgeprägter Tülle stehen aufgrund ihrer ältereisenzeitlichen Datierung am Anfang der Entwicklungslinie, wobei es durchaus Hinweise auf Vorgängerformen gibt. Die „Schalentrichter" der Merkmalgruppe I bilden eine Art Übergangsform zwischen der späten Hallstatt- und frühen Latènezeit; allerdings birgt die geringe Objektzahl gewisse Unsicherheiten bezüglich der zeitlichen Einordnung. Die Merkmalgruppe III mit ihren stark geschwungenen Gefäßkörpern gehört in die Frühlatènezeit und damit an das Ende der eisenzeitlichen Trichterentwicklung. Darüber hinaus wurde im Rahmen der Bearbeitung deutlich, dass einzelne Merkmale möglicherweise mit unterschiedlichen Funktionen in Verbindung gebracht werden können. Dies betrifft zum einen alle Trichter ohne Boden und zum anderen die „Schrägrandtrichter".

Verbreitung

Nur diejenigen Trichterfunde, die ausreichend gut erhalten waren, um sie einer der Formengruppen zuzuweisen, wurden in deren Kartierung aufgenommen. Auch sonst erhebt die vorgenommene Kartierung keinen Anspruch auf Vollständigkeit. Es ist davon auszugehen, dass manch ein bereits geborgener Trichter nicht als solcher erkannt wurde; es wäre daher wünschenswert, wenn Indizien wie abgeschrägte und vor allem abgeriebene Ränder bei künftigen Bearbeitungen berücksichtigt würden. Das Verbreitungsbild wird sich dann sicherlich noch verändern bzw. verdichten. Die Kartierung der Formengruppen zeigt, dass sie sowohl südlich als auch nördlich des Mains vertreten sind, sich für die Formengruppen II und III aber unterschiedliche Verbreitungsschwerpunkte ergeben (Abb. 5).

Formengruppe I, zu der auch der Trichter aus Kirchhain-Niederwald zählt, ist bisher mit nur vier Exemplaren vertreten, die zwischen Mittelhessen und dem nördlichen Baden-Württemberg streuen. Die Gruppe II weist einen deutlichen Schwerpunkt nördlich des Mains auf. Zwei „Ausreißer" liegen vom Münsterberg bei Breisach (Lkr. Breisgau-Hochschwarzwald) und von der Heuneburg bei Herbertingen-Hundersingen (Lkr. Sigmaringen) vor. Die Untergruppen IIa und IIb umfassen jeweils sechs Exemplare.

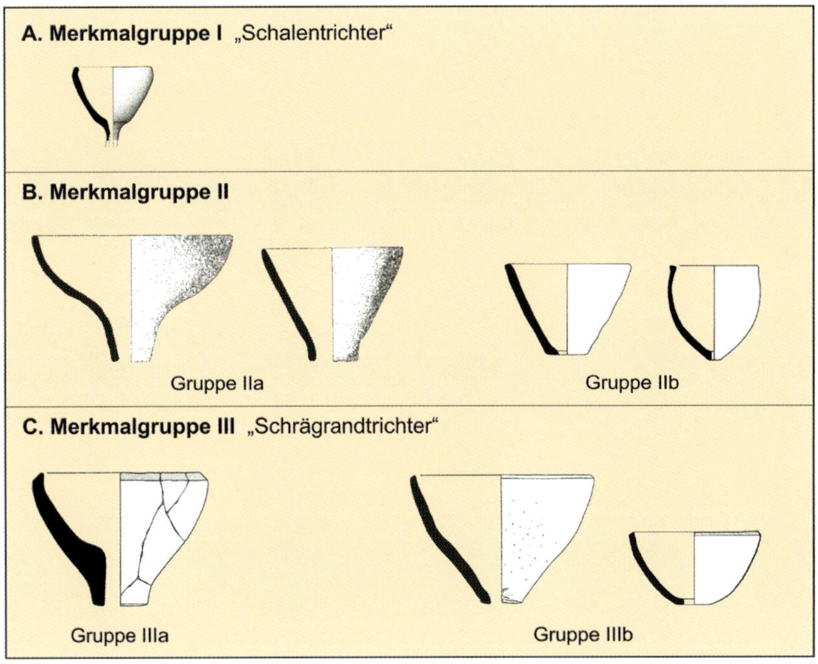

4 Keramiktrichter. Die Merkmalgruppen (Grafik: J. Köhler).

Die am häufigsten vorkommende Formengruppe III ist mit Ausnahme von zwei Exemplaren aus Unterpleichfeld (Lkr. Würzburg) nur südlich des Mains vertreten. Eine besonders auffällige Häufung der Fundpunkte zeigt sich im mittleren Neckarraum, was allerdings mit hoher Wahrscheinlichkeit auf den Forschungsstand zurückzuführen ist: In Baden-Württemberg hat die Fundgattung der keramischen Trichter insgesamt größere Aufmerksamkeit erfahren und besonders aus dem Landkreis Heilbronn sind diese Formen bei der Auswertung der hallstatt- und latènezeitlichen Siedlungsfunde[6] bekannt geworden. Mit 25 Belegen kommt die Untergruppe IIIa wesentlich häufiger vor als die mit sechs Exemplaren vertretene Untergruppe IIIb. Fünf dieser sechs Beispiele stammen zudem von einer einzigen Fundstelle (auf der Grenze zwischen den Gemarkungen Wolkshausen und Rittershausen, beide Gde. Gaukönigshofen, Lkr. Würzburg).

Funktion

Obwohl das Verbreitungsbild auf regional unterschiedliche Ausprägungen desselben Keramiktyps schließen lässt, stellt sich die Frage, ob die verschiedenen Formen durch funktionale Unterschiede bedingt sind. Der Trichter aus Kirchhain-Niederwald hebt sich, wie eingangs erwähnt, durch seine besonders feine Machart und die durch einen geringen Durchmesser gekennzeichnete Tülle von den meisten anderen Trichtern ab. Es konnten folglich nur feinkörnige oder flüssige Substanzen in relativ geringer Menge durch ihn hindurchrieseln oder -fließen. Angesichts der im Rahmen der

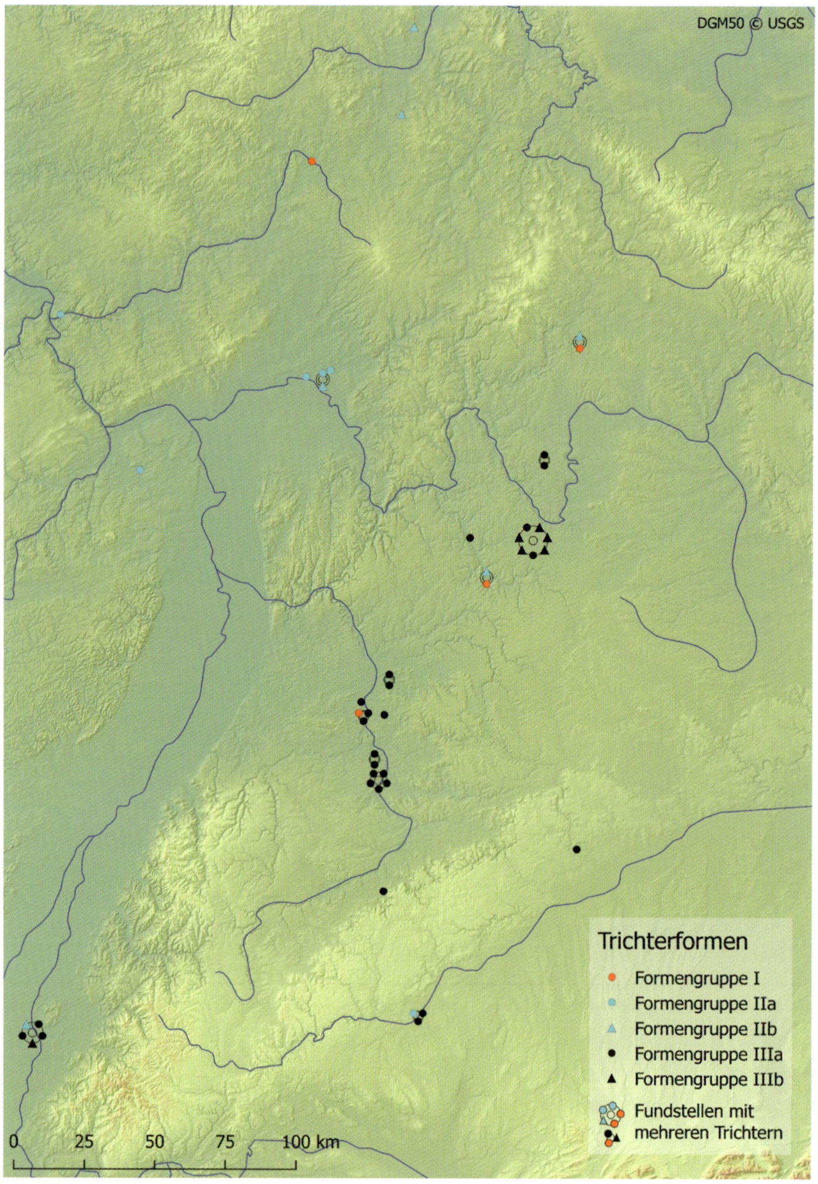

5 Keramiktrichter. Verbreitungskarte, geordnet nach Merkmalgruppen (Kartengrundlage: U.S. Geological Survey; Grafik: E. Lehnemann).

archäobotanischen Untersuchungen festgestellten Bedeutung des Leins im Umfeld der Siedlung von Kirchhain-Niederwald diente der Trichter möglicherweise zum Abfüllen von Öl. Auf naturwissenschaftliche Untersuchungen etwaiger Rückstände auf der Innenseite des Trichters wurde wegen der geringen Erfolgsaussichten verzichtet. Aufgrund des fragmentierten Zustandes war nicht rechtzeitig erkannt worden, dass es sich um einen Trichter handelte, sodass die Scherben bereits gereinigt waren. Aber auch die Lage im Uferbereich des ehemaligen Flussbetts hat wohl dazu beigetragen, mögliche Rückstände weitgehend fortzuspülen. Hier bleibt nur die Hoffnung auf künftige Funde, bei denen die Umstände eine Analyse von Nutzungsspuren im Inneren erlauben.

Für die tüllenlosen Trichter, d. h. die Objekte der Untergruppen II und IIIb, könnte ein Gebrauch im Rahmen der Pechsiederei infrage kommen. Pech ist als „Alleskönner" zum Kleben und Abdichten (Kalfatern, Flicken von Keramikgefäßen usw.) seit dem Mesolithikum nachweisbar. Es wird durch Pyrolyse aus Holz und Holzrinde, z. B. von Birke oder Kiefer, gewonnen. Dieser Vorgang bezeichnet die thermochemische Spaltung organischer Verbindungen, ohne dass dafür zusätzlicher Sauerstoff notwendig ist. Er wird auch als Trockendestillation bezeichnet. Neben der Produktion von Pech in größerem Umfang in Becken oder Wannen („Teergrubenmeiler") gibt es auch die Möglichkeit, geringere Mengen herzustellen, die den eigenen häuslichen Bedarf leicht decken. Beschrieben wird hier das sog. Doppeltopf-Verfahren, das vor allem in Form ostdeutscher Funde und Befunde seit dem 6. Jahrhundert n. Chr.[7] nachgewiesen ist. Dabei wird ein Sammel- oder Auffanggefäß (Abb. 6,2) in eine Erdgrube (Abb. 6,3) gestellt. Auf dessen Mündung setzt man ein zweites, mit einem Deckel verschlossenes Gefäß, dessen Boden eine große Durchlochung oder mehrere kleinere Löcher aufweist (Abb. 6,1). In diesen Behälter, auch Reagenzgefäß genannt, werden das Holz und die Rinde eingebracht. Eine Lehmpackung, die das Reagenzgefäß komplett umgibt, sorgt für den notwendigen Luftabschluss (Abb. 6,4). Um diese „Apparatur" wird ein Feuer entfacht, das den Pyrolyseprozess in Gang bringt. Das Kondensat tropft dann in das Sammelgefäß und kühlt sich am Boden aufgrund der Distanz zum Feuer ab. Anschließend kann das Produkt weiterverarbeitet werden. Im Reagenzbehälter bleibt Holzkohle zurück.

Die hier vorgestellten bodenlosen Trichtergefäße könnten demnach bei einer Trockendestillation verwendet worden sein. Allerdings fehlen für den Nachweis einer solchen Nutzung in der Eisenzeit nicht nur eindeutige *in-situ*-Befunde (Teergruben), sondern auch Belege wie z. B. Reste von Pech an Trichtergefäßen oder Teerverkrustungen an Sammelgefäßen.

Hinsichtlich einer funktionalen Zuweisung bietet die ungewöhnliche, sekundär entstandene Randausformung bei den Trichtern der Merkmalgruppe III Raum für Überlegungen. Denn bei einer im eigentlichen Wortsinn haushaltsüblichen Verwendung solcher Trichter sollte keine derartige Abnutzung des Randes entstehen. Die Vermutung liegt nahe, dass diese Schrägrandtrichter eine Funktion im Rahmen eines technischen Prozesses ausübten, bei dem ein Gegenstück auf den Rand des Trichters aufgesetzt wurde. Die abgeschabten Ränder deuten darauf hin, dass eine möglichst genaue Anpassung und dichte Verbindung notwendig war. Diese Passgenauigkeit konnte anscheinend nicht schon bei der Herstellung des Trichters erreicht werden, sondern musste nachträglich erfolgen oder ergab sich während der spezifischen Verwendung.

Ein Blick über den zeitlichen und kulturellen Tellerrand der Eisenzeit hinaus führt uns in das Fachgebiet des Jubilars, Prof. Egon Schallmayer, nämlich in die Provinzen des Römischen Reichs. In den Regionen Languedoc und Aquitanien (Frankreich) gelang der archäologische Nachweis von römischen Teersiedereien, die mithilfe einer Variante des oben vorgestellten „Doppeltopf-Verfahrens" Teer produziert hatten[8]. Dort wurde in die Öffnung des Sammelgefäßes ein Rost eingebracht, auf dem das Rohmaterial lag, und der Reagenzbehälter dann eng auf die Mündung des Auffanggefäßes gesetzt. Eine Öffnung im Boden des oberen Gefäßes sorgte für das Entweichen von Gasen und man verzichtete auf eine Lehmpackung. Wichtig bei dieser Variante der Teer- oder Pechgewinnung ist die feste Verbindung beider Gefäße miteinander, um den erforderlichen Luftabschluss zu gewährleisten. Könnte es möglich sein, dass bereits die eisenzeitlichen Schrägrandtrichter für diese Form der Siederei vorgesehen waren? Dies würde jedenfalls den Abrieb des Trichterrandes und die kurze Tülle erklären.

Schluss

Die Qualität typologischer Untersuchungen hängt in starkem Maße von der zur Verfügung stehenden Menge der Fundobjekte ab. Die hier angestellten Betrachtungen können demnach nur ein erster Schritt zur archäologischen Erforschung einer bislang weitgehend unbeachteten Fundgattung sein. Für eine zukünftige Erweiterung der Erkenntnisse hinsichtlich der Funktion wird es aber unabdingbar sein, Fundmaterial systematisch zu sichten und ganze Trichter oder deren Bruchstücke bei der Bergung so zu behandeln, dass die Möglichkeit zu weitergehenden naturwissenschaftlichen Analysen erhalten bleibt.

Liste der Keramiktrichter

(1) Bietigheim-Bissingen, Lkr. Ludwigsburg: „Steinäcker". Grube (Lt A), Form nicht bestimmt (n. b). Lit.: F. Klein, Siedlungsfunde der ausgehenden Späthallstatt- und frühen Latènezeit aus Württemberg (Tübingen 2004) 230 f. Kat.-Nr. 114b (Grube 4, Nr. 3) Taf. 25 B. https://publikationen.uni-tuebingen.de/xmlui/handle/10900/46237 (Zugriff: 01.11.2016). – **(2) Binswangen**, Lkr. Heilbronn. Ohne Angabe zum FO oder den FU. Lesefund; Form IIIa. Lit.: Dietrich (Anm. 3) 70 Kat.-Nr. 3 Abb. 2,3. – **(3) Bondorf**, Lkr. Böblingen: „Auf Mauren": Befundkontext (Lt A), Form n. b. Lit.: Klein a. a. O. (Liste Nr. 1) 209 f. Kat.-Nr. 39; 41 Abb. 67,19. – **(4) Bad Rappenau-Bonfeld**, Lkr. Heilbronn, „Wiege": Grubenhaus (Lt A), Form n. b. Lit.: Klein a. a. O. (Liste Nr. 1) 301 Kat.-Nr. 312 (Grube 3, Nr. 31) Taf. 88, 13. – **(5) Bönnigheim**, Lkr. Ludwigsburg: „Hirschel". Verfärbung (Ha D/Lt A), Form n. b. Lit.: Klein a. a. O. (Liste Nr. 1) 232 Kat.-Nr. 118 (Fst. 32, Nr. 3) Taf. 26 E 1. – **(6) Breisach am Rhein**, Lkr. Breisgau-Hochschwarzwald, „Münsterberg". Fundplatz 27, Rathauserweiterung, Siedlungsbefunde 1: Kegelstumpfgrube (KSG) Bef. 3/3A aus Schnitt 3 (Ha D), Form IIIb. Lit.: I. Balzer, Chronologisch-chorologische Untersuchung des späthallstatt- und frühlatènezeitlichen „Fürstensitzes" auf dem Münsterberg von Breisach (Grabungen 1980–1986). Materialh. Arch. Baden-Württemberg 84 (Stuttgart 2009) 258 Taf. 73,3. – 2: Geschichtete KSG Bef. 4/1B aus Schnitt 4 (Lt A),

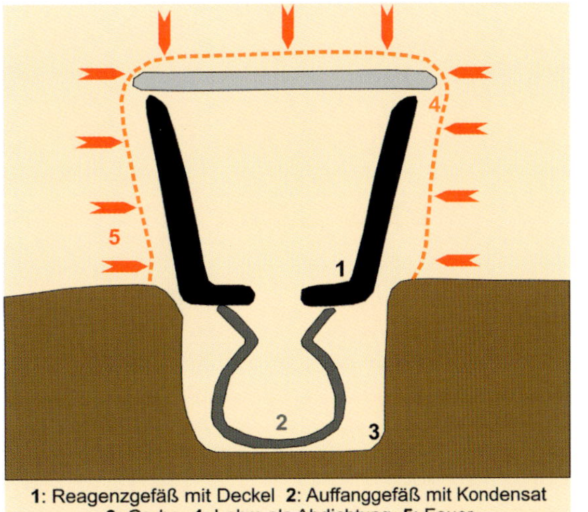

1: Reagenzgefäß mit Deckel 2: Auffanggefäß mit Kondensat 3: Grube 4: Lehm als Abdichtung 5: Feuer

6 Keramiktrichter. Schematische Darstellung der Pechherstellung im Doppeltopfverfahren (Grafik: J. Köhler).

Form II/III. Lit.: Ebd. 264 Taf. 90,1. – 3: Kastengrube Bef. 4/1A aus Schnitt 4 (Lt A?), Form IIIa. Lit.: Ebd. 264 f. Taf. 90,11. – 4: KSG Bef. 18/1C aus Schnitt 18 (Lt A), Form IIIa. Lit.: Ebd. 294 Taf. 156,1. – **(7) Breisach am Rhein**, Lkr. Breisgau-Hochschwarzwald, „Münsterberg", Kapuzinergasse: Grube Bef. 3/20 (Ha), Form IIb. Lit.: H. Bender/L. Pauli/I. Stork, Der Münsterberg in Breisach II. Hallstatt- und Latènezeit. Münchner Beitr. Vor- u. Frühgesch. 40 (München 1993) 221 Taf. 9 C 2. – **(8) Breisach am Rhein**, Lkr. Breisgau-Hochschwarzwald, „Münsterberg", Kreuzung Radbrunnenallee/Martin-Schongauer-Straße: Kesselgrube Bef. 23/10 (Lt A), Form IIIa. Lit.: Bender/Pauli/Stork a. a. O. (Liste Nr. 7) 310 ff. Taf. 56,66. – **(9) Brackenheim-Dürrenzimmern**, Lkr. Heilbronn, „Galgenhöhe": Oberflächenfund, Form n. b. Lit.: Klein a. a. O. (Liste Nr. 1) 302 Kat.-Nr. 317 (Nr. 2) Taf. 89 D. – **(10) Albstadt-Ebingen**, Zollernalbkreis, „Schnecklesfels": Lesefund aus Siedlungsbereich, Form n. b. Lit.: Klein a. a. O. (Liste Nr. 1) 376 Kat.-Nr. 589. – **(11) Bad Mergentheim-Edelfingen**, Main-Tauber-Kreis, „Häfnersgraben": Lesefund aus Siedlungsbereich (Ha-D-Kontext), Form I. Lit.: Klein a. a. O. (Liste Nr. 1) 348 f. Kat.-Nr. 509 (Nr. 4) Taf. 138 C 1. – **(12) Erlenbach, Lkr. Heilbronn,** „Viertel": Lesefund aus Siedlungsbereich (Ha-D-Kontext), Form IIIa. Lit.: Klein a. a. O. (Liste Nr. 1) 307 Kat.-Nr. 339 (Nr. 8) Taf. 95 B 8. – **(13) Herbrechtingen**, Lkr. Heidenheim: Keine Angaben zum FO, wohl aus einer Grube (Lt A?), Form IIIa. Lit.: Dietrich (Anm. 3) 73 Kat.-Nr. 8 Abb. 3,8. – **(14) Hermaringen**, Lkr. Heidenheim, „Taublingen": Oberflächenfunde, Form n. b. Lit.: Klein a. a. O. (Liste Nr. 1) 360 Kat.-Nr. 539. – **(15) Freiberg-Heutingsheim**, Lkr. Ludwigsburg, „Steige": Befundzusammenhang (Ha-D-Kontext?), Form IIIa. Lit.: Klein a. a. O. (Liste Nr. 1) 249 Kat.-Nr. 136 (Nr. 7) Taf. 30 D 2. – **(16) Herbertingen-Hundersingen**, Lkr. Sigmaringen, „Höhensiedlung Heuneburg": Funde nicht stratifiziert. Lit.: H. van den Boom, Keramische Sondergruppen der Heuneburg. Römisch-Germanische Forsch. 47 = Heuneburgstud. 7 (Mainz 1989) 72 f. – 1: Kat.-Nr. 907, Form II/III.

Lit.: Ebd. – 2: Kat.-Nr. 908, Form IIIa. Lit.: Ebd. – 3: Kat.-Nr. 909, Form n. b. – Lit.: Ebd. – 4: Kat.-Nr. 910, Form II/III. Lit.: Ebd. – 5: Kat.-Nr. 911, Form IIIa. – Lit.: Ebd. – 6: Kat.-Nr. 912, Form IIa. Lit.: Ebd. – 7: Kat.-Nr. 914, Form n. b. Lit.: Ebd. – 8: Kat.-Nr. 916, Form n. b. – Lit.: Ebd. – **(17) Ilsfeld, Lkr. Heilbronn**, „Westliches Bild": Siedlung. – 1: Fst. 2 von 1979 (Ha D/Lt A), Form n. b. Lit.: Klein a. a. O. (Liste Nr. 1) 309 f. Kat.-Nr. 352 (Fst. 2, 37) Taf. 97,20. – 2: Fundpunkt 7 von 1980 (Lt A), Form IIIa. Lit.: Ebd. Kat.-Nr. 352 (Fundpunkt 7, 3) Taf. 98 B 2. – **(18) Kirchheim am Neckar**, Lkr. Ludwigsburg, „Bachrain": Grube Bef. 1 (Ha D), Form IIIa. Lit.: Klein a. a. O. (Liste Nr. 1) 252 Kat.-Nr. 154 (Grube 1, Nr. 31) Taf. 46 A 9. – **(19) Kornwestheim**, Lkr. Ludwigsburg, „Auf dem Eisbengel": Siedlung (Lt A). – 1: Grube, Form n. b. Lit.: Klein a. a. O. (Liste Nr. 1) 260 ff. Kat.-Nr. 176 (Grube 9, Nr. 3) Abb. 116,2. – 2: KSG, Form IIIa. Lit.: Ebd. Kat.-Nr. 176 (Grube 28, Nr. 9) Abb. 128,1. – 3: KSG, Form IIIa. Lit.: Ebd. Kat.-Nr. 176 (Grube 42, Nr. 6) Abb. 134,3. – **(20) Kornwestheim**, Lkr. Ludwigsburg, „Bisich": Grubenbefund (Lt A), Form IIIa. Lit.: Klein a. a. O. (Liste Nr. 1) 259 Kat.-Nr. 172a (Nr. 19) Taf. 55 B 14. – **(21) Kornwestheim**, Lkr. Ludwigsburg, „Frühmeß/Kühloch/Ob dem Klingelbrunnen": Grube Bef. 4 (Lt A), Form n. b. Lit.: Klein a. a. O. (Liste Nr. 1) 256 f. Kat.-Nr. 167f (Grube 4, Nr. 18) Abb. 107,7. – **(22) Kornwestheim**, Lkr. Ludwigsburg, „Enzstraße 37": Grube (Lt A), Form IIIa. Lit.: Klein a. a. O. (Liste Nr. 1) 257 f. Kat.-Nr. 167h (Grube 13, Nr. 35) Taf. 53 C 6–7. – **(23) Kressbronn am Bodensee**, Bodenseekreis, „Lehnensburg": Befestigte Höhensiedlung. Keine FU, Form n. b. Lit.: Klein a. a. O. (Liste Nr. 1) 385 Kat.-Nr. 621 (Nr. 31). – **(24) Lauffen am Neckar**, Lkr. Heilbronn, „Rotenberg": Oberflächenfund, Form IIIa. Lit.: Klein a. a. O. (Liste Nr. 1) 312 Kat.-Nr. 358c (Nr. 17) Taf. 102 A 5. – **(25) Lauffen am Neckar**, Lkr. Heilbronn, „Wännle/Feldwengert/Baumgarten": Oberflächenfund, Form n. b. Lit.: Klein a. a. O. (Liste Nr. 1) 313 Kat.-Nr. 361a (Nr. 5) Taf. 103 B. – **(26) Lauffen am Neckar**, Lkr. Heilbronn, „Köberer"-Kaywaldsiedlung: Grubenhaus (Lt A), Form IIIa. Lit.: Klein a. a. O. (Liste Nr. 1) 315 f. Kat.-Nr. 368c (Nr. 44) Taf. 105,11. – **(27) Lauffen am Neckar**, Lkr. Heilbronn, „Unterrainer Weg": Lesefund aus Siedlungsareal, Form n. b. Lit.: Klein a. a. O. (Liste Nr. 1) 317 Kat.-Nr. 370 (Streufunde, Nr. 1) Taf. 108 E. – **(28) Lauffen am Neckar**, Lkr. Heilbronn, Rebbereich „Konsten": Lesefund aus Verfärbungen (Lt-A-Kontext), Form I. Lit.: Klein a. a. O. (Liste Nr. 1) 318 f. Kat.-Nr. 372c (Nr. 33) Taf. 111 B 10. – **(29) Lauffen am Neckar**, Lkr. Heilbronn, „Obere Konsten" und „Mittleres Konstenfeld": Oberflächenfunde. – 1: Form n. b. Lit.: Klein a. a. O. (Liste Nr. 1) 319 f. Kat.-Nr. 374b (Nr. 16) Taf. 113 B 4. – 2: Form n. b. Lit.: Ebd. Taf. 113 B 5. – **(30) Leingarten-Grossgartach**, Lkr. Heilbronn, „Mühlpfad": Grubenhaus Bef. 3 (Lt A), Form n. b. Lit.: Hees (Anm. 6). – **(31) Mühlacker**, Lkr. Karlsruhe, „Ecke Lindach- und Heinrichstraße": Grubenhaus, Form n. b. Lit.: O. Paret, Fundberichte aus Hohenzollern. Fundber. Schwaben N. F. 8, 1933–35, 89. – **(32) Bad Mergentheim-Neunkirchen**, Main-Tauber-Kreis, „Wolfental", Sportplatz: Grube, Form IIb. Lit.: Klein a. a. O. (Liste Nr. 1) 349 Kat.-Nr. 510b (Fst. 13, Nr. 1) Taf. 138 F. – **(33) Neckarsulm-Obereisesheim**, Lkr. Heilbronn, „Hätzenberg": Grube (Lt A), Form n. b. Lit.: Klein a. a. O. (Liste Nr. 1) 328 Kat.-Nr. 416a (Grube 5, Nr. 14) Taf. 119 B 7. – **(34) Fellbach-Öffingen**, Rems-Murr-Kreis, „In der Klosterstraße 6": Grube, Form IIIa. Lit.: Klein a. a. O. (Liste Nr. 1) 276 Kat.-Nr. 234a Taf. 65 H. (Online: https://publikationen.uni-tuebingen.de/xmlui/handle/10900/46237 [Zugriff: 01.11.2016]). – **(35) Renningen**, Lkr. Böblingen, „Kriegsbäume": Grubenkomplex (Lt A), Form n. b. Lit.: Klein a. a. O. (Liste Nr. 1) 213 ff. Kat.-Nr. 51b (Grubenkomplex 4, Nr. 26) Taf. 10 A 16. – **(36) Reutlingen**, Lkr. Reutlingen, „Rappenplatz" auf dem Achalm: Terrassiertes Siedlungsareal. – 1: Befundkontext (Lt-A-Kontext), Form IIIa. Lit.: Dietrich (Anm. 3) 73 Kat.-Nr. 9 Abb. 3,9. – 2: Befundkontext (Lt-A-Kontext), Form n. b. Lit.: Klein a. a. O. (Liste Nr. 1) 369 f. Kat.-Nr. 563c (Nr. 92) Taf. 157,10. – **(37) Fellbach-Schmiden**, Rems-Murr-Kreis, „Stiefeläcker": KSG? Bef. 22 (Ha D), Form IIIa. Lit.: J. Biel/W. Joachim, Vorgeschichtliche Siedlungsreste mit Gußtiegeln bei Fellbach-Schmiden, Rems-Murr-Kreis. Fundber. Baden-Württemberg 4, 1979, 30 ff. 34 Abb. 10,1. – **(38) Tauberbischofsheim**, Main-Tauber-Kreis, „Acker Noe": Lesefund ohne weitere Angaben, Form IIIa. Lit.: Dietrich (Anm. 3) 81 Kat.-Nr. 27 Abb. 7,27. – **(39) Bad Überkingen-Unterböhringen**, Lkr. Göppingen, „Heiligenbrunnen": Lesefund, Form n. b. Lit.: Klein a. a. O. (Liste Nr. 1) 226 Kat.-Nr. 97 (Nr. 2). – **(40) Aiterhofen**, Lkr. Straubing-Bogen, „Am Kirchsteig": Grube in Schnitt 2 (Lt A?), Form IIIa. Lit.: G. Rühl, Neue Ausgrabungen in Aiterhofen, Lkr. Straubing-Bogen, Niederbayern. Arch. Jahr Bayern 1997 (1998) 83 ff. Abb. 45,10. – **(41) Münnerstadt-Althausen**, Lkr. Bad Kissingen, „Äcker neben dem Ortsfriedhof": Siedlung. – 1: „Wohnstätte 1, Grube 5" (Ha D/Lt A), Form I. Lit.: R.-H. Behrends, Katalog Würzburg II. Die Funde der Hallstattzeit im Mainfränkischen Museum. Materialh. Bayer. Vorgesch. A 46 (Kallmünz 1986) 9 f. Taf. 8,4. – 2: „Wohnstätte 3, Grube 2" (Ha D), Form IIb. – Lit.: Ebd. Taf. 9,1. – **(42) Pleinfeld-Dorsbrunn**, Lkr. Weißenburg-Gunzenhausen, „Bereich Limeswachposten 14/20": Grubenhaus (Lt A), Form IIIa. Lit.: M. Schußmann, Die Latènezeit im südlichen Mittelfranken. Univforsch. Prähist. Arch. 161 (Bonn 2008) 454 f. Taf. 148,3. – **(43) Waischenfeld-Gösseldorf**, Lkr. Bayreuth, „Geudensteinhöhle" in der Flur „An der Geuden": Verfüllungsschicht (Ha D), Form IIIa. Lit.: Ch. Züchner, Die Funde aus der Geudensteinhöhle bei Gösseldorf, Lkr. Bayreuth. Bayer. Vorgeschbl. 45, 1980, 1 ff. 3 Abb. 1,4. – **(44) Greding-Großhöbing**, Lkr. Roth, „Neubau ICE-Strecke Nürnberg–München": Siedlung. – 1: Fl. 516. Grubenhaus Bef. 207 (Lt A), Form IIIa. Lit.: Schußmann a. a. O. (Liste Nr. 42) 384 f. Taf. 35,1. – 2: Fl. 516. Zylindergrube Bef. 237 (Lt A) – Form n. b. Lit.: Ebd. 388 Taf. 38,11. – 3: Fl. 516. Grube Bef. 329 (Lt A), Form n. b. Lit.: Ebd. 392 ff. Taf. 51,11. – 4: Fl. 516. Grubenhaus Bef. 677 (Lt A), Form n. b. Lit.: Ebd. 404 ff. Taf. 70,3. – 5: Fl. 516. Grubenhaus Bef. 677 (Lt A), Form n. b. – Lit.: Ebd. 404 ff. Taf. 70,4. – 6: Lesefund von den Fl. 516–579, Form IIIa. Lit.: Ebd. 409 Taf. 76,7. – **(45) Thalmässing-Ruppmannsburg**, Lkr. Roth: Oberflächenfunde. – 1: Form n. b. Lit.: Schußmann a. a. O. (Liste Nr. 42) 438 ff. Taf. 127,14. – 2: Form n. b. Lit.: Ebd. Taf. 127,15. – 3: Form n. b. Lit.: Ebd. Taf. 127,16. – **(46) Unterpleichfeld**, Lkr. Würzburg, „Steinweg": Siedlung. – 1: KSG Bef. 7 (Lt A), Form IIIa. Lit.: M. Schußmann, Eine Siedlungsstelle der frühen Latènezeit aus Unterpleichfeld, Lkr. Würzburg. Beitr. Arch. Ober- u. Unterfranken 8, 2013, 181 f. Abb. 23 A 3. – 2: Grube Bef. 42 (Lt A), Form IIIa. Lit.: Ebd. Taf. 32,1. – **(47) Gaukönigshofen-Wolkshausen/ Rittershausen**, Lkr. Würzburg, „Bei der älteren Heerstraße": Grabenumwehrte Siedlung. – 1: Lesefund Baggeraushub Graben, Form IIIa. Lit.: A. Posluschny, Die hallstattzeitliche Besiedlung im Maindreieck. GIS-gestützte Fundstellenanalyse (Marburg 2002) 200 Kat.-Nr. S172 (B27, F385) Taf. 26,385 (Online: http://archiv.ub.uni-marburg.de/diss/z2002/0092/ [Zugriff: 02.11. 2016]). – 2: Schnitt 3 von 1983 am Graben (Ha-Kontext), Form IIIb. – Ebd. 202 Kat. Nr. F263 Taf. 28 B 263. – 3: Schnitt 3 von 1983 am Graben (Ha-Kontext), Form IIIb. Lit.: Ebd. Kat.-Nr. F264 Taf. 28 B 264. – 4: Schnitt 1 von 1984 am Graben (Ha C?), Form n. b. Lit.: Ebd. 204 Kat.-Nr. B28 Taf. 36 B 483. – 5: Grubenhaus Bef. 6/1984 (Ha C), Form IIIb. Lit.: Ebd. 206 f. Kat.-Nr. S172 (B41, F566) Taf. 41 B 566. – 6: Grubenhaus Bef. 2/1985 (Ha C/D) – Form II/III. Ebd. 208 f. Kat.-Nr. S172 (B44, F711) Taf. 48,711. – 7: Grubenhaus Bef. 2/1985 (Ha C/D), Form IIIa. Lit.: Ebd. Kat.-Nr. S172 (B44, F713) Taf. 48,713. – 8: Lesefund, Form IIIb. Lit.: Ebd. 219 Taf. 20 C 184. – 9: Lesefund, Form IIIb. Lit.: Ebd. Taf. 20 C 185. – **(48) Frielendorf-Allendorf**, Schwalm-Eder-Kreis, „Forsthaus Wiedehau": Nachbestattung in Grabhügel 4 (Ha C), Form IIb. Lit.: H. Müller-Karpe, Niederhessische Urgeschichte. Schr. Urgesch. 4 (Melsungen 1951) 76 Taf. 50 C 3. – **(49) Baunatal-Altenritte**, Lkr. Kassel, „Baunsberg", Sportplatz: Keine Angaben zu den FU (Lt-Kontext?), Form IIb. Lit.: Müller-Karpe a. a. O. (Liste Nr. 48) 57; 78 Taf. 60,13. – **(50) Maintal-Dörnigheim**, Main-Kinzig-Kreis, „Waldabteilung 10", Kiesgrube: Siedlungsgruben (Ha-Kontext), Form IIa. Lit.: Dietrich (Anm. 3) 79 Kat.-Nr. 23 Abb. 6,23. – **(51) Maintal- Dörnigheim**, Main-Kinzig-Kreis, „An der Braubach": Siedlungsareal (Ha-Kontext?), Form n. b. Lit.: Dietrich (Anm. 3) 84. – **(52) Elz**, Lkr. Limburg-Weilburg, „Flugplatz": Lesefunde. Form n. b. Lit.: Fundber. Hessen 15, 1975 (1977) 516 Abb. 38,5. – **(53) Erlensee-Langendiebach**, Main-Kinzig-Kreis, „Sportplatz": Grubenkontext (Ha C), Form IIa. Lit.: Dietrich (Anm. 3) Kat.-Nr. 28 Abb. 8,28. – **(54) Glauburg-Glauberg**, Wetteraukreis, „Höhensiedlung Glauberg": Wallschnitt Ringmauer III, Fläche 2 (Ha D/Lt A), Form n. b. Lit.: H. Baitinger, Der Glauberg – ein Fürstensitz der Späthallstatt-/Frühlatènezeit in Hessen. Mat. Vor- u. Frühgesch. Hessen 26 = Glauberg-Stud. 1 (Wiesbaden 2010) 183 Kat.-Nr. 768 Taf. 63,768. – **(55) Hanau**, Main-Kinzig-Kreis, „Lehrhofer Heide": Lesefund aus Flachgräberfeldareal (UK-Kontext), Form IIb. Lit.: H. Müller-Karpe, Die Urnenfelderkultur im Hanauer Land. Schr. Urgesch. 1 (Marburg 1948) 68 Taf. 15 C 2. – **(56) Hanau**, Main-Kinzig-Kreis, „Lamboywald", ehemaliger Exerzierplatz: Siedlungsareal (Ha-Kontext?), Form IIa. Lit.: Dietrich (Anm. 3) 73 Kat.-Nr. 11 Abb. 3,11. – **(57) Kirchhain-Niederwald**, Lkr. Marburg-Biedenkopf „Fst. 2": Lesefund aus Abfallschicht am Flussufer eines Paläogerinnes der Wohra (Ha/Lt-Kontext), Form I. Lit.: Unpubl. – **(58) Bornheim-Merten**, Rhein-Sieg-Kreis, „Gehöft Diefenthal": Lesefund, Form n. b. Lit.: Dietrich (Anm. 3) 79 Kat.-Nr. 20 Abb. 5,20. – **(59) Koblenz-Horchheim**, Lkr. Mayen-Koblenz, „Tongrube": Siedlungsgruben (Ha-Kontext), Form IIa. Lit.: H.-E. Joachim, Braubach und seine Umgebung in der Bronze- und Eisenzeit. Bonner Jahrb. 177, 1977, 1 ff. 116 Abb. 56,9. – **(60) Wallertheim**, Lkr. Alzey-Worms, „Bereich der Ziegelei": Grube Bef. 61 (Ha D), Form IIa. Lit.: E. Pachali, Die vorgeschichtlichen Funde aus dem Kreis Alzey vom Neolithikum bis zur Hallstattzeit. Alzeyer Geschbl. Sonderh. 5 (Bonn 1972) 190 Taf. 69 A 1.

Anmerkungen

1 Ch. Meiborg, Überreste einer keltischen Brücke in der Kiesgrube von Kirchhain-Niederwald. Hessen-Arch. 2009 (2010) 66–70. – Vgl. auch hier den Beitrag auf S. 94–106.

2 R. Urz, Ein eisenzeitlicher Flusslauf in der Ohmniederung. Hessen-Arch. 2009 (2010) 70–73.

3 R. Dietrich, Tontrichter der vorrömischen Eisenzeit. Hanauer Geschbl. 30, 1988, 65–92. Kat. S. 70 ff.

4 Diese wurden aufgrund der zu postulierenden gleichen Funktion, nämlich die Verlagerung von fließ- oder rieselfähigem Material von einem Behälter in einen anderen, aufgenommen. Im Gegensatz dazu stehen keramische Gefäße mit Mehrfachdurchlochung der Wandung, im archäologischen Sprachgebrauch allgemein als „Siebgefäß" bezeichnet, die eine Funktion als Sieb, Durchschlag oder Seiher erfüllt haben dürften.

5 Bronzezeitliche Keramiktrichter wurden bei der Objektsuche nicht berücksichtigt.

6 M. Hees, Siedlungsarchäologie der Hallstatt- und Frühlatènezeit im Raum Heilbronn (Tübingen 2002) (Online: https://publikationen.uni-tuebingen.de/xmlui/handle/10900/49309 [Zugriff: 01.11.2016]).

7 G. Oettel, Die spätslawische Pechsiederei und Grubenköhlerei im Wermsdorfer Forst. Arbeits- u. Forschber. Sächsische Bodendenkmalpfl. 31, 1987, 283–324. – A. Kurzweil/D. Todtenhaupt, Technologie der Holzteergewinnung. Acta Praehist. et Arch. 23, 1991, 63–91.

8 V. Jauch, Eine römische Teersiederei im antiken Tasgetium-Eschenz. Arch. Schweiz 17/3, 1994, 111–119 bes. 116 f.

Das „Herrenwäldchen“ im östlichen Hintertaunus

Eine neue Ringwallanlage der jüngeren Eisenzeit

Sabine Schade-Lindig

Der Hintertaunus als Teil des Rheinischen Schiefergebirges wird im Norden von der Lahn gegen den Westerwald und nach Westen durch das Rheintal begrenzt. Im Süden und in östlicher Richtung säumen ihn der Hohe Taunus und dessen Ausläufer zur Wetterau hin. Westlich an den östlichen Hintertaunus grenzt die Idsteiner Senke mit dem Goldenen Grund an. Der Hintertaunus steigt randlich der Lössbecken zuerst sanft hügelig an, um in Form zerklüfteter Hänge in Richtung des Hohen Taunus steil anzusteigen. So bietet die offene Beckenlandschaft um Limburg herum mit günstigen Klimabedingungen und besten Lössböden sehr gute Voraussetzungen für eine landwirtschaftliche Nutzung. Nach Süden erweitert die Idsteiner Senke diese Gunstlandschaft, bevor der Tauhuskamm mit Höhen von bis zu 600 m einen Riegel zum Rheintal bildet.

Die Anhöhen der Hügellandschaft wurden in der Späthallstattzeit mit ausgedehnten Grabhügelfeldern belegt. Entlang dieser Bestattungsplätze verliefen markante Verkehrsverbindungen, die heute u. a. noch als Hohlwege sichtbar sind. Deren Anlage geht zumindest teilweise auf das Mittelalter zurück. Ihr Ursprung kann jedoch durchaus deutlich früher datieren, so stellen sie mit Blick auf die topografischem Gegebenheiten die ideale Wegeführung dar. Für diese These sprechen nicht nur die vielen Grabhügelfelder, sondern auch die aus der Eisenzeit stammenden Verhüttungsplätze, welche die Wege oft säumen.

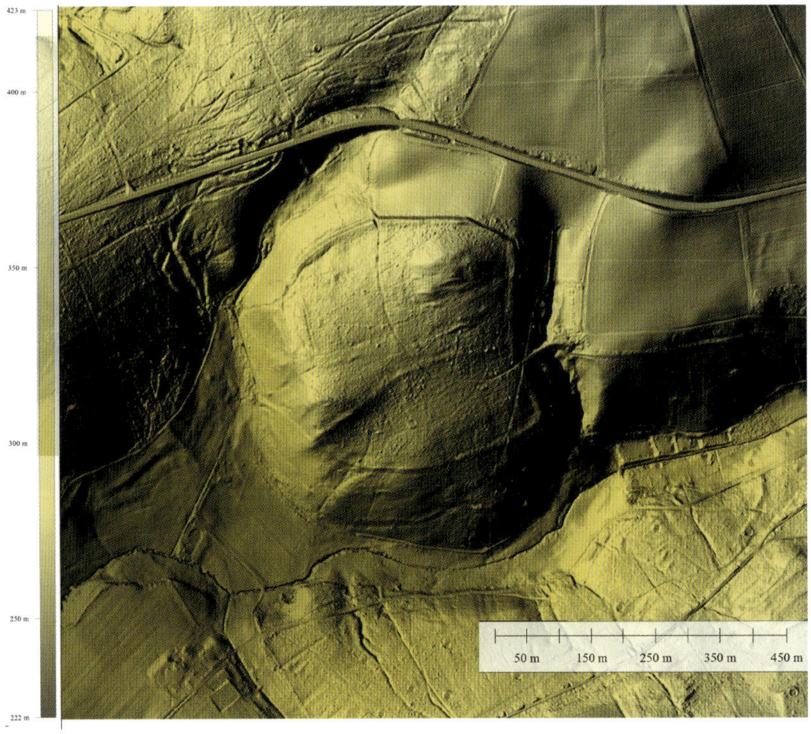

1 Selters-Haintchen, „Herrenwäldchen“ mit der im Norden verlaufenden Hessenstraße im LiDAR-Scan (Altitude 40, Azimuth 280) (Messbild: HVBG).

In einer Straßenkartierung von 1855 wird der östliche Hintertaunus von mehreren großen Handelsstraßen durchzogen. Die „Rennstraße“ verlief in N-S-Richtung; als W-O-Verbindung sind die „Alte Heerstraße“ und die „Hessenstraße“ überliefert, des Weiteren die leicht schräg, von Süden nach Nordosten verlaufende Straße, die Wiesbaden mit der Wetterau (Idstein/Usingen) verband[1].

Direkt an der „Hessenstraße“, die vom westlichen Hintertaunus her, genauer von Selters-Niederselters, in Richtung Laubuseschbach (Gde. Weilmünster) verläuft, liegt bei Selters-Haintchen (alle Lkr. Limburg-Weilburg) eine kleine, sich steil erhebende, kreisrunde Geländekuppe aus Schalstein und Schiefer – das „Herrenwäldchen“. Im Norden ist sie über einen kurzen Geländesattel mit den umliegenden Höhen verbunden, dort erstreckt sich die alte „Hessenstraße“ (Abb. 1).

Im Jahr 2005 meldete der örtliche Förster A. Wennemann im Vorfeld von Rodungsarbeiten einen der hessenARCHÄOLOGIE noch unbekannten Wall. Bei einer Erstbesichtigung war ein teilweise über 2 m hoch erhaltener Erdwall zu erkennen, der 90 m von der „Hessenstraße“ entfernt den Geländesattel auf voller Breite absichert. Besonders die gute Erhaltung und die Lage an der hochmittelalterlichen „Hessenstraße“ ließen vorerst nicht an einen vorgeschichtlichen Kontext denken. Um eine mögliche Nutzung des vor der Befestigung liegenden Geländesattels als militärische Schanze zu prüfen, wie sie beispielsweise in unmittelbarer Nähe an der „Heerstraße“ südlich von Villmar überliefert ist[2], wurde der Bereich von ehrenamtlichen Sondengängern auf Militaria der frühen Neuzeit hin abgesucht. Hätte es sich um eine solche Anlage gehandelt, wäre mit Bleikugeln, Schnallen und anderen metallischen Kleinfunden zu rechnen gewesen. Diesbezügliche Funde blieben jedoch im „Herrenwäldchen“ aus.

Intensive jahrelange Begehungen in dem fast 15 ha großen Gelände ließen nach und nach weitere, partiell nur noch schlecht erhaltene Wallverläufe von wenigen Dezimetern Höhe bis hin zu 5 m hohen Wallresten entlang des Mittelhanges erkennen. Durch den jahreszeitlich bedingten wechselnden Bewuchs waren jeweils nur Teilbereiche zugänglich, sodass der tatsächliche Umfang der Gesamtanlage erst später anhand von Airborne Laserscanning (LiDAR) sichtbar wurde. Die weiterhin durchgeführten Begehungen brachten zudem unerwartetes Fundmaterial hervor. Scherben „vorgeschichtlicher Machart“ und ein Bodenstück in Drehscheibentechnik gehörten zu den ersten Stücken (Abb. 2). Eigentlich erwartete mittelalterliche bzw. neuzeitliche Funde fehlten dagegen weiterhin, was die Anlage und ihre mögliche Zeitstellung in ein völlig unerwartetes Licht rückte. Als schließlich Fragmente von Schalen mit verdickten Rändern und Scherben von Doliengefäßen zutage kamen, wurde eine Datierung in die Latènezeit plausibel. Auch der Fund einer purpurfarbenen Ringperle mit radialen weißen Bändern, die von horizontal umlaufenden purpurnen Fäden überlagert werden, untermauert diesen Zeitansatz und deutet sogar auf eine mögliche Laufzeit der Befestigung während des mittel- bis spätlatènezeitlichen Abschnittes hin (Abb. 3)[3]. Die auffälligste Fundgattung in vielen Bereichen inner- und außerhalb der Wallanlage sind Rückstände von Schmiedeaktivitäten in Form von Kalottenschlacken. Aufgrund des massenhaften Vorkommens dieser Schlacken, die bei der Reinigung des Eisenschwamms und beim eigentlichen Schmiedeprozess entstehen, wurde zuerst eine hochmittelalterliche Datierung in Betracht gezogen; dies kann aber nach dem völligen Ausbleiben entsprechend einzuordnender Funde ausgeschlossen werden. Auch wenn sich das geborgene Material bisher auf Lesefunde beschränkt, so ist anzunehmen, dass es sich hier um eine jüngereisenzeitliche, genauer wohl mittel- bis spätlatènezeitliche Befestigungsanlage handelt. Diese fand nach Kenntnis der Autorin weder in Schriftquellen noch in der archäologischen Sekundärliteratur Niederschlag. Man kann daher hoffen, dass es noch keinerlei zielgerichtete Beraubungen gab. Trotz strengsten Verbots wegen des Vorkommens flächig streuender Weltkriegsmunition ist der Einsatz von Metallsuchgeräten in diesem Gebiet bei Militariasuchern sehr beliebt. Zahlreiche illegal Aktive, die juristisch als Raubgräber einzustufen sind, durchlöchern bei ihrer Suche die Oberfläche weitreichend. Allerdings bringen die Schürfungen nicht die gewünschten Waffenfunde, sondern nur Patronen von einem gesprengten Munitionslager und eisenzeitliche Schlacken hervor. Da die Anlage vonseiten der Bodendenkmalpflege nicht geschützt werden kann, können nur Angehörige von Jagdschutz und Forst sowie Heimatforscher durch ihre Anwesenheit die Militariasucher stören, vertreiben und wiederholt anzeigen.

Im Jahr 2013 wurden mittels LiDAR-Scans[4] die Verläufe des Außenwalles und eines kleineren, quer verlaufenden Innenwalles dokumentiert (Abb. 4). Die etwa 12 ha große Gesamtanlage wird im Norden von dem deutlich sichtbaren, 380 m langen Wall geschützt, der die Befestigung zum flach anschließenden Gelände und zur W–O verlaufenden alten Höhenstraße hin abriegelt. Der Wall hat hier eine Höhe von 2 m bis fast 4 m (Abb. 5). Im östlichen Bereich dieses Bollwerkes sind zwei Abschnitte mit rot verziegeltem Boden und mit vermutlich ebenfalls thermisch veränderten, rot verfärbten Schalsteinen an der Außenseite des Walls zu sehen (Abb. 6). Hier im Osten knickt der Wall dann zu einer bis zu 12 m tiefen Runse ab und

2 Selters-Haintchen, „Herrenwäldchen". Verrollte Keramikfunde mit Moosbewuchs nach der Reinigung. Mittig Bodenscherbe einer Drehscheibenware mit abgesetzter Randleiste (Foto: Ch. Schade).

folgt – nur noch schwach ausgeprägt – deren leicht geschwungenem Verlauf etwa 260 m in südlicher Richtung. Im Süden kann der Wallrest auf dem oberen Mittelhang als leichte Erhebung auf 340 m Länge wahrgenommen werden. Darunter fällt das Gelände jedoch sehr steil ab, sodass eine mächtige Sicherung wie auf der Nordseite wohl nicht nötig war. Eine ähnliche Situation zeichnet sich im Westen ab, wo der Wall als Kante aus dem Gelände herausgearbeitet wurde. Dieser Wallabschnitt ist 310 m lang, im Süden bis in eine Höhe von fast 5 m steil angeböscht und nimmt im weiteren Verlauf nach Norden entlang der Steilkante in seiner Höhe stetig bis auf etwa 2 m ab (Abb. 7). Im Innenraum des eingefriedeten Geländes zieht von Osten her ein nur flach erhaltener Zwischenwall schräg in die südwestliche Ecke hinein. Auf ihm konnte im Südwesten eine größere Menge an Keramik abgelesen werden, was vermuten lässt, dass er anhand von Erdmaterial errichtet worden war, welches zu diesem Zeitpunkt bereits mit Scherben durchsetzt war. Hätten die Scherben schon ursprünglich einfach auf der Wallkrone gelegen, wären sie im Lauf der Zeit von dort durch Erosion zur Seite hin verlagert worden, erreicht doch der Wallrest nur noch eine Höhe von knapp 50 cm.

Struktur und Lage des „Herrenwäldchens" sind typisch für eine Befestigung der Mittel- bis Spätlatènezeit und decken sich mit den Merkmalen umliegender Anlagen der gleichen Zeitstellung. Wie das „Herrenwäldchen" liegen diese fortifikatorisch günstig, ragen jedoch nicht aus der Landschaft hervor, sondern sind eher verborgen und befinden sich keinesfalls auf den höchsten Erhebungen (Abb. 8). Sie nutzen steilhangiges Gelände aufgrund seiner hohen natürlichen fortifikatorischen Wirkung[5]. Die Wälle verlaufen entlang der Mittelhänge; einen Ausbau der Torsituationen zu Zangen- oder Tangential-

3 Selters-Haintchen, „Herrenwäldchen“. Fragment einer purpurfarbenen Gitternetzperle vom Hang im Südwesten unterhalb des Walles (Foto: Ch. Schade).

toren sucht man vergebens[6]. Typisch dagegen sind die Lage an Verkehrswegen und Nachweise von Handel und Handwerk im Inneren[7].

Einige Handwerksbereiche des „Herrenwäldchens“, die durch Schlackenfunde gekennzeichnet sind, liegen außerhalb der Befestigung im und am Unterhang. Aber auch innerhalb der Wallanlage kamen Konzentrationen von Schmiedeschlacken auf dem oberen Plateau und im daran anschließenden östlichen Bereich zum Vorschein. Im Osten sind außerdem größere, langschmale Podien im steinigen Untergrund erhalten. Im Süden zieht entlang des Walles ein langes Plateau von Westen nach Osten, auf dem kleine Ansammlungen von Schlacken aufgedeckt wurden.

In wesentlich höherer Zahl treten die Schmiedeabfälle jedoch außerhalb des Walles an seiner südöstlichen Flanke auf. Hier sind am Unterhang viele Podien erhalten, auf deren Oberfläche nahezu flächendeckend große Kalottenschlacken liegen. Dabei ist aufgrund ihres Gewichts auszuschließen, dass es sich um durch Erosion verlagerte Funde handelt. Interessant sind zwei immer wiederkehrende Kalottenformen, die sich mittels größerer Fragmente differenzieren lassen. Neben den unspezifischen runden, im Profil flach halbmondförmigen Kalottenschlacken sind vor allem langschmale Exemplare mit einer längs verlaufenden Mittelrippe am Boden zu verzeichnen (Abb. 9). Im Profil hebt sich die Rippe deutlich ab, weiterhin sind die Kalotten meist dicker als die der runden Stücke. Bei wenigen ovalen Kalotten läuft die Rippe zu einer Art Zapfen aus, der über das schmale Ende hinausragt. Ähnlich geformte Kalottenschlacken wurden auch auf umliegenden, erst kürzlich entdeckten Fundplätzen mit Schmiedeschlacken im östlichen Hintertaunus angetroffen, die nur aufgrund ihrer Vergesellschaftung mit Lesefunden und ihrer Lage innerhalb der Ringwallanlage datiert werden können. Diesen sind Vergleichsfunde aus der Siedlung von Manching[8] (Lkr. Pfaffenhofen) an die Seite zu stellen, welche die chronologische Einordnung der Schlacken und die der Wallanlage des „Herrenwäldchens“ in die fortgeschrittene Eisenzeit untermauern.

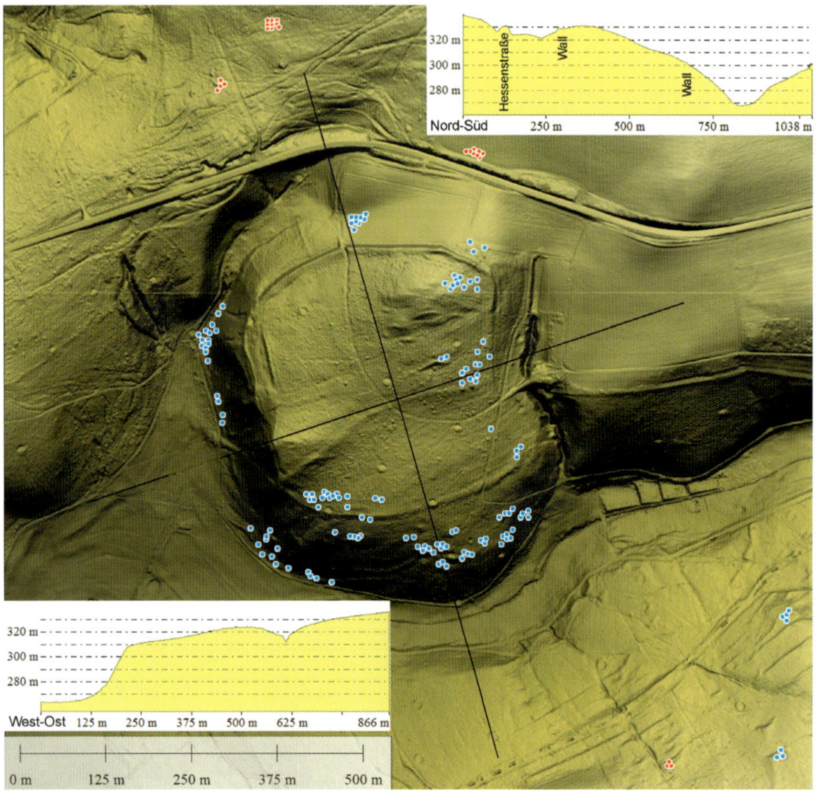

4 Selters-Haintchen, „Herrenwäldchen“ im LiDAR-Scan der HVBG (Altitude 72, Azimuth 0) mit zwei Großprofilen längs und quer durch die Gesamtanlage. Schmiedeschlacke (blau), Verhüttungsschlacke (rot) (Grafik: Ch. Schade).

Die Schmiedeschlacken finden sich am „Herrenwäldchen“ auch auf dem der Wallanlage im Norden vorgelagerten Gelände. Sie konzentrieren sich besonders in einer kleinen Senke im Nordwesten. Damit ist innerhalb der Befestigung sowie im anschließenden Gelände außerhalb des Walles von einer umfangreichen Weiterverarbeitung von Eisen auszugehen. Ob hierbei Luppen ausgeschmiedet und Barren hergestellt oder Endprodukte wie Werkzeuge und Waffen produziert wurden, muss beim jetzigen Forschungsstand offen bleiben. Als Beleg für die Gewinnung von Eisen wurden in unmittelbarer Nähe auf dem Sporn vor dem Nordwall diffuse Fließschlacken geborgen. Vereinzelt kamen innerhalb des Ringwalles Hämatitbrocken zutage, die in die Anlage verbracht worden sein mussten, da sie am Ort selbst nicht vorkommen. Sie stehen aber bereits in 1–2 km Entfernung an.

Zusammenfassend kann auch ohne Grabungsbefunde festgestellt werden, dass im vorliegenden Fall u. a. aufgrund des massiven typischen Lesefundaufkommens eine große eisenzeitliche befestigte Anlage mit einem Zentrum zur Eisenverarbeitung vorliegt. Während in dem als „Industriesiedlung“ angesprochenen Standort von Berching-Pollanten[9] (Lkr. Neumarkt) durch Ausgrabungen Quartiere für Handwerksbetriebe und eine Wohnbebauung nachgewiesen werden konnten, scheinen im „Herrenwäldchen“ bereits aufgrund der Lesefundkartierung Bereiche mit und ohne Schlackenaufkommen belegbar.

Die Datierung der Anlage beruht derzeit auf stark verrollter Keramik mit nur wenigen aussagekräftigen Formen und Verzierungen. Im steinigen Untergrund hat sich vornehmlich dickwandige Grobkeramik erhalten; selten kommt feine Drehscheibenware vor und diese meist nur in fingernagelgroßen Fragmenten. Bis zu 1,5 cm dicke, handtellergroße Scherben von Dolien konnten dagegen an den Unterhängen aufgelesen werden. Eine chronologische Einordnung ermöglichen bisher feine

Schalen mit verdicktem, abgestrichenem Rand oder gröbere Schalen mit außen umlaufendem Wulstband (Abb. 10). Die wenigen erhaltenen Gefäßoberflächen zeigen eine ganz zarte Kammstrichverzierung und in einem Fall eine Dellen-Kammstrich-Kombination, die bislang ansonsten nur aus dem Schiefergebirge zwischen Lahn und Sieg bekannt ist[10]. Weitere Anhaltspunkte lassen sich derzeit aus den weit über 100 aufgelesenen Scherben nicht gewinnen. Die Keramik ist mit örtlich anstehendem, tertiär verwittertem Limonit und mit Schieferpartikeln sowie einem großen Anteil an Keramikgrus und Kalk gemagert. Magerung und vorläufige Formansprachen verweisen auf Ähnlichkeiten mit der bei jüngsten Ausgrabungen im regionalen Umfeld geborgenen Keramik[11]. Genauere Untersuchungen und Vergleiche mit umliegenden Fundstellen sollen in Zukunft erfolgen.

Der Zeitraum der Errichtung dieser Anlage muss aber bis auf Weiteres offenbleiben. Spezifisches Material, welches ausschließlich der Früh- oder Mittellatènezeit zuzuweisen wäre, liegt im Fundstoff (noch) nicht vor. Es fehlen außerdem die sich vergleichsweise gut erhaltenden, typisch hallstattzeitlichen, mit Dellen verzierten plastischen Leisten, die zahlreich auf benachbarten Befestigungen der Stufe 3 nach Verse[12] aufgelesen wurden. Der Bau unserer Befestigung nach der von F. Verse herausgearbeiteten Konsolidierungsphase, also in einem Zeitraum der Umstrukturierung (seiner Phase 4), in der es zu einigen Neugründungen kam, wäre demnach denkbar. Entsprechende Anlagen bestanden häufig bis in die Spätlatènezeit fort[13], was im Fall des „Herrenwäldchens“ durch die oben genannte purpurfarbene Gitternetzperle unterstrichen werden würde. Diese Umbruchphase wird gemeinhin mit einer Klimaverschlechterung um 400 v. Chr.[14] und der Keltenwanderung in Verbindung gebracht. Es ist aber auch die Periode, für die sowohl im Umfeld des Lahntals als auch im nördlich der Grenze von Hessen und Nordrhein-Westfalen gelegenen Siegerland zahlreiche Verhüttungs- und Schmiedeplätze nachgewiesen sind[15]. Die Fundplätze des Siegerlandes konzentrieren sich vor allem um die Sieg, wo ein regelrechtes Montanrevier entstand. Dagegen sind weiter nach Südosten im Dietzhölzetal keine Hinweise auf ein frühes Hüttenwesen gewonnen worden[16]. Erst im Hintertaunus an der mittleren Lahn ab Wetzlar treten dann wieder häufiger Verhüttungsplätze der späten Eisenzeit auf[17]. Nordöstlich des Siegerlandes, wieder in Nordhessen, aber auch im Westerwald ist ein Zusammenhang zwischen spätlatènezeitlichen Befestigungen und der Weiterverarbeitung von Eisen bereits belegt[18]. Nun mehren sich auch im Hintertaunus die Spuren einer reichen eisenzeitlichen Montanlandschaft[19]. Damit einhergehend würden auch die zahlreichen Ringwälle westlich von Weilburg und der unteren Lahn nicht mehr nur Bezug auf die agrarwirtschaftlich günstige, offene Siedlungslandschaft nehmen, sondern darüber hinaus ein Eisen- vielleicht auch Buntmetallrevier schützen[20].

5 Selters-Haintchen, „Herrenwäldchen“. Nordwall im mittleren Bereich, Blick von Westen in Richtung Osten (Foto: S. Schade-Lindig).

Nach einer groben Datierung und dem Nachweis der Nutzungsart der neu entdeckten Befestigung bei Selters stellte sich die Frage nach deren Umfeld, in dem die zur Gewinnung sowie zur Weiterverarbeitung von Eisen gehörenden Bergbauspuren und Verhüttungsplätze zu suchen waren. Erste Funde von verheißungsvollen, diffus erstarrten Schlacken direkt am Fuße des südwestlichen Steilhanges des „Herrenwäldchens“ ließen mehr erwarten. Leider blieben allerdings Nachweise von Schlackenhalden mit zugehörigen Rennofenstandorten im direkten Anschluss zum „Herrenwäldchen“ aus. Entdeckungen zahlreicher solcher Anlagen gelangen jedoch im weiteren Umfeld. In einem Radius von fünf Kilometern konnten nach Begehungen über einen Zeitraum von drei Jahren mehr als 148 Verhüttungsplätze mit Fließschlacken durch die Autorin kartiert werden[21]. Sie gelten als typisch für frühe Grubenrennfeueröfen, bei denen die Schlacke nicht abgestochen wurde, sondern in eine Grube unterhalb des

6 Selters-Haintchen, „Herrenwäldchen“. Ein größerer Wallabschnitt mit rot verziegeltem Boden im östlichen Bereich des Nordwalles sowie mit ebenso verfärbtem Schalstein an der Wallaußenseite. Rechts ein durch Hitze rot verfärbter Schalstein in einer modernen Feuerstelle (Fotos: Ch. Schade).

7 Selters-Haintchen, „Herrenwäldchen". Die Außenflanke des Westwalls mit Blick von Süden nach Norden (Foto: S. Schade-Lindig).

Ofens zwischen dort aufgestellte Holzstöcke floss[22]. Auch obertägig anstehendes Erz wurde in vielerlei Ausprägungen und Verwitterungszuständen angetroffen. Dabei fielen Felder mit flachen Pingen auf, aus denen tertiär verwitterte Limonite, eisenhaltige, schiefrige Tone und Brauneisenerze[23] abgebaut worden waren. Solche erzhaltigen Steine fanden sich mehrfach an den oben angesprochenen Verhüttungsstellen. Darüber hinaus waren poröse und weiche Erzvarianten bis hin zu den schweren und sehr dichten Hämatiten sowie Eisenmangane, Kupfererze und sogar Bleisilber (Galenit) ohne tiefreichende Schachtanlagen oberflächennah im gesamten Umfeld abbaubar.

Sucht man nun nach Hinweisen zur Einordnung der neu entdeckten Befestigungsanlage im Hintertaunus inklusive der im Umland nachweisbaren Eisengewinnung und Weiterverarbeitung in den Kontext möglicher weiterer Fundstellen, so erstaunt, dass für das eigentlich als unerforscht geltende Gebiet doch einige Zufallsfunde und Befunde der Mittel- und Spätlatènezeit dokumentiert sind. Hierfür muss jedoch ein größerer Raum betrachtet werden, der den südöstlichen Westerwald und das Limburger Becken einschließt. Aus dem Bestand an Altfunden sind vor allem Siedlungsfunde und -befunde zu nennen, die in der näheren Umgebung bei Dornburg, Hadamar, Elz, Runkel sowie südlich der Lahn bei Limburg und Hünfelden (alle Lkr. Limburg-Weilburg) beobachtet wurden[24]. Aber auch das nicht unerhebliche Aufkommen von Einzelscherben auf diversen Podien im Wald lässt auf eine rege Siedlungstätigkeit während der Eisenzeit schließen.

Auf der Suche nach den Wurzeln eines wohl ausgeprägten Latène-Horizontes im Hintertaunus und im angrenzenden südlichen Westerwald müssen selbstverständlich die vorangegangenen Epochen betrachtet waren. Während – wie auch in anderen vergleichbaren Regionen – Funde und Befunde der Mittellatènezeit kaum vertreten sind und sich derzeit nur im Fall von Elz und Limburg[25] namhaft machen lassen, ist die Übergangsphase der späten Hallstatt- zur Frühlatènezeit (Stufe 3 nach Verse) dagegen sowohl im Siedlungsniederschlag als auch in Form von Gräbern deutlich repräsentiert[26]. Hinzu kommen die zahlreichen Geländedenkmäler wie Ringwallanlagen und Grabhügel. So liegen östlich des Goldenen Grundes auf den ersten Anhöhen mindestens 490 gut erhaltene Grabhügel in kleineren oder größeren Gruppen[27]. Eine hohe Zahl dieser Bestattungsplätze wird aus der Späthallstattzeit stammen, wenngleich nur wenige Grabungsbefunde mit einer entsprechenden Datierung vorliegen. Westlich der Senke setzt sich das hohe Aufkommen fort. Allein in der südwestlich des Goldenen Grundes gelegenen Gemeinde Hünfelden sind 558 stattliche Hügel zu verzeichnen[28]. Ebenfalls obertägig erhaltene Denkmäler der Eisenzeit sind die schon erwähnten Ringwallanlagen, die im Hintertaunus und vorderen Westerwald[29] zahlreich belegt und überwiegend der

8 Selters-Haintchen, „Herrenwäldchen". 3D-Aufnahme des „Herrenwäldchens" mit Blick von Südosten nach Nordwesten (Grundlage: 1,4-fach überhöht) (Datengrundlage DGM: HVBG).

Stufe 3 nach Verse zuzuordnen sind. Die Dornburg, der Almerskopf und das „Heidenhäuschen" weisen zudem mittellatènezeitliche Funde auf. Einzig die Dornburg und eventuell der Almerskopf im südlichen Westerwald reichen als Befestigungen sicher bis in die Spätlatènezeit. Auf der gegenüberliegenden Lahnseite, im östlichen Hintertaunus, liegen mit dem Riesenkopf bei Weilmünster-Rohnstadt und dem „Herrenwäldchen" bei Haintchen (beide Lkr. Limburg-Weilburg) ebenfalls zwei Anlagen vor, die Funde der Mittel- bis Spätlatènezeit aufweisen[30]. Latènezeitliche Siedlungen im Offenland erscheinen im Vergleich mit den Ringwallanlagen (noch) völlig unterrepräsentiert, was wahrscheinlich dem unzureichenden Forschungsstand angesichts weniger Einzeluntersuchungen geschuldet ist. Beispielhaft seien neue Grabungen an zwei spätlatènezeitlichen Siedlungsplätzen im Landkreis Limburg-Weilburg, so in Limburg-Eschhofen im Hintertaunus sowie in Waldbrunn-Lahr im gegenüberliegenden Westerwald, genannt[31]. Die Möglichkeit, Siedlungsplätze in den mäßig bis stark bewaldeten, sehr wiesenreichen Arealen des Westerwaldes und des Hintertaunus aufzufinden, ist in Relation zu den intensiv bewirtschafteten Agrargebieten wie der Wetterau, wo Lesefunde massenhaft zutage gefördert werden, erheblich eingeschränkt.

Angesichts dieses Umstandes erbringen nun die o. g. Laserscans wichtige neue Erkenntnisse zu schwer erkennbaren obertägigen Befunden unter Wald bzw. einer dichten Vegetationsdecke. Anhand der Methode lassen sich die vielgestaltigen Podienarten an bewaldeten Hängen herausfiltern, exakt lokalisieren und gezielt begehen. Dabei werden in Tierbauten, Windbrüchen oder an Wildwechseln oft Keramikscherben, Mahlsteine sowie Ausheiz- und Schmiedeschlacken angetroffen. Häufig liegen Gruppen von drei bis acht Podien in größerem Abstand auseinander. Die Schmiederückstände kamen meist auf dem am weitesten abseits gelegenen Podium zutage. Hinsichtlich der Gesamtverteilung der Siedlungsplätze fällt auf, dass die Anzahl der aus Podien bestehenden Siedlungsstellen unter Wald derzeit höher als diejenige der im Offenland durch Feldbegehungen entdeckten Fundstellen ist.

Schließlich mag eine noch wenig beachtete Befundgattung die Dichte latènezeitlicher Fundstellen in dieser Region unterstreichen, die in LiDAR-Aufnahmen und aufgrund trockener Frühjahre auch in neuen Luftbildern zunehmend in Erscheinung tritt. Es handelt sich um nun zahlreich nachgewiesene Grabgärten, die in Hessen bis dahin stark unterrepräsentiert waren, da sie sich – schwer aufspürbar – häufig unter Wald befinden. Vereinzelte Wall-Graben-Umhegungen sind in den Ortsakten[32] zumeist nur in Form von Luftbildbefunden dokumentiert; in Wettenberg–Krofdorf-Gleiberg, am Dünsberg bei Biebertal-Fellingshausen (beide Lkr. Gießen) sowie auf der „Kalteiche" bei Haiger (Lahn-Dill-Kreis) sind sie hingegen ausgegraben worden[33]. Systematische Forschungen zu Größe, Form, Lage und Feindatierung stehen noch aus.

9 Selters-Haintchen, „Herrenwäldchen". Ovale Schlackenkalotte vom Plateau des „Herrenwäldchens" mit einer Mittelrippe an der Unterseite. Aufnahme von schräg oben sowie im Querprofil (Foto: Ch. Schade).

Einer ersten Datensichtung zufolge scheint es sich um eine Grabform zu handeln, die sich durch merkliche regionale Besonderheiten von den ansonsten in West- und Mitteleuropa verbreiteten keltisch-römischen Grabgärten unterscheidet. So sind die Abmessungen der Umfassungen im Arbeitsgebiet größer, weiterhin ist ihre Form gestreckter als im Fall der etwa aus dem Hunsrück- und dem Moselraum bekannten Beispiele. Die aus den Gräben ausgehobene Erde hatte man innerhalb des eingefassten „Grabfeldes" aufgeschüttet; mehrere Brandbestattungen wurden danach darin, in den Gräben und/oder sogar außerhalb der Umfassung platziert. Abgesehen von überregionalen zeichnen sich bereits auch innerregionale Unterschiede ab. So sind derzeit um den Dünsberg sowie westlich und südwestlich davon rechteckige, z. T. großformatige Grabgärten mit runden vergesellschaftet[34]. In südwestlicher Richtung, im Hintertaunus, nimmt die Anzahl der runden Einfriedungen gegenüber der Menge der rechteckigen leicht ab. Mehr als 140 neue Fundstellen mit Gruppen dicht gedrängter und ineinander verschachtelter Wall-Graben-Anlagen oder aus einzeln an Kuppenrändern von Höhenzügen angelegten Grabgärten

10 Selters-Haintchen, „Herrenwäldchen". Auswahl an Keramikfunden (Zeichnungen: Ch. Schade).

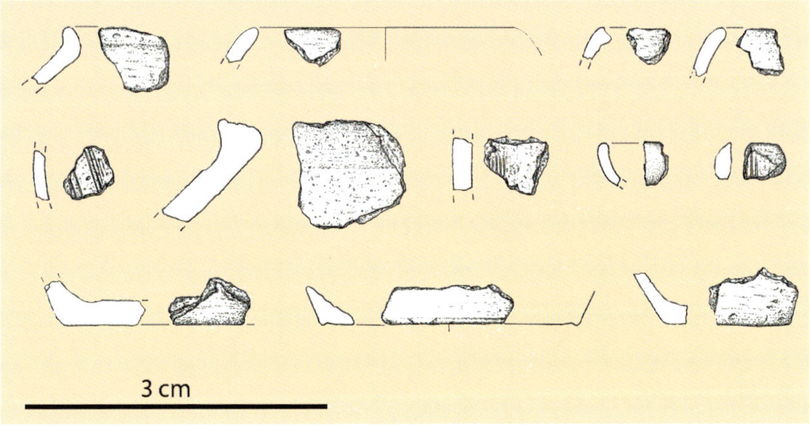

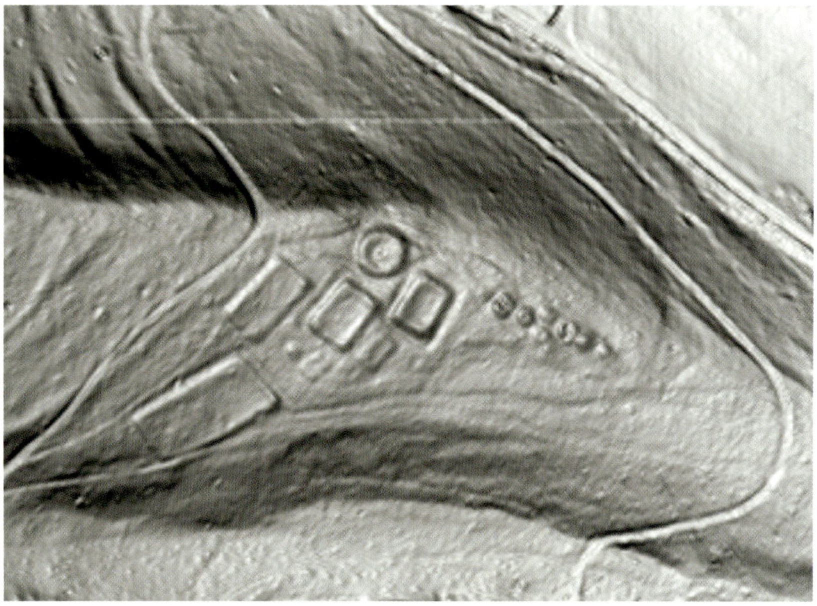

11 Selters-Haintchen, „Herrenwäldchen". Grabgartengruppe im LiDAR-Scan bei Aßlar (Lahn-Dill-Kreis) (Messbild: HVBG).

wurden in den letzten Monaten inventarisiert. Ihre Gesamtlängen reichen von etwa 10–100 m (Hadamar), die Breiten von rund 5–15 m (Abb. 11). Im Fall der Grabgartengruppen in den nördlich und östlich an den Dünsberg angrenzenden Regionen nimmt deren Zahl bereits im Marburger Becken ab. In der Wetterau liegen ihre Nachweise vornehmlich aus den ackerbaulich genutzten Ebenen vor, wobei die Maße deutlich geringer und die rechteckigen Grundrisse gedrungener, sprich annähernd quadratisch ausfallen[35]. Damit entsprechen sie am ehesten den bekannten Grabgärten im Hunsrück und im Moselraum[36]. Betrachtet man die für diesen Grabgartentyp typischen Höhenlagen rund um die Wetterau, so liegen aus den LiDAR-Scans keine Hinweise auf weitere Fundstellen vor.

Die Befundgruppe scheint damit eine regionale Erscheinung darzustellen, deren Verbreitungsgebiet sich vom Hintertaunus über den Westerwald[37] bis zum Rheinlauf zum Neuwieder und zum Koblenzer Becken erstreckt. Die rechteckigen, dicht nebeneinanderliegenden Grabgärten der Spätlatènezeit von Thür[38] (Lkr. Mayen-Koblenz) lassen weitgehende Übereinstimmungen mit den Grabungsbefunden von Krofdorf erkennen. Nimmt man also für die nun aus den LiDAR-Scans bekannt gewordenen, noch weitestgehend vor Ort unerforschten Anlagen eine ähnliche Zeitstellung an, so zeichnet sich im mittleren Westen Hessens eine dichte Konzentration ab. Ihre Ausdehnung reicht vom Westerwald bis nach Siegen[39] im Nordwesten, im Nordosten bis zum Dünsberg und im Süden bis in den Hintertaunus. Auch wenn die Grabgärten im letztgenannten Gebiet seltener auftreten, sind immerhin drei Anlagen bei Limburg-Eschhofen anzuführen; weitere befinden sich bei Hünstetten-Limbach, Hünfelden-Dauborn sowie -Kirberg (Rheingau-Taunus-Kreis), Villmar-Langhecke und Weilmünster-Langenbach[40] (beide Lkr. Limburg-Weilburg).

Das so umrissene Gebiet zwischen Lahn und Sieg lässt aufgrund spezieller Schmuckformen bereits seit der Mittellatènezeit regionale Besonderheiten erkennen. Verse stellte hierfür Tutulusfibeln und im plastischen Stil profilierte Gürtelhaken als kennzeichnend heraus[41]. Für dasselbe Gebiet lassen sich nun die großen langschmalen und runden Grabgärten auf den Höhenzügen nachweisen. Auch im keramischen Material zeichnen sich bei den Neufunden regionalspezifische Formen ab[42]. Das Lahn-Sieg-Gebiet gewinnt so archäologisch immer mehr an „Eigenständigkeit", was durch die zumindest im Hintertaunus nachgewiesene Metallgewinnung und -verarbeitung eine mögliche Erklärung erfährt.

Nur 8,5 km nordöstlich des „Herrenwäldchens" liegt die bereits genannte Befestigung des Riesenkopfes. Sie befindet sich heute zwar mitten im neuzeitlichen Brauneisentagebau, doch fanden sich im Inneren der Anlage keinerlei Verhüttungs- oder Eisenverarbeitungsspuren. Die Keramik ist nicht sehr aussagekräftig, allerdings datieren eine Münze und das Bruchstück einer Drehmühle aus Basaltlava die Anlage sicher in die spätlatènezeitliche Stufe Lt D1[43]. Im direkten Umfeld liegen zahlreiche Verhüttungsplätze mit den typischen diffus erstarrten Fließschlacken. 26 km nordwestlich von Haintchen erhebt sich bei Dornburg-Frickhofen die Ringwallanlage der Dornburg, die jedoch durch den intensiven Basaltabbau so stark gestört ist, dass in jüngerer Zeit keine grundlegenden Forschungen mehr möglich waren. Einzig die wenigen Altgrabungen und Zufallsfunde aus dem Bergbau lassen die einstmalige Bedeutung der Anlage erahnen. Deren Datierung reicht vom Übergangshorizont zwischen der Späthallstatt- und der Frühlatènezeit bis in die jüngere Latènezeit[44].

Die Ringwälle befinden sich in einem Gebiet, das durch seine vielfältigen oberflächennahen Erzvorkommen, nachweislich reichen Verhüttungsspuren, Podien und Grabgärten eine intensive Nutzung während der fortgeschrittenen Eisenzeit erkennen lässt[45]. Sowohl der Hintertaunus als auch der südliche Westerwald lieferten das nötige Brennmaterial und die klimatisch vorteilhaften Beckenlandschaften des Limburger Beckens inklusive des Goldenen Grunds boten mit ihren guten Böden beste Voraussetzungen für einen ertragreichen Ackerbau. An den Rändern zu den Lössebenen erhoben sich sanfte Hügellandschaften, die sich ebenfalls agrarisch nutzen ließen. Sie waren von zum Erzabbau günstigen Stellen und von Verhüttungsplätzen durchzogen und wurden von befestigten Anlagen, die diese Nutzlandschaft einzukreisen scheinen, überwacht und beschützt. Im Südosten konnte vom „Herrenwäldchen" und dem Riesenkopf der Taunuskamm und vom Brühlerberg die Passage in die Wetterau kontrolliert werden[46], im Westen und Nordwesten sicherte die Dornburg eventuell mit Unterstützung des Almerskopfes[47] die Region. Weiter nordwestlich im Westerwald folgen dann im heutigen Rheinland-Pfalz die Anlagen vom Malberg bei Moschheim und der Altburg bei Stein-Wingert (beide Westerwaldkreis)[48]. Aber auch die Verbindung nach Norden in das Siegerland war gesichert. Die Nutzung des „Oberwalds" bei Greifenstein (Lahn-Dill-Kreis) scheint zwar in der Mittellatènezeit abzubrechen, die Anlage würde aber hervorragend in das Muster dieser späten Ringwallanlagen passen. Fraglos sicherte der Heunstein bei Dillenburg (Lahn-Dill-Kreis) die direkte Verbindung in das Siegerland ab. Noch sind in diesem Gebiet die Hinweise auf Metallgewinnung und -verarbeitung gering, aber bereits für das Siegerland ist eine frühe Eisenindustrie von enormer Intensität nachgewiesen[49]. Über der gesamten Ringwall-Landschaft scheint die große Anlage des Oppidums auf dem Dünsberg zu thronen, die für diesen Raum wohl die zentrale Rolle gespielt haben wird[50].

Der Abbruch der Anlagennutzung geht vereinzelt mit Hinweisen auf Auseinandersetzungen einher. So fanden sich weit verstreut über 75 Bleigeschosse am Dünsberg[51], die keinesfalls deponiert, sondern verschossen worden waren. Weitere vier Stücke traten westlich auf der Anhöhe des Dillgebietes bei Ehringshausen auf – eine Region, die ebenfalls eine dichte keltische Besiedlung aufweist[52]. Einige der Befestigungen wie auch manche der offenen Siedlungen weisen auffällig massive Brandspuren auf, so etwa die nicht weit von der Dornburg entfernte, o. g. Anlage auf dem Malberg bei Moschheim nördlich von Montabaur[53]. Dieses Beispiel weist, ebenso wie der rot verfärbte Wallabschnitt des „Herrenwäldchens", auf eine Zerstörung in der Spätlatènezeit hin, die sich auch anderenorts abzuzeichnen scheint[54].

Es bleibt zu hoffen, dass Hintertaunus und Westerwald zukünftig noch stärker in den Fokus der Forschung rücken und die Forschungsansätze, die bislang aus Lesefunden und Landschaftsbeobachtungen heraus erwachsen sind, weiterverfolgt und vertieft werden.

Anmerkungen

1 H. Hollmann, Auf den Spuren der Vor- und Frühgeschichte im Nordost-Taunus. Nassau. Ann. 57, 1937, 156–183.

2 Freundl. Mitt. U. Datum, der die „Heerstraße" im Gelände durch eine umfangreiche örtliche Beschilderung wieder sichtbar und erlebbar gemacht hat.

3 Dieser Gitternetzperlentyp tritt eher vereinzelt auf. Zwei solcher Perlen sind aus Manching und Bern bekannt. Th. E. Haevernick/P. Hahn-Weinheimer, Die Glasarmringe und Ringperlen der Mittel- und Spätlatènezeit auf dem europäischen Festland (Bonn 1960) 262. – M. A. Zepezauer, Glasperlen der vorrömischen Eisenzeit III mit Unterlagen von Th. E. Haevernick. Mittel- und spätlatènezeitliche Perlen. Marburger Stud. Vor- u. Frühgesch. 15 (Marburg 1993) 60 ff. 624 (Gittermuster) Kat.-Nr. 786–787. Gebhard datiert dieses Farbmuster in Form von Gitternetzen in Manching in die Spätlatènezeit, obgleich es schon am Ende der Mittellatènezeit purpurfarbene Ringe gab: R. Gebhard, Der Glasschmuck aus dem Oppidum von Manching. Ausgr. Manching 11 (Stuttgart 1989) 72; 173 (Gitternetzperle) 177 ff. Für eine spätere Zeitstellung der Perle vom „Herrenwäldchen" innerhalb der Latènezeit spricht zudem die dunkle, fast braune Färbung des Glases.

4 Bei diesem Verfahren wird mittels optischer Systeme, die in Flugzeuge oder Helikopter eingebaut sind, das Oberflächenrelief beim Überfliegen gescannt und auf vier Höhenpunkte pro Quadratmeter gefiltert. Verschiedene Beleuchtungswinkel und Filter lassen Strukturen auf den teils bewaldeten Oberflächen sichtbar werden, die im Gelände mit bloßem Auge oftmals gar nicht zu erkennen gewesen wären. Wir danken der Hessischen Verwaltung für Bodenmanagement und Geoinformation (HVBG) für die Bereitstellung der LiDAR-Scan-Daten von Hessen.

5 Der „Riesenkopf" bei Rohnstadt liegt unterhalb einer weithin sichtbaren großen Kuppe, ebenso wie das „Herrenwäldchen" unterhalb des Herrenwaldes liegt. Ältere Anlagen wie der „Almerskopf" bei Barig-Selbenhausen (Gde. Merenberg), das „Heidenhäuschen" bei Hadamar-Steinbach, die „Höhburg" bei Merenberg oder der „Scheuernberger Kopf" bei Weilburg (alle Lkr. Limburg-Weilburg) liegen alle auf Einzelerhebungen, teils prägnant in der Landschaft mit weitreichender Fernsicht in möglichst alle Himmelsrichtungen.

6 R. Gensen, Die eisenzeitlichen Befestigungen in Hessen – mit Ausnahme des Glauberges bei Büdingen. In: A. Jockenhövel (Hrsg.), Ältereisenzeitliches Befestigungswesen zwischen Maas/Mosel und Elbe. Internationales Kolloquium am 8. November 1997 in Münster anläßlich des hundertjährigen Bestehens der Altertumskommission für Westfalen. Veröff. Altkomm. Westfalen 11 (Münster 1999) 81–98 bes. 93. Die „Altburg" in Stein-Wingert (Westerwaldkreis) weist trotz mittel- bis spätlatènezeitlicher Datierung ebenfalls keine besonderen Toranlagen auf. Ch. Möller, Stein-Wingert. Die Altburg. In: H.-H. Wegner (Hrsg.), Der Westerwald. Kreis Altenkirchen und Westerwaldkreis. Führer arch. Denkmäler Deutschland 26 (Stuttgart 1993) 174–179 Abb. 69.

7 Ebd. 178.

8 Vollständige Kalottenschlacken bilden die Form der Esse, in der sie entstanden sind, und die Lage des Kanals für die Sauerstoffzufuhr ab. Die Hinweise mehren sich, dass diese Faktoren bestimmte Formen von Kalottenschlacken bedingen, die in die Eisenzeit datieren. Speziell die lang ovalen Kalottenformen mit Zapfenende sind im Hintertaunus immer wieder mit eisenzeitlicher Keramik vergesellschaftet. Unabhängig davon hat A. Schäfer bei der Bearbeitung der Schlacken aus Manching übereinstimmende Formen herausgearbeitet. Soweit dies derzeit beurteilt werden kann, sind solche Esseabformungen – im Gegensatz zu runden Formen – auf die Eisenzeit beschränkt. Vgl. A. Schäfer, Zur Eisenverarbeitung im Oppidum von Manching. Schlacken und Herdfragmente der Ausgrabung Altenfeld 1996–1999. In: S. Sievers/M. Leicht/B. Ziegaus, Ergebnisse der Ausgrabungen in Manching-Altenfeld 1996–1999. Ausgr. Manching 18 (Wiesbaden 2013) 295–335. – S. Schade-Lindig, Montanrevier Hintertaunus. In: G. Gassmann/A. Schäfer (Hrsg.), Zum alten Eisen. Forsch. Inst. Arch., Denkmalkunde u. Kunstgesch. (in Vorb.).

9 A. Schäfer, Die Kleinfunde der jüngerlatènezeitlichen Siedlung von Berching-Pollanten, Lkr. Neumarkt i. d. Oberpfalz. Marburger Stud. Vor- u. Frühgesch. 24 (Rahden/Westf. 2010) 227 ff.

10 J. Schulze-Forster, Die latènezeitlichen Funde vom Dünsberg. Ber. Komm. Arch. Landesforsch. Hessen 13, 2015, 143 Anm. 797: Funde auf der Alte Burg, Gemarkung Obernau bei Afholderbach (Stadt Netphen, Lkr. Siegen-Wittgenstein), und auf dem Dünsberg.

11 J. Meyer/S. Schade-Lindig, Spätkeltische Siedler hinterlassen Befunde mit Spekulationspotenzial. Hessen-Arch. 2012 (2013) 84–88. – J. Meyer/S. Schade-Lindig/E. Schallmayer, *De bello Gallico* in Hessen – archäologische Spuren Caesars rechts des Rheins. Denkmalpflege u. Kulturgesch. 2013, H. 4, 2–10. – S. Schade-Lindig, Kelten im Westerwald – ein Grubenhaus der Spätlatènezeit aus Waldbrunn-Lahr. Hessen-Arch. 2014 (2015) 80–85. Weitere Befunde traten im Grabungsjahr 2015 zutage.

12 Auf den Anlagen Almerskopf, Füllburg, Heidenhäuschen, Höhburg, Scheuernberg Kopf und Steinkopf (siehe Anm. 9) sind in den letzten Jahren viele typisch hallstattzeitliche Scherben geborgen worden. Zu diesen gehören vor allem gekerbte Ränder und Fragmente mit plastischen Leisten. Zur Stufeneinteilung nach Verse vgl. F. Verse, Die Keramik der älteren Eisenzeit im Mittelgebirgsraum zwischen Rhein und Werra. Münstersche Beitr. Ur- u. Frühgesch. Arch. 2 (Rahden/Westf. 2006). – Ders., Zur Chronologie der älteren Eisenzeit

im hessisch-westfälischen Bergland im Kontext siedlungsdynamischer Prozesse. In: „Chattenland". Forschungen zur Eisenzeit in Hessen. Beiträge zum Forschungskolloquium Marburg 19.–21. November 2009. Ber. Komm. Arch. Landesforsch. Hessen 10, 2008/09, 27–45 bes. 37ff.

13 Gensen (Anm. 6).

14 Ch. Maise, Archäoklimatologie – Vom Einfluß nacheiszeitlicher Klimavariabilität in der Ur- und Frühgeschichte. Jahrb. SGUF 81, 1998, 197–235.

15 J. Garner, Der latènezeitliche Verhüttungsplatz in Siegen-Niederschelden „Wartestraße". Metalla 17,1/2, 2010. – Th. Stöllner/J. Garner/G. Gassmann/A. J. Kalis/K. Röttger/A. Stobbe/U. Tegtmeier/Ü. Yalcin, Latènezeitliche Eisenwirtschaft im Siegerland: Interdisziplinäre Forschungen zur Wirtschaftsarchäologie. Metalla 16, 2, 2009, 101–203. – A. Schäfer, „Zwischen" Dünsberg und Waldgirmes. Wirtschaftsarchäologische Untersuchungen an der mittleren Lahn. In: „Chattenland" (Anm. 12) 69–90. – O. Krasa, Latène-Schmieden im Siegerland. Westfälische Forsch. 17, 1964, 200–205.

16 M. Bušs/A. Jockenhövel, Zur Vor- und Frühgeschichte der Landschaft an der oberen Dill und Dietzhölze. In: A. Jockenhövel/Ch. Willms, Das Dietzhölzetal-Projekt. Archäometallurgische Untersuchungen zur Geschichte und Struktur der mittelalterlichen Eisengewinnung im Lahn-Dill-Gebiet (Hessen). Münstersche Beitr. Ur- u. Frühgesch. Arch. 1 (Rahden/Westf. 2005) 19–39. – Ch. Willms, Haiger-Rodenbach, Schlackenplatz B 97 (Latènezeitlicher Verhüttungsplatz am Himmberg). In: Jockenhövel/Willms a. a. O. 350–374.

17 Verhüttungsplätze im Umland von Wetzlar: Wetzlar-Dalheim (vgl. A. Schäfer/B. Schroth, Ausgrabungen an einem mehrperiodigen Verhüttungs- und Schmiedeplatz im Eisenrevier an der mittleren Lahn. Hessen-Arch. 2002 [2003] 145–148), Braunfels „Schwann" und Weilmünster-Laimbach (Ortsakten hA). Weitere undatierte Verhüttungsplätze: Löhnberg-Obershausen (3), Weilmünster-Dietenhausen (2), Weinbach-Gräveneck. Vgl. K. Wurm (Bearb.), Der Oberlahnkreis. Inv. vor- u. frühgesch. Denkmäler Regierungsbezirk Wiesbaden I (Wiesbaden 1965) 34; 60; 66.

18 Möller (Anm. 6) 174–179 bes. 178. Weitere Anlagen im nördlichen Hessen könnten hier ergänzt werden. Vgl. C. Dobiat/M. Schefzig, Eisenzeitliche Höhensiedlungen und Rohstoffbezug im mittelhessischen Bergland. Sondagegrabungen auf den „Eisenköpfen" in Dautphetal-Hommertshausen, Kr. Marburg-Biedenkopf. Ber. Komm. Arch. Landesforsch. Hessen 7, 2002/03, 155–173. – Th. F. Warneke/R. Werthmann, Erz – Schlacke – Eisen. Archäologische Prospektionen und chemische Untersuchungen zur Eisengewinnung im Umkreis der Alteburg bei Niedenstein. Ber. Komm. Arch. Landesforsch. Hessen 7, 2002/03, 177–195.

19 Flache Pingenfelder ziehen auf obertägig anstehendem Hämatit über die Höhen des gesamten Hintertaunus, z. B. über den Einrich oberhalb von Berghausen (Rhein-Lahn-Kreis), wo auch Plätze mit diffus erstarrten Fließschlacken gefunden wurden. Freundl. Mitteilung Heimatmuseum Katzenelnbogen sowie eigene Beobachtungen. Aber auch entlang der Lahn um Bad Ems gibt es zahlreiche Hinweise auf Schlacken und/oder Pingen. Im östlichen Hintertaunus wurden in den letzten Jahren durch die Autorin über 300 Verhüttungs- und Schmiedeplätze entdeckt, von denen ein großer Teil vorgeschichtliche Funde hervorbrachte.

20 Gensen (Anm. 6) 82.

21 Schade-Lindig (Anm. 8).

22 Als Kennzeichen dieser Ofenform gelten daher die diffusen Fließrichtungen der Schlacke sowie die zahlreichen Holzabdrücke, meist von Spalthölzern. Schäfer/Schroth (Anm. 17). – H. Jöns, Zur ältesten Eisenverhüttung in Norddeutschland und im südlichen Skandinavien. In: S. Möllers/W. Schlüter/S. Sievers (Hrsg.) Keltische Einflüsse im nördlichen Mitteleuropa während der mittleren und jüngeren vorrömischen Eisenzeit. Akten des Internationalen Kolloquiums in Osnabrück vom 29. März bis 1. April 2006. Koll. Vor- u. Frühgesch. 9 (Bonn 2007) 53–71.

23 Verflachte Pingenfelder finden sich bei Weilmünster-Wolfenhausen, Weilmünster-Laubuseschbach und Villmar-Langhecke.

24 Steeden (Stadt Runkel): Wurm (Anm. 17). Frickhofen (Gde. Dornburg), Wilsenroth (Gde. Dornburg), Elz, Oberzeuzheim (Stadt Hadamar), Heringen: O. Kriesel, Der Altkreis Limburg. Kreisaufnahme. Ungedr. Manuskript 2003, Kat.-Nr. 81; 82; 90; 99; 110c; 138; 219; 220; 273. – Kirberg (Gde. Hünfelden), Kubach (Stadt Weilburg), Lahr (Gde. Waldbrunn), Niederhadamar (Stadt Hadamar), Staffel (Stadt Limburg): Ortsakten hA.

25 Kriesel (Anm. 24) Kat.-Nr. 109; 110; 284.

26 Gräber: Ebd. Kat.-Nr. 32; 110; 116; 301 (eher Lt. B); 310. – Siedlungen: Ebd. Kat.-Nr. 17; 109; 122; 248; 263; 294; 305. – Wurm (Anm. 17) 164 Liste zu Karte 4, Fundstelle Nr. 4–12; 16–17.

27 Alle Daten zu Bestattungsplätzen sind den Ortsakten der hA entnommen.

28 Im östlichen Hintertaunus liegen nach Ortsakten der hA 1.239 Hügelgräber, im angrenzenden Westerwald bis zur Landesgrenze sind 588 Hügel bekannt. Auch wenn sich hierin noch ältere Epochen verbergen können, spricht die Zahl von über 1.800 Hügeln rund um Limburg-Eschhofen für eine dichte Besiedlung bis zur Späthallstatt-/Frühlatènezeit.

29 Almerskopf bei Merenberg–Barig-Selbenhausen: Wurm (Anm. 17). Domberg in Limburg: E. Altwasser/M. Kornitzky, Archäologische Untersuchungen auf dem Grundstück „Domplatz" in Limburg. Denkmalpflege u. Kulturgesch. 2011, H. 3, 9–16. Dornburg bei Dornburg-Wilsenroth: Kriesel (Anm. 24) Kat.-Nr. 96–115. – H.-H. Wegner, Zu Siedlungsräumen im Schiefergebirge zur Eisenzeit. Arch. Ber. 22, 2011, 169–188. Füllburg bei Waldbrunn-Lahr: Ortsakten hA. „Heidenhäuschen" bei Hadamar-Oberzeuzheim: Fundber. Hessen 4, 1964, 222. „Herrenwäldchen" bei Selters-Haintchen: Ortsakten hA. „Herrenplatz" bei Runkel-Steeden: Wurm (Anm. 17) 92–136. Höhburg bei Merenberg: Gensen (Anm. 6), hier werden immer noch Höhburg und Roter Kopf genannt, bei denen es sich aber nicht um Wallanlagen, sondern um offene Siedlungen mit Podien handelt. „Nack" bei Idstein-Wörsdorf: Ortsakten hA. Riesenkopf bei Weilmünster-Rohnstadt: Wurm (Anm. 17). – Ortsakten hA. Scheuernberg Kopf bei Weilburg-Odersbach: Wurm (Anm. 17) 63 ff. Steinkopf bei Waldbrunn-Hintermeilingen: Ortsakten hA.

30 Hinzu kommt der „Nack" bei Idstein-Wörsdorf. Die Anlage wurde wegen ihrer guten Erhaltung von F.-R. Hermann als mittelalterlich eingestuft, eine Datierung, die aufgrund eines 2016 gefundenen Napoleonshutes sowie von eisenzeitlicher Keramik aus dem Inneren zu hinterfragen ist.

31 Meyer/Schade-Lindig (Anm. 11). – Meyer/Schade-Lindig/Schallmayer (Anm. 11). – Schade-Lindig (Anm. 11).

32 Alle vier bei Wurm aufgeführten „Wallviereck-Gruppen" waren auch auf den LiDAR-Scan Aufnahmen sichtbar und sind im Gelände sehr gut erhalten. Wurm (Anm. 17) 165.

33 „Am Lammert" bei Biebertal-Krofdorf: J. Schulze-Forster. Latènezeitliche Grabgärten am Dünsberg. Ber. Komm. Arch. Landesforsch. Hessen 4, 1996/97, 97–118. – Ders., Noch einmal zu einem latènezeitlichen Grabgarten am Dünsberg. Ber. Komm. Arch. Landesforsch. Hessen 5, 1998/99, 49–64. – C. Nickel, 10 Jahre neuere Grabungen am Dünsberg – Überblick und Perspektiven. In: „Chattenland". Forschungen zur Eisenzeit in Hessen. Beiträge zum Forschungskolloquium Marburg 19.–21. November 2009. Ber. Komm. Arch. Landesforsch. Hessen 10, 2008/09, 173–188 bes. 179 ff. Die „Kalteiche" hat mit Maßen von 14,5 × 11,5 m eine eher rechteckige Form. Vgl. F. Verse, Archäologie auf Waldeshöhen. Eisenzeit, Mittelalter und Neuzeit auf der „Kalteiche" bei Haiger, Lahn-Dill-Kreis. Münstersche Beitr. Ur- u. Frühgesch. Arch. 4 (Rahden/Westf. 2008) 81 ff.

34 Runde Grabgärten stimmen mit ihren niedrigen Umwallungen hinsichtlich ihrer Erscheinung mit rechteckig angelegten Gärten überein. Es handelt sich bei ihnen keinesfalls um besonders gestaltete Grabhügeleinfriedungen, denn es zeigen sich

nirgends Reste von ehemaligen Hügeln. Da runde und eckige Grabgärten ineinander „verschachtelt" angelegt vorkommen, scheinen sie relativ zeitgleich zu sein.

35 In Reichelsheim (Wetteraukreis) konnte J. Lindenthal 2012 einen eher quadratisch angelegten Graben von knapp 14 m Kantenlänge aufdecken. J. Lindenthal, Merowinger gesucht – vorgeschichtliche Bestattungen gefunden. Hessen-Arch. 2012 (2013) 39–42.

36 Die besonders aus Wederath *(Belginum)* bekannten Grabgärten sind in ihren Abmessungen wesentlich kleiner und eng an die Romanisierung gekoppelt. R. Cordie, Zu den latènezeitlichen Grabgärten von Wederath/Belginum. In: W.-R. Teegen/R. Cordie/O. Dörrer/S. Rieckhoff/H. Steuer (Hrsg.), Studien zur Lebenswelt der Eisenzeit [Festschr. R. Müller]. RGA², Ergbd. 53 (Berlin, New York 2006) 251–263 bes. 256 f. Die Anlagen, die in der Wetterau gegraben wurden, entsprechen am ehesten denen von Wederath, besonders im Hinblick auf die zentral gelegene Einzelbestattung im Inneren. Bei den hier beschriebenen Anlagen des Lahn-Sieg-Kreises liegen die Abmessungen höher. Jene sind häufig lang schmal und mit runden Grabgärten vergesellschaftet. Nicht nur im Inneren, sondern auch in den Gräben und sogar außerhalb befinden sich zahlreiche Brandbestattungen. Hingegen scheinen die Grabgärten beider Regionen in der Nähe älterer Grabhügel zu liegen.

37 Neunkirchen „Zeppenfeld": H. Laumann, Zwei spätestlatènezeitliche Urnengräber aus Neukirchen „Zeppenfeld", Kr. Siegen. In: O.-H. Frey/H. Roth (Hrsg.), Studien zu Siedlungsfragen der Latènezeit [Festschr. W. Dehn]. Veröff. Vorgesch. Seminar Marburg, Sonderbd. 3 (Marburg 1984) 107–116.

38 In Thür wurden drei rechteckige Spitzgräben mit 25 bis 30 m Kantenlänge freigelegt. – R. Bockius, Eingefriedete endlatènezeitliche Gräber bei Thür, Kr. Mayen-Koblenz. In: H.-H. Wegner (Hrsg.), Berichte zur Archäologie an Mittelrhein und Mosel 2. Trierer Zeitschr., Beih. 12 (Trier 1990) 145–168. Nach der Auswertung der LiDAR-Daten und nach geophysikalischen Prospektionen der Generaldirektion Kulturelles Erbe, Außenstelle Koblenz, zeichnen sich im Hunsrück zahlreiche Grabgärten ab, die hier vom 3. Jahrhundert v. Chr. bis in das 2. Jahrhundert n. Chr. reichen (freundliche Mitteilung Dr. P. Henrich). Zuletzt: P. Henrich/C. Mischka, Villen und Gräber am Flughafen. Arch. in Deutschland 5, 2015, 50–51. – C. A. Jost, Keltisch-römische Grabgärten im Hunsrück. Arch. Deutschland 2015, 6, 52–53.

39 Die Befliegungen entlang der hessisch-westfälischen Grenze durch das HVBG betrafen in der Grenzregion auch nordrhein-westfälisches Gebiet.

40 Alle Fundstellen wurden den Ortsakten der hA entnommen.

41 F. Verse, Die Befestigung auf dem „Oberwald" bei Greifenstein-Holzhausen, Lahn-Dill-Kreis. Profane Siedlung oder Kultplatz im peripheren Mittelgebirgsraum? In: S. Möllers/W. Schlüter/S. Sievers (Hrsg.), Keltische Einflüsse im nördlichen Mitteleuropa während der mittleren und jüngeren vorrömischen Eisenzeit. Akten des Internationalen Kolloquiums in Osnabrück vom 29. März bis 1. April 2006. Koll. Vor u. Frühgesch. 9 (Bonn 2007) 153–166. – S. Schade-Lindig/F. Verse, Latènezeitliche Siedlungsstrukturen zwischen Lahn und Sieg. In: S. Hornung (Hrsg.), Produktion – Distribution – Ökonomie. Siedlungs- und Wirtschaftsmuster der Latènezeit. Universitätsforsch. Prähist. Arch. 258 (Bonn 2014) 319–340.

42 Einerseits prägen dickwandige, kalkgemagerte Schalen mit stark gepichten Rändern und unter dem Rand umlaufenden Wülsten und Rinnen das regionale Keramikbild, andererseits germanisch anmutende Sichelkerben, die in dichten Mustergruppen die Gefäße flächig überziehen. Kartiert bei Schulze-Forster (Anm. 10) 143 Abb. 84. Diese Exemplare sind durch Funde aus Limburg-Eschhofen und Waldbunn-Lahr zu ergänzen.

43 Quinar, Rheingermanen, 1. Jh. v. Chr., sog. Wulst-Rinnenprägung des Nauheimer Typs. Bestimmung durch Dr. D. Wigg-Wolf 1994. Schulze-Forster (Anm. 10) Abb. 101. – St. Wefers, Latènezeitliche Mühlen aus dem Gebiet zwischen den Steinbruchrevieren Mayen und Lovosice. Monogr. RGZM 95 (Mainz 2012) Kat.-Nr. 570.

44 L. Hansen, Ein frühlatènezeitliches Goldhalsringfragment von Dornburg-Wilsenroth (Lkr. Limburg-Weilburg). Arch. Korrbl. 37, 2007, 233–246. – Schulze-Forster (Anm. 10) 168.

45 Gensen sah den Zusammenhang zwischen Eisenerzvorkommen und der Zahl von Befestigungsanlagen schon für das Bergland zwischen Dillburg und Wetzlar, Gießen im Süden sowie Battenberg im Norden. Gensen (Anm. 6) 81. Ein solcher ist nun auch für die Häufung der Ringwälle zwischen Weilburg und der Lahn anzunehmen.

46 Das Heidetränk-Oppidum bei Oberursel i. Ts. im Südosten scheint keine enge Anbindung an die hier betrachtete Region gehabt zu haben. Siedlungsanzeiger wie Podien und eisenzeitliche Verhüttungsplätze dünnen in diese Richtung stark aus bzw. fehlen ebenso wie Grabgartenbefunde.

47 Wurm (Anm. 17) 13–24. – Gensen (Anm. 6) 94 ff.

48 Möller (Anm. 6). – A. v. Berg, Vorgeschichtliche Befestigung auf dem Malberg. In: H.-H. Wegner (Bearb.), Der Westerwald. Kreis Altenkirchen und Westerwaldkreis. Führer arch. Denkmäler Deutschland 26 (Stuttgart 1993) 159–161.

49 Stöllner (Anm. 15). – M. Zeiler, Latènezeitliche Eisenwirtschaft im Siegerland. Bericht über die montanarchäologischen Forschungen 2009–2011. Metalla 20, 1, 2013.

50 J. Schulze-Forster, Der Dünsberg bei Gießen – keltisches Oppidum oder germanischer Ringwall? Neue Ergebnisse zur historischen Rolle des Dünsberges. Hessen-Arch. 2002 (2003) 87–90. – Ders. (Anm. 10) 171 ff.

51 Ders., Forschungen am Dünsberg. Teil II: Kampf und Kult am Dünsberg. Zu den Funden der Ausgrabungen 1999–2001. Ber. Komm. Arch. Landesforsch. Hessen 6, 2000/01, 135–146 Taf. 31–32.

52 Ehringshausen-Katzenfurt: Schade-Lindig/Verse (Anm. 41) Abb. 8,13. Schleuderkugeln aus Ton liegen auch zahlreich vom „Almerskopf" (bei Barig-Selbenhausen) vor. Wurm (Anm. 17) 19. Die Datierung dieser Anlage reicht nach momentanem Stand aber nicht bis in die Spätlatènezeit.

53 v. Berg (Anm. 48) 161.

54 Brandhorizonte der Spätlatènezeit: Gensen (Anm. 6) 92. – H.-H. Wegner, Die latènezeitlichen Funde vom Christenberg bei Münchhausen, Kr. Marburg-Biedenkopf. Mat. Vor- u. Frühgesch. Hessen 6 (Wiesbaden 1989) 72 Abb. 36. – E. Cichy, Eine ungewöhnliche Befestigung der vorrömischen Eisenzeit auf dem Höhenrücken „In den Gleiern" bei Balve. Ausgr. u. Funde Westfalen-Lippe 12, 2015, 183; 191. – Zu Brandhorizonten in umliegenden Siedlungen siehe Anm. 31.

Ein spezifischer Wert: ein republikanischer Denar mit Graffiti aus Groß-Rohrheim (Lkr. Bergstraße)

Fleur Kemmers,
Markus Scholz

Einzelfunde römischer Münzen rechtfertigen jenseits ihrer chronologischen Aussagekraft selten eine Vorlage als Einzelobjekte, da ihre Funktion ja klar zu sein scheint und der „Lebenslauf" einer einzelnen Münze in der Regel kaum nachvollziehbar ist. Die Besonderheit des hier vorzustellenden Denars besteht darin, dass er Graffiti trägt, die evtl. Aussagen zu zeitweisen Besitzern der Münze oder ihrem spezifischen Verwendungszweck zulassen.

Im Zuge einer amtlich beauftragten Feldbegehung bei Groß-Rohrheim (Lkr. Bergstraße) wurde 2011 ein Silberdenar der Römischen Republik entdeckt[1]. Hier erstreckt sich eine bisher nur durch Lesefunde bekannte frühkaiserzeitliche Fundstelle, vermutlich ein Militärlager. Die Lesefunde, hauptsächlich Münzen, Militaria und Fibeln des Typs Aucissa, deuten eine Datierung in (früh-)tiberische Zeit an[2].

Der Denar

Bei dem vorliegenden Objekt handelt sich um einen Denar des Münzmeisters *Numerius Fabius Pictor* aus dem Jahre 126 v. Chr. (RRC 268/1b). Die Vorderseite (AV; Abb. 1) zeigt die Göttin Roma mit Helm nach rechts. Hinter dem Kopf befindet sich die Wertmarke *XVI* in Ligatur (ein Denar entsprach ab 141 v. Chr. 16 Asses)[3]. Unterhalb des Kinns liest man das Kontrollzeichen *E*. Die Kontrollzeichen dienten dazu, die unterschiedlichen Stempel, die für einen Münztyp Verwendung fanden, auseinanderzuhalten[4]. Mitten im Gesicht der Roma ist ein kleiner sichelförmiger Einhieb zu erkennen. Es handelt sich dabei um eine sog. punchmark/banker's punch, die relativ häufig auf republikanischen Denaren vorkommt und vermutlich in Zusammenhang mit gewissen Kontrollvorgängen steht[5]. Die Rückseite zeigt den behelmten *Quintus Fabius Pictor* sitzend mit Speer und abgestelltem Schild (Abb. 2). In der rechten Hand hält er den *apex*, die rituelle Kopfbedeckung des *flamen quirinalis*. Quintus Fabius Pictor (*praetor* 189 v. Chr.), der vermutliche Großvater unseres Numerius Fabius Pictor, hatte dieses Priesteramt ebenfalls inne[6]. Auf der Rückseite lässt sich ein Teil der Legende noch gut lesen: *N(umerius) FABI PICTOR* umlaufend und *ROMA* im Abschnitt. Auf dem Schild stand wohl *QVIRIN(alis)*, doch ist der Schriftzug durch Abnutzung unkenntlich. Oben rechts ist noch ein *S* zu lesen, das Kontrollzeichen für den Rückseitenstempel[7]. Mit einem Durchmesser von 1,6–1,7 cm ist der Schrötling etwas zu klein für den Prägestempel, weshalb der Perlkranz, der das Vorderseitenmotiv umgab, nur am unteren Rand des Schrötlings erkennbar ist und die Legende der Rückseite daher nur knapp darauf erscheint. Das Stück ist angesichts der langen Umlaufzeit von rund 150 Jahren erstaunlich wenig abgegriffen und wiegt noch 3,74 g statt des Sollgewichts von 3,9 g. Der Feingehalt liegt nach Röntgenfluoreszenzanalysen an mehreren Stellen der Oberfläche bei 97–98 % Silber und entspricht damit den Erwartungen[8].

Der Münztyp stellt trotz seines damals schon hohen Alters im Münzumlauf der augusteisch-tiberischen Zeit keine Seltenheit dar. Republikanische Denare zirkulierten noch bis zum Anfang des 2. Jahrhunderts n. Chr. in relativ großen Mengen. In der ersten Hälfte des 1. Jahrhunderts n. Chr. dominierten sie sogar noch den Silbergeldumlauf. Am

1 Groß-Rohrheim. Vorderseite des republikanischen Denars RRC 268/1b. Rechts des Roma-Kopfes befinden sich die beiden Einritzungen (Foto: A. Kirsch, Goethe-Univ. Frankfurt a. M.).

2 Groß-Rohrheim. Rückseite des republikanischen Denars RRC 268/1b (Foto: A. Kirsch, Goethe-Univ. Frankfurt a. M.).

häufigsten vertreten sind Exemplare aus den letzten etwa 50 Jahren der Römischen Republik, aber auch Münztypen aus den letzten Jahrzehnten des 2. Jahrhunderts v. Chr. sind durchaus üblich[9].

Die Graffiti

Der Denar trägt auf seiner Vorderseite vor dem Gesicht der Roma zwei zeitlich aufeinanderfolgende Besitzergraffiti (Abb. 3). Die ältere Ritzinschrift ist zart mit einem sehr spitzen Werkzeug eingeritzt worden: *ATRIOS*. Das A ohne Mittelhaste erstreckt sich unter dem Kinn der Roma beiderseits des Kontrollzeichens *E*. Der schräg verlaufende Oberstrich des T wird teilweise von dem jüngeren Graffito geschnitten. Das O ist mit zwei geschwungenen Linien gestaltet, die sich oben schneiden, unten aber offen sind. Die Ritzfurche des S schneidet die des vorangehenden O. Die Bedrängung des O durch das S ist wohl auf den knappen Platz unterhalb der Nasenspitze Romas zurückzuführen.

Bei der Recherche nach Vergleichen stößt man auf den Personennamen *Atrius*. Als Rufname *(cognomen)* ist er mit nur einem Beleg aus Dacia bekannt[10]. Eigentlich handelt es sich um einen Familiennamen *(nomen gentile)*, der mit insgesamt 29 inschriftlichen Nachweisen zu den selteneren *nomina* gehört[11]. Unter seinen Trägern ist Quintus Atrius Clonius, der unter Kaiser Severus Alexander *legatus Augusti pro praetore* der Provinz Hispania Citerior (Tarraconensis) war, der prominenteste[12]. Die Belege des *nomen Atrius* von der Apenninenhalbinsel konzentrieren sich mit wenigen Ausnahmen auf Rom und Mittelitalien[13]. Darüber hinaus kommt das *nomen Atrius* noch viermal in Lusitania bzw. in der Hispania Citerior[14] vor, viermal in der Gallia Narbonensis[15], einmal in Dalmatia[16], zweimal in Moesia Superior, wobei es sich um einen *tribunus* bzw. *eques* derselben Kohorte handelt[17], sowie einmal aus Dacia[18]. Aus der Africa Proconsularis ist ein einzelner Beleg verzeichnet[19]. Als Erkenntnis daraus ist nur zu folgern, dass der Form *Atrios* ein lateinisch-römischer Familienname zugrunde liegen könnte. Gerade in augusteischer Zeit waren *cognomina* bei römischen Bürgern noch nicht durchgängig etabliert, sondern vornehmlich bei Angehörigen gehobenen sozialen Niveaus in Gebrauch. In der Tendenz deuten darauf auch die Graffiti auf Tongefäßen aus Haltern hin, die mehrheitlich Familiennamen *(nomina)* wiedergeben, wohingegen sich die *cognomina* eher entweder auf Offiziere oder – je nach Namenstyp – auf Personen ohne Bürgerrecht beziehen lassen[20]. Nun verweist aber die keltische Nominativendung *-os* sowie der fehlende Kontext eines mehrteiligen bürgerlichen Namens mit *prae-* und/oder *cognomen* auf eine „keltisierte“ Variante des lateinischen *Atrius*. Beides spricht dafür, *Atrios* als ein *cognomen* anzusehen[21]. Der Nominativ kommt bei Besitzergraffiti prinzipiell seltener vor als der übliche Genitiv[22]. Möglicherweise sprach der Urheber des Graffitos Gallisch als Muttersprache und war mit der lateinischen Grammatik noch unzureichend vertraut. Für einen keltischen Personennamen *Atri-* scheint es keine direkten Nachweise zu geben. In adjektivischer Form ist *atrios erst in mittelalterlichen Quellen keltischer Sprache bezeugt[23]. So kann man nur darüber spekulieren, ob unser *Atrios* evtl. aus Südgallien stammte, wo der lateinische Familienname *Atrius* mehrfach belegt ist.

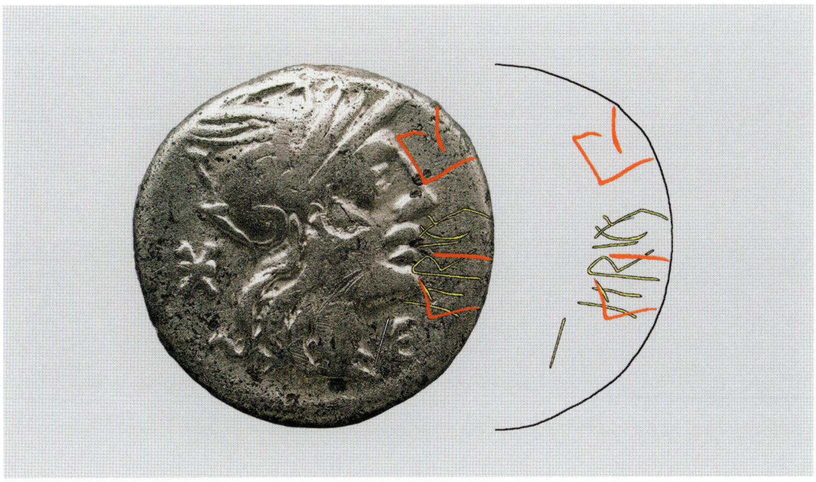

3 Groß-Rohrheim. Vorderseite des republikanischen Denars RRC 268/1b mit Umzeichnung der beiden Einritzungen (Grafik: K. Engemann, Goethe-Univ. Frankfurt a. M.).

Dieser Graffito wird von einem zweiten überlagert, der eindeutig als *CIR* gelesen werden kann. Seine Ritzlinien sind unter dem Binokular klar als die jüngeren zu erkennen, weil die Buchstaben etwas größer und stärker eingeritzt sind als der ältere Graffito *Atrios*. Es könnte sich um die Abkürzung eines *cognomen Cir(...)* handeln, z. B. *Cirratus* oder *Cirro*, um nur die etwas häufigeren Ergänzungsmöglichkeiten anzuführen. Alternativ dazu kommt auch die Auflösung als *tria nomina* in Betracht, denkbar wäre z. B. *C(aius) I(ulius) R(...)*. Die beiden zeitlich aufeinanderfolgenden Graffiti sind sichtbar von unterschiedlichen Händen eingeritzt worden.

Wann die Graffiti eingeritzt wurden, wie viel Zeit zwischen den beiden Beschriftungen verging und ob dies am Verlust- bzw. Fundort geschah, lässt sich nicht präzise bestimmen. Eines ist jedoch deutlich und gilt für beide Graffiti: Die feinen und daher durchaus empfindlichen Ritzlinien zeigen so gut wie keine Abnutzungsspuren. Wäre der Denar nach den Einritzungen (jeweils) noch längere Zeit um-

4 Trier. Aureus des Augustus. Graffito *IVLI* rechts unterhalb des Kaiserkopfes, darunter älterer Graffito *A*? (Foto: nach Trier [Anm. 26] Frontabb.; Umzeichnung: K. Engemann, Goethe-Univ. Frankfurt a. M.).

5 Bastendorf (Luxemburg). Rückseite eines Caesar-Denars mit Graffito *SIIPIIINA* (Foto: nach Reuter/Scholz [Anm. 30] 9).

gelaufen, hätte sich dies sichtbar auf die Erhaltung der Linien auswirken müssen.

Mögliche Funktionen von Graffiti auf Münzen

Warum brachte man die Graffiti an? Die individuelle Markierung von Münzen ist in der Kaiserzeit zwar kein unbekanntes, aber angesichts der Masse römischer Münzen doch ein ungewöhnliches Phänomen, das der Tauschfunktion von Kurantgelt bis zu einem gewissen Grade widerspricht. Es muss allerdings darauf hingewiesen werden, dass das Phänomen Graffiti auf Münzen bisher noch kaum untersucht wurde. Man fragt sich auch, inwieweit den Bearbeitern von Münzen solch feine Spuren überhaupt auffallen (können), denn nicht jede intentionelle Markierung lässt sich zweifelsfrei von zufälligen Kratzern unterscheiden. Es kommt hinzu, dass entsprechende Graffiti bei abgegriffenen Münzen bereits ganz oder weitgehend verloren bzw. – insbesondere im Fall von Aes-Prägungen – schlicht wegkorrodiert sein können.

Trotz dieser Quellenfilter kann auf einige Vergleichsbeispiele verwiesen werden. Bisher lässt einzig der Goldmünzenschatz aus Trier ansatzweise Quantifizierungsversuche zu. Die Erhaltungsbedingungen und Entdeckungschancen solch zarter Ritzungen sind bei Goldmünzen naturgemäß am besten, sodass das im Folgenden dargelegte Verhältnis auch angesichts des Schatzumfangs von 2.650 Stücken vielleicht annähernd Repräsentativität beanspruchen darf: Rund ein Viertel bis ein Fünftel der Aurei des 1. Jahrhunderts aus dem Trierer Goldschatz weisen Markierungen in Gestalt von Punzen und/oder Graffiti auf[24]. Allein 347 von insgesamt 413 Exemplaren Neros und der flavischen Kaiser tragen Graffiti (= 84 %). Die Markierungen wurden häufiger auf Rück- als auf Vorderseiten angebracht (211 : 161). Es fällt auf, dass sich Graffiti und Punzen mit wenigen Ausnahmen auf Prägungen bis Hadrian beschränken, vor allem auf solche des 1. Jahrhunderts n. Chr. Das gilt auch für die Einzelfundmünzen von Aurei aus Trier[25]. Bei diesen Verhältnissen, die sich zunächst nur an in Trier gefundenen Goldmünzen fassen lassen, bleibt noch zu klären, ob Punzen und Graffiti tatsächlich den gleichen Informationszwecken dienten, sei es als Prüfzeichen von Geldwechslern, Händlern oder als Besitzermarken. Für eine Zweckgleichheit von Punzen und Graffiti spricht hier, dass beide Markierungstypen nur Einzelbuchstaben oder Zahlzeichen wiedergeben. Damit unterscheiden sich die Graffiti auf den Trierer Aurei deutlich von dem Denar aus Groß-Rohrheim – bis auf eine Ausnahme: Ein in Trier gefundener Aureus des Augustus trägt den eingeritzten Namenszug *IVLI* („Besitz des Iulius“), der einen älteren Graffito – wohl ein *A* – überlagert[26] (Abb. 4).

Für einen chronologischen Schwerpunkt der Münzgraffiti im 1. Jahrhundert n. Chr. kann der Trierer Goldmünzenschatz bis auf Weiteres aber keine Allgemeinverbindlichkeit beanspruchen. So kommen Graffiti auch häufiger auf syrisch-phönizischen Provinzialprägungen des späten 2. bis 4. Jahrhunderts n. Chr. vor, z. B. in dem tetrarchischen Münzschatz von Kfar Bara (Israel)[27]. Die funktionalen Interpretationsansätze der Bearbeiter des Schatzes sind die gleichen, doch behaupten diese umgekehrt: “[...] the practice of graffiti on coins seems to be a phenomenon confined to the Levant“[28]. Dass man auch hierzulande noch in der Spätantike zumindest vereinzelt mit Graffiti auf Münzen zu rechnen hat, zeigt ein 330/337 n. Chr. geprägter Follis des Constantinus I (Urbs Roma-Typ) 330/37 (C17) aus dem Vicus-Areal von NIDA (Frankfurt a. M.-Heddernheim) mit nicht näher beschriebenen „Graffiti“ auf der Rückseite[29]. Diese punktuellen Einblicke zeigen wiederum nur, wie wenig wir über die Markierungspraktiken auf Münzen wissen.

Es gibt jedoch weitere Funde, die zur Klärung der Funktion(en) der Münzgraffiti beitragen können. Ein 49/48 v. Chr. geprägter Denar des Caius Iulius Caesar aus Bastendorf (Gde. Tandel, Kt. Vianden, Großherzogtum Luxemburg) trägt auf der Rückseite den Graffito *SIIPIIINA* (Abb. 5). Aufgrund des Fundkontextes in einem Heiligtum geht man davon aus, dass diese Münze eine Opfergabe einer *Sepiena* war[30]. Graffiti sind nicht ausschließlich auf Edelmetallprägungen begrenzt. Gerade im kultischen Bereich sind es in der Regel Aes-Prägungen, die als Weihegaben rituelle Manipulationen erfahren haben. So ist ein As aus dem Schatzfund von Collepietro (Prov. L‘Aquila, Italien) durch den Graffito *Diovis/stipe* (ILLRP 114) eindeutig als Opfergabe ausgewiesen, in einen anderen As aus Paris hat man die Weiheformel *Fortunai / stipe* eingeritzt (ILLRP 114)[31]. Zu den Opferfunden im Heiligtum von Villeneuve-au-Châtelot (Dép. Aube, Frankreich) gehört ein As des Vespasian, dessen Vorderseite das eingeritzte Namenskürzel (?) *MA* trägt, die Rückseite aber eine Dedikation an *MI/NE(R)/VA*[32].

Ein As des Trajan, der als *obolus* in Grab 1998/1 eines kleinen Villengräberfeldes bei Reinach (Kt. Basel-Landschaft, Schweiz) gefunden wurde, trägt auf der Rückseite die markant eingeritzten (oder eingeschlagenen?) Zeichen *IX* oder – je nach Leserichtung – *XI* (Abb. 6). Ist diese Markierung aus dem Geldumlauf heraus zu erklären oder wurde sie evtl. erst im Rahmen ihrer Deponierung im Grab angebracht? Ein ritueller Hintergrund kann auch hier nicht ausgeschlossen werden[33]. Die Bearbeiterin dieses stark abgegriffenen Asses bietet noch einen alternativen, durchaus überlegenswerten Interpretationsvorschlag an: In Analogie zu Zahlzeichen auf Spielsteinen könne die Münze sekundär als Spielstein verwendet worden sein. Spielsteine sind als Grabbeigaben jedenfalls einige Male belegt[34].

Eine im gallo-römischen Kulturbereich häufig anzutreffende Form der rituellen Manipulation sind Einhiebe auf Münzen, insbesondere auf Aes-Prägungen[35]. Gut belegt ist dieser Ritus z. B. im Lenus-Mars-Heiligtum auf dem Martberg bei Pommern (Lkr. Cochem-Zell), wo sich einerseits eine Tradition dieses Ritus seit der späten Eisenzeit fassen lässt, andererseits aber ein Wandel desselben hinsichtlich der markierten Nominale, der Art der Einhiebe und wohl auch der Urheber abzeichnet[36]. Bisweilen tragen Funde von Münzen, die mit Einhieben versehen sind, zur Diskussion um den möglichen kultischen Charakter des betreffenden Fundplatzes bei[37].

Fast alle Belege für Namensgraffiti auf Münzen stammen also aus kultischen Kontexten. Für den vorliegenden Denar aus Groß-Rohrheim ist der Kontext letztlich nicht gesichert. Ein sakraler Zusammenhang ist daher nicht kategorisch auszuschließen. Die Besonderheit dieses speziellen Stücks besteht darin, dass sogar zwei Graffiti angebracht wurden. Da die feinen Ritzlinien keine erkennbaren Abnutzungsspuren zeigen, hatte man die Einritzungen entweder auf dem Denar angebracht, bevor er thesauriert oder deponiert und längere Zeit der Benutzung entzogen wurde, oder sie wurden erst relativ kurz vor dem (zufälligen) Verlust des Denars angebracht. Die Vermutung, dass beide Graffiti innerhalb desselben Milieus entstanden, liegt zwar nahe, lässt sich aber nicht beweisen. Man kann sich verschiedene Gründe bzw. Szenarien vorstellen, wonach sich eine entsprechende Markierung empfahl; diese sind heute aber nicht mehr ohne Weiteres nachvollziehbar. Wenn es sich tatsächlich um eine Weihgabe handelte, dann wurde die Münze wohl von zwei Personen gemeinsam geopfert. Sollte der Hintergrund der Einritzungen doch im profanen Bereich zu suchen sein, so könnte die Münze etwa einen individuellen Erinnerungswert besessen haben. Ein Argument dafür könnte die relativ geringe Abnutzung sein. Denkbar wäre, dass die Barschaften verschiedener Eigentümer (Soldaten?) vorübergehend gemeinsam aufbewahrt wurden. Den Urhebern der Graffiti scheint es dann darauf angekommen zu sein, just diese Münze wiederzuerhalten und nicht ein analoges, äquivalentes Stück. Dass dies auch noch im Wiederholungsfall geschah, spricht am ehesten dafür, dass diesem spezifischen Denar ein besonderer Wert beigemessen wurde. Dieser Wert wird dann wohl eher im symbolischen Bereich als im Metallwert des Stücks zu suchen sein, denn Denare aus dem 2. Jahrhundert v. Chr. hatten etwa das gleiche Gewicht und den gleichen Feingehalt wie die Denare der ersten julisch-claudischen Kaiser. Erst unter Nero wurde der Münzfuß herabgestuft[38]. Lediglich die in julisch-claudischer Zeit noch in größerer Zahl umlaufenden Denare des Marcus Antonius wiesen einen schlechteren Silbergehalt auf. Künftige Feldforschungen werden klären können, welchen Charakter der Fundplatz bei Groß-Rohrheim wirklich hatte.

6 Reinach (Schweiz). As des Trajan aus einem Grabkontext mit eingeritzter/eingeschlagener Markierung *IX* oder *XI* (Foto: nach Amman [Anm. 33] 39 Abb. 27).

Anmerkungen

1 Unser Dank gilt dem Finder, Herrn Jörg Lotter (Darmstadt), der uns das Stück zur Kenntnis brachte (Fundmeldung Lo03/2011/02), und der hessenARCHÄOLOGIE, die uns die Publikationserlaubnis erteilte.

2 Das Fundspektrum, das insgesamt 121 Münzen und fünf Aucissa-Fibeln umfasst, wird anderweitig bearbeitet. Die Informationen gehen auf Fundmeldungen von J. Lotter zurück.

3 B. Woytek, The denarius coinage of the Roman Republic. In: W. E. Metcalf (Hrsg.), The Oxford Handbook of Greek and Roman Coinage (Oxford 2012) 315–334 bes. 320.

4 M. H. Crawford, N. Fabi Pictor. Num. Chronicle, 7th ser., 5, 1965, 149–154: Im Fall dieses Münztyps sind 17 Vorderseiten- und 21 Rückseitenstempel bekannt.

5 F. Kemmers, Coins for a legion. An analysis of the coin finds from the Augustan legionary fortress and Flavian canabae legionis at Nijmegen. Stud. Fundmünzen Ant. 21 (Mainz 2006) 73–74.

6 M. H. Crawford, Roman Republican Coinage (Cambridge 1974) 292. Laut Livius versuchte Q. Fabius Pictor die Prätur für Sardinien mit seiner Funktion als *flamen quirinalis* zu verbinden. Da es Letzterem nach religiösem Gesetz verboten war, das Stadtgebiet Roms zu verlassen, schritt der Senat dagegen ein.

7 Die Kombination *E-S* ist bekannt und in mehreren Exemplaren belegt: Crawford (Anm. 4) 150.

8 Die Messungen verdanken wir Dr. Markus Helfert (Goethe-Universität Frankfurt a. M.) mittels Röntgenfluoreszenzspektrometer Niton XL3T900 im Legierungsmodus.

9 Kemmers (Anm. 5) 33–38; 181–186.

10 CIL III 1261 (Alburnus Maior): *Lib(ero) Patr(i) / sacrum / Atrius Ma/ximi v(otum) l(ibens) m(erito) / s(olvit).*

11 Quellenbasis: Epigraphik-Datenbank Clauss-Slaby und Epigraphische Datenbank Heidelberg (EDH), Suchlauf Atri% vom 09.05.2016.

12 G. Alföldy, Die Römischen Inschriften von Tarraco. Madrider Forsch. 10 (Berlin 1975) Nr. 128 = CIL II 4111.

13 AE 2012, 462 (Carsulae): *C(aius) Atrius C(ai) f(ilius) Varia*; CIL IV 3340,37 (Pompeji): *Atrius Marcellus*; CIL VI 2004 (Rom): *[Q(uintus)] Atrius Clonius*; CIL VI 12691 (Rom): *Atrius Felix*; CIL VI 12692 (Rom): *C(aius) Atrius C(ai) f(ilius) Vot(uria) Har[3] / Atriae C(ai) l(ibertae) Arbuscula[e] / C(aius) Atrius C(ai) l(ibertus) Eros vivit / C(aius) C(ai) l(ibertus) Barcates / Atriae C(ai) l(ibertae) Euclesis / C(aius) Atrius C(ai) l(ibertus) Aesopus / C(aius) C(ai) l(ibertus) Aprodisius / ex testame(nto) HS X(milia) arbit(ratu) / Atriaes(!) [*; CIL VI 12693 (Rom): *C(aius) Atrius C(ai) f(ilius) Paetinus*; EDCS-61500402 (Rom): *Q(uintus) Atrius Q(uinti) f(ilius) Cla(udia) [Va]lens Novar[ia] [3] coh(ortis) XII*; CIL IX 4866 (Mompeo): *P(ublius) Atrius P(ubli) l(ibertus) Suneros(!)*; CIL IX 4912 (Trebula Mutuesca): *L(ucius) Atrius L(uci) l(ibertus) Philonicus*; A. M. Cavallaro/G. Walser, Iscrizioni di Augusta Praetoria (Aosta 1988) Nr. 64 (Augusta Praetoria): *Atrius Verinu[s]*; Année Épigr. 2002, 68 (Amiternum): *Atrius Arrenianus*; Année Épigr. 1992, 408 (Amiternum): *Q(uintus) Atrius Q(uinti) l(ibertus) Zethus*; CIL X 135 (Potentia): *[1] Atrio Q(uinti) f(ilio) Hor(atia)*; Inscriptiones Italiae 7.1 Nr. 22 (Pisa): *Q(uinto) Atrio Iucundiano v(iro) p(erfectissimo)*

biselliario honorato ornamentis decurional(ibus) s(enatus) p(opulus)q(ue) P(isanus); EDCS-64901128 (Nola): *C(aio) Atrio C(ai) l(iberto) Sindaeo.*

14 B. Lőrincz/F. Redő (Hrsg.), Onomasticon Provinciarum Europae Latinarum (OPEL) I: Aba – Bysanus (Budapest 1994) 205: CIL II 276–277 (Olisipo, Lusitania): *D(ecimus) Atrius M(arci) [f(ilius)] Gal(eria) Ruf(us) h(ic) s(itus) e(st)*. – C. González Román/J. Mangas Manjarrés, Corpus de Inscripciones Latinas de Andalucia 3.1 (Sevilla 2002) Nr. 114 (Castulo): *D(is) M(anibus) s(acrum) / M(arcus) Atrius M(arci) f(ilius) / Gal(eria) Chrestinus / [Cas]tulonensis / [ann]or(um) XXXVIII / [omnibu]s honoribus / [i(n) r(e)p(ublica) functu]s h(ic) s(itus) e(st) s(it) t(ibi) t(erra) l(evis)*; AE 2011, 572 (Segobriga): *Atrio / Mistico / sodales / con(tulerunt) <HS=SH> CC.*

15 CIL XII 3211 (Nemausus): *Atrius Domitiu*; 4636 (Narbo): *] Atrius(?) Q(uinti) l(ibertus) Apidanus*; 5178 (Narbo): *Atriae P(ubli) l(ibertae) Heliad[i]*; Année Épigr. 1967, 294 (Nemausus): *Q(uinti) Atr[rii?*

16 CIL III 3215,03 (Issa): *Atrio Licibo.*

17 P. Petrović, Inscriptions de la Mésie Supérieure 3.2 (Belgrad 1976) Nr. 8–9; 19; EDCS-67500091 (Timacum Minus).

18 CIL III 1188 = 7797 (Apulum): *C(aius) Atrius C(ai) f(ilius) Crustumina Crescens Carsulis mil(es) leg(ionis) XIII Gem(inae).*

19 Es handelt sich um einen Statthalter (Année Épigr. 1981, 863, Leptis Magna): *M(arco) Atilio Metilio Bra[d]uae Cauci[dio Tertullo 3]blico [Vige]llio(?) Pollion[i] Gavidio [L]atiari Atrio Basso proco(n)s(uli).*

20 B. Galsterer, Die Graffiti auf der römischen Gefäßkeramik aus Haltern. Bodenaltertümer Westfalens 20 (Münster 1983) 15; 23 f. – St. Weiß-König, Graffiti auf römischer Gefäßkeramik aus dem Bereich der Colonia Ulpia Traiana/Xanten. Xantener Ber. 17 (Mainz 2010) 79. – M. Scholz, Die *legio II (Augusta)* in Rätien? Die Botschaft eines goldenen Fingerrings aus Augsburg-Oberhausen. In: P. Henrich/Ch. Miks/J. Obmann/M. Wieland (Hrsg.), NON SOLUM … SED ETIAM [Festschr. Th. Fischer] (Rahden/Westf. 2015) 399–406 bes. 401.

21 Vgl. z. B. M. Scholz, Graffiti auf römischen Tongefäßen aus NIDA-Heddernheim. Schr. Frankfurter Mus. Vor- u. Frühgesch. 16 (Frankfurt 1999) 64 (Nr. 42 *Mattios* bzw. Nr. 93 *Avos*).

22 Ebd. 74 f.

23 Unser Dank gilt Herrn Pierre-Yves Lambert (Paris), der uns dazu am 11.05.2016 schrieb: « En effet, un adjectif *patrios, dérivé du nom du père, donne régulièrement *atrios en celtique. Ce mot est attesté dans différentes langues celtiques médiévales, mais pas dans un emploi onomastique: il est connu comme un adjectif substantivé au neutre, *atrion > vieil-irlandais aithre, gallois moyen edrydd ».

24 K.-J. Gilles, Der römische Goldmünzenschatz aus der Feldbergstraße in Trier. Trierer Zeitschr., Beih. 34 (Trier 2013) 61–72 bes. 61.

25 Ebd. 62.

26 Trier – Augustusstadt der Treverer. Stadt und Land in vor- und frührömischer Zeit. Hrsg. von Rheinisches Landesmuseum Trier (Mainz 1984) Frontabb.

27 H. Gitler/M. Ponting, The Silver Coinage of Septimius Severus and his family (193–211 AD). A study of the Chemical Composition of the Roman and Eastern Issues. Glaux 16 (Mailand 2003) 97 f. Taf. 14. Dort wird auf weitere spätantike bis früharabische Münzhorte (hauptsächlich Edelmetallprägungen) mit Münzgraffiti verwiesen.

28 Ebd. Kap. XI.2 Appendix II.

29 FMRD V 2,2 Nr. 2260, 938.

30 M. Reuter/M. Scholz, Geritzt und entziffert. Schriftzeugnisse der römischen Informationsgesellschaft. Schr. Limesmus. Aalen 57 (Stuttgart 2004) 9 Nr. 5 (nach J. Krier). – D. Wigg-Wolf, Coins and ritual in late Iron Age and early Roman sanctuaries in the territory of the Treveri. In: C. Haselgrove/D. Wigg-Wolf, Iron age coinage and ritual practices. Stud. Fundmünzen Ant. 20 (Mainz 2005) 361–379.

31 M. H. Crawford, Thesauri, hoards and votive deposits. In: O. de Cazanove/J. Scheid (dir.), Sanctuaires et sources dans l'antiquité. Les sources documentaires et leurs limites dans la description des lieux de culte. Coll. Centre Jean Bérard 22 (Napoli 2003) 69–84 bes. 70 f.

32 J. Piette/G. Depeyrot, Les monnaies et les rouelles du sanctuaire de la Villeneuve-au-Châtelot (Aube) (2ème s. av. J.-C. – 5ème s. ap. J.-C.). Moneta 74 (Wetteren 2008) 54.

33 S. Ammann, Fünf Gräber und eine Villa. Befunde und Funde der Römerzeit in Reinach (BL). Archäologie u. Museum 46 (Liestal 2003) 39 mit Abb. 27. Verweis auf einen As des Tiberius mit mehreren Punzen, darunter ein *X*, aus dem Tempel von Meyriez. Dieses unterscheidet sich jedoch in Größe und Ausführung von der Markierung der Münze aus Reinach. Ein *X* als rituelle Markierung ist jedoch ebendort auf einer Miniaturaxt (Votiv) bezeugt: F. Saby/D. Bugnon, Le temple gallo-romain de Meyriez/Merlachfeld. Arch. fribourgeoise, Chronique arch. 1996 (1997) 51–96 bes. 69; 72.

34 z. B. M. Luik, Ein Körpergrab mit Spielsteinbeigabe aus Köngen, Kreis Esslingen. Fundber. Baden-Württemberg 19,1, 1994, 357–381. – M. Siepen, Spätantike Brandgräber aus Gellep. Arch. Rheinland 2002 (2003) 101 f. (Grab mit Spielsteinen in Kästchen). – I. Klenner, Das römische Gräberfeld von Walheim a. N., Kr. Ludwigsburg. Fundber. Baden-Württemberg 31, 2010, 377–438 bes. 310.

35 G. Aubin/J. Meissonier, L´usage de la monnaie sur les sites de sanctuaires de l'ouest de la Gaule et de la Bourgogne. In: Ch. Goudineau/I. Fauduet/G. Coulon (Hrsg.), Les sanctuaires de tradition indigène en Gaule romaine (Clamecy 1994) 143–152. – Ph. Kiernan, The ritual mutilation of coins on Romano-British sites. British Num. Journal 71, 2001, 18–33. – D. Krausse/C. Nübold, Der Tempelbezirk von Wallendorf. In: G. Uelsberg (Hrsg.), Krieg und Frieden. Kelten, Römer, Germanen [Ausstellungskat. Bonn] (Bonn 2007) 279 Abb. 225. – E. Sauer, Coins, cult and cultural identity: Augustan coins, hot springs and the early Roman baths at Bourbonne-les-Bains. Leicester Arch. Monogr. 10 (Leicester 2005) 79–86: Hier pflegte man nicht nur Einhiebe, sondern offenbar auch die rituelle Zerteilung von Opfermünzen. Die Unterscheidung ritueller Einhiebe und kultischer Zerteilung von Hackspuren zwecks (profaner) Nominalteilung von Münzen kann im Einzelfall (insbesondere ohne Fundkontext) Schwierigkeiten bereiten. Vgl. dazu R. Loscheider, Einhiebe, Hackgeld und Nachprägungen. Metrologische Beobachtungen an Fundmünzen des 1. Jahrhunderts n. Chr. aus dem gallo-römischen Heiligtum Möhn, Nierst, bei Trier. In: R. Wiegels (Hrsg.), Die Fundmünzen von Kalkriese und die frühkaiserzeitliche Münzprägung. Osnabrücker Forsch. Alt. u. Antike-Rezeption 3 (Möhnesee 2000) 179–190.

36 C. Nickel/M. Thoma/D. Wigg-Wolf, Martberg: Heiligtum und Oppidum der Treverer. Die Ausgrabungen 1994–2004. Ber. Arch. Mittelrhein u. Mosel 14,2 (Koblenz 2008) 605–626 bes. 611. – Kritisch dazu M. Nüsse, Archäologische, numismatische und archäometrische Untersuchungen zu den Fundmünzen vom Martberg bei Pommern im Moseltal (Lkr. Cochem-Zell) (Frankfurt a. M. 2013) bes. 73–77, der aufgrund von statistischen Analysen und räumlicher Verbreitung der Münzen mit Einhieben feststellen konnte, dass diese Praxis zwar kontinuierlich gepflegt wurde, aber immer nur einen kleinen Bruchteil der deponierten Münzen betraf (etwa 5–8 %).

37 z. B. Eching, wo ein julisch-claudischer As mit rituellem Einhieb gefunden wurde: B. Steidl, Der Fundplatz Eching „Garchinger Heide" und Umgebung – Opferareal und Militärposten? In: L. Wamser/B. Steidl (Hrsg.), Neue Forschungen zur römischen Besiedlung zwischen Oberrhein und Enns. Schriftenr. Arch. Staatsslg. 3 (Remshalden-Grunbach 2002) 45–59 bes. 51.

38 C. H. V. Sutherland, The Roman Imperial Coinage, Vol. I, revised edition. From 31 BC to AD 69 (London 1984) bes. 4–5.

Standardisiert oder regionalisiert?

Überlegungen zum Aussehen des Limes

Thomas Becker

Unser Bild vom Aussehen der ehemaligen Römischen Reichsgrenze in Deutschland, dem Limes[1], ist in einer mittlerweile knapp 150 Jahre währenden Forschungstradition entstanden, an deren Anfang zunächst bauliche, dann erst zeichnerische Rekonstruktionen standen[2]. Diese Darstellung der einzelnen Elemente ging über in die Entwicklung von Ablaufschemata zu den verschiedenen Ausbauphasen der Grenze, die erstmals Dietwulf Baatz 1974 in seinem Limesführer vorstellte[3]. Auch der Jubilar nimmt eine bedeutsame Stellung in der Erforschung der Limesphasen ein, da auf ihn die Überlegungen zur Modifikation des bis dahin etablierten Bauphasenschemas zurückgehen[4]. Auf Grundlage des Grabungsbefundes aus Hammersbach-Marköbel (Main-Kinzig-Kreis) geht er von einem Entfallen der Palisade in der letzten Ausbauphase am Obergermanischen Limes aus (Abb. 1).

Der Zweck zeichnerischer Rekonstruktionen und Schemata ist die darstellende Erläuterung sowie die Vermittlung von Erkenntnissen an den archäologisch Interessierten. Transportiert wird entweder der aktuelle Erkenntnisstand über das bauliche Aussehen verschiedener Elemente der damaligen Grenze oder das Wissen über die einzelnen Ausbaustadien der Grenzsicherung. Einen Schritt weiter geht dann die Errichtung von Nachbauten einzelner Komponenten, die der gleichen fachbezogenen Intention dienen, denen darüber hinaus aber auch noch weitergehende Funktionen zukommen[5]. In diesem Zusammenhang wird vor allem den zeichnerischen Darstellungen eine generalisierte Aussagekraft zugesprochen, die über die Wiedergabe der Situation an einer bestimmten Stelle an der Grenze zu einer bestimmten Zeit deutlich hinausgeht. Die Veranschaulichung spezifischer Bereiche stellt dabei in den Publikationen eher die Ausnahme dar und bezieht sich in solchen Fällen vor allem auf Kastellplätze[6].

Die geschilderte Situation muss vor dem Hintergrund eines gewachsenen Interesses von Politik und Gesellschaft an der Archäologie betrachtet werden und spiegelt gleichzeitig die hohe Erwartungshaltung der Adressaten an die Wissenschaft hinsichtlich anschaulicher Erklärungen wider. Hierbei spielt als Ursache eine allgemeine Tendenz zur Normierung und Vereinheitlichung, die den modernen Menschen in allen Bereichen des Lebens prägt und beeinflusst, eine wichtige Rolle. Diese Erwartung bedient die Limesforschung mit den genannten standardisierten Darstellungen, durch die eine verallgemeinernde Betrachtung der Grenze und ihrer einzelnen Komponenten etabliert wird. Auf ihr basieren beispielsweise neuere chronologische Überlegungen, die implizieren, dass die für die einzelnen Limesphasen herausgearbeiteten Veränderungen immer auf der gesamten Grenzlinie stattfanden[7]. Diese Sichtweise geht sicherlich auf die Frühzeit der Limesforschung

1 Limes. Von Egon Schallmayer entwickelte Phasen des Obergermanischen Limes (Grafik: H. Wolf von Goddenthow, Wiesbaden).

zurück, in der – geprägt durch den Militarismus der damaligen Zeit – die Erfordernis eines uniformen Aussehens auch auf das römische Militär und seine Bauten übertragen wurde.

Die Intensivierung der Limesforschung seit der Aufnahme der antiken Grenze in die Liste der Welterbestätten der UNESCO hat in etlichen Bereichen Erkenntnisse erbracht, die Abweichungen von einem vermeintlich standardisierten Erscheinungsbild der Grenze erkennen lassen. Daher wird hier unter Einbeziehung verschiedenster Aspekte eine Überprüfung vorgenommen, inwieweit die allgemein verbreitete Ansicht eines überregional einheitlichen Aufbaus der Grenze ihre Gültigkeit hat oder inwiefern regionale Besonderheiten eine Rolle spielen. Erste Ansätze in diese Richtung wurden in der Forschung bereits verfolgt[8].

Voraussetzungen für eine Standardisierung oder Regionalisierung

Zunächst muss die Frage im Vordergrund stehen, welche Zwänge oder Gründe es für standardisierte oder regional unterschiedliche Bauausführungen gegeben haben könnte. Grundsätzlich kann nicht von einer Normierung im modernen Sinne ausgegangen werden, da bezüglich der baulichen Maßnahmen in der historischen Überlieferung Ausführungen zu Dienstvorschriften o. ä. fehlen. Verwaltungstechnisch notwendige Bestandsangaben zu den einzelnen Truppeneinheiten oder Materialanforderungen im weiteren Sinne sind damit nicht zu verwechseln. Auch besitzen „Militärhandbücher“ wie die Beschreibungen des Pseudo-Hygin nicht den Charakter eines allgemein gültigen Werkes bezüglich des Militärapparats, sondern sind als subjektive Darstellungen eines Autors an ein fachlich interessiertes Publikum zu werten, die auf den eigenen Erfahrungen des Schreibers während seiner militärischen Laufbahn basieren. Die Vermittlung militärischer Grundsätze und Festsetzungen innerhalb der Ausbildung scheint nicht zwingend schriftlich erfolgt zu sein – vielmehr hat man offensichtlich eine mündliche Weitergabe bevorzugt. Eine militärische Karriere sowohl im Bereich der Mannschaftsdienstgrade bis zur mittleren Offiziersebene als auch in der ritterlichen sowie senatorischen Militärlaufbahn war nur in Grundzügen standardisiert und grundsätzlich erfolgsabhängig.

Die Organisation innerhalb der Truppenteile selbst wies dagegen verschiedene Merkmale einer Standardisierung auf. Sie betraf Bereiche, bei denen eine solche für das militärische Wirken der Einheit notwendig war. Dazu scheint die Truppenstärke der einzelnen regulären Einheiten wie auch deren taktische Untergliederung in Teileinheiten gehört zu haben, die im gesamten Reich einheitlich war. Auch taktische Kennzeichnungen, wie beispielsweise die entsprechenden Schildmarkierungen von Einheiten[9], waren den Notwendigkeiten des militärischen Einsatzes geschuldet. Gleichermaßen gab es truppenteilspezifische Ausrüstungsgegenstände, die durch die Einsatzvorgaben der jeweiligen Einheit bedingt waren. Dennoch ging die Ausgestaltungsmöglichkeit des einzelnen Soldaten so weit, dass eine Modifizierung der Ausrüstungsteile in seinem Ermessen lag. Standards wie bei einer modernen soldatischen Ausrüstung gab es nicht[10]. Allerdings machten be-

2 Limes. Nachweis von Palisadenhölzern entlang des Obergermanisch-Raetischen Limes mit Verwendung von Rund- (Kreis) und Halbhölzern (Halbkreise) (Karte: Deutsche Limeskommission; Kartierung: Th. Becker, hA).

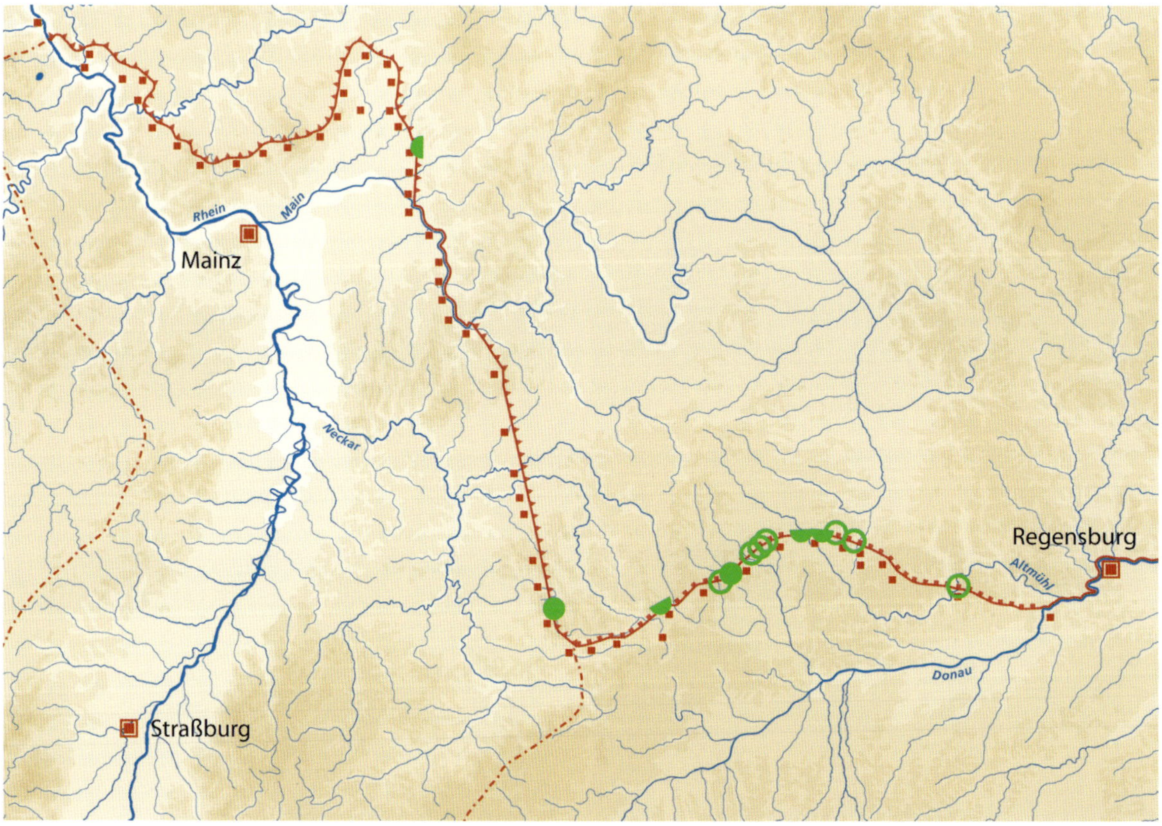

stimmte Aufgaben von Einheiten oder Soldaten eine Spezialisierung notwendig, die über die innerhalb eines Kampfeinsatzes hinausging. Dies betraf beispielsweise Bautrupps, die für die Planung und Umsetzung von militärischen Bauprojekten herangezogen wurden. Hinzu kamen Fachleute in bestimmten Einheiten wie etwa der *architectus* in den Legionen und bei den *equites singulares*[11].

Folglich ist im Hinblick auf die Ausführung der einzelnen baulichen Elemente in der römischen Militärarchitektur im Allgemeinen und am Limes im Besonderen eigentlich keine Standardisierung zu erwarten. Dessen ungeachtet weist allein schon die Baugliederung römischer Militärlager der mittleren Kaiserzeit eine weitgehende Gleichförmigkeit auf, was das Grundschema und die vorhandenen Gebäudetypen betrifft. Dennoch konnten gewisse Gegebenheiten dazu führen, dass Lager, die jeweils für denselben Einheitstyp konzipiert waren, in ihrem Grundriss nicht übereinstimmen. Offensichtlich scheinen hier Faktoren gewirkt zu haben, die Abweichungen notwendig machten bzw. einen standardisierten Aufbau verhinderten.

Streckenführung

Zunächst soll der Blick auf die Ausführung der Sicherungselemente entlang der Grenze gerichtet werden. Das früheste Element, die Palisade, konnte entlang des Grenzverlaufs an verschiedenen Stellen nur bei entsprechender Feuchtbodenerhaltung noch in Form von Holzstümpfen nachgewiesen werden [12]; dagegen war das zugehörige Gräbchen fast durchgehend vorhanden. An den Hölzern lassen sich neben einem Fälldatum und der daraus abgeleiteten Datierung der Errichtung – für das Gebiet Obergermaniens nördlich des Mains und den Odenwaldlimes das Jahr 120 n. Chr., für den südlichen Teil sowie die Provinz Raetien der Zeitraum 164–167 n. Chr.[13] – auch Hinweise zur Bauausführung ermitteln. Dazu gehört beispielsweise, dass sowohl Rund- als auch Halbhölzer verwendet wurden. In den untersuchten Abschnitten fand immer nur jeweils eine der Zurichtungsarten Anwendung. Aus deren räumlicher Verteilung lassen sich keine Regelmäßigkeiten ablesen (Abb. 2). Beide Bauvarianten unterscheiden sich zunächst durch ihren Arbeitsaufwand. Die Zurichtung der Halbhölzer erforderte einen höheren Aufwand, da die Stämme nach dem Ablängen noch zusätzlich gespalten werden mussten. Umgekehrt war im Fall der Rundhölzer bei gleichem Stammdurchmesser der Arbeitsaufwand für das Ausheben der Gräben deutlich höher. Somit könnte ein Kriterium für die Wahl der jeweiligen Art der Palisadenausführung die zur Verfügung stehende Arbeitskapazität zur Holzbearbeitung – für die sicherlich spezialisierte Kenntnisse notwendig waren – bzw. zur Durchführung der wenig spezialisierten Erdarbeiten sein. Eine weitere denkbare Determinante wäre aber auch das lokale Holzvorkommen, da für den Bau mit Rundhölzern bei gleichem Durchmesser die doppelte Holzmenge benötigt wurde. Möglicherweise können hier historisch-geografische Raumanalysen sowie archäobotanische Daten Hinweise auf regionale Unterschiede im Holzvorkommen liefern, die mit den jeweiligen Befunden an den Palisadenabschnitten kohärent sind. Ob vor dem Hintergrund dieser unregelmäßigen Verteilung der Rund- und Halbhölzer die Vorstellung von einem „wandartigen" Erscheinungsbild aufrechterhalten werden kann (Abb. 3)[14], muss in Zukunft diskutiert werden.

Für eine doppelte Ausführung der Limespalisade als Grenzsicherungselement finden sich bislang

3 Limes. Nachbau der Palisade am Wachtturm 9/83 in Großerlach-Grab mit glatter Außenfassade (Foto: Th. Becker, hA).

4 Limes. Luftbild und Umzeichnung Wp 4/61 (Foto: O. Braasch/hA; Umzeichnung: Th. Becker, hA).

an zwei Abschnitten Belege, die beide an der östlichen Seite des Wetteraulimes situiert sind. Der eine Teilabschnitt scheint von der Wetter-Querung beim Kastell Arnsburg bis zur Horloff-Querung bei Hungen „Hof Graß“ gegenüber dem Kastell Inheiden zu reichen[15]. Verschiedene Untersuchungen, Luftbildbefunde und geophysikalische Prospektionen legen eine durchgängige Ausführung auf dem rund 10 km langen Abschnitt nahe. Das eine Ende an der Horloff scheint gesichert zu sein, während das andere nur bis deutlich vor der Wetter-Querung nachweisbar ist. Die vergleichbare topografische Situation macht aber einen Verlauf bis zur Flussquerung wahrscheinlich. Dahinter gibt es dann keine Spuren mehr einer doppelten Ausführung.

Der zweite Abschnitt liegt im Bereich zwischen den Kastellen Marköbel und Rückingen an der Strecke 5. Da dieser bislang nur an zwei Stellen dokumentiert ist[16], bleibt die Bestimmung von Anfangs- und Endpunkt schwierig. In Analogie zum o. g. Abschnitt ist aber eine Bezugnahme auf den Krebsbach und die Kinzig und dort auf günstige Stellen zur Bach- bzw. Flussquerung denkbar.

Unklar bei beiden Abschnitten ist die Chronologie der Doppelpalisade, also ob beide gleichzeitig errichtet wurden und nebeneinander bestanden oder ob die eine Palisadenreihe die andere ablöste. Deutet die ausgebaute Durchgangssituation am Wachtposten (Wp.) 4/61 im Luftbildbefund eher ein gleichzeitiges Bestehen an[17] (Abb. 4), könnte die im Rahmen einer Grabung bei Neuberg-Ravolzhausen 2012 zutage getretene Befundstruktur auch für eine zeitliche Abfolge sprechen[18]. Nicht ausgeschlossen werden können differierende chronologische Abläufe in den einzelnen Abschnitten, deren mögliche Ursachen mangels eindeutiger Befunde bislang unklar bleiben. Die Notwendigkeit der besonderen Verstärkung des nördlichen Limesabschnitts aufgrund der in der Nachbarschaft siedelnden Germanen im Gießener Raum fällt als Erklärung eigentlich aus, da die Doppelpalisade nicht über den Wetteraubogen hinaus geführt wurde. Ungeachtet einer Klärung des chronologischen Verhältnisses stellen diese Abschnitte eine regionale Besonderheit im Erscheinungsbild der Grenze dar, das sich somit von dem des übrigen Verlaufs absetzt.

Unklar bleibt, wie die unterschiedlichen Bereiche und die Funktion des sog. Flechtwerkzauns, der bislang an der obergermanischen Strecke 4 und an den raetischen Abschnitten 13, 14 und 15 in Teilen nachgewiesen ist, abzugrenzen sind. Die jüngere Forschung sieht in diesem Befund kein fortifikatorisches Element, sondern eine praktische Kennzeichnung im Sinne einer territorialen Abgrenzung[19]. Dies wäre beispielsweise als Markierung des Endes der Grenzzone zu deuten. Allerdings stellt sich Frage, warum der Flechtwerkzaun nur an wenigen Abschnitten errichtet wurde oder ob sein Fehlen an anderen Stellen lediglich auf eine Forschungslücke zurückzuführen ist, die allerdings auch durch die neueren großflächigen geophysikalischen Prospektionen nicht geschlossen werden konnte[20]. Folglich kam dieses Element nur regional zur Ausführung, ohne dass die zugrunde liegenden Kriterien zur Anlage des Flechtwerkzaunes genauer umrissen werden können. Das chronologische Verhältnis zum Palisadenzaun ist ebenfalls unklar.

Bei der Ausführung von Graben und Wall lassen sich weitere regionale Besonderheiten dokumentieren; beispielsweise fehlt der Graben an einigen Stellen[21]. Nähere Untersuchungen an den Übergangssituationen zeigen einen eher unvermittelten Wechsel, für den sich zunächst keine Begründung finden lässt. Darüber hinaus sind wechselnde Gestaltungen des Aufgehenden belegbar, sei es in Form einer Trockenmauer auf kürzeren Abschnitten im Hochtaunus oder in Form einer Palisade im dauerfeuchten Bereich des Doppelbiersumpfes oder der Schifflache in der Hanauer Bulau[22]. Hier kam es offensichtlich nicht auf eine einheitliche Ausführung an, da offensichtlich topografische Besonderheiten (dauerfeuchter Untergrund/hoch anstehendes Grundgestein) Abweichungen notwendig machten. Andere Abschnitte zeigen, dass die Römer bereitwillig auch einen höheren baulichen Aufwand zur Aufrechterhaltung eines bestimmten Erscheinungsbildes in Kauf nahmen, wie beispielhaft die aufwendige Pfahlgründung der Mauer am Kastell Dambach im Auenbereich des Moosgrabens erkennen lässt[23].

Im Fall des Grabens liegen bislang wenige Hinweise auf Maßnahmen zur Instandhaltung vor. Grundsätzlich wird davon ausgegangen, dass der Graben nach seiner Anlage in regelmäßigen zeitlichen Intervallen wieder ausgehoben bzw. nachgestochen wurde, wie es auch für Kastellgräben um die Militärlager an der Grenze angenommen wird[24]. Jüngere Untersuchungen des Limesgrabens zeigen z. T. jedoch Sedimentationsprozesse, die eine langsame, bereits in römischer Zeit einsetzende Verfüllung belegen (Abb. 5A). An anderen Stellen kann dagegen eine Nachbearbeitung des Grabens nachgewiesen werden, die einer Neuausschachtung nahekommt. Dort war der Graben offensichtlich bereits so weit verfüllt, dass beim erneuten Ausheben die Grabenspitze nicht mehr getroffen werden konnte und dadurch ein leicht variierendes Grabenprofil entstand (Abb. 5B–C). Möglicherweise sorgten mancherorts lokale geologische Gegebenheiten für einen beschleunigten Verfüllungsprozess[25]. In jedem Fall deutet sich hier an, dass man bei der Instandhaltung des Grabens unterschiedlich verfuhr. Eine Besonderheit stellt in diesem Zusammenhang das aus dem Graben am Limesdurchgang bei der Saalburg geborgene Keramikinventar dar[26]. Die Gefäße – es handelt sich analog zum Keramikbestand aus Wachttürmen vornehmlich um Koch- und kleine Vorratsgefäße (allgemein genutztes Geschirr), während Trink- und Essgeschirr (persönliche Habe) zahlenmäßig zurücktritt – fanden sich etwas über der Sohle des Grabens östlich des Durchgangs und in dem vorgelagerten *titulum* aufrecht stehend oder zur Seite verkippt. Die Funktion dieser deponierten Gefäße entzieht sich einer Interpretation; auch ist die z. T. in den Gefäßen enthaltene Holzkohle heute nicht mehr auffindbar. Jedoch zeigt der Fundkomplex eindrücklich, dass die für das zweite Drittel des 3. Jahrhunderts typischen Gefäße in einen an der Spitze bereits verfüllten Graben gestellt wurden. Folglich wurde er zu diesem Zeitpunkt nicht mehr umfassend instandgehalten.

Bereits in der älteren Forschung wurde ein früher Abschnitt des Grabens im Bereich der Idsteiner Senke zwischen den Turmstellen 3/18 und 3/29 diskutiert[27]. Begründet wurde dessen frühzeitige Anlage – als Parallele gilt die Abriegelung des Lautertals bei Dettingen unter Teck (Lkr. Esslingen) durch die „Sibyllenspur“ – mit der besonderen topografischen Situation der Senke als potenzielle Einfallsschneise durch Wickerbach-, Klingenbach- oder Lorsbachtal in die Main-Ebene. Die Senke wird noch heute als eine der wichtigsten Verkehrsachsen ausgehend von der Rhein-Main-Region in Richtung Norden genutzt (BAB A3, ICE-Trasse Köln – Frankfurt a. M.). Bemerkenswert dabei ist, dass im Bereich der Senke selbst weder in der Frühphase noch während der späteren weiter nördlich geführten Begradigung der Grenzlinie ein Kastell oder Kleinkastell bestand, sondern dass die größeren Kastelle (Zugmantel, Heftrich) an ihrem westlichen bzw. östlichen Ende positioniert wurden. An diesen Stellen befanden sich Altwegeverbindungen, die bis ins Mittelalter und die frühe Neuzeit hinein Bestand hatten, während sich für die Idsteiner Senke kein bedeutender Altweg nachweisen lässt[28]. Die Notwendigkeit der direkten Sicherung eines Verkehrsweges bestand hier offensichtlich nicht. Unklar sind Anfang und Ende dieser besonderen Sicherungssituation, die nicht zwingend mit den jeweiligen Ansatzpunkten der beiden direkt anschließenden Grenzabschnitte im Westen und Osten gleichzusetzen sind, nur weil der archäologische Nachweis für eine weitere Fortsetzung in der Idsteiner Senke fehlt. Das an den Turmstellen Wp. 3/18, 3/26 und 3/29 nachgewiesene Bauschema der Holztürme mit rechteckigem Grabengrundriss ist im weiteren Streckenverlauf sowohl nach Westen als auch nach Osten nicht mehr feststellbar, was eine Begrenzung des besonderen Sicherungsabschnittes auf das Gebiet der Idsteiner Senke sowohl in der älteren als auch in der jüngeren Limesphase andeuten könnte. Aktuelle Untersuchungen in diesem Abschnitt[29] lassen Zweifel an einer dortigen Existenz der Palisade aufkommen, was jedoch im Rahmen verschiedener Maßnahmen (geophysikalische Prospektionen, Prospektionsschnitte) nicht abschließend geklärt werden konnte. Möglicherweise passt dies zum Befund eines Holzturmes an der Turmstelle Wp. 3/26, sodass sich ein im Vergleich mit den postulierten vier Limesphasen variableres Chronologieschema abzeichnen würde. Zukünftig wird zu überprüfen sein, ob der Graben bereits während der ersten Errichtungsphase mit Schneise und Holztürmen entstanden war und die Verlegung des Limes auf die vordere Linie noch während der ersten Phase oder mit der Anlage der zweiten Phase erfolgte. Dies würde die derzeitige Diskussion bezüglich der doppelten Anlage von Palisade, Graben und Wall lösen. In jedem Fall zeichnet sich der betreffende Limesabschnitt durch besondere Merkmale aus, die deutlich vom Schema der übrigen Strecke abweichen.

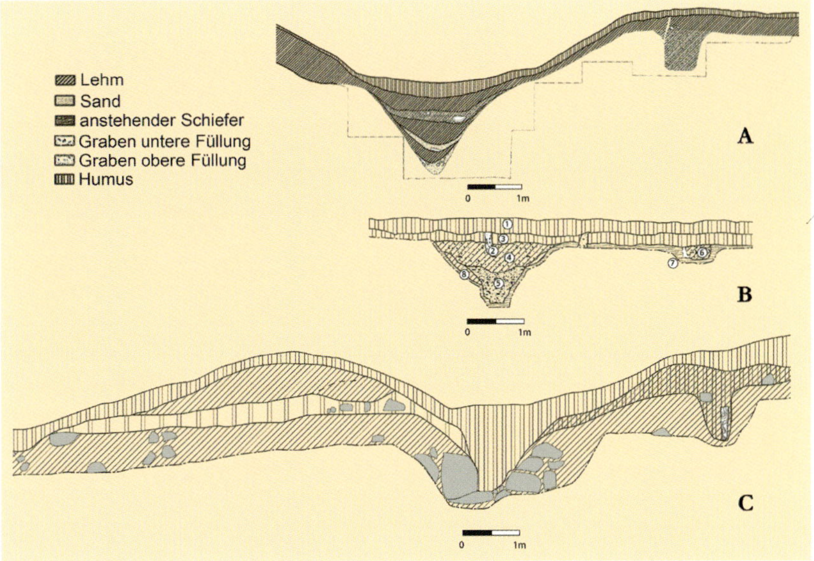

5 Limes. Profile von Grabungsschnitten durch Palisade, Graben und Wall. (A) Idstein, (B) Heidenrod-Kemel, (C) Pohlheim-Holzheim (Zeichnungen: N. Vogt, Bonn).

Wachttürme

Das nächste zu betrachtende Element am Limes sind die Wachttürme, deren Erscheinungsbild auf den ersten Blick sehr homogen anmutet. Bis auf wenige Ausnahmen handelt es sich um im Grundriss quadratische Baukörper, wobei in dieser Hinsicht kein Unterschied zwischen Holz- und Steintürmen feststellbar ist. Bei näherer Betrachtung kristallisieren sich jedoch Besonderheiten heraus, die lokal oder regional vorkommen können.

Vor deren Analyse muss zunächst eine quellenkritische Betrachtung stehen, um klar untersuchungs- und überlieferungsbedingte Besonderheiten von antik authentischen zu unterscheiden. Dass vorgelegte Grundrisse und Detailbeschreibungen z. T. kritisch zu betrachten sind, sei an zwei Beispielen aufgezeigt.

Im Rahmen der Bearbeitung der Steintürme am Raetischen Limes konnte Elisabeth Krieger unlängst belegen, dass deutliche Unterschiede zwischen den Aufzeichnungen des Streckenkommissars in Bezug auf Lage und Ausmaße von Turmstelle Wp. 15/3 gegenüber dem im ORL-Opus publizierten Plan bestehen[30]. Sie führt weitere Hinweise an, die auf eine ähnliche Situation bei anderen Turmstellen der Strecke schließen lassen. An der Turmstelle Wp. 3/23* am Obergermanischen Limes konnte der von Streckenkommissar Louis Jacobi 1899 aufgenommene Grundriss bei einer 1997 durchgeführten Untersuchung überprüft werden[31]. Dabei zeigen sich deutliche Unterschiede zwischen beiden Grabungsplänen, die in einem lang rechteckigen Grundriss des Turmes mit einem kreisförmigen Graben bei Jacobi gegenüber einem quadratischen Grundriss sowie einem rechteckig angelegten Graben mit ab-

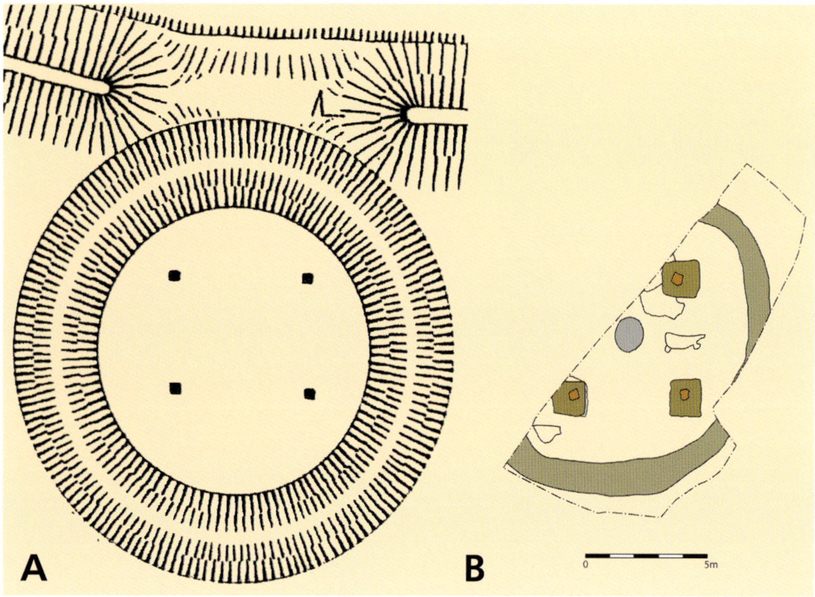

6 Limes. Vergleich der Grundrisse des Holzturms Wp. 3/23 nach der Untersuchung der Reichs-Limeskommission (A) und der Untersuchung 1997 (B) (Grafiken: [A] nach ORL A II.1 Strecke 3, Taf. 5; [B] Th. Becker, hA).

gerundeten Ecken in der neueren Ausgrabung zum Ausdruck kommen (Abb. 6). Jacobi gibt für den aufgenommenen Grundriss Maße von 5,1 × 4,2 m an, während sich aus der jüngeren Grabung ein Quadrat von 4,5 m Seitenlänge und damit von circa 15 römischen Fuß ergibt.

Dies zeigt die Notwendigkeit des kritischen Umgangs mit der Datengrundlage bei dem Versuch einer übergreifenden Betrachtung. Eine kritische Neubearbeitung, wie sie derzeit im Fall der Türme am Raetischen Limes erfolgt, ist sicherlich sowohl für die Steintürme am obergermanischen Abschnitt als auch die Holztürme des gesamten Streckenverlaufs geboten[32].

Bei den Holztürmen lassen sich am obergermanischen Abschnitt verschiedene Grundrissvarianten beobachten. Diese unterscheiden sich in der Ausführung des unteren Geschosses, das bei manchen Türmen in einer massiven, trocken mit Steinen ausgefüllten Holzrahmentechnik ausgebaut ist (Abb. 7, Wp. 3/19*). Diese Variante kommt vor allem am Odenwaldlimes (Strecke 10) und bei einigen Türmen im Taunus (Strecke 3) vor[33]. Dagegen sind bei anderen Holztürmen die Untergeschosse offensichtlich mitgenutzt worden und waren deshalb offen ausgeführt. Hier wurden beispielsweise Gruben nachgewiesen (Abb. 6), welche die Nutzung dieses Bereiches zur Vorratshaltung belegen. An der Strecke 2 und teilweise auch an der Strecke 3 fanden sich Spuren von Pfosten innerhalb der eigentlichen Grundrisse. Diese waren zu einem Rechteck angeordnet (Abb. 7, Wp. 3/4*), welches zunächst als zweite Bauphase interpretiert, mittlerweile aber als Überrest der Wandung einer Kellergrube im massiven Turmuntergeschoss umgedeutet wurde[34]. Allerdings lassen sich bislang in keinem der untersuchten Türme dieser Bauform die Reste einer Trockenmauer oder verlagerte Steine nachweisen, sodass ein teilmassives Untergeschoss auszuschließen ist. Da ein durch das Pfostenrechteck gebildeter Innenraum bei einer durchschnittlichen Seitenlänge von 2,3–2,6 m zu klein für eine Nutzung wäre, erscheint eine Ansprache als ein darauf ausgerichteter Einbau abwegig. Am ehesten wird hierin eine Stützkonstruktion im Turminneren zu sehen sein. Die zahlenmäßig größte dritte Gruppe (Abb. 7, Wp. 3/53 D und A) bleibt baulich unspezifisch, wobei die Ursache hierfür sowohl in einer unvollständigen Beobachtung und dem daraus resultierenden Fehlen gruppenspezifischer Faktoren als auch in der Existenz weiterer abweichender Bauausführungen liegen kann.

Varianten lassen sich auch bei den umlaufenden Gräben herausarbeiten. Um die Holztürme herum kamen rechteckige oder runde Gräben zum Vorschein, die einfach oder doppelt ausgeführt sein können, sowie Zwischenformen (Abb. 7). Die bereits besprochenen Turmbauten mit kleinem Pfostenrechteck im Inneren sind generell von einem doppelten Graben umgeben, wobei es an verschiedenen Stellen Hinweise für eine zeitliche Abfolge der beiden Gräben gibt[35]. Bei den rechteckigen Gräben besteht im Taunus ein Zusammenhang mit den Türmen in Holzrahmentechnik, während diese Bauform am Odenwaldlimes generell durch umgebende runde Gräben kennzeichnet ist. Am Taunusabschnitt wurden im Bereich der Idsteiner Senke bisher an drei Stellen aber auch rechteckige Gräben bei anderen Turmbauformen angetroffen[36]. Möglicherweise besteht ein baulicher Entstehungszusammenhang zwischen diesen drei Türmen, wobei der Zeitraum für die Anlage von Turmstelle 3/26 durch die Vorverlegung der Limeslinie festgelegt ist.

Auch bei den Steintürmen ergeben sich Unterschiede bei einer Analyse von Bauform und Ausführung. In der Regel haben sie rechteckige bzw. quadratische Grundrisse. Ausnahmen bilden die sechseckigen Grundrisse an den Turmstellen Wp. 1/40, 1/48, 4/11 und 9/51, wobei an Wp. 1/48 zwei belegt sind[37]. Die Gründe für diese Art der Ausführung bleiben unklar, doch fällt im Fall dieser Standorte eine topografisch herausragende Position (Kuppenlage, Hangabbruchkante) auf, die möglicherweise – z. B. aus statischen Gründen – diese besondere Konstruktion erforderlich machte. Allerdings wurde an vergleichbaren Standorten, an denen nachweislich ein hoch aufragender Turm zu rekonstruieren ist, nicht auf diese Grundform, sondern

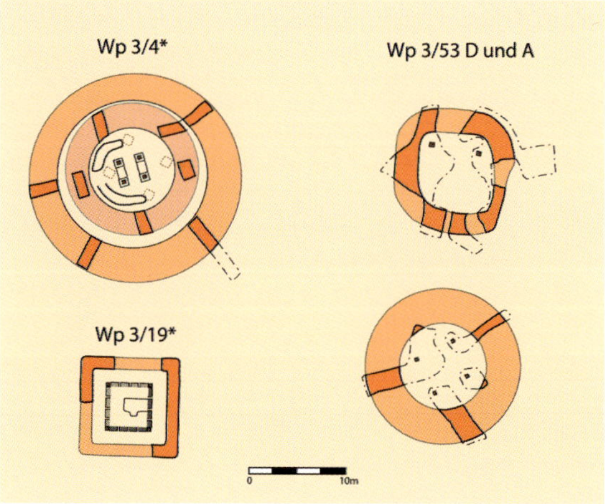

7 Limes. Varianten von Holztürmen am hessischen Abschnitt des Obergermanischen Limes (Grafik: Th. Becker, hA).

auf einen rechteckigen Grundriss mit Stützmauern (Wp. 4/16, Signalturm auf dem Johannisberg bei Bad Nauheim, Wp 9/14) zurückgegriffen[38].

Umlaufende Gräben sind bei Steintürmen sehr selten anzutreffen. Von Strecke 1 und Teilen der Strecke 2 liegen beispielsweise nur vereinzelte Hinweise auf Gräben um die Steintürme herum vor, während zumindest in dem Abschnitt zwischen den Turmstellen 2/21 und 2/26 regelhaft ein solcher belegt ist. Dagegen sind an der übrigen obergermanischen Strecke ebenfalls nur gelegentlich Gräben um die Turmstellen nachweisbar. Dass es sich hierbei z. T. um eine Forschungslücke handelt, zeigt das Ergebnis der erneuten, 1983 vorgenommenen Ausgrabung des Wachtturms 9/23 im Vergleich mit derjenigen der Reichs-Limeskommission[39]. Durch die jüngere Untersuchung konnte der Graben eindeutig nachgewiesen werden (Abb. 8), allerdings nur auf drei Seiten und dort auch nicht durchgängig. Dieser wurde vom Ausgräber während der Kampagne von 1983 als Traufgräbchen angesprochen und verlief in einem beträchtlichen Abstand von 1,8 m zum Fundament. Das Beispiel liefert mögliche Erklärungen, warum bei den Untersuchungen der Reichs-Limeskommission nicht bei jedem Turm ein solches Gräbchen erfasst wurde. Teilweise war die Untersuchungsfläche zu ausschnitthaft, teilweise wurden die Gräben aber wohl von den Streckenkommissaren einfach nicht erkannt. Trotz dieser Forschungslücken ist auszuschließen, dass alle Steintürme mit Gräben versehen waren und es ist somit davon auszugehen, dass ihre Ausführung von lokalen oder regionalen Notwendigkeiten abhing. Diese Beobachtung wird durch den Umstand unterstrichen, dass bei vorhandenem Graben der Abstand zum Fundament variiert. Das Gleiche gilt für ihre Breite und Tiefe. Ihre Funktion scheint damit nicht immer nur auf die Sammlung des Traufwassers reduziert zu sein, sondern kann auch im Zusammenhang mit der Sicherung der Turmstelle gesehen werden. Möglicherweise kann das Traufgräbchen bei den Steintürmen auch als Hinweis auf die Existenz einer umlaufenden Galerie gewertet werden, wobei diese These noch durch eine dezidierte Auswertung der vorhandenen Befunde zu untermauern ist.

Bei den Steintürmen lässt sich an verschiedenen Stellen der Nachweis für den Verputz der Fassade führen, der mit rot ausgemaltem Fugenstrich versehen war, wie verzierte Putzfragmente aus den Untersuchungen belegen. Dies wird durch Beobachtungen bei Altgrabungen ergänzt, wo der Verputz noch *in situ* am Mauerwerk vorhanden war (Abb. 9). Auf dieser Grundlage hat man in den letzten Jahrzehnten die Rekonstruktionszeichnungen und Nachbauten von Steintürmen diesen Befunden entsprechend angefertigt (Abb. 1).

Die Anzahl der diesbezüglichen Belege steht aber deutlich hinter der nachgewiesenen Anzahl von Steintürmen zurück, sodass sich die Frage stellt, ob sämtliche Türme mit Verputz und Fugenstrich versehen waren. Für die Ausführung eines solchen Außenputzes war eine erhebliche Menge an Kalk

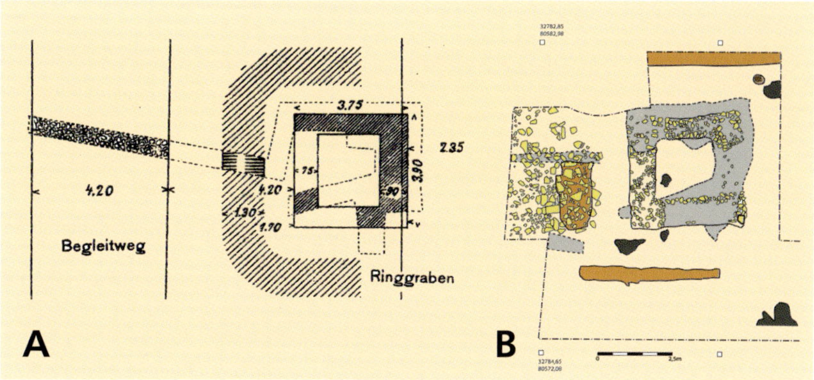

8 Limes. Vergleich der Grundrisse des Steinturms Wp. 9/23 nach der Untersuchung der Reichs-Limeskommission (A) und der Untersuchung 1983 (B) (Grafiken: [A] nach ORL A V Strecke 3, Taf. 14.1; [B] Th. Becker, hA).

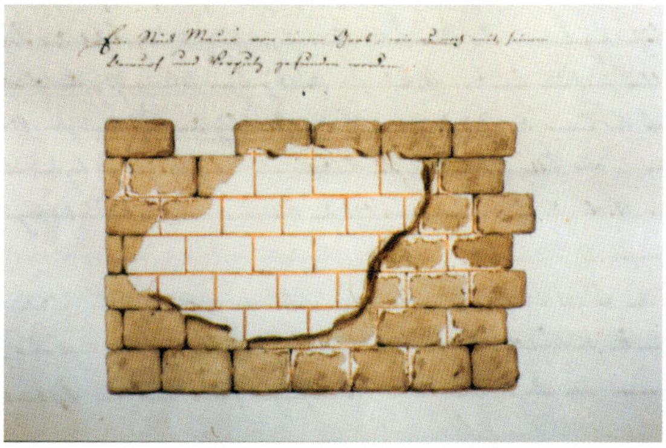

9 Limes. Darstellung der Außenwand des Steinturms Wp. 10/12 während der Ausgrabung Anfang des 19. Jahrhunderts (Abb. aus: Die roemischen Alterthuemer in dem Odenwald 1809. Erbacher Katalog 5 [Erbach 1809]).

notwendig, der an die jeweiligen Turmstellen gebracht werden musste. Da der Abstand vom Limes zu anstehenden Kalkvorkommen z. T. sehr erheblich ist[40], ergibt sich die Frage, ob man den Transportaufwand auch an die abgelegenen Abschnitte auf sich genommen hat. Weiterhin bestehen die Steintürme aus verschiedenartigem Steinmaterial, das zumeist aus der näheren Umgebung stammt. Beim Bau eines Zweischalenmauerwerks ergeben sich aufgrund der unterschiedlichen Bruchfähigkeit des jeweiligen Gesteins ein unterschiedliches Erscheinungsbild der Maueraußenseite und damit auch unterschiedliche Voraussetzungen zur Anbringung von Verputz. In regelmäßige Handquader brechbares Gestein ergibt ein regelmäßig gesetztes Mauerwerk, wie es beispielsweise für die aus rotem Sandstein errichteten

10 Limes. Ansicht der Kastellmauer-Außenschale in Großkrotzenburg. Erkennbar ist die Verwendung unterschiedlicher Gesteinsarten (Basalt, Buntsandstein) und die an Letztere angepasste Mauertechnik (Foto: Th. Becker, hA).

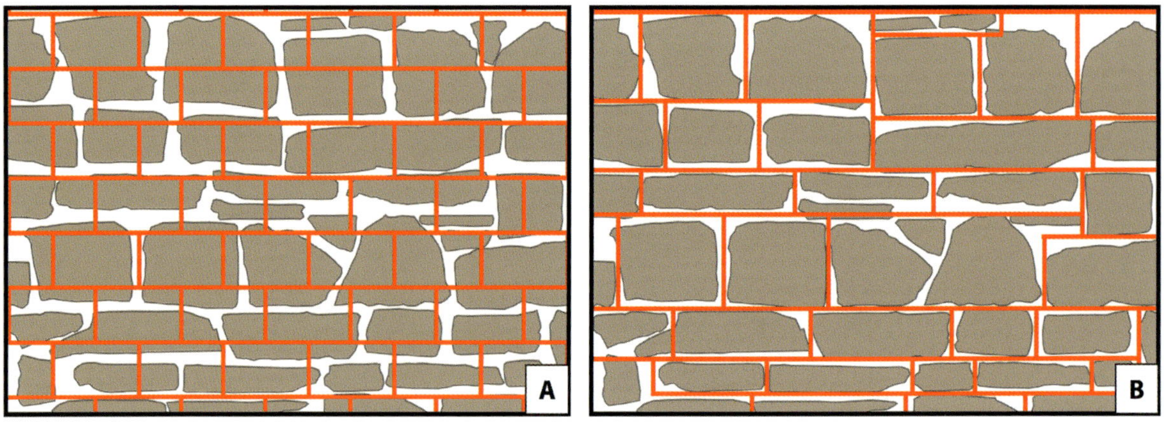

11 Limes. Unterschiedliche Arten des Außenverputzes von Steintürmen am Limes (A) ohne und (B) mit Berücksichtigung der darunterliegenden Fugen (Grafik: Th. Becker, hA).

Türme am Odenwaldlimes nachweisbar ist (Abb. 9). Ein anderes Erscheinungsbild bieten dagegen die Steintürme an der Strecke 4 am Wetteraulimes, die man größtenteils aus Basalt errichtete. Dieser lässt sich nicht in regelmäßige Handquader brechen, sodass ein unregelmäßiger Aufbau mit Ausgleichsschichten beim Mauerwerk entstand, wie am erhaltenen Kastellmauerabschnitt in Großkrotzenburg zu beobachten ist (Abb. 10).

Diese variierenden Mauerausführungen bedingten auch unterschiedliche Verputztechniken, was an den erhaltenen Putzresten nachgewiesen werden kann. Bei einem Verfahren wurde die Mauer vollflächig mit einer bis zu 3 cm starken Schicht Mörtel verputzt und in den noch feuchten Mörtel eine regelmäßige Quadrierung eingeritzt. Dabei spielte die Lage der Fugen des darunterliegenden Mauerwerks für die Ziehung des Fugenstrichs keine Rolle (Abb. 11A). Bei einer anderen Technik wurde das Mauerwerk nur dünn überputzt und die Fugen wurden lediglich oberflächlich aufgefüllt. Dadurch bleiben die Steinköpfe sichtbar bzw. sind nur leicht überstrichen. Hier wurde der Fugenstrich in die noch schwach vorhandenen Fugen eingebracht, was zu einer unregelmäßigen Quaderoptik auf der Außenseite führte (Abb. 11B). Für die jeweilige Technik wurden unterschiedliche Mörtelmengen benötigt.

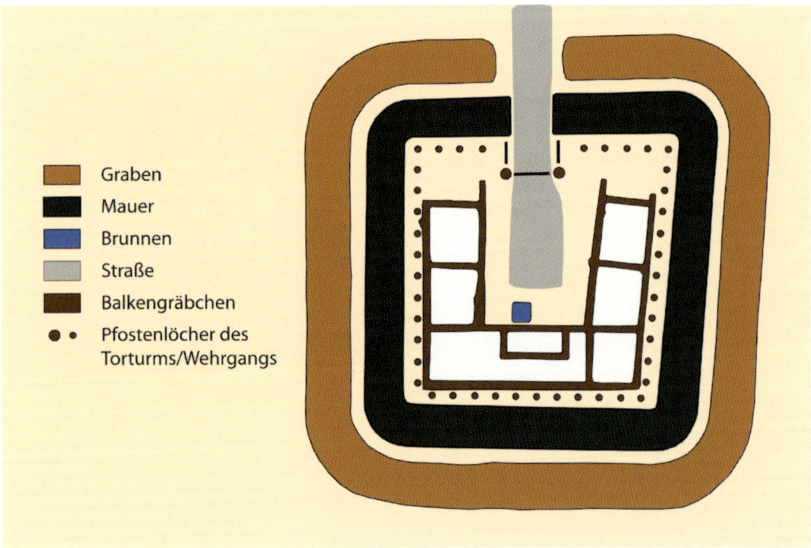

12 Limes. Idealgrundriss eines Kleinkastells mit einem Eingang und u-förmiger Baracke (Grafik: Th. Becker, hA).

Kleinkastelle und Kastelle

Die Betrachtung der Truppenlager im Hinblick auf eine standardisierte Ausführung oder regionale Besonderheiten wäre aufgrund des Facettenreichtums einer eigenen ausgedehnten Betrachtung wert, weshalb hier nur einzelne Aspekte herausgegriffen werden können. Nimmt man die Kleinkastelle, so können typologisch Anlagen mit einem Tor und u-förmiger Baracke von solchen mit zwei einander gegenüberliegenden Toren sowie mit Baracken entlang der Durchgangsstraße unterschieden werden[41]. Dabei fällt eine Baugleichheit vor allem bei den kleineren Anlagen mit u-förmiger Baracke auf (Abb. 12), die sowohl am nördlichen Teil des Obergermanischen Limes (Kemel, Heftrich) als auch am südlichen (Rötelsee) vorkommen. Dagegen findet sich keine entsprechende Ausführung am raetischen Abschnitt – dafür haben die ähnlich großen bzw. etwas kleineren Anlagen, die sog. Feldwachen, häufig zwei Eingänge und rechtwinklig verlaufende, spitze Ecken[42]. Eine solche Ausführung der Ecken ist aber auch – allerdings nur in Ausnahmefällen – am obergermanischen Abschnitt zu verzeichnen, z. B. bei dem Kleinkastell Holzheimer Unterwald bei Pohlheim-Holzheim (Lkr. Gießen).

Bei einigen Kastellorten am Obergermanischen Limes ist mittlerweile der Forschungsstand so weit fortgeschritten, dass die Entwicklungen der Standorte miteinander verglichen und simultane Abläufe beobachtet werden können. Dabei fällt eine Gruppe ins Auge, die sich bislang auf den Taunus- und Wetterauabschnitt des Limes beschränkt. Hier kann für die erste Phase ein Kleinkastell mit u-förmiger Baracke belegt werden, welches dann von einer etwas größeren Anlage mit zwei Toren abgelöst wurde (Abb. 13). Der weitere Ausbau führte schließlich zur endgültigen Kastellgröße, wobei z. T. noch eine Ausbauphase in Holz von einer nachfolgenden in Stein zu unterscheiden ist. Vor allem die drei Entwicklungsschritte mit den jeweils unterschiedlich großen Anlagen sind hinreichend belegt, wie an den Kastellplätzen Kemel, Heftrich, Kapersburg, Inheiden und Altenstadt[43]. Möglicherweise ist hier die Saalburg zu ergänzen, da sich auch dort diese Schritte nachweisen lassen. In den letzten Jahren wurde in der Forschung ein zeitgleiches Bestehen der sog. Schanzen und des Erdkastells diskutiert[44], wobei die Koexistenz zweier Kastelle in unmittelbarer Nachbarschaft zueinander am Limes in dieser Form bislang ohne Parallele ist. Möglicherweise muss das als Argument für eine Gleichzeitigkeit herangezogene Fundmaterial aus der Einplanierung der Schanzgräben als *terminus post quem* für die Planierung, aber nicht für die Aufgabe der Schanzen gesehen werden. Dieses beschriebene Ablaufschema ist auch an dem einer älteren Grenzlinie zuzuordnenden Kastellplatz von Hanau-Mittelbuchen festzustellen. Da hier für die kleinere Anlage eine Entstehung in flavischer, für den größeren Ausbau in spätflavisch-frühtrajanischer Zeit nachgewiesen ist[45], weicht dieses Kastell in seiner Datierung deutlich von denen des Taunus ab. Dort werden für die kleineren Anlagen eine spätflavisch-frühtrajanische Erbauung und ein Ausbau um die Mitte des 2. Jahrhunderts angenommen. Damit würde hinter diesem Bauschema nicht unbedingt eine einheitliche chronologische Entwicklung stehen, sondern ein im 2. Jahrhundert weiterhin angewandtes taktisches Ausbauschema an kleineren Garnisonsorten, das bereits zum Ende des 1. Jahrhunderts an einem anderen Grenzabschnitt umgesetzt worden war. Die räumliche Beschränkung auf den Bereich des nördlichen Obergermaniens – vergleichbare Vorgänge sind im südlichen Obergermanien, beispielsweise am Odenwaldlimes, nicht nachgewiesen – kann für ein gesondertes taktisches Konzept sprechen, das in einem definierten Kommandoabschnitt zur Anwendung kam. Dahinter eine Verantwortlichkeit der Mainzer Legion zu sehen, wäre zwar eine reizvolle These, die aber nicht durch einen Beleg untermauert werden kann.

Für die Kohorten- und Alenlager am Obergermanisch-Raetischen Limes sollen zwei Aspekte diskutiert werden, die vor dem Hintergrund der hier formulierten Fragestellung von Interesse sind. Zuerst sei die Ausrichtung der Kastelle in Bezug auf die Grenzlinie betrachtet. Es ist sicher vorauszusetzen, dass das Militär diese Anlagen sehr gezielt in der Landschaft positionierte und mit der Ausrichtung der Innenbebauung ein bestimmtes Ziel verfolgte[46]. Diese Ausrichtung kann dabei durch eine topografische Situation, einen Verkehrsweg oder andere Faktoren beeinflusst sein. Sie lässt sich an der Position der *principia* ablesen, von der in der Verlängerung der Bauachse die *via praetoria* auf das Haupttor, die *porta praetoria*, zuläuft. Bei den Anlagen am Limes stellt sich die Frage, welche Rolle die Grenzlinie für die Ausrichtung der Kastelle im Gelände spielte. Es ist davon auszugehen, dass bei der Errichtung der Kastelle der Verlauf der Grenzlinie zumindest schon festgelegt, in einigen Fällen aber auch bereits ausgeführt war, sodass man bei der Ausrichtung Bezug auf diese nehmen konnte. Eine Auswertung der Ausrichtung der Militärlager am Limes führt allerdings zu einem sehr uneinheitlichen Bild (Abb. 14). Diese sind sowohl frontal auf die Grenze hin positioniert als auch seitlich gedreht bis hin zu einer kompletten Abkehr. Nichtsdestotrotz ist die Mehrzahl der aufgelisteten Kastelle (46 von 71) exakt oder annähernd (bis 15° abweichend) zur Grenzlinie hin ausgerichtet. Die komplette Abkehr bildet eine absolute Ausnahme (Kastell Saalburg, Nr. 11) und nur wenige Lager lassen eine Abweichung von über 90° erkennen. Auffällig sind dabei Abschnitte mit vollständig unregelmäßiger Ausrichtung gegenüber solchen mit einer annähernd gleichen Ausrichtung des Kastells in Bezug auf die Limeslinie. Letzteres ist zum einen im Bereich der Kastelle 23–32 und zum anderen bei den Kastellen 46–60 festzustellen. Die Kastelle 23–38a liegen alle an der Maingrenze und nehmen deshalb auf den Fluss Bezug, was sich auch an anderen Flussgrenzen wie beispielsweise am Rhein beobachten lässt[47]. Die Kastelle 46–61 befinden sich am Odenwaldlimes bzw. an der daran anschließenden Neckargrenze, sodass zumindest für

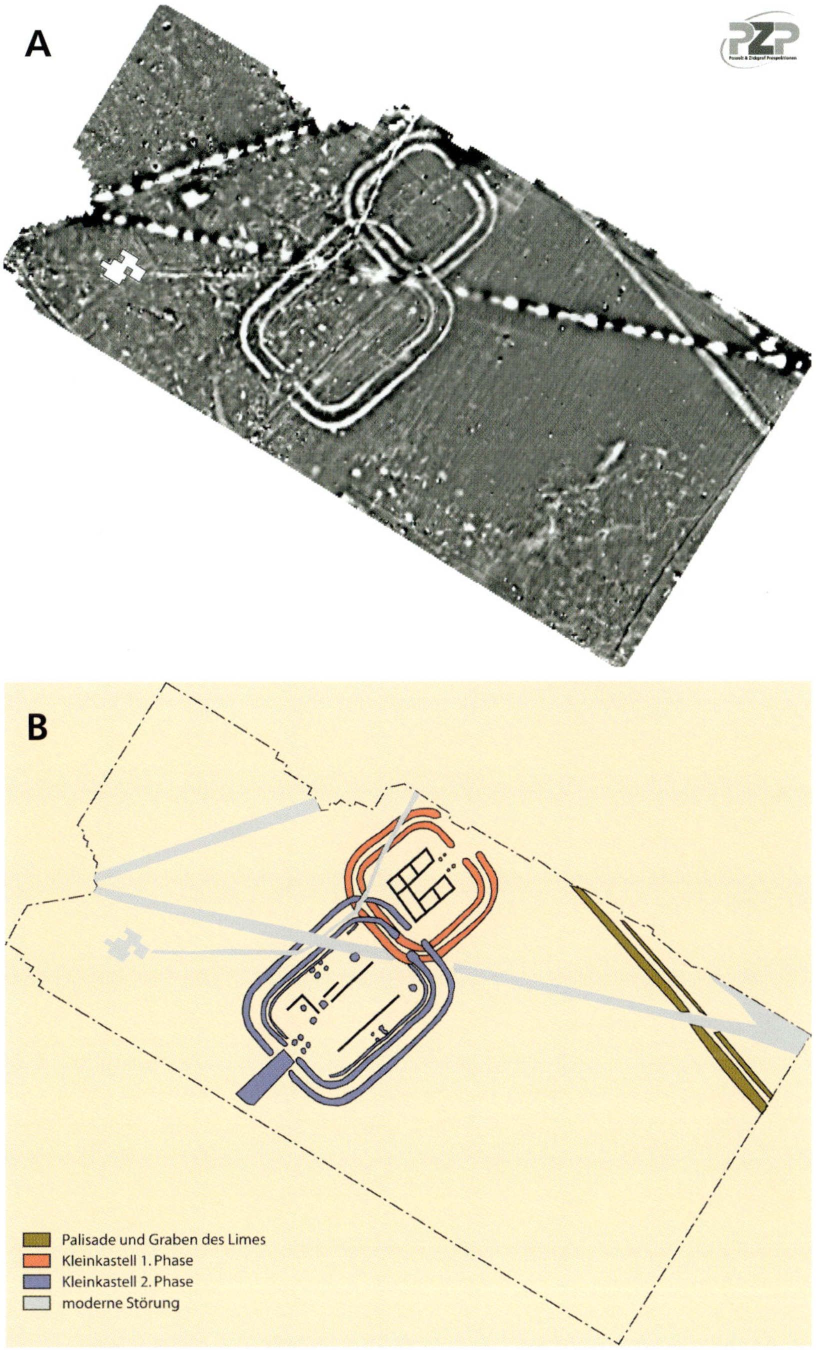

13 Limes. Heidenrod-Kemel. Messbild (A) und Umzeichnung (B) der geomagnetischen Prospektion im Bereich der beiden Kleinkastelle auf dem „Pohl" (Magnetogramm: Posselt & Zickgraf Prospektionen GbR, Marburg; Zeichnung: Th. Becker, hA).

den südlichen Teil eine vergleichbare Situation wie am Mainlimes zu konstatieren ist. Auffällig ist die konstante Ausrichtung der Kastelle am Odenwaldlimes zur Grenzlinie hin, zumal dieses Schema nach der Vorverlegung der Grenze spätestens 161 n. Chr. nicht beibehalten wurde (Kastelle 39–45). Offensichtlich war für diesen Abschnitt die Hinwendung auf die Grenzlinie hin wichtiger, während an der übrigen Strecke lokale Faktoren für die Positionierung ausschlaggebend waren.

Der zweite Gesichtspunkt betrifft die Gliederung der Innenbebauung der Kastelle, bei der ebenfalls Unterschiede auffallen. Die Lage der Nutzbauten zu den *principia* scheint auf den ersten Blick willkürlich ausgewählt worden zu sein, da hier nur bedingt eine regelhafte Position einzelner Gebäude zu beobachten ist. Jedoch sind die *horrea* in den Kastellen am Obergermanisch-Raetischen Limes generell regelhaft angelegt. Sie liegen vornehmlich in der Nähe von Kastelltoren, da dort die besten Anlieferungsmöglichkeiten für die in den Speichern einzulagernden Güter bestanden[48]. Die genaue Lage der *horrea* differiert offensichtlich in den beiden Provinzen (Abb. 15). In der *Germania Superior* liegen die Speicherbauten in den Kohortenkastellen vornehmlich rechts von den *principia* (gelb) und in dem einzigen Alenlager mit nachgewiesenem *horreum* liegt dieses links (rot), während sie in Raetien sowohl in Kohorten- als auch in Alenkastellen vornehmlich links des Stabsgebäudes platziert wurden (grün bzw. blau). Bei den kleineren Numeruskastellen ist ebenfalls eine Bevorzugung der rechten Seite der *principia* zu beobachten, wobei auch andere Positionen möglich sind (grau). Damit scheint ihre Lage innerhalb des Kastells nicht nur von Transporterwägungen, sondern auch von Vorgaben bei der Bauplanung in der jeweiligen Provinz beeinflusst zu sein.

Chronologische Aspekte von Standardisierung oder Regionalisierung

Die vorausgehenden Kapitel haben gezeigt, dass die verschiedenen Bauelemente der Grenzsicherung durchaus lokale und regionale Besonderheiten in ihrer Ausführung aufweisen, also Abweichungen von einem standardisierten Aussehen der Grenze darstellen. Bei der Diskussion der Ursachen für diese Abweichungen, aber auch der Gründe für standardisierte Ausführungen richtet sich der Blick zunächst auf mögliche zeitliche Unterschiede. Den in der Forschung etablierten Hauptphasen des Grenzausbaus mit der Anlage der Grenze und dem Bau von Holztürmen (Phase 1), der Anlage der Palisade (Phase 2), dem Ausbau der Türme in Stein (Phase 3) und dem Bau von Graben und Wall bzw. Mauer (Phase 4) soll unzweifelhaft eine chronologisch bedingte Standardisierung zugrunde liegen. Die Verlegung des Grenzverlaufes stellt eine gesonderte Phase dar, die aber immer nur abschnittsweise vorgenommen wurde, in deren Verlauf sowohl kürzere als auch längere Abschnitte, nie aber die gesamte Grenze zu Land, zwischen Rhein und Donau korrigiert wurden. Weitere Veränderungen an der etablierten Grenzlinie und Bauvarianten können bei kritischem Quellenstudium immer nur lokal oder regional belegt werden und sind daher hinsichtlich ihrer chronologischen Aussagekraft bezüglich der gesamten Grenze zu hinterfragen.

Beispielhaft sei in diesem Zusammenhang auf die Bauausführung der Steintürme am Raetischen Limes mit einem umgebenden Rechteckgraben verwiesen, die jüngst zusammen mit einigen Turmstellen derselben Bauweise am obergermanischen Abschnitt zu einem Bauabschnitt zusammengefasst und aufgrund der Datierung der Vorverlegung des Obergermanischen Limes um das Jahr 160 n. Chr. datiert wurde[49]. Wahrscheinlich ist die Entstehung der Steintürme am raetischen Abschnitt als eine Bauphase zu werten, doch ob sie aufgrund der Existenz von rechteckigen Turmumgrabungen als zeitgleich mit dem südlichen obergermanischen Abschnitt zu werten ist, bleibt aufgrund der schwachen Datengrundlage höchst zweifelhaft. Diese Vorbehalte ergeben sich aus den oben ausgeführten quellenkritischen Anmerkungen zur Auswertbarkeit der im ORL-Korpus vorgelegten Pläne sowie aus der Feststellung, dass auch Steinturmstellen ohne rechteckige Gräben nachzuweisen sind. Möglicherweise waren die Gräben teilweise auch anders geformt.

Da solche Unsicherheiten auch für andere lokale und regionale Besonderheiten gelten, kann deren jeweilige Datierung nicht auf die gesamte Strecke übertragen werden, wenn sie überhaupt an anderen Abschnitten ebenfalls nachzuweisen sein sollten. Dies zeigt sich sehr treffend an der Turmstelle 13/10 bei Wilburgstetten in Bayern, deren Steinturm nach Ausweis des jüngst vorgelegten Grabungsbefundes eine Baufuge zur Raetischen Mauer aufweist (Abb. 16), sodass hier von einem nachträglichen Anbau des Turmes an die bereits bestehende Mauer ausgegangen werden kann[50]. Dieser Befund wurde bereits als Beleg für eine zusätzliche Bauphase an der Raetischen Mauer nach ihrer Entstehung 206/207 n. Chr. gewertet, da nach dem bisherigen Chronologieschema der Bau der Steintürme vor der Errichtung der Mauer stattgefunden haben musste[51]. Der Grabungsbefund schließt einen Abbruch der Nordmauer des Steinturmes im Zusammenhang mit dem Bau der Mauer aus und auch die leicht trapezoide Form nimmt eindeutig Bezug auf den ausspringenden Knick im Mauerverlauf. Da bislang für keine andere Turmstelle eine Entstehung nach der Errichtung der Mauer nachgewiesen werden konnte, scheint es sich um eine lokal begrenzte Baumaßnahme zu handeln, mit der auf eine an dieser Stelle notwendige Veränderung in der Grenzsicherung reagiert wurde. Sie scheint aber mit keiner regionalen oder überregionalen Maßnahme in Verbindung zu stehen.

Vor diesem Hintergrund stellt sich die Frage, inwieweit die Umsetzung der baulichen Maßnahmen während der Hauptphasen des Limes zeitgleich an der gesamten Grenze stattfand. Für die Phasen 2, 3

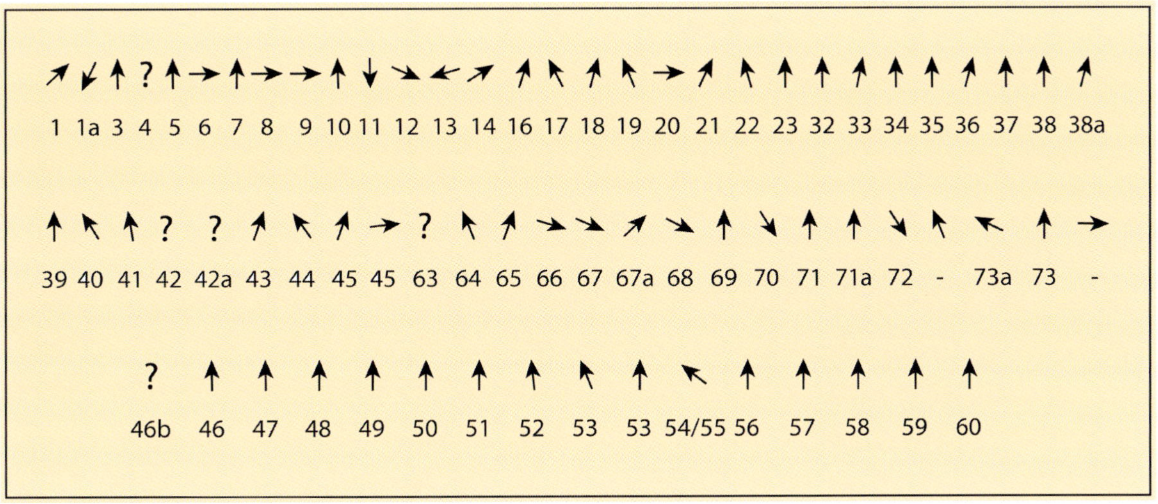

14 Limes. Ausrichtung der Kastelle am Obergermanisch-Raetischen Limes (Reihe 1 und 2) sowie am Odenwald- und Neckarlimes (Reihe 3) in Bezug auf die Grenzlinie (Grafik: Th. Becker, hA).

und 4 liegen an vereinzelten Stellen absolute Daten vor, die gemeinhin auf den gesamten Streckenverlauf übertragen werden. Die Errichtung der Palisade wird, wie oben bereits dargelegt, auf das Jahr 120 n. Chr. datiert, obgleich dieser zeitliche Ansatz ausschließlich auf dem Befund von Marköbel basiert und bislang von keiner anderen Stelle eine Bestätigung durch ein weiteres Dendrodatum oder einen sonstigen Anhaltspunkt vorliegt. Für die Vorverlegung der Limeslinie auf ihren endgültigen Verlauf nach der Mitte des 2. Jahrhunderts sind dagegen von verschiedenen Stellen dendrochronologisch datierte Hölzer vorhanden, die einen Entstehungszeitraum von 164–167 n. Chr. belegen. Trotz einer Spanne von über vier Jahren kann hier immer noch von einer einheitlichen Bauzeit gesprochen werden.

Der Zeitraum für den Bau der Steintürme, also für die 3. Ausbauphase des Limes, wird aus den Bauinschriften erschlossen, die aus verschiedenen Wachttürmen am Odenwaldlimes geborgen wurden[52]. Die Titularangaben auf den Inschriften ergeben für die Errichtung der Steintürme an diesem Abschnitt die Jahre 145/146 n. Chr. Dies wird auf die restliche obergermanische Strecke nördlich des Mains übertragen, wenngleich hier auch bislang entsprechende Inschriften aus den Wachttürmen fehlen. Allerdings liegen Indizien vor, die dort einen Ausbau in Stein im gleichen Zeitraum nahelegen. Dazu gehören das Baujahr des Kohortenkastells auf der Saalburg 139 n. Chr. und die damit verknüpfte Vergrößerung des Truppenbestandes, der angesichts eines einhergehenden gestiegenen Bedarfs an Wachtmannschaften höchstwahrscheinlich beim Bau der Steintürme die Verdopplung der Turmstellenzahl im Vergleich mit den Holztürmen bedingte[53].

Für die 4. Phase liegen bislang Dendrodaten von einem Pfahlrost unter der Raetischen Mauer aus dem Kreutweiher am Kastell Dambach vor, für den Hölzer im Winter 206/207 n. Chr. geschlagen wurden[54]. Allerdings muss die besondere Befundsituation bei der Beurteilung im Auge behalten werden, da ein solcher Pfahlrost sicherlich nicht zum Standard am Mauerverlauf gehört und eine von der Errichtung des Mauerverlaufes zeitlich unabhängige Bausituation vorliegen kann. Hinzu kommen einige *termini post quos* vom Obergermanischen Limes, die Hinweise auf den gleichen Zeitraum Anfang des 3. Jahrhunderts zur Errichtung von Graben und Wall geben und auf ein severisches Bauprogramm hindeuten[55]. Somit scheinen Graben und Wall in Obergermanien und die Mauer in Raetien im Rahmen derselben Ausbaumaßnahme errichtet worden zu sein.

Dadurch wäre es plausibel, dass der Limesausbau während der Phasen 2 bis 4 jeweils am gesamten Grenzverlauf erfolgte. Für die Errichtung der Palisade in Obergermanien liegt – wie erwähnt – nur die Datierung des Abschnitts bei Marköbel vor, die allerdings vor einem speziellen Hintergrund zu betrachten ist[56]. Die ältere Linienführung in diesem Abschnitt weiter westlich auf der Linie Hanau–Heldenbergen–Ober-Florstadt deutet an, dass die Palisade in diesem Bereich später entstanden sein könn-

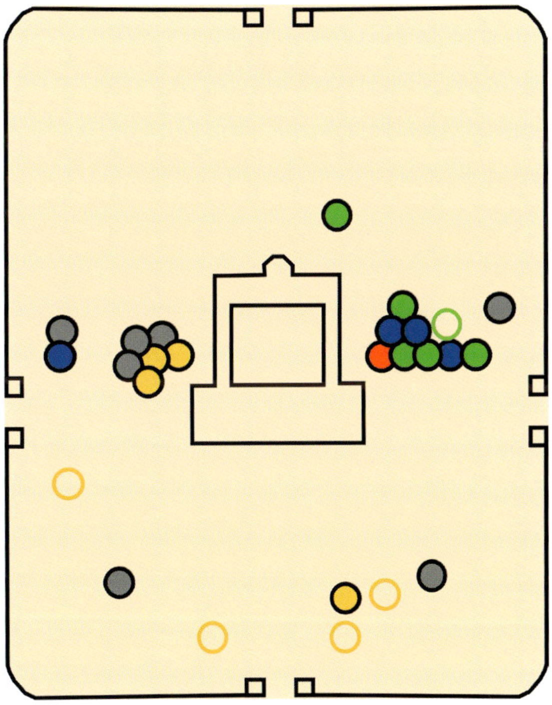

15 Limes. Lage der *horrea* in den größeren Kastellen am Obergermanischen Limes (Kohortenkastelle [gelb], Alenkastelle [rot]) und am Raetischen Limes (Kohortenkastelle [grün], Alenkastelle [blau]) und in den Numeruskastellen (grau). Offene Kreise: Kastelle an älterer Limeslinie (Odenwald-, Neckar- und Alblimes) (Grafik: Th. Becker, hA).

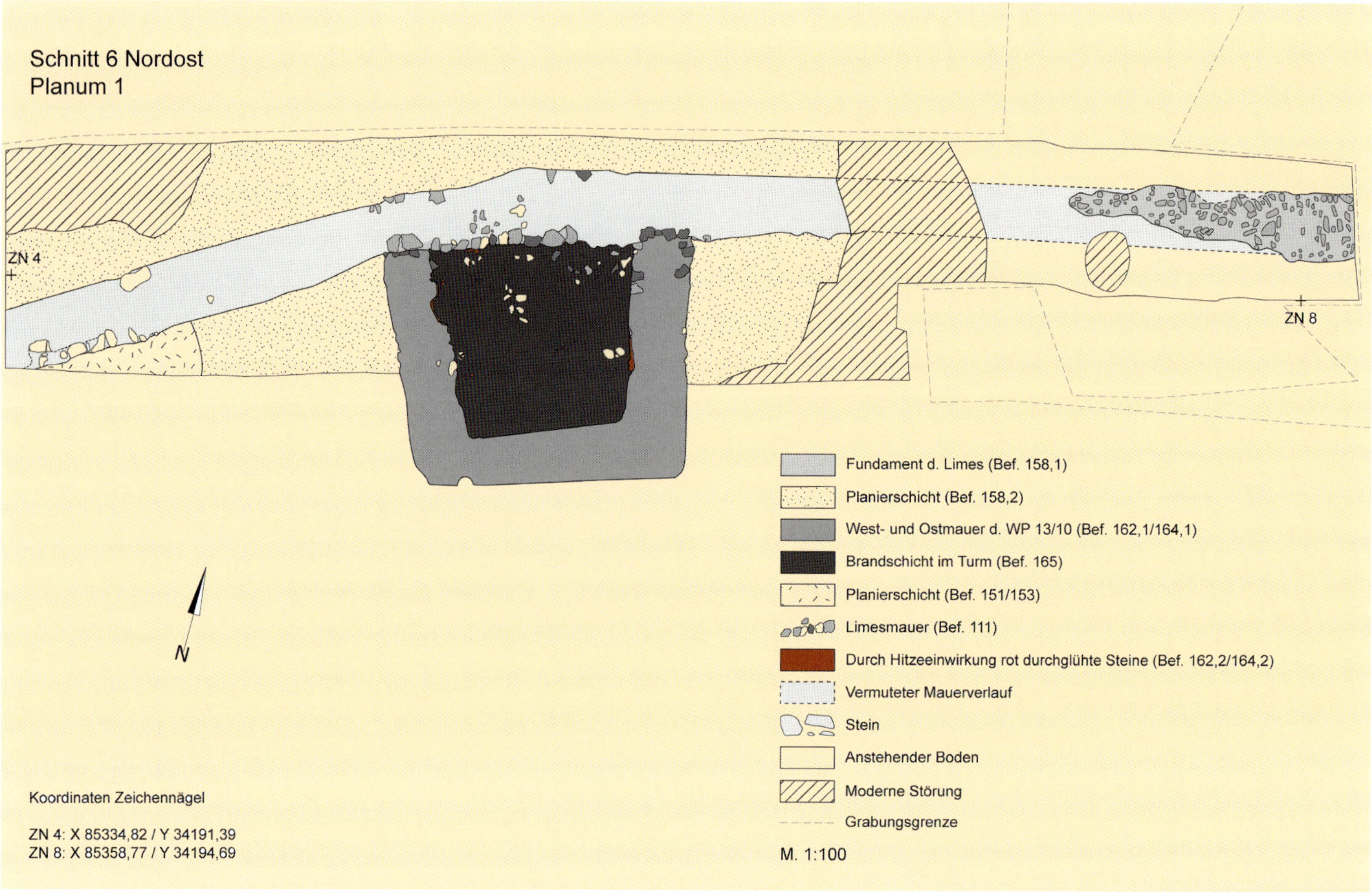

16 Limes. Befundplan zur Untersuchung des Wp. 13/10 bei Weiltingen, Lkr. Ansbach (Plan: Fa. Adilo; Bearbeitung: S. Hüdepohl, BlfD, nach Vorlage von St. Berg-Hobohm, BLfD).

te als am übrigen Grenzverlauf in Obergermanien. Die Übertragbarkeit dieses Datierungsansatzes auf die restliche Grenzlinie muss in Zukunft anhand weiterer Daten oder Indizien überprüft werden.

Somit zeigt sich in jedem Fall, dass außer den vier übergeordneten Ausbauphasen am Limesverlauf keine weiteren chronologisch relevanten überregionalen Bauphasen belegt sind. Alle anderen Bauausführungen und -varianten sind lokal oder regional verortet und spielen für die Gesamtchronologie der Grenze keine Rolle.

Fazit

Die Betrachtung der Bauausführung der einzelnen Elemente der Grenzsicherung am Limes zeigt, dass sich viele Varianten nachweisen lassen. Angesichts dessen scheint das römische Militär vor allem auf lokale topografische, strategische oder baubedingte Besonderheiten einzelner Abschnitte oder lokaler Situationen reagiert zu haben. Das Bild, das durch die Rekonstruktion einer bestimmten Stelle am Limesverlauf gezeichnet wird, muss folglich an die lokalen Besonderheiten angepasst sein. Von einem einheitlichen Aussehen der Grenze kann beim derzeitigen Kenntnisstand keine Rede sein. Eine solche Vorstellung geht auf das Ende des 19. Jahrhunderts zurück. Vielmehr weisen die einzelnen Elemente in ihrer konkreten Ausführung regional- oder sogar lokaltypische Varianten auf. Grundlegende und regionsübergreifende Umsetzungen bei den Grenzsicherungselementen Palisade, Graben/Wall bzw. Mauer und Wachtturm sind dagegen standardisiert am gesamten Grenzverlauf zu finden. Insgesamt ist aber die standardisierte Darstellung des Limes in seinen Ausbauphasen überholt. Bei der Diskussion im Fach und bei der Vermittlung nach außen muss sie einer regional oder lokal angepassten Darstellungsweise weichen, um das Bild von der ehemaligen römischen Reichsgrenze authentischer zu zeichnen.

Anmerkungen

1 RGA^2 XVIII (Berlin, New York 2001) 403–442 s. v. Limes (E. Schallmayer).

2 Th. Hodgkin, The Pfahlgraben: An essay towards a description of the barrier of the Roman Empire between the Danube and the Rhine (Newcastle-on-Tyne 1882) 24, legt eine der frühesten klischeehaften Darstellungen vor. Ansonsten werden vor allem die Turmnachbauten, Modelle und Darstellungen auf Reliefs wiedergegeben (ORL A I Strecke 1 [1936] 42–45 Abb. 4; 5. – ORL A I Strecke 2 [1916] 26 Abb. 5). Die frühesten Rekonstruktionszeichnungen im ORL-Korpus für Wachttürme gehen auf F. Leonhard (1857–1929), ehemaliger Streckenkommissar und Assistent von E. Fabricius in der Reichs-Limeskommission, zurück (ORL A V Strecke 10 [1926] 26 Abb. 1–3). Für die Kastelle sei hier auf die Zeichnungen von L. Jacobi zu den Kastelltoren verwiesen: M. Klee, Die Saalburg. Führer hessische Vor- u. Frühgesch. 5 (Stuttgart 1995) 36 Abb. 14. An dieser Stelle sei Herrn Dr. Jürgen Obmann, Bayerisches Landesamt für Denkmalpflege München, für seine freundlichen Hinweise und kritischen Anmerkungen zum vorliegenden Beitrag ganz herzlich gedankt.

3 D. Baatz, Der römische Limes. Archäologische Ausflüge zwischen Rhein und Donau (Berlin 1974) 39 Abb. 22; 41 Abb. 25. – W. Schleiermacher, Der römische Limes in Deutschland. Ein archäologischer Wegweiser für Autoreisen und Wanderungen[3] (Berlin 1967) 41 Abb. 15; 49 Abb.18; 53 Abb. 19a, greift auf ältere, von F. Leonhard erstellte Rekonstruktionszeichnungen für das Aussehen der Grenze zurück.

4 E. Schallmayer, Zur Limespalisade im 3. Jahrhundert n. Chr. Funktion und Deutung. In: E. Schallmayer (Hrsg.), Limes Imperii Romani. Beiträge zum Fachkolloquium „Weltkulturerbe Limes" November 2001 in Lich-Arnsburg. Saalburg-Schr. 6 (Bad Homburg v. d. H. 2004) 29–45. – Ders., Zur Frage der Palisade am Obergermanisch-Raetischen Limes im 3. Jahrhundert n. Chr. In: Limes XIX. Proceedings of the XIXth International Congress of Roman Frontier Studies held in Pécs, Hungary, September 2003 (Pécs 2005) 801–813.

5 Th. Becker/J. Obmann, Neubauten am Limes. Ber. Bayer. Bodendenkmalpfl. 56, 2015, 412–413.

6 Beispielhaft sei hier auf die verschiedenen zeichnerischen Rekonstruktionen von Stabsgebäuden verwiesen (Weißenburg: L. Wamser, Biriciana – Weißenburg zur Römerzeit. Kastell – Thermen – Römermuseum. Führer arch. Denkmäler Bayern. Franken I [Stuttgart 1984] 28. Rainau-Buch: D. Planck, Das Freilichtmuseum am rätischen Limes im Ostalbkreis. Führer arch. Denkmäler Baden-Württemberg 9 [Stuttgart 1983] 176).

7 Als Beispiel sei die von C. S. Sommer vorgelegte Phasengliederung des Rätischen Limes in bis zu 13 Phasen genannt: C. S. Sommer, Trajan, Hadrian, Antoninus Pius, Marc Aurel ...? Zur Datierung der Anlagen des Raetischen Limes. Ber. Bayer. Bodendenkmalpfl. 52, 2011, 137–180. – Ders., Zur Datierung des Raetischen Limes. In: P. Henrich (Hrsg.), Der Limes vom Niederrhein bis an die Donau. Beitr. Welterbe Limes 6 (Stuttgart 2012) 137–147. – Ders., Trajan, Hadrian, Antoninus Pius, Marc Aurel ...? Ein Nachtrag zur Datierung der Anlagen des Raetischen Limes. Ber. Bayer. Bodendenkmalpfl. 56, 2015, 321–327.

8 Th. Becker, Von einer Grenze umgeben? Aspekte zur Einheitlichkeit der Grenzsicherung am Limes am Beispiel des hessischen Abschnitts. In: F. Ausbüttel/U. Krebs/G. Mayer (Hrsg.), Römer in der Rhein-Main-Region. Beiträge zum Kolloquium Bad Homburg 2011 (Darmstadt 2012) 194–208.

9 Zur Verzierung der Schilde vgl. Th. Fischer, Die Armee der Caesaren. Archäologie und Geschichte (Regensburg 2012) 172–177.

10 Ebd. 77.

11 CIL VI, 3182; 37189; XIII, 6680. – Année Epigr. 1936, 12; 1953, 93.

12 Hammersbach-Marköbel: St. Bender/B. Schroth/Th. Westphal, Der Kaiser in Rom hat auch am Krebsbach „dicht gemacht" – Palisadenfunde am Limes bei Hammersbach-Marköbel. Hessen-Arch. 2002 (2003) 108–111.

13 Zusammenstellungen der Dendrodaten der Palisade finden sich bei W. Czysz/F. Herzig, Neue Dendrodaten von der Limespalisade in Raetien. In: A. Thiel (Hrsg.), Neue Forschungen am Limes. Beitr. Welterbe Limes 3 (Stuttgart 2008) 183–195. – Th. Becker, Limes und Naturwissenschaften – Stand und Perspektiven zur interdisziplinären Erforschung der römischen Reichsgrenze. In: P. Henrich (Hrsg.), Perspektiven der Limesforschung. 5. Kolloquium der Deutschen Limeskommission. Beitr. Welterbe Limes 5 (Bad Homburg 2010) 146–149 Tab. 5.

14 St. Bender, Hatte der Limes eine Fassade? Der Limes 8, H. 1, 2014, 12–15.

15 Ders., Die Doppelpalisade am Limes im Vorfeld des Kastells Arnsburg. In: Schallmayer (Anm. 4) 47–53.

16 E. Schallmayer, Archäologische Ausgrabungen an WP 5/4 „An der alten Rüdigheimer Hohle" bei Ravolzhausen, Gemeinde Neuberg. In: A. Thiel (Hrsg.), Forschungen zur Funktion des Limes. Beitr. Welterbe Limes 2 (Stuttgart 2007) 58 Abb. 4. – Th. Becker/S. Piffko, Limesgraben und Doppelpalisade bei Neuberg-Ravolzhausen. Hessen-Arch. 2012 (2013) 121–125.

17 Bender (Anm. 15) 48–49 Abb. 3–4.

18 Becker/Piffko (Anm. 16) 123.

19 Sommer (Anm. 7, 2011) 142.

20 Beispielhaft seien hier die Prospektionen am rheinland-pfälzischen Abschnitt der Grenze genannt: J. Dolata, Geophysikalische Prospektion am Limes in Berg. Der Limes 3, H. 2, 2009, 17–18. – C. A. Jost, Geomagnetische Prospektion am Wachtposten 2/15 im westlichen Taunus. Der Limes 8, H. 1, 2014, 4–7.

21 z. B. an der Strecke 2 zwischen Wp. 2/35 und 2/47 (ORL A 1 Strecke 2 [1916] 72–77) oder an der Strecke 7 zwischen Wp. 7/46 und 8/8 (ORL A IV Strecke 7–9 [1933] 81–89).

22 ORL A II.1 Strecke 3 (1935) 37 (vier Mauerabschnitte zwischen den Wachttürmen Wp. 3/54 und 3/63). – ORL A II.2 Strecke 5 (1936) 164–168; 172–173 (Doppelbiersumpf und Schifflache).

23 W. Czysz/F. Herzig, Der Pfahlrost im Kreutweiher beim Limeskastell Dambach. Erste dendrochronologische Ergebnisse. Ber. Bayer. Bodendenkmalpfl. 49, 2008, 221–226.

24 J. Enzmann/G. Schnell, Nach dem Marsch und vor dem Essen – Schanzarbeiten nicht vergessen. Hessen-Arch. 2012 (2013) 101–104.

25 Th. Becker, Limes-Abschnitt in Heidenrod-Kemel untersucht – 24 m von 153 Kilometer. Hessen-Arch. 2010 (2011) 101–104.

26 C. Moneta, Ein ungewöhnlicher Keramikkomplex aus dem Limesgraben bei der Saalburg (Hessen/D). In: P. Henrich/Ch. Miks/J. Obmann/M. Wieland (Hrsg.), NON SOLUM ... SED ETIAM [Festschr. Th. Fischer] (Rahden/Westf. 2015) 301–316.

27 ORL A II.1 Strecke 3 (1935) 16–19; 82–87 (mit älterer Lit.)

28 E. Eichhorn, Zur Topographie der mittelalterlichen Fern- und Landstraßen zum und im Limburger Becken. Nassau. Ann. 76, 1965, 63–152 bes. Kartenbeilage (für die Idsteiner Senke werden hier nur jüngere Verkehrsverbindungen angegeben).

29 Th. Becker, Frühe Grenzsicherung im Untertaunus. Neue Erkenntnisse zu Holztürmen am Limes. Hessen-Arch. 2013 (2014) 107–111. – Ders., Geophysik mit Überraschungen – ein Holzturm am vorderen Taunuslimes. Der Limes 8, H. 2, 2014, 8–11. – Ders., Untersuchungen an der älteren Limeslinie in der Idsteiner Senke. Hessen-Arch. 2014 (2015) 95–98.

30 E. Krieger, We are watching you! Die Wachttürme am Raetischen Limes. Der Limes 8, H. 2, 2014, 28–31.

31 Die Untersuchung unter Leitung des Autors ist bislang unpubliziert und wird bei der hessenARCHÄOLOGIE unter der EV-Nr. 1996/062 geführt.

32 Die 2012 an der Universität Köln entstandene Magisterarbeit zu den Holztürmen am Limes basiert nur auf einer Auswertung der Literatur, ohne die im Archiv der Reichs-Limeskommission vorhandenen Dokumentationen kritisch zu sichten: T. Pfaff, Studien zu den hölzernen Wachtürmen des obergermanisch-raetischen Limes. Unveröff. Magisterarbeit Univ. Köln 2012.

33 ORL A II.1 Strecke 3 (1935) 22 (Wp. 3/19*, 3/21*, 3/45*, 3/52, 3/61, 3/63). – ORL A V Strecke 10 (1926) 18–19.

34 J. Dolata, Nachbauten von Kleinkastell und Wachtturm in Pohl. Der Limes 6, H. 1, 2012, 18–22.

35 ORL A I Strecke 2 (1916) 36 Taf. 3,1 (2/8) 46–48 Taf. 4,3 (2/18) 58–60 Taf. 7,2 (2/27). – W. Jorns/W. Schleiermacher, Neue Beobachtungen am Limes. Germania 23, 1939, 39 mit Abb. 3.

36 Becker (Anm. 29; 2014) 109.

37 ORL A I Strecke 1 (1936) 89 (1/40) 100–101 (1/48). – ORL II.2 Strecke 4–5 (1936) 62–63 (4/11). – ORL IV Strecke 7–9 (1933) 154–155 (9/51).

38 ORL A II.2 Strecke 4–5 (1936) 67–71 (4/16). – St. Bender, Rom kontrolliert den Raum. Die Turmruine auf dem Johannisberg und das Projekt Weltkulturerbe Limes. In: Sole und Salz schreiben Geschichte. 50 Jahre Landesarchäologie, 150 Jahre archäologische Forschung in Bad Nauheim, zusammengestellt von B. Kull (Mainz 2003) 294–298. – Th. Becker/I. Faulstich/J. Lindenthal, Archäologie und Sanierung Hand in Hand. Maßnahmen am römischen Signalturm auf dem Johannisberg bei Bad Nauheim. Hessen-Arch. 2010 (2011) 107–111.

39 ORL A IV Strecke 7–9 (1933) 132 Taf. 14,1. – J. Biel, Der Limeswachtturm 9/23 am Pfahldöbel bei Zweiflingen, Hohenlohekreis. Arch. Ausgr. Baden-Württemberg 1983 (1984) 176–177.

40 Becker (Anm. 13) 133–136.

41 Ch. Fleer, Typisierung und Funktion der Kleinbauten am Limes. In: Schallmayer (Anm. 4) 75–89 bes.77–78.

42 ORL A VII Strecke 14 (1933) 37–38. – ORL A VII Strecke 15 (1932) 23–24. – Fleer (Anm. 41) 75. Zuletzt zu dieser Problematik: St. Bender, Neue Forschungen im Umfeld des Limestores bei Dalkingen. Ber. Bayer. Bodendenkmalpfl. 56, 2015, 85–86.

43 Kemel: Th. Becker, 1.200 Jahre Kemel. Führungsheft zu den archäologischen Denkmälern in einem Ortsteil der Gemeinde Heidenrod, Rheingau-Taunus-Kreis. Arch. Denkmäler Hessen 172 (Wiesbaden 2012) 12–16 mit Abb. S. 9. – Heftrich: Th. Becker, Das Kastell „Alteburg" bei Idstein-Heftrich. Führungsheft zum UNESCO-Welterbe Limes im Gebiet der Stadt Idstein, Rheingau-Taunus-Kreis. Arch. Denkmäler Hessen 177 (Wiesbaden 2014) 41–46. – Kapersburg: M. Scholz, Keramik und Geschichte des Limeskastells Kapersburg – Eine Bestandsaufnahme. Saalburg-Jahrb. 52/53, 2002/03 (2006) 29. – Inheiden: Th. Becker/M. Scholz, Eine Scheibenfibel aus Hungen-Inheiden (Lkr. Gießen) und die Besatzungen der *numerus*-Kastelle am Taunus- und Wetteraulimes in severischer Zeit. In: *Honesta Missione* [Festschr. B. Pferdehirt]. Monogr. RGZM 100 (Mainz 2014) 169–196. – Altenstadt. H. Schönberger/H.-G. Simon, Die Kastelle in Altenstadt. Limesforsch. 22 (Berlin 1983) 58–64.

44 Zuletzt C. Moneta, Der Vicus des römischen Kastells Saalburg (Bad Homburg 2010) 148–149. Der Jubilar sprach sich hier noch für eine zeitliche Abfolge der Anlagen aus: E. Schallmayer, Kastelle am Limes. In: Ders. (Hrsg.), 100 Jahre Saalburg. Vom römischen Grenzposten zum europäischen Museum (Mainz 1997) 106–118.

45 M. Reuter, Die römischen Kleinkastelle von Hanau-Mittelbuchen und der Verlauf des östlichen Wetteraulimes unter Domitian. In: Schallmayer (Anm. 4) 97–106. Die Ausgrabung bearbeitete Ch. Lindner in seiner Magisterarbeit an der Universität Köln, dem ich für seine Hinweise an dieser Stelle herzlich danke. Er stellte seine Ergebnisse beim 23. Limeskongress in Ingolstadt 2015 vor und wird sie im zugehörigen Kongressband publizieren.

46 M. Reddé/R. Brulet/R. Fellmann/J. K. Haalebos/S. von Schnurbein (Hrsg.), Les fortifications militaires. Doc. Arch. française 100 (Paris 2006) 68.

47 M. Gechter, Die Grenze in Deutschland – Der niedergermanische Limes in Nordrhein-Westfalen. In: Grenzen des Römischen Imperiums (Mainz 2006) 123–130.

48 Reddé u. a. (Anm. 46) 111.

49 Sommer (Anm. 7) 321.

50 St. Berg-Hobohm/J. Obmann, Der Limes als Straße. Auf der Suche nach dem Welterbe – Wachtturm 13/10 bei Weiltingen, Lkr. Ansbach. Ber. Bayer. Bodendenkmalpfl. 56, 2015, 91–110 bes. 107.

51 Sommer (Anm. 7, 2015) 324–327.

52 J. Scheuerbrandt, Zur Steinbauphase des Odenwaldlimes – Das Bauprogramm von 145/146 n. Chr. In: E. Schallmayer (Hrsg.), Der Odenwaldlimes – Neueste Forschungsergebnisse. Beiträge zum wissenschaftlichen Kolloquium am 19. März 2010 in Michelstadt. Saalburg-Schr. 8 (Bad Homburg v. d. H. 2012) 33–35.

53 Becker (Anm. 43, 2014) 44–45.

54 Czysz/Herzig (Anm. 23).

55 Th. Becker, Ein Fibelfund aus dem Limeswall beim Wachtturm 3/31 im Taunus. In: Saalburg-Jahrb. 50, 2000, 105–106. Zum severischen Bauprogramm am Limes vgl. A. Heising, Die Zeit der Severer in Obergermanien und Raetien. In: Caracalla. Kaiser – Feldherr –Tyrann [Ausstellungskat. Aalen] (Darmstadt 2013) 53–70.

56 Reuter (Anm. 45).

Aus diesem Felsen sollt ihr bauen.

Die Raetische Mauer am Anstieg zum Fuchsberg westlich von Wachtposten 15/15 (Zandt, Lkr. Eichstätt)

C. Sebastian Sommer

Mit Egon Schallmayer verbindet mich neben der früheren Ausgrabungstätigkeit in Ladenburg und einer fast berufslebenslangen freundschaftlichen Konkurrenz um verschiedene Stellen in der Provinzialrömischen Archäologie die Faszination „Limes". Gemeinsame Wanderungen am Hadrianswall und am Odenwaldlimes sind unvergesslich, eine Fortsetzung ergab sich durch die Arbeit in der Deutschen Limeskommission. Nachhaltig wurde dieses Interesse an den römischen Grenzen und die damit verbundene Beschäftigung bei Egon nicht nur durch eine Vielzahl von Aufsätzen dokumentiert, sondern auch durch die Präsentation seines gesammelten Wissens zu einer dieser Limites in dem wunderbaren Band und Führer zum Odenwaldlimes[1]. Insofern mag die folgende Darstellung eines kurzen Limesabschnitts in Bayern als ein kollegialer Gruß vom benachbarten Raetischen Limes gelten.

Die früher und auch heute immer wieder als Teufelsmauer[2] angesprochene steinerne Manifestation des Raetischen Limes „[...] war wie die Türme aus dem in der Nähe anstehenden Stein erbaut"[3]. So jedenfalls leitet der Bericht der Reichs-Limeskommission ein zusammenfassendes Kapitel zur Limesmauer der Strecke 15 ein. Mit Blick von Westen heißt es zu dem hier vorzustellenden Abschnitt östlich der kleinen Ortschaft Zandt bei Denkendorf (Lkr. Eichstätt) für den „[...] Fuße des bewaldeten Fuchs-Berges": „Während sie [die Mauer] bisher nur durch Grabung festzustellen war, ist sie im Walde zum Fuchs-Berg hinauf links von dem Fußpfad als kleiner Wall äußerlich sichtbar. Auf der Höhe des Berges [...]"[4]. Im letzten, eine Vollständigkeit anstrebenden Führer zum Raetischen Limes wird beschrieben: „Im Wald östlich von Zandt setzt der Schuttwall wieder ein. Etwa 100 m nach der Waldspitze erhebt sich eine Felsgruppe. Dort wird der Schuttwall wieder erkennbar. Vor der Mauer kann man teilweise den Graben der Palisade sehen"[5]. In beiden Fällen und auch sonst scheint die dort gegebene und in der Folge vorzustellende, für den Raetischen Limes eigentlich außergewöhnliche Situation bislang unbemerkt, auf jeden Fall unbeschrieben geblieben zu sein[6]. Vielleicht liegt das an dem für einen Besuch etwas schwierigen Gelände östlich der Gemeinde Zandt am Aufstieg zum Fuchsberg, das einerseits teilweise recht steil ist, andererseits und vor allem auf der Höhe kurz vor Wachtposten (Wp.) 15/15 einen praktisch nicht zu übersteigenden Zaun quer zum Limes aufweist. Auf der früheren Grenze zwischen den Regierungsbezirken Mittelfranken und Oberbayern[7] beginnt nämlich der Teil des Köschinger Forsts, der im Eigentum des Wittelsbacher Ausgleichsfonds steht und als Wildgehege großräumig umschlossen ist. Kurz davor wird der Limes zusätzlich über einige Hundert Meter von einem schwer durchdringlichen Niederwald überlagert. Der ausgezeichnete Limeswanderweg führt deshalb von Zandt aus nach Osten in einem großen Bogen nördlich um den Fuchsberg herum, um erst zwischen Wp. 15/15 und 15/16 wieder auf den Limes im sog. Stadt- oder Zandtgrund zu treffen[8] (Abb. 1). Will man den Limes hier jedoch vollständig begehen, muss man ihn zum Fuchsberg hinauf weglos sozusagen über Stock und Stein verfolgen und für die Fortsetzung zur sehr gut erhaltenen Wachtturmstelle 15/15 einen größeren Umweg in Kauf nehmen.

Östlich des Ortes Zandt verbirgt sich die Limesmauer zuerst in einer neuzeitlich überformten, etwas unregelmäßig verlaufenden deutlichen Geländestufe am Fuß des hier nach Süden ansteigenden Geländes. Am Waldrand am Beginn des Anstiegs zum Fuchsberg findet sich dann noch heute das von G. Ulbert und Th. Fischer angesprochene Wegekreuz[9] zwischen zwei schmalen, mit dem Hang ansteigenden Wegen. Nach einer Störung durch einen mutmaßlichen Steinbruch ist nach etwa 50 m vom linken Weg aus in einigem Abstand nach Norden im Hochwald, wie von der Reichs-Limeskommission und in späteren Limesführern beschrieben, der dem

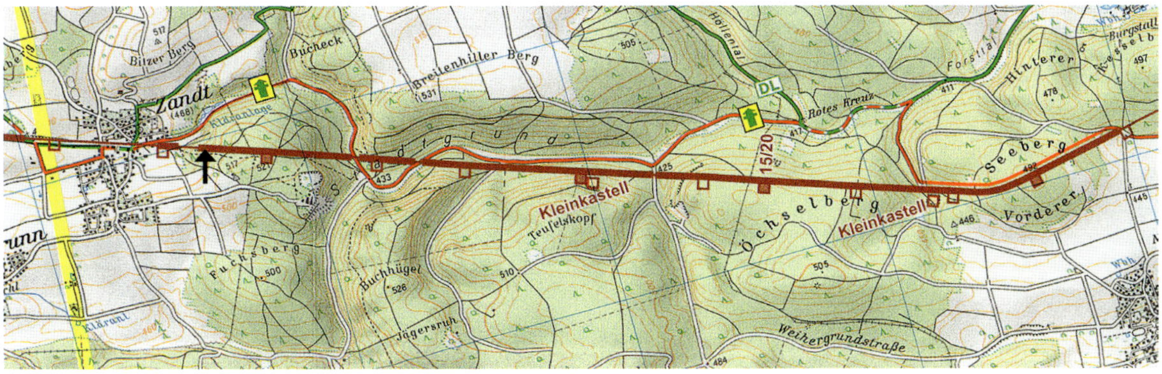

1 Zandt, Fuchsberg. Im Verlauf des Raetischen Limes. Norden ist links oben entsprechend dem Gitternetz; Gitterabstand 2 km (Kartenausschnitt: Obergermanisch-Raetischer Limes [Anm. 8] mit Ergänzungen).

2 Zandt, Fuchsberg. Felsgruppe quer zum Limesverlauf am Anstieg zum Fuchsberg östlich von Zandt, rechts die unregelmäßig ausgebrochene Nordkante der Limesmauer, Aufnahme von Westen (Foto: C. S. Sommer, BLfD).

Hang folgende, schwach ausgeprägte Schuttwall der Limesmauer zu erkennen. Nach weiteren etwa 50 m liegen einige Kubikmeter große Steinbrocken im Limesverlauf. Allmählich entwickelt sich im Mischhochwald daraus eine quer zur Flucht der Limesmauer liegende unregelmäßige Felsgruppe. Im westlichen Teil liegt ihre Nordkante im unmittelbaren Verlauf der Limesmauer. Der zentrale Teil der Felsgruppe reicht fast 30 m weit über den Limes hinaus nach Norden und weist gegen Nordwesten bis zu 8 m hohe Abbrüche auf (Abb. 2).

Im Bereich der Felsformation ist an zwei Stellen über mehrere Meter die Limesmauer trotz des überlagernden Laubs mit einer deutlichen Kante nach Norden und Ansätzen der Kante nach Süden zu erkennen (Abb. 3). Es hat den Anschein, als seien hier allerdings nicht nur die oberen Teile der Mauer den Hang hinuntergestürzt, sondern dazwischen auch Teile des Felsens samt Mauer. Die verbliebenen, zum Hang noch bis zu circa 40 cm hohen Mauerreste sind direkt aus dem anstehenden Fels, hier dem unregelmäßig brechenden Riffdolomit[10], herausgehauen und dementsprechend unverrückbar *in situ* verblieben. Östlich der Felsgruppe fällt die Limesmauer für einen kurzen Abschnitt leicht ab – auch hier scheint die Mauer über einige Meter anfangs noch aus dem Fels gehauen zu sein –, bevor sie als Schuttwall in einem gleichmäßigen Aufstieg erst durch Hochwald, dann durch den oben angesprochenen Niederwald die Höhe des Fuchsberges endgültig erreicht.

Wie schon angedeutet, handelt es sich – soweit ich überblicken kann – um eine einmalige Situation am Raetischen Limes. Geschickt wurden hier beim Bau der Mauer die in ihrem Verlauf liegenden natürlichen Gegebenheiten miteinbezogen und ausgenutzt. Vermutlich bildete die Felsgruppe auch einen der Bezugspunkte bei der Anlage der Mauer, denn es hat den Anschein, dass gegenüber dem Verlauf nach Osten die Mauer hier eine leichte Richtungsänderung nach Norden hin erfährt (Abb. 4).

Zumindest der untere Teil der Mauer wurde direkt aus dem Fels herausgearbeitet. Das Material der höher aufgehenden Teile gewann man dagegen, wie auch sonst im Bereich des Jura, vermutlich in unmittelbarer Umgebung. Anders als östlich des anschließenden Wp. 15/15, wo im Bereich des Plattenkalks direkt vor bzw. hinter der Mauerflucht angelegte, fast schon regelmäßige Gruben zur Materialentnahme dienten[11], dürfte hier das für den Mauerbau benötigte Material direkt aus der Felsgruppe gebrochen worden sein. Vielleicht gewann man daraus auch einen Teil der Steine für den nächsten rund 500 m langen Abschnitt der Limesmauer, denn bis kurz vor Wp. 15/15 sind nur relativ wenige, schwach ausgeprägte Gruben innerhalb der Limesmauer 30–100 m östlich der Felsgruppe zu erkennen[12] (Abb. 4).

An einer Stelle lässt sich der aus dem Fels gehauene Fuß der Limesmauer messen. Mit etwas mehr als 1,1 m Breite weist die Mauer das auch sonst häufig festgestellte Maß von knapp 4 römischen Fuß auf[13]. Ob in Anbetracht der besonderen topografischen Situation die Mauer bis auf die sonst vermuteten 10 Fuß Höhe[14] gebracht wurde oder niedriger blieb, lässt sich wegen des fehlenden bzw. weit verstreuten Schutts im starken Gefälle unterhalb der Mauer nicht klären. Genauso wenig lässt sich – jedenfalls ohne Ausgrabung an dieser Stelle – die Frage beantworten, ob die oberen Teile der Mauer hier gemörtelt waren oder trocken bzw. mit dem im Tal anstehenden Verwitterungslehm aufgesetzt worden waren[15].

Schon beim Bau der hier in diesem Abschnitt circa 25 m nördlich der Limesmauer verlaufenden älteren Palisade[16] mussten sich die Römer mit der Felsrippe auseinandersetzen (Abb. 4). Deren hier über eine lange Strecke völlig geradlinig abgesteckter Graben durchschneidet den nördlichen Ausläufer der Felsrippe so, dass der Fels nördlich der Palisade noch deutlich über das umgebende Gelände ragte. Auch in der unmittelbaren Umgebung wurde der Palisadengraben in den unregelmäßig anstehenden

3 Zandt, Fuchsberg. Limesmauer östlich von Zandt mit deutlich ausgeprägter Nordkante. Der untere, heute noch erhaltene Teil ist unmittelbar aus der hier anstehenden Felsgruppe herausgearbeitet, Aufnahme von Osten (Foto: C. S. Sommer, BLfD).

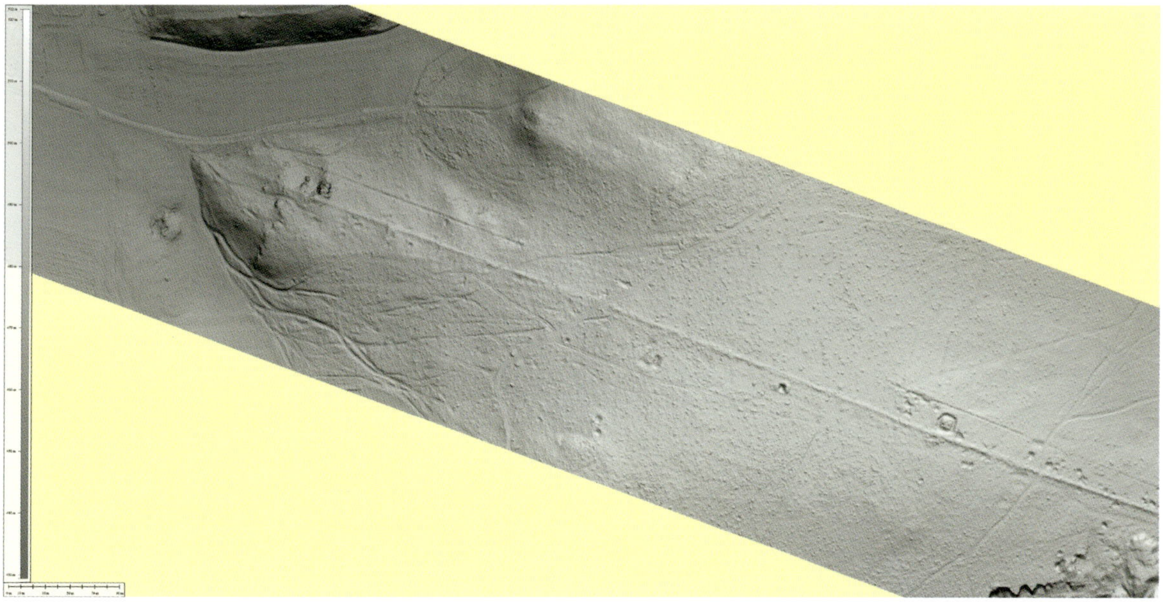

4 Zandt, Fuchsberg. Airborne Laserscan des Limesabschnitts zwischen Zandt (links) und dem Bereich des Wp. 15/15 (Geodaten: ArcTron3D GmbH im Auftrag des BLfD; Bearbeitung: S. Hüdepohl, BLfD).

Fels gehauen und ist deshalb sehr gut an der Oberfläche erhalten (Abb. 5). Weiter östlich zeichnet sich der Graben über eine Länge von etwa 150 m in einer Deutlichkeit im Gelände ab, wie kaum an einer anderen Stelle des Raetischen Limes (Abb. 6). Kurz vor dem Niederwald wurde für die Palisade erneut ein größerer Felsbrocken durchschlagen. Da hier die Palisade sowieso in den Fels eingelassen werden musste – und zwar bis zu 1,2 m tief, wie wir aus den jüngsten Untersuchungen unmittelbar östlich von Wp. 15/15 wissen[17] –, kam es wohl auf den zusätzlichen Aufwand nicht an.

Mir ist vom Raetischen Limes trotz seines vor allem in dessen östlichem Teil weitgehend durch Gelände mit anstehendem Fels führenden Verlaufs nichts Vergleichbares bekannt. Auch im Bereich ähnlicher lokaler Gegebenheiten an anderen Limesabschnitten hat man jeweils anders reagiert. Im Taunus wurden im Bereich zwischen den Wp. 3/55 und 3/63 wegen des dortigen harten Taunusquarzits in der letzten Ausbauphase mehrfach Wall und Graben gar nicht angelegt, sondern vielmehr an deren Stelle kurze Trockenmauerabschnitte errichtet[18]. Schon früher hatte man am Odenwaldlimes nördlich von Wp. 10/34, vermutlich auch dort aufgrund eines besonders harten Untergrunds, auf einem 112 m langen Abschnitt auf die Anlage eines Grabens zur Aufnahme der Palisade verzichtet. Stattdessen baute man eine Mauer aus großen Sandsteinquadern. Diese waren trocken aufgesetzt. Die Mauer war nur eine Steintiefe breit und wurde oben anscheinend von halbrunden Zinnensteinen abgeschlossen[19]. In beiden Fällen gab zwar der harte geologische Untergrund Anlass, vom geplanten Bauprogramm abweichend, Mauern anzulegen; diese wurden aber jeweils aus im Odenwald gebrochenen, sogar besonders zugehauenen Steinen errichtet.

Auffällig ist, dass die hier intensiver betrachtete Felsgruppe anscheinend als kleinräumiger Richtpunkt für den Verlauf der Limesmauer diente. Jedenfalls weist die Mauer im Airborne Laserscan genau an dieser Stelle einen geringfügigen Richtungswechsel auf, soweit man dies angesichts des ab dem Ortsausgang von Zandt verunklarten Schuttwalls der Mauer beurteilen kann (Abb. 4). Eine entsprechende Richtungsänderung in gegenläufiger Richtung zeigt sich im Bereich des östlich liegenden Steinturms Wp. 15/15. Die Felsgruppe wurde offensichtlich ähnlich betrachtet, wie ein Gutteil der schon vor der Mauer existierenden Steintürme, deren vordere, nach Norden gerichtete Ecken häufig als Start- und Zielpunkte der dazwischenliegenden Mauerabschnitte dienten[20]. Dadurch ergibt sich keine exakte Parallelität zwischen Mauer und Palisade. Letztere wurde vielmehr über sehr viel längere Strecken geradlinig ausgerichtet. Dabei nahm man offensichtlich viel weniger Rücksicht auf natürliche Gegebenheiten, wie gerade auch an dem hier vorgestellten Abschnitt des Raetischen Limes

5 Zandt, Fuchsberg. Palisadengraben im Bereich des nördlichen Ausläufers der Felsrippe östlich von Zandt, Aufnahme von Osten (Foto: C. S. Sommer, BLfD).

6 Zandt, Fuchsberg. Palisadengraben östlich von Zandt östlich der Felsrippe, Aufnahme von Südwesten (Foto: C. S. Sommer, BLfD).

deutlich wird. Der Palisadengraben musste daher noch durch die nördlichen Ausläufer der Felsgruppe geschlagen werden (Abb. 5). Leider lässt sich westlich der Felsen weder der Verlauf der Palisade noch der Mauer im Detail des grundsätzlich über eine Gesamtstrecke von circa 10 km zwischen der Burg Kipfenberg und dem Vorderen Seeberg nördlich von Steinsdorf geradlinig verlaufenden Limes sehr viel weiter verfolgen, sodass diesem Aspekt hier nicht weiter nachgegangen werden kann. In Bezug auf Planung, Absteckung und Ausführung von Palisade wie Limesmauer gilt es jedoch, sich in der Zukunft dieser Frage weiter zu widmen.

Anmerkungen

1 E. Schallmayer, Der Odenwaldlimes (Stuttgart 2010).

2 Zu den Sagen am Limes, insbesondere zum Teufel als dessen Erbauer, vgl. ORL A Strecke 14, 37 und ORL A Strecke 15, 22 unter Bezug auf F. A. Mayer, Genaue Beschreibung der unter dem Namen der Teufelsmauer bekannten Römischen Landmarkung. Erste Abteilung, von der Donau bis Kipfenberg. Denkschr. Bayerische Akad. Wiss. 8, 1821/22, 9; vgl. auch F. Ohlenschlager, Die römische Grenzmark in Bayern. Abhandl. Königlich Bayerische Akad. Wiss. I 101, 18 (München 1887) 34 f. – Vermutlich hat J. A. Döderlein, Antiquitates in Nordgavia Romanae (Nürnberg 1731) 29, als Erster von solchen Sagen berichtet. Siehe auch: C. S. Sommer, Auch der Teufel baut nur mit dem, was er findet. Lehm und Sand im östlichen Raetischen Limes? In: P. Henrich/Ch. Miks/J. Obmann/M. Wieland (Hrsg.), NON SOLUM … SED ETIAM [Festschr. Th. Fischer] (Rahden/Westf. 2015) 407–414.

3 ORL A Strecke 15, 20.

4 Ebd. 33.

5 Th. Fischer/E. Riedmeier-Fischer, Der römische Limes in Bayern (Regensburg 2009) 149.

6 Vgl. z. B. D. Baatz, Der römische Limes. Archäologische Ausflüge zwischen Rhein und Donau[4] (Berlin 2000) 314: „Der Limes wird erst in dem Wald östlich von Zandt sichtbar. Gut 100 m östlich der Waldspitze, die dem Ort zugewandt ist, befindet sich eine Felsgruppe. Dort setzt der Schuttwall der Mauer zunächst flach ein und zieht zum Fuchsberg hinauf. Die Spur der Palisade ist stellenweise vor der Mauer erkennbar." – G. Ulbert/Th. Fischer, Der Limes in Bayern (Stuttgart 1983) 100: „Nach Zandt setzt im Wald der Schuttwall der Limesmauer wieder ein. Man geht zunächst zum Feldkreuz am Waldeck und steigt dann zu einer Felsgruppe auf. Auf der Anhöhe erkennt man die Reste von WP 15/15." – W. Schleiermacher, Der römische Limes in Deutschland[3] (Berlin 1967) 200: „[…] durch ein Wiesental auf den Fuchsberg zu. Ein Waldweg führt zum Wp. 15/15."

7 ORL A Strecke 15, 33. – Heute gehört der gesamte Bereich zu Oberbayern.

8 Vgl. Obergermanisch-Raetischer Limes in Bayern von Mönchsroth bis Eining (Donau). Offizielle Karte UNESCO-Weltkulturerbe. Wanderweg, Radweg, Straße. 1:50.000. Hrsg. von Deutsche Limeskommission, Verein Deutsche Limes-Straße, Bayerisches Landesamt für Denkmalpflege u. Landesvermessungsamt Baden-Württemberg (München 2008).

9 Vgl. Anm. 6.

10 Geologische Karte von Bayern 1:25.000, Bl. 7035.

11 C. S. Sommer, Wachtposten bei Zandt (Denkendorf). In: S. Matešić/C. S. Sommer (Hrsg.), Am Rande des Römischen Reiches – Ausflüge zum Limes in Süddeutschland. Beitr. Welterbe Limes, Sonderbd. 3 (Bad Homburg v. d. H., München 2015) 152–153. – C. S. Sommer, Quarries on the Raetian Limes, the height and construction of the wall. In: Report on the XXI Congress of Roman Frontier Studies 2009 in Newcastle (im Druck).

12 Nicht auszuschließen ist, dass weiter östlich das die Mauer umgebende Gelände im Rahmen der Anlage der nur schwer durchdringlichen Schonung teilweise eingeebnet wurde.

13 ORL A Strecke 15, 20; mit 1,35 m an der Basis östlich Wp. 15/15 etwas breiter, da ohne abgesetztes Fundament; siehe J. Koch/F. Griessel/C.-M. Hüssen, Die Teufelsmauer auf dem Fuchsberg – Zur Baugeschichte des Limes im Köschinger Forst bei Zandt. Arch. Jahr Bayern 2015 (2016) 78–80 bes. 79.

14 ORL A Strecke 15, 20. – C. S. Sommer/H. Kerscher, Wo gibt's den besten Stein? Baustellen am Limes und die Höhe der Raetischen Mauer. Arch. Jahr Bayern 2008 (2009) 85–89. – Sommer (Anm. 11: Quarries).

15 Sommer (Anm. 11: Wachtposten). – Vgl. dazu auch S. Hüdepohl, Archäologische Untersuchungen entlang der Limespalisade in Denkendorf-Zandt. Ber. Bayer. Bodendenkmalpflege 56, 2015, 227–234. – Dies., Limes bei Zandt (Denkendorf). In: Matešić/Sommer (Anm. 11) 150–151.

16 Zur Entwicklung des Raetischen Limes vgl. C. S. Sommer, Trajan, Hadrian, Antoninus Pius, Marc Aurel …? – Zur Datierung der Anlagen des Raetischen Limes. With an English summary. Ber. Bayer. Bodendenkmalpflege 52, 2011, 137–180. – Ders., Trajan, Hadrian, Antoninus Pius, Marc Aurel …? – Ein Nachtrag zur Datierung der Anlagen des Raetischen Limes. Ber. Bayer. Bodendenkmalpflege 56, 2015, 321–328. – Ders., Der Limes in Süddeutschland – Geschichte einer römischen Grenze. In: Matešić/Sommer (Anm. 11) 14–25.

17 Koch/Griessel/Hüssen (Anm. 13) 78.

18 M. Klee, Der römische Limes in Hessen (Regensburg 2009) 98–102. – ORL A Strecke 3, 37; 117; 119–126, jeweils 2,0–2,5 m breit. Merkwürdig ist, dass an manchen Stellen trotzdem ein Palisadengraben angelegt wurde. – Diese und die nachfolgenden Abschnitte hätte ich wegen ihrer trocken gesetzten Bauweise auch schon bei Sommer (Anm. 2) erwähnen sollen.

19 Schallmayer (Anm. 1) 110 f.; zur Mauer auch St. Bender, Hatte der Limes eine Fassade? Der Limes 8,1, 2014, 13–15.

20 ORL A Strecke 15, 21–22.

Die Porträtbüste des Trajan im Römerkastell Saalburg

Carsten Amrhein

Seit dem Amtsantritt des Jubilars, Prof. Dr. Egon Schallmayer, als Direktor des Römerkastells Saalburg 1995 ist sein Name untrennbar mit der Erforschung des Obergermanisch-Raetischen Limes, der didaktischen Aufarbeitung der Forschungsergebnisse und der touristischen Erschließung dieses beeindruckenden Bodendenkmals verbunden. Sein unermüdliches und gemeinschaftliches Engagement zusammen mit den Kollegen in den anderen Bundesländern, durch die der Limes verläuft, wurde im Jahr 2005 mit der Aufnahme des Limes in die Liste des UNESCO-Weltkulturerbes belohnt.

Die Rolle, die der römische Kaiser Trajan bei der Einrichtung des Limes in Obergermanien spielte, wurde in der neueren Forschung durch verschiedene Untersuchungen klarer bestimmt. So konnte etwa K. Kortüm in einer umfangreichen chronologischen Studie zu den Münzfunden aus den obergermanisch-raetischen Limeskastellen den Bau der Militäranlagen zu Beginn des 2. Jahrhunderts nachweisen[1].

Vor diesem Hintergrund verwundert es nicht, dass der *optimus princeps* Kaiser Trajan im wissenschaftlichen Werk Schallmayers eine wichtige Rolle spielt. So beschäftigte sich das dritte Saalburgkolloquium 1999 mit dem Thema „Trajan in Germanien – Trajan im Reich“. Als Titelbild des Kolloquiumsbandes erscheint das Porträt des Kaisers in den Sammlungen des Römerkastells Saalburg. Auch der viel zitierte Führer zum Odenwaldlimes, der 2010 in einer Neuauflage erschien, zeigt auf dem Einband die Nachbildung der Panzerstatue des Kaisers im Amphitheater von Xanten[2]. Diese Festschrift soll daher Anlass sein, das Marmorporträt Trajans aus der Sammlung Clarke, das mittlerweile in der *fabrica* des Römerkastells Saalburg in neuer Aufstellung wieder zu sehen ist, etwas ausführlicher vorzustellen.

Die Büste mit dem Bildnis Trajans im sog. Dezennalientypus[3]

Kopf und Büste sind aus feinkristallinem, gelblich verfärbtem Marmor. Der Marmor des Kopfes besitzt eine etwas feinere Körnung. Kopf und Büste gehören demnach nicht zusammen, sind aber beide in trajanischer Zeit entstanden. Die Büste zeigt die typische trajanische Form[4]. Die Oberfläche des Marmors ist überall korrodiert; die Brauen, das rechte Jochbein, das linke Auge und das Haar weisen Bestoßungen auf.

Die grundlegende Restaurierung der Sammlung (Slg.) Clarke erfolgte im Zuge der wissenschaftlichen Bearbeitung 1980 durch H. Fuchs. Dabei wurden die vielfach gedübelten, geklebten und ergänzten Skulpturen auseinandergenommen, ohne die alten Gipsflickungen neu montiert und anschließend die Bruchkanten mit eingefärbtem Gips geschlossen. Ein Eisenstab aus dem Sockel des Trajan wurde entfernt, der Standring und der Bereich zwischen Büste und Sockel wurden ergänzt[5]. Die

1 Porträtbüste des Trajan. Saalburg, Slg. Clarke, vor der Restaurierung (Foto: J. Bahlo).

2 Porträtbüste des Trajan. Saalburg, Slg. Clarke, nach der Restaurierung (Foto: J. Bahlo).

3 Porträtbüste des Trajan. Dezennalientypus, Vatikan, Sala dei Busti 282 (Foto: akg-images).

Abbildungen von J. Bahlo zeigen den Zustand vor und nach der Restaurierung (Abb. 1–2).

Als Ergebnis dieser Arbeiten lassen sich die Ergänzungen der Trajansbüste, die vermutlich im 19. Jahrhundert mit hellerem Marmor ausgeführt wurden, genau bestimmen: Der Sockel, die rechte Seite der Büste, die Fibel am *paludamentum* und der Hals wurden ergänzt. Am Kopf sind beide Ohren, das Kinn, die Gesichtsmitte mit der Nase, der Mund und ein Teil der rechten Wange nicht antik.

Das Porträt stellt Trajan im sog. Dezennalientypus oder Typus IV dar[6]. Es sind insgesamt vier Bildnisse dieses Typs mit gleichartiger Büste überliefert[7]. Die original zugehörigen Büsten im Vatikan, Braccio Nuovo, in den Kapitolinischen Museen sowie in Venedig zeichnen sich durch ihre breite Form aus, welche die Schultern und Oberarmansätze sowie die gesamte muskulös gestaltete Brust mit darstellt (Abb. 3). Über der linken Schulter liegt das *paludamentum*, das in einem Bausch vom Rücken her nach vorne fällt. Der Stoff wird von einer runden Scheibenfibel auf der Schulter gehalten. Das Schwertband mit gesäumten Rändern schlägt über der rechten Schulter und vor der linken Brust um. Der Ergänzer der Büste aus der Slg. Clarke orientierte sich offensichtlich bei der Zusammenstellung des Porträts und der Büste an diesen Bildnissen und ergänzte die Fibel nach Vorbild der Büste in den Kapitolinischen Museen, an der ebenfalls die Mantelfibel modern hinzugefügt worden war. Da an der antiken Büste der Slg. Clarke kein Schwertband über der Brust vorhanden war, konnte es an der ergänzten rechten Schulter auch nicht mehr angegeben werden.

Die an den Bildnissen dieser kleinen Gruppe so charakteristische energische Kopfwendung nach rechts erscheint an der Büste auf der Saalburg deutlich zurückgenommen. Dies ist aber vor allem auf die Zusammenführung von Kopf und Büste im 19. Jahrhundert zurückzuführen. Die Streckung der Muskulatur am originalen Halsansatz links und die entsprechende Kontraktion rechts zusammen mit der Neigung des Kopfes zeigen, dass der Kopf sich ursprünglich weiter nach rechts wendete (Abb. 4).

4 Porträtbüste des Trajan. Saalburg, Slg. Clarke, Detail (Foto: J. Bahlo).

5 Porträtbüste des Trajan. Saalburg, Slg. Clarke, Profil von links (Foto: J. Bahlo).

Die von der Forschung schon mehrfach hervorgehobenen Charakteristika für die Bildnisse Trajans im sog. Dezennalientypus werden von dem Porträt der Slg. Clarke getreu, wenn auch vereinfacht wiedergegeben[8]. Die Stirnhaare sind nach links gestrichen und werden durch eine nach den Seiten abgesetzte Gruppe von vier Lockensicheln in der Mitte gegliedert. An der linken Schläfe entwickeln die plastischer herausgearbeiteten Locken einen Gegenschwung nach vorne, der von den flach ausgeprägten, kurzen Strähnen des Nackenhaars aufgenommen wird (Abb. 5). Die beiden Lockenspitzen über dem nur grob angedeuteten hohen Bartansatz sind auch an den anderen Repliken zu erkennen. An der rechten Schläfe entspricht die Gestaltung der einzelnen Locken ebenfalls bis in das Detail dem bekannten Schema des Typus. Auffällig ist aber vor allem die starke Vereinfachung in der plastischen Durchbildung der einzelnen Strähnen. Während bei der Replik in den Kapitolinischen Museen etwa die Stirnlocken in einzelne oben und unten liegende Strähnen differenziert sind, werden die kompakten Locken am Bildnis auf der Saalburg lediglich durch eine Furche schematisch in gleichartige Strähnen geteilt. Der untere Abschluss bildet eine fast gerade Linie über der Stirn, die einen etwas leblosen Eindruck hinterlässt.

Die engsten Parallelen bestehen zu der Replik in den Kapitolinischen Museen, Stanza degli Imperatori 22 (Abb. 6). Die Übereinstimmungen berühren dabei nicht allein die Gesamtanlage und Detailgestaltung der Frisur, sondern auch die plastische Bildung des Kopfes. Dies wird in der Profilansicht deutlich, in welcher der hohe Hinterkopf, die stark vorgewölbte Stirnpartie und der Ansatz des energisch vorspringenden Kinns sichtbar werden.

Die starken Ergänzungen im Gesicht des Trajan auf der Saalburg erschweren einen Vergleich. Dennoch zeigen sich auch hier die Besonderheiten des Dezennalientypus: Das Gesicht ist schmal, das Inkarnat gestrafft; die Einzelformen der Augen und des Mundes fügen sich in ein klar gegliedertes, an klassizistischer Skulptur orientiertes Schema. Engste Übereinstimmung besteht auch hier, etwa in der Gestaltung der Augen, mit der Replik auf dem Kapitol. Der Ergänzer der Büste aus der Slg. Clarke scheint als Vorbild für die Gestaltung der Oberlippe, Nase, der rechten Wange und des Kinns diese Büste verwendet zu haben.

Nicht nur *paludamentum* und Schwertband, sondern auch die energische Kopfwendung und die markanten, konzentrierten Gesichtszüge machen deutlich, dass dieses Bildnis Trajan in seiner Rolle als siegreicher Feldherr präsentieren soll. Die Linkswendung des Kopfes ist vom hellenistischen Herrscherporträt bekannt, das auf den Archetyp des Alexanderporträts zurückgeht[9]. Die Wiedergabe von Schwertband und *paludamentum* ist über die hellenistische Plastik bis auf klassische Statuentypen zurückzuführen. Bekanntes Beispiel ist der Statuentyp des Diomedes Cumae[10]. Somit fügen sich alle ikonografischen Details der Bildnisbüste Trajans zu

6 Porträtbüste des Trajan. Dezennalientypus, Rom, Musei Capitolini, Stanza degli Imperatori 22 (Foto: DAI Rom).

einem komprimierten und wirkungsvollen Bild der militärischen Tugenden des *princeps* zusammen. Plinius hat der enthusiastischen Schilderung des Soldaten und Feldherren Trajan und der Bewunderung durch seine Truppen im *panegyricus* breiten Raum gegeben[11]. Auch in der Münzpropaganda trajanischer Zeit spielt die Darstellung der militärischen *virtus* und der Victoria eine besondere Rolle[12].

In Ergänzung zu der durch die Analyse der ikonografischen Details gewonnenen Deutung des Bildnistyps werden in der Replik im Römerkastell

7 Rom, Trajanssäule, Szene CXXX (Foto: akg-images).

8 Die Ausstattung des sog. *sacellum* in den *principia* der Saalburg um 1910 (Foto: Saalburg-Archiv FA 040.120,003).

Saalburg die idealisierenden Tendenzen im Porträt des Trajan, welche die verschiedenen Bearbeiter des Dezennalientypus seit jeher festgestellt haben, klar erkennbar. Die über der Stirn aufgelockerte Frisur mit Reminiszenzen an das klassizistische Augustusporträt und die bis in die Details der Gesichtsbildung gehende klare Strukturierung zeigen eine bewusste Idealisierung des Herrscherporträts. Die Verbindung der scheinbar realistischen Details mit der klassizistischen Tendenz zur stilistischen Überhöhung schafft eine deutliche Distanz zu den voraufgegangenen Porträttypen des Kaisers.

D. Boschung sieht in der Schöpfung des Bildnisses im Dezennalientypus zutreffend eine „konzeptionelle Kehrtwendung“, die dem Typus III (Typ Paris 1250 – Mariemont) vorausgehen müsse[13]. Die oft diskutierte Frage der Datierung des Typus und dessen Verbindung mit den Dezennalien Trajans 108 n. Chr. oder dem 2. Dakertriumph 107 n. Chr. lässt sich auch mit Blick auf die Münzporträts nicht entscheiden[14]. Sicher ist die Entstehung vor 113 n. Chr., da die Porträts im sog. Dezennalientypus mehrmals auf dem Fries der Trajanssäule erscheinen (Abb. 7)[15].

9 Die Porträtbüsten in Stein von E. Schmahl (Foto: Saalburg-Archiv FA 050.210,002).

Römische Porträts der Slg. Clarke

Im Jahr 1907 wurden sieben römische Porträtbüsten aus Marmor, darunter auch das Bildnis des Trajan, einem Wunsch Kaiser Wilhelms II. entsprechend für die Saalburg erworben. Der Ankauf fand kurz vor Abschluss des Kastellwiederaufbaus und der Eröffnung des Museums im *horreum* statt. Die Porträtbüsten stammen aus der Sammlung des englischen Architekten William Barnard Clarke, der lange Zeit in Italien mit archäologischen Studien verbracht und eine umfangreiche Antikensammlung aufgebaut hatte. Die Ankaufsgeschichte der Sammlung wurde von M. Bergmann und G. Lahusen im Saalburg-Jahrbuch 1982 nach den Unterlagen im Saalburg-Archiv im Detail dargestellt[16]. Die einzelnen Bildnisse erfuhren in diesem Beitrag eine erste zeitliche Einordnung und Benennung. Zu einer umfangreicheren fotografischen Dokumentation und kunsthistorischen Würdigung ist es aber nicht mehr gekommen.

Die Porträts sollten in der Konzeption des Saalburgmuseums als zentralem „Reichslimesmuseum" diejenigen römischen Kaiser vertreten, in deren Regierungszeiten Einrichtung, Ausbau und schließlich Aufgabe des Limes in Deutschland fielen und die eine Beziehung zu originalen Funden aus den Grabungen an der Saalburg hatten. Die sieben originalen Porträts der Slg. Clarke fanden zusammen mit Nachbildungen von Feldzeichen, originalen Gefäßen und einer modernen Marmorkopie des Claudiuskopfes aus Köln, der zu Beginn des 19. Jahrhunderts allerdings noch als Drusus gedeutet wurde, Aufstellung im Fahnenheiligtum der *principia* (Abb. 8)[17]. Das so ausgestattete *sacellum* inszenierte den Raum, wie man sich zu dieser Zeit ein solches Fahnenheiligtum vorstellte.

In Ergänzung zum Ankauf originaler Porträts und vielleicht auch aus Mangel an geeigneten weiteren Skulpturen auf dem Kunstmarkt erhielt der Mainzer Bildhauer Eduard Schmahl 1910 den Auftrag, eine

10 Porträtbüste des Trajan. Kopie in Stein von Eduard Schmahl nach dem Original in den Musei Capitolini, Stanza degli Imperatori 22 (Foto: Saalburg-Archiv FA 050.210,016).

Porträtgalerie mithilfe von Kopien in Kunststein nach antiken Originalen anzufertigen (Abb. 9)[18]. Aus dieser Serie stammt auch eine Porträtbüste des Trajan im Dezennalientypus (Abb. 10). Vorbild der Kopie war die Bildnisbüste in den Kapitolinischen Museen, Stanza degli Imperatori 22, in Rom[19]. Historische Fotografien der ersten Dauerausstellung im *horreum* der Saalburg zeigen die Steinbüsten oben auf den Vitrinen, wo sie dem Besucher zusammen mit den originalen Fundstücken, Rekonstruktionen, Modellen und Nachbauten ein möglichst vollständiges Bild von der antiken Lebenswirklichkeit in

11 Dauerausstellung im *horreum* der Saalburg mit den Porträtbüsten von E. Schmahl auf den Vitrinen um 1910 (Foto: Saalburg-Archiv FA 040.110,013).

den Kastellen am Limes zeigen sollten (Abb. 11)[20]. Dieser Leitgedanke liegt den verschiedenen Ausstellungskonzeptionen seit der Gründungszeit der Saalburg zugrunde und hat schließlich auch die Neuaufstellung der Porträts aus der Slg. Clarke im neuen Ausstellungsgebäude der *fabrica* im Römerkastell Saalburg 2009 geprägt. Die Marmorbüsten werden dort begleitet von didaktischen Erläuterungen auf Informationstafeln, welche die verschiedenen Aspekte der Porträtforschung wie die inhaltlichen Aussagen der römischen Porträts, ihre Herstellung, Gestaltung und Verbreitung beleuchten.

Anmerkungen

1 K. Kortüm, Zur Datierung der römischen Militäranlagen im obergermanisch-rätischen Limesgebiet. Saalburg-Jahrb. 49, 1998, 55–65.

2 Das Original dieser Nachbildung befindet sich in Paris, Louvre, Inv.-Nr. 1150: K. Stemmer, Untersuchungen zur Typologie, Chronologie und Ikonographie der Panzerstatuen. Arch. Forsch. 4 (Berlin 1978) 14 f. Nr. I 9 Taf. 6,1–2.

3 Römerkastell Saalburg, Inv.-Nr. A 867, ehem. Slg. Clarke. H. ohne Sockel 0,585 m; H. Kopf 0,235 m. – Lit.: J. J. Bernoulli, Die Bildnisse der römischen Kaiser und ihrer Angehörigen II,2 (Stuttgart, Berlin, Leipzig 1891) 81 Nr. 64. – W. H. Gross, Bildnisse Traians. Das römische Herrscherbild II,2 (Berlin 1940) 133 Nr. XIII. – M. Bergmann/G. Lahusen, Die römischen Porträtbüsten der Saalburg. Saalburg-Jahrb. 38, 1982, 16 Abb. 4. – D. Boschung, Die Bildnisse des Traian. In: E. Schallmayer (Hrsg.), Traian in Germanien – Traian im Reich. Saalburg-Schr. 5 (Bad Homburg v. d. H. 1999) 140 ff. Abb. 5; 6.

4 Zur Form der Büste vgl. auch K. Fittschen/P. Zanker, Katalog der römischen Porträts in den Capitolinischen Museen I (Mainz 1985) 41 zu Nr. 42 mit Anm. 3.

5 Im Detail aufgeführt im Restaurierungsbericht von H. Fuchs, 29.04.1980.

6 Die traditionelle Bezeichnung „Dezennalienbildnis" nach W. H. Gross wurde noch von Fittschen/Zanker (Anm. 4) 41 f. zu Nr. 42 übernommen. H. Jucker, Trajanstudien zu einem Chalzedonbüstchen im Antikenmuseum. Jahrb. Berliner Mus. 26, 1984, 41 ff., bezeichnet diesen Typus mit der römischen Ziffer IV. Die Verbindung zu den Dezennalien Trajans 108 n. Chr. wird von ihm infrage gestellt. Vgl. die Konkordanz der Typenbenennungen bei Boschung (Anm. 3) 143 f.

7 Rom, Kapitolinische Museen, Stanza degli Imperatori 22, Inv.-Nr. 276: Fittschen/Zanker (Anm. 4) 41 f. Nr. 42 Taf. 45–47; Vatikan, Sala dei Busti 282, Inv.-Nr. 723: Gross (Anm. 3) Taf. 19a; Vatikan, Braccio Nuovo 41, Inv.-Nr. 2269: ebd. Taf. 19b; Venedig, Mus. Arch. Inv.-Nr. 5: G. Traversari, Museo Archeologico di Venezia. I Ritratti (Rom 1968) 57 f.

8 Zum Dezennalientypus vgl. Gross (Anm. 3) 85 ff.; Jucker (Anm. 6); Fittschen/Zanker (Anm. 4); Boschung (Anm. 3) 140 ff.

9 Zum Alexanderporträt und zur dem Lysipp zugeschriebenen Statue: C. Reinsberg, Alexander-Porträts. In: H. Beck/P. C. Bol/M. Bückling (Hrsg.), Ägypten, Griechenland, Rom. Abwehr und Berührung [Ausstellungskat. Frankfurt a. M.] (Tübingen 2006) 216 ff.

10 Zum Diomedes Cumae: C. Maderna, Iuppiter, Diomedes und Merkur als Vorbilder für römische Bildnisstatuen (Heidelberg 1988) 57 ff. Nr. D11 Taf. 19,2.

11 Plinius, *Panegyricus* 12–19. Vgl. auch A. Leibundgut, Gleichzeitigkeit des Ungleichzeitigen. Die Stilebenen in der trajanischen Kunst (Mainz 1989) 25 f. Die Hervorhebung der militärischen Tugenden Trajans in den Bildnisbüsten mit Schwertband und *paludamentum* konstatiert auch D. Boschung, Ein Kaiser in vielen Rollen. In: A. Nünnerich-Asmus (Hrsg.), Traian (Mainz 2002) 163 ff. bes. 166 f.

12 W. Weiser, Kaiserliche Publizistik in Kleinformat. In: Nünnerich-Asmus (Anm. 11) 145 ff. bes. 153 f.

13 Boschung (Anm. 3) 141 zu dem Datierungsvorschlag Juckers (Anm. 6) 42.

14 Zum Porträt Trajans in der Münzprägung und der Verbindung zum Dezennalientypus vgl.: Gross (Anm. 3) 20 f. mit Taf. 43s–u; 44b; Jucker (Anm. 6) 30 ff.

15 Zur Datierung des Dezennalientypus in Bezug zur Trajanssäule vgl. Gross (Anm. 3) 95 und Jucker (Anm. 6) 42. Als Beispiel ist hier das Trajansporträt in Szene CXXX abgebildet: K. Lehmann-Hartleben, Die Trajanssäule (Berlin 1926) 55; 61 Taf. 61.

16 M. Bergmann/G. Lahusen, Die römischen Porträtbüsten der Saalburg. Saalburg-Jahrb. 38, 1982, 12 ff.

17 F. Fless, Präsenz des Kaisers auf der Saalburg. In: E. Schallmayer (Hrsg.), Hundert Jahre Saalburg (Mainz 1997) 65 f.

18 Die Steinabgüsse wurden von S. Hengster publiziert: S. Hengster, Die modernen Steinabgüsse von römischen Kaiserinnen und Kaisern auf der Saalburg. Saalburg-Jahrb. 50, 2000, 107 ff. [zur Büste des Trajan] 119 f. Nr. 6 Taf. 11,A 3. B 3; 12; 13,A1.B1–2.

19 Fittschen/Zanker (Anm. 4) 41 f. Nr. 42 Taf. 45–47.

20 Zur Aufstellung der Steinbüsten und der didaktischen Konzeption vgl. auch Fless (Anm. 17) 66 ff.

Vom Taunus zur Dobrudscha – die Ausgrabungen Heinrich Jacobis in Rumänien

Cecilia Moneta

1 Adamklissi. Aufnahme eines Hauses in der Dobrudscha (Foto: Saalburg-Archiv NHJ08,43).

1993 unternahm der Jubilar eine Reise nach Rumänien, deren Eindrücke er in einer Publikation schilderte[1]. Fast hundert Jahre zuvor hatte sich bereits ein weiterer Saalburg-Direktor – seinerzeit *in spe* – zu einem ähnlichen Unterfangen begeben: Heinrich Jacobi reiste im Frühling 1895 nach Adamklissi, in die Dobrudscha nach Südostrumänien, um dort eine Ausgrabung zu leiten. In zwei Kampagnen, vom 9. April bis 29. August 1895 und vom 6. April bis 15. August 1896, befasste sich Jacobi im Auftrag des rumänischen Antiquitätendienstes und dessen Direktors G. Tocilescu mit der Ausgrabung und der Erforschung der römischen Stadt *Tropaeum Traiani* sowie zweier wichtiger römischer Bauten in der Nähe des trajanischen Siegesdenkmals von Adamklissi. Dabei handelt es sich um den Grabhügel (das sog. Mausoleum, rumänisch: Movila mare) und das Soldatengrabmal (der sog. Altar, rumänisch: Movila mică). Beide waren zuvor nie erforscht worden[2]. Die Ausgrabungstagebücher sowie einige Skizzen und Fotos und die Entwürfe der Berichte an Tocilescu werden im Archiv der Saalburg aufbewahrt[3].

Wie kam es, dass ein deutscher Architekt mit einer Grabungsleitung in Rumänien beauftragt wurde? Jacobi hatte 1891 sein Architektur-Studium in Berlin abgeschlossen. Ab 1894 arbeitete er in Marburg am Bau eines Gefängnisses; 1896 bestand er seine Baumeisterprüfung. In der Archäologie verfügte er 1895 noch über keine eigenständige Erfahrung. Auf der Saalburg hatte er gleichwohl seit seiner Kindheit viel Gelegenheit gehabt, die Ausgrabungen seines Vaters Louis Jacobi zu verfolgen.

1894 wandte sich der damalige Direktor des Nationalmuseums für Antiquitäten in Bukarest, Prof. Grigore Tocilescu, an „die Männer der Wissenschaft Deutschlands, an die Herren Prof. Mommsen, Contze als auch an den militärischen Leiter der Reichslimeskommission, General von Sarvey“ und

2 Adamklissi. Ausgrabung der Stadt *Tropaeum Traiani*. Die Architekturfragmente stammen wohl aus der Basilika (Foto: Saalburg-Archiv FG 120.100,011).

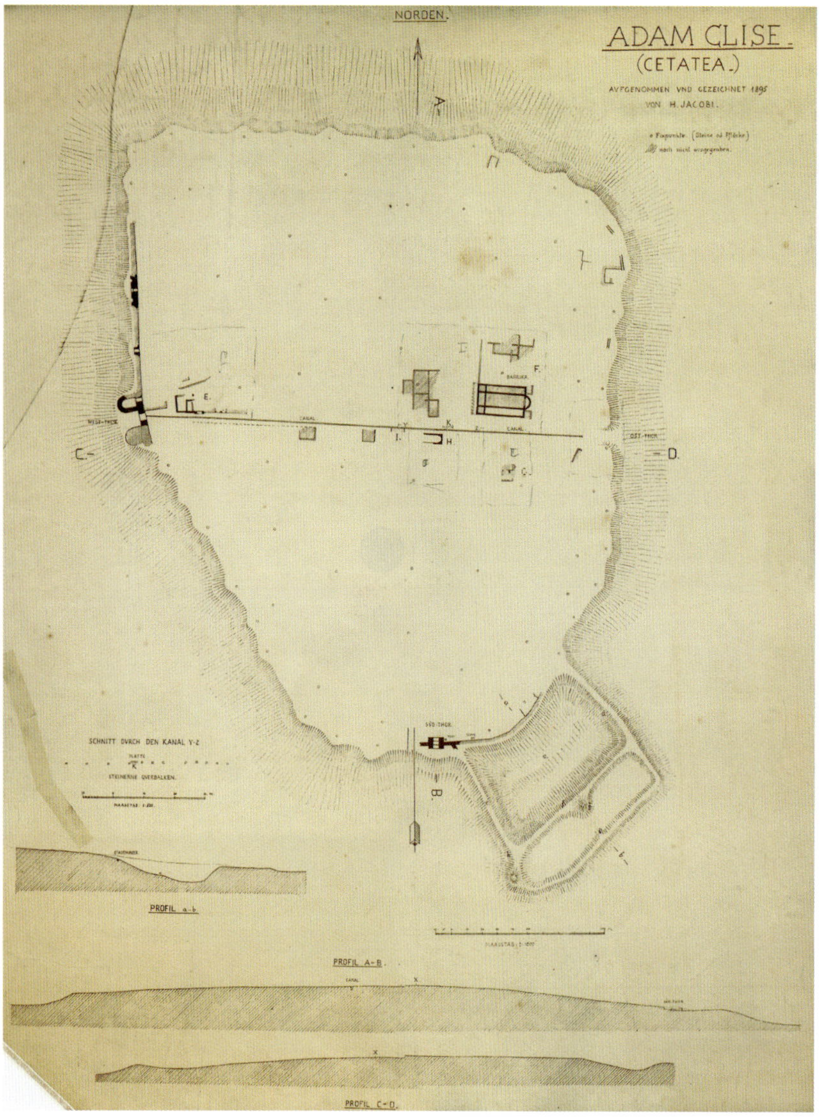

3 Adamklissi. Plan der Stadt *Tropaeum Traiani* von H. Jacobi (Plan: Saalburg-Archiv P 2271).

fragte nach einer Empfehlung für einen Leiter seiner Grabungen am *Tropaeum Traiani*[4]. Vorgeschlagen wurde H. Jacobi. Die ersten Kontakte erfolgten zunächst über dessen Vater L. Jacobi, wie ein an diesen gerichteter Brief von Tocilescu vom November 1894 zeigt[5]. In diesem Brief erklärte Tocilescu die Arbeitsbedingungen und genauen Aufgaben: „Sein Zweck wird nicht so sehr die Leitung der Ausgrabungen, als vielmehr die Vermessung der bereits vollendeten und sich dann zu vollziehenden Ausgrabungen sein". Auf die Frage von L. Jacobi nach einer „Bedienung und gesundem Unterkommen" für seinen Sohn antwortete Tocilescu: „Die Dächer in der Dobrudscha sind nicht so gebaut, wie diejenigen Deutschlands; es sind kleine Hütten von Holz und [Lehm-] beworfen, jedoch gesund und trocken. Ich wohne seit Jahren bei meinen Arbeiten teils in solchen Hütten, teils unter Zelt und kam immer gut durch. Also Wohnung und Bedienung wird den Umständen angemessen schon besorgt werden. Beköstigung soll sich Ihr Herr Sohn besorgen, so wie Sie's schreiben". Zudem war eine Hauptbedingung für den Auftrag, „daß Ihr Herr Sohn das Recht nicht hat, von den geleisteten Vermessungen, Zeichnungen oder sonstigen dem Staate geleisteten Arbeiten zu veröffentlichen. Dieses Recht behält sich ausdrücklich der Staat vor". H. Jacobi stimmte zu und unterschrieb am 30.12.1894 einen Vertrag, dessen Kopie im Saalburg-Archiv aufbewahrt wird und die in dem Brief von Tocilescu erwähnten Bedingungen wiederholt.

Tocilescu hatte in den Jahren 1882–1890 das Siegesdenkmal von Adamklissi, das Trajan nach den dakischen Kriegen 108/109 n. Chr. hatte errichten lassen, ausgegraben und 1895 die Forschungsergebnisse veröffentlicht[6]. Bereits damals waren deutsche Wissenschaftler an der Erforschung beteiligt gewesen: G. Niemann und O. Benndorf waren mit der Bau- und der Skulpturenaufnahme beauftragt. A. von Domaszewski und A. Contze, Generalsekretär des Deutschen Archäologischen Instituts (DAI), befassten sich mit dem Bau und seinen Skulpturen[7]. Tocilescu ließ in jenen Jahren auch die römische Stadt *Tropaeum Traiani*, die ihren Namen aufgrund der Nähe zum Siegesdenkmal erhalten hatte, teilweise ausgraben: In seiner Publikation erwähnte er sie nur kurz[8]. Von der Stadt ragte damals nur ein Tor aus dem Boden heraus; die Umfassungsmauer und andere Gebäude waren lediglich durch Erhebungen auszumachen.

Tocilescu vermittelte in seinem Werk ein Bild davon, wie die Dobrudscha am Ende des 19. Jahrhunderts aussah: ein karges, windiges und staubiges Gebiet bzw. eine „trostlos monotone Landschaft", in der die Menschen seit Jahrhunderten in sehr armen Verhältnissen, in primitiver Weise wohnten. Die „Glücklicheren" konnten sich ein Lehmhaus mit Schilfdach leisten, die Ärmeren wohnten in „höhlenartig halb in den Boden eingegrabenen Hütten"[9]. „Thiergerippe, welche allenthalben umherliegen, und verwesendes Aas vollenden einen Eindruck, der sich für den Ankommenden durch das Geheul grimmig zufahrender wolfsartiger Hunde nicht freundlicher gestalte"[10]. Dank der Annexion durch das Rumänische Königreich gehe „das Land einer hoffnungsvollen Zukunft entgegen; aber gründliche Anstrengungen werden noch erforderlich sein, um in ihm gedeihliche Anfänge von Cultur zu entwickeln."[11]

In diese Gegend begab sich also H. Jacobi im Frühjahr 1895. Leider sind keine persönlichen Anmerkungen des 29-Jährigen erhalten[12], sodass seine Eindrücke von der rumänischen Landschaft unbekannt bleiben. Geblieben sind die Urfassungen der Ausgrabungsberichte, die Jacobi Tocilescu sandte, einige Pläne und Fotos (Abb. 1).

Die zweijährige, von Jacobi geleitete Ausgrabungskampagne gehörte zu einer mehrjährigen Erforschung der antiken Stadt und ihrer Umgebung, die Tocilescu zwischen den Jahren 1891 und 1893, 1895 und 1897 sowie 1904 und 1907 durchführte. Als örtliche Grabungsleiter waren außer Jacobi auch andere, meist ausländische Architekten bzw. Geografen beauftragt[13].

Auch wenn Jacobi seinem Vertrag nach sozusagen als Grabungstechniker angestellt wurde, ver-

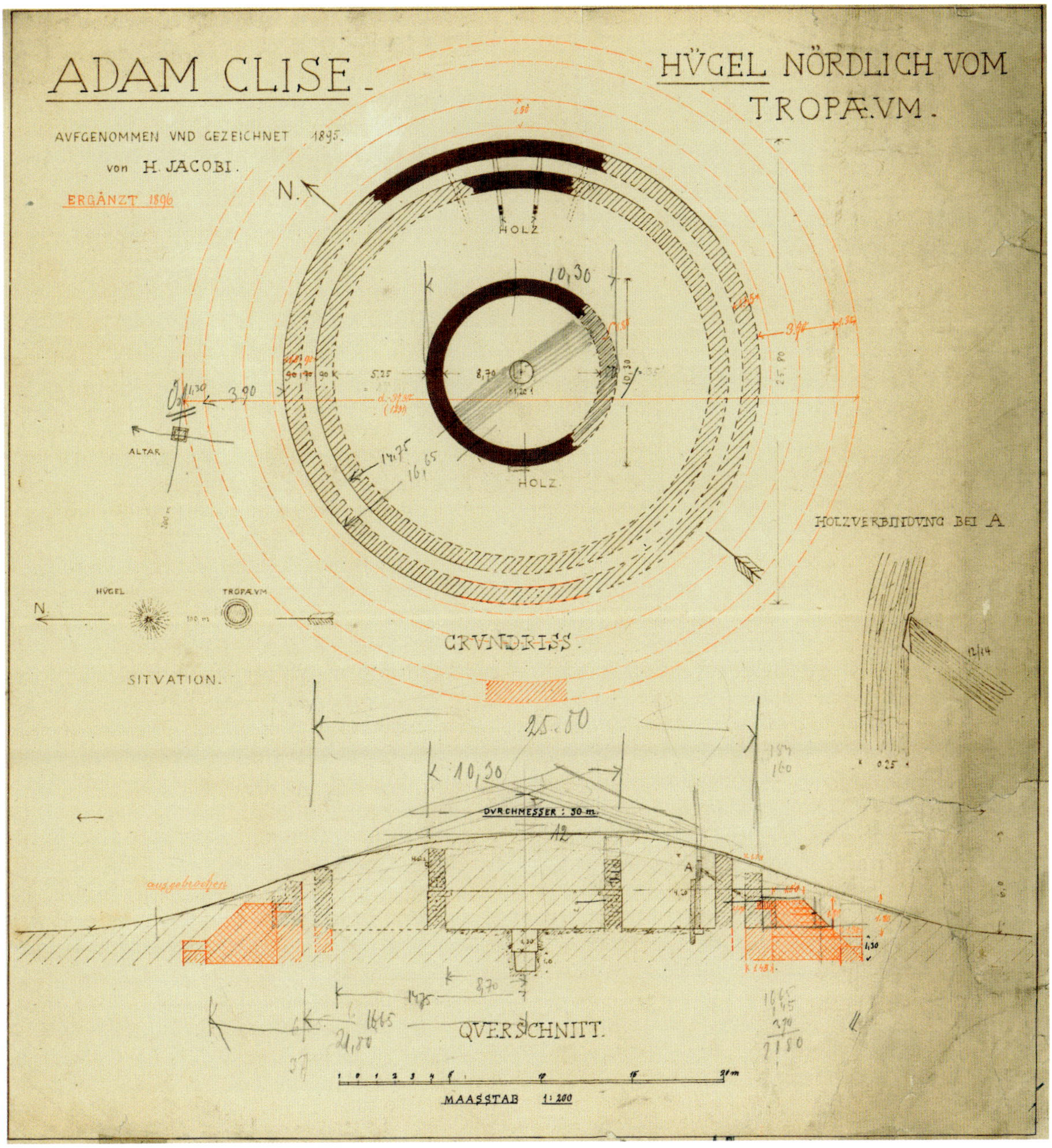

4 Adamklissi. Plan des Grabhügels am Siegesdenkmal von H. Jacobi (Plan: Saalburg-Archiv NHJ 03,08).

mitteln die von ihm verfassten Berichte ein anderes Bild. Er arbeitete als örtlicher Grabungsleiter, der sich mit den Ausgrabungen und deren Interpretation beschäftigte. Bei seiner ersten Kampagne 1895 befasste er sich mit der Stadt *Tropaeum Traiani*, wo er den Hauptkanal, das westliche Tor, Teile der Stadtmauer, zwei Zisternen an der Mauer und eine Basilika ausgraben ließ. Zudem legte er in der Nähe des Siegesdenkmals den Grabhügel und das Soldatengrabmal frei. Als Grabungsarbeiter dienten Soldaten der rumänischen Armee sowie „türkische Zigeuner und Rumänen“[14]. In seinem Bericht von 1895 beschreibt Jacobi die Zustände bei den Grabungen, die durch Wind erschwert waren, die Konstruktion der Stadtmauer mit ihren Toren, insbesondere das westliche Tor mit seinen Türmen, und das südliche Tor. Bei der von ihm ausgegrabenen Basilika handelt es sich um den von Tocilescu „*Basilica Forensis*“ genannten Bau[15], der nach Jacobi „Handel und Verkehr“ gedient hatte[16] (Abb. 2). Er fertigte einen ersten Gesamtplan der Stadt mit ihrer Umwehrung und den ausgegrabenen Befunden (Abb. 3) an. Als Erster erforschte Jacobi den Grabhügel beim Siegesdenkmal, den er als einen Erdhügel von 5–6 m Höhe und 50 m im Durchmesser beschrieb, allerdings nicht als Grab erkannte. Er sah ihn als eines der vielen Beispiele für die Hügel an, „welche überall die Höhen bekrönen“. Die innere Konstruktion des Hügels bestand aus vier konzentrischen Mauern, deren zweite Mauer von innen Holzstützen besaß (Abb. 4)[17]. In der Mitte des Hügels befand sich eine runde, 1 m breite und 1,3 m tiefe Grube, auf deren Sohle sich wiederum eine 1 m tiefe und 0,5 m breite Eintiefung (ein „Gräbchen“) fand. Diese „war ausgekeilt mit Steinen und auf dem Boden lagen zwei große Knochen anscheinend von Ochsen“. Die Grube wurde später von M. Sâmpetru als Grab gedeutet[18].

5 Adamklissi. Aufnahme mit einer Platte aus dem Soldatengrabmal (Foto: Saalburg-Archiv FG 120.100,013).

Zu den wichtigen Ergebnissen seiner Ausgrabungen gehörte auch die Entdeckung des Soldatengrabmals[19], das zunächst als „flacher Schutthügel, 200 m östlich vom Denkmal“ beschrieben wurde. Daneben fand er die Fragmente der berühmten Inschriften mit den Namen der gefallenen Soldaten[20]. Das Grabmal selbst war leider sehr stark zerstört, sodass nur die Fundamente und die Reste einer Treppenanlage, die „leider nur auf etwa 1–2 m erhalten ist“, angetroffen wurden. Bei der Ausgrabung kamen Architekturteile zutage, „bestehend aus dem Eckpfeiler, dem Eckfries und dem Hauptgesims“, außerdem „eine große Platte mit einem Kranze“ (Abb. 5). Mit diesen Fragmenten fertigte Jacobi einen im Wesentlichen noch heute gültigen grafischen Rekonstruktionsentwurf an (Abb. 6).

Im Jahr 1896 fand die zweite von Jacobi in Adamklissi geleitete Kampagne statt[21]. Wiederum wurde die römische Stadt erforscht: Neben der Fortsetzung der Ausgrabungen der Basilika wurde eine zweite byzantinische Basilika, die auf der gegenüberliegenden Straßenseite lag, ausgegraben[22]. Außerdem wurden weitere Schnitte zur Freilegung von Türmen der Stadtmauer und zur (vergeblichen) Suche nach Gräbern angelegt. Einige Hügel und Erhöhungen in der Nähe der Stadt wurden untersucht und stellten sich als archäologisch nicht relevant heraus. Die Grabungen am Hügel am *Tropaeum* wurden abgeschlossen, ohne „die Bedeutung des Hügels im einzelnen zu erklären“ (Abb. 7). Nach Jacobi diente der Hügel zusammen mit anderen Hügeln der Dobrudscha als „Vermessungspunkt“. Das Innere des Soldatengrabmals wurde „gründlich“ untersucht sowie die nähere Umgebung, „um weitere Skulpturtheile und Inschriftenstücke auffinden zu können“. Leider blieben die Untersuchungen ohne sicheres positives Ergebnis, „obwohl die Erde auf mehrere Meter vor der Treppe ausgehoben wurde“.

Im Sommer 1896 untersuchte Jacobi auch den sog. Trajanswall (rumänisch: Valu lui Traian), der zwischen Donau und Schwarzem Meer in der Dobrudscha liegt und eine Länge von etwa 61 km aufweist. Er besteht aus drei umfangreichen linearen Befestigungsanlagen, die einander teilweise kreuzen und die man heute als zeitlich nicht zusammengehörig interpretiert: ein kleiner Erdwall, ein großer Erdwall und eine Steinmauer[23]. Offenbar bereiste Jacobi im Zuge seiner Untersuchungen die gesamte Strecke. In einem im Saalburg-Archiv aufbewahrten Bericht beschreibt er die Erhaltungszustände der drei Wälle[24]. Durch Schnitte versuchte Jacobi die Beschaffenheit dieser Befunde zu klären. Dabei griff er auf seine Kenntnisse des Limes in Deutschland zurück. Bei den Erdwällen suchte er vergeblich nach „versteinten Gräbchen“, die er vom Taunuslimes her kannte[25].

Im Fall der Steinmauer beklagte Jacobi einen durchweg sehr schlechten Erhaltungszustand, da die Mauer in vielen Abschnitten bis zu den Fundamenten hin ausgebrochen war, und die Verwendung von Spolien in der Mauer. Er versuchte, die ursprüngliche Höhe der Mauer zu ermitteln, auch

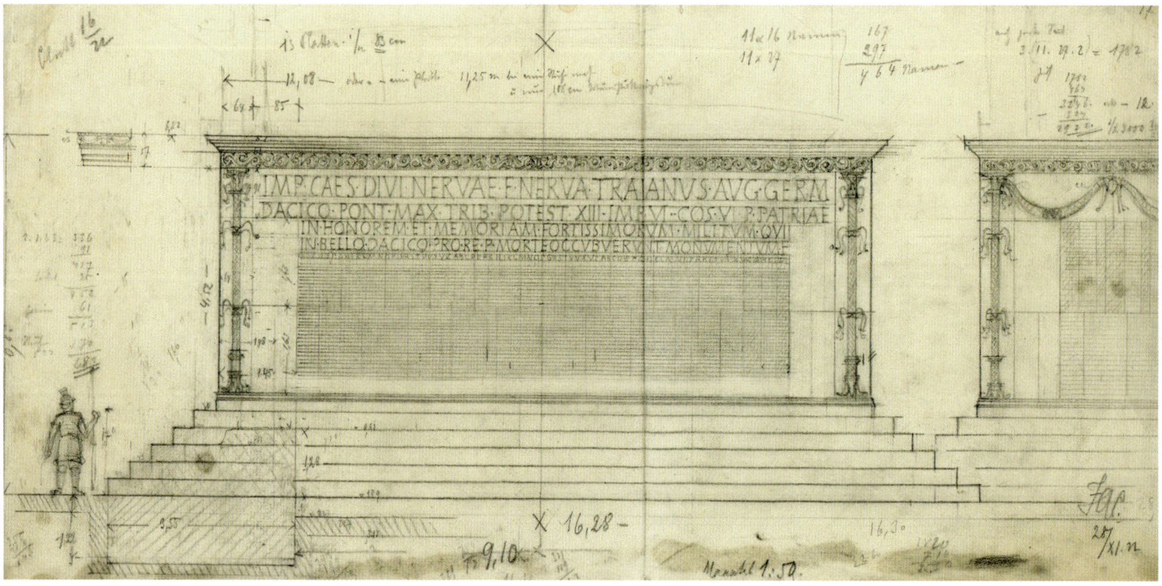

6 Adamklissi. Rekonstruktionsentwurf des Soldatengrabmals von H. Jacobi (Grafik: Saalburg-Archiv NHJ 06,37).

7 Adamklissi. Der Grabhügel während der Ausgrabung (Foto: Saalburg-Archiv NHJ 08,31).

durch Vergleiche mit dem Hadrianswall und der Rätischen Mauer und schlug eine Höhe von maximal 3–4 m vor[26]. Er beschäftigte sich auch mit der Frage nach den Zinnen, der sich bereits sein Vater im Fall der Saalburgmauer ausführlich gewidmet hatte. Am Ende rekonstruierte er niedrige Zinnen, die größere Abstände zueinander wahrten (Abb. 8). Ähnlich hatten auch sein Vater L. Jacobi und A. von Cohausen 1885 die südwestliche Mauer des Saalburg-Kastells rekonstruiert[27].

Jacobi zählte am Steinwall 23 sichtbare Kastelle, deren Schmalseite jeweils an der Mauer lag bzw. von dieser geschnitten wurde. Das erste Kastell an der Donau (Cetate Hinog) hielt er für erwähnenswert: „Beim Ueberschreiten derselben konstatierte ich viel Brandschutt mit Scherben und Münzen byzantinischer Zeit. Es war das einzige Castell, das den uns in Deutschland so bekannten Eindruck gewaltsamer Zerstörung machte, während die übrigen alle friedlich abgetragen scheinen". Immer wieder nutzten ihm seine Erfahrungen, die er bei den Grabungen seines Vaters am Taunuslimes gesammelt hatte. Einige 17,7 m vor dem Steinwall in Gruppen liegende Steine ließen Jacobi wieder an die „Versteinung" vor dem Limes in Deutschland denken[28] (Abb. 8). Er versuchte sich auch an einer Interpretation der Wälle, die er als kurz nacheinander gebaut ansah. Beide Erdwälle seien „Hilfsmittel" für den Bau der Steinmauer gewesen, die von Anfang an geplant gewesen sei[29].

Im Zuge seiner Begehungen der Wälle besuchte Jacobi auch die Stadt Constanța (dt. Konstanza) am Schwarzen Meer und nahm eine antike Hafenmauer zeichnerisch auf, deren Steine mit „schwanzförmigen Klammern verbunden waren. [...] Am Ufer fanden wir das Kniestück einer überlebensgroßen Marmorstatue". Er zeigte sich von seiner denkmalpflegerische Seite und gab Tocilescu Ratschläge: „Jedenfalls empfiehlt es sich dringend, alle Fundstätten oder Gebäude etc. auf einem Stadtplan von Constanza einzuzeichnen und diesen jährlich zu ergänzen, damit das Wenige, das auf uns gekommen ist, nicht noch nachträglich der Wissenschaft entzogen wird, sondern allmählich uns wenigstens einen kleinen Einblick in die Entwicklung der großen Handels- und Hafenstadt verschafft".

Die Ergebnisse beider Kampagnen von Jacobi wurden in einige Vorträge, die Tocilescu vor der Jahrhundertwende in Paris hielt, eingearbeitet[30]. Eine umfangreiche Publikation wurde durch den frühzeitigen Tod Tocilescus im Jahr 1910 verhindert. Obwohl Jacobi durch seinen Vertrag ausdrücklich keine Veröffentlichung erlaubt war, hatte er 1922 doch vor, etwas zu publizieren. Im Archiv der Saalburg wird eine Antwort von G. Rodenwald vom DAI Berlin vom 22.12.1922 aufbewahrt[31], in dem dieser erklärte: „Grundsätzlich bin ich sehr gerne bereit, Ihre Untersuchungen über Adamklissi, das ja wieder im Mittelpunkt des Interesse steht, im Jahrbuch zu drucken und hoffe auch, es tun zu können. Aber wir leben von der Hand in den Mund [...]. Darum kann ich Ihnen den endgültigen Bescheid leider erst sagen, wenn Ihr Aufsatz druckfertig vorliegt". Anscheinend wurde daraus aber nichts. Erst 1979 und 1985, als in Rumänien die „Endpublikationen" zur Stadt und den Baudenkmälern in Adamklissi erschienen, wurden darin auch die Berichte von Jacobi berücksichtigt[32].

Bei seinen Ausgrabungen in Rumänien sammelte Heinrich Jacobi Erfahrungen, die ihm für seine

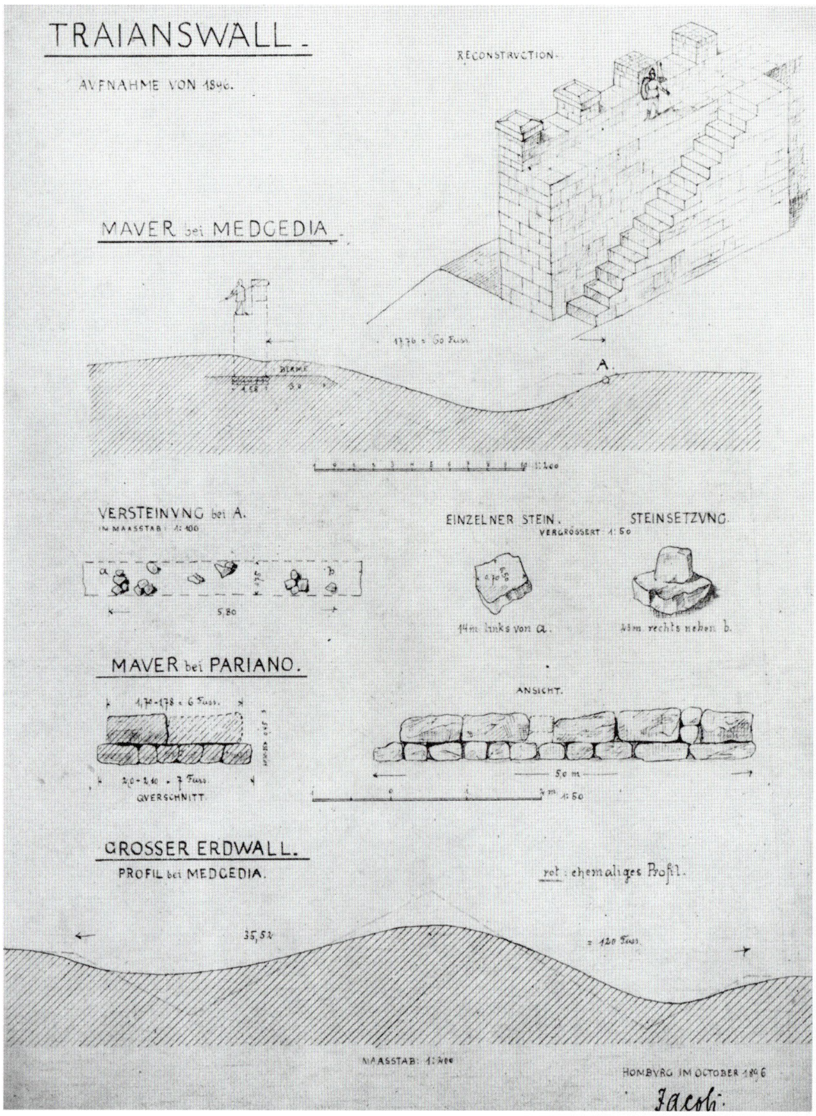

8 Adamklissi. Aufnahmen und Rekonstruktion des Steinwalles (Zeichnungen: Saalburg-Archiv NHJ 06,50).

späteren Grabungen auf der Saalburg hilfreich waren. Er erwies auch der rumänischen Archäologie einen wichtigen Dienst und war an bedeutenden Entdeckungen beteiligt. Der Name Jacobi ist sonst immer mit der Saalburg verbunden, seine Verdienste begannen allerdings bereits vor seiner Saalburg-Zeit. So brachte die internationale Zusammenarbeit fruchtbare Impulse für die rumänische sowie die gesamte Provinzialrömische Archäologie.

Anmerkungen

1 E. Schallmayer/G. Preuss, Von den Agri Decumates zum Limes Dacicus. Bericht über eine Reise nach Rumänien. Saalburg-Schr. 1 (Bad Homburg v. d. Höhe. 1995).

2 Tocilescu war bis 1895 mit der Ausgrabung des Siegesdenkmals von Adamklissi beschäftigt. Vgl. M. Sâmpetru, *Tropaeum Traiani* II (Bukarest 1984) 191.

3 Unter Nachlass Jacobi, Saalburg-Archiv NHJ 01–08. Die abschließenden Berichte von Jacobi werden in der Bibliothek der Rumänischen Akademie (Biblioteca Academiei Romania) verwahrt. Vgl. A. Barnea/I. Barnea (Hrsg.), *Tropaeum Traiani* I – Cetatea (Bukarest 1979) 19.

4 Brief von Tocilescu an Heinrich Jacobi vom 18.12.1894 (Saalburg-Archiv NHJ 05,03).

5 Saalburg-Archiv NHJ 05,02.

6 G. G. Tocilescu (Hrsg.), Das Monument von Adamklissi – *Tropaeum Traiani* (Wien 1895).

7 Ebd. 13.

8 Ebd. 4.

9 Solche Hütten dienten Jacobi als Vergleich für die Rekonstruktion der Wohngruben im Kastell Zugmantel. Vgl. ORL B 8 Zugmantel 23 ff.

10 Tocilescu (Anm. 6) 3.

11 Ebd. 4.

12 Unter der Saalburg-Archiv-Nr. NHJ 02,3 wird ein Büchlein aufbewahrt, das wie eine Art Tagebuch aussieht und so auch im Findbuch des Archivs eingetragen ist. Bei näherer Lesung handelt es sich um eine wohl fiktive Niederschrift H. Jacobis von Dialogen zwischen einem Ehepaar und einem in Rumänien wohnhaften Freund, einem gewissen „Theodor", die gemeinsam von der rumänischen Grenze bis nach Bukarest reisen. Die Handschrift stammt auf jeden Fall von H. Jacobi, da er aber in dieser Zeit ledig war, bleiben die dort beschriebenen Personen rätselhaft. Die Dialoge handeln von Beschreibungen der Gegenden, der Geschichte Rumäniens und auch von überaus gewöhnlichen Situationen, wie der Auswahl und Reservierung von Hotelzimmern usw. Möglicherweise handelt es sich um einen literarischen Versuch. Jedenfalls ist das gesamte Büchlein ohne wissenschaftlichen Inhalt, sondern rein privater Natur.

13 z. B. die Architekten G. von Cube und H. Brötz. Gemeinsam mit Jacobi war auch der rumänische Architekt J. Fakler beauftragt. Vgl. Barnea/Barnea (Anm. 3) 234.

14 Saalburg-Archiv NHJ 04,02.

15 G. G. Tocilescu, Fouilles et recherches archéologiques en Roumanie (Bukarest 1900) 91. Vgl. M. Mărgineanu-Cârstoiu, Plans de villes romaines en Moesie inférieure. In: Bauplanung und Bautheorie der Antike, hrsg. von Deutsches Archäologisches Institut. Diskussionen arch. Bauforsch. 4 (Berlin 1985) 297–314 bes. 298 Fig. 1C. Dort wird der Bau als christliche Basilika bezeichnet.

16 Saalburg-Archiv NHJ 04,05

17 Der von Jacobi verfasste Plan ist auch in Tocilescu (Anm. 15) 88 Abb. 53 und Sâmpetru (Anm. 2) 170 Abb. 124 veröffentlicht. Zu dem Grabhügel siehe auch M. A. Vianu, La propagande impériale aux frontières de l'empire romain. *Tropaeum Traiani*. Dacia 50, 2006, 207–234 bes. 207 f.

18 Sâmpetru (Anm. 2) 194.

19 Dazu Tocilescu (Anm. 15) 65 ff.; Sâmpetru (Anm. 2) 145 ff.; Vianu (Anm. 17) 209.

20 CIL III Suppl. Nr. 14214.

21 Bericht unter Saalburg-Archiv-Nr. NHJ 03.

22 Vgl. Mărgineanu-Cârstoiu (Anm. 15) 298 Fig. 1D; Tocilescu (Anm. 15) 90.

23 Dazu W. S. Hanson/I. A. Oltean, The ‚Valu lui Traian': a Roman frontier rehabilitated. Journal Roman Arch. 25, 2012, 297 ff.

24 Die Ergebnisse und die Skizzen von Jacobi wurden von Tocilescu in seinem Artikel verarbeitet (Tocilescu [Anm. 15] 145 ff.). Die nächsten Zitate beziehen sich alle auf den Bericht von Jacobi (Saalburg-Archiv NHJ 01). Im Archiv der Saalburg werden auch fünf Pläne von Tocilescu aufbewahrt, die den Verlauf der Wälle zeigen (Saalburg-Archiv NHJ 07,01–05).

25 Bei dem Gräbchen handelt es sich um das Palisadengräbchen, das damals noch nicht als solches erkannt wurde.

26 In seinem Artikel, dem Text zu einem Vortrag bei der Académie des Inscriptions et Belles-Lettres in Paris vom 27.10.1899, übernahm Tocilescu stellenweise wörtlich den Bericht von Jacobi (Tocilescu [Anm. 15] 145 ff.).

27 J. Peuser, Zur Rekonstruktion des Saalburg-Kastells. Saalburg-Jahrb. 51, 2001, 263 f.

28 Vgl. Tocilescu (Anm. 15) 162 f.

29 Tocilescu folgte nicht der Interpretation Jacobis und schlug eine unterschiedliche Datierung für die Wälle vor (Tocilescu [Anm. 15] 181 ff.).

30 Tocilescu (Anm. 15).

31 Saalburg-Archiv Nr. K 65,55.

32 Barnea/Barnea (Anm. 3) 19; Sâmpetru (Anm. 2) 33.

Neue Grabungsergebnisse zur Pfalzanlage des 9. Jahrhunderts auf dem Frankfurter Domhügel

Andrea Hampel

Im Rahmen der Umgestaltung des sog. Dom-Römer-Areals werden zwischen dem Frankfurter Kaiserdom im Osten und der ehemaligen Rapunzelgasse bzw. der Schirn im Westen, eingerahmt von der Braubachstraße im Norden und der Saalgasse bzw. der Schirn im Süden Neubauten errichtet. Die Fläche umfasst den sog. Archäologischen Garten mit den Resten der karolingischen Pfalz, des römischen Militärstützpunktes sowie der hoch- und spätmittelalterlichen Bebauung; der bereits bestehende museale Bereich bleibt erhalten.

Die Ausgrabungen zwischen Archäologischem Garten und Kaiserdom erfolgten in zwei Abschnitten; der Nordteil der Fläche wurde 2012–2013 bearbeitet, der Südteil der Fläche 2014. Dabei wurden insgesamt rund 320 m² freigelegt und 85 Befunde ausgewiesen.

Forschungsgeschichte

Seit der urkundlichen Nennung der Reichsversammlung und der Synode im Jahr 794 unter Karl d. Gr. ist für Frankfurt a. M. eine karolingische Pfalz historisch belegt. Deren Lage im dicht bebauten Altstadtgebiet war jedoch lange unklar.

Nach dem Dombrand von 1867 erfolgte der Wiederaufbau durch Dombaumeister Franz Josef von Denzinger 1872 bis 1874. Während der umfangreichen Erdarbeiten konnte eine karolingische Basilika als Vorgängerbau des Kaiserdoms nachgewiesen werden. Damit war der sakrale Teil der Pfalzanlage erfasst. Aufgrund des Weihedatums von 852 war die Erbauung unter Ludwig d. Frommen gesichert. Die Lage auf dem Domhügel war gut gewählt, handelt es sich doch um hochwasserfreies Gelände, das im Süden durch den Main und im Norden durch den Altarm des Braubachs umschlossen wurde, der mit einem nordsüdlich verlaufenden Nebenarm offenbar auf einer beträchtlichen Breite in der Senke zum Fahrtor das Gelände auch im Westen halbinselartig einfasste.

Im Zuge des Ausbaus der Kanalisation ab 1889, des Durchbruchs der Braubachstraße 1904, der Eingrabung von zwei Löschwasserbecken 1942 auf dem Römerberg und auf dem Domplatz und schließlich aufgrund der großflächigen verheerenden Zerstörungen der Altstadt 1944 konnten zahlreiche archäologische Funde und Befunde dokumentiert werden[1]. Dadurch wurde das gesamte Areal als frühmittelalterliches Siedlungsgebiet erkannt. Neben wenigen merowingerzeitlichen Befunden sind karolinger- und ottonenzeitliche Steinbauten belegt. Dabei war 1827 und 1904/1906 der Nachweis einer Befestigungsmauer gelungen, die als Umwehrung des *castellum Franconofurt*, genannt in der Urkunde Otto III. aus dem Jahr 994, interpretiert wurde[2]. Die angetroffene Befestigung folgte im Norden grundsätzlich dem Verlauf des Braubachs. Eine ältere, von N–S ausgerichtete Befestigung wurde 1971 als Wehrgraben im Verlauf der ehemaligen Rapunzel-

1 Frankfurter Domhügel. Blick nach Norden auf den Nordteil der Grabungsfläche. Am oberen Bildrand die Gangmauern St. 14 und St. 15 in jüngeren Kelleranlagen. Links die rekonstruierte römische Apsis auf den Kellerbodenplatten vor dem Abbruch (Foto: H.-J. Semmler, Denkmalamt Frankfurt a. M.).

2 Frankfurter Domhügel. Detailplan der Ausgrabungen 2013–2015. Die im Text genannten Befunde sind hervorgehoben (Grafik: D. Neumann, Denkmalamt Frankfurt a. M.).

gasse im Rahmen der Erdarbeiten für eine Tiefgarage dokumentiert.

Am Westrand des Domhügels kam 1942 bei der Anlage des Löschwasserbeckens auf dem Römerberg ein hochmittelalterlicher Rundturm mit 21 m Durchmesser zutage, der ältere Siedlungsstrukturen überdeckte. Im Osten fanden sich 1829 nördlich vor dem Dom beim Abriss der Michaelskapelle karolingische Mauerzüge. Kein Baurest konnte bis dahin mit den gesuchten Gebäuden der Königspfalz in Verbindung gebracht werden.

Direkt nach dem Krieg war die archäologische Denkmalpflege nicht arbeitsfähig, sodass der Ostteil des Domhügels, d. h. der Bereich östlich der Kirche, ohne wissenschaftliche Begleitung oder Aufnahme von historischen Strukturen neu bebaut wurde. Erst 1953 begannen die Altstadtgrabungen westlich des Doms. Zwischen 1953 und 1957 fanden insgesamt während 27 Monaten Ausgrabungen statt; einschneidend war 1955 die Sprengung der gesamten erhaltenen Unterkellerung als Vorbereitung für den Wiederaufbau. Zwischen 1958 und 1963 erfolgten nur noch vereinzelte Maßnahmen. In dieser Zeit lag ein Schwerpunkt auf den Baumaßnahmen am und im Saalhof, die 1964 mit der Restaurierung der Saalhofkapelle endeten. 1964 wurde im Kaiserdom eine neue Fernheizung verlegt; die Erdarbeiten bestätigten das Vorhandensein der Basilika mit einer Mittelapsis sowie die im Nordwesten „zur Königshalle führende Galerie“[3].

Zwischen 1965 und 1968 beschränkte sich die Tätigkeit der Archäologen auf Einzelbeobachtungen. Bis zu diesem Zeitpunkt waren 309 Grabungsschächte angelegt und zwischen 1953 und 1962 insgesamt 150 Kelleruntersuchungen durchgeführt worden. Die Ausgräber betonten mehrfach und ausdrücklich die schwierige Grabungssituation, die einerseits durch das ungünstige Grabungsgebiet mit seiner 5.000-jährigen Siedlungsgeschichte auf kleiner Fläche, andererseits, besonders ab 1969, durch das feindselige Auftreten der Bauunternehmen und deren Mitarbeiter sowie dem damit einhergehenden rücksichtslosen Vorgehen beim Maschineneinsatz bedingt war.

Ab 1969 begann die Wiederbebauung des westlichen Teils des Domhügels, wobei nur noch Baubeobachtungen möglich waren. Im selben Jahr erfolgten hier die Ausschachtungsarbeiten zum U-Bahnhof „Römer“[4] und die Aufbauarbeiten am Ostflügel des Saalhofs. Hier konnte eine 2,70 m starke südliche Befestigungsmauer erfasst werden, die unter den staufischen Saalhofgebäuden verlief. Der Neubau des Historischen Museums 1970 wurde ohne Rücksicht auf die Archäologie vorangetrieben und führte zu schweren Verlusten „der in 4 m Tiefe vollständig erhaltenen Fundamente“. Auch die 1969 erfolgten Aushubarbeiten für die Baugrube des Technischen Rathauses erlaubten „nur die Aufnahmen zufälliger Erdprofile“[5].

Während die Stärke der Kulturschicht auf dem Hügelscheitel nur 1,50 m betrug, erreichte sie an den Flanken bis zu 4 m. Im Rahmen der Grabungen wurden lange schmale sog. Schächte von Hand mehr als 2 m eingetieft; Flächengrabungen fanden in der Regel nicht statt. Der damalige Ausgräber, O. Stamm, vermutete die besten Erhaltungsbedingungen im Bereich der ehemaligen Straßenzüge, weshalb er sich besonders auf diese konzentrierte. Die Erkenntnisse Stamms brachten 1954 schließlich den Beweis für die Lage der lang gesuchten Königspfalz auf dem Domhügel, weiterhin wurden römische Befunde und jüngere mittelalterliche Baureste dokumentiert.

Der damalige Baudezernent veranlasste 1971 die Aussparung des Areals beim Bau der Tiefgarage für das Technische Rathaus; die Fläche wurde 1972 erneut freigelegt und dabei zutage getretene „starke Pfeiler innerhalb der karolingischen Halle“ wurden

3 Frankfurter Domhügel. Lage der Pfalzmauern 2013–2015 im Plan von 1955 zwischen Kaiserdom und Königshalle (Grafik: D. Neumann, Denkmalamt Frankfurt a. M.).

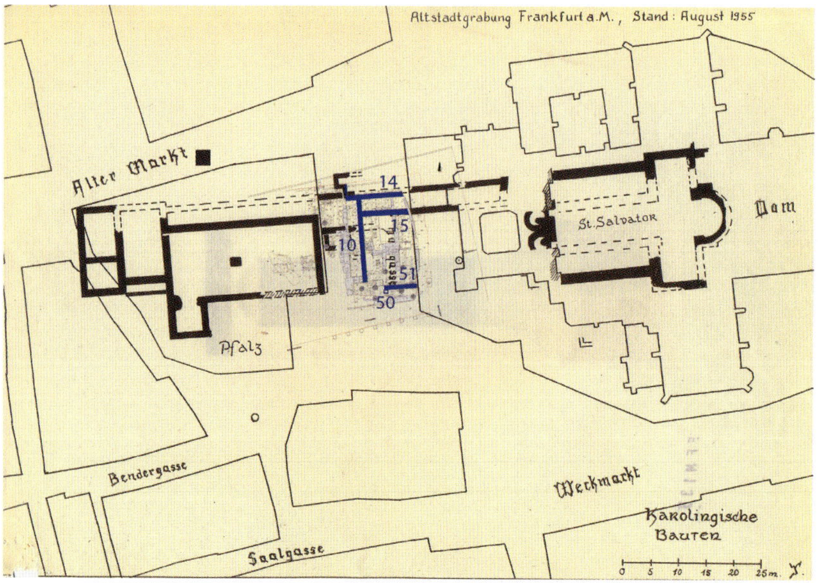

als Reste von Zunfthallen erkannt[6]. Bis 1973 restaurierte und ergänzte man unter der Gesamtleitung der Architekten W. Bartsch, A. Thürwächter und H. Weber sowie der Fachbauleitung durch O. Stamm und W. Rieß die verschiedenen Mauern aus Abbruchmaterial. Die Befunde waren ab 1974 als Freilichtmuseum in Form eines Historischen bzw. Archäologischen Gartens zugänglich. 1984 wurde der Garten durch eine Absenkung des Bodens umgestaltet. Dabei rekonstruierte man u. a. an das sog. Jüngere römische Bad nach Osten eine Apsis[7]. Nach Abschluss der Maßnahmen stellten sich die römischen Befunde als niedrige Mauern, die hoch- und spätmittelalterlichen mittelhoch und die Mauern der Pfalzanlage durch hohe Mauerzüge dar. Das gegenüber der Umgebung deutlich tiefer liegende Gelände war über zwei Stahltreppen erreichbar sowie über eine halbkreisförmige, von N – S angelegte Treppenanlage, die den Zugang im Osten ermöglichte.

Ausgrabungen 2012 – 2014

Das aktuelle Grabungsgebiet schließt direkt östlich an das Areal der Altstadtgrabung an. Die Grenze entspricht weitgehend dem Ostrand der ehemaligen Höllgasse, die von Norden nach Süden das Gelände durchzog. Nach dem Abbau der vorhandenen Treppenanlage 2012 zeigten sich zahlreiche bis dahin unbekannte Baubefunde. Auf dem Geländeniveau des Archäologischen Gartens konnten die Baureste ab einer Tiefe von rund 97 m ü. NN dokumentiert werden, während sich nach Osten im Bereich der ehemaligen Treppe die bis zu 1,50 m höher gelegene historische Bausubstanz erhalten hatte.

Bei Arbeitsbeginn ragte ein rot gefärbter Betonestrich mit eingesetzten Betonquadern in das Grabungsfeld, der nach Osten mit einer halbrunden Apsis das Warmbad des sog. Jüngeren römischen Bades[8] ergänzte (Abb. 1). Beim Abbruch dieser Rekonstruktion zeigte sich, dass sie vollständig auf einem durchgängigen und ungestörten Sandsteinkellerboden des Spätmittelalters auflag. Nach deren Abriss begrenzten von N – S und von O – W verlaufende karolingerzeitliche sowie hoch- und spätmittelalterliche Mauerzüge des Archäologischen Gartens die Grabung im Westen. Herausragend sind dabei die in Ostwestrichtung verlaufenden karolingerzeitlichen Mauern K6/St. 72 und K7/St. 69, die Teil eines Vorraums der erhaltenen karolingischen Königshalle waren (Abb. 2)[9].

Durch die aktuellen Ausgrabungen konnten Mauerzüge erfasst werden, die in direktem Zusammenhang mit der Basilika von 852 und den zugehörigen profanen Pfalzgebäuden von 822 stehen. Es handelt sich im Einzelnen um die Mauern St. 10, 14 und 15 sowie St. 51. Dabei waren die Mauern St. 14 und St. 15 Bestandteile des bereits bekannten Verbindungsgangs zur Kirche, während Mauer St. 10 eine bauliche Einheit mit erstgenanntem Gang bildete. Aufgrund von Bauweise, Lage und Erhaltung kann weiterhin St. 51 den karolingerzeitlichen Befunden zugewiesen werden (Abb. 3).

4 Frankfurter Domhügel. Blick auf Mauer St. 14 mit dem Mauerwinkel nach Norden. Deutlich ist der großformatige Fundamentstein an der Ecke erkennbar (Foto: H.-J. Semmler, Denkmalamt Frankfurt a. M.).

5 Frankfurter Domhügel. Der Verbindungsgang nach Osten, links Nordmauer St. 14, rechts Südmauer St. 15. Im Bereich des jüngeren Kellers sekundär unterteilt und vorgemauert (Foto: H.-J. Semmler, Denkmalamt Frankfurt a. M.).

6 Frankfurter Domhügel. Im Hintergrund Gangmauer St. 14, einbindend die Nordsüdmauer St. 10. Auf der Mauer und rechts unter den jüngeren Kellermauern ist die graue Ascheschicht erkennbar. Links vorne der jüngere Brunnen, der den weiteren Verlauf von St. 10 zerstört hat (Foto: H.-J. Semmler, Denkmalamt Frankfurt a. M.).

7 Frankfurter Domhügel. Verlängerung von Mauer St. 10 in der Nordwand von Keller St. 3 (Foto: H.-J. Semmler, Denkmalamt Frankfurt a. M.).

8 Frankfurter Domhügel. Südmauer von Keller St. 3. Links die Verlängerung von Mauer St. 10 auf einem älteren Mauerwinkel. Die gerade, glatte Westseite ist in dem jüngeren Mauerdurchbruch deutlich sichtbar; die Ostseite ist durch den Kellerputz verdeckt (Foto: H.-J. Semmler, Denkmalamt Frankfurt a. M.).

Die karolingerzeitlichen Mauerreste St. 10, 14 und 15 sind deutlich tiefer als die jüngeren Kellerböden und auch tiefer als die Mauern K6/St. 72 und K7/St. 69 fundamentiert, d. h., die Unterkante liegt durchgängig bei 95,50 m bis 95,55 m ü. NN; unter den jüngeren Kellerböden wären demnach weitere Mauerzüge zu erwarten.

Die karolingerzeitlichen Mauerzüge waren gleichartig aus Kalksteinen und Basalten mit identischen Mörteln gemauert und einheitlich mit einer Breite zwischen 0,95 m und 1,00 m fassbar, wobei sich die Mauern nach unten hin leicht verbreiterten. Angepasst an die Hügeltopografie waren sie nach Süden hin tiefer fundamentiert. Aufgehendes Mauerwerk konnte nur noch bei Mauer St. 14 und St. 51 erfasst werden.

Zunächst wurde die karolingerzeitliche Nordmauer St. 14 nachgewiesen, die unterhalb der Mauerzunge K7/St. 69 einen Mauerwinkel von 2,60 m nach Norden bildete. Hier schloss sich ein Abschnitt nach Westen an (St. 77), der in seinem weiteren Verlauf durch den U-Bahnbau zerstört war. Mauer St. 14 war im Süden gegen den anstehenden Boden gemauert, was die charakteristischen Mörtelabdrücke verdeutlichen. Südlich der Mauer zeigte sich der anstehende Boden unterhalb des anschließenden jüngeren Kellerbodens St. 16 ungestört. Die Nordseite der Mauer verdeckte eine moderne Aufmauerung.

Die unterste Steinreihe bestand aus sorgfältig zugerichteten Basalten. Bemerkenswert ist der 0,74 m lange, 0,37 m breite und maximal 0,36 m hohe Sandsteinblock, der die Mauerecke nach Norden bildete (Abb. 4). Die Mauer bestand im Übrigen aus sorgfältig in Lagen gesetzten Kalkstein- und Basaltquadern mit weißem, hartem Mörtel. Von der Ecke band 1,80 m nach Osten eine gleichartige Nordsüdmauer St. 10 ein, während Mauer St. 14 weiter bis zur Grabungsgrenze nach Osten verlief.

Der Befund fluchtete genau auf den bereits durch Stamm nachgewiesenen karolingerzeitlichen Gang zwischen Basilika und Pfalz; sowohl die Fundamentierung als auch die Breite lassen einen zweigeschossigen Aufbau zu. Der östliche Abschnitt dieses Gangs wird heute durch den gotischen Domturm in weiten Teilen überdeckt; sein Verlauf bis zur Basilika konnte jedoch durch Stamm in und direkt westlich der Turmhalle verfolgt werden. Östlich der Mauer St. 10 kann St. 14 demnach eindeutig als Nordmauer des Ganges angesprochen werden. Sein südliches Pendant bestand aus Mauerzug St. 15 und setzte sich ebenfalls nach Osten bis unter das ehemalige moderne Treppenfundament fort. Der karolingerzeitliche Mauerzug St. 15 war durch jüngere Mauern (St. 18, St. 38 und St. 40) teilweise überlagert und verdeckt bzw. war teilweise ausgebrochen und verschmälert (Abb. 5).

Unterhalb des Kellerbodens B (St. 16) lag ein fundleerer Brunnenschacht (St. 17), der den Anschluss der südlichen karolingerzeitlichen Gangmauer St. 15 an Mauer St. 10 zerstört hatte (Abb. 6). Nach Westen wurde unter dem Kellerboden B bis zur Vorderkante von Mauer St. 13 gewachsener Boden angetroffen. Mauer St. 13 war deutlich flacher fundamentiert als die Mauern St. 10, 14 und 15.

Die Fortsetzung der bereits bekannten Mauern K6/St. 72 und K7/St. 69 nach Osten konnte ausgeschlossen werden. Beide Mauerzüge waren vergleichsweise flach fundamentiert (96,70 m ü. NN) und wichen damit von den Mauern St. 10, St. 14 und St. 15 ab. Außerdem zeigten die Mauern K6/St. 72 und K7/St. 69 eine andere Bautechnik aus grob zugerichteten Basalten, zwischen denen nur ausnahmsweise Kalkbruchsteine vorhanden waren.

Durch den von N–S verlaufenden Mauerzug St. 10 konnte nun erstmals der Ostabschluss der Pfalzanlage bzw. das bauliche Ende des Verbindungsgangs zwischen Königshalle und Kirche nachgewiesen werden. Demgegenüber gehörten die Mauerzüge K6/St. 72 und K7/St. 69 zu einer jüngeren Bauphase, da zumindest K7/St. 69 die Mauerecke von St. 14 überlagerte und keine bauliche Verbindung zu Mauer St. 10 bestand. Aufgrund der neuen Grabungsergebnisse ist auch die Interpretation von G. Binding als Treppenanlage am Ende des Gangs kritisch zu beurteilen[10].

Die Mauer St. 10 wurde weiter südlich durch den hochmittelalterlichen Kellereinbau C (St. 3) ge- und zerstört. Nur ein kleiner Abschnitt war in der Breite der nördlichen Kellermauer erhalten; allerdings lag der jüngere Kellerboden so tief, dass die Sandsteinbodenplatten am Rand leicht unter das Mauerfragment geschoben waren (Abb. 7). Der Boden von Keller C lag unterhalb der karolingerzeitlichen Mauerunterkante, die somit darunter auch nicht als Abbruchhorizont weiter nach Süden fassbar war. In der südlichen Kellerwand wurde sie jedoch als Rest innerhalb der Kellermauer (St. 5) dokumentiert (Abb. 8). Mauer St. 10 erreichte damit eine nachgewiesene Gesamtlänge von rund 15 m. Sie konnte im südlich anschließenden jüngeren Keller D nicht nachgewiesen werden, da der Kellerboden nochmals 1 m tiefer als der Boden von Keller C lag. Ob dieser Mauerzug ursprünglich weiter nach Süden reichte, kann aufgrund der jüngeren Einbauten nicht geklärt werden.

Mit St. 51 wurde ein gleichartiger, von O–W verlaufender Mauerzug erfasst, der nach 6,50 m Länge in der östlichen Baugrubenwand verschwand (Abb. 9). Da hier, anders als im Norden, ein Abbruch erfolgen musste, konnte die bemerkenswerte Fundamentierung dokumentiert werden. Die Unterkante lag bei 94,50 m ü. NN unter Berücksichtigung der Topografie am südlichen Rand des Domhügels. Die Mauer bestand im Aufgehenden aus sorgfältig zugerichteten Kleinquadern aus Tertiärkalk und Basalt. Als unterste Lage des Fundaments waren sorgfältig zugerichtete Basaltquader (50 × 70/80 × 20 cm) nivelliert eingelegt (Abb. 10). Während die untersten Lagen trocken gesetzt waren, zeigte sich der Mörtel darüber weißlich und hart. In der Verlängerung jenseits der Baugrubengrenze war dieser Mauerzug direkt auf das südliche Seitenschiff der Basilika ausgerichtet.

9 Frankfurter Domhügel. Mauer St. 51 nach Norden mit aufgehendem Mauerwerk als Nordmauer von Keller St. 49; auf allen Seiten sind Backsteine kniehoch vorgemauert (Foto: H.-J. Semmler, Denkmalamt Frankfurt a. M.).

Direkt südlich vor der Mauer stand der 0,85 m breite und 0,70 m tiefe Pfeiler St. 50 (Abb. 11). Der Befund war leicht schräg nach Südwesten verschoben und ragte 0,10–0,20 m über das Ende von Mauer St. 51 nach Südwesten hinaus. Die sorgfältig scharrierten Sandsteinblöcke der drei Sichtseiten bestätigen den originalen Standort. Ob dieser Pfeiler Bestandteil der ursprünglichen karolingischen Planung (Tor ?) war, muss offen bleiben; in jedem Fall ist er auf Sicht gearbeitet und nimmt Bezug auf die karolinger-ottonenzeitliche Schauseite. Zur Nutzung innerhalb des jüngeren Kellers St. 49 war der Pfeiler an drei Seiten bis zu einer Höhe von rund 1,20 m über dem Kellerboden mit Backsteinen ummauert worden; seine Unterkante lag bei 94,40 m ü. NN.

10 Frankfurter Domhügel. Unterste Steinlage Mauer St. 51 aus großformatigen Basaltquadern; in der Mitte stört ein Betonbohrpfahl (Foto: D. Neumann, Denkmalamt Frankfurt a. M.).

11 Frankfurter Domhügel. Rotsandsteinpfeiler St. 50 vor Mauer St. 51, Blick nach Osten (Foto: H.-J. Semmler, Denkmalamt Frankfurt a. M.).

12 Frankfurter Domhügel. Die sog. Ringmauer während der Ausgrabungen 1970 mit großformatigen Steinblöcken (Foto: H.-J. Semmler, Denkmalamt Frankfurt a. M.).

Im gesamten Grabungsbereich konnten keine Hinweise auf ein Brandgeschehen innerhalb der Pfalzgebäude ermittelt werden. Unter den Fußbodenplatten des nördlichen Kellers B war flächendeckend ein schmales Sandbett vorhanden, unter dem sich eine 0,10 m starke, graue Schicht befand, die stark mit Holzkohle durchsetzt war. Diese beiden Schichten lagen auch den abgebrochenen karolingischen Pfalzmauern (St. 10, 14 und 15) auf. Unterhalb dieses Befundes befand sich der anstehende Sand. Im südlichen Keller D kam unter dem Fußboden eine schwarze Kulturschicht zutage, die aus technischen Gründen nur 0,60 m tief verfolgt und deren Unterkante nicht erreicht werden konnte. Außerdem bleibt festzuhalten, dass im gesamten Grabungsareal keine römischen Baubefunde nachweisbar waren.

Zusammenfassung

Die Grabungsergebnisse dokumentieren die Bebauung des Geländes seit der Merowingerzeit. Trotz der fortwährenden baulichen Veränderungen auf dem Domhügel über rund 5.000 Jahre und der Kriegszerstörungen konnten die Reste der Pfalzanlagen in hervorragendem Zustand nachgewiesen werden. Die vergleichsweise kleine Grabungsfläche erbrachte herausragende Erkenntnisse zur Baugeschichte der königlichen Anlagen. Die Ergebnisse sind so weitreichend, dass sie die Bedeutung und die Qualität der Bauten auch in Bezug auf die Stadtgeschichte beleuchten – etwa das Verhältnis der Pfalzanlage zum staufischen Saalhof. Dies verdient vor dem Hintergrund der Frage Beachtung, wann die Pfalzanlage auf dem Domhügel aufgegeben wurde.

Das Areal war grabungstechnisch eine Herausforderung, da Kellerwände vorgemauert, Spolien verbaut und Mauern begradigt, abgebrochen oder in überraschend kleinen Abschnitten erhalten und in Neubauten integriert waren. Zusätzlich erschwerte die Topografie des Domhügels die Bestimmung von Laufhorizonten und Oberflächen. Bemerkenswert ist die gute und vollständige Erhaltung der hochmittelalterlichen Kelleranlagen. Durch die Nutzung der älteren Pfalzmauern zeigt sich in weiten Teilen die seit der Karolingerzeit beibehaltene Parzellenteilung bis in die Neuzeit.

Grundsätzlich ist die Interpretation der früh- und hochmittelalterlichen Befunde auf dem Domhügel schwierig. So weichen bereits die Ergänzungen bei M. Wintergerst[11] von der Darstellung Stamms ab[12]; teilweise widersprechen sie auch dessen Ergebnissen[13]. Gleichzeitig ist der Domhügel seit der Römerzeit ein intensiv genutztes und dicht bebautes Areal, wobei ältere Bauten zwar nicht spurenlos entfernt, aber überlagert und verdeckt, in neue Bauteile integriert und teilweise abgebrochen wurden. Dies erfolgte häufig und vielschichtig über eine lange Zeit auf einer beschränkten Siedlungsfläche.

Die Grabungen 2012–2014 waren durch eine auffällige Fundarmut charakterisiert. Außer in den zwei Kloaken (St. 1 und St. 23) konnten keine Fundstücke in Einfüllungen oder Schichten geborgen werden. Allein in Mauer St. 13 waren als Spolien Bruchstücke römischer Ziegelsteine verbaut.

Der vermutlich zweigeschossige Verbindungsgang zur Basilika konnte jetzt auf der gesamten Länge von rund 33 m nachgewiesen werden. Der postulierte Verbindungs- oder Torbau existierte nicht[14]. Wie bei Stamm richtig dargestellt, war der

Mauerwinkel vom westlichen Teil der Mauer K7/St. 69 durch eine durchgehenden Baunaht getrennt und K7/St. 69 war außerdem erheblich flacher fundamentiert[15]. Damit sind auch die stratigrafischen Überlegungen zum chronologischen Verhältnis von „Torbau" und Gang hinfällig. Beide Gangmauern (St. 14, 15) banden in die bisher unbekannte Nordsüdmauer St. 10 ein. Dadurch zeigt sich, dass der Gang zu keiner Zeit direkt an die Ostwand der Königshalle angebaut war, sondern weiter östlich endete. Angesichts dieser Tatsache und des Vergleichs mit ähnlichen Verbindungsgängen des 8./9. Jahrhunderts[16] bestätigt sich die zeitliche Einordnung des Gangs als Bauteil IIa der karolingerzeitlichen Baugeschichte von Pfalz und Kirche[17].

Zwar sind alle Mauerzüge durch Vormauerungen und Teilabbrüche verunklärt, trotzdem kann der Bereich zwischen Königshalle und Basilika definiert werden. Von besonderer Bedeutung ist neben dem Nachweis der zur Pfalz gehörigen Ostmauer St. 10 die bis dahin nicht definierte Südmauer St. 51. Der bereits bekannte Verbindungsgang mündete auf die durchgehende Ostmauer St. 10; im Süden wird durch eine parallele Südmauer St. 51 mit einer Orientierung auf das südliche Seitenschiff der Kirche eine symmetrische Hofsituation deutlich. Klärungsbedarf besteht bezüglich der baulichen Fortsetzung der Anlage nach Westen, besonders in Bezug auf die Mauerzungen K7/St. 69 und K6/St. 72. In jedem Fall sind auch nach Norden hin weitere Gebäude und/oder Gebäudeteile vorauszusetzen.

Grundsätzlich muss auch eine Befestigung der Pfalzanlage vorausgesetzt werden. In diesem Zusammenhang soll auf eine ^{14}C-Datierung der südlichen Pfalzmauer am Saalhof hingewiesen werden[18]. Demnach ist diese Befestigungsmauer nicht vor der Mitte des 11. Jahrhunderts errichtet worden[19]. Es kann sich also nicht um die Umfassungsmauer des *castellum Franconofurt* handeln, die in der Urkunde von Otto III. aus dem Jahr 994 erwähnt wird. Deutlich nördlich dieser Linie hat O. Stamm mit der Mauer R28 die römische Mainmauer am nördlichen Ende der historischen Saalgasse fassen können[20].

Des Weiteren sei der Befund der sog. Ringmauer aus dem Jahr 1970 erwähnt, die als Nordmauer des Saalhofs diskutiert wurde. Sie folgt in ihrem Verlauf etwa der Südseite der historischen Saalgasse und liegt damit zwischen der römischen Mauer R28 und der des 11./12. Jahrhunderts. Sie zeigt in ihrem Aufbau auffällige Steinblöcke (Abb. 12), ähnlich Mauer St. 51, und unterscheidet sich damit deutlich von der Mainmauer des Saalhofs, die aus gleichartigen Tertiärkalkbruchsteinen ausgeführt ist. Aufgrund dieser völlig unterschiedlichen Bauweise mit abweichendem Baumaterial, das an keiner anderen Stelle im Saalhof nachgewiesen wurde, stellt sich die Frage, ob diese Mauer zeitgleich mit dem staufischen Saalhof errichtet wurde oder in einen älteren Zusammenhang gehört. Bemerkenswert ist die topografische Lage des Befundes zwischen der römischen Mauer und dem Mauerzug des 11./12. Jahrhunderts. Leider wurde die Mauer für den Neubau des Historischen Museums abgebrochen und konnte nach 1970 archäologisch nicht dokumentiert werden.

Anmerkungen

1 U. Fischer, Altstadtgrabung Frankfurt am Main. Hundert Jahre Stadtarchäologie, Vorgeschichte bis Hochmittelalter. In: Ausgrabungen in Deutschland 1959–1975. Monogr. RGZM 1,2 (Mainz 1975) 426–436 Beil. 42.

2 Zuletzt M. Wintergerst, Franconofurd I. Die Befunde der karolingisch-ottonischen Pfalz aus den Frankfurter Altstadtgrabungen 1953–1993. Schr. Arch. Mus. Frankfurt 22,1 (Frankfurt a. M. 2007) 95.

3 Fischer (Anm. 1) 429.

4 „Im Rebstock zeigte sich ein 22 m langes hochmittelalterliches Nebengebäude der Pfalz samt älterem Abbruchschutt" (Fischer [Anm. 1] 430, vgl. FFM 180).

5 Ebd. 431.

6 Ebd.

7 E. Wamers, Zur Archäologie der Frankfurter Altstadt – Der archäologische Garten. In: Frankfurt am Main und Umgebung. Führer arch. Denkmäler Deutschland 19 (Stuttgart 1989) 154–156 bes. Abb. 43.

8 J. Wahl, Der römische Militärstützpunkt auf dem Frankfurter Domhügel. Mit einer Untersuchung zur germanischen Besiedlung des Frankfurter Stadtgebiets in vorflavischer Zeit. Schr. Frankfurter Mus. Vor- u. Frühgesch. 6 (Bonn 1982) 63 ff.

9 O. Stamm, Zur karolingischen Königspfalz in Frankfurt am Main. Germania 33, 1955, 391–401 Beil. 3. – H.-J. Hundt/U. Fischer, Die Grabungen in der Altstadt von Frankfurt am Main 1953–1957. In: Neue Ausgrabungen in Deutschland (Berlin 1958) 391–408 Beil. 1.

10 G. Binding, Deutsche Königspfalzen. Von Karl dem Großen bis Friedrich II. (765–1240) (Darmstadt 1996) 119.

11 Wintergerst (Anm. 2) bes. Plan 14.

12 Stamm (Anm. 9).

13 Wintergerst (Anm. 2) K36 Plan 11.

14 Ebd. 60 ff. Plan 12.

15 Stamm (Anm. 9) Beil. 3 Buchstabe I.

16 Wintergerst (Anm. 2) 7.

17 A. Hampel (Hrsg.), Der Kaiserdom zu Frankfurt am Main. Ausgrabungen 1991–93. Beitr. Denkmalschutz Frankfurt am Main 8 (Nußloch 1994) bes. 82.

18 Dies., Untersuchungen in einem mittelalterlichen Wahrzeichen der Frankfurter Altstadt. Neues zur Baugeschichte des staufischen Saalhofs in Frankfurt am Main. Hessen-Arch. 2015 (2016) 125–128.

19 O. Stamm/J. Steen, Ausstellung „Altstadtgrabung" im Historischen Museum Frankfurt. Informationsblätter (Frankfurt a. M. 1977) 15. – M. Wintergerst, Hoch- und spätmittelalterliche Keramik aus der Altstadt Frankfurt am Main. Schr. Arch. Mus. Frankfurt 18,1 (Frankfurt a. M. 2002) 31 u. Anm. 125.

20 Fischer (Anm. 1) Beil. 42. – Wahl (Anm. 8) 13.

Seligenstadt und der Zellhügel bei Mainhausen-Zellhausen – getrennt und doch vereint?

Gesine Weber

Die Fachwerkstadt Seligenstadt (Lkr. Offenbach) feierte 2015 ein großes Jubiläum: 1.200 Jahre zuvor, am 11. Januar 815, hatte Ludwig der Deutsche den Ort im Rahmen einer Schenkung an Einhard und seine Frau Imma übertragen (Abb. 1). Damals trug Seligenstadt noch den Namen *Mulinheim superior.* Michelstadt im Odenwald und eine *Mulinheim inferior* genannte Ansiedlung wurden in derselben Urkunde an Einhard übergeben[1].

Die Spurensuche nach den karolingischen Wurzeln Seligenstadts gestaltete sich mitunter schwierig und einige lieb gewonnene Theorien, insbesondere zu den Standorten der urkundlich überlieferten ersten Kirchenbauten, mussten nach Ausgrabungen, die ganz andere Ergebnisse erbracht hatten, aufgegeben werden. In den letzten Jahren trat zudem noch ein anderer Platz in den Fokus des historischen Interesses: der sog. Zellhügel westlich des Ortes Mainhausen-Zellhausen, etwa drei Kilometer südlich von Seligenstadt gelegen, der offenbar eng mit Seligenstadt verbunden war.

Das römische Seligenstadt

Bei den Feierlichkeiten zum Stadtjubiläum war fast in Vergessenheit geraten, dass Seligenstadt viel ältere Wurzeln hat, obwohl sich die Stadt seit 2005 mit einem besonderen Titel schmücken darf: Das unter der Altstadt liegende Römerkastell ist Teil des UNESCO-Welterbes Obergermanisch-Rätischer Limes. Um die Erforschung des römischen und mittelalterlichen Seligenstadt hat sich Egon Schallmayer sehr verdient gemacht. Als Student grub er im Herzen der Stadt, im Rathausinnenhof sowie auf weiteren Baustellen nach den Resten des Kohortenkastells der *cohors I civium Romanorum equitata*, das die Mainlinie gesichert hatte. Nachdem sein Manuskript zur römischen und mittelalterlichen Topografie 1976 fertiggestellt und 1980 noch einmal überarbeitet worden war, erfolgte die Publikation im Jahr 1987[2]. Seither haben zahlreiche weitere Grabungen – meist baubegleitend und kleinräumig – in Seligenstadt stattgefunden, die unser Wissen über die römische und mittelalterliche Besiedlung ergänzen (Abb. 2). Diese Untersuchungen sind in kürzeren Berichten und Abhandlungen publiziert worden[3].

Seligenstadt war, bedingt durch seine Lage am Main, dem damals wie heute für den Transport von Personen und Waren eine zentrale Rolle zukommt, eine wichtige Etappenstation. Außer der Wasserstraße führten Römerstraßen und mittelalterlich-neuzeitliche Handelswege durch den Ort. Nicht ohne Grund wird daher in Seligenstadt alle vier Jahre

1 Seligenstadt. Ehemalige Benediktinerabtei Seligenstadt und Einhardsbasilika (Foto: G. Weber)

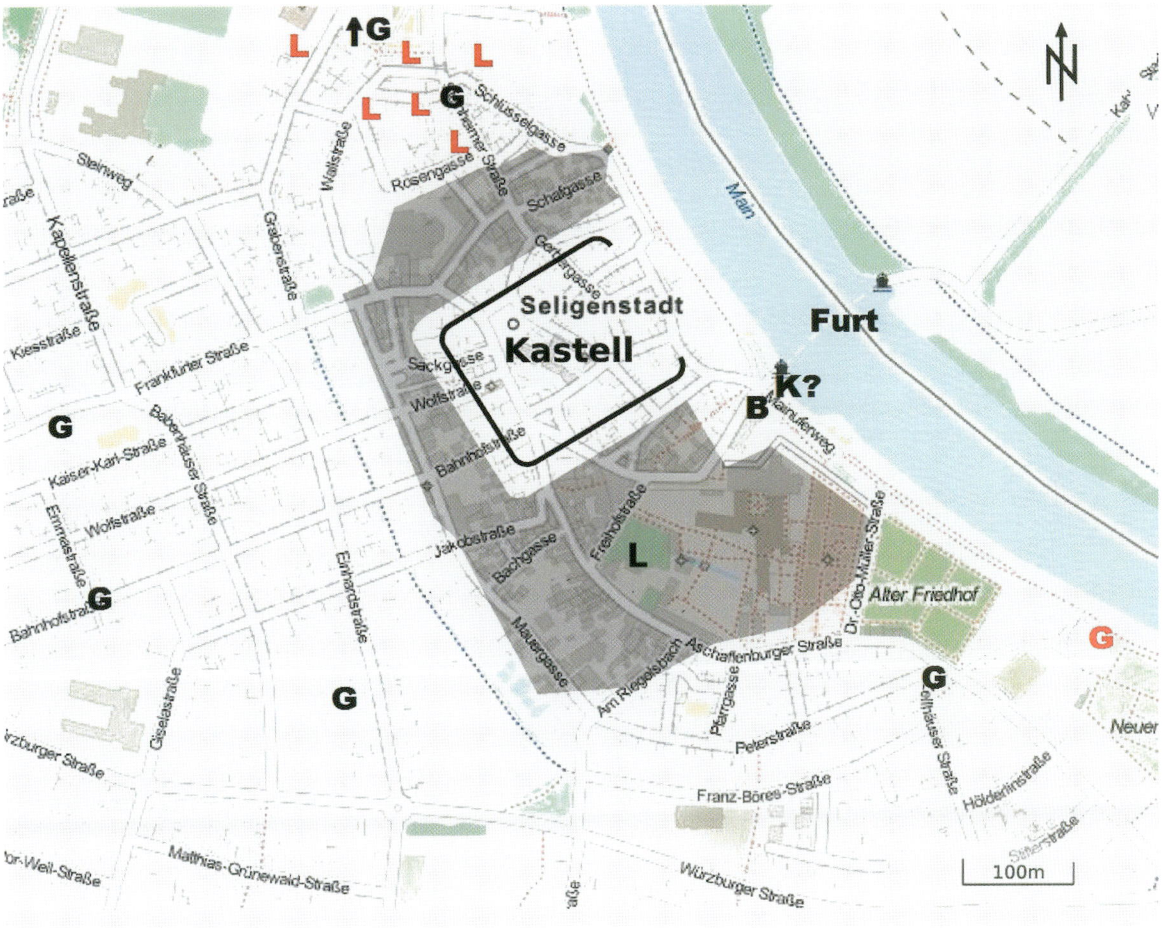

2 Seligenstadt. Plan der römischen Besiedlung mit Kastell, Lagerdorf (L), Badegebäude (B), Gräberfeldern (G) sowie vermuteter Kultstätte (K). Schwarz/Grau: Forschungsstand 1980, Rot: seit 1980 hinzugekommene Fundstellen außerhalb der bekannten Bereiche (Plangrundlage: openstreetmap.org; Planbearbeitung: Kroemer [Anm. 6] 104 Abb. 1 [ergänzt]).

im Gedenken an die Geleitzüge von Augsburg und Nürnberg zur Frankfurter Messe das Geleitsfest gefeiert. Archäologische Funde besonders der letzten Jahre und historische Quellen belegen, dass nicht nur die Stadt, sondern auch die Ansiedlungen in der Umgebung fest in das Fernhandelsnetz eingebunden waren.

Zwar gibt es in Seligenstadt zahlreiche römische Funde, aber bedingt durch die enge mittelalterliche und neuzeitliche Bebauung der Altstadt, die das Kastellareal komplett überdeckt, relativ wenige Befunde wie Grundmauern oder Keller. Im Gegensatz zu Großkrotzenburg (Main-Kinzig-Kreis) lässt auch der heutige Straßenverlauf keinerlei Rückschlüsse mehr auf das römische Lager zu. Durch Aufschlüsse in Kanalgräben und Baugruben konnte der Verlauf der Umwehrung, bestehend aus einer 1,80 m breiten Basaltmauer mit vorgelagertem Graben, an drei Seiten festgestellt werden; lediglich die Lage der mainseitigen Befestigung ist unbekannt. Entgegen Egon Schallmayers Überzeugung, „dass sie sich bei einer archäologischen Untersuchung auf dem Gelände der staufischen Kaiserpfalz sowie auf anschließenden Grundstücken auffinden ließe“[4], erbrachten die Grabungen des Instituts für Archäologie des Mittelalters und der Neuzeit der Otto-Friedrich-Universität Bamberg keine Hinweise auf Mauer oder Graben im Palatium-Areal. Der einzige römische Befund dort war ein mit Lehm ausgekleideter Abwasserkanal, der aus dem Kastellbereich hinaus in Richtung Main führte. Die Frage nach dem mainseitigen Abschluss des Kastells ist also nach wie vor ungeklärt.

Wie viele der Anlagen am Limes wies das Steinkastell auch einen um 100 n. Chr. erbauten Vorgänger in Holz-Erde-Bauweise auf, dessen Spitzgraben zuletzt 2006 in einer Baugrube der Mohrmühlgasse 1 angeschnitten wurde. Die spätere Nutzung des Geländes als Gerberei hatte alle weiteren römischen Befunde beseitigt. Um die Mitte des 2. Jahrhunderts erfolgte der Ausbau zum Steinkastell, das bis zum Fall des Limes um 260 bestand. Um das Kastell zog sich das Lagerdorf oder erstreckten sich – je nach Bearbeiter – „die Lagerdörfer“. Ob es räumlich oder auch zeitlich voneinander getrennte Bereiche gab, ist bislang unbekannt. Einzelne Keller, ein Badegebäude östlich des Kastells nahe am Main, Abfallgruben und Einzelfunde innerhalb der Altstadt sowie drei 2006 auf dem Gelände der Häuser „Villa Italia“ vor dem Steinheimer Tor entdeckte Brunnen sind die einzigen Hinweise auf die Ausdehnung des *vicus*. Unter den zahlreichen Funden an der „Villa Italia“ sind Eisen- und Bronzeschlacken zu verzeichnen, die auf eine Metallverarbeitung in diesem Bereich des Lagerdorfes hinweisen. Auffallend ist hier die große Menge von Keramik, die mit Graffiti versehen ist (Abb. 3A).

Bezüglich der römischen Gräberfelder ist die Überlieferung ebenfalls mehr als lückenhaft, zumal die meisten der diesbezüglichen Funde bereits aus dem 19. oder frühen 20. Jahrhundert stammen, nicht weiter dokumentiert wurden und der Großteil der Grabbeigaben verschollen ist[5]. Ein Bestattungsplatz wird im Umfeld des Steinheimer Tores vermutet; neben Münzen und Gefäßscherben ist von einer „Anzahl gut erhaltener Urnen" die Rede. Egon Schallmayer fand 1976 im Keller der Steinheimer Straße 10 römische Keramik, die er ebenfalls diesem Gräberfeld zuweist, ohne dass Leichenbrand entdeckt wurde. Zugleich lassen Befunde in diesem Bereich auf Teile des Lagerdorfes schließen, das sich bis vor die heutige Stadtmauer erstreckte. Singulär bleibt ein 1954 entdecktes einzelnes Grab 500 m nördlich des Steinheimer Tores.

Westlich des Kastells wurden an mindestens drei Stellen Bestattungsplätze entdeckt; offenbar waren sie teilweise locker belegt, mit großen freien Bereichen. Trotz intensiver Überwachung der Aushubarbeiten für das 2010 errichtete Parkdeck am Friedhof an der Aschaffenburger Straße traten weder römische noch mittelalterliche Funde zutage, obwohl dort, in der Nähe des ehemaligen Obertores, Anfang des 19. Jahrhunderts „Ascheurnen" gefunden worden waren[6]. Dagegen kamen unerwartet südlich des Parkdecks beim Aushub für die Häuser Aschaffenburger Straße 54 im November 2014 die Reste von Brandgräbern zum Vorschein[7]. Sie lagen am Rand der steil zum Main hin abfallenden Terrassenkante. Genau genommen sind dies die ersten römischen Gräber in Seligenstadt, die dokumentiert sind. Nur vermutet werden kann die Lage der Kultstätten, da alle bisher bekannten Weihesteinfragmente und Teile einer Jupitergigantensäule sekundär vermauert oder aus dem Main geborgen wurden. Vielleicht stand Letztere im Bereich des heutigen Fähranlegers, also zwischen dem Badegebäude und der dort anzunehmenden Mainfurt.

Mehrere Straßen führten zum Kastell; an einzelnen Stellen wurde der 8,0 m breite Straßenkörper nachgewiesen. Er bestand aus einer 30 cm dicken, harten Kiesschicht und wurde von 1,50 m breiten und etwa 0,60 m tiefen Gräben begleitet[8]. Südlich des Seligenstädter Ortsteils Klein-Welzheim sind zwei Straßen deutlich im Luftbild zu erkennen; 2005 konnte zudem in einem frisch gepflügten Acker ein Kiesstreifen beobachtet werden. Am Kreuzungspunkt der Straßen soll ein Meilenstein gestanden haben[9]. Südwestlich dieser Kreuzung wurde im Limesentwicklungsplan Hessen aufgrund einzelner römischer Scherbenfunde eine vermutete Turmstelle ausgewiesen; eine geomagnetische Untersuchung in diesem Bereich ergab allerdings keinen entsprechenden Nachweis.

Römische Funde auf dem Zellhügel

Keramik- und zunehmend Metallfunde ehrenamtlicher Sondengänger – leider sind immer wieder auch Raubgräber unterwegs – belegen die römische Besiedlung im Umfeld des Kastells. Bisher noch nicht geklärt ist die Art der Nutzung des „Zellhügels" bei Zellhausen. Der Name Zellhügel ist keine amtliche Bezeichnung, sondern hat sich für die Flur „Zellgarten" eingebürgert, in der bis Anfang des 19. Jahrhunderts die Zellkirche stand. Der flache Hügel liegt im Vorfeld eines schwach geneigten Hanges und schiebt sich in die feuchte Niederung des Naturschutzgebietes Zellerbruch hinein (Abb. 4). Obwohl im 19. und 20. Jahrhundert der Hügel um einen halben bis dreiviertel Meter abgetragen wurde, ist die Geländekante zum Bruch hin noch immer sehr markant. Oberhalb des Hügels erstreckt sich die Bahnhofstraße, früher „Zellweg" genannt, die vermutlich einer alten, bereits römischen Wegeführung folgt. Die Straße verläuft auf der Geländekante oberhalb des von Sümpfen und Mooren durchzogenen Altmainarmes und bildet die kürzeste Verbindung zwischen Aschaffenburg über Stockstadt nach Frankfurt a. M. Sie dürfte nicht nur in römischer Zeit eine Alternative zur wesentlich längeren Mainuferstraße gewesen sein.

Hinweise auf römische Aktivitäten im Bereich des Zellhügels liegen schon seit dem 1816 begonnenen Abbruch der Zellkirche vor, denn dabei kamen Teile eines römischen Altarsteins zutage[10]. Dieser war vom Präfekten der *cohors I Aquitanorum veterana equitata* des Kastells Stockstadt im Jahr 249 n. Chr. der heliopolitanischen Trias, Jupiter Heliopolitanus, Venus und Merkur, geweiht worden. Die Forschung geht davon aus, dass der Stein aus dem Kastell Stockstadt zum Bau der Zellkirche herbeigeschafft worden war. Weitere römische Funde aus dem Umfeld der Kirche, die schon im 19. Jahrhundert entdeckt wurden, deuten darauf hin, dass der Stein vielleicht doch ursprünglich vor Ort aufgestellt war. Bei den Grabungen der Unteren Denkmalschutzbehörde des Kreises Offenbach und des Geschichts- und Heimatvereins Mainhausen e. V. auf dem Zellhügel, die seit 2009 durchgeführt werden[11], kamen ebenfalls römische Funde zutage, u. a. ein Ziegel mit dem Stempel der *legio XXII primigenia pia fidelis*, eine Schuhsohlenfibel sowie Keramikscherben. Etwaige römische Gebäudereste wurden bisher nicht entdeckt. Sie sind vermutlich der mittelalterlichen Besiedlung und neuzeitlichem Bodenabtrag zum Opfer gefallen. Man könnte sich durchaus eine Straßenstation oder ein kleines Heiligtum an dieser markanten Stelle vorstellen. Hierfür käme dann am ehesten der Standort der ehemaligen Zellkirche infrage, denn diese lag am höchsten Punkt der Kuppe. Dort ist allerdings der Bodenabtrag auch am größten, sodass die Wahrscheinlichkeit, bei Grabungen noch etwas zu finden, ausgesprochen gering ist.

Alamannen und Franken im Raum Seligenstadt

Die historisch gesehen spannende Frage, was in unserem Raum zwischen dem Limesfall um 259/260 und den urkundlichen Ersterwähnungen von Klein-Welzheim (772), Mainflingen (775) und Seligenstadt (815) geschah, ist noch nicht einmal ansatzweise geklärt. Diesbezüglich haben auch die neueren Grabungen nur wenige Aufschlüsse geliefert.

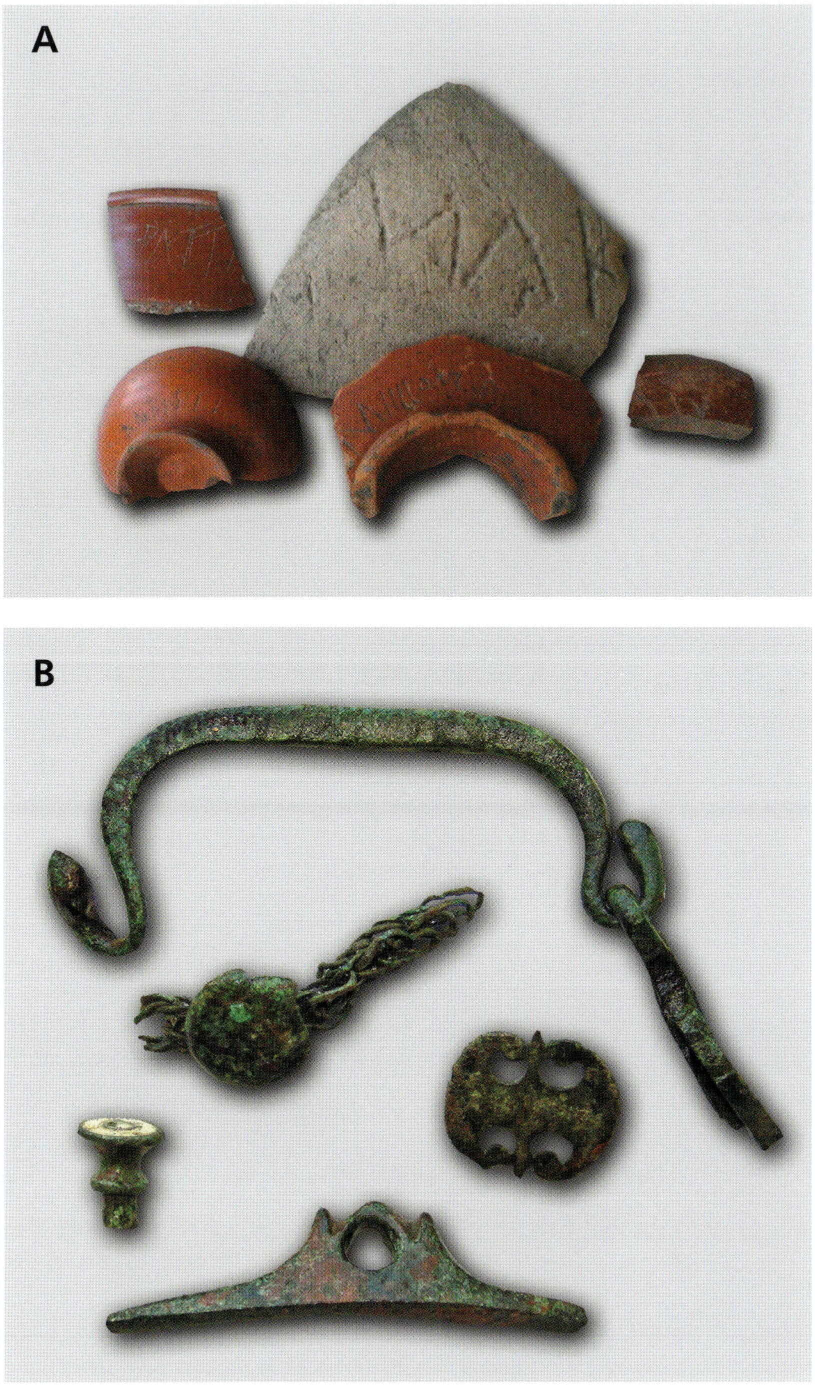

3 Seligenstadt. Mit Graffiti verzierte Keramik (A) und römische Metallfunde (B) von der Baustelle „Villa Italia" (Foto: G. Weber).

Den bisher einzigen Hinweis auf eine alamannische Siedlung im Bereich des ehemaligen Kastells erbrachten die Grabungen Egon Schallmayers im Rathausinnenhof. Es handelte sich um zwei Gruben, die mit limeszeitlichen Funden und darüber hinaus mit Keramiken und dem Bruchstück eines Dreilagenkamms aus der ersten Hälfte bzw. der Mitte des 4. Jahrhunderts verfüllt waren. Ein Follis des Constans aus dem Jahr 346 n. Chr. vervollständigt das Inventar. Interessanterweise wurden auch Keramikscherben angetroffen, die bereits aus der Merowingerzeit stammen könnten.

Im Umfeld des benachbarten, nur bis etwa 120 n. Chr. belegten Kastells Hainburg-Hainstadt, etwas mehr als vier Kilometer mainabwärts von Seligenstadt entfernt, liegen mehrere alamannische Fundstellen[12]. Unter den Altfunden aus Hainstadt und Klein-Krotzenburg werden zwei spätrömische Münzen genannt: eine Münze des Magnentius 350/353 sowie ein Follis des Constantinus I. (306/337). Ein 2015 auf dem Zellhügel gefundener Follis des Constantinus I. (für Constantius II.) aus dem Jahr 328 (Abb. 5) könnte ebenfalls auf eine spätantike Siedlung hinweisen. Insgesamt kann wohl von einer nur sehr geringen Besiedlungsdichte in der Völkerwanderungszeit ausgegangen werden. Erst aus dem 6./7. Jahrhundert liegen wieder vermehrt Funde vor. So wurde in Klein-Welzheim ein fränkisches Gräberfeld mit 120 Bestattungen der Merowingerzeit ausgegraben[13]. Funde aus der Braunkohlengrube Amalia und einer benachbarten Kiesgrube nördlich von Seligenstadt sind Inventaren weiterer frühmittelalterlicher Gräber zuzuweisen.

Einhard, Seligenstadt und der Zellhügel

In der Folgezeit rückten nun wieder Seligenstadt und der Zellhügel in das historische Blickfeld. Hierbei erweist sich die Quellenlage zu beiden Orten, sowohl archäologisch als auch archivalisch, als recht unterschiedlich. Aus der anfangs erwähnten Schenkungsurkunde von 815 geht hervor, dass Seligenstadt *(villa Mulinheim/Mulinheim superior)* früher zum Besitz eines Grafen Drogo gehört hatte und eine kleine Steinkirche *(ecclesiam veterem)* aufwies. Ob mit *Mulinheim inferior* eine unmittelbar benachbarte Siedlung gemeint war oder das heutige, immerhin 14 km (Luftlinie) entfernte Mühlheim am Main, ist umstritten[14].

Im Jahr 828 überführte Einhard nach eigenen Angaben die Reliquien von Petrus und Marcellinus, die er zuerst von Rom nach Michelstadt hatte bringen lassen, in die Kirche *ad Mulinheim superiorem*. Die Beschreibung der Reliquienüberführung von Rom über Michelstadt nach Seligenstadt und der Wunder der Heiligen verfasste Einhard selbst[15]. Ausdrücklich wird betont, dass *Mulinheim superiorem* „nämlich neuerdings so heißt"[16] – da stellt sich die Frage, wie der Ort vorher bezeichnet worden war. War er nicht identisch mit dem *Mulinheim superior* in der 815 ausgefertigten Schenkungsurkunde? Wohl kurze Zeit später ließ Einhard eine neue Basilika *(basilika nova)* westlich der alten Kirche *(ecclesia veterem)* errichten. Doch diese war schon bald zu klein geworden und wurde um 830 durch eine neue Basilika, die heute noch in ihrer barocken Umgestaltung erhalten ist, mit zugehörigem Benediktinerkloster ersetzt. Für diesen Neubau musste Einhard Gelände hinzuerwerben, das dem Erzbischof Otgar von Mainz gehört hatte[17]. Die Lokalisierung der *Mulinheimer* „Urkirche" und des ersten Baus von Einhard erschien zunächst einfach; als Standorte kamen die 1840 abgebrochene Laurentiuskirche im Bereich der Hans-Memling-Schule direkt neben der Basilika und die 1817 niedergelegte Stadtpfarrkirche Unsere Liebe Frau auf dem alten Friedhof infrage. Ausgrabungen an beiden Kirchenstandorten

4 Seligenstadt. Blick vom Zellhügel bei Mainhausen-Zellhausen in Richtung Zeller Bruch und Main (Foto: G. Weber).

ergaben jedoch, dass beide Sakralbauten später als die Basilika, nämlich im 12./13. Jahrhundert errichtet worden waren[18]. Das Fundament der Stadtpfarrkirche überlagerte Gräber, die eindeutig in merowingisch-karolingische Zeit datieren. Ob es sich bei der Bestattung eines gewaltsam ums Leben gekommenen 25-jährigen Mannes[19] um die Beisetzung des in der Schenkungsurkunde erwähnten Grafen Drogo handelte, wie ein neu errichteter Gedenkstein auf dem alten Friedhof suggeriert, sei als spekulativ dahingestellt. Nicht ausgeschlossen werden kann, dass die Stadtpfarrkirche einen nicht mehr nachweisbaren Vorgängerbau hatte. Je nach Interpretation wäre dieser Bau dann die *basilika parva* oder die *basilika nova*[20] und *Mulinheim superior* dann im Bereich des alten Friedhofs zu suchen.

Die Bedeutung der karolinger-ottonenzeitlichen Siedlung auf dem Zellhügel und deren offenbar enger Zusammenhang mit Seligenstadt haben sich erst im Lauf der (bis 2016 insgesamt sieben) Grabungskampagnen herauskristallisiert. Die schriftliche Überlieferung zur Zellkirche setzte erst 1344, also

5 Seligenstadt. Follis des Constantinus I. vom Zellhügel bei Mainhausen-Zellhausen (Foto: G. Weber).

verhältnismäßig spät, ein. Dem ehemaligen Kreisbodendenkmalpfleger Karl Nahrgang ist die Entdeckung einer Befestigung aus Mauer und Graben zu verdanken, die sich weiträumig um die abgebrochene Kirche herumzog und eine Fläche von 10.000 m² einfasste[21]. Aufgrund der Funde datierte er die Befestigung in die Karolingerzeit, wobei er auch die späte Merowingerzeit noch in Betracht zog, und deutete sie als iro-schottische Missionsstation.

Die neuen Grabungsergebnisse zeichnen nun ein etwas anderes Bild: Zwar existieren spätmerowinger-karolingerzeitliche Siedlungsspuren, jedoch stammt der von Nahrgang entdeckte Umfassungsgraben eindeutig aus der Ottonenzeit. 2010 konnte ein weiterer, allerdings wesentlich flacherer Graben aufgedeckt werden, in dem karolingerzeitliche Keramik mit einzelnen Scherben der späten Merowingerzeit vergesellschaftet war. Dieser umhegte ein Gehöft, zu dem auch ein 2011 entdeckter Steinkeller und ein unmittelbar anschließender kleiner Bestattungsplatz gehörte[22]. Die vier Männer und zwei Frauen waren zumindest teilweise Zeitgenossen der Seligenstädter Toten vom alten Friedhof sowie von Einhard und Imma (Abb. 6). Die anthropologische Untersuchung der Zellhäuser Skelette ergab mit mindestens 40 bzw. über 60 Jahren ein relativ hohes Sterbealter; die Knochen wiesen einen nur altersgerechten Verschleiß auf und keine Spuren schwerer körperlicher Arbeit. Eine 55–65 Jahre alte Frau war zudem noch stark körperlich behindert. Betrachtet man das relativ hohe Sterbealter aller Toten, so scheint hier ein Bestattungsplatz einer kleinen, privilegierten Personengruppe innerhalb des Hofareals vorzuliegen, was auch für die Toten aus dem Umfeld der Seligenstädter Stadtpfarrkirche postuliert wird. Für einige der Zellhäuser Toten liegen inzwischen auch die Resultate von Strontium-Isotopenanalysen vor[23], wonach die Personen Einheimische waren, was die Theorie einer lokalen Elite weiter unterstützt.

Der 7,40 × 4,90 m große Steinkeller weist eine architektonische Besonderheit auf: An der Südwestecke baucht die Mauer aus noch unbekannten Gründen nach innen halbrund aus. Angesichts der Funde kann davon ausgegangen werden, dass der Keller spätestens in der späten Karolingerzeit – vermutlich einhergehend mit dem Ausbau des ottonenzeitlichen Befestigungsgrabens (s. u.) – verfüllt wurde. Insgesamt 55 kg wiegender abgeschlagener Verputz, darunter insgesamt 14 kg wiegende Fragmente mit farbiger Bemalung, weisen auf ein reich ausgeschmücktes Gebäude hin. Tierknochenreste mit einem Gesamtgewicht von rund 19 kg und zahlreiche Keramikscherben belegen, dass man den Keller zur Abfallentsorgung nutzte. Darüber hinaus wurden auch hochwertige Objekte wie ein verzierter Dreilagenkamm, zwei Messer, eine Tüllenpfeilspitze, Reste von Glasgefäßen sowie ein kleiner silbertauschierter Schwertknauf aus dem Keller geborgen (Abb. 7). Glasgefäße galten in der Karolingerzeit als sehr kostbar und blieben daher nur auf „bessere" Haushalte beschränkt. Bezüglich Form und Farbe – ein verwitterungsbedingtes Graubraun – ähnelt einer der beiden Zellhäuser Glasbecher zwei Exemplaren aus dem wikingerzeitlichen Gräberfeld von Birka in Schweden[24]. Den herausragenden Fund innerhalb des Kellerinventars stellt der mit silbertauschierten Einlagen und einem niellierten floralen Dekor versehene Schwertknauf (Abb. 7, Mitte) dar, der in die erste Hälfte des 9. Jahrhunderts datiert werden kann. Schwertknäufe dieser Art finden sich vor allem in Nord- und Westeuropa sowie Kroatien, also dort, wo die Beigabensitte länger als in den durchgreifend christianisierten karolingischen Kerngebieten praktiziert wurde[25]. Signifikante Keramikfunde bilden die im Rheinland hergestellten Reliefbandamphoren[26], die vor allem entlang des Rheins und an den Küsten verhandelt wurden. Daher stellen sie etwa in Wikingersiedlungen eine durchaus häufige Erscheinung dar, wohingegen sie im Rhein-Main-Gebiet nur in geringem Umfang nachgewiesen sind. Aus Seligenstadt liegt bisher nur eine einzige Scherbe dieser Keramikgattung vor, dagegen traten entsprechende Fragmente an mehreren Stellen auf dem Zellhügel zutage. Meistens im Zusammenhang mit Kirchen, Klöstern oder Pfalzen kommt die sog. Tatinger Ware vor. Dabei handelt es sich um schwarze, geglättete Gefäße, zumeist Röhrenausgusskannen, deren Oberfläche häufig mit Zinnfolie belegt ist[27]. Mehrere Scherben vom Zellhügel dürften dieser Keramik zugeordnet werden können, in einem Fall ließen sich noch Hinweise auf die ehemalige Zinnverzierung gewinnen.

Was geschah nach 850?

Mit Einhards Tod im Jahr 840 und seinem Nachfolger Ratleik brach vorerst die schriftliche Überlieferung zu Seligenstadt ab, sodass die weitere Geschichte des Klosters unklar bleibt. Sicher scheint zu sein, dass es um 900 in den Besitz der Frankenherzöge, der Konradiner, gelangte und spätestens 936 ans Reich fiel[28]. Zahlreiche Schenkungen an das Kloster sind urkundlich zwar belegt, gleichwohl blieb die Siedlung auf dem Zellhügel noch immer ohne schriftliche Erwähnung.

Die archäologischen Untersuchungen dagegen ergaben, dass auf dem Zellhügel umfangreiche Baumaßnahmen stattgefunden hatten. Im frühen 10. Jahrhundert wurde die Siedlung zu einer Be-

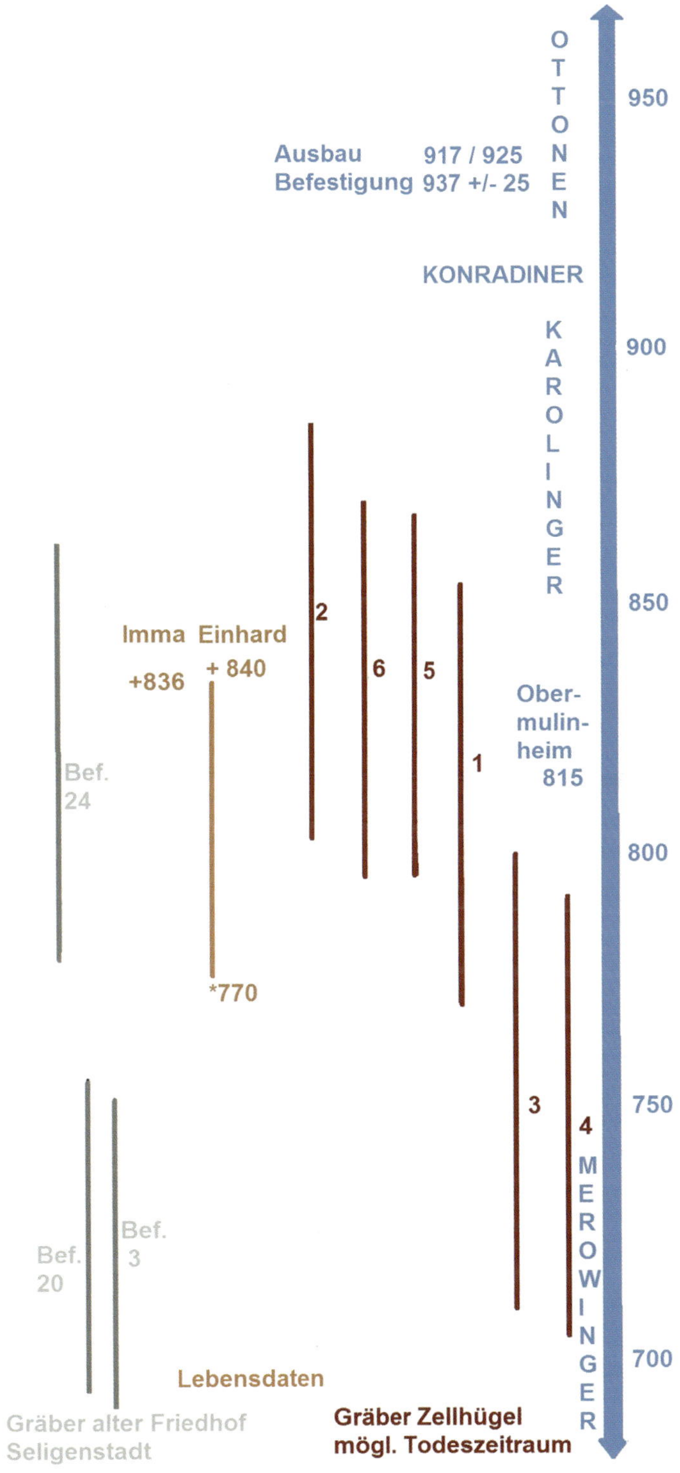

6 Seligenstadt. Die Lebensdaten von Einhard und Imma in Beziehung zum möglichen Todeszeitraum der in den Gräbern von Seligenstadt „Alter Friedhof" und auf dem Zellhügel Bestatteten (Grafik: G. Weber).

7 Seligenstadt. Funde aus dem 2011 aufgedeckten Keller von Mainhausen-Zellhausen (Foto: G. Weber).

festigung ausgebaut: Ein mindestens 2,80 m tiefer Sohlgraben umgab große Teile des Areals. Dahinter kam eine doppelschalige, gemörtelte Mauer zum Vorschein, an die im Inneren vermutlich ein Erdwall angeschüttet war. Dendrochronologische Analysen an Hölzern, die aus zwei Aufschlüssen stammen und am Rand der Grabensohle eingeschlagen gewesen waren, ergaben folgende Fälljahre: um 917, 925 und 937 ± 25 Jahre[29].

Zu Beginn des 10. Jahrhunderts wurde Mitteleuropa regelmäßig von ungarischen Reitern heimgesucht, die raubend und plündernd durch die Lande zogen, wovon auch das Rhein-Main-Gebiet und im Besonderen das Kloster Seligenstadt betroffen waren[30]. Heinrich I. erließ daraufhin die „Burgenordnung“, d. h., bestehende Anlagen wurden ausgebaut oder neue an strategisch günstiger Position errichtet, um der Bevölkerung Schutz zu bieten. Die Befestigung auf dem Zellhügel diente allerdings nicht nur als Fluchtburg, sondern war dauerhaft besiedelt. Darauf deutet der außerordentlich hohe Fundanfall aus dem gesamten Innenareal; außerhalb auf den benachbarten Feldern sind dagegen nur noch vereinzelte Funde zu entdecken. Häusliches Textilhandwerk ist durch die Funde von insgesamt vier Spinnwirteln belegt. Abfallprodukte und Halbfabrikate einer Geweih- und Knochenschnitzerwerkstatt häuften sich im Nordosten der Befestigung. An deren Südrand wurden bei der Grabung im Jahr 2015 Eisenschlacken mit einem Gesamtgewicht von knapp 47 kg, darunter überwiegend kalottenförmige Schmiedeschlacken, sowie verbrannte Reste einer Ofenwandung angetroffen. 2016 gelang durch die Entdeckung einer Äschergrube, die der Vorbereitung des Gerbprozesses gedient hatte, der Nachweis von Lederherstellung auf dem Zellhügel.

Auf Schreibtätigkeiten innerhalb der Siedlung weisen zwei bronzene Schreibgriffel für Wachstäfelchen (Abb. 8, oben und rechts) und weiterhin ein beinerner Stilus hin. Zwei Knochenstücke mit kurzen senkrechten Ritzlinien werden als Kerbhölzer gedeutet, also eine Art Strichliste. In den letzten Jahren kamen vermehrt mittelalterliche Silbermünzen, vornehmlich aus dem 10./11. Jahrhundert, zutage. Als Trachtbestandteile verdienen mehrere Fibeln Aufmerksamkeit. Abgesehen von einem kleinen stilisierten tiergestaltigen Exemplar aus dem Keller, das eine schwache Ähnlichkeit mit Vogelfibeln des 6. Jahrhunderts besitzt[31] (Abb. 7, oben; 8, links), handelt es sich ausnahmslos um Scheibenfibeln. Die allgemein in die Periode vom 8. bis ins beginnende 11. Jahrhundert datierenden Kreuzemailscheibenfibeln[32] liegen in verschiedenen Varianten mit insgesamt vier Exemplaren vor (Abb. 8, Mitte). Ein mit einem eingeritzten Malteserkreuz verziertes Stück kann hier noch angeschlossen werden (Abb. 8, unten rechts). Ein rundes Medaillon mit einem zurückblickenden Tier, das nach einer Ranke (?) schnappt, wurde offenbar auf einer eisernen Trägerplatte angebracht und dürfte nach ähnlichen Funden vor allem aus Westeuropa in das 9./10. Jahrhundert datieren (Abb. 8, unten links)[33]. Interessanterweise findet sich ein ähnliches Motiv auf einigen Bodenfliesen des nach 1160/80 datierten ältesten Kirchenbodens in St. Nazarius in Ober-Roden, der von Egon Schallmayer ausgegra-

8 Seligenstadt. Schreibgriffel und Fibeln. Sondenfunde aus dem Zellhügel von Mainhausen-Zellhausen (Foto: G. Weber).

ben und publiziert wurde[34]. Zu den sog. Pressblechscheibenfibeln[35] zählt ein dünnes rundes Bronzeblech, das ein vogelartiges Mischwesen zeigt (Abb. 8, unten Mitte).

Aus dem Gebiet der Seligenstädter Altstadt sind vergleichbare Metallfunde oder Münzen bisher nicht bekannt. Das umfangreiche Fundmaterial aus dem Klosterbereich liegt noch nicht inventarisiert und wissenschaftlich bearbeitet vor, sodass zu den Funden noch keine Aussage getroffen werden kann. Westlich des Ortes zeichnet sich im Übrigen eine weitere Fundstelle mit karolinger-ottonenzeitlichen Kleinfunden ab, die noch nicht näher erforscht wurde.

Wann die befestigte Siedlung auf dem Zellhügel ihre Bedeutung einbüßte, ist unbekannt. Sie gelangte jedenfalls in das Eigentum der Grafen von Hanau und geriet damit in das Spannungsfeld der Auseinandersetzungen zwischen Mainz und Hanau. Die Stadt Seligenstadt und das zu Mainz gehörende Kloster entwickelten sich schnell; dort wurden im Vorfeld des von Friedrich I. Barbarossa abgehaltenen Hoftags im Frühjahr 1188 das Romanische Haus und auch das Palatium errichtet. Sicher ist zumindest, dass die Befestigung auf dem Zellhügel allmählich verfiel, denn es wurden keine Spuren einer gewaltsamen Zerstörung festgestellt. Zuerst waren die größeren Steine aus der Mauerfront in den schon teilweise zugeschwemmten Graben gefallen. Erst als dieser bereits weiter verfüllt war, gerieten auch die kleineren Steine und der Mörtel aus der Füllung des Schalenmauerwerks als fast ebene Schicht in den Graben hinein – ob nun zufällig oder intentionell im Rahmen einer Einplanierung, ist unbekannt. Die Zellkirche und weitere, bisher archäologisch nicht nachgewiesene Gebäude bestanden weiter. Um die Zellkirche herum entstand ein von einer Mauer umgebener Friedhof, der zehn Meter von der karolingischen Hofgrablege entfernt war. Obwohl Kirchhofmauer und Bestattungen durch den Bodenabtrag weitgehend zerstört worden waren, konnten 2015 mehrere Gräber freigelegt werden. Drei Jungen, etwa fünf, elf und 18 Jahre alt, waren hier im späten 15. und im 16. Jahrhundert beigesetzt worden[36]. 2016 wurden weitere Gräber freigelegt; die Untersuchungen der Skelette sind noch nicht abgeschlossen. Zugleich konnte ein Teil der ausgebrochenen Fundamente der Zellkirche dokumentiert werden.

Seligenstadt und Zellhügel – getrennt und doch vereint?

Die bisherigen Funde der Grabungen und Begehungen auf dem Zellhügel weisen eindeutig auf eine herausragende Stellung der karolinger-ottonenzeitlichen Siedlung und deren Bewohner hin. Es ist daher davon auszugehen, dass auf eine nicht exakt bestimmbare römische und spätmerowingerzeitliche Besiedlung auf dem Zellhügel ein karolingerzeitlicher Herrenhof folgte, den eine privilegierte lokale Familie bewohnte, bei welcher der damalige Hochadel verkehrte.

Wie die Beziehung dieser Bewohner zu den in *Mulinheim superior* Ansässigen und zu dem noch in den Kinderschuhen steckenden Klerikerstift Ein-

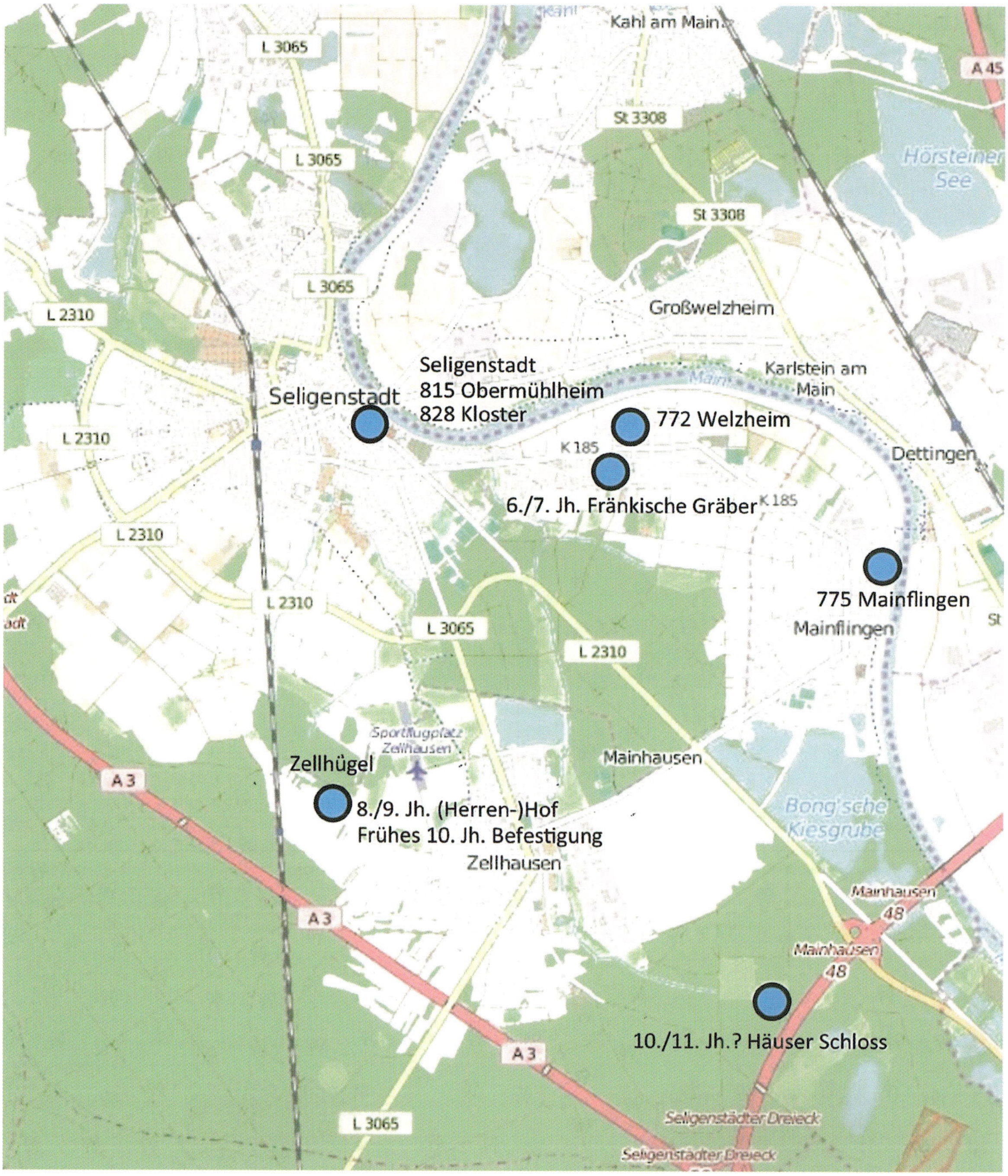

9 Seligenstadt. Lage der mittelalterlichen Fundstellen im Raum Seligenstadt-Zellhausen (Plangrundlage: openstreetmap.org; Planbearbeitung: G. Weber).

hards war oder ob Einhard selbst auf dem Zellhügel vielleicht zeitweilig wohnte, ist unbekannt. Denkbar ist, dass Ludwig der Fromme während seines Besuches bei Einhard im Jahr 836 auch den Zellhügel mit seiner Anwesenheit beehrte. Der Name der Siedlung ist uns noch völlig unbekannt, was umso mehr erstaunt, als andere Ortschaften wie Mainflingen und Klein-Welzheim sehr wohl schon in Schenkungsurkunden des 8. Jahrhunderts erwähnt werden, während die Zellkirche hingegen erst 1344 Eingang in die schriftliche Überlieferung fand. Hatte der betreffende Ort mit *Mulinheim superior* eine Einheit gebildet, sodass gar keine gesonderte Bezeichnung nötig war? Da die Schenkungsurkunde vom 11. Januar 815 neben den 19 Hofreiten in *Mulinheim* im weiteren Text explizit Kirchen (also gab es mehrere), Weiler und Häuser nennt, liegt dies nahe.

Auch im Fall von Seligenstadt selbst ist die Geschichte von der Römischen Kaiser- bis zur Salierzeit mehr als lückenhaft. Vielleicht können weitere Grabungen oder bisher noch unentdeckt in den Archiven schlummernde Urkunden hier neue Erkenntnisse bringen.

Anmerkungen

1 Zusammenfassend mit älterer Literatur: P. Engels, Seligenstadt am Main. In: F. Jürgensmeier/F. Büll in Verb. mit R. E. Scherdtfeger (Bearb.), Die benediktinischen Mönchs- und Nonnenklöster in Hessen. Germania Benedictina 7 (München 2004) 941–995.

2 E. Schallmayer, Ausgrabungen in Seligenstadt. Zur römischen und mittelalterlichen Topographie. Saalburg-Jahrb. 43, 1987, 5–60.

3 D. Kroemer/G. Weber, Neues aus dem römischen und mittelalterlichen Seligenstadt (Landkreis Offenbach). Hessen-Arch. 2001 (2002) 112–113. – G. Weber, Schreibfreudige Römer – Neufunde aus dem römischen Seligenstadt. Hessen-Arch. 2006 (2007) 82–84. – R. Atzbach, Das Palatium in Seligenstadt. Ein Schloßbau Friedrichs I. Barbarossa (Münsterschwarzach 1997). – Ders., Die St. Laurentius-Kapelle in Seligenstadt. Ergebnisse der Ausgrabung von 1997 zur Bau- und Stadtgeschichte (Münsterschwarzach 1998) bes. 12; 22. – M. Grossbach, Die ehemalige Seligenstädter Pfarrkirche „Unsere Liebe Frau". Neue archäologische Befunde zum Kirchenbau und zur Topographie Seligenstadts im Mittelalter (Seligenstadt 1999).

4 Schallmayer (Anm. 2) 6 f.

5 K. Nahrgang (Bearb.), Die Bodenfunde der Ur- und Frühgeschichte im Stadt- und Landkreis Offenbach am Main (Frankfurt a. M. 1967) 190. – Schallmayer (Anm. 2) 7 f. (Steinheimer Straße 10).

6 Nahrgang (Anm. 5) 191.

7 D. Kroemer, Römische Gräber des Kastells Seligenstadt. Hessen-Arch. 2014 (2015) 103–106.

8 K. Nahrgang, Neues aus dem römischen Seligenstadt. Stadt- u. Landkr. Offenbach a. M. Stud. u. Forsch. 2, 1956, 42–47 bes. 45 ff.

9 Nahrgang (Anm. 5) 90.

10 J. W. Ch. Steiner, Das castrum Selgum, zur Urgeschichte der Stadt Seligenstadt und des ausgegangenen Dorfes Zelle bei Zellhausen (Seligenstadt 1858). – CSIR Deutschland II 13, bearb. von M. Mattern. Trierer Grabungen u. Forsch. 12 (Mainz 2005) Taf. 18,59.

11 Zusammenfassung der Grabungsergebnisse der Kampagnen 2009 bis 2012 bei D. Kroemer/L. Stenger/G. Weber, Archäologie und Geschichte am Zellhügel. Untersuchungen an der mittelalterlichen Befestigungsanlage bei Mainhausen-Zellhausen (Kreis Offenbach) (Mainhausen 2014).

12 St. Becker, Siedlungsspuren der späten römischen Kaiserzeit aus Hainburg am Main. Saalburg-Jahrb. 54, 2004, 93–118. – FMRD, Abt. V Hessen, Bd. 2,1 Darmstadt, bearb. von H. Schubert (Berlin 1989) 381 f.

13 Leider liegt zu dem Gräberfeld nur ein kurzer Vorbericht vor: A. Lüdecke, Das fränkische Gräberfeld von Klein-Welzheim. Archäologische Ausgrabungen 1985/86 im Stadtgebiet von Seligenstadt, Kreis Offenbach. Arch. Denkmäler Hessen 72 (Wiesbaden 1982).

14 Engels (Anm. 1) 941 f.

15 Einhard, Translation und Wunder der Heiligen Marcellinus und Petrus. Lateinisch/Deutsch. Hrsg. von Einhard-Gesellschaft e. V. (Seligenstadt 2015) bes. 66 f. 86 f.

16 Ebd. 66 f.

17 K. Nahrgang, Seligenstadt. Eine siedlungsgeschichtliche Studie. Stadt- u. Landkr. Offenbach a. M. Stud. und Forsch. 7, 1961, 153–184 bes. 168. – H. Wagner, Die Äbte des Klosters Seligenstadt im Mittelalter. Archiv mittelrheinische Kirchengesch. 53, 2001, 399.

18 Atzbach (Anm. 3: St. Laurentius-Kapelle) bes. 12; 22. – Grossbach (Anm. 3).

19 E. Hahn, Ergebnisse der anthroplogischen Untersuchung. In: Grossbach (Anm. 3) 44–47.

20 Grossbach (Anm. 3) 32 ff. 55. – Atzbach (Anm. 3: St. Laurentius-Kapelle) 24. – H. Reiß, Restaurierte Denkmäler und archäologische Untersuchungen (Seligenstadt 2005) 43–68, hält an den alten Zuordnungen St. Laurentius = *basilica parva* und Unsere Liebe Frau = *basilica nova* fest. Kritisch hierzu K. T. Platz, Basilika Seligenstadt. Geschichte und Bauentwicklung. Förderkr. Hist. Seligenstadt 6 (Büchenbach 2006) 60 f.

21 K. Nahrgang, Der Zellhügel am Zellerbruch. Stadt- u. Landkr. Offenbach a. M. Stud. u. Forsch. 3, 1957, 65–72.

22 D. Kroemer/L. Stenger/G. Weber, Eine Leiche am Keller – Kampagne 2011 in der „Zellkirche". Hessen-Arch. 2011 (2012) 121–125. – G. Weber/U. Nothwang/N.-J. Rehbach/A. Lutz, Ein Gräberfeld am Friedhof – neu entdeckte Bestattungen auf dem „Zellhügel". Hessen-Arch. 2014 (2015) 133–137. – Datierungen der Skelette: Leibnitz Labor für Altersbestimmung und Isotopenforschung, Christian-Albrechts-Universität Kiel, Probe KIA 47342. – Curt-Engelhorn-Zentrum Archäometrie gGmbH, Labor-Nr. MAMS 23026–23030.

23 M. Vohberger, Bericht zur Provenienzanlayse eines Skelettes aus Mainhausen. Unpubl. Ber. München 2014. – C. Knipper, Untersuchungsbericht 16083, Curt-Engelhorn-Zentrum Archäometrie gGmbH. Unveröff. Ber. Mannheim 2016.

24 K. Andersson, Glas från Romare till Vikinger (Uppsala 2010) 143 f.

25 W. Menghin, Neue Inschriftenschwerter aus Süddeutschland. In: K. Spindler (Hrsg.), Vorzeit zwischen Main und Donau (Erlangen 1980) 252. – Z. Vinski, Zu karolingischen Schwertfunden aus Jugoslawien. Jahrb. RGZM 30, 1983, 478.

26 W. Giertz, Reliefbandamphoren aus St. Quirin im Kontext karolingischer Keramik, In: M. Tauch (Hrsg.), Quirinus von Neuss. Beiträge zur Heiligen-, Stifts- und Münstergeschichte (Köln 2000) 222–271.

27 A. Grothe, Zur karolingischen Keramik der Pfalz Paderborn. In: Ch. Steigemann/M. Wemhoff (Hrsg.), 799. Kunst und Kultur der Karolingerzeit, Bd. 3: Beiträge zum Katalog der Ausstellung (Paderborn 1999) 207–211 bes. 209 ff.

28 Engels (Anm. 1) 945; 960 f.

29 Dendrochronologisches Labor Westphal Frankfurt, Labor-Nr. DLWF 5241–5254. – Klaus-Tschira-Archäometriezentrum Universität Heidelberg, Labor-Nr. MA 154809; MA 154810.

30 L. Stenger, Die Burg am Zellhügel – eine „Heinrichs"-Burg. Online-publ. <http://www.ghv-mainhausen.de/images/zellkirche/die-burgenordnung-heinrichs-i_presse_1.pdf> (Zugriff: 17.08.2016). – J. W. Ch. Steiner, Geschichte und Beschreibung der Stadt und ehemaligen Abtei Seligenstadt in der Großherz. Hess. Provinz Starkenburg (Aschaffenburg 1820) 82 f. – Wagner (Anm. 15) 396.

31 Freundl. Hinweis U. Gross.

32 S. Spiong, Fibeln und Gewandnadeln des 8. bis 12. Jahrhunderts in Zentraleuropa. Zeitschr. Arch. Mittelalter, Beih. 12 (Bonn 2000). – E. Wamers, Die frühmittelalterlichen Lesefunde aus der Löhrstraße (Baustelle Hilton II) in Mainz. Mainzer Arch. Schr. 1 (Mainz 1994) 50 ff.

33 N. Smedley/E. Owles, Some Anglo-Saxon 'Animal'-Brooches. Proc. Suffolk Inst. Arch. and Hist. 30, 1964/66, 166–174. – J. Soulat, Les fibules discoides à dékor des «monstre» regardant en arrière (IXe-Xe siècle) décovertes en France. Héritage iconographique et influences stylistiques. Arch. Médiévale 2013, 145–153.

34 E. Schallmayer, Rödermark–Ober-Roden. Alte St. Nazarius-Kirche. In: E. Schallmayer/G. Weber, Mittelalterliche Bodenfliesen aus dem Kreis Offenbach. Stadt- u. Landkr. Offenbach a. M. Stud. u. Forsch. N. F. 17, 2000, 37–53 Abb. 25a–b.

35 Wamers (Anm. 32) 116 ff. – M. Klein-Pfeuffer, Merowingerzeitliche Fibeln und Anhänger aus Pressblech. Marburger Stud. Vor- u. Frühgesch. 14 (Marburg/Lahn 1993).

36 Bestimmung U. Nothwang/N.-J. Rehbach. – Curt-Engelhorn-Zentrum Archäometrie gGmbH, Labor-Nr. MAMS 27064–27066.

Die Wüstung Meßfelden bei Hungen im Spiegel historischer und archäologischer Quellen

Michael Gottwald, Christoph Röder

Lage und Forschungsgeschichte

Direkt nordwestlich der Stadt Hungen, zwischen Hungen und dem Licher Stadtteil Langsdorf (beide Lkr. Gießen), liegt die der hessischen Landesarchäologie schon seit Langem bekannte Wüstung Meßfelden[1]. In den 1980er-Jahren gelang Otto Brasch im Auftrag des Landesamtes für Denkmalpflege Hessen, Abteilung Archäologie und Paläontologie (heute: hessenARCHÄOLOGIE), die Aufnahme von Luftbildern, auf denen sich eine kleine Kirche nebst Kirchhof, einige Keller sowie ein Wegesystem gut abzeichnen[2]. Bereits 1961 waren die wichtigsten historischen Quellen zu Meßfelden vom Hungener Pfarrer und Heimatforscher Waldemar Küther im Rahmen einer Vorstellung der Wüstungen im Umfeld von Hungen zusammenfassend vorgelegt worden[3]. Im Rahmen eines Forschungsprojektes zur frühmittelalterlichen Besiedlung der nördlichen Wetterau, das von der Kommission für Archäologische Landesforschung in Hessen e. V. ins Leben gerufen worden war, führte Mathias Austermann in den Jahren 1992/93 Begehungen im Bereich der Wüstung durch, die zahlreiche Funde erbrachten[4]. Weitere intensive Feldprospektionen seitens der Verfasser zwischen 2005 und 2014 führten zu einer deutlichen Vermehrung des Fundmaterials. Dieses bildet den Kern des vorliegenden Aufsatzes[5]. Besonders hervorzuheben ist die Prospektionstätigkeit von Andy Kleeberg, Hungen, der im für Luftbilder günstigen Jahr 2011 ausgesprochen detailreiche Aufnahmen anfertigen konnte, die er dankenswerterweise für diesen Aufsatz zur Verfügung stellte. Den vorläufigen Abschluss der Forschungsarbeiten in Meßfelden bildete eine geoelektrische Messung im Bereich des Kirchenstandortes, die 2012 durch gbt –geo.büro Dr. Tarasconi, Fürth, durchgeführt wurde.

Historische Überlieferung

Wie eingangs erwähnt, hatte sich Waldemar Küther schon vor über einem halben Jahrhundert mit der historischen Überlieferung zu Meßfelden befasst. Zwar war es möglich, die von ihm aufgeführten Quellen durch die Erfassung inzwischen publizierter bzw. recherchierbarer archivalischer Bestände um eine ganze Reihe weiterer Belege zu ergänzen, doch den wesentlichen Bestand an aussagekräftigen Urkunden konnte bereits er vorlegen. Im Folgenden soll daher nur eine kurze Zusammenfassung der wichtigsten Nachweise wiedergegeben werden[6].

Die erste urkundliche Erwähnung des Ortes stammt vom 3. Dezember 1281, als Angelus, Gerdonus, Guntramus und Walterus, Schöffen in Grünberg, und die übrigen Grünberger Bürger bekunden, dass Franko von *Mazvelth* für die nächsten fünf Jahre die Villikation in Laubach gegen die Zahlung genau aufgeführter Zinsen und Zehnten an den Abt wie den Dekan von Kloster Hersfeld übernehmen werde. Von einer Kapelle in *Maszfelden* war erstmals am 24. November 1318 die Rede, als Philipp von Falkenstein der Ältere erklärte, dass ihm und seiner Frau Mechthild am Patronat dort kein Recht zustehe. Der auf dem Luftbild so gut zu sehende Kirchhof fand explizit 1384 Erwähnung, als Kloster Arnsburg von Contzele und Metze von *Masfelden* u. a. *„eyn hobestat gelegen in deme dorffe zu Maffelden gein deme kirchobe vbir"* erhielt. Ein Pfarrer zu *Maßfeldin*, nämlich Werner, genannt Huseler, erscheint in einer Urkunde vom 22. November 1402. Bereits am 11. August 1405 wurde jedoch auf Bitten Philipps von Falkenstein der Katharinenaltar in Meßfelden mit seinen Funktionen, Rechten und Einkünften auf einen neuen, ebenso genannten Altar in Hungen übertragen. Diese Transaktion kann möglicherweise als erster Hinweis auf einen wahrscheinlich bereits schon vorher einsetzenden Bedeutungsverlust des Ortes angesehen werden. Hungener Gerichtsbücher nennen 1566 Kirche und Friedhofsmauer und Mitte des 17. Jahrhunderts neben einem Weiher noch die Kirche. Leider lassen sich diesen Erwähnungen keine Angaben zum damaligen Zustand der Gebäude entnehmen. Spätestens im Kriegsjahr 1635/36 ist der Prozess des Wüstfallens von Meßfelden abgeschlossen, denn es wird aus Villingen berichtet[7], dass *„[...] das Dorf Mesfallen gäntzlich ausgestorben sein bis auf zwey Mann, so darnach nach Hongen sind gezogen"*.

Der ebenfalls im 17. Jahrhundert erwähnte Meßfeldener Brunnen besteht noch heute in Gestalt einer Betonrinne und einer gusseisernen Schwengelpumpe aus dem späten 19. oder frühen 20. Jahrhundert. Sicher geht die Einfassung dieser Wasserstelle auf ältere Anlagen zurück. Der in Flurnamen überlieferte Weiher muss unterhalb des Siedlungsbereiches gelegen haben; dort findet sich an tief gelegener Stelle ein fundleerer Bereich mit sterilem Ackerboden, der wohl von einer künstlichen Auffüllung herrührt. Möglich ist, dass der Weiher aufgegeben wurde, da er sich wirtschaftlich nicht trug, wie dies beispielsweise für den Fischweiher im Bereich der Wüstung Engelhausen bei Hungen ausdrücklich überliefert ist[8].

Der Ortsname

Nach Lutz Reichardt geht der Name Meßfelden entweder aus dem Eigennamen *Matz* oder aus dem mittelhochdeutschen *misse* bzw. *messe* mit der Bedeutung „Gottesdienst, kirchliches Fest, Jahrmarkt" hervor. Darüber hinaus erscheint die alternative

1 Wüstung Meßfelden. (A) Luftbild der Wüstung, aufgenommen im August 2011; (B) Umzeichnung des Luftbildes: Mauern (rot), Wege (blau), Erdbefunde (orange) (Foto: A. Kleeberg, Hungen; Umzeichnung: Ch. Röder, hA).

Ableitung des Namens von „Maß-“ oder „Massenhütten“ plausibel, die ihren Namen der *massa ferri* verdanken, d. h. den „Eisenklumpen“, die nach vollendeter Schmelzung des Eisens aus den Öfen ausgebrochen wurden[9]. Dies würde auch gut zu den umfangreichen Funden an Eisenschlacken und Luppen passen, die vorwiegend aus einem Areal am Südrand der Wüstung stammen.

Die Befunde

Besondere Aufmerksamkeit verdienen die von A. Kleeberg angefertigten Luftbilder (Abb. 1–2), da sie angesichts ihres Detailreichtums gegenüber den älteren Aufnahmen der hessischen Landesarchäologie und den von Google Earth[10] bereitgestellten Luftbildern vorzuziehen sind[11]. In einem kleinen Teilareal der Wüstung und zwar im Bereich der Kirche konnte 2012 ein Siedlungsausschnitt geoelektrisch (Abb. 3) untersucht werden[12]. Die beiden bildgebenden Verfahren sowie Beobachtungen während der Begehungen bilden die Grundlage für die folgenden Ausführungen.

Die Kirche

Zentraler Punkt des Dorfes war sicherlich die Kirche mit ihrem Kirchhof. Bei dem Gebäude handelt es sich um einen geosteten rechteckigen Saalbau von knapp 14 × 8 m Größe mit einem im Osten angesetzten, eingezogenen polygonalen Chor von circa 7 m Länge. Eine Türöffnung ist nicht zu erkennen. Die Form des Chores darf als Anzeichen für Baumaßnahmen im Zeitalter der Gotik gewertet werden. Ansonsten lassen sich aus den Luftbildern sowie aus dem geoelektrischen Messbild keine weiteren Indizien zur Baugeschichte des Gotteshauses gewinnen, etwa durch Spuren möglicher älterer Bauphasen. Hinweise zur Gestaltung des ehemaligen Baus ergeben sich allerdings aus dem aufgepflügten Bauschutt. Unter diesem befinden sich neben Mörtelresten größere Mengen von Dachschieferfragmenten sowie Reste von weiß gefasstem Wandverputz. An Steinmaterial liegt ausschließlich der regional vorkommende Basalt vor. Erwähnung verdient ein unregelmäßiger ovaler Bereich direkt nördlich des Chores, der im Luftbild nur zu erahnen ist, im geo-

2 Wüstung Meßfelden. Ein im August 2011 aufgenommenes Luftbild zeigt in großer Deutlichkeit Kirche und Kirchhofmauer, die vor dem Tor liegende Wegegabelung sowie Gebäudestrukturen und Brunnen im Umfeld (Foto: A. Kleeberg, Hungen).

elektrischen Messbild jedoch deutlich hervortritt. Es ist möglich, wenngleich eine reine Spekulation, dass es sich dabei um Reste einer Bebauung innerhalb des Kirchhofes handelt – denkbar wäre u. a. ein Beinhaus. Umgeben wird die Kirche von einem ummauerten ovalen Kirchhof von rund 45 m Länge und 30 m Breite. Die Nord- und Nordwestseite der Umfassungsmauer ist bereits auf dem Luftbild der 1990er-Jahre nicht mehr zu erkennen. Da es sich hierbei um den sich hangaufwärts erstreckenden Teil der Mauer handelt, liegt die Vermutung einer Zerstörung dieses besonders exponierten Abschnitts durch die intensive landwirtschaftliche Nutzung nahe. Für einen starken Bodenabtrag in diesem Bereich spricht beispielsweise der Umstand, dass immer wieder menschliche Knochen zutage gefördert werden, die dem die Kirche umgebenden Friedhof zuzuweisen sind. Somit wird der Bereich des Bestattungshorizontes zumindest teilweise bereits vom Pflug erfasst worden sein. Von der Zerstörung durch Beackerung abgesehen, ist auch ein gezieltes Ausbrechen der Steine denkbar. Sehr deutlich tritt hingegen das circa 2 m breite Kirchhoftor südlich der Kirche mit zwei, etwa 2 m nach innen springenden Wangen hervor, die sich möglicherweise zu einem kleinen Torbau rekonstruieren lassen. Direkt vor dem Kirchhoftor liegt ein kleiner dreieckiger Platz, der durch eine Wegegabelung ausgespart wird.

3 Wüstung Meßfelden. Geoelektrisches Messbild der Kirche und des Kirchhofes der Wüstung. Im Vergleich zum Luftbild sind nur wenige zusätzliche bzw. detailreichere Strukturen zu erkennen (Plan: gbt – geo.büro Dr. Tarasconi, Fürth, im Auftrag der hA).

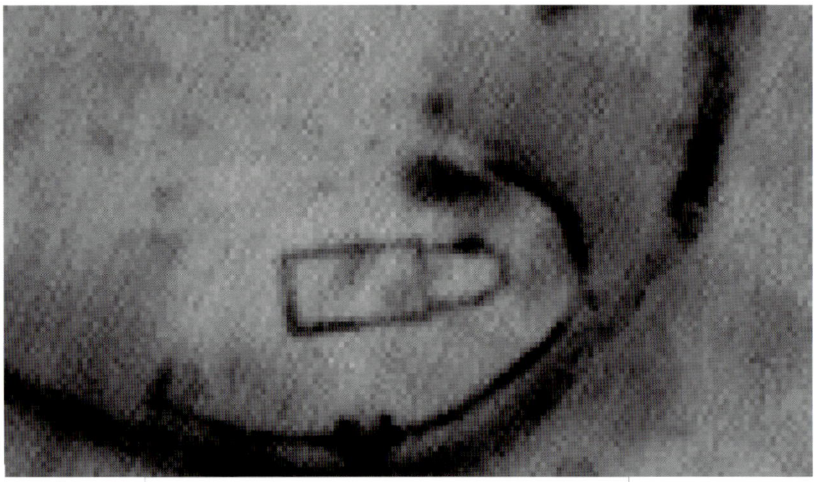

Das Wegenetz

Das sich im Luftbild abzeichnende Wegenetz umschließt direkt vor der Kirche den erwähnten „Platz" in Form eines Dreiecks, das eine Schenkellänge von nicht ganz 10 m aufweist. Von einer der Spitzen des Dreiecks läuft ein deutlich sichtbarer Weg nach Süden. Er gabelt sich am Rande der Siedlung und verliert sich kurz darauf im Luftbild. Die Vermutung liegt nahe, dass einer der beiden Wegearme dem Tal in östlicher Richtung nach Hungen folgte, der andere hingegen in südlicher Richtung nach Inheiden und weiter in die Wetterau führte. Ziel des nach Norden am Kirchhof vorbeilaufenden Weges war vermutlich der Raum der heutigen Hungener Stadtteile Villingen und Nonnenroth und damit das westliche Vogelsbergvorland, während der an der Wegkreuzung nach Norden abzweigende Weg in Richtung Langsdorf und Lich weist. Somit lag der Ort Meßfelden an einem Verkehrskreuzungspunkt, den zumindest wichtige regionale, wenn nicht sogar überregionale Verkehrsachsen passierten. Von der Nord-Süd-Wegeachse durch das Dorf zweigen darüber hinaus innerhalb des Dorfes zwei schwach sichtbare und nur über kurze Distanz zu verfolgende Wegeabschnitte ab, die möglicherweise innerörtliche Bedeutung besaßen.

Die Profanbebauung

Neben Kirche und Wegeführung liefert die Luftbildprospektion umfangreiche Erkenntnisse über die Steinbauten des Dorfes. So zeichnen sich die Grundrisse von mindestens weiteren neun steinernen Gebäuden ab. Zwei davon sind aufgrund der deutlich sichtbaren Auf- bzw. Abgänge sicher als Keller anzusprechen, vier weitere sind nur undeutlich zu erkennen und bei drei direkt östlich des Kirchhofes gelegenen quadratischen bis leicht rechteckigen Grundrissen mag es sich um die Fundamente von Gebäuden handeln. Verlockend erscheint die Spekulation, die 1384 erwähnte *„hobestat"*, die bei dem *„kirchobe"* lag und Contzele und Metze von *Masfelden* gehörte, in diesem Bereich zu verorten. Das Luftbild zeigt darüber hinaus acht kleine kreisrunde Strukturen. Hier umgeben in der Regel ringförmige negative Bewuchsmerkmale positive in der Mitte, wobei der jeweilige Durchmesser maximal 2 m beträgt. Bei diesen Objekten dürfte es sich im Wesentlichen um Brunnen handeln. Der potenzielle Brunnen direkt am nördlichen Rand des Kirchhofes zeichnet sich auch auf dem geoelektrischen Messbild deutlich als kreisrunde Anomalie ab. Darüber hinaus sind schwach ausgeprägte positive wie negative Bewuchsmerkmale zu beobachten, die zumindest teilweise von anthropogenen Bodeneingriffen herrühren dürften. Hinter der einen oder anderen Struktur verbirgt sich möglicherweise ein Grubenhaus, eine kreisrunde Grube oder gar ein Ofenstandort.

Oberflächenbegehungen und Siedlungsausdehnung

Im Rahmen von mehreren Begehungen konnte umfangreiches, vor allem keramisches Material geborgen werden. Das im Rahmen dieses Aufsatzes berücksichtigte Fundgut stammt aus Untersuchungen durch die Verfasser, die im Auftrag der hessischen Landesarchäologie in den letzten Jahren durchgeführt wurden. Ältere Prospektionen konnten hier nicht berücksichtigt werden, auch fehlen noch eine detaillierte Auswertung und eine Erfassung des inzwischen deutlich über 5.000 Stücke angewachsenen Materials. Die Fundstreuung deckt sich im Wesentlichen mit dem von Mathias Austermann kartierten Areal. So verwundert es nicht, dass alle im Luftbild sichtbaren Strukturen innerhalb dieses Bereiches liegen. Die Ausmaße des durch Luftbilder und Lesefunde abgedeckten Siedlungsareales sind beträchtlich. In Nord-Süd-Richtung beträgt die Ausdehnung der Siedlungsfläche rund 300 m, in West-Ost-Richtung immerhin noch 150 m.

Die vorgeschichtliche und frühkaiserzeitliche Besiedlung

Auf eine Nutzung des Areals in vorgeschichtlicher Zeit weisen bislang nur wenige Funde hin, die allerdings in Form von zwei Keilmessern bis in das Mittelpaläolithikum zurückreichen. Als neolithisch sind eine Klinge sowie der Bohrkern eines Felsgesteinartefaktes anzusprechen. Darüber hinaus ist noch eine geringe Menge nicht näher bestimmbarer Keramikscherben vorgeschichtlicher Machart vorhanden.

In die jüngere vorrömische Eisenzeit gehört das Bruchstück eines kobaltblauen Glasarmringes. Dieser lässt sich der Reihe 4 nach R. Gebhard zuweisen, die durch eine senkrecht gekerbte, in Längsrichtung geteilte Mittelrippe charakterisiert wird und in die Stufe Lt C1b datiert[13]. Als Indiz für latènezeitliche Aktivitäten am Ort kann das Fragment allerdings nur mit Vorbehalt herangezogen werden, zumal weitere Funde fehlen, die sicher in die gleiche Zeit datieren. Gerade bei diesen auffälligen Objekten ist grundsätzlich auch eine sekundäre Verlagerung in Betracht zu ziehen. Beispielsweise sind Stücke von latènezeitlichen Glasarmringen gelegentlich in frühmittelalterlichen Gräbern anzutreffen, da ihnen wohl – zumindest teilweise – ein Amulettcharakter beigemessen wurde.

Sicher belegen lässt sich hingegen die Präsenz von Angehörigen des rhein-weser-germanischen Kulturkreises während des ersten nachchristlichen Jahrhunderts. In diese Zeit verweist das Randfragment eines Schulterknickgefäßes, das der von R. von Uslar definierten Form I entspricht[14] (Abb. 4,1).

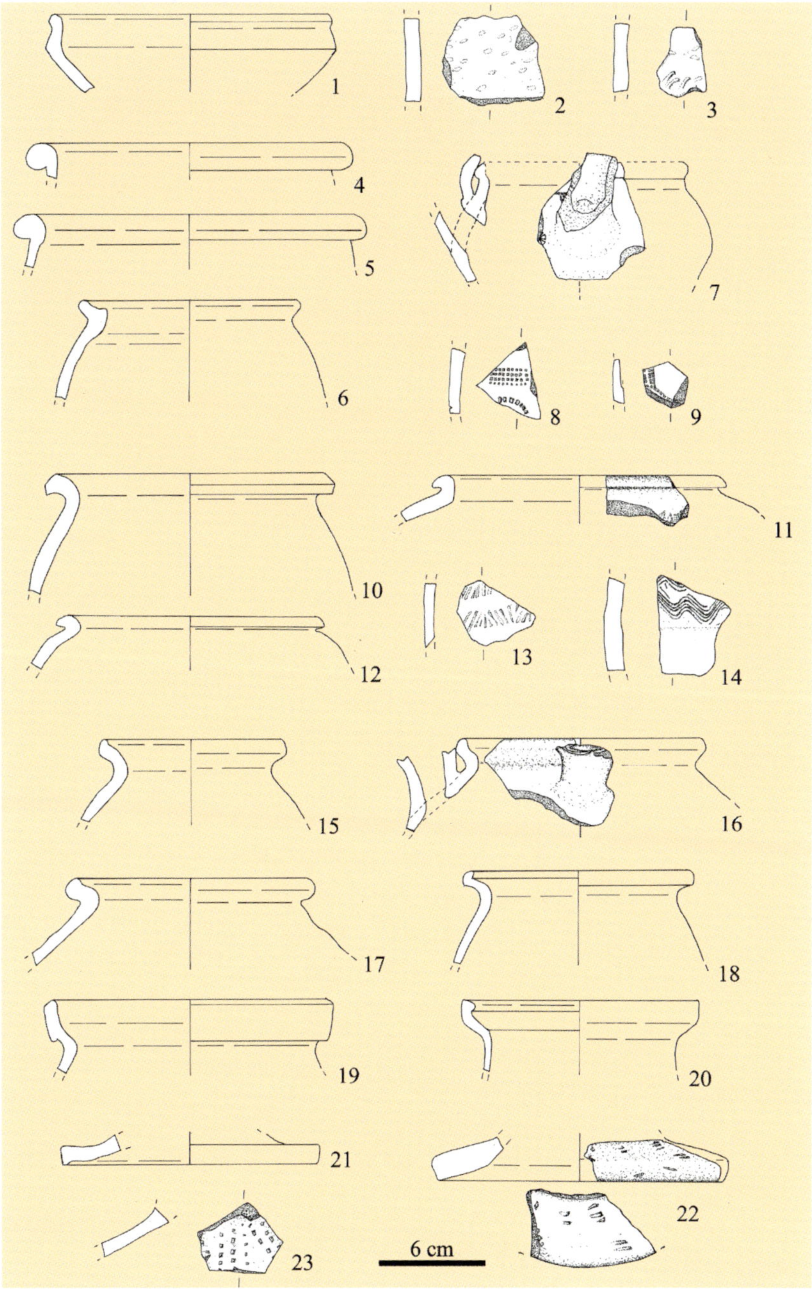

4 Wüstung Meßfelden. Germanische (1–3), merowingerzeitliche (4–9), karolingerzeitliche (10–14) und hoch- bis spätmittelalterliche (15–22) Keramikfunde. (Zeichnungen: E. Röder, im Auftrag der hA).

Auch zwei Wandscherben mit einer „Dellenzier" (Abb. 4,2) bzw. einem Dekor aus „Fingernageleindrücken" (Abb. 4,3) lassen sich zwanglos diesem Zeitraum zuordnen; allerdings ist auch eine etwas jüngere Datierung nicht auszuschließen[15].

Die Anfänge von Meßfelden

Eine intensive Siedlungsaktivität ist ab der Merowingerzeit im Gebiet der Wüstung nachweisbar. Diese setzte spätestens um 600 ein und manifestiert sich durch zahlreiche Fragmente rauwandiger Drehscheibenware, die fast ausschließlich reduzierend gebrannt sind (Abb. 4,4–6). Bei den Gefäßen dieser Warengruppe herrschen wulstförmige Randtypen vor; in deutlich kleineren Stückzahlen kommen daneben beispielsweise Töpfe mit Deckelfalz vor. Des Weiteren ist auch die reduzierend gebrannte, geglättete

5 Wüstung Meßfelden. Kreuzscheibenfibel mit Zellemaileinlage (Foto: Ch. Röder, hA).

Feinware durch mehrere Gefäßfragmente vertreten. Neben stempelverzierten Knickwandtöpfen ist auch ein Fragment einer ebenfalls stempelverzierten Tüllenausgusskanne nachgewiesen (Abb. 4,7–9). Karolingerzeitliche Keramik tritt ebenfalls häufig auf, wobei hier erwartungsgemäß der oxidierende Brand dominiert. Verzierungen treten in Form von Rollstempeln auf, wobei Kleinrechteck- sowie variantenreiche Strichmuster und – insbesondere bei älteren Stücken – auch Wellenbänder hinzukommen (Abb. 4,10–14). Das Formenspektrum setzt sich fast ausschließlich aus Töpfen zusammen.

Aus spätmerowingischer bis frühsalischer Zeit stammt auch eine Reihe von Metallfunden. So kann das schlecht erhaltene Fragment einer Riemenzunge aus Buntmetall mit gekerbtem Rand und Kreisaugenzier wohl in das späte 7. oder frühe 8. Jahrhundert datiert werden. Eine runde Scheibenfibel zeigt in Zellenemailtechnik ein Kreuz mit sich verbreiternden Armen, halbrunden Zwischenfeldern und abgesetztem rundem Zentrum (Abb. 5). Die Hauptnutzungszeit dieses Typs umfasst die letzten beiden Drittel des 9. Jahrhunderts und wohl das gesamte 10. Jahrhundert[16]. In die ottonisch-salische Periode datiert eine Scheibenfibel mit doppeltem (Perl-?) Rand und zentralem Vogelmotiv (Abb. 6). Die stark stilisierte Tierdarstellung gibt vermutlich einen Adler wieder. Über Vergleichsfunde kann das Objekt in die Zeit von 950 bis 1050 datiert werden[17].

6 Wüstung Meßfelden. Scheibenfibel mit zentralem Vogelmotiv (Foto: Ch. Röder, hA).

Das Hoch- und Spätmittelalter

Zahlreiche Keramikfunde stammen aus dem Hoch- und Spätmittelalter, wobei oxidierend gebrannte Irdenwaren – wie sowohl in der Region als auch andernorts üblich – mengenmäßig dominieren. Darunter befinden sich einige wenige Fragmente mit rötlicher Engobebemalung. Hinsichtlich der Formen spielen Kugeltöpfe eine herausragende Rolle (Abb. 4,15–20). Deckel sind nur durch wenige Exemplare belegt, die vornehmlich Verzierungen aufweisen (Abb. 4,21–23). Schüsseln mit ausladendem Rand und Wellenfuß traten im 14./15 Jahrhundert auf (Abb. 7,1).

Neben den klar vorherrschenden oxidierend gebrannten Irdenwaren lässt sich in Meßfelden in wesentlich kleinerer Stückzahl eine reduzierend gebrannte Drehscheibenware fassen (Abb. 7,6–8). Dabei handelt es sich um „Grauware“, die im 13. und 14. Jahrhundert insbesondere in der Region um Frankfurt a. M. bzw. im engeren Rhein-Main-Gebiet verbreitet war[18].

Trink- und Schankgeschirr ist vor allem durch Steinzeuge und Faststeinzeuge repräsentiert, wobei Letztere zahlenmäßig deutlich hervortreten (Abb. 7,9–12). Aufgrund der unterschiedlichen Macharten geben sich die Faststeinzeuge als Importe aus mehreren Produktionsorten bzw. -regionen zu erkennen. Zu diesen zählen beispielsweise Aulendiebach (Stadt Büdingen, Wetteraukreis) und der Rheingau. Als Baukeramik verdient noch eine Reihe von Becherkacheln Erwähnung, die fast ausschließlich Typen des ausgehenden Mittelalters angehören (Abb. 7,2–5).

An keramischen Sonderformen wurden Fragmente von mindestens vier Blasinstrumenten in Form sog. Aachenhörner angetroffen (Abb. 7,14–17), wie sie im Spätmittelalter und in der frühen Neuzeit begegnen. Ein fragmentiertes Spielzeugpferdchen besteht aus weißlich grauer Irdenware mit Resten einer bräunlichen Glasur (Abb. 7,13). Auf Höhe der Vorderbeine weist der dargestellte Tierkörper eine senkrecht zur Längsachse angebrachte Durchbohrung auf. Gleich drei Vergleichsfunde zu diesem Objekt traten vor wenigen Jahren bei der archäologischen Untersuchung des „Alten Schlosses“ bei Kleinwallstadt (Lkr. Miltenberg) zutage, das offensichtlich nur kurze Zeit während der Mitte des 13. Jahrhunderts bestanden hatte[19].

Aus hoch- bis spätmittelalterlicher Zeit stammen weiterhin fünf Gürtelschnallen aus Buntmetall, darunter vier Exemplare mit gerippter Dornrast (Abb. 8). In diesen Zeitraum datiert das Fragment einer Buchschließe in Form eines Vogelkopfes sowie ein stark deformiertes Messerortband (Abb. 7,19). Die Eisenfunde aus dem Wüstungsbereich sind größtenteils stark korrodiert und daher nicht näher ansprechbar; eine Ausnahme bildet der Beschlag einer Trippenspitze (Abb. 7,18).

Das Ende von Meßfelden in der frühen Neuzeit

Besonders das umfangreiche Keramikspektrum lässt ein Bestehen der Siedlung zumindest bis in das 15. Jahrhundert hinein möglich erscheinen. Eine während mehrerer Jahre immer wieder beobachtete, relativ kleinräumige und nicht sehr deutlich ausgeprägte Fundstreuung mit frühneuzeitlicher Keramik im Osten des Wüstungsareals kann möglicherweise mit einer archivalisch überlieferten – kontinuierlichen? – Weiternutzung des Areals in Verbindung gebracht werden, die erst zur Zeit des Dreißigjährigen Kriegs um 1634/35 geendet haben soll.

Eisengewinnung und -verarbeitung

Die umfangreichen Funde von Schlacken und Luppen entziehen sich einer genauen Datierung. Aufgrund ihrer Vergesellschaftung mit mittelalterlicher Keramik ist jedoch anzunehmen, dass im Ort Meßfelden in größerem Umfang Eisen gewonnen und ggf. weiterverarbeitet wurde. Zwar liefert der Ortsname, wie bereits erwähnt, hierfür Indizien, doch bleibt aufgrund fehlender eindeutiger Befunde, die nur Grabungen erbringen können, der abschließende Nachweis einer größer angelegten, den Ortsnamen maßgeblich prägenden Eisengewinnung vorerst aus. Die entsprechenden Funde konzentrieren sich in der Masse auf ein größeres, relativ geschlossenes Areal an der südwestlichen Peripherie der Wüstung.

Zusammenfassung und Ausblick

Die Wüstung Meßfelden mag letzten Endes eine von vielen im Spätmittelalter abgegangenen Ortschaften am nördlichen Rande der Wetterau gewesen sein und sich nicht wesentlich von anderen mehr oder weniger umfangreich untersuchten gleichartigen Orten im näheren Umfeld unterscheiden[20]. Hervorzuheben sind hier allerdings einige Umstände, die diese Fundstelle dennoch zu etwas Besonderem machen.

Da die Wüstungslage seit Jahrzehnten intensiv landwirtschaftlich genutzt wird, kommen regelmäßig große Mengen an Funden zutage. Diese ermöglichen einen umfassenden, diachronen Einblick in die Sachkultur einer ländlichen Ansiedlung von der Merowingerzeit bis in das späte Mittelalter. Im Prospektionsjahr 2011 hatte der schon weit vorangeschrittene Bodenabtrag im Bereich der Fundstelle – der schließlich mit der irreversiblen Zerstörung des Bodendenkmals enden wird – im Zusammenspiel mit den günstigen Wetterbedingungen wenigstens den kurzzeitigen Effekt einer deutlichen Ausprägung der Bewuchsmerkmale und zwar dort, wo schon Mauerwerk aufgepflügt worden war bzw. sehr oberflächennah anstand. Dadurch und dank der Kenntnisse und Beobachtungsgabe des Fotografen konnten im Rahmen der luftbildarchäologischen Befliegung sehr aussagekräftige Aufnahmen gelingen, die einen guten, flächigen Einblick in die bauliche Struktur der Siedlung erlauben. Darüber hinaus fanden im Bereich dieser Fundstelle in den letzten Jahrzehnten regelmäßige Begehungen durch Archäologen sowie durch engagierte ehrenamtliche Mitarbeiter statt, die sich darüber hinaus auch um Luftbild- und geoelektrische Prospektionen bemüht haben.

Das von M. Austermann vorgestellte Keramikspektrum und die daraus abgeleitete Datierung des mittelalterlichen Siedlungsgeschehens wird durch die Neufunde ergänzt bzw. untermauert. Zusätzlich liegen nun mehrere früh- bis spätmittelalterliche Metallfunde vor, die eine Bereicherung des Fundmaterials aus dieser Wüstung darstellen. Besonders interessant ist der Nachweis einer Nutzung des Plat-

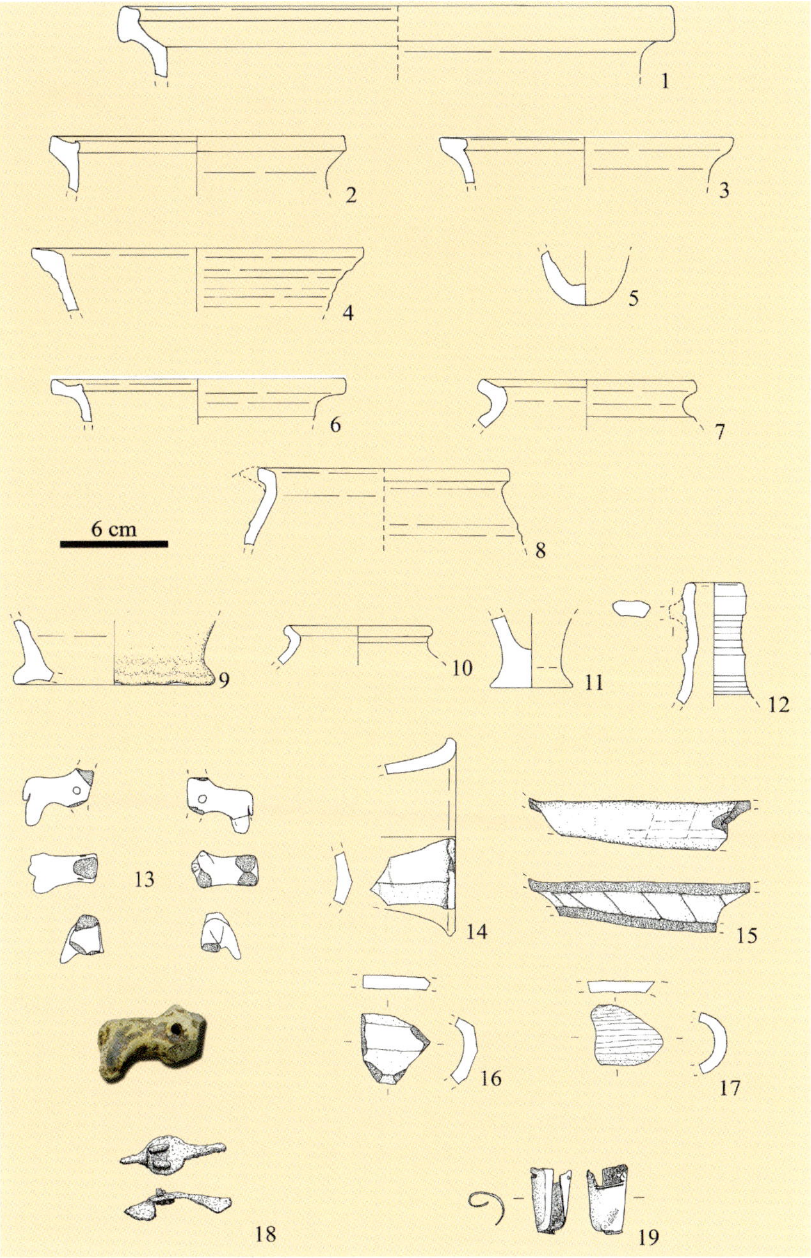

7 Wüstung Meßfelden. Hoch- bis spätmittelalterliche Keramikfunde (1–12), Spielzeugpferd (13) und Aachenhörner (14–17) aus Ton sowie ein eiserner Trippenbeschlag (18) und ein Ortband aus Buntmetall (19) (Zeichnungen: E. Röder [1–17]/A. Slowikow [19], im Auftrag der hA; B. Steinbring, hA [18]).

8 Wüstung Meßfelden. Fünf Gürtelschnallen aus Buntmetall, davon vier mit gerippter Dornrast (Foto: Ch. Röder, hA).

zes im ersten nachchristlichen Jahrhundert, wobei die bislang vorliegende geringe Fundmenge keine Aussagen über Anfang und Ende dieser Besiedlungsphase zulässt. Damit liegt neben einem Grubenhaus aus augusteischer Zeit von Hof Graß, das neben latènoider und römischer Keramik ebenfalls germanische Ware enthielt, sowie rhein-weser-germanischen Lesefunden aus dem Bereich des Kastellstandortes Inheiden – darunter ebenfalls Gefäße der Form I nach R. von Uslar – nunmehr ein weiterer Beleg für die Anwesenheit früher germanischer Siedler im näheren Umfeld des heutigen Stadtgebietes von Hungen vor[21].

Letztlich bleibt festzuhalten, dass im Fall von Meßfelden mit vergleichsweise geringem Aufwand vielfältige Einblicke in die Geschichte eines Dorfes in der nördlichen Wetterau gewonnen werden konnten. Die große Frage, weshalb der offensichtlich nicht unbedeutende, verkehrsgünstig gelegene Ort schließlich verödete, kann auf die dargelegte Weise allerdings nicht beantwortet werden. Hier ist von einem Zusammenspiel verschiedener Faktoren auszugehen, die es unter Einbeziehung interdisziplinärer Methoden zu erfassen und soweit wie möglich zu entschlüsseln gilt. Eine wesentliche Rolle dürfte in diesem Zusammenhang die direkte Nachbarschaft zu Hungen gespielt haben. 1361 erhielten die Grafen von Falkenstein, die damaligen Ortsherren, von Kaiser Karl IV. für Hungen die Stadtrechte und damit auch das Befestigungsrecht. Der stete, auch archäologisch nachweisbare Ausbau Hungens im späten Mittelalter dürfte entscheidend zum Niedergang Meßfeldens beigetragen haben[22].

Anmerkungen

1 In den Ortsakten des Landesamtes für Denkmalpflege Hessen, Abt. hessenARCHÄOLOGIE (hA), unter Hungen 12 geführt.

2 F.-R. Herrmann (Bearb.), Zeitspuren. Luftbildarchäologie in Hessen[2] (Wiesbaden 1997) 87. Siehe Aufnahme Luftbild-Nr. 5518/009 im Luftbildarchiv der hA.

3 W. Küther, Die Wüstungen bei Hungen. In: Buch der Stadt Hungen. Hrsg. von Magistrat der Stadt Hungen (Gießen 1961) 186–197 bes. 188–191.

4 M. Austermann, Bemerkungen zur frühmittelalterlichen Besiedlung am Rande der Wetterau. Ber. Komm. Arch. Landesforsch. Hessen 2, 1992/93, 113–138.

5 Die Funde werden im Funddepot der hA unter EV-Nr. 2008/04 aufbewahrt.

6 Die folgenden Ausführungen basieren auf Küther (Anm. 3), Austermann (Anm. 4) und „Messfelden, Landkreis Gießen“, in: Historisches Ortslexikon <http://www.lagis-hessen.de/de/subjects/idrec/sn/ol/id/10395> (Stand: 17.02.2014), dort mit weiterführender Literatur.

7 Austermann (Anm. 4) 127 mit Anm. 122.

8 Küther (Anm. 3) 196.

9 L. Reichardt, Die Siedlungsnamen der Kreise Gießen, Alsfeld und Lauterbach in Hessen. Göppinger Arb. Germanistik 86, 1973, 255–256. Zu den Deutung in Bezug auf die Eisenverarbeitung: W. Konrad/H. Probst/O. Rühl, Die Wüstungen rund um Villingen. Villinger H. 1, 2002, 65–69 bes. 69.

10 Auf dem Google-Earth-Foto vom 17.06.2015 sind ebenfalls zahlreiche Strukturen zu sehen.

11 Besonders hervorzuheben ist, dass er Luftbilder an 14 Flugtagen vom 07.05. bis zum 10.08.2011 anfertigte. Hier ist anzumerken, dass bei den letzten Befliegungen die besten Bilder gelangen.

12 Die Messung wurde von gbt – geo.büro Dr. Tarasconi, Fürth, durchgeführt. Zum Einsatz kam das RM 15 von Geoscan Research mit mpx 0,5 inline und 0,5 crossline. Abgebildet sind hochpassgefilterte Daten mit einer zu erwartenden Eindringtiefe von 0,4 bis 0,5 m.

13 R. Gebhard. Der Glasschmuck aus dem Oppidum von Manching. Ausgr. Manching 11 (Stuttgart 1989) 12.

14 Zur Datierung der Gefäßform unter besonderer Berücksichtigung der Situation im Rhein-Main-Gebiet bzw. der Wetterau: U. Eisenhauer/M. Seidel, Eine Siedlungsgrube der Älteren Römischen Kaiserzeit aus Oppershofen, Wetteraukreis (Hessen). Arch. Korrbl. 25, 1995, 181–192 bes. 185–186.

15 D. Walter, Germanische Keramik zwischen Main und Taunuslimes. Freiburger Beitr. Arch. u. Gesch. erstes Jt. 3 (Rahden/Westf. 2000) 36–38.

16 S. Spiong. Fibeln und Gewandnadeln des 8. bis 12. Jahrhunderts in Zentraleuropa. Zeitschr. Arch. Mittelalter, Beih. 12 (Bonn 2000) 55.

17 Ebd. 67.

18 M. Wintergerst, Hoch- und Spätmittelalterliche Keramik aus der Altstadt Frankfurt am Main. Schr. Arch. Mus. Frankfurt 18,1 (Frankfurt a. M. 2002) 94–103.

19 Siehe Internet: <http://www.spessartprojekt.de/?page_id=11495> (Zugriff: 03.06.2016).

20 Zum Beispiel bei den im Laubacher Wald erforschten Wüstungen: U. Recker/Ch. Röder, Baumkirchen und das Seenbachtal – Struktur und Wandel einer Siedlungslandschaft. In: B. Scholkmann/S. Frommer/Ch. Vossler/M. Wolf, Zwischen Tradition und Wandel. Archäologie des 15. und 16. Jahrhunderts. Tübinger Forsch. Hist. Arch. 3 (Büchenbach 2009) 471–481. Dort mit weiterführender Literatur.

21 Hungen-Hof Graß: Th. Becker/M. Gottwald/Ch. Röder/U. Recker, Kulturelle Vielfalt im Grubenhaus – ein Befund als „Schmelztiegel der Kulturen“. Hessen-Arch. 2011 (2012) 81–84. – Hungen-Inheiden: M. Seidel, Die jüngere Latènezeit und ältere Römische Kaiserzeit in der Wetterau. Fundber. Hessen 34/35, 1994/95 (2000) 216–217.

22 F. Schwellnus, Von Tor zu Tor. Führungsheft zu den archäologischen Ausgrabungen in der Unter- und Obertorstraße von Hungen, Landkreis Gießen. Arch. Denkmäler Hessen 174 (Wiesbaden 2013). Dort mit älterer und weiterführender Literatur.

Blidenstandorte der Belagerung der Burg Rheinberg (Lorch) von 1279/80

Thomas Becker,
Bernd Steinbring

Blickt man auf den wissenschaftlichen Werdegang und das Wirken des Jubilars zurück, so hat angesichts seines provinzialrömischen Fachschwerpunkts die Auseinandersetzung mit dem Militär und dessen Hinterlassenschaften eine prägende Rolle gespielt. Es freut daher die Autoren, Egon Schallmayer, der im Übrigen als Kriegsdienstverweigerer als Erster seinen Zivildienst am Landesamt für Denkmalpflege Hessen leistete, einen Beitrag präsentieren zu können, der seiner Affinität, wenn auch in einer anderen Periode, Rechnung trägt.

Burg Rheinberg – der historische Kontext

Die monumentale, weitläufige Ruine der Burg Rheinberg, gelegen an der Grenze zwischen den Gemarkungen Lorch und Ransel (Stadt Lorch, Rheingau-Taunus-Kreis), liegt auf einem Berggrat am nordwestlichen Rand des tief eingeschnittenen Wispertals (Abb. 1). Ihre mit den umliegenden Befestigungsanlagen – darunter die etwa 600 m weiter südwestlich liegende Kammerburg sowie zwei kleine Belagerungsschanzen – eng verbundene Geschichte ist anderenorts detailliert aufgearbeitet worden[1]. Die erste urkundliche Erwähnung der Anlage stammt aus den Jahren 1189/90, weswegen die Erbauung im 12. Jahrhundert zwar als wahrscheinlich, aber nicht als endgültig gesichert gelten kann. Für eine solche Zeitstellung spricht die ebenfalls 1189/90 erfolgte schriftliche Nennung des Ortes Ransel *(Ramsel)*, der aufgrund der Erwähnung einer *curtis* offensichtlich einen Wirtschaftshof der Burg beheimatete, der zu diesem Zeitpunkt bereits verpfändet worden war[2]. Die Errichtung der Burg geht wohl auf die Erschließung und Sicherung des Rheingaus und des davorliegenden Taunusbereiches durch das Erzbistum Mainz zurück. Doch wird deren genaue Funktion vor dem Hintergrund ihrer verkehrsgeografisch und strategisch eher ungünstigen Position diskutiert.

Einen zentralen Abschnitt der Burggeschichte stellt die zwölfmonatige Belagerung und Zerstörung der Burg Rheinberg während der Sponheimer Fehde in den Jahren 1279/80 dar. Im Verlauf dieser durch eine strittige Veräußerung von Besitzanteilen an der Burg Böckelheim entzündeten Auseinandersetzung, an der zahlreiche regionale Adlige beteiligt waren, belagerte der Mainzer Erzbischof Werner von Eppstein die Burg Rheinberg. In diesem Zusammenhang müssen die beiden o. g., nahe gelegenen Belagerungsschanzen, die Blideneck und die Aachener Schanze, errichtet und genutzt worden sein[3]. Schriftquellen der Jahre 1301 und 1304 belegen, dass Burg Rheinberg um 1301 ein weiteres Mal belagert wurde. Für das Jahr 1304 ist eine Bestimmung überliefert, nach der in den folgenden acht Jahren keine Aufbauarbeiten an der stark zerstörten Anlage durchgeführt werden sollten[4]. Spätere Schriftquellen belegen die Nutzung der Burg Rheinberg als Ganerbenburg vom 14. Jahrhundert bis in die erste Hälfte des 16. Jahrhunderts. Danach schweigt die Überlieferung zum weiteren Schicksal der hoch über dem Herrnsbach-

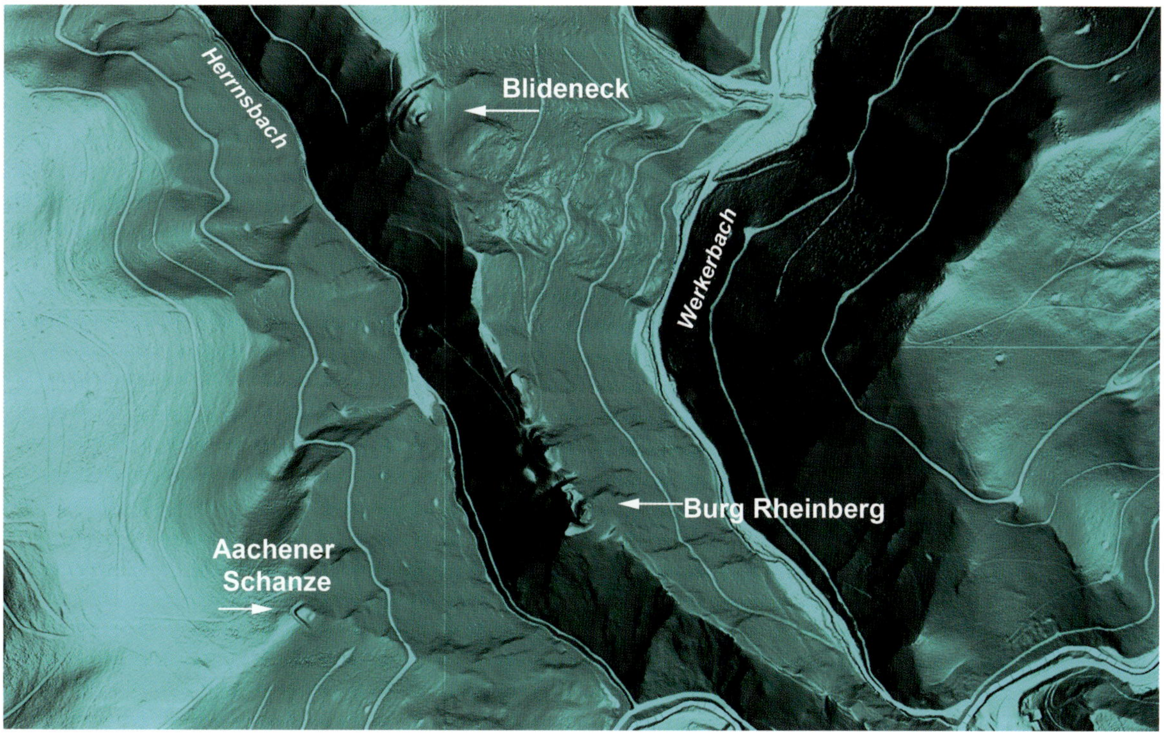

1 Lorch. Wispertal, Gemeinde Lorch. Die Lage der Befestigungsanlagen im Wispertal (LiDAR-Daten: HLBG; Bearbeitung: B. Steinbring, hA).

2 Lorch. Aachener Schanze. Blick nach Nordosten, 2015 (Foto: B. Steinbring, hA).

tal gelegenen, verhältnismäßig mühsam erreichbaren Anlage.

Besonderen Anteil an der nahezu ein Jahr währenden Belagerung, die mit der Einnahme und der teilweisen Zerstörung der Burg im Sommer des Jahres 1280 endete, hatten offenbar die beiden erwähnten kleinen Belagerungsschanzen. Sie liegen in etwa 380 m (Aachener Schanze) bzw. 560 m (Blideneck) Entfernung zur Burg Rheinberg und sind bislang noch wenig erforscht. Kurze Zusammenfassungen finden sich sowohl in R. Knappes Standardwerk zu hessischen Burgen als auch in der Burgendatenbank EBIDAT des Europäischen Burgeninstitutes[5]. C. Dorn und O. Wagner führten 2009 diese Anlagen in einem Beitrag zu den Möglichkeiten moderner Geoinformationsdaten, insbesondere des LiDAR, auf[6]. A. H. Schmidt sind erste Planskizzen der beiden Anlagen aus dem Jahr 2014 zu verdanken[7].

Die Aachener Schanze

Diese Befestigung befindet sich auf einem nach Nordosten ausgerichteten Bergsporn, dessen höchster Punkt innerhalb der Schanze bei etwa 330 m ü. NN

3 Lorch. Aachener Schanze. Zugangssituation, Blick von der Schanze nach Südwesten, 2015 (Foto: B. Steinbring, hA).

liegt (Abb. 2). Nach Südwesten setzt sich der Höhenrücken auf ungefähr gleicher Höhe fort, wobei eine schwache Überhöhung des Schanzeninneren auf eine künstliche Aufschüttung hindeutet. Die westliche Begrenzung der Schanze bildet ein noch heute im Gelände gut sichtbarer, bis in das anstehende Gestein geschlagener Graben, der auf seiner Nordost- und Südwestseite in den Hangabfall läuft. Der Graben besteht aus einem etwa 21 m langen, nach Nordwesten gerichteten und einem etwa 30 m langen, nach Südwesten gerichteten Abschnitt. Diese gehen – jeweils nach Osten hin offen – in einer abgerundeten Ecke im Westen ineinander über und bilden dort einen nahezu rechten Winkel. Die heute erhaltene Grabentiefe beträgt vom umgebenden Niveau aus gemessen etwa 2 m. Deutlich erkennbar ist die Eintiefung des Grabens in den anstehenden Schiefer. Er weist heute einen noch erhaltenen Wandungswinkel von bis zu 80 Grad auf. Aufgrund der seit Jahrhunderten langsam voranschreitenden Verfüllung des Grabens durch Erosionsvorgänge und Humus kann die ursprüngliche Form der Sohle nicht ohne eine archäologische Untersuchung bestimmt werden. Am ehesten war das Grabenprofil mulden- bis annähernd kastenförmig. Auch der Verbleib des Grabenaushubs konnte im Rahmen einer reinen Geländeaufnahme und -beobachtung nicht geklärt werden. Sicher ist, dass er nicht zur Aufschüttung eines Walls hinter dem Graben verwendet wurde. Möglicherweise verarbeitete man das Material im Zuge eines Niveauausgleichs im Randbereich des Plateaus, ohne dass dies heute im Oberflächenrelief noch erkennbar wäre.

Südwestlich des Grabenwinkels erhebt sich unmittelbar das weitgehend ebene Plateau des Bergsporns (Abb. 3). Der Blick auf das umgebende Gelände lässt vermuten, dass hier Abarbeitungen der Oberfläche, wenn überhaupt, nur in geringem Umfang stattfanden. Auch der südwestlich anschließende Kammbereich – und damit der Zugang zur Anlage – verläuft auffallend eben. Die durch den umgebenden Graben definierte Form des Plateaus im Inneren ist verrundet rechteckig und misst 21 × 15 m.

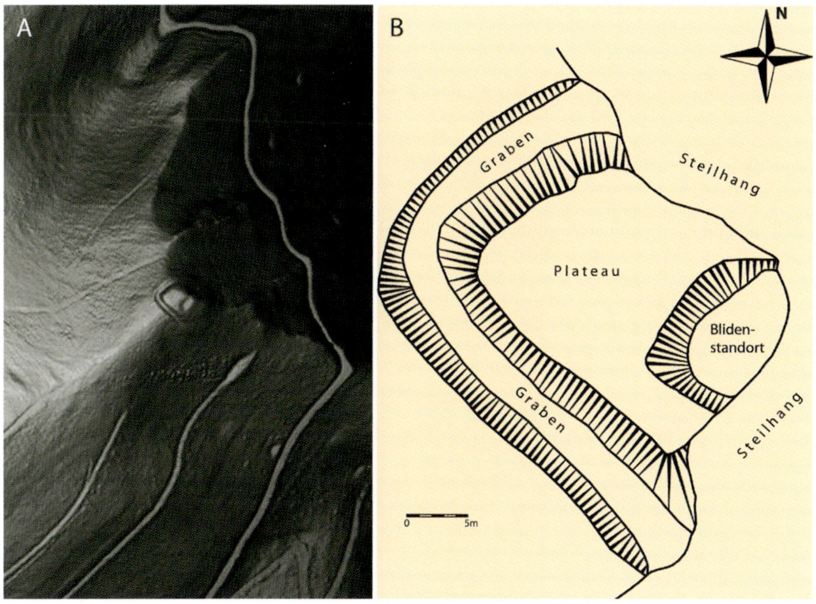

4 Lorch. Aachener Schanze. (A) LiDAR-Messbild; (B) vereinfachtes Aufmaß, 2015. – (Grafik: Th. Becker/ B. Steinbring, hA; LiDAR-Daten: HLBG).

Im Südwestteil des Plateaus fällt eine markante Abtreppung hin zu einer separaten Fläche auf, die noch näher zu beschreiben sein wird. Auch im LiDAR-Oberflächenscan ist sie deutlich erkennbar (Abb. 4A). Im Randbereich des gesamten Plateaus lassen sich keine Hinweise auf eine bauliche Einfassung finden. Eine solche wäre aus fortifikatorischen Gründen auch nicht notwendig gewesen, sondern hätte bestenfalls der Vergrößerung der Plateaufläche dienen können. Die bereits erwähnte separate Fläche liegt etwas tiefer und ist durch eine noch etwa 1 m hohe Böschung von dem größeren Hauptbereich abgetrennt (Abb. 5). Es handelt sich um ein

5 Lorch. Aachener Schanze. Vermuteter Blidenstandort im Südosten der Anlage, Blick von Süden, 2015 (Foto: B. Steinbring, hA).

6 Lorch. Blideneck. Im Vordergrund Halsgraben mit Erdbrücke, Blick nach Süden (Foto: B. Steinbring, hA).

in den Fels gearbeitetes, annähernd rechteckiges, relativ ebenes Areal von 11 × 6 m Größe.

Die Blideneck

Diese im Rheinberger Burgfrieden von 1374 als *„blydenegke"* bezeichnete Anlage erfüllte anscheinend die primäre Funktion, den entlang des Bergrückens zwischen Herms- und Dolsitbach verlaufenden Zugangsweg zur Burg Rheinberg zu sperren. Planungen zu Erhalt und Ausbau der offenbar innerhalb kürzester Zeit errichteten Schanze über die Belagerung hinaus wurden nach Erreichen des Belagerungsziels jedoch rasch aufgegeben. Bei der Blideneck lässt sich ein ähnlicher Grundaufbau wie bei der Aachener Schanze beobachten, wenngleich sie sich durch lage- und funktionsbedingte Details von dieser unterscheidet. Auch hier wurde eine Spornlage als Position gewählt, die allerdings durch eine Kuppensituation auf einem Höhenrücken gekennzeichnet ist (Abb. 6). Westlich schließt sich das Hermsbachtal an, während die Ostseite durch das Tal des Dolsitbachs gebildet wird. Der höchste Punkt liegt bei 335 m ü. NN.

Auch hier wurde ein Abschnittsgraben angelegt, der ebenfalls in den anstehenden Schiefer geschlagen worden war und auf einer Länge von 80 m, von Südwesten nach Nordosten ziehend, die dem Ort Ransel zugewandte Seite sicherte. An seiner Nordostecke scheint er scharf nach Süden abzuknicken. Etwa in der Mitte des sich bis zu den Hangabfällen im Süden und Osten erstreckenden Grabens ließ man einen Felsabschnitt als Brücke stehen, die eine Überfahrtsbreite von circa 2 m aufweist. Die früher geäußerte Vermutung[8], es handele sich um eine künstlich aufgeschüttete Erdbrücke, ist aufgrund der steil abfallenden Seiten der Brücke und des z. T. sichtbaren anstehenden Grundgesteins abzulehnen.

Die genaue Gestaltung des Geländes hinter dem Graben, also des Innenbereiches der Anlage, ist unklar. Im direkten Anschluss zeigt sich zunächst ein flächiger Streifen, der an der Kante zum Graben eine schwache Erhöhung aufweist. Ob diese einen natürlichen Ursprung hat oder den Rest einer Befestigung darstellt, ist ungewiss. Nach Süden schließt sich die eigentliche Felskuppe an, deren Oberfläche auf etwa 340 m ü. NN eingeebnet wurde, während die Randbereiche unbearbeitet blieben. An der Südseite der Kuppe finden sich zwei Abschnitte einer von Südwesten nach Nordosten laufenden Mauer aus Schieferbruch, die offensichtlich trocken gesetzt wurde und wohl zur Abstützung des Hangs oder zur Erweiterung der planierten Fläche diente. Bereits Dorn und Wagner nahmen an, dass der Ostteil der Blidenecker Schanze infolge eines nun im LiDAR-Scan gut erkennbaren Erdrutsches abgegangen war.

Im Nordosten der Kuppe befindet sich – ähnlich wie bei der Aachener Schanze – ein abgegrenzter Bereich unterhalb des eigentlichen Plateaus. Dieser ist heute noch als ebene, nierenförmige Fläche mit einer größten Länge von 11 m erkennbar, wobei von einer ehemals rechteckigen Form ausgegangen werden kann. Anders als bei der Aachener Schanze wurde hier die funktionsbedingt notwendige ebene Fläche nicht durch ein Abtragen des Hanges bzw. des anstehenden Schiefers hergestellt, sondern durch das Setzen einer noch in Teilen erhaltenen Trockenmauer und deren Hinterschüttung mit Erdmaterial erreicht. Diese Mauer ist teilweise noch erhalten.

Mit einiger Wahrscheinlichkeit handelt es sich bei den abgesetzten Bereichen, die bei beiden Anlagen

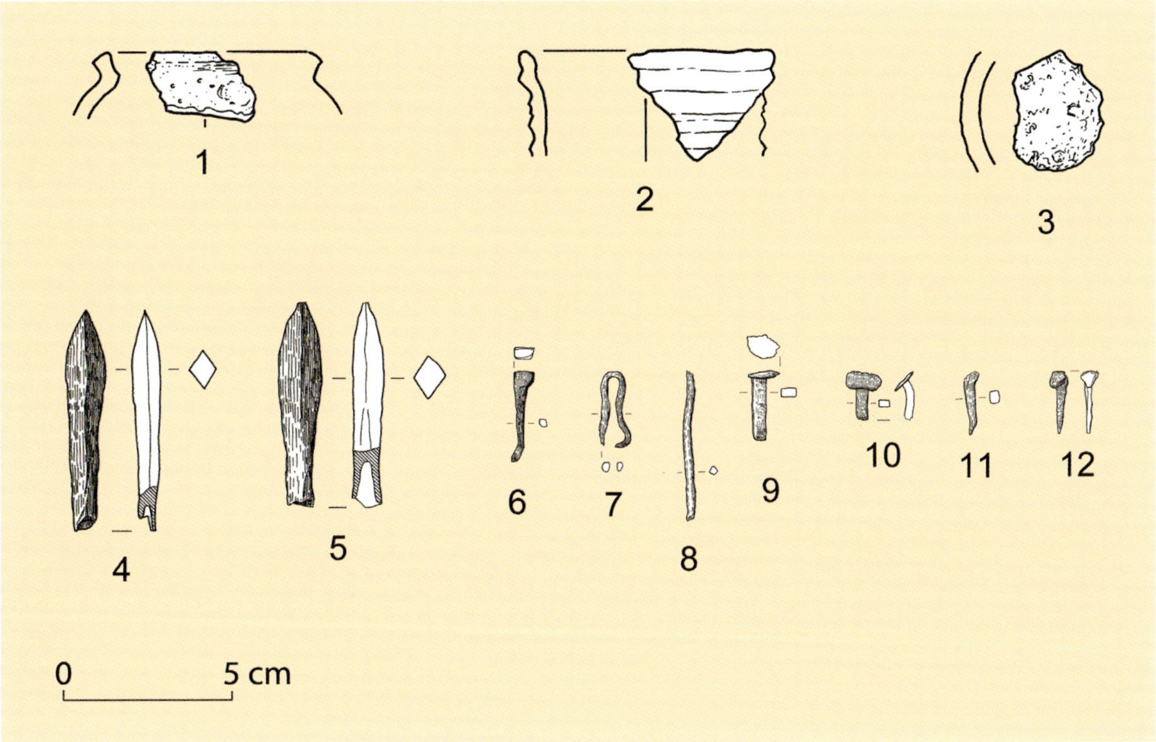

7 Lorch. Funde von den Belagerungsschanzen. 1–2 Keramik, 3–12 Eisen (Grafik: P. Odvody/B. Steinbring, hA).

nachgewiesen sind, um die Standorte von Bliden, also mittelalterlichen Schleudergeschützen[9]. Die o. g. Distanzen zwischen Aachener Schanze, Blideneck und Burg Rheinberg wurden offensichtlich so gewählt, dass ein wirkungsvoller Einsatz dieser mittelalterlichen „Steilfeuergeschütze“ gewährleistet war. Bei der Blideneck verweist bereits der überlieferte Name auf den Zweck, dort ein solches Geschütz zu positionieren. Von grundlegender Wichtigkeit war die gegenüber dem Angriffsziel überhöhte Position solcher Stellungen, denn mit Bliden konnte konstruktionsbedingt ein deutlich höherliegendes Ziel nicht beschossen werden.

Das Fundmaterial

Während der Begehungen der beiden Schanzen im April 2015 wurde eine Reihe von Oberflächenfunden aufgelesen, wurden die beschriebenen Geländebeobachtungen kartiert und wurde die Aachener Schanze neu vermessen. Das generell geringe Fundaufkommen auf beiden Anlagen (Abb. 7) stimmt gut mit der überlieferten kurzen Nutzungsdauer überein. Vor allem die vergleichsweise geringe Zahl an Keramikfunden spricht eine deutliche Sprache. Von der Aachener Schanze stammt u. a. das Randbruchstück eines Zylinderhalskruges aus gerieftem Rheingauer Faststeinzeug (Abb. 7,2) und eine Handvoll teils deutlich geriefter Wandscherben von Krügen und Bechern derselben Warenart. Vor allem im Bereich der abgesetzten Fläche wurden einige Eisenfragmente, u. a. Nägel, gefunden (Abb. 7,3–10). Die Begehung der Blideneck erbrachte das Randfragment eines gerieften Urnenbechers, ein Fehlbrand mit blasiger Oberfläche aus manganviolettem Rheingauer Faststeinzeug (Abb. 7,1), sowie ein gerieftes Schulterbruchstück der gleichen Warenart, dazu ein Dutzend weiterer Wandscherben teils mit, teils ohne Riefen. Bei den meisten keramischen Funden handelt es sich anscheinend um Scherben des sog. Rostigen Faststeinzeugs „Rheingauer Art“ mit braunen Glasurstellen (Materialgruppe 31c nach M. Wintergerst) bzw. um „manganviolettes“ Faststeinzeug „Rheingauer Art“ (Materialgruppe 31d nach M. Wintergerst)[10]. Unter den identifizierbaren Formen sind in erster Linie Becher, also Trinkgeschirr zu nennen; sie sind durch die charakteristischen Urnenbecher bzw. Becher mit standringartigem Wellenfuß vertreten[11]. Auch die Wandungsscherben gehören in der Regel zu Trinkgeschirr (Abb. 8). Ein gut vergleichbares Fundspektrum stammt etwa vom Bleidenberg bei Oberfell, Lkr. Mayen-Koblenz. Als archäologischer Niederschlag der Belagerung der benachbarten Burg Thurandt in den Jahren 1246/47 fanden sich im Bereich des „Schanzenkopfs“, eines sorgfältig planierten Blidenstandorts, zahlreiche Fragmente überwiegend von Trinkgeschirr aus Steinzeugvorläufern bzw. frühem Steinzeug[12]. Auch im Fall dieser Belagerungsanlage ist zu vermuten, dass diese sehr bald nach Ende der Auseinandersetzungen aufgegeben und geschleift wurde. Trotz der oftmals nachweislich kurzen Nutzungsdauer liegt von der betreffenden Stelle – im Gegensatz zu den hier behandelten – ein beachtlicher keramischer Fundniederschlag vor, vor allem an Trinkgeschirr. Diesbezüglich ähnelt die Belagerungsschanze am „Schanzenkopf“ Großbaustellen wie etwa der des Kölner Doms aus der zweiten Hälfte des 13. und dem ersten Viertel des 14. Jahrhunderts. Zu Letzterer bemerkte L. Jansen: „Ganz überwiegend ist mit Krügen und Bechern das Schankgeschirr vertreten, während Kugeltöpfe,

Schüsseln und besonders große Vorratsgefäße nur in sehr geringem Anteil vorkommen."[13]

Die geringe Größe der auf der Aachener Schanze gefundenen eisernen Nägel (Dm. Köpfe: 15–18 mm; Schaftbreite maximal 8 mm) spricht gegen einen Zusammenhang mit tragenden Bauteilen. Die Nägel werden eher in einer leichteren Konstruktion oder als konstruktive Verbindung ohne große Kraftwirkung Verwendung gefunden haben. Bei einem Nagel lässt sich eine Stärke des auf dem Träger zu befestigenden Materials (Holz) von etwa 30 mm bestimmen. Ein auf dem Plateau geborgenes Kettenglied und ein Drahtfragment aus demselben Bereich erlauben zwar keine genauere Ansprache, gelangten jedoch aufgrund ihrer geschmiedeten Ausführung wohl zur Zeit der Nutzung der Anlage in den Boden.

Zu den signifikanten Funden aus dem Innenbereich der Aachener Schanze gehören weiterhin zwei schlanke Geschossspitzen aus Eisen mit jeweils rhombischem Querschnitt und einer erhaltenen Länge von 6,5 cm (Gewicht 9,5 g) bzw. 6,0 cm (Gewicht 14,5 g). An beiden Spitzen sind nur noch Reste der ehemaligen Tüllen vorhanden (Abb. 7,4–5). Selbst unter Berücksichtigung ihrer fragmentarischen Erhaltung scheinen die beiden hier gefundenen Geschossspitzen aufgrund des geringen Gewichts eher auf eine Verwendung in Zusammenhang mit einer Bogenwaffe hinzudeuten. Pfeileisen und Armbrustbolzen gehören zum gebräuchlichen Fundgut von mittelalterlichen Burganlagen. Armbrustbolzen traten in Westeuropa ab der ersten Hälfte des 13. Jahrhunderts auf; tendenziell frühe Exemplare des ausgehenden 13. und frühen 14. Jahrhunderts weisen die gleiche schlanke Gesamtform wie die beiden Exemplare von der Aachener Schanze auf. Zumindest für die leichtere Geschossspitze ist abschließend eine Verwendung als Pfeileisen, im Fall der etwas schwereren und gedrungeneren Spitze hingegen eher eine Nutzung als Armbrustbolzen denkbar. Das Fragment einer eisernen Hohlkugel (Abb. 7,3) gehört möglicherweise einer jüngeren Periode an.

8 Lorch. Rheingauer Faststeinzeug von den Belagerungsschanzen (Foto: B. Steinbring, hA).

Bemerkenswert sind die zahlreichen, bei Begehungen immer wieder ins Auge fallenden Fragmente aus rotem Sandstein, die inner- und außerhalb der Anlagen sowie auch auf dem zur Burg Rheinberg führenden Höhenrücken anzutreffen sind. Es handelt sich weitgehend um kleine Stücke mit einer Kantenlänge von bis zu 6 cm (Abb. 9); größere Exemplare bilden die Ausnahme. Bearbeitungsspuren lassen sich nur selten an den Stücken nachweisen. Die Sandsteinfragmente konzentrieren sich bei beiden Schanzen in den abgeteilten bzw. abgesetzten Bereichen, wohingegen sie in den restlichen Anlagen nur vereinzelt nachzuweisen sind. Mit großer Sicherheit zeugen die vielen kleinen Sandsteinbruchstücke vom „Kalibrieren" der Blidenkugeln. Die zunächst nur roh zugerichteten Exemplare wurden offenbar am Ort vor dem Abschuss durch Abschlagen kleiner Fragmente auf die richtige, einheitliche Gewichtsklasse gebracht, damit Schussweite und -ergebnis kontrolliert werden konnten. Ein größeres Fragment einer ursprünglich über 40 kg wiegenden Blidenkugel wurde 2016 einige hundert Meter östlich der Blideneck aus einem Bachbett geborgen (Abb. 10).

Das Gesteinsmaterial, aus dem die Kugeln gefertigt wurden, steht im unmittelbaren und mittelbaren Umfeld der Burg nicht an, da der Wispertaunus als Teil des westlichen Hintertaunus und der südlich anschließende Hohe Taunus aus Hunsrückschiefer und Emsquarzit des Unterdevon bestehen. Der hier anstehende Taunusschiefer und auch der weiter östlich auf dem Taunushochkamm vorkommende Quarzit eignen sich aufgrund ihrer Brucheigenschaften nicht für die Anfertigung kugelförmiger Wurfgeschosse, sodass die Kugeln für den Beschuss der Burg Rheinberg offensichtlich von den erzbischöflichen Truppen über eine größere Entfernung herangeführt werden mussten. Hier stellt sich die Frage nach der Herkunft des Rohmaterials für die Kugeln. Die Ausdehnung des Erzbistums Mainz, das dem belagernden Erzbischof Werner von Eppstein unterstand, ist für das ausgehende 13. und 14. Jahrhundert bekannt[14]. Vergleicht man diese mit dem bekannten Vorkommen der vorliegenden, bislang jedoch analytisch noch nicht genauer lokalisierbaren Sandsteinart (Abb. 11), fällt auf, dass eine weitgehende räumliche Übereinstimmung zwischen dem Territorium des Erzbistums und entsprechenden Sandsteinvorkommen lediglich im Untermaingebiet festzustellen ist, das somit als Herkunftsregion der Geschosse in Betracht kommt. Analytisch lässt sich die Herkunft der Sandsteinfragmente von den Belagerungsschanzen bislang noch nicht differenzieren. Als Herkunftsregionen lassen sich daher bislang nur grob die drei großen Vorkommen im Pfälzer Wald, im östlichen Odenwald bzw. Spessart und in der Region um Marburg angeben[15].

Vor diesem Hintergrund erscheint es reizvoll, die Herkunft der Belagerer mit den benannten geologischen Vorkommen des Sandsteins in Zusammenhang zu bringen. Da aber der Weg der Belagerungstruppe des Mainzer Erzbischofs während der Sponheimer Fehde[16] – dem Zug zur Rheinberg gingen eine erlittene Niederlage des Grafen Johann von Sponheim gegen Werner bei Gensingen 1279 und der Einfall in den Rheingau im Bunde mit Rheingraf Siegfried von Stein voraus – derzeit nur bedingt rekonstruierbar ist, bleibt die Frage offen, ob die Kugelhalbfabrikate auf dem Feldzug mitgeführt oder direkt zur Belagerung transportiert wurden. Historische Überlieferungen zum Einsatz von Bliden in anderen Herrschaften oder reichsfreien Städten zeigen, dass diese Wurfmaschinen von speziellen Mannschaften unter einem Blidenmeister gehandhabt wurden, die auch für deren Wartung und Bedienung zuständig waren. Denkbar erscheinen auch die Einlagerung einer gewissen Munitionsmenge in Mainz – die dortige Existenz einer Blide im Zusammenhang mit der Belagerung der Burg Tannenberg im Jahr 1399 ist urkundlich belegt – und deren Mitführung in das Wispertal.

Nachweis der Blidenstandorte

Es wurde bereits für die abgegrenzten Bereiche auf den beiden Schanzen die Vermutung geäußert, es könnte sich um die Aufstellungsorte von Bliden während der Belagerungen der Rheinberg handeln. Dies kann über die Fundanalyse und den Vergleich mit anderen gesicherten bzw. vermuteten Blidenstandorten verifiziert werden.

Bei der Aachener Schanze lässt sich eine erhöhte Konzentration von Sandsteinfragmenten am südwestlichen Ende zum Hangabbruch hin feststellen. Dies stellt die Position dar, an der mutmaßlich die Schleudertasche der Blide bei einer Ausrichtung zur Burg Rheinberg mit dem Wurfgeschoss beladen wurde. Daraus kann gefolgert werden, dass die grob zugerichteten Kugeln an diese Stelle gebracht wurden und hier ihre Feinzurichtung im Hinblick auf das Gewicht, also ihre „Kalibrierung", erhielten, um dann direkt in Richtung der Burg abgeschossen zu werden. Eine entsprechend hohe Konzentration ließ sich bei der Blideneck nicht beobachten, jedoch sprechen die Steinaufkommen im dortigen abgesonderten Bereich für eine gleichartige Vorgehensweise.

Zu den Positions- und Strukturmerkmalen der beiden Schanzen lassen sich Parallelen bei ähnlichen Anlagen anführen. Zunächst ist die überhöhte Lage gegenüber der zu belagernden Burg Rheinberg zu nennen, wobei der Höhenunterschied im Fall der Aachener Schanze 70 m und bei der Blideneck 75 m beträgt. Ähnliche Überhöhungen sind beispielsweise bei den Blidenstandorten Spiess I und Schwedenschantz im Umfeld der Burg Hohenstein bei Oberhaslach (Dép. Bas-Rhin) im Elsass anzutreffen, die aus der Belagerungszeit der betreffenden Burg im 13. und 14. Jahrhundert stammen[17]. Wie bei vergleichbaren Stellungen[18] sind auch Aachener Schanze und Blideneck eindeutig auf den zu belagernden Gegner, hier die Burg Rheinberg, ausgerichtet. Dass die Entfernung der Schanzen zur Hauptburg (380 bzw. 560 m) der Reichweite zeitgenössischer Bliden entspricht, wurde bereits dargelegt.

9 Lorch. Blidenkugelfragmente aus Sandstein von den Belagerungsschanzen (Foto: B. Steinbring, hA).

Ebenso findet die nachgewiesene Absicherung der Schanzen gegenüber Einfällen von der Rückseite her Entsprechungen bei anderen Anlagen. Bei einigen ist der Graben als Hauptsicherungselement vollständig umlaufend ausgeführt, bei anderen wie bei der Aachener Schanze und der Blideneck aufgrund topografischer Gegebenheiten nur in Teilabschnitten[19]. Bei manchen Stellungen sind zusätzlich aus dem Grabenaushub aufgeschüttete Wälle belegt. Im Fall der vorgestellten Beispiele scheint der Aushub aufgrund der Geländesituation allerdings eher zur Aufhöhung des Plateaus oder zur Terrassenbildung genutzt worden zu sein. Dies ist möglicherweise dadurch zu erklären, dass ein aufgeschütteter Wall aus Taunusschieferschutt, der hier als anstehendes Grundgestein den „Grabenaushub" bildet, nicht lange seine Form behalten hätte. Eine spezielle feindseitige Sicherung der Schanzen, wie sie gelegentlich in Form von zusätzlichen Wällen belegt ist[20], gab es aufgrund der Lage am Geländeabbruch und der topografisch bedingten eingeschränkten Platzverhältnisse ebenfalls nicht. Denkbar ist, dass die im abgesonderten Bereich der Aachener Schanze geborgenen Eisennägel zu einer hölzernen Umgrenzung nach Art einer Brustwehr gehörten, da diese durchweg entlang ihres nordöstlichen und südöstlichen Randes zutage kamen. Solche hölzernen Sicherungen sind durch spätmittelalterliche Darstellungen überliefert[21].

Der Zugang zu den Schanzen liegt, soweit er nachgewiesen wurde, immer auf der vom Feind abgewandten Seite. Im Fall der Aachener Schanze ist ein hölzerner Übergang in Richtung des Höhenrückens zu postulieren, dessen Tragfähigkeit über die eines einfachen Steges hinausgegangen sein muss, um die schweren Blidenkugeln in die Anlage transportieren zu können. Hinweise auf dessen genaue Positionierung liegen aber nicht vor. Die auf der Blideneck belegte „Brücke" über den Graben findet ihre Entsprechung beispielsweise bei Belagerungsschanzen verschiedener niedersächsischer Burgen[22].

10 Lorch. Ein Viertel einer Blidenkugel aus einem Bachbett östlich der Blideneck (Foto: B. Steinbring, hA).

Inwieweit dieser Übergang gegen einen rückwärtigen Entsatzangriff gesichert war, bleibt unklar.

Auch die Größe der beiden abgetrennten Bereiche unterstreicht deren Deutung als Blidenstandorte. Zwar kann kein Parallelbefund angeführt werden, der derart detaillierte Informationen zum Aufstellungsort der Blide wie die beiden hessischen Schanzen liefert, doch fanden bei einigen Belagerungsanlagen Rekonstruktionsversuche zu den Blidenstandorten statt[23]. Die Ausgangspunkte hierfür bildeten der ermittelte Platz für die Aufstellung einer Blide und die historisch überlieferten Größen verschiedener Bliden. Auf dieser Grundlage wurde dann versucht, die Geschütze in den bestehenden Platz „einzupassen". Unberücksichtigt blieben dabei zwei Faktoren, welche die Basis für diese Vorgehensweise verfälschen können und die bei einer Größenschätzung der in der Aachener Schanze und der Blideneck aufgestellten Bliden ebenfalls berücksichtigt werden müssen. Zum einen sind dies nachnutzungszeitliche Geländeveränderungen und zum anderen die Notwendigkeit von Arbeits- und Lagerarealen für die Geschützbesatzung. Geländeveränderungen resultieren vor allem aus erosionsbedingtem Bodenabtrag an Kanten und Böschungen. Während somit die ursprünglich nutzbare Fläche zur Blidenpositionierung im Vergleich mit der heutigen Ausdehnung des Aufstellungsareals größer gewesen ist, wirken sich erforderliche Arbeits- und Lagerflächen einschränkend auf die zu rekonstruierenden Blidenmaße aus.

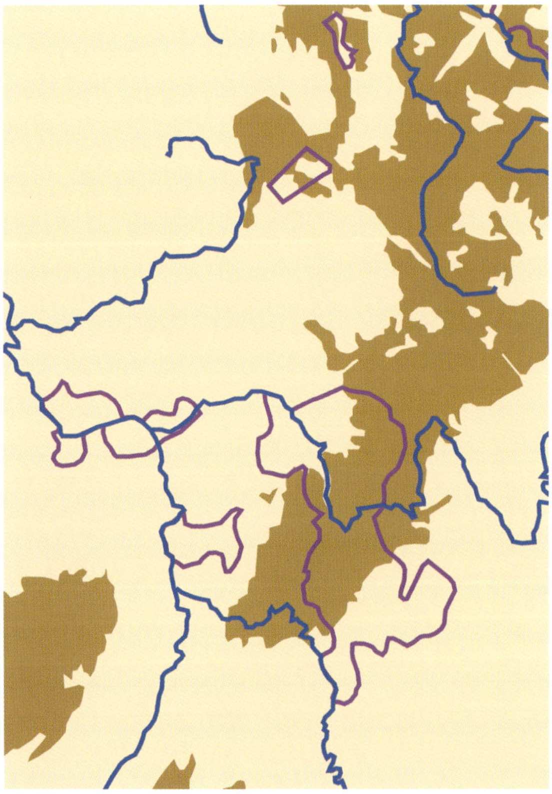

11 Lorch. Verbreitung des zur Herstellung der Blidenkugeln verwendeten Sandsteins (braun) im Bereich des Mainzer Erzbistums während des 14. Jahrhunderts (pinkfarbene Umrisse) (Grafik: Th. Becker, hA).

An der Aachener Schanze konnte eine abgegrenzte Fläche von 11 × 6 m ermittelt werden. Erosionsbedingt ist das Areal an der Nordost- und der Südostseite seit der Burgbelagerung um schätzungsweise einen halben Meter reduziert worden und auch an den anderen beiden Seiten ist von einem etwa gleich großen Flächenverlust durch Kantenabtrag auszugehen. Eine Rekonstruktion des zur Verfügung stehenden Raumes ergäbe somit einen nutzbaren Bereich von etwa 12 × 7 m. Bei der Blideneck ließen sich die Konturen des abgegrenzten Areals nicht so eindeutig feststellen, doch deutet das aufgenommene Mindestlängenmaß von 11 m auf eine ähnlich große Fläche hin. Eine zu postulierende Mindestbreite von einem Meter für die umgebenden Arbeits- und Lagerflächen lässt sich mit den angetroffenen Befundsituationen an beiden Schanzen vereinbaren. Da größere Teile der Plattform aus dem anstehenden Fels herausgearbeitet werden mussten, ist aufgrund des damit verbundenen Arbeitsaufwandes davon auszugehen, dass lediglich ein Mindestmaß an benötigtem Platz hergerichtet wurde.

Vergleichbare Anlagen in Westeuropa zeigen ganz ähnliche Abmessungen und Ausführungen. Zu nennen ist etwa die bereits oben erwähnte Belagerungsschanze Spiess I mit einem flachen, rechteckigen Podest von 18 × 24 m Größe[24]. Andere Schanzen weisen zumindest eingeebnete Flächen auf, ohne dass die Abgrenzung eines Podests erkennbar ist. Für diese sind Maße zwischen 10 × 9 m und 20 × 13 m belegt[25]. Geht man von der einzigen überlieferten Größenangabe zur Standfläche einer Blide von etwa 14 × 7 m aus[26], so liegen die für beide Schanzen an der Burg Rheinberg ermittelten Maße der potenziellen Areale nur knapp unter dieser.

Zusammenfassung

Am Beispiel der beiden Belagerungsschanzen im Umfeld der Burg Rheinberg, vor allem der Aachener Schanze, konnte gezeigt werden, dass sich auch für seit Langem bekannte Bodendenkmäler wie die Aachener Schanze und die Blideneck eine Neuaufnahme lohnt. Vor dem Hintergrund einer relativ guten historischen Quellenlage liefern gezielte neue Begehungen, Detailstudien etwa zum Material der Blidenkugeln sowie LiDAR-Oberflächenscans weiterführende Erkenntnisse, durch die sich einzelne Aspekte zur Geschichte dieser Strukturen präzisieren lassen. Gerade die Detailbeobachtung und die exakte Vermessung vor Ort ermöglichen es, Aussagen zu Nutzung und Funktion dieser Anlagen zu treffen, die durch den Vergleich mit anderen ähnlichen Stellungen verfeinert werden. Diese einzigartigen Denkmäler in einer bedeutenden Kulturlandschaft Hessens können somit einer weiteren wissenschaftlichen Betrachtung im Zusammenhang mit der mittelalterlichen Burgenforschung zugeführt werden.

Anmerkungen

1 A. von Cohausen/M. Heckmann, Mittelalterliche Bauwerke im Rheingau. Nassau. Ann. 17, 1882, 130–136. – G. Schenk zu Schweinsberg, Mitteilungen aus der Geschichte der Wispertalburgen. Quartalbl. Hist. Verein Großherzogtum Hessen 1883, 315–318. – W. L. Roser, Die Burg Rheinberg im Wispertal. Nassau. Ann. 102, 1991, 13–29. – O. Wagener, Das Schicksal der Belagerungsanlagen nach Ende der Belagerung, dargestellt an Einzelbeispielen – ein Arbeitsbericht. In: O. Wagener/H. Laß (Hrsg.), ... *wurfen hin in steine/grôze und niht kleine* ... Beih. Mediaevistik 7 (Frankfurt a. M. 2006) 360–386 bes. 362 f. Anm. 2 (zur Forschungsgeschichte seit 1874).

2 „Ransel, Rheingau-Taunus-Kreis“, in: Historisches Ortslexikon <http://www.lagis-hessen.de/de/subjects/ idrec/sn/ol/id/10814> (Stand: 17.03.2016) (Zugriff: 30.05.2016).

3 Zum Ursprung des Namens „Aachener Schanze“ vgl. Wagener (Anm. 1) 365 Anm. 12.

4 St. Grathoff, Mainzer Erzbischofsburgen. Erwerb und Funktion von Burgherrschaft am Beispiel der Mainzer Erzbischöfe im Hoch- und Spätmittelalter vom 12. bis Ende des 14. Jahrhunderts. Gesch. Landeskde. 58 (Stuttgart 2005) 38.

5 R. Knappe, Burgen in Hessen (Gudensberg-Gleichen 1994) 486. – Ebidat-Einträge: http://www.ms-visucom.de/cgi-bin/ebidat.pl?id=1992 sowie http://www.ms-visucom.de/cgi-bin/ebidat.pl?id=1991 (Zugriff: 13.10.2015). – Eintrag Burgenlexikon: http://www.burgenlexikon.eu/15.html?&tx_ttnews[swords]=Blideneck&tx_ttnews[tt_news]=433&tx_ttnews[backPid]=16&cHash=805ccdc7f8 (Zugriff: 16.05.2016).

6 C. Dorn/O. Wagener, Visualisierung von Burgen im topographischen Kontext. Die Möglichkeiten moderner Geoinformationsdaten. Denkmalpflege u. Kulturgesch. 2009, H. 1, 36–40 bes. 36 f. Abb. 1–2.

7 A. H. Schmidt, Burgruine Rheinberg im Wispertal. Forschungen zur Bau- und Zerstörungsgeschichte einer Burg des 13. Jahrhunderts im Rheingau. Abenteuer Arch. – Zeitschr. angewandte u. fachübergreifende Arch. 9, 2014, 3–31.

8 Dorn/Wagener (Anm. 6) 37.

9 Zu mittelalterlichen Bliden liegen zahlreiche ältere und jüngere Veröffentlichungen vor. An dieser Stelle aufgeführt seien lediglich einige wenige Werke: B. Rathgen, Das Geschütz im Mittelalter. Quellenkritische Untersuchungen (Berlin 1928) bes. 610–638 (v. a. historische Quellen zu Bliden). – M. Kirchschlader, Bliden und Tribböcke. Die schwere Artillerie des Mittelalters. In: J. Keddigkeit (Hrsg.), Burgen – Schlösser – Feste Häuser. Wohnen, Wehren und Wirtschaften auf Adelssitzen in der Pfalz und im Elsaß (Kaiserslautern 1997) 119–128. – M. Kirchschlader/Th. Stolle, Das teuflische Werkzeug – Entstehung und Geschichte der Weißenseer Steinschleuder. In: Wagener/Laß (Anm. 1) 27 ff.

10 M. Wintergerst, Hoch- und spätmittelalterliche Keramik aus der Altstadt Frankfurt am Main. Mit einem Beitrag von H. Hagn. Schr. Arch. Mus. Frankfurt 18,1 (Frankfurt a. M. 2002) 115 f. (Materialgruppen 31c bzw. 31d).

11 Vgl. ebd. Taf. 71,16–17.

12 G. Brücken, „3000 Fuder Wein“? – Spuren einer Belagerung des 13. Jhs. auf dem Bleidenberg bei Oberfell, Kreis Mayen-Koblenz. Arch. Rheinland-Pfalz 2004 (2005) 98–100.

13 L. Janssen, Die archäologischen Funde und Befunde aus der „ersten Bauzeit“ der gotischen Kathedrale zu Köln (1248 bis 1322). Diss. Univ. Bamberg 1999, 384 (Online-Publ.: https://opus4.kobv.de/opus4-bamberg/files/20/jansen1ges.pdf [Zugriff: 22.06.2016]).

14 Geschichtlicher Atlas von Hessen, Lfg. 1, Karte 16: Die territoriale Entwicklung des Kurfürstentums Mainz (Marburg 1960). – U. Reuling, [Erläuterungen zu] Karte 16: Die territoriale Entwicklung des Kurfürstentums Mainz. In: F. Schwind (Bearb.), Geschichtlicher Atlas von Hessen. Text- und Erläuterungsband (Marburg/Lahn 1984) 84–89. – Vgl. „Die territoriale Entwicklung des Kurfürstentums Mainz“, in: Geschichtlicher Atlas von Hessen, Karte <http://www.lagis-hessen.de/de/subjects/idrec/sn/ga/id/30> (Zugriff: 30.05.2016), Erläuterungstext von U. Reuling <www.lagis-hessen.de/downloads/ga/16.pdf> (Zugriff: 30.05.2016).

15 Freundl. Mitt. Prof. Dr. P. Prinz-Grimm, Institut für Geowissenschaften der Goethe-Universität Frankfurt a. M.

16 W. Dotzauer, Geschichte des Nahe-Hunsrück-Raumes von den Anfängen bis zur Französischen Revolution (Stuttgart 2001) 178. – Ch. Grubert, Rheingau, Taunus und Gebück. Zur Geschichte von Landschaft und Landwehr in Zeit und Raum. Studienr. Kulturinst. Imago Mundi 14 (Bettendorf 2005) 180–181.

17 B. Haegel, Die Belagerungen der Burg Hohenstein im Elsass 1251 und 1338. In: Wagener/Laß (Anm. 1) 270–271.

18 T. Durdik, Zum derzeitigen Stand der Studien zu Belagerungswerken vor böhmischen Burgen. In: Wagener/Laß (Anm. 1) 317 Abb. 8. – Th. Künzel, Belagerungsburgen in Niedersachsen. In: Wagener/Laß (Anm. 1) 336–337 Abb. 5–6.

19 Ebd. 337 Abb. 6 (Hardenberg mit abschnittsweise ausgeführtem Graben) 347 Abb. 13 (Schwarzfels mit vollständig umgebendem Graben). – Haegel (Anm. 17) 265 Abb. 3 (Spiess I mit zwei umlaufenden Gräben an drei Seiten der Schanze) 266 Abb. 4 (Schwedenschantz mit vollständig umgebendem Graben und ergänzendem zweitem auf der Ostseite).

20 Durdik (Anm. 18) 320 Abb. 12 unten. – Künzel (Anm. 18) 347 Abb. 13.

21 K. Kyeser (aus Eichstadt), Bellifortis (Eichstätt 1405) (vgl. http://members.iinet.net.au/~rmine/ht/ht01.html ; Nr. 3; [Zugriff: 08.06.2016])

22 Künzel (Anm. 18) 337 Abb. 6; 347 Abb. 13.

23 Ebd. 358–360.

24 Haegel (Anm. 17) 264–265 Abb. 3.

25 Künzel (Anm. 18) 358–359.

26 Kyeser (Anm. 21) Bl. 30a.

Die Burg der Herren von Bommersheim

Neue Ergebnisse zur Archäologie einer Burganlage des Hoch- und Spätmittelalters in Oberursel (Taunus)

Udo Recker

Einführung

Im Jahr 1376 kam es in Bommersheim, Stadt Oberursel (Main-Taunus-Kreis), zur Brandschatzung der dortigen Burganlage[1]. Ganz offensichtlich handelte es sich dabei um eine Strafaktion städtischer Frankfurter Truppen und deren Verbündeter, darunter auch Verbände aus der Wetterau und dem Rheingau, gegen Ruprecht von Bommersheim. Nur wenige Jahre später, am 29. Januar 1382, wurde Wolff und Ruprecht von Bommersheim samt ihren Ganerben ein Fehdebrief der Stadt Frankfurt a. M. überstellt[2], in dem erneut die Zerstörung der gleichnamigen Burg durch Frankfurter Truppen mit Unterstützung des erst im Vorjahr gegründeten Rheinischen Städtebundes[3] angedroht wurde[4]. Die Drohung stand am Ende einer langwierigen Auseinandersetzung mit dem Geschlecht der Schelme von Bommersheim, einem Zweig der Schelme von Bergen, die im Zuge des sozialen und wirtschaftlichen Niedergangs des niederen Adels im Verlauf des 14. Jahrhunderts versucht hatten, ihren Unterhalt verstärkt durch Raubritterei zu gewährleisten. Die Vollstreckung ließ nicht lange auf sich warten. Nur wenige Tage später, vermutlich Anfang Februar 1382, kam es im winterlichen Bommersheim zu Kampfhandlungen, an deren Ende die Zerstörung der Burganlage stand[5]. Dass es in diesem Zusammenhang zu einem massiven Gebrauch unterschiedlicher Schusswaffen kam, insbesondere auch zum Einsatz von Steinbüchsen, zeigen Funde von eisernen Pfeilspitzen, Armbrustbolzen sowie aus Basalt gefertigten Kanonenkugeln[6]. Die zudem für die Wintermonate zu Beginn des Jahres 1382 belegten extremen Klimabedingungen – in Höhe von Mainz war der Rhein zu dieser Zeit zugefroren[7] – waren den Angreifern durchaus von Vorteil. Feuchte Niederungen konnten unter diesen Bedingungen ebenso leicht durchfahren wie zugefrorene Wassergräben einer Burg überquert werden. Den archäologischen Befunden zufolge unterblieb ein Wiederaufbau der vormaligen Burganlage, sodass deren Überreste nach und nach verfielen. Allerdings blieb das Areal in Nutzung. Ein bescheidener, wenngleich befestigter Hof scheint eventuell bis in das 17. Jahrhundert hinein vor Ort existiert zu haben. Verbliebene Mauerreste der aufgelassenen Burganlage dienten in der Folge als eine Art Steinbruch. Vor allem für den Bau der barocken Kirche St. Aureus und Justina wurde in großem Umfang Steinmaterial abgetragen. Der 1736 von dem Tiroler Baumeister Christian Fritz zusammen mit seinem Sohn Jacob begonnene Bau geht wahrscheinlich auf eine vormalige Burgkapelle zurück, für die bereits im frühen 14. Jahrhundert das Doppelpatrozinium St. Aureus und Justina belegt ist[8]. Archäologische Nachweise dazu fehlen bisher. Im 18. Jahrhundert ebnete man weite Teile des Burgareals ein und nutzte es in der Folge als Kirchweihplatz. Dennoch waren noch gegen Ende des 19. Jahrhunderts Reste der Burganlage obertägig sichtbar, die schließlich abgetragen und eingeebnet wurden. Fortan nutzten die Bewohner von Bommersheim das Gelände als Kerbeplatz. Die genaue Lage der einstigen Burganlage geriet in der Folge in Vergessenheit.

Wenn man heute im Zentrum des Oberurseler Stadtteils Bommersheim südlich der Straße „Im Himmrich“ die im Jahr 1992 aufgemauerten Reste des spätmittelalterlichen Mauerrings betrachtet, so vermögen diese es kaum, einen Eindruck von der wechselvollen Gestalt der einstigen Wasserburg und ihrer Geschichte zu vermitteln. Eine äußerst günstige Quellenlage sowie die Ergebnisse mehrerer archäologischer Untersuchungen[9] ermöglichen jedoch eine deutlich umfassendere Darstellung des Geschehens.

Naturräumliche Gegebenheiten und Topografie

Ein Blick auf die Geologische Karte und die naturräumliche Gliederung des Raums zeigt die Lage der Burg im Auenbereich des Oberlaufs des Kalbachs in der flachen Buchtenlandschaft des Rhein-Main-Tieflands, genauer gesagt der Homburger Bucht im Main-Taunus-Vorland. Diese wird charakterisiert durch tertiäre und jungquartäre Schuttkegel und würmeiszeitliche Lössablagerungen. Wenngleich der hoch- und spätmittelalterliche Verlauf des Kalbachs heute nicht mehr nachvollzogen werden kann, so darf man annehmen, dass dieser in etwa im Verlauf der Straße „Im Himmrich“ zu suchen ist.

Die moderne Topografie ist nur bedingt geeignet, Rückschlüsse auf Lage, Größe und Ausdehnung der Burg und ihrer Befestigungswerke zuzulassen. Im aktuellen Katasterplan erkennt man die nördliche Hälfte sowie ein südöstliches Segment der Kernburg. Es ist darüber hinaus als sehr wahrscheinlich anzunehmen, dass zumindest der annähernd einen Viertelkreis zeichnende Verlauf der südwestlichen Fortsetzung der Straße „Im Himmrich“ Bezug auf die Grabenwerke der vormaligen Burganlage nimmt. Leider ist die Topografie im Südwesten sowie im Süden und im Südosten der Anlage bereits seit dem 18. bzw. 19. Jahrhundert völlig verändert. Sie wird heute von der katholischen Pfarrkirche, dem Neubau der Burgwiesenschule, der neuen Burgwiesenhalle, Sportanlagen und einem städtischen Kinderhort dominiert.

1 Bommersheim. Übersicht über die sich in unterschiedlichen Bearbeitungsstadien befindlichen Grabungsflächen süd- und südöstlich der Hauptburg (Foto: F. Lorscheider, hA).

Die Wiederentdeckung der Burgstelle und ihre archäologische Untersuchung

Die (Wieder-)Entdeckung der Burganlage datiert in das Jahr 1941[10]. Während des Zweiten Weltkriegs stieß man bei der Anlage eines Löschwasserteichs auf die Mauerreste, die der damalige Staatliche Vertrauensmann für kulturgeschichtliche Bodenaltertümer im Regierungsbezirk Wiesbaden, Ferdinand Kutsch (1889–1972), als die Reste der Burg Bommersheim interpretierte[11]. Im 19. und im 20. Jahrhundert muss es durch die teilweise Überbauung des Geländes und verschiedene Infrastrukturmaßnahmen immer wieder zu Eingriffen in das Bodendenkmal gekommen sein. Diese sind durchweg nicht dokumentiert. Kenntnis haben wir von Eingriffen durch den Bau von Ver- und Entsorgungsleitungen in der zweiten Hälfte des 20. Jahrhunderts, die zu weiteren Zerstörungen führten. Im Jahr 1959 wurde das Burgareal im Zuge von Kanalarbeiten angeschnitten, wobei die mittelalterliche Ringmauer in ihrem Bestand beeinträchtigt wurde. Es ist dem langjährigen Stadtbaurat von Oberursel und Leiter des Heimatkundlichen Arbeitskreises, Hans Hoyer (1905–1962), zu verdanken, dass diese Eingriffe zumindest in skizzenartigen Zeichnungen festgehalten wurden[12]. In den 1960er-Jahren kam es beim Bau der Burgwiesenschule und bei der Verlegung von Versorgungsleitungen wiederum zu Eingriffen in das Burgareal und den Baukörper der Ringmauer. Diese Störungen blieben erneut gänzlich undokumentiert. Erst der Bau einer Entsorgungsleitung für den städtischen Kinderhort am östlichen Ende der Straße „Im Himmrich" im November 1988 führte zu einer räumlich beschränkten Notbergung im Bereich des Burgareals. Aufgrund der Fundmeldung eines aufmerksamen Anwohners wurden in Absprache mit dem damaligen Vertrauensmann für Bodendenkmalpflege im Hochtaunuskreis, Bernhard Beckmann (1925–2011), der zugleich Mitarbeiter des Saalburgmuseums war, die im ausgehobenen Graben angeschnittenen Befunde durch das Vortaunusmuseum, Oberusel, und den Arbeitskreis Vor- und Frühgeschichte Oberursel e. V. dokumentiert[13]. Durch den Fund sensibilisiert, wurden in den Jahren 1989–1991 drei jeweils mehrmonatige Grabungskampagnen im Areal zwischen dem Kirchhof der Pfarrgemeinde St. Aureus und Justina im Südwesten und der Straße „Im Himmrich" im Nordosten durchgeführt[14]. Der Abriss und der anschließende Neubau der Burgwiesenschule sowie des Hauses Bommersheim im Jahr 2007 ermöglichten es, darüber hinaus die südlichen und südöstlichen Bereiche der ehemaligen Burganlage der Herren von Bommersheim im Rahmen einer mehrmonatigen archäologischen Grabung großflächig zu untersuchen (Abb. 1)[15]. Diese neuerlichen Untersuchungen bestätigten die Untersuchungsergebnisse der Jahre 1989–1991 im Wesentlichen, trugen aber vor allem zur Erweiterung des Kenntnisstands hinsichtlich der außerhalb der Kernburg liegenden Burgbereiche bei. Demnach stellt sich die Entwicklung vor Ort wie folgt dar.

Fränkisch-karolingerzeitliche Anfänge

Die urkundliche Ersterwähnung Bommersheims findet sich im *Codex Laureshamensis* und datiert in das späte 8. Jahrhundert[16]. Die mittelalterliche Abschrift einer Schenkungsurkunde an das Reichskloster Lorsch, vermutlich fälschlich datiert auf den 28. Oktober 792, richtig ist wohl das Jahr 782[17], enthält die Ortsangabe „[...] *Similiter in Botmarsheim*

II hubas et mancipia x, […]"[18]. Insofern handelt es sich um eine für die fränkische Zeit klassische Namensgebung, nämlich der Kombination einer -heim-Endung, welcher der Eigenname des belehnten Grundherrn vorangestellt wurde.

Korrespondierend dazu war erstmals im Zuge der Untersuchungen von 1989–1991 ein karolingerzeitlicher Laufhorizont freigelegt worden. Im Jahr 2007 gelang der archäologische Nachweis einer ebenfalls karolingerzeitlichen Besiedlung in einem Areal südlich der Kernburg im rückwärtigen Bereich der „Lange[n] Straße". Wenn auch nur ausschnitthaft erfasst, so belegen die dortigen Befunde eine hof- oder weilerartige Besiedlung des Areals im 8./9. Jahrhundert.

Die frühe Schriftquelle und die entsprechenden archäologischen Befunde sind insofern von großer Bedeutung für die Genese des Platzes, als dieser damit einer aus anderen Regionen bekannten Siedlungsentwicklung zu folgen scheint. Ob und – wenn ja – ab wann wir vor Ort von der Existenz eines sog. festen Hauses oder eines festen Hofs auszugehen haben, konnte archäologisch bisher nicht geklärt werden[19].

Eine Motte des 11./12. Jahrhunderts

Aus verschiedenen Regionen, besonders aus Norddeutschland und dem Rheinland, ist von mehreren Burgplätzen bekannt, dass sich im Hochmittelalter im Zusammenhang mit der Herausbildung des niederen Adels aus einfachen oder auch befestigten Hofplätzen der Karolingerzeit oftmals neuartige Anlagen in Gestalt einer Turmhügelburg[20] entwickelten[21]. Erste Burgen dieses Typs datieren im Rheinland in die Ottonenzeit, d. h. um das Jahr 1000. Spätestens in der Mitte des 11. Jahrhunderts wurden sie zu einem gängigen Burgentypus. Wenngleich die deutschsprachige Bezeichnung Turmhügelburg derartige Anlagen recht gut charakterisiert, werden diese allerdings in der Burgenforschung nahezu durchgängig als „Motte" bezeichnet[22].

Der Begriff geht auf den französischen Archäologen Arcisse de Caumont (1801–1873) zurück, der in der ersten Hälfte des 19. Jahrhunderts derartige Anlagen erstmals als «châteaux à motte» bezeichnete[23]. Wesentlicher Bestandteil derartiger Anlagen war eine mittels Wällen, Gräben, Palisaden und/oder Mauern geschützte Hauptburg, in der sich ein zumeist künstlich aufgeschütteter Hügel mit einem darauf stehenden Wohn-/Wehrturm befand. Hinzu kamen ggf. eine oder mehrere sog. Vorburgen, die innerhalb der Gesamtanlage vorwiegend von wirtschaftlicher Bedeutung waren. Entsprechend werden Burgen dieses Typs in der englischsprachigen Forschung auch als "motte and bailey" bezeichnet. In der deutschen Fachsprache, die in diesem Punkt vor allem der Burgenforscher Otto Piper (1841–1921) ab dem Ende des 19. Jahrhunderts mit seiner zum Standardwerk gewordenen Burgenkunde[24] prägte, steht die Bezeichnung Motte sowohl für den eigentlichen Erdhügel als auch für die gesamte Burganlage.

Die für Norddeutschland und das Rheinland beschriebene Entwicklung findet in Bommersheim ihre Parallelen. Hier wurde spätestens im 11. Jahrhundert ebenfalls ein Ministerialensitz in Gestalt einer Motte errichtet. Dazu schüttete man einen leicht ovalen Hügel mit einem Basisdurchmesser von circa 20–25 m auf. Dessen ursprüngliche Höhe ließ sich angesichts der grundlegenden Umbauten der Anlage im Spätmittelalter nicht mehr exakt ermitteln, dürfte aber zwischen 2,5 und 4,0 m gelegen haben. Eine die Oberfläche der erhaltenen Hügelbasis abdeckende Lehmschicht wird von J. Petrasch als Hinweis auf eine ursprüngliche Abdeckung der Oberfläche mit Grassoden interpretiert. Anhaltspunkte für die Ausgestaltung und die Bebauung des Hügelplateaus liegen aufgrund der bereits erwähnten späteren Überprägung des Areals nicht vor, jedoch ist auch in Bommersheim analog zu anderen Fundplätzen dieser Zeit mit einer Wohn-/Wehrbebauung in Gestalt eines Holzturms zu rechnen. Das Vorhandensein eines Steinbaus kann konstruktionsbedingt angesichts des Fehlens entsprechender Spuren im Bereich der konservierten Hügelbasis weitgehend ausgeschlossen werden[25]. Die Bommersheimer Motte wurde auf der Nord- und Ostseite durch eine Doppelgrabenanlage mit dazwischenliegendem Wall geschützt. Spätere Ausbauphasen und damit einhergehende Umgestaltungen des Burggeländes lassen lediglich Aussagen zum inneren der beiden Gräben und dem Wall zu. Der schräg geböschte innere Sohlgraben war etwa 4,0 m breit und rund 1,3 m tief. Im Fußbereich verjüngte er sich auf eine Breite von circa 1,8 m. Ihm vorgelagert war ein ungefähr 1,0 m hoher Wall, auf dem ein hölzernes Annäherungshindernis in Gestalt einer Palisade oder eines Flechtzauns stand. Dazu hatte man angespitzte, mindestens 10–15 cm starke Holzpfähle im Abstand von jeweils 15–30 cm zueinander in den Wallkörper gerammt. Im archäologischen Befund blieben lediglich der Rest eines Holzpfahls sowie die Holzspuren im Wallkörper erhalten, sodass keine detaillierten Aussagen zur Konstruktion dieses Annäherungshindernisses getroffen werden können. Ähnlich verhält es sich mit den wenigen erhaltenen Resten des äußeren Grabens der Motte, die ebenfalls keine weiterführenden Angaben zu Größe und Gestalt desselben zuließen.

Ob es zunächst bei der Anlage dieser kleinen, einteiligen Niederungsburg blieb oder gleichzeitig auch das der Burg vorgelagerte Areal zumindest in Teilen in die Befestigung miteinbezogen wurde, ist anhand der Grabungsergebnisse nicht zu entscheiden. Damit im Zusammenhang steht auch die Frage nach dem Eingangsbereich der Burg. In den vorwiegend untersuchten nördlichen Bereichen der Anlage fanden sich keine diesbezüglichen Spuren.

Zwei weitere Gräben, die süd- und südöstlich von der Hauptburg in einem leicht variierenden Abstand von 11,0–15,0 m bzw. 27,0–31,0 m zum inneren Graben der Doppelgrabenanlage verliefen, umfassten zwei (Vorburg-)Areale, die eventuell zur Zeit der ersten Bauphase eingefasst worden waren.

2 Bommersheim. Verstürztes Mauerwerk der Ringmauerburg des 14. Jahrhunderts in der Grabenverfüllung der Hauptburg (Foto: F. Lorscheider, hA).

Für eine zeitnahe Anlage dieser Gräben sprechen mehrere Indizien. Zum einen stimmt die Machart der äußeren Gräben mit derjenigen der Doppelgrabenanlage überein. Auch die Vorburggräben sind als Sohlgräben angelegt. Zum anderen konnte im südöstlichen Abschnitt der Hauptburg weder eine Doppelgrabenanlage noch ein Wall nachgewiesen werden. Vielmehr ist in diesem Bereich sehr wahrscheinlich nur der innere Graben der im Norden und Osten angetroffenen Doppelgrabenanlage fortgeführt worden. Es liegt daher nahe, in diesem Bereich den Zugang von einer Vorburg zur Hauptburg zu vermuten.

Der der Doppelgrabenanlage nächstgelegene, innere Vorburggraben konnte aufgrund einer jüngeren Störung nicht vollständig erfasst werden, weshalb offen bleiben muss, wie breit er ursprünglich war. Seine Erhaltungstiefe lag bei rund 1 m. Der äußere der Gräben war bis zu 8 m breit und ebenfalls nur mit einer Tiefe von bis zu 1 m erhalten. Er konnte auf einer Länge von 16 m verfolgt werden. Ein im Osten des Grabungsareals ausgebildeter Grabenkopf deutet eventuell auf einen dort befindlichen Eingangsbereich hin.

Der zwischen dem inneren und mittleren Graben gelegene Vorburgbereich war u. a. handwerklich genutzt worden. Auf einer Fläche von rund 70 m² wurde eine bis zu 0,4 m starke Brandschicht freigelegt, die eine Ofenstelle und zahlreiche Pfostenstellungen überlagerte. Die Brandschicht enthielt neben großen Mengen an Asche, Holzkohleresten und Rotlehmbrocken auch zahlreiche Esseschlacken und sonstige Metallreste, die auf Schmiedeaktivitäten in diesem Vorburgbereich schließen lassen. Ergänzt wird dieser Befund durch einen zeitgleichen, am östlichen Rand dieses Areals lokalisierten kleinen Kanal, der als Entnahmestelle für Brauchwasser gedient haben dürfte. Ob und wie das Areal zwischen dem inneren Vorburggraben und dem äußeren Graben genutzt wurde, muss mangels archäologischer Nachweise fraglich bleiben.

Aufgrund der bestehenden Bebauung im rückwärtigen Teil der „Lange[n] Straße“ sowie im Kirchengelände zwischen „Lange Straße“ und der westlichen Fortsetzung der Straße „Im Himmrich“ einerseits und der modernen Bebauung im östlichen Abschnitt der Straße „Im Himmrich“ andererseits bleibt weiterhin offen, ob dort und, wenn ja, in welcher Gestalt die beiden äußeren Gräben verliefen. Es liegt die Vermutung nahe, dass beide nur als Abschnittsgräben im Süden und im Südosten ausgebildet waren. Die Errichtung einer Doppelgrabenanlage mit Wall und Palisade im Norden und im Osten der Hauptburg spricht eher gegen die Annahme, dass zusätzlich zwei weitere, annähernd mittelpunktsgleiche Gräben die Anlage geschlossen umzogen. Für die wahrscheinlichere asymmetrische Grundrissvariante der Anlage, d. h. eine gut geschützte, kleine Hauptburg mit mindestens einer vorgelagerten, flächenmäßig deutlich größeren Vorburg, sind zahlreiche Beispiele aus anderen Regionen Deutschlands zu nennen[26].

Die Motte des 11./12. Jahrhunderts wurde wiederholt modifiziert, was sich im archäologischen Kontext niederschlug. Mitunter ist es aber nicht leicht, diese an verschiedenen Stellen ablesbaren Veränderungen zeitlich voneinander abzugrenzen bzw. miteinander in Einklang zu bringen. So wurde in dem inneren der beiden Gräben der Doppelgrabenanlage wie auch im inneren der Vorburggräben während der Nutzungszeit auf natürliche Weise Erdreich und sonstiges organisches Material abgelagert, wodurch es zu einer teilweisen Verfüllung des Grabens kam. Die Burgbewohner sahen sich daher

3 Bommersheim. Zwei der insgesamt 19 Grabsteinfragmente mit hebräischen Schriftzeichen. Diese gehören zum Epitaph einer im Jahr 1292 verstorbenen Frau namens „*Gutlin*" oder „*Gitlin*" (Foto: F. Lorscheider, hA).

gezwungen, die Gräben zu reinigen oder ganz zu erneuern. Im Bereich der Hauptburg wurde annähernd lagegleich – allerdings nicht so tief wie zuvor – ein im Profil konvexer Graben ausgehoben. In diesem Fall darf man sicherlich von einem mehrjährigen Zeitraum zwischen Aushub und Neuanlage des Grabens ausgehen.

Das Ende dieser Ausbauphase lässt sich zeitlich schwer eingrenzen. Archäologisch eindeutig zu fassen ist allerdings der tiefgreifende Umbau der Anlage im 14. Jahrhundert.

Die Ringmauerburg des 13./14. Jahrhunderts

Die im Jahr 1382 von den Frankfurtern und ihren Verbündeten zerstörte Anlage hatte kaum noch etwas mit der typischen Motte des Hochmittelalters gemein[27]. Ihre Grundfläche war deutlich größer und wurde von einer massiven, bis zu 1,70 m starken, polygonalen Ringmauer umgeben. Diese war in Zweischalentechnik ausgeführt. Die Größen beider Anlagen variierten so deutlich, dass der Mauerzug nicht nur die Grundfläche der Motte, sondern auch den inneren mottenzeitlichen Graben mit umschloss. Der Mauerverlauf wies keine regelmäßige Geometrie auf; im Südosten ragte ein Halbschalenturm aus der Mauerflucht heraus. Da mehr als ein Drittel des Mauerverlaufs seit dem 18. Jahrhundert unzugänglich innerhalb des Friedhofareals der katholischen Kirchengemeinde St. Aureus und Justina liegt, muss die Frage, ob die Ringmauerburg über weitere Türme verfügte, unbeantwortet bleiben. In den untersuchten Bereichen finden sich jedenfalls keine Anhaltspunkte für solche. Auch die Größe der Anlage kann nur geschätzt werden; sie dürfte in etwa zwischen 800 und 1.000 m² gelegen haben. Wenngleich uns keine Details der Innenbebauung der Anlage im archäologischen Befund bekannt geworden sind, so ist dennoch mit Sicherheit davon auszugehen, dass sich der architektonische Charakter der Anlage gegen Ende des 13. Jahrhunderts bzw. spätestens im Verlauf des 14. Jahrhundert ganz wesentlich veränderte. Allgemeinen Entwicklungen folgend, war auch in Bommersheim die soziale Stellung des niederen Adels einem Wandel unterworfen. Aus dem Amtsadel bildete sich Schritt für Schritt ein Familienbesitz heraus. So entwickelte sich im letzten Viertel des 13. Jahrhunderts unter den Nachkommen und Erben von Werner II. Schelm von Bommersheim (erwähnt 1255–1282) die Dienstmannenburg hin zu einer Ganerbenburg[28]. Eine solche war dadurch charakterisiert, dass auf ihr gleichzeitig mehrere Familien oder Familienzweige ansässig waren. Dies hatte seinen Ursprung in Erbteilungen, sog. Ganerbschaften, oder auch schlichtweg in anteiligen Verkäufen zu Zeiten knapper Geldmittel. Aus der historischen Überlieferung zu den Vorgängen um 1382 wissen wir, dass im 14. Jahrhundert neben den Familienangehörigen derer von Bommersheim zahlreiche Abkömmlinge weiterer Geschlechter aus der näheren Umgebung auf der Burg ansässig waren[29].

Der Abbruchschutt der Zerstörungen des Jahres 1382 erlaubt einige Rückschlüsse auf die vormalige Bebauung. Sehr wahrscheinlich ist von einer Randhausbebauung auszugehen, d. h., die Gebäude im Inneren der Kernburg waren an die Ringmauer angebaut. Große Mengen an Dachschiefer zeigen, dass deren Dächer fest eingedeckt waren. Es fanden sich zahlreiche diesen Häusern zuweisbare Werksteine aus unterschiedlichen Gesteinsarten, vorwiegend aus Basalt und Buntsandstein, die von Torbögen, Fenster- und Türgewändern – z. T. mit Spuren ausgerissener Scharniere – oder Konsolen stammen, darunter des Weiteren auch ein sog. Ausgussstein. Darüber hinaus blieben noch im Verbund befindliche Mauerreste mit anhaftendem originalem Pietra-Rasa-Putz erhalten (Abb. 2). Dieser zeichnet sich durch einen breiten Fugenstrich aus, der die sauber gearbeiteten Werksteine frei ließ. Der allgemein gute Erhaltungszustand und die nur geringen Abnutzungs- bzw. Gebrauchsspuren an den Werksteinen lassen den Schluss zu, dass diese zum Zeitpunkt des Abrisses noch recht neuwertig, also erst seit kurzer Zeit in der Burganlage verbaut gewesen waren. Ihre scharrierten und geflächten Seiten zeigten keinerlei Verwitterungsspuren. Sogar verbaute Sandsteine wiesen durchweg glatte, nicht verwitterte Oberflächen auf. Einzelne Spolien waren fachmännisch überarbeitet worden. Im hiesigen Zusammenhang sind die zweitverwendeten Sandsteine von besonderer Bedeutung. Insgesamt 75 Bruchstücke aus rötlichem und gelblichem Sandstein konnten als Fragmente jüdischer Epitaphe angesprochen werden[30]. Alle Bruchstücke stammen aus zwei Grabungsschnitten im Bereich des inneren und des mittleren Burggrabens. Sie weisen in 19 Fällen hebräische Schriftzeichen sowie in zwei Fällen Steinmetzzeichen auf, eines davon in Form eines Hakens, ein anderes in Gestalt des umgekehrten hebräischen Buchstabens „Resh" (ר)[31]. Neben den für mittelalterliche jüdische Grabsteine typischen vertieften Schriftfeldern weist zumindest ein Steinfragment einen siebenzackigen Stern im oberen Gesims auf. Alle Buchstaben lassen sich einer Type zuweisen und entsprechen im Duktus ähnlichen Inschriften aus Mainz, Worms, Trier und Frankfurt a. M., die dort allesamt in das 13./14. Jahrhundert datieren (Abb. 3)[32]. Eine besonders große Ähnlichkeit besteht laut A. Lehnardt mit vollständig erhaltenen jüdischen Epitaphen aus dem ursprünglichen steinernen Unterbau des sog. Annenaltars im Frankfurter Kaiserdom[33]. Die bruchstückhaft überlieferten Inschriften enthalten keinerlei Ortsnennungen und liefern somit auch keine direkten Hinweise auf ihre Herkunft, doch deutet vieles auf eine Frankfurter Provenienz hin[34]. Es ist bekannt, dass Frankfurter Handwerksmeister in Bommersheim tätig waren und diese z. T. ihr Material aus Frankfurt a. M. mitbrachten. Es ist daher nicht unwahrscheinlich, dass die vor Ort beschäftigten Steinmetze ähnlich agierten. Die jüdischen Epitaphe aus dem Zerstörungshorizont des Jahres 1382 könnten demnach eventuell von einem alten jüdischen Friedhof in der Nähe des Frankfurter Doms stammen, der aufgelassen, enteignet und/oder geplündert worden war. Lehnardt bringt die Epitaphe bzw. deren Bruchsücke in direkte Verbindung mit der sog. zweiten Frankfurter Judenschlacht, dem Pogrom vom 24. Juli 1349[35]. Neben den jüdischen Grabsteinen liefert ein weiterer in Zweitverwendung verbauter Werkstein einen wichtigen Datierungshinweis. Auf der Rückseite dieses Steins ist eine Inschrift aus dem Jahr 1348 angebracht.

Folgt man Lehnardts Interpretation, so ergibt sich daraus in Verbindung mit der durch eine Inschrift datierten Spolie, dass die im Schutt fassbare Ausbauphase vor der endgültigen Zerstörung der Anlage im Zeitraum nach 1349 und/oder 1376[36] erfolgt sein muss. Unter Berücksichtigung der schriftlich belegten Zerstörungen des Jahres 1376 und des erfolgten Wiederaufbaus der Burg können die Werksteine somit nur zwischen sechs und maximal 33 Jahren in Nutzung gewesen sein.

Auch die Ringmauerburg verfügte über Vorburgareale und war durch insgesamt drei vorgelagerte Gräben gesichert. Der Zugang zur Hauptburg wurde durch eine Brücke ermöglicht, deren Widerlager nur wenige Meter von dem vorstehend erwähnten Halbschalenturm entfernt lokalisiert werden konnten. Die Brücke wies nach Osten in Richtung der nahe gelegenen, auf römischen Ursprung zurückgehenden Überlandverbindung. Sie überspannte einen annähernd 8,0 m breiten und über 2,0 m tief erhaltenen Graben. Südöstlich der Hauptburg konnten der mittlere und der äußere Graben der Ausbauphase des 13./14. Jahrhunderts lokalisiert werden. Auch diese beiden Annäherungshindernisse wiesen eine Breite von bis zu 8,0 m auf. Mit einer Tiefe von bis zu 3,2 m waren sie jedoch ursprünglich deutlich tiefer ausgehoben worden als der innere Graben. Der zweite Graben war im Süden der Anlage in einem Abstand von 10,0–14.0 m zum inneren Burggraben angelegt worden. Der äußere Graben (Abb. 4) verfügte über eine wannenförmige Sohle und umschloss einen annähernd rechteckigen Vorburgbereich. Auch über diesen führte eine Brücke in das Vorburgareal hinein. Die Reste dieser hölzernen Brückenkonstruktion konnten in der Verlängerung der Blickachse der Brücke über den inneren Graben freigelegt werden. Aufgrund der modernen Topografie konnte der äußere Graben nicht in seiner gesamten Länge verfolgt werden. Im Osten des Untersuchungsareals wurde ein zusammenhängender Abschnitt auf

4 Bommersheim. Abgetrepptes Profil des äußeren Grabens der letzten Ausbauphase (Foto: F. Lorscheider, hA).

5 Bommersheim. Freilegung einer Fischreuse im mittleren Graben der Ringmauerburg. (Foto: F. Lorscheider, hA).

16,0 m Länge untersucht. Dabei zeigte sich, dass dieser wie auch die anderen Gräben nicht systematisch aufgegeben worden waren, sondern über einen längeren Zeitraum hinweg durch kontinuierliche Sedimentation verlandet waren. Trotz zahlreicher Keramikfunde lässt sich das genaue chronologische Verhältnis zwischen den Gräben und möglichen baulichen Veränderungen der Burganlage des 13./14. Jahrhunderts nur in Ausschnitten klären. So störten im Südwesten der Gesamtanlage jüngere, vermutlich in die zweite Hälfte des 14. Jahrhunderts datierende Einbauten den äußeren Graben.

Aus den Grabenbereichen konnte ein vielfältiges Spektrum an Fundmaterial geborgen. Den überwiegenden Teil macht mittelalterliche Gebrauchskeramik aus. Teile von Trink- und Essgeschirren überwiegen und erlauben einen guten Überblick über das Formengut der Zeit. Gläserne Nuppenbecher ergänzen das Spektrum des in Bommersheim genutzten Trinkgeschirrs. Dabei lässt es die Detailanalyse des Keramikmaterials sogar zu, zwischen mehreren verschiedenen Haushalten innerhalb der der Ganerbenburg zu differenzieren[37]. Hinzu kommen darüber hinaus aus Metall gefertigte Messer und Löffel. Tönerne Kacheln liefern Hinweise auf die Innenausstattung der Burghäuser, im Besonderen auf das Vorhandensein von Öfen in diesen. Dank der Feuchtbodenerhaltung konnten aus dem mittleren Graben u. a. auch zwei aus Weidenzweigen gefertigte Fischreusen (Abb. 5) geborgen werden, in denen sich noch der ebenfalls gut konservierte Fang befand. Hinweise auf die Essgewohnheiten liefern weitere Tier- und Pflanzenreste aus verschiedenen Grabenbereichen. Lederfragmente sind vorwiegend Kleidungsstücken wie Jacken und Schuhen zuzuordnen, zu denen auch die passenden Beschläge, Schnallen und Schließen vorliegen. Golddrähte können ebenso zu einem Kleidungsstück gehört haben, wie sie auch an Schmuckstücken Verwendung gefunden haben können. Eindeutig dem Frauenschmuck zuzurechnen sind Perlenketten aus Bernstein und Bergkristall. Verschiedene Pilgerabzeichen und Jakobsmuscheln sind Zeugnisse von Pilgerreisen; Letztere verweisen wohl auf Reisen nach Santiago de Compostela in Nordspanien. Mit Fragmenten von Maultrommeln liegen schließlich auch Belege einfacher Musikinstrumente, sog. Borduninstrumente, vor.

Eine befestigte Hofanlage des 15. Jahrhunderts

Nach der Schleifung der Burganlage durch Truppen des Rheinischen Städtebundes im Frühjahr 1382 wurde das zerstörte Areal jedoch nicht aufgegeben. Die archäologischen Untersuchungen von 2007 belegen, dass insbesondere das vormalige Vorburgareal zwischen dem mittleren und äußeren Graben noch im 15. Jahrhundert weiterhin genutzt wurde. Alles deutet darauf hin, dass es sich dabei um einen wirtschaftlich genutzten Komplex handelte, der über mindestens ein Wohn- und ein Nutzgebäude mit Ofenstelle verfügte. Die freigelegten Gebäudereste und das zugehörige Fundgut legen nahe, dass es sich um einen bescheidenen, aber dennoch mittels der weiterhin offen gehaltenen Gräben befestigten Wohnsitz, einen festen Hof, handelte. Dies korrespondiert mit Quellenangaben zu einem für das 15. Jahrhundert belegten Fronhof, der ausdrücklich als am Graben liegend beschrieben wurde.

Der endgültige Verfall der Anlage ab dem 16./17. Jahrhundert

Ab dem 16. Jahrhundert können wir weder archäologisch noch historisch die Burgruine oder den nachfolgenden Fronhof fassen. Wir müssen aber davon ausgehen, dass dennoch über Jahrhunderte hinweg Reste der Burganlage in enormem Umfang weiterhin obertägig sichtbar waren. Diese wurden im 18. Jahrhundert – wie eingangs bereits ausgeführt – v. a. im Zusammenhang mit der Errichtung des unmittelbar benachbarten barocken Kirchenbaus als Steinbruch genutzt. Doch auch zu Beginn des 19. Jahrhunderts waren letzte obertägig sichtbare Reste vorhanden, die zu diesem Zeitpunkt erst vollständig einplaniert wurden. In der Folge ging die Kenntnis um den Burgplatz schnell verloren.

Im Anschluss an die Untersuchungen des Jahres 2007 wurde das Gelände vollständig umgestaltet und ohne Bezugnahme auf den historischen Ort flächig überbaut. Lediglich der bis zu einer Höhe von 0,70 m aufgemauerte Steinkranz der Ringmauerfundamente erinnert bis heute an den ehemaligen Burgplatz.

Anmerkungen

1 F. J. Bodmann, Rheingauische Alterthümer oder Landes- und Regiments-Verfassung des westlichen oder Niederrheingaues im mittlern Zeitalter. Zweyte Abtheilung. Die Regiments-Verfassung (Mainz 1819) 810 Anm. c. Hier zitiert nach https://books.google.de/books?id=ONk-AAAAcAAJ (Zugriff: Januar 2017). Dort heißt es: „[…] Lieber frund. Ich clagen uch, daz mich die von frankfurt gebrant und geraubet han […] Anno Dmi. M. CCC Lxxvi. von mir Rupecht von Bommersheim."

2 E. Orth, Die Fehden der Reichsstadt Frankfurt am Main im Spätmittelalter. Fehderecht und Fehdepraxis im 14. und 15. Jahrhundert. Frankfurter Hist. Abhandl. 6 (Wiesbaden 1973) 134 f.

3 Gemeint ist der mit Datum vom 20. März 1381 geschlossene zweite Rheinische Städtebund, dem neben Frankfurt a. M. auch Städte wie Mainz, Worms, Speyer und Straßburg angehörten. Am 17. Juni 1381 schlossen der Rheinische und der Schwäbische Städtebund einen militärischen Beistandspakt und vereinigten sich unter dem Namen Süddeutscher Städtebund. Ein erster Rheinischer Städtebund hatte bereits von 1254–1257 bestanden.

4 Der älteren Literatur sind Hinweise darauf zu entnehmen, dass es nach 1376 und 1382 auch im Jahr 1397 zu kriegerischen Auseinandersetzungen um die Burg Bommersheim gekommen sein soll. Die entsprechenden Angaben zu den vermeintlichen Auseinandersetzungen des Jahres 1397 enthält A. A. von Lersner, Chronica der weitberühmten Freyen Reichs-, Wahl- und Handels-Stadt Franckfurt am Mayn (Frankfurt a. M. 1706) 367. Hier zitiert nach http://publikationen.ub.uni-frankfurt.de/frontdoor/index/index/docId/9544 (Zugriff: Januar 2017). Allerdings werden diese Angaben heute allgemein als unzutreffend beurteilt, wie auch manch andere Details

in dieser Chronik. Während vorstehende Angaben noch bei C. D. Vogel, Beschreibung des Herzogthums Nassau (Wiesbaden 1843) 857 f., zusammengefasst sind, wies bereits F. Luthmer, Bau- und Kunstdenkmäler des Regierungsbezirks Wiesbaden, Teil 2: Der östliche Taunus (Frankfurt 1905) 120, auf unzutreffende Angaben hin. Es ist daher nicht plausibel, dass Letztere völlig unkommentiert noch bei R. Knappe, Mittelalterliche Burgen in Hessen. 800 Burgen, Burgruinen und Burgstätten (Gudensberg-Gleichen 1994) 465, genannt werden.

5 Klagen der Bommersheimer Ritter über die Zerstörung ihrer Burg erreichten bereits am 9. März 1382 die Stadt Frankfurt a. M. Somit ergibt sich ein nur kurzes Zeitfenster von wenigen Wochen, in denen der Angriff und die anschließende Schleifung der Burganlage erfolgt sein können. Zeitweilige Bemühungen der Herren von Kronberg um einen Entsatz der Burg durch den Erzbischof von Mainz blieben erfolglos. Vgl. dazu Orth (Anm. 2) 135.

6 G. Strickhausen, Bemerkungen zu frühen Feuerwaffen im 14. Jahrhundert. In: O. Wagener/H. Laß (Hrsg.), ... *wurfen hin in steine/grôze und niht kleine* ... Belagerungen und Belagerungsanlagen im Mittelalter. Beih. Mediaevistik 7 (Frankfurt a. M. 2006) 55.

7 Vgl. die zahlreichen Klimaangaben zum Jahr 1382 in der Historischen Klimadatenbank (HISKLID) unter www.tambora.org (Zugriff: Januar 2017).

8 Vgl. Vogel (Anm. 4) 858. Das Patrozinium nimmt Bezug auf den hl. Aureus, welcher der Legende nach als Bischof von Mainz im 5. Jahrhundert zusammen mit seiner Schwester Justina bei einem Germaneneinfall den Märtyrertod gefunden haben soll. Vgl. dazu H. W. Nopper: Die vorbonifatianischen Mainzer Bischöfe (Norderstedt 2001); vgl. auch www.heiligenlexikon.de/BiographienA/Aureus_von_Mainz.html (Zugriff: Januar 2017).

9 Das Burgareal wurde im Rahmen von vier Grabungskampagnen unter der Ägide der Römisch-Germanischen Kommission des Deutschen Archäologischen Instituts (1989–1991) und der hessenARCHÄOLOGIE (2007) untersucht (1989: J. Petrasch/K.-F. Rittershofer, 1990: M. Heitsch, 1991: J. Petrasch/K.-F. Rittershofer, 2007: F. Lorscheider/U. Recker). Hervorgehoben werden muss an dieser Stelle das große Engagement des Arbeitskreises Vor- und Frühgeschichte Oberursel e. V., der die Grabungen der Jahre 1989–1991 über die Maßen unterstützte. Darüber hinaus stellten das Hessische Ministerium für Wissenschaft und Kunst, die Stadt Oberursel sowie private Spender Mittel zur Verfügung. Die Kampagne von 2007 erfolgte im Vorfeld des Neubaus der Burgwiesenschule. Aufgrund entsprechender denkmalrechtlicher Auflagen wurde die Untersuchung aus Mitteln des Hochtaunuskreises finanziert. Der Autor möchte ausdrücklich F. Lorscheider (Wiesbaden) für die qualitätvolle Grabungsarbeit vor Ort, die stets gute Zusammenarbeit und die fruchtbaren Diskussionen hinsichtlich der Interpretation der Grabungsbefunde danken.

10 Die Burg Bommersheim wird im digitalen Ortsaktenbestand der hA unter der PGIS-Nr. Oberursel-Bommersheim 14 geführt. Vgl. dazu im Folgenden den Ortsaktenbestand Oberursel, Gem. Bommersheim.

11 F. Kutsch, Die Burg von (Oberursel-)Bommersheim. Nassau. Heimatbl. 41 = Bodenaltertümer Nassau 1, 1951, 48–51.

12 PGIS-Nr. Oberursel-Bommersheim 14 und Ortsaktenbestand Oberursel, Gem. Bommersheim. Ergänzende freundl. Mitt. W. Breese (Oberursel), Frühjahr 2017.

13 PGIS-Nr. Oberursel-Bommersheim 14 und Ortsaktenbestand Oberursel, Gem. Bommersheim. Ergänzende freundl. Hinweise Harro Junk (Oberursel), Herbst 2007.

14 J. Petrasch/K.-F. Rittershofer, Die Burg von Bommersheim, Stadt Oberursel (Taunus), Hochtaunuskreis. Arch. Denkmäler Hessen 101 (Wiesbaden 1992); R. Friedrich/H. Junk/A. Kreuz/J. Petrasch/K.-F. Rittershofer/P. Titzmann/C. von Waldstein, Die hochmittelalterliche Motte und Ringmauerburg von Oberursel-Bommersheim, Hochtaunuskreis. Vorbericht der Ausgrabungen 1988–1991. Germania 71, 1993, 441–519; R. Friedrich/K.-F. Rittershofer, Die hochmittelalterliche Motte und Niederungsburg von Oberursel-Bommersheim, Hochtaunuskreis – Ausgrabungen 1998 bis 1993. In: Actes du colloque international, Abergavenny, Wales (Royaume-Uni), 29 août-3 septembre 1994. Château Gaillard (Études de Castellogie médiévale) 17 (Caen 1996) 93–110; R. Friedrich, Die Zerstörung der Burg Bommersheim durch den Rheinischen Städtebund im Jahre 1382. In: Actes du colloque international de Graz (Autriche) 22-29 août 1998. Château Gaillard (Études de Castellogie médiévale) 19 (Caen 2000) 83–90; R. Friedrich, Zur Herkunftsbestimmung der Keramik von Burg Bommersheim vor dem Hintergrund der Keramikentwicklung in Südhessen. Zeitschr. Arch. Mittelalter 33, 2005, 173–182. Eine umfassende wissenschaftliche Analyse der Kleinfunde aus dem Burgareal, insbesondere der mittelalterlichen Keramik, durch R. Friedrich ist zurzeit in Vorbereitung.

15 F. Lorscheider/U. Recker, Städtische Selbstbehauptung contra ritterliche Gewalt – das Ende der Burg Bommersheim im Jahr 1382. Hessen-Arch. 2007 (2008) 136–139; dies., Die Turmhügelburg der Raubritter von Bommersheim und ihr Ende im Jahre 1382. Erste Ergebnisse archäologischer Untersuchungen vor dem Neubau der Burgwiesenschule in Oberursel-Bommersheim. Jahrb. Hochtaunuskreis 2009, 270–274.

16 Lorscher Codex, Urkunde 3332. Siehe dazu K. J. Minst, Lorscher Codex. Deutsch. Urkundenbuch der ehemaligen Fürstabtei Lorsch, Bd. 5: Schenkungsurkunden Nr. 2911–3836 (Lorsch 1971) 154. Hier zitiert nach http://digi.ub.uni-heidelberg.de/diglit/minst1971bd5/0160 (Zugriff: Januar 2017).

17 In der überlieferten Abschrift der Urkunde Nr. 3332 (Reg. 1913) des *Codex Laureshamensis* widersprechen die Angaben zum Königsjahr und zum Namen des amtierenden Abts einander. Ggf. liegt ein Schreibfehler bei der Angabe des Regierungsjahres Karls d. Gr. vor: „*XXIIII*“ (entspricht 792) statt „*XIIII*“ (entspricht 782). Letztere Angabe würde mit dem Abbatiat des genannten Abts Helmrich (778–784) in Einklang stehen. Zur Problematik der Datierung der Schenkung vgl. Codex Laureshamensis, Bd. 3: Kopialbuch, Teil 2: Die übrigen fränkischen und die schwäbischen Gaue, Güterlisten, späte Schenkungen und Zinslisten, Gesamtregister. Hrsg. von K. Glöckner u. Historische Kommission für den Volksstaat Hessen (Darmstadt 1936) 120 Anm. 1 (zu Urkunde 3332). Hier zitiert nach http://digi.ub.uni-heidelberg.de/diglit/gloeckner1936bd3/0132 (Zugriff: Januar 2017). Vgl. auch die Angabe dazu in K. J. Minst (Anm. 16).

18 Codex Laureshamensis (Anm. 17) 121. Hier zitiert nach http://digi.ub.uni-heidelberg.de/diglit/gloeckner1936bd3/0133 (Zugriff: Januar 2017).

19 Vgl. zu dieser Problematik D. Barz, Das „Feste Haus“ – ein früher Bautyp der Adelsburg. Burgen u. Schlösser 34,1, 1993, 10–24.

20 Der Begriff der Turmhügelburg und seine Verwendung in der archäologischen Fachliteratur gehen zurück auf Carl Schuchardt. Vgl. dazu C. Schuchhardt, Atlas vorgeschichtlicher Befestigungen in Niedersachsen, H. XI–XII (Hannover 1916); ders., Die frühgeschichtlichen Befestigungen in Niedersachsen. Niedersächsiche Heimatb. 3 (Bad Salzuflen 1924).

21 In Bezug auf die Entwicklung derartiger Anlagen in Hessen stellt H. W. Böhme noch 1992 zu Recht fest: „Bei einem ersten flüchtigen Blick auf die diesbezügliche Literatur wird man aber enttäuscht feststellen müssen, daß zusammenfassende, in die Problematik der Entstehung des Burgenbaus einführende Arbeiten fehlen, so daß es bisher kaum möglich war, eine genauere Vorstellung davon zu erhalten, welche Burgen in den hier behandelten Landschaften der salischen Zeit angehören und mit welchen Bauformen man überhaupt zu rechnen hat.“ H. W. Böhme, Burgen der Salierzeit in Hessen, in Rheinland-Pfalz und im Saarland. In: H. W. Böhme (Hrsg.), Burgen der Salierzeit, Teil 2: In den südlichen Landschaften des Reiches. Publikationen zur Ausstellung „Die Salier und ihr Reich“, veranstaltet vom Land Rheinland-Pfalz in Speyer. RGZM-Monogr. 26 (Sigmaringen 1992) 7.

22 Vgl. zur Entwicklung dieses Burgentyps u. a.: Kirche und Burg in der Archäologie des Rheinlandes. Führer des Rheini-

schen Landesmuseums in Bonn, hrsg. von Landschaftsverband Rheinland. Kunst u. Altertum Rhein 8 (Düsseldorf 1962). Insbesondere die Ausführungen zu Burgen von H. Hinz ebd. S. 131–141; A. Herrnbrodt, Stand der frühmittelalterlichen Mottenforschung im Rheinland. In: Actes du colloque international des Andelys, 30 mai-4 juin 1962. Château Gaillard 1 (Études de Castellogie médiévale) (Caen 1964) 77–100; W. Janssen, Niederungsburgen im Rheinland. Vom Holzbau zur Steinburg. In: Burgen aus Holz und Stein. Burgenkundliches Kolloquium in Basel 1977, hrsg. von Schweizerischer Burgenverein. Schweizer Beitr. Kulturgesch. u. Arch. Mittelalter 5 (Freiburg i. Br.1979) 11–41; H. Hinz, Motte und Donjon. Zur Frühgeschichte der mittelalterlichen Adelsburg. Zeitschr. Arch. Mittelalter, Beih. 1 (Köln, Bonn 1981); H. W. Böhme, Der Hochmittelalterliche Burgenbau. Burgen vom 10. bis Mitte des 12. Jahrhunderts. In: Burgen in Mitteleuropa. Ein Handbuch, Bd. 1, hrsg. von Deutsche Burgenvereinigung e. V. (Stuttgart 1999) 54–77. Zu den sog. Wohntürmen vgl. Anm. 24.

23 A. de Caumont, Cours d'Antiquités monumentales. Histoire de l'art dans l'Ouest de la France, depuis les temps les plus reculés jusqu'au XVII siècle. Cinquième Partie. Moyen-Âge. Architecture militaire et civile (Paris 1835) bes. 73.

24 O. Piper, Burgenkunde. Forschungen über gesammtes Bauwesen und Geschichte der Burgen innerhalb des deutschen Sprachgebietes (München 1895).

25 Hinsichtlich der Frage nach einem Holz- oder Steinbau betont u. a. Meier zu Recht: „Ob jemand in Holz oder Stein baute, hing nicht nur von seinem Herrschaftsanspruch ab, sondern auch von seiner wirtschaftlichen Kraft." D. Meier, Bauer/Bürger/Edelmann. Stadt und Land im Mittelalter (Ostfildern 2003) 138. Zur Entwicklung der sog. Wohntürme vgl. H. Müller (Hrsg.), Wohntürme. Kolloquium vom 28. September bis 30. September 2001 auf Burg Kriebstein/Sachsen. Burgenforsch. Sachsen, Sonderh. (Langenweißbach 2002).

26 Dass es durchaus lohnenswert erscheint, auch bereits vorgelegte Fundstellen unter modernen Gesichtspunkten nochmals aufzuarbeiten, zeigt etwa B. Steinbring mit seiner Neubearbeitung der Motte „Alte Burg" bei Lürken, die bereits 1962 und 1981 von W. Piepers vorgelegt worden war. W. Piepers, Die Burgen Laurenzberg und Lürken. Ausgrabungen auf der „Alten Burg" Lürken. In: L. de Jong (Hrsg.), Bagger im Dürwißer Land (Jülich 1962) 113–120; ders., Ausgrabungen an der Alten Burg Lürken. Mit Beiträgen von S. Corsten, H. Hampel, L. Jonas, F. Kretzschmer, G. Müller, H. Reichstein und Th. Schreiber. Rheinische Ausgr. 21 (Köln, Bonn 1981); B. Steinbring, Die Funde von der Hauptburg der Motte „Alte Burg" bei Lürken, Stadt Eschweiler, Kreis Aachen. Unveröff. Magisterarb. Univ. Bonn 1996.

27 Hierzu und im Folgenden: Lorscheider/Recker (Anm. 15, 2009) 270–274.

28 Zur Herausbildung und Definition einer Ganerbenburg vgl. B. Ebhardt, Der Wehrbau Europas im Mittelalter I (Berlin 1939) 61–64.

29 Orth (Anm. 2).

30 Sämtliche Inschriften wurden zwischenzeitlich von N. Hüttenmeister, Salomon Ludwig Steinheim-Institut für deutsch-jüdische Geschichte, Duisburg, in epidat, der Datenbank zur jüdischen Grabsteinepigraphik, online ediert. Vgl. dazu http://steinheim-institut.de/cgi-bin/epidat (Zugriff: Januar 2017).

31 Hierzu und im Folgenden: A. Lehnardt, Funde mittelalterlicher jüdischer Grabsteine in Bommersheim. Hessen-Arch. 2009 (2010) 133–137 bes. 135 ff. Vgl. auch H. Hüttenmeister/A. Lehnardt, Die Fragmente mittelalterlicher jüdischer Grabsteine in Bommersheim. In: „Stein(e) des Anstoßes – Sal'ei Machloket" – Intentionen und ideologische Implikationen der aktuellen archäologischen Forschung. Trumah. Zeitschr. Hochschule Jüdische Stud. Heidelberg 18, 2009, 87–107.

32 Lehnardt (Anm. 31) 135.

33 Die Fragmente wurden im Jahr 1952 bei Aufräum- und Instandsetzungsarbeiten in dem von Bomben zerstörten Frankfurter Kaiserdom im damaligen Unterbau des Annenaltars aus der Sammlung des Dompfarrers Ernst Franz August Münzenberger gefunden. Ein Grabstein ist noch im Dom verbaut, zwei Epitaphe wurden auf den jüdischen Friedhof in der Battonnstraße verbracht. Dieser ist der älteste jüdische Friedhof in Frankfurt a. M. Er ist mittelalterlichen Ursprungs und nach Worms der zweitälteste in Deutschland. Die Friedhofsmauer wurde im Jahr 1996 zu einer Gedenkstätte für die 12.000 aus Frankfurt deportierten und ermordeten Juden, darunter auch Anne Frank, umgestaltet. Vgl. dazu http://www.jg-ffm.de/de/religioeses-leben/juedische-friedhoefe (Zugriff: Januar 2017).

34 Eine lokale Provenienz ist auszuschließen, da weder in Bommersheim noch in der näheren Umgebung bereits im 14. Jahrhundert jüdische Friedhöfe bestanden haben.

35 Lehnardt (Anm. 31) 136.

36 Vgl. Bodmann (Anm. 1).

37 Freundl. Mitt. R. Friedrich (Braubach), Herbst 2016.

Der Zungenkopf mit Ringwall bei Wehretal-Oetmannshausen im Werra-Meißner-Kreis – wohl ein umhegter mittelalterlicher Gerichtsplatz

Ein Beitrag zum Verständnis unverstandener Wallanlagen

Klaus Sippel

Etwa 7 km südwestlich von Eschwege liegt westlich der Wehre, einem Nebenfluss der Werra, am Ende eines langen Höhenzuges im Wald der hoch aufragende markante Zungenkopf (390 m), über dessen Kuppe die Gemarkungsgrenze von Oetmannshausen und Reichensachsen, beides Ortsteile der Gemeinde Wehretal, zieht (Abb. 1–2). Ein höchstens hüfthoher, später noch genauer zu beschreibender schwacher Ringwall umzieht die Kuppe in einem etwa 95 × 50 m großen Oval (Abb. 3–4). Er ist erst 1974 durch eine kleine Veröffentlichung von Karl Kollmann mit einem einfachen Plan bekannt geworden[1], wurde später von Rolf Gensen als eisenzeitliche Befestigung angesehen[2], hat aber nie Funde erbracht. Eine Datierung in die Eisenzeit war also nur eine durch nichts begründete Annahme. Die extreme Gipfellage, die Kleinflächigkeit und die schwache Wallausprägung sprechen dafür, dass die Anlage etwas anderes als eine eisenzeitliche Wehranlage war.

2005 war mir aufgefallen, dass der Wallring auf dem Zungenkopf zu einer kleinen Gruppe ähnlich schwach ausgeprägter, ebenfalls auf hohen oder sogar weithin höchsten Kuppen liegender Ringwälle ohne Fundaufkommen in Nordhessen gehört – als Erste hatte ich die vergleichbaren Anlagen auf dem Wüstegarten im Kellerwald (Lkr. Waldeck-Frankenberg), im Waldort „Am Espig“ bei Melsungen-Adelshausen und Spangenberg-Mörshausen (Schwalm-Eder-Kreis) sowie auf dem Hegeberg bei Schwalefeld (Lkr. Waldeck-Frankenberg) im Waldeckischen Upland festgestellt, auch der Wallrest auf dem Heiligenberg bei Naumburg-Heimarshausen (Lkr. Kassel) gehört dazu und inzwischen noch weitere, die unten zusammengestellt sind (siehe Abschnitt „Vergleichbare Wallanlagen“). Die Übereinstimmungen zeigten aber bloß, dass diese Anlagen offenbar zu einer Gruppe gleichen, aber unbekannten Alters und gleicher, aber ebenfalls unbekannter Funktion gehörten. Genaueres blieb weiterhin rätselhaft.

2013 stellte ich dann fest, dass bestimmte, im Einzelnen noch zu nennende Flurnamen in der näheren Umgebung dieser gleichartigen Wallanlagen, die mehrfach vorkommen und offenbar rechtsgeschichtliche Bedeutung haben, eine Deutung dieser umwallten Berge als ehemalige Versammlungs- und Gerichtsplätze nahelegen, in welcher Zeit auch immer. Einer der umwallten Berge dieser auch dadurch deutliche Gemeinsamkeiten zeigenden Gruppe ist nun unser Zungenkopf. Für diesen auf seiner Kuppe schwach umwallten Berg lässt sich, wie ich meine, in einer bislang einzigartigen Weise mithilfe der schriftlichen Überlieferung wahrscheinlich machen, dass hier 1073, 1075 und 1096 ein Gericht jeweils unter Vorsitz eines Grafen tagte, sodass wir auf der Bergkuppe einen offenbar immer wieder und womöglich lange benutzten mittelalterlichen Gerichtsplatz vor uns haben und der die Kuppe umziehende kleine Ringwall als Umhegung dieses Gerichtsplatzes angesehen werden kann. Der Name eines in der Nähe liegenden Waldorts – „Rohläufchen“ – und ein früherer anderer Name des Berges selbst – Rothenberg – können diese Deutung fast zur Gewissheit werden lassen. Damit habe ich meine Lösung des Rätsels um die Wallanlage auf dem Zungenkopf schon vorweggenommen. Der Weg zu dieser Erkenntnis muss freilich genauer ausgeführt werden und dürfte auch für andere Plätze dieser Art lehrreich sein. Beginnen wir mit den Schriftquellen des 11. Jahrhunderts.

Gerichtstage 1073, 1075 und 1096

In den Jahren 1073, 1075 und 1096 fanden, jedes Mal im Forst Vierbach *(in foresto Vi[e]rbeche)* und offenbar stets am selben Ort, hohe Gerichtsversammlungen unter Vorsitz eines Grafen statt, auf denen stets über die Rechtmäßigkeit der 1073 erfolgten tauschweisen Überlassung eines umfangreichen Gutes namens Vierbach *(prędium, quod vocatur Virbeche)* durch den Freien Sigebodo an das Kloster Hersfeld verhandelt und 1075 auch eine andere Güterübertragung der Witwe des inzwischen verstorbenen Sigebodo vollzogen wurde. Darüber berichten drei Hersfelder Urkunden, zwei von 1075 und eine von 1096[3]. Unsere Frage ist: An welchem Ort tagte das Gericht? Dazu müssen wir nachvollziehen, worum es eigentlich ging.

1073 hatte der Freie Sigebodo, der offensichtlich einer in der Eschweger Gegend ansässigen, sehr vermögenden Familie entstammte, der Reichsabtei Hersfeld im Tausch gegen die lebenslange Nutzung der Dörfer Niddawitzhausen und Eltmannshausen ein etwa 100 Hufen umfassendes Gut namens Vierbach, gelegen in der Germarmark und in der Grafschaft des Grafen Rugger, mit allem Zubehör übertragen *(prędium, quod vocatur Virbeche, ad centum mansos in pago Germarsmarca et in comitatu Růggeri comitis)*. Der von Sigebodo übertragene umfangreiche Besitzkomplex war zuvor Königsgut, und zwar eine hauptsächlich in dem etwa 7 km

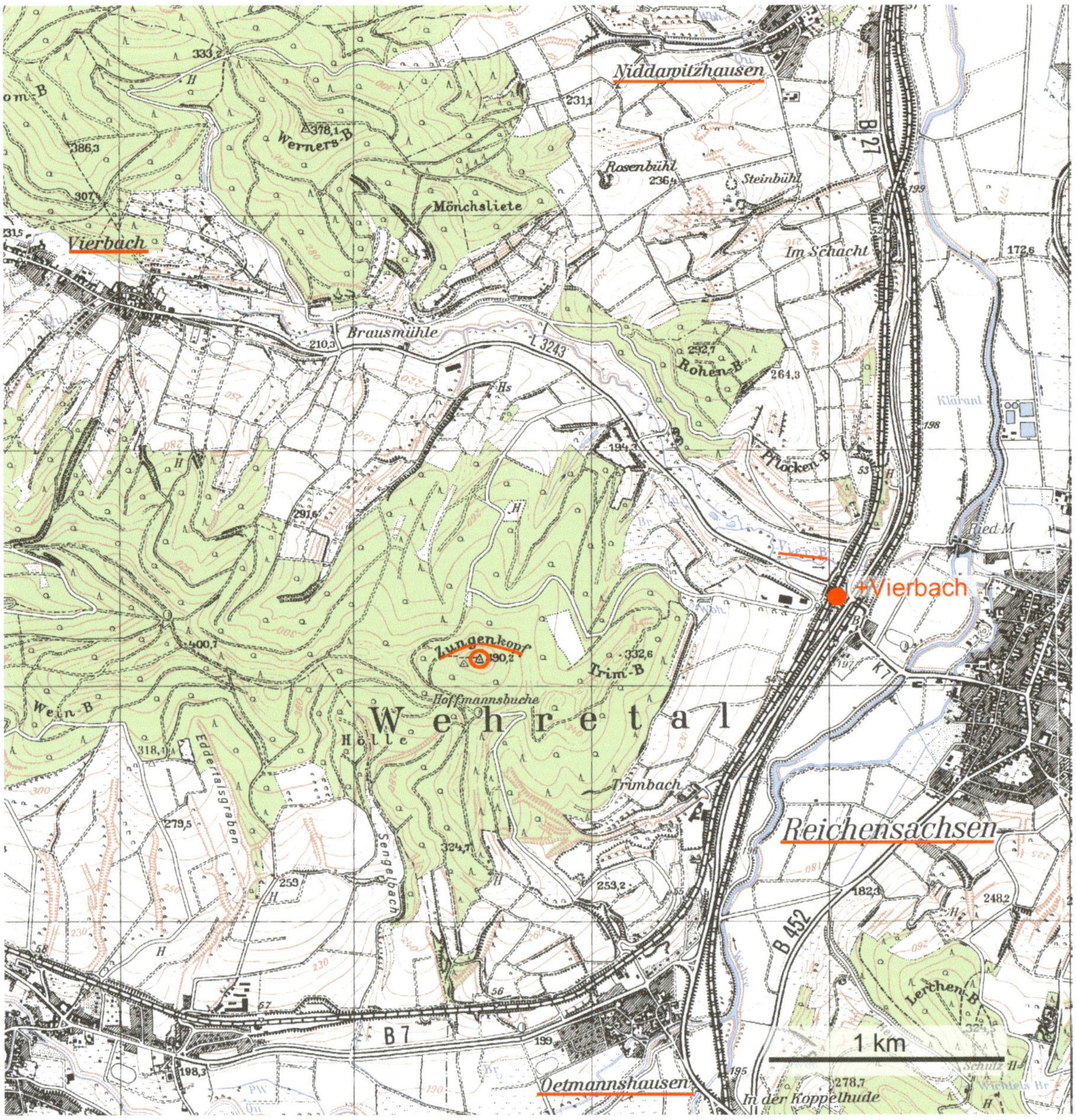

1 Wehretal-Oetmannshausen und Wehretal-Reichensachsen. Lage des Zungenkopfes mit Ringwall südlich oberhalb des Vierbachtals, mit Eintragung der am Talausgang liegenden Wüstung Vierbach (Kartengrundlage: DTK 25, HVBG).

langen Vierbachtal liegende große Grundherrschaft (Villikation) mit dem am Talausgang liegenden Hauptort Vierbach, und war dem Reich von Sigebodo entfremdet worden, so Karl Heinemeyer 1970 überzeugend[4]. Dieser Ort, der eine Kirche besaß und 1410 wüst war, heute also Wüstung Vierbach[5], lag knapp 1 km westlich von Wehretal-Reichensachsen (Werra-Meißner-Kreis) jenseits der Wehre am Fuß des Trimbergs (Abb. 2). Im Bereich zweier dort im 19. Jahrhundert gebauter paralleler Eisenbahnlinien, einer Straßenkreuzung der Bundesstraße 27 und eines früheren Gasthauses ist die Dorfstelle samt Kirchstelle scheinbar restlos untergegangen, denn es lassen sich heute keine Spuren mehr entdecken. Doch ist die Stelle der Kirche überliefert, wo beim Bahnbau menschliche Knochen gefunden worden seien[6]. Den Wüstungsnamen hat der weiter westlich im Vierbachtal liegende neue Ort Vierbach erhalten, der 1936 durch den Zusammenschluss der kleinen Dörfer Wipperode und Bernsdorf gebildet wurde, was uns nicht verwirren darf.

Weiter im Norden lag außerhalb des Tales im Meißnervorland eine weitere königliche Villikation mit dem Vorort Vockerode, die König Heinrich IV. 1074 mit ebenfalls 100 Hufen dem Bistum Bamberg übertrug[7]. Schon 1035 war Reichsgut in Birkehe, wohl die heutige Wüstung Berka bei Eschwege-Albungen (Werra-Meißner-Kreis), an das Kloster Fulda geschenkt worden[8]. Auf einer anderen rechtlichen und Verwaltungsebene als die beiden Villikationen und räumlich wohl über sie hinausreichend existierte 1073/75 und 1096 ein Forst Vierbach, von dem nicht mehr als der Name überliefert ist, doch er „darf als königlicher Forst angesehen“ und es „kann vermutet werden, dass er sich etwa vom Meißner im Westen zur Wehre im Süden und Osten, also über das östliche Meißnervorland ausdehnte“[9]. Er war keine Besitzeinheit, denn in dem Forst lagen auch private Güter, sodass es sich bloß um ein übergeordnetes einheitliches Rechtsgebiet handelte, vermutlich einen Wildbann, in dem vor allem der Nutzungsvorbehalt des Königs für die Jagd galt[10].

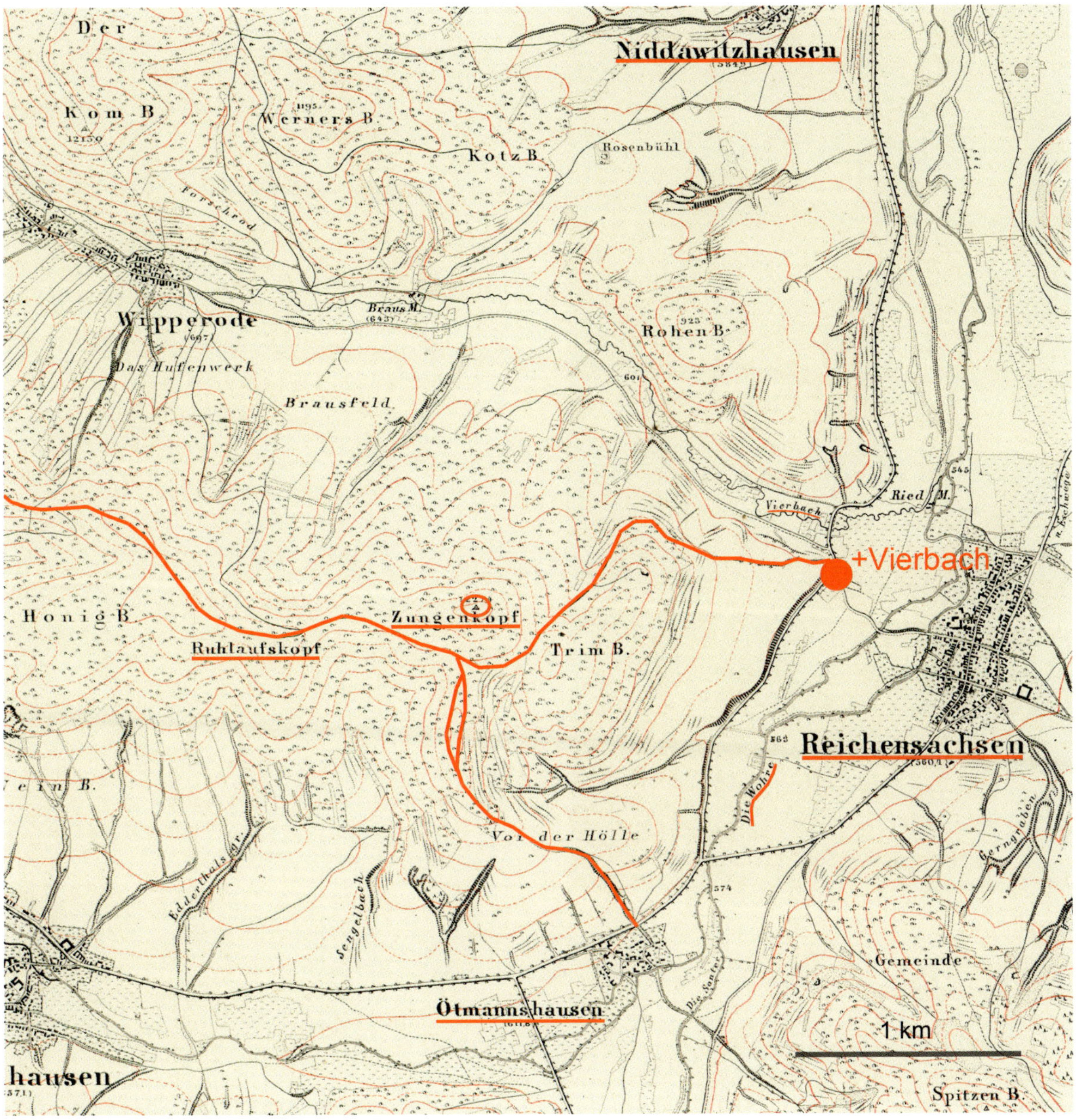

2 Wehretal-Oetmannshausen und Wehretal-Reichensachsen. Lage des Zungenkopfes mit Ringwall südlich oberhalb des Vierbachtals, westlich davon der „Ruhlaufskopf". Mit Eintragung der am Talausgang liegenden Wüstung Vierbach und dreier Altwege (Kartengrundlage: Niveau Karte vom Kurfürstentum Hessen 1:25.000, Bl. 34 Waldkappel, Aufnahme 1848/49, Ausgabe 1857).

K. Heinemeyer hat, wohl zu Recht, vermutet, dass Sigebodo selbst der vom König beauftragte Verwalter des Forstes Vierbach war und ihm deshalb die Entfremdung der darin liegenden königlichen Villikation Vierbach leicht möglich war. Sitz der Forstverwaltung war offensichtlich der Hauptort Vierbach dieser im Süden des Forstes liegenden Villikation, nach dem auch der ganze Forst benannt wurde, so wie auch der Königsforst Kaufunger Wald nach seinem Vorort Kaufungen und der Königsforst Reinhardswald nach seinem Vorort Reginhershausen, heute Wüstung Reinersen bei Immenhausen am Ahlberg (Lkr. Kassel), benannt wurden. Der Ort Vierbach hatte also doppelte Verwaltungsfunktion. Vielleicht war Sigebodo dort im Amtshof zugleich der Villikationsherr gewesen. Gerichtsherr konnte er, obwohl vermutlich im Königsdienst, nicht sein, das war vielmehr das Recht des zuständigen Grafen, der zur Leitung des Gerichts anreiste.

Kehren wir zurück zu Sigebodos Schenkung 1073 an das Kloster Hersfeld. Abt Hartwig von Hersfeld, der vermutlich genau wusste, dass das geschenkte Gut eigentlich Eigentum des Königs war, hatte eine eidliche Versicherung Sigebodos auf dem Altar der Klosterkirche, dass er die freie Verfügungsgewalt für die Übergabe des fraglichen Gutes habe, nicht genügt, sondern hatte sich die Rechtmäßigkeit der Schenkung zur Sicherstellung der Übertragung noch einmal vor einem Gericht bestätigen lassen – vor den Gerichten wurden häufig Eigentumsübertragungen vorgenommen, daneben wurde dort auch Kriminaljustiz ausgeübt, was aber kaum überliefert ist. Schriftlich festgehalten wurde in unserem Fall der 1073 stattgefundene erste und zweite Rechtsakt des Gütertausches – erst in der Kirche, dann noch einmal vor dem Gericht – erst zwei Jahre später 1075, als Sigebodo schon gestorben war, in der ersten, vom Schreiber irrtümlich auf das Jahr 1073 ohne Tag und Monat datierten Urkunde Abt Hartwigs, die aber erkennbar erst aus dem Jahr 1075 stammt. Darin heißt es rückblickend, die 1073 erfolgte zweite Bestätigung Sigebodos habe

3 Wehretal-Oetmannshausen und Wehretal-Reichensachsen. Ringwall auf dem Zungenkopf im Digitalen Geländemodell (DGM: HVBG).

im Forst Vierbach in einer Gerichtsversammlung *(conventus)* unter Vorsitz des Grafen Rugger (seine Nachkommen nannten sich ab 1145 von Bilstein) stattgefunden, die er, Hartwig, nach der in Hersfeld erfolgten ersten Bestätigung durch Sigebodo habe ansetzen lassen *(propter hoc ego feci conventum fieri in foresto Vierbeche sub pręsentia Růggeri comitis)*. Auf diesem Gericht, so heißt es in der zwei Jahre später darüber berichtenden Urkunde von 1075, habe Sigebodo mit elf anderen, in der Urkunde auch namentlich genannten Eideshelfern die Rechtmäßigkeit seines Eigentums geschworen. Dem hätten damals auch Graf Rugger, sein Bruder Eberhard und zahlreiche weitere Anwesende zugestimmt. Als Zeugen der nunmehr, also 1075, über diese Sache ausgestellten Urkunde erscheinen außer Graf Rugger, der somit wieder den Vorsitz des Gerichts geführt hatte, sodass schon deshalb davon auszugehen ist, dass es wieder am selben Ort wie 1073 tagte, sein Bruder Eberhard und 15 weitere namentlich genannte Zeugen, die meisten identisch mit den für 1073 genannten Eideshelfern Sigebodos, ferner wird pauschal auf viele andere Zeugen ohne Namensnennung verwiesen. Demnach hatten beide Male, 1073 und 1075, von vielen Menschen besuchte Gerichtsversammlungen unter Vorsitz von Graf Rugger sowie in Anwesenheit von Abt, vielen Freien und Volk stattgefunden. Der Graf und die Freien waren zum einen im Gericht der Gerichtsvorsitzende und die Schöffen, zusammen also die 17 Urteilsfinder, und zum anderen in der vom Abt für sein Kloster zum Beweis ausgestellten Urkunde dann auch die 17 namentlich aufgeführten Zeugen. Die zweite Urkunde von 1075 besagt, dass am 27. Juli 1075 Sigebodos Witwe Irmgard ihr Wittumsgut in (Nieder-) Hone dem Kloster Hersfeld geschenkt habe, und zwar auf einem von Graf Rugger abgehaltenen Gerichtstag *(ad iudicium Růggeri comitis)*, der wieder im Forst Vierbach *(in foresto Virbeche)* stattfand. Es ist, zumal ein Großteil der Zeugen dieselben Personen sind, davon auszugehen, dass an diesem Tag dort auch die oben besprochene undatierte Urkunde verhandelt wurde, weswegen davon auszugehen ist, dass die nochmalige Verhandlung über Sigebodos Gütertausch am selben Gerichtsplatz im Forst Vierbach stattfand, was oben schon vermutet wurde. Da nun auch der Hersfelder Vogt Graf Udo als erster Zeuge und später als Zeuge ein Untervogt Dietmar genannt werden, war das Gericht in diesem Fall offenbar ein Vogtgericht. Dass die Vögte in der vorherigen Urkunde demgegenüber nicht als Zeugen und damit als Urteilsfinder genannt werden, versteht sich von selbst, denn sie waren in einer Streitsache des Klosters ja nicht selbst richtend tätig.

1096 mussten die Hersfelder Rechte an dem seinerzeit von Sigebodo getauschten Gut Vierbach in einer nochmaligen Gerichtsverhandlung bestätigt werden, worüber eine Hersfelder Urkunde vom 10. Juli 1096 berichtet. Auf einer dieses Mal erklärtermaßen wieder im Forst Vierbach *(in foresto Virbechę)* stattfindenden Gerichtsverhandlung *(iudicium)* unter Vorsitz von Graf Erf als Vormund der beiden unmündigen Kinder des demnach verstorbenen Grafen Rugger beschworen 16 anwesende Männer, darunter Graf Meginfried sowie der Hersfelder Untervogt Heinrich und sein Bruder Reinhard, wegen einer Anfechtung erneut, dass das Gut Vierbach seinerzeit rechtmäßig an das Kloster Hersfeld geschenkt worden sei. Am Schluss dieser Urkunde steht eine das Gut Vierbach grob umreißende Grenzbeschreibung, die – ohne dass wir hier Einzelheiten bringen müssen – zusammen mit einer Grenzbeschreibung des 15. Jahrhunderts der streckenweise gleich verlaufenden Grenze der späteren Zent Bilstein[11] erkennen lässt, dass Sigebodos noch immer strittiges Gut Vierbach – und damit die frühere königliche Villikation Vierbach – das Vierbachtal von seinem Ausgang im Osten bis mindestens 7 km weit talaufwärts nach Westen, fast bis zum heutigen Ort Germerode, und beiderseits des Tals bis hinauf auf die beiden begrenzenden Höhenzüge, wo die Grenze offenbar über die Wasserscheide verlief, umfasste. Hinzu kam ein südlich außerhalb des Tals liegender Ort Sonnenborn, der in der Grenzbeschreibung wie angehängt erscheint. Im Tal haben außer dem Hauptort Vierbach zweifellos weitere Dörfer und Höfe gelegen und von allen einschließlich Sonnenborn wurden die genannten 100 Hufen bewirtschaftet. Auf den Anfangs- und Endpunkt der Grenzbeschreibung von 1096 werden wir zurückkommen.

4 Wehretal-Oetmannshausen und Wehretal-Reichensachsen. Ringwall auf dem Zungenkopf auf der Westseite (Foto: K. Sippel, 2014).

Wo im Forst Vierbach lag der Gerichtsplatz?

Die 1073, 1075 und 1096 in dem königlichen Forst Vierbach *(in foresto Vi[e]rbeche)* stattgefundenen Gerichtsversammlungen – es waren jedes Mal Grafengerichte – müssen erstens außerhalb des andernfalls als solcher genannten Hauptortes Vierbach gelegen haben, der auch als Streitsache wohl kaum Gerichtsort sein konnte. Zweitens müssen die Versammlungen wie üblich unter freiem Himmel stattgefunden haben. Drittens kann vermutet werden, dass dieser Gerichtsplatz, wie viele andere solcher Ding- oder Malstätten in dieser Zeit, vielleicht noch auf einem Berg lag, denn im hohen Mittelalter lagen übergeordnete und vor allem alte Gerichtsplätze nicht selten auf Bergen und die Namen dieser Plätze sind oft die Namen des ganzen Rechtsbezirks geworden, wodurch auf das hohe Alter des jeweiligen Gerichtsplatzes zu schließen ist. In Nordhessen und seiner Nachbarschaft seien – ohne dass diese Malstätten hier näher vorgestellt und mit allen Belegen versehen werden können – genannt: der Gerichtsplatz der Grafschaft Stiffe auf dem Bergkegel Hohenstift (610 m) bei Richstein im Wittgensteiner Land im heutigen Nordrhein-Westfalen oder 2,5 km südlich davon auf dem in Hessen liegenden, ebenfalls kegelförmigen Stift (612 m) beim Waldort „Dreibeiniger Stuhl" nördlich Biedenkopf-Wallau; der Gerichtsplatz der Grafschaft Ruchesloh auf einer Anhöhe (etwa 225 m) südsüdöstlich Weimar (Lahn)-Oberweimar; der unweit liegende Gerichtsplatz der Zent Reizberg auf dem Reizberg (233 m) nordnordöstlich von Oberweimar; der Gerichtsplatz der Grafschaft Donnersberg auf dem Donnersberg (214 m) an der Diemel und Twiste bei Warburg in Nordrhein-Westfalen; der Gerichtsplatz der Zent Ossenbühl auf dem Ochsenbühl (302 m) bei Vöhl-Herzhausen an der oberen Eder; der Gerichtsplatz der Mark Ditmold auf dem Kratzenberg bei Kassel-Kirchditmold; der landgräfliche Gerichtsplatz auf dem Sendberg (339 m) bei Frielendorf; der Gerichtsplatz auf dem Sebbel (393 m) bei Ottrau; der Gerichtsplatz der Kalenberger Zent auf dem Kahlenbergskopf (402 m) östlich Mengerskirchen[12]. Auch auf dem bei Sontra-Blankenbach liegenden Arnsberg (470 m) ist ein alter Zentgerichtsplatz erkennbar, denn im 15. und 16. Jahrhundert wusste man noch, dass dort an einem bestimmten Grenzstein der Zentgrenze früher das Gerichtsbuch verlesen wurde und Eide, darunter Urfehde, geschworen wurden. Außerdem liegen in der Nähe die einen rechtsgeschichtlichen Namen führenden Waldorte „Höfe" und „Vierecken"[13]. Weitere überlieferte früh- und hochmittelalterliche Gerichtsplätze auf Bergen und Anhöhen ließen sich unschwer ergänzen.

Bei der Suche nach unserem Gerichtsplatz im Forst Vierbach ist viertens mit an Sicherheit grenzender Wahrscheinlichkeit davon auszugehen, dass der Gerichtsplatz nicht irgendwo in dem mehrere Villikationen und anderen Besitz, also das gesamte Meißnervorland und womöglich den Meißner selbst, umfassenden großen Forst lag, sondern in der Nähe des Ortes Vierbach, der sowohl Verwaltungsort des gleichnamigen Forstes als auch Hauptort der Villikation Vierbach war und um dessen von Sigebodo veräußerten Besitzkomplex es auf allen drei Gerichtstagen ja ging. Damit scheidet m. E. ein innerhalb des großen Forstes vielleicht vorhanden gewesener zweiter, entfernterer Gerichtsplatz – große Sprengel scheinen mehrere Gerichtsplätze besessen zu haben – aus, etwa der vielleicht schon existente Gerichtsplatz der späteren Grafschaft Bilstein auf dem Katzenloh bei Meißner-Weidenhausen, der etwa 6 km nördlich außerhalb des Vierbachtals liegt.

Aufschlussreich ist nun, fünftens, die schon erwähnte Grenzbeschreibung der Streitsache von 1096. Sie führt im Uhrzeigersinn einmal um das

Vierbachtal herum – auf beiden Seiten zweifellos auf dem Höhenzug auf der Wasserscheide verlaufend – und beginnt bezeichnenderweise auf dem Berg Vierbach *(incipit in monte Virbechę)*. Wie die später genannten Grenzpunkte zeigen, muss dieser *mons Virbechę* genannte Berg, dessen Name – zu erwarten wäre heute „Vierbach[s]berg" oder „Vierbacherberg" – inzwischen verloren ist, aufgrund des Grenzverlaufs südlich des Vierbachtals und wegen der Namensgleichheit in der Nähe der heutigen Wüstung Vierbach, also ganz im Südosten des Grenzrings gelegen haben. Infrage kommen damit nur der ganz im Osten liegende Trimberg (332 m) oder der dicht westlich davon liegende, eine weitaus höhere und markantere Kuppe bildende Zungenkopf (390 m). Tatsächlich findet sich auf zwei 1704–10 entstandenen Karten der hessischen Landesaufnahme von J. G. Schleenstein zwischen dem Trimberg *(Drimberg)* und dem weiter im Westen liegenden Dachsberg *(Dax Berg)* der Name *Virbachs Kopp*[14]. Der Zungenkopf, dessen Name sichtlich jung ist und vermutlich erst im 18. oder 19. Jahrhundert entstand, hatte also früher Vierbachskopf geheißen und war damit zweifellos der *mons Virbechę*, mit dem die Grenzbeschreibung von 1096 beginnt. Dieser Berg, obwohl nicht direkt oberhalb der Wüstung Vierbach, sondern hinter dem Trimberg liegend und von unten nicht sichtbar, muss also mit dem Hauptort eine andere enge Beziehung gehabt haben. Wenn man dann weiß, dass frühe Grenzbeschreibungen oft am Ort ihrer Ausstellung – oder in dessen Nähe – beginnen, was ja auch einleuchtend ist, dann wäre schon jetzt die Wahrscheinlichkeit groß, dass die Gerichtsverhandlungen im Forst Vierbach 1073 und 1075 unter Vorsitz von Graf Rugger und 1096 unter Vorsitz von Graf Erf auf dem Zungenkopf stattfanden, und zwar oben auf der Kuppe. Diese Stelle, die für einen Gerichtsplatz ungewöhnlich erscheinen mag, wäre aber nur eine von vielen älteren Ding- oder Malstätten auf Bergen, die überliefert sind, so die schon genannten Beispiele.

Wege zum Zungenkopf

Damit haben wir nun den Zungenkopf als möglichen Gerichtsplatz fest im Blick. Wenn er wirklich die gesuchte Malstätte des Gerichts im Forst Vierbach war, müsste seine hohe Kuppe auch gut zu erreichen sein, vor allem von dem Vorort Vierbach her. In der Tat führt genau von dort ein Altweg mit einer durchgehend vorhandenen tiefen Wegehohle herauf, der auf der 1848/49 aufgenommenen Niveau Karte vom Kurfürstentum Hessen (NKH 25) dargestellt ist und oben zwischen Zungenkopf und Trimberg die Höhe erreicht, dann südlich unterhalb des Zungenkopfes an der Hoffmannsbuche vorbei nach Westen über den Ruhlaufskopf und auf der Wasserscheide weiter nach Westen zieht[15] (Abb. 2). Aufgrund der geschickten Überwindung des steilen Hangs ist der scheinbar mühevolle Weg hinauf geradezu leicht zu gehen – heute am besten dicht neben der Wegehohle. Von Süden kommt von Oetmannshausen her ein weiterer, auf der NKH 25 ebenfalls dargestellter Altweg weit, steil, aber ebenfalls gut gehbar herauf. Er hat zuletzt im Wald auf einem schmalen Geländerücken eine Wegehohle hinterlassen und trifft an der Hoffmannsbuche auf den anderen Altweg. Auf diesen beiden Wegen ist die Höhe gut zu erreichen und dann von Westen her ein kurzer flacher Aufstieg auf den Zungenkopf möglich. Er liegt also am Schnittpunkt dreier von drei Seiten kommender, vermutlich sehr alter Altwege, von denen der von Westen kommende ein langer Wasserscheidenweg ist. Die Kuppe ist also trotz ihrer sehr hohen Lage von verschiedenen Seiten und sogar vom Tal hinaufsteigend gut zu erreichen. Schauen wir uns nun den Zungenkopf selbst genauer an.

Wallanlage auf dem Zungenkopf

Der aus Buntsandstein bestehende Zungenkopf liegt rund 1,7 km nordnordwestlich der Ortsmitte von Oetmannshausen und 2,2 km westlich der Ortsmitte von Reichensachsen zwischen dem Vierbachtal im Norden und dem Wehretal im Süden im Wald. Die weithin sichtbare, von der Gemarkungsgrenze überzogene Kuppe (390 m) ist großflächig und uhrdeckelartig flach gewölbt. Dicht unterhalb dieser flachen Kuppe verläuft im Westen, Süden und Osten fast ringsherum auf gleicher Höhe ein als gleichmäßiger Geländeabsatz mit einer Böschung ausgebildeter Wall, der im Norden am sehr steil abfallenden Hang aussetzt und sonst eine ovale Fläche von etwa 95 × 50 m Ausdehnung umschließt (Abb. 3). Die höchste Stelle der Kuppe liegt innerhalb dieses Ovals exzentrisch in der Osthälfte. Im Westen, wo das Gelände flacher als sonst abfällt, zeigt sich eine hüfthohe gleichmäßige Böschung, die hier auch ganz leicht nach innen abfällt und daher leicht wallartig erscheint (Abb. 4). Im Süden setzt sich diese Böschung gleichmäßig fort, wird aber nach Osten zunehmend flacher. Im Osten, wo das Gelände wie im Süden steil abfällt, ist sie mehrfach durch Mulden gestört und erscheint hier unregelmäßig, läuft aber gleichwohl als eine Böschung durch, also nicht etwa als doppelte oder gar dreifache Linie, sodass sich keineswegs ein Eingang ergibt, wie K. Kollmann vermutete[16]. Vor der Wallböschung liegt im Westen und teilweise auch im Süden ein kurzer Absatz, der vielleicht von einem vorgelagerten Graben stammt. Westlich außerhalb der Wallanlage setzt sich das natürliche Gelände als leicht abfallender breiter Rücken fort, der erst in etwa 200 m Entfernung in einen steileren Hang übergeht. Ältere Funde sind trotz wiederholter gründlicher Absuche des teilweise bewuchsfreien Waldbodens niemals entdeckt worden. Dem Wall kann man nicht ansehen, wie alt er ist, und die frühere Annahme, er stamme aus der Eisenzeit, ist durch nichts zu begründen. Da helfen vielleicht vom Erscheinungsbild vergleichbare Wallanlagen weiter, nach denen der Archäologe ja immer gern Ausschau hält. In der Tat gibt es welche.

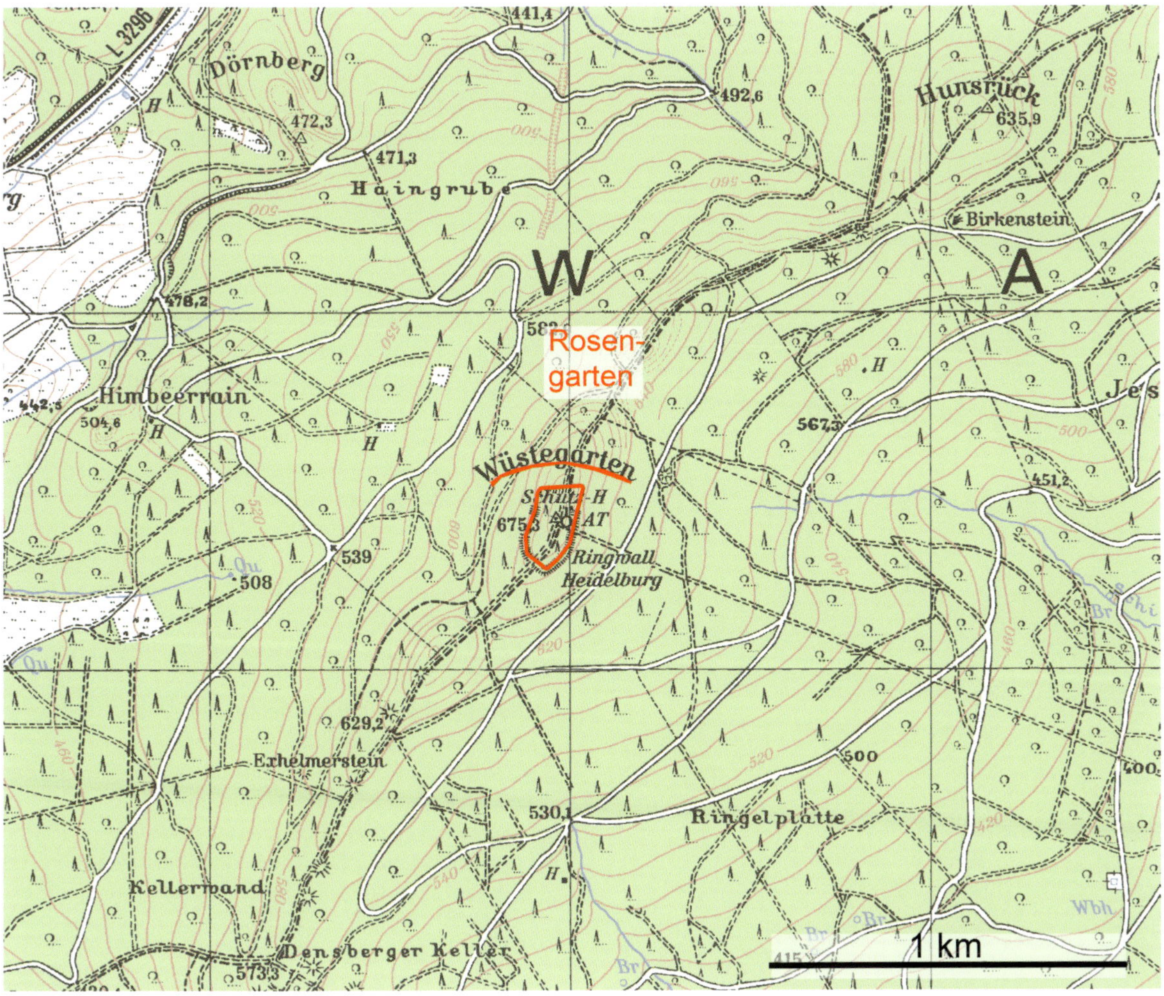

5 Haina (Kloster)-Dodenhausen und Jesberg-Densberg. Ringwall auf dem Wüstegarten. Nördlich davon der 1613 belegte Waldortsname „Rosengarten" (Kartengrundlage: DTK 25, HVBG).

Vergleichbare Wallanlagen

Es gibt in Nordhessen drei mit dem Zungenkopf gut vergleichbare Wallanlagen, die auf hohen Kuppen liegen, die ebenfalls nur einfache Wallringe – oft nur Wallböschungen – ohne davorliegendem Graben sind, die ähnlich schwach ausgebildet sind und, da sie auch früher nicht sehr viel höher gewesen sein können, in keinem Fall als Wehranlage gedient haben können, die mitunter aber etwas kleiner oder größer als der Ring auf dem Zungenkopf und die alle trotz Suche fundleer geblieben sind. Es sind:

1. Wallanlage auf dem Wüstegarten im Kellerwald in den Gemarkungen Haina (Kloster)-Dodenhausen, Lkr. Waldeck-Frankenberg, und Jesberg-Densberg, Schwalm-Eder-Kreis[17] (Abb. 5). Auf einem langen gratartigen Höhenzug liegt auf der weithin höchsten, oben flachen länglichen Kuppe (675 m) ein ovaler Steinringwall (Gr. etwa 200 × 140 m). Kein Graben. Keine Funde. – Überlieferung: 1475 *den wusten garten*; 1557 *Heidelbergk;* 1613 *Heidelburgk, welches das höchste ort des Kellers*; 1613 auf einer Karte von W. Dilich *Heidelburg* und dicht nördlich davon *Rosengarten;* 1643 *Heitbergskupfe*; 1882 nördlich des Wallrings „eine Anzahl ovaler Erhebungen, im Volksmunde ‚Riesengräber' genannt".

2. Wallanlage im Waldort „Am Espig" in den Gemarkungen Melsungen-Adelshausen und Spangenberg-Mörshausen, Schwalm-Eder-Kreis[18]. Auf einer südlich des Pfieffetals jeweils schräg oberhalb von Adelshausen und Mörshausen liegenden hohen länglichen Kuppe (416 m) befindet sich ein ovaler Ringwall (Gr. etwa 300 × 150 m). Schwacher Wall ohne Graben. Keine Funde. – Dicht südlich oberhalb liegt an einem alten Höhenweg der Waldort „Blaue Pfütze"[19].

3. Wallanlage auf dem Hegeberg bei Willingen (Upland)-Schwalefeld, Lkr. Waldeck-Frankenberg[20] (Abb. 6). Auf der weithin höchsten Kuppe (654 m) befindet sich ein Viertelsegment eines ursprünglich wohl geschlossenen ovalen Ringwalls (Gr. ergänzt etwa 80 × 50 m). Kein Graben. Keine Funde. – Rund 800 m südlich liegt auf der nächsten Anhöhe (616 m) die große dreiteilige frühmittelalterliche Wallburg Schwalenburg.

Ebenfalls gut vergleichbar oder ähnlich sind folgende Anlagen:

4. Wallanlage auf dem Heiligenberg bei Naumburg-Heimarshausen, Lkr. Kassel[21] (Abb. 7). Auf der weithin höchsten, oben flachen ovalen Kuppe (380 m) verläuft am südöstlichen Oberhang ein etwa 150 m langer, bogenförmiger Steinwall. Vielleicht der Rest eines einst um die Kuppe laufenden Walls. Kein Graben. Keine Funde. – Etwa 500 m

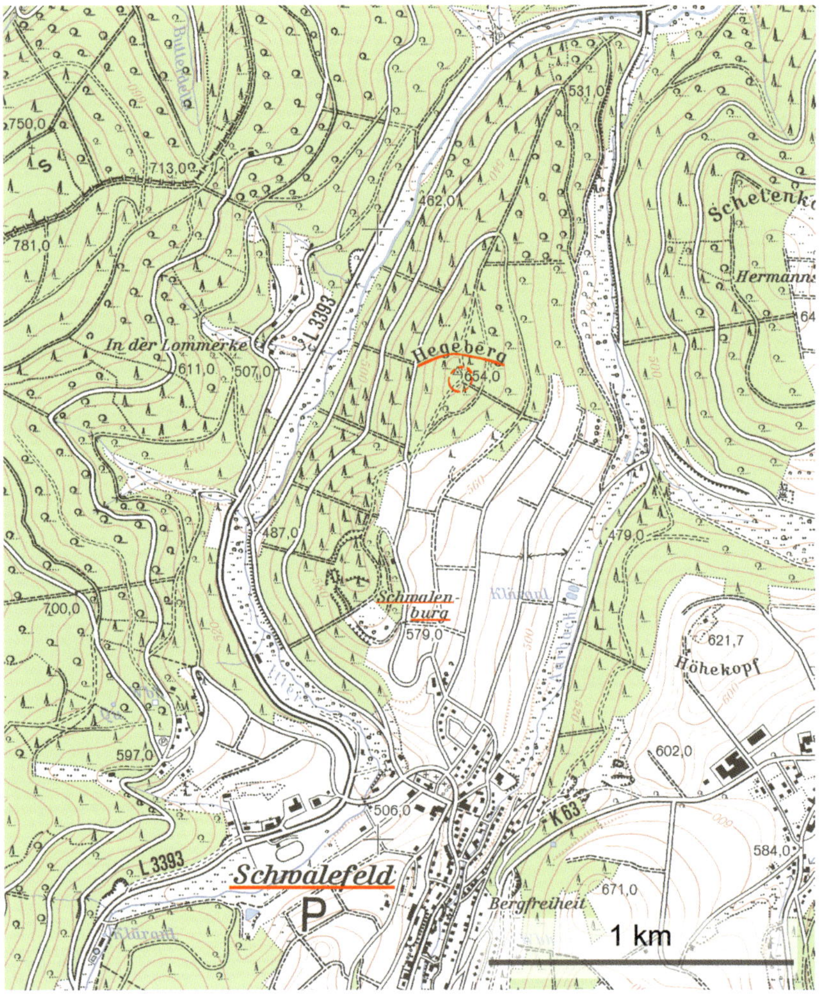

6 Willingen (Upland)-Schwalefeld. Ringwallrest auf dem Hegeberg. Südlich davon die mehrteilige Walllburg Schwalenburg (Kartengrundlage: DTK 25, HVBG).

südlich unterhalb der Kuppe liegt der Waldort „Ruhlaub“[22]. Unterhalb des Heiligenbergs liegt an seinem Fuß im Offenland die Flur „Auf dem Wichenberge“. Dazu schrieb F. Debus: „In *Wichenberg* ist offenbar die alte heidnische, durch das christlich gewendete *heilig* verdrängte Bezeichnung für die Kultsphäre erhalten geblieben. Niemand im Dorf kennt die Bedeutung dieses Namensgebildes. Obwohl entsprechende Namen sonst wohl meist auf christliche Heiligtümer hinweisen, dürfte es sich in unserem Fall sicher um eines der heidnisch-kultischen Beispiele handeln.“[23]

5. Wallanlage auf dem Rabenstein in den Gemarkungen Edertal-Affoldern und Edertal-Mehlen, Lkr. Waldeck-Frankenberg[24] (Abb. 8). Auf der weithin höchsten länglichen, stellenweise gratartig schmalen Kuppe (439 m) erkennt man dicht unterhalb der Kuppe zwei unvollständig umlaufende gleichmäßige Geländeabsätze von einer ehemaligen Umwallung (Gr. des inneren Ovals etwa 130 × 50 m; L. des äußeren Ovals etwa 310 m, B. nicht feststellbar). – Dicht südwestlich unterhalb des Rabensteins liegt der Waldort „Blaue Pfütze“ mit einem Quelltümpel[25]. Rund 1,1 km östlich unterhalb liegt im Offenland die sog. Dinkelburg, eine markante runde, oben flache Kuppe ohne Befestigungsreste und ohne Funde, heute Festplatz von Mehlen. Angeblich eine ehemalige Wallburg oder Burg, der Name deutet aber auf einen ehemaligen Gerichtsplatz (Dingplatz).

6. Innere Wallanlage auf dem Hünstein bei Dautphetal-Holzhausen am Hünstein, Lkr. Marburg-Biedenkopf[26]. Auf der hohen ovalen Kuppe (503 m) liegt ein Steinringwall (Gr. 150 × 65 m). Kein Graben. Keine Funde. – Südlich unterhalb ein hoher L-förmiger Wall mit tiefem Graben. Diese aufgrund der Ausprägung sichtlich jüngere Wehrlinie stammt mit Sicherheit aus dem (frühen?) Mittelalter.

7. Wallanlage auf dem Stutz bei Hesseneck-Kailbach, Odenwaldkreis[27]. Auf der weithin höchsten, oben flachen ovalen Kuppe (422 m) liegt ein kleiner rundlich ovaler Ringwall (Gr. etwa 75 × 55 m). Gleichmäßiger flacher Wall. Davor kein Graben. Dahinter eine grabenartige Hangabgrabung zur Materialgewinnung. Im Westen und Osten liegt auf der sich dort fortsetzenden länglichen Kuppe dicht vor dem Ringwall jeweils ein frei endendes, leicht gebogenes kurzes Wallstück (L. etwa 40 bzw. 25 m). Keine Funde.

Diese mit dem Zungenkopf äußerlich vergleichbaren Wallanlagen helfen uns bei der Frage nach Alter und Funktion auf den ersten Blick aber auch nicht weiter, denn sie alle sind archäologisch ebenfalls nicht datiert und in ihrer Funktion nicht bestimmt. Beim genauen Hinsehen fallen uns aber in der näheren Umgebung mehrerer dieser Plätze bemerkenswerte Flurnamen auf, die bei mehreren dieser Anlagen sogar in gleicher Weise vorkommen.

Weiterführende Flurnamen

Beim Zungenkopf liegt etwa 900 m westlich der umwallten Kuppe im Zuge des mehrere Kilometer nach Westen ziehenden langen gratartigen Höhenzugs in den Gemarkungen Waldkappel-Bischhausen und Wehretal-Vierbach eine weitere, etwas niedrigere Kuppe (etwa 370 m) mit dem amtlichen Flurnamen „Rohläufchen“. 1745 heißt die Kuppe *Rohläuffgen*[28], 1845 im Steuerkataster Bischhausen wie heute *Rohläufchen*, auf der 1848/49 aufgenommenen Niveau Karte vom Kurfürstentum Hessen „Ruhlaufskopf“ (Abb. 2). Südlich unterhalb davon liegen in der Gemarkung Bischhausen die heutigen Fluren „Am Rohläufchen und „Vor dem Rohläufchen“. Der gleiche Waldortsname – dort, wie oben erwähnt, „Ruhlaub“ (1704–10 *Rauleib*; 1843/44 „Das Ruhleib“) – liegt in der Nähe der oben unter Nr. 4 als vergleichbar aufgeführten Wallanlage auf dem Heiligenberg bei Naumburg-Heimarshausen (Abb. 7). Auch bei Niestetal-Sandershausen liegt dicht unterhalb der früher „Hohenrod“ genannten Anhöhe, über welche die hessisch-niedersächsische Landesgrenze verläuft und die heute als „Schwedenschanze“ bekannt ist, der Waldort „Rauhleiber“[29] (1585 *das Rauchleubig*; 1704–10 *Rau Leibich*; 1741 *Raulaubisch*; 1785 *Rauleisch*; 1855 „Rauhleiber“; 1889 „Rauhlöwer“). Weil oben auf dem Hohenrod noch in den Jahren 1400, 1401 und 1420 hessisch-braunschweigische Beratungen und Vertragsabschlüsse auf landesfürstlicher Ebene stattfanden[30], lag dort – wieder typisch auf einem Berg und an einer Grenze – ein vermutlich schon alter Rechtsort, also ein Gerichtsplatz, sodass wir den merkwürdigen Flur- und Waldortsnamen „Rauleib“ und seine vielen Varianten nun offensichtlich als einen rechtsgeschichtlich einschlägigen Namen neben solchen Gerichtsplätzen annehmen können – ohne dass ich allerdings schon erklären kann, was er bedeutet. Mit dem beim Zungenkopf ebenfalls vorkommenden Namen „Rauhleib“ haben wir nun ein weiteres, m. E. sehr starkes Indiz – inzwischen das sechste – dafür, dass auf seiner Kuppe unser gesuchter Gerichtsplatz von 1073, 1075 und 1096 lag. Indiz Nummer sieben wäre die Lage des Zungenkopfes an einer alten Grenze, denn auch andere Gerichtsplätze liegen häufig an einer Grenze von alten Rechtsbezirken (Grafschaften, Zenten oder Hundertschaften als Untergliederungen einer Grafschaft, Marken, Königsforste und Wildbanne), weshalb diese Plätze oft unerkannt in Grenzbeschreibungen erscheinen werden. Indiz Nummer acht für den Zungenkopf als Gerichtsplatz wäre die Lage an einem wichtigen Altweg, denn auch sonst scheinen alte Gerichtsplätze vorzugsweise dort zu liegen, wo ein Hauptweg die Grenze eines wie auch immer gearteten Rechtsbezirks überschritt und in diesen hineinführte. Bezeichnenderweise ziehen noch heute oft Gemarkungs- und andere Grenzen über mehr oder weniger sicher nachweisbare Gerichtsberge oder dicht an ihnen vorbei, was kein Zufall zu sein scheint. Indiz Nummer neun wäre, zurückblickend auf die Topografie, die flach uhrdeckelartig gewölbte Kuppe des Zungenkopfes, die genügend Platz für eine große Menschenversammlung bot, was andere Plätze oft genauso zeigen.

Zurück zu den Flurnamen. Auch andere benachbarte Flurnamen erlauben es offenbar, frühe Gerichtsplätze zu identifizieren. An erster Stelle steht „Rosengarten“, der seit Langem als einschlägiger Name von kultischen Begräbnisplätzen erkannt ist[31] und bezeichnenderweise dicht neben dem oben unter Nr. 1 aufgeführten Steinringwall auf dem Wüstegarten im Kellerwald belegt ist, sodass sich dieser rätselhafte Platz, den W. Niemeyer 1963 als Kultplatz unbekannter Art und Zeitstellung wiedererkannte[32], m. E. deutlich als früh- oder hochmittelalterlicher (oder schon älterer?) Versammlungs- und Gerichtsplatz erweist, zumal er an einem Höhenweg und – auch heute – auf einer Grenze liegt. Auch westlich oberhalb von Marburg liegen in der Gemarkung Marburg-Wehrshausen direkt neben dem alten Höhenweg Weinstraße im Ackergelände eine bis in das 19. Jahrhundert zu Frühlingsfesten aufgesuchte Flur „Auf dem Rosengarten“ und dicht nördlich davon die Fluren „Auf der Ringmauer“ und „Die große Ringmauer“, weshalb sich auch hier mit an Sicherheit grenzender Wahrscheinlichkeit ein früh- oder hochmittelalterlicher Gerichtsplatz mit Ringmauer- (oder Ringwall-?)umhegung an alter Straße und vielleicht an alter Grenze annehmen lässt, jedenfalls keine im Ackerland verschwundene, aufgrund der Topografie dort gar nicht vorstellbare

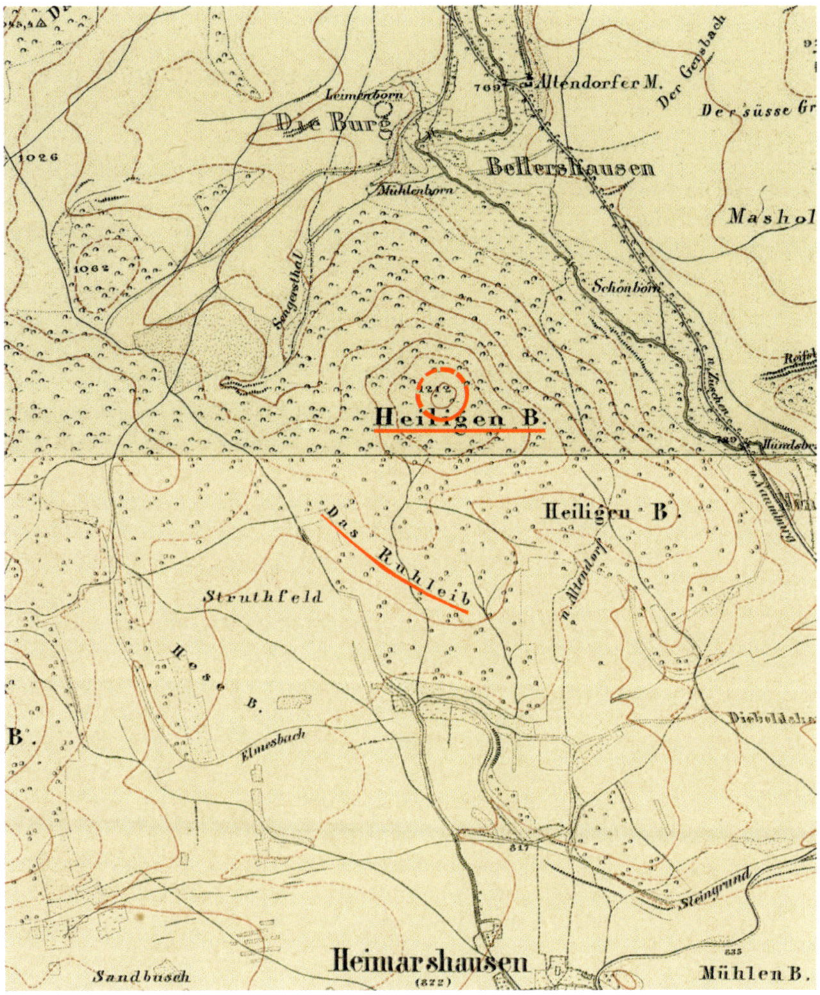

7 Naumburg-Heimarshausen. Ringwallrest auf dem Heiligenberg. Südlich davon der Waldort „Das Ruhleib“ (Kartengrundlage: Niveau Karte vom Kurfürstentum Hessen 1:25.000, Bl. 20 Naumburg, Aufnahme 1846, Ausgabe 1859; Bl. 30 Fritzlar, Aufnahme 1843/44, Ausgabe 1859).

karolingische burgartige Etappenstation, wie W. Görich und andere meinten.

Schließlich begegnen in der Nähe vieler Plätze, die wir als umhegte oder nicht umhegte Gerichtsplätze in Betracht ziehen können, Flur- und Waldortsnamen, die mit „Blau“ gebildet sind, meist „Blauer Stein“ und mehr noch „Blaue Pfütze“. Dass die überall und reichlich belegten Namen mit dem Bestandteil „Blau“ Rechtsnamen und die „Blauen Steine“ in der Regel Gerichtssteine sind, ist hinlänglich bekannt[33]. Aus diesem Grund dürfte auch die bei Eschwege liegende kegelförmige Blaue Kuppe (308 m) oder die nahe Kleine Kuppe (288 m) aufgrund des 1588 auf einer Karte der Zent Eschwege überlieferten, aber nicht eindeutig auf die eine oder die andere Kuppe zu beziehenden Namens *Weyenhouel*, also Weihenhügel (heiliger Berg), und des 1704–10 dicht östlich bzw. südlich der beiden Kuppen an einer Gerichtsgrenze kartierten Blauen Steins *(blaue Stein)* ein alter Gerichtsberg gewesen sein, am ehesten die Kleine Kuppe (auch: Staufenberg), während die Blaue Kuppe diesen Namen vielleicht von ihr übernommen hat und ihn zu Unrecht trägt. Auch der ebenfalls häufig vorkommende Flur- und Waldortsname „Blaue Pfütze“ – die meisten so bezeichneten Orte liegen auf Bergeshöhen im Wald und können daher unmöglich etwas mit der Blaufärberei zu tun haben, wie man bei innerörtlichen

Vorkommen mitunter annimmt – ist zweifellos ein Rechtsbegriff, ohne dass ich ihn bislang vollständig deuten könnte. Wir kennen eine „Blaue Pfütze" bei unserer oben unter Nr. 2 genannten Wallanlage im Waldort „Am Espig" bei Adelshausen und Mörshausen, bei der unter Nr. 5 genannten Wallanlage auf dem Rabenstein bei Affoldern und Mehlen (Abb. 8) und in der Nähe von vielen anderen möglichen Gerichtsplätzen, auch auf der die Landschaft weithin beherrschenden Kuppe des Jeust im Kellerwald, die Treffpunkt alter Grenzen ist und bezeichnenderweise „Die Katz" heißt. Wir kennen den Namensbestandteil „Katz-" von dem schon genannten Gerichtsplatz des Gerichts Bilstein auf dem Katzenloh bei Weidenhausen im Meißnervorland und den Gerichtsplatz des Gerichts Katzenberg auf dem Haug bei Alsfeld, der früher zweifellos Katzenberg hieß. Mehrfach treffen wir, meist im Wald und in der Nähe von einem „Tanzplatz" genannten Ort, der sich in der Regel als ehemaliger Gerichtsplatz erkennen lässt, prompt auch auf eine „Blaue Pfütze". Beispiele sind der seit alters her für Waldfeste benutzte Tanzplatz im Bad Hersfelder Stadtwald mit dem dicht westlich davon liegenden Waldort „Blaue Pfütze", der Tanzplatz bzw. Hexentanzplatz an der Weißelsburg im Burgwald bei Oberrosphe mit dem nahen Waldort „Blaue Pfütze", schließlich auch der zwischen Spangenberg-Pfieffe und Waldkappel-Schemmern auf dem Kamm des Stölzinger Gebirges am alten Höhenweg Franzosenstraße liegende Waldname „Bei der Tanzbuche" und dicht daneben der Waldort „Blaue Pfütze". Die Beispiele ließen sich vermehren. Diese Häufungen einschlägiger Namenspaare können kein Zufall sein, sodass der Flur- und Waldortsname „Blaue Pfütze" sich als regelmäßiger Begleiter von Gerichtsplätzen erkennen lässt und solche sich auch umgekehrt durch ihn erkennen lassen. Ob die etwa 1,5 km nördlich der schon genannten Wehrshäuser „Rosengarten"- und „Ringmauer"-Fluren ebenfalls direkt an der Weinstraße liegenden Fluren „Die blaue Pfütze" und „Auf der blauen Pitze" einen Bezug zu dem innerhalb der „Ringmauer" zu erschließenden Gerichtsplatz oder einen anderen Bezug haben, muss wegen der relativ großen Entfernung offen bleiben.

Auch „Rot" ist meist ein Rechtsbegriff, so sein häufiges Vorkommen an innerörtlichen Gerichtsplätzen als „Rote Tür"[34]. Daher sind Flurnamen wie „Rode", „Rot" und „Roth" und ihre Zusammensetzungen, z. B. „Das Rode" oder „Rodeberg", oft Rechtsnamen und haben meist nichts mit einer Rodung zu tun. So dürfte der schon erwähnte frühere Name „Hohenrod" für jenen auf der Landesgrenze liegenden Vertragsort bei Niestetal-Sandershausen von Rode = Gericht kommen und „hoch liegender Gerichtsplatz" bedeuten. Damit zurückkehrend zum Zungenkopf, sehen wir nun: 1743 wurde im Lager-, Stück- und Steuerbuch der Gemeinde Oetmannshausen der bis auf den heutigen Zungenkopf reichende Gemeindewald als *der Rothenberg* bezeichnet[35]. Man wird diesen bislang nur einmal belegten Namen ebenfalls als „Gerichtsberg" verstehen dürfen. Nach meinen bisherigen Ausführungen wundert man sich über diesen Namen kaum noch. Er ist Indiz Nummer zehn für die Identifizierung des Zungenkopfes als Gerichtsberg.

Ergebnis und Ausblick

Damit müssen meine Ausführungen über den Zungenkopf zum Ende kommen, nachdem ich für ihn anhand einer längeren Reihe von Indizien, die aus der schriftlichen Überlieferung, Archäologie und Namenkunde gewonnen wurden, seine ehemalige Funktion als umhegter Gerichtsplatz wahrscheinlich machen kann. Ich konnte freilich nur einen Indizienbeweis führen, der m. E. aber erdrückend ist, denn alle Indizien führten zu demselben Urteil. Damit könnten auch die sieben anderen, dem Zungenkopf ähnelnden, ebenfalls undatierten und unverstandenen Wallanlagen, die ich aufgeführt habe, alte Gerichtsplätze sein. Für den Wüstegarten (oben Nr. 1) wäre dies ein Ergebnis, das W. Niemeyer 1963 schon fast erreicht hatte. Eine Deutung des Hegebergs bei Schwalefeld (oben Nr. 3) als vielleicht frühmittelalterlicher Gerichtsplatz, die auch der Name des Bergs nahelegt, könnte zudem der Schlüssel zum Verständnis der nahen dreiteiligen Wallburg Schwalenburg sein, jedenfalls für den zuletzt – vielleicht im 10. Jahrhundert – im Inneren der großen Wallburg auf der Kuppe angelegten runden wehrhaften Wallring, der vielleicht den in einer Zeit der Bedrohung vom Hegeberg in das geschützte Innere der Burg verlegten und dort selbst burgartig mit Mauer und Zangentor ausgebauten Gerichtsplatz darstellt. Das würde auch die bislang unverstandene Fundleere der Schwalenburg erklären. Beim Stutz im Odenwald (oben Nr. 7) könnte ein Zusammenhang mit der mittelalterlichen Zent Oberzent bestehen und hier also ein Zentgerichtsplatz vorliegen.

Viele weitere Aspekte des Forschungsthemas „Alte Gerichtsplätze" können an dieser Stelle nicht mehr zur Sprache kommen. Da sind zum einen die oft deutlich auf ihre ehemalige Gerichtsplatzfunktion – oder eine noch ältere Kultplatzfunktion? – deutenden Eigennamen von Bergen und anderen Orten, die teils Ringwälle aufweisen, teils aber auch keine (mehr?). Einschlägige oder verdächtige Gerichtsplatznamen sind unter den Orts-, Flur-, Berg- und Burgnamen vor allem: „Ding", „Altes Ding", „Ding-" und „Dingel" oder „Dingel-" und „Dinkel-" oder „Dünkel-", „Mal-" und „-mold", „Wal", „Wal[s]-" und „Wahl[s]-", „Hege-" und „Hahn", „Hahn-" oder „Hain-" bzw. „Hein-", „Katz" und „Katzen-", „Wette[n]-", „Schöffen-" und „Schiffen-", „Rode" und „Rode[n]-" bzw. „Rot[h]" und „Rot[h]e[n]-", „Stuhl" und „-stuhl" oder „-stiel", „Loh-" und „-loh", „Struth" und „-struth", „Heiligen-" bzw. „Wei[h]-", „Wehe-" und „Wich-", „Heiden-" und „Heidel-", „Christ-" und „Kirst-", „Toten-", vermutlich auch „Kahl-" sowie „Arns-" und „Arms-", vielleicht auch „Oster-" und „Paschen-", „Staffel-" und „Staufen-" und, abgesehen von dem

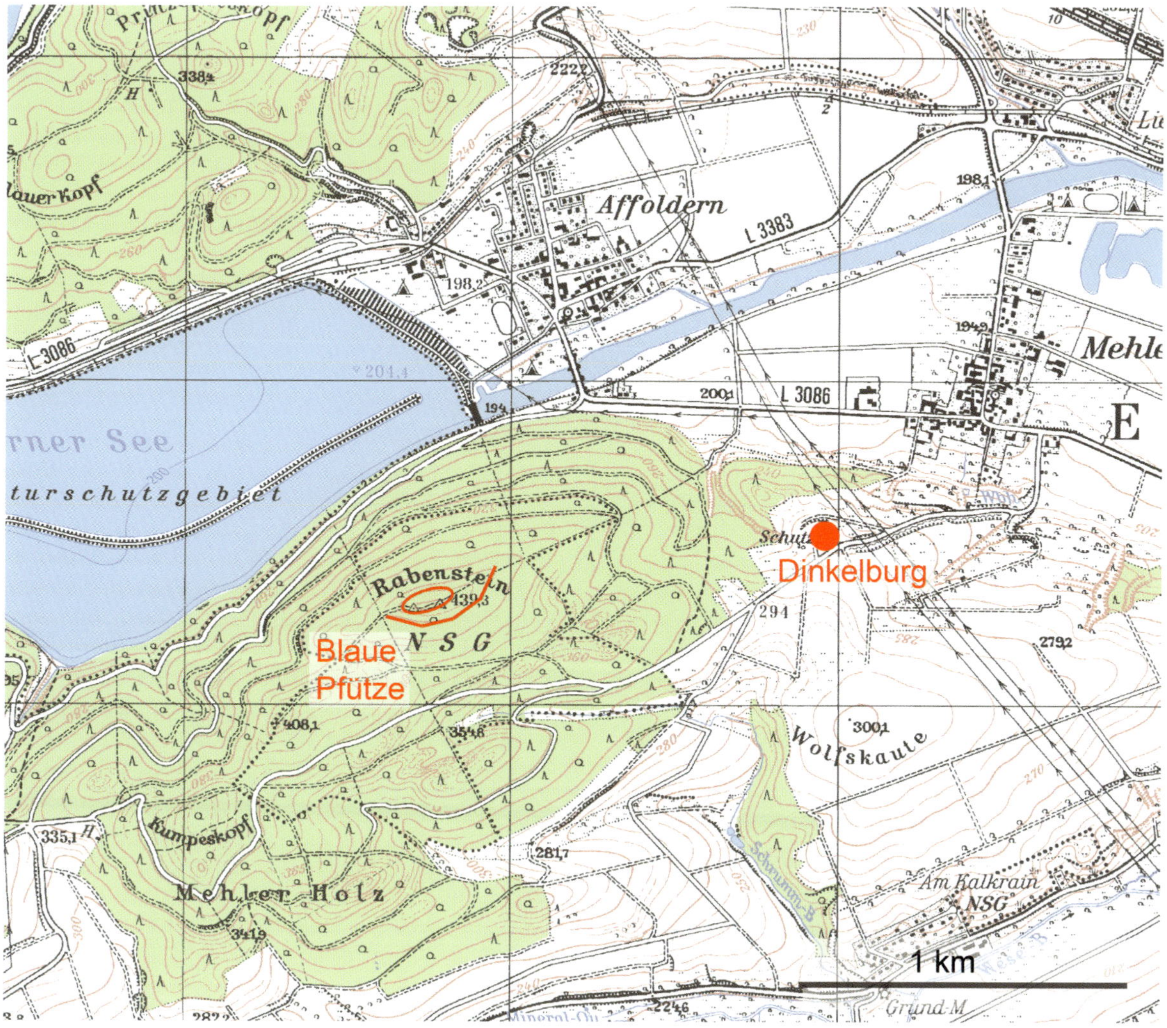

8 Edertal-Affoldern und Edertal-Mehlen. Doppelter Ringwall auf dem Rabenstein. Dicht unterhalb der Waldortsname „Blaue Pfütze" und weiter östlich die sog. Dinkelburg (Kartengrundlage: DTK 25, HVBG).

neueren „Tanzplatz“, „Hexentanzplatz“ und sonstigem „Tanz-“, immer auch unerklärbare „Burg“- und „-burg“-Namen, vor allem „Hünenburg“ in allen Namensvarianten wie „Hunburg“, „Hunnenburg“, „Hundeburg“, „Hundsburg“, „Heuneburg“, „Hünengraben“ usw. Von denen ist schon lange bekannt, dass es in der Regel die zentralen Plätze einer mittelalterlichen Zent (Hundertschaft, *Huntari*) und Wirkungsort des Zentenars *(Hun, Huno, Huntar)* waren, die nichts mit vorzeitlichen Riesen (Hünen) zu tun haben, wie man oft noch meint.

Damit wären wir bei der offensichtlichen Tatsache, dass Gerichtsplätze in einer Krisensituation oft wehrhaft ausgebaut wurden, wenn erstens der für die Gemeinschaft wichtigste Ort, an dem Gesetze beraten sowie verkündet wurden und wo das Recht ausgeübt wurde, vor einem äußeren Feind zu schützen war oder wenn zweitens sich die Menschen selbst dorthin flüchten und dort schützen wollten – damit wären wir bei der Burgenordnung Heinrichs I. von 926, in der genau dieses steht. So konnten Gerichtsplätze zu Burgen werden, die den alten Namen des Gerichtsplatzes weiterhin trugen und tragen, aber im Inneren leer waren und sind. Das zeigen auch unsere beiden fundleeren und immer unverstandenen nordhessischen Wallburgen Wahlsburg bei Lippoldsberg-Vernawahlshausen und Wahlsburg im Quast bei Diemelstadt-Wethen, in deren Namen das Wal, der Gerichtsplatz, noch unverfälscht enthalten ist. Plötzlich können wir diese Wallanlagen nun verstehen und verstehen nun auch den etwa 190 × 160 m großen Ring im Ortsgrundriss des Dorfes Walburg bei Hessisch Lichtenau und das Patrozinium der im Zentrum stehenden, dem hl. Pankratius, Schutzpatron des achten Gebots „Du sollst kein falsches Zeugnis ablegen“, geweihten Kirche. Darüber an anderer Stelle mehr.

Nicht weiter auszubreiten sind die oben schon teilweise genannten, sicher oder vermutlich rechtsgeschichtliche Bedeutung besitzenden Namen im Umkreis von Gerichtsplätzen oder zu vermutenden Gerichtsplätzen, vor allem: „Rosengarten“, „Rauhleib“ und alle Varianten wie „Rauhleif“, „Ruhleib“, „Ruleif“, „Roleib“, „Roleif“, „Rothlauf“ usw., „Vier“ und „Vier-“, „Neun“, „Elf“, „Hof“, „Höfe“ und „Friedhof“ oder „Friedeweh“ und vielleicht auch „Rudewich“. Mit diesem Instrumentarium einschlägiger rechtsgeschichtlicher Orts-, Flur- und Waldortsnamen wird es m. E. auch gelingen, den seit 2007 als römisch angesehenen kleinen Rundwall „Kring“ im niedersächsischen Kaufunger Wald oberhalb Hedemünden, der früher Hünenburg hieß (1585 *Huneburgk;* etwa 1590 *Hueneburg;* 1618 *Die Heuneburg* und in der Nähe *Heidel Beern Copf;*

1704–10 *Hüneburg;* 1739 *Kring;* 1784 *Hahnenburg;* 1785 *Hünen Burg* und in der Nähe *Heidelbeer Kopf;* 1894 *Kring* und *Ravensburg,* wohl verderbt aus Hahnenburg), mit dem benachbarten Waldortsnamen „Friedhof" bzw. „Friedeweh" (etwa 1590 *Fridhoff;* 1704–10 *Frithoff;* 1894 „Friedeweh's Tannen") als einen früh- oder gar hochmittelalterlichen Gerichtsplatz mit Wallumhegung in typischer Lage an einem Altweg im Reichsforst Kaufunger Wald zu erkennen und ihn damit in seiner heutigen Ausprägung wieder dem Mittelalter zurückzugeben. Auch die bekannte frühmittelalterliche Wallburg „Höfe" bei Ebsdorfergrund-Dreihausen (1704–10 *Hainborg*; 1711 *große Hoynburg*; 1825 „Höfe"; 1846 „Der Hof") wird man nur verstehen, wenn man die rechtsgeschichtliche Bedeutung des Namens „Hof" bzw. „Höfe" verstanden hat und den dicht westlich liegenden Waldort „Hunnenburg" (1711 *Hunnenburg*; 1826 „Die Hunburg"; 1846 „Hunnenburg"), eine leicht schüsselförmig vertiefte, befundlose Hochfläche, aufgrund seines Namens als den eigentlichen Gerichtsplatz vermuten kann. Dann wäre auch hier der Schritt zu König Heinrichs Burgenordnung von 926, die das Ummauern der vertrauten Versammlungsplätze des Volkes empfiehlt, nur noch ein kleiner.

Überhaupt nicht angesprochen wurde das spätere Herabverlegen von Gerichtsplätzen von den Bergen an tiefer gelegene Orte, meist in Dörfer, was in der Regel im 13. Jahrhundert abgeschlossen war – auch die Dinkelburg bei Mehlen, nach Name und Topografie ein Gerichtsplatz, könnte von dem möglichen Gerichtsplatz auf dem Rabenstein (oben Nr. 5) herabverlegt worden sein (Abb. 8). Auch durch unten liegende zentrale Gerichtsorte des späten Mittelalters und der frühen Neuzeit kann man oberhalb auf Bergen liegende ältere Gerichtsplätze erkennen, wenn sich dort weitere Indizien zeigen. Nicht angesprochen wurde auch das Alter unserer vielen Gerichtsberge und topografisch abweichender Gerichtsplätze in Wald und Flur. Ich kann über das Alter auch meist nichts sagen und man kann es bislang innerhalb des ersten Jahrtausends kaum präzisieren – allenfalls einen *terminus ante quem* angeben, wie beim Heineberg bei Alheim-Heinebach mit einer frühmittelalterlichen Abschnittswallburg und innerhalb gestandenen Hl.-Kreuz-Kirche, der sich aufgrund seines Namens, eigentlich „Hegeberg", als Gerichtsbergkandidat erweist und schon spätestens 786 so hieß. Denn der nach ihm und dem gleichnamigen Bach benannte Ort Heinebach erscheint damals in einem Hersfelder Güterverzeichnis als *Heginebahc* (1061 dann *Hagenebach*), sodass der für Bach und Dorf namengebende Berg als umhegter und später sogar burgartig ausgebauter Gerichtsplatz, so es denn einer war, älter sein müsste. Auch der *Walinehoug* im Odenwald, auf oder an dem Graf Warin 795 eine Gerichtsversammlung abhielt *(placitum in [...] silva ad tumulum qui dicitur Walinehuog)* und der mit dem heutigen Kahlberg bei Fürth-Weschnitz (mit einer auf dem Berg im Wald stehenden Walpurgis-Kapelle!) zu identifizieren ist, war spätestens im ausgehenden 8. Jahrhundert als Gerichtsort in Betrieb. Es befinden sich unter den Berggerichtsplätzen also einwandfrei Plätze, die im 8./9. Jahrhundert im Rahmen der fränkischen Grafschaftsverfassung benutzt wurden, viele wohl als Gerichtsplätze von Zenten, also Untereinheiten der Grafschaften, die im weiteren Verlauf des Mittelalters oft zu adligen Gerichten und landgräflichen Ämtern wurden, oder Gerichtsplätze von Marken. Diejenigen, auffallend häufig auf Bergen liegenden und später oft auch mit alten zentralen Kirchen ausgestatteten Gerichtsplätze, nach denen der ganze Rechtsbezirk benannt wurde, dürften sehr alt sein und viele von ihnen scheinen in vorfränkischer, vielleicht sogar schon in altgermanischer Zeit aufgesucht worden zu sein[36]. Dann wären es altheilige heidnische Kultplätze, die es in großer Zahl gegeben haben muss und an denen Versammlung, Beratung, Gericht und Kult noch eine untrennbare Einheit bildeten. Der genannte Gerichtsplatz auf dem Donnersberg bei Warburg („Donarsberg") wird wegen des Namens auf alle Fälle in vorchristliche Zeit zurückgehen, vermutlich auch ein Platz namens Heiligenberg. Vielleicht gelingt es bei der weiteren wissenschaftlichen Erforschung der alten Versammlungs- und Gerichtsplätze, die meines Wissens im deutschsprachigen Raum noch nicht betrieben wurde und wird, ein feineres Instrumentarium zu entwickeln, mit dem jüngere, alte und sehr alte Plätze sicher unterschieden werden können – zu untersuchen wären dabei nicht nur umwallte Plätze, sondern auch solche ohne Wall, am besten beginnend mit den vom 8. bis 13. Jahrhundert sicher überlieferten Plätzen, dann die Berge mit Ring- und sonstigen Wällen. Die weitere Beschäftigung mit diesem Thema als größeres Forschungsvorhaben wird an jedem einzelnen Platz notwendigerweise mühevoll in die orts-, landes- und rechtsgeschichtlichen sowie archäologisch-topografischen Einzelheiten gehen müssen und bis hin zu allen erreichbaren einschlägigen Flur- und Waldortsnamen mit möglichst langer und dichter Namensbelegreihe und bis zur Volksüberlieferung, die von Sagen und Tanzplatzfunktionen weiß. Am Ende werden voraussichtlich ungeahnte neue Einblicke in die verfassungsmäßige und kulturelle Frühzeit unseres Landes stehen und gleichzeitig, so meine Vorhersage, weitere Erschütterungen der bisherigen Ringwallforschung eintreten, die schon allein in diesem kleinen Beitrag mit der Streichung etlicher vermeintlicher eisenzeitlicher Ringwallburgen Federn lassen musste. Jede Wallanlage, Wallburg und Burg und jeder verdächtige sonstige Platz wird auf den Prüfstand müssen. Ein Weiterkommen auf diesem Gebiet in einem größeren landschaftlichen Rahmen wird also nur im künftigen engen fächerübergreifenden Zusammenwirken von Orts-, Landes- und Rechtshistorikern, Archäologen, Namenkundlern und Volkskundlern möglich sein, wie es bei den Thingplätzen Nordeuropas versucht wurde[37].

Dabei wird der Archäologie an solchen Plätzen keineswegs das Ausgraben zufallen, denn leere Plätze kann man nicht ausgraben. Vielleicht öffnet der Zungenkopf bei Oetmannshausen die Tür zu einer solchen größeren Studie über alte Gerichtsplätze – die übrigens auch im flachen Gelände liegen und heute überbaut sein können, so in Nordhessen mehrfach. Auch dazu vielleicht später mehr[38].

Anmerkungen

1 K. Kollmann, Eine Wallanlage auf dem Zungenkopf bei Oetmannshausen. Das Werraland 26, 1974, 9.

2 R. Gensen, Die eisenzeitlichen Befestigungen in Hessen – mit Ausnahme des Glauberges bei Büdingen. In: A. Jockenhövel (Hrsg.), Ältereisenzeitliches Befestigungswesen zwischen Maas/Mosel und Elbe. Internationales Kolloquium am 8. November 1997 in Münster anläßlich des hundertjährigen Bestehens der Altertumskommission für Westfalen. Veröff. Altkomm. Westfalen 11 (Münster 1999) 81–98, hier 95 Nr. 74 (irrig „Zungenberg") und Nr. 16 („Zungenkopf").

3 Druck der Urkunden: H. Weirich (Bearb.), Urkundenbuch der Reichsabtei Hersfeld 1,1. Veröff. Hist. Komm. Hessen u. Waldeck 19,1 (Marburg 1936) 194 ff. Nr. 110 (Urkunde 1075 wohl Juli 27, mit Bezug auf 1073) 196 ff. Nr. 111 (1075 Juli 27) 203 f. Nr. 115 (1096 Juli 10). – Die erste Urkunde von 1075 mit Verbesserungen nach Vorlage (Hersfelder Kopiar) auch bei Heinemeyer (am unten angegebenen Ort) 21 Anm. 141. – Foto einer Seite des Kopiars mit dem Anfang der ersten Urkunde von 1075 in: Zur 900-Jahr-Feier der Eschweger Stadtteile Eltmannshausen und Niddawitzhausen 31. August bis 3. September (Eschwege 1973) Abb. S. 3. Übersetzung ebd. 9 f. – Zu den Vorgängen von 1073, 1075 und 1096 zuletzt: K. Heinemeyer, Der Königshof Eschwege in der Germar-Mark. Untersuchungen zur Geschichte des Königsgutes im hessisch-thüringischen Grenzgebiet. Schr. Hess. Landesamt geschichtliche Landeskde. 34 (Marburg 1970) 20 ff. – W. Metz, Wesen und Struktur des Adels Althessens in der Salierzeit. In: S. Weinfurter/H. Kluger (Hrsg.), Die Salier und das Reich 1: Salier, Adel und Reichsverfassung (Sigmaringen 1991) 331–366, hier 339 f. – Siehe auch die älteren Darstellungen von G. Landau, Die hessischen Ritterburgen und ihre Besitzer 1 (Kassel 1832; Nachdr. Walluf 1976, Vellmar 2000) 9 f. – K. G. Bruchmann, Der Kreis Eschwege. Territorialgeschichte der Landschaft an der mittleren Werra. Schr. Inst. geschichtliche Landeskde. Hessen u. Nassau 9 (Marburg 1931) 33 f. – W. Neuhaus, Auf den Spuren der Abtei Hersfeld in deutschen Gauen (Hersfeld 1941) 94 ff. (Kapitel „Im Forst zu Vierbach am Meißner"). – W. Schlesinger, Die Entstehung der Landesherrschaft. Untersuchungen vorwiegend nach mitteldeutschen Quellen. Sächsische Forsch. Gesch. 1 (Dresden 1941; Nachdr. Darmstadt 1964) 168 f. 178. – W. Metz, Dörfer des Meißnervorlandes im Mittelalter. Das Werraland 2, 1950, 26–28, hier 26 f. – K. A. Eckhardt, Eschwege als Brennpunkt thüringisch-hessischer Geschichte. Beitr. hessische Gesch. 1 (Marburg/Lahn, Witzenhausen 1964) 71.

4 Heinemeyer (Anm. 3) 21 f.

5 Wüstung Vierbach: G. Landau, Historisch-topographische Beschreibung der wüsten Ortschaften im Kurfürstenthum Hessen und in den großherzoglich hessischen Antheilen am Hessengaue, am Oberlahngaue und am Ittergaue. Zeitschr. Ver. hessische Gesch. u. Landeskde., Suppl. 7 (Kassel 1858; Nachdr. Vellmar 1999) 305 f. – H. Reimer (Bearb.), Historisches Ortslexikon für Kurhessen. Veröff. Hist. Komm. Hessen u. Waldeck 14 (Marburg 1926; Nachdr. Marburg 1974) 482.

6 Neuhaus (Anm. 3) 94. – I. Tolle-Krieger, Eschwege und seine Landschaft. Eine geographische Heimatkunde (Eschwege 1941) 52. – Die von Neuhaus und Tolle-Krieger nicht näher bezeichnete Kirchstelle beschreibt Landau (Anm. 5) 306 und man kann sie über die von M. Born, Studien zur spätmittelalterlichen und neuzeitlichen Siedlungsentwicklung in Nordhessen. Marburger Geogr. Schr. 44 (Marburg 1970), als Karte 3 veröffentlichte Flurkarte von Reichensachsen von 1788 im heutigen Bahngelände am früheren Haltepunkt Reichensachsen West lokalisieren.

7 Heinemeyer (Anm. 3) 17 mit Anm. 119. In der beschädigten Urkunde sind nur die ersten beiden Buchstaben des Ortsnamens Vo[...] erhalten, aber durch eine nähere Lagebezeichnung ist Vockerode am Meißner gesichert.

8 Ebd. mit Anm. 117.

9 Ebd. 22.

10 C. Dasler, Forst und Wildbann im frühen deutschen Reich. Die königlichen Privilegien für die Reichskirche vom 9. bis zum 12. Jahrhundert. Diss. mittelalterliche Gesch. 10 (Köln, Weimar, Wien 2001). Dazu Besprechung von W. Rösener in: Hess. Jahrb. Landesgesch. 53, 2003, 405–407.

11 Grenzbeschreibung der Zent Bilstein aus dem 15. Jahrhundert: Bruchmann (Anm. 3) 131 Nr. 4. Diese Grenze verlief auf der uns interessierenden Strecke von der Wehre über den Trimberg hinauf auf den Höhenzug südlich des Vierbachtals und dort vorbei am Triefenden Stein, der 1704–10 auf Schleensteins Karte (Anm. 14) eingezeichnet ist (siehe auch K. Kollmann/G. Brandau, Alte Grenzzeichen um Bischhausen – der „triefende Stein". Das Werraland 28, 1976, 14), weit nach Westen bis zum Beerberg bei Rodebach *(von der Wehra herauff ahn den Trimbergk, von dem Trimbergk ahn den Sengelßberg, von dem Sengelßberge ahn den Trieffenstein, von dem Trieffenstein ahn den Berbergk).*

12 Stiffe, Hohenstift, Stift (TK 25, Bl. 5016 Bad Laasphe): H. Diefenbach, Der Kreis Marburg, seine Entwicklung aus Gerichten, Herrschaften und Ämtern bis ins 20. Jahrhundert. Schr. Inst. geschichtliche Landeskde. Hessen u. Nassau 21 (Marburg 1943; Nachdr. 1963) 45 mit Anm. 19; [W. Görich in:] Hinterländer Geschbl. (Beil. Hinterländer Anz.) 52, 1973, 143; U. Weiß, Die Gerichtsverfassung in Oberhessen bis zum Ende des 16. Jahrhunderts. Schr. Hessisches Landesamt geschichtliche Landeskde. 37 (Marburg 1978) 43. – Ruchesloh und Reizberg (TK 25, Bl. 5218 Niederwalgern): G. Schenk zu Schweinsberg, Rucheslo. Die Malstätte der Grafschaft gleichen Namens. Mitt. Mitglieder Ver. hessische Gesch. u. Landeskde. 8, 1863, 17–19; Reimer (wie Anm. 5) 381 s. v. Reizberg, 410 s. v. Rucheslo; W. A. Eckhardt in: G. W. Sante (Hrsg.), Hessen. Handb. Hist. Stätten Deutschland 4 = Kröners Taschenausg. 274 (Stuttgart 1960) 330 bzw. (Stuttgart 2., überarb. Aufl. 1967; 3. unveränderte Aufl. 1976) 358 f. s. v. Oberweimar; Weiß (a. a. O.) 39 ff. 249 ff. s. v. Gericht Reizberg; U. Reuling (Bearb.), Historisches Ortslexikon Marburg. Ehem. Landkreis und kreisfreie Stadt. Hist. Ortslexikon Land Hessen 3 (Marburg 1979) 240 ff. s. v. Reizberg, 260 s. v. Ruchesloh, Kartenbeilage. – Donnersberg (TK 25, Bl. 4520 Warburg): B. Ch. v. Spilcker, Einige Nachrichten über einen alten Gerichtsplatz am Donnersberge bei Warburg und Wormeln. Archiv Gesch. u. Altkde. Westphalen 1, 1826, 55–71. – Ossenbühl, Ochsenbühl (TK 25, Bl. 4819 Fürstenberg): Reimer (Anm. 5) 362 f. s. v. Ossenbühl; H.-P. Lachmann, Untersuchungen zur Verfassungsgeschichte des Burgwaldes. Schr. Hessisches Landesamt geschichtliche Landeskde. 31 (Marburg 1967) 79 ff.; ders., Mark, Pfarrei und Zent im Burgwald. Hess. Jahrb. Landesgesch. 18, 1968, 78–93, hier 86 ff. – Kratzenberg (NKH 25, Bl. 15 Wilhelmshöhe): H. Brunner, Die Malstatt des Gerichts Kirchditmold. Casseler Tagebl. u. Anz. 54, 1907, Nr. 29 vom 17.1.1907; K. Heinemeyer, Königshöfe und Königsgut im Raum Kassel. Veröff. Max-Planck-Inst. Gesch. 33 (Göttingen 1971) 102 f. 147 Anm. 28 Abb. 2 (Karte). – Sendberg (TK 25, Bl. 5021 Ziegenhain): B. Helbig, Das Amt Homberg an der Efze. Ursprung und Entwicklung. Schr. Inst. geschichtliche Landeskde. Hessen u. Nassau 17 (Marburg 1938) 7 f.; W. Ide, Von Adorf bis Zwesten. Ortsgeschichtliches Taschenbuch für den Kreis Fritzlar-Homberg (Melsungen 1972) 328 s. v. Sendberg; U. Reuling (Bearb.), Historisches Ortslexikon Ziegenhain. Ehem. Landkreis. Hist. Ortslexikon Land Hessen 5 (Marburg 1991) 44 f. s. v. Frielendorf. – Sebbel (TK 25, Bl. 5122 Neukirchen): Reimer (Anm. 5) 441 s. v. Sibile; F. A. Brauer, Die Grafschaft Ziegenhain. Territorialgeschichte des Landes an der mittleren Schwalm. Schr. Inst. geschichtliche Landeskde.

Hessen u. Nassau 6 (Marburg 1934) 14; 129 Nr. 8; E. G. Franz in: Sante (a. a. O.) 333 bzw. 362 s. v. Ottrau. – Kahlenbergskopf (TK 25, Bl. 5415 Merenberg): O. Renkhoff in: Sante (a. a. O.) 233 f. bzw. 248 f. s. v. Kalenberger Zent.

13 K. Schellhase, Territorialgeschichte des Kreises Rotenburg an der Fulda und des Amtes Friedewald. Schr. Hessisches Landesamt geschichtliche. Landeskde. 33 (Marburg 1970) 153 Beil. 4 (Grenzbeschreibung 15. Jahrhundert: *Uf dem Arnstein bey dem malstein sol das alde zentbuch gelesen sein worden. Des orths sollen auch aide geschworen werden, und die leute, so des ampts verwiesen, sollen daselbst die urphede thun mussen*), 157 Beil. 10 (Grenzbeschreibung 1543: *[...] auf den hoen Arnßbergk, aldo stet auch ein zendtstein, und so einem zu Gerstungen vor gerichte ein aidt auferlegt wirdet, so pflegt man in uff demselbigen steine zu leisten*). Auf dem Blankenbacher Arnsberg liegt etwa 200 m nördlich des noch heute erhaltenen Zentsteins, an dem der Gerichtsplatz gelegen haben muss, der Waldort „Höfe, Hexeneiche" (Staatswald Abt. 327), dessen Namensteil „Höfe" alt und dessen Namensteil „Hexeneiche" neu ist. Etwa 500 m östlich des Grenzsteins liegt der Waldort „Vierecken" (Staatswald Abt. 310), 1704–10 auf Schleensteins Karte (Anm. 14) *vier Ecken* (SK 52, Bl. 13), später verderbt in „Vieräcker". „Höfe" und „Vierecken" sind auch andernorts vorkommende einschlägige Flurnamen bei Gerichtsplätzen (siehe unten).

14 Landesaufnahme der Landgrafschaft Hessen-Kassel M. 1:52.629, aufgenommen u. bearb. von J. G. Schleenstein 1704–10 (SK 52). Nach dem Original in der Staatsbibliothek Preußischer Kulturbesitz faksimiliert und hrsg. von Hessisches Landesvermessungsamt (Wiesbaden 1985). Zugleich erschienen in der Reihe: Quellen Gesch. dt. Kartographie 5 (Lüneburg 1985) Bl. 10; 12.

15 Niveau Karte vom Kurfürstentum Hessen 1:25.000 (NKH 25), Bl. 34 Waldkappel, Aufnahme 1848/49, Ausgabe 1857, Nachdr. Hessisches Landesvermessungsamt (Wiesbaden o. J.).

16 Kollmann (Anm. 1).

17 Wüstegarten (TK 25, Bl. 4920 Armsfeld): W. Niemeyer, Die Heidelburg im Kellerwald. Ursprünglicher Name und Bedeutung der Wallburg „Wüster Garten". Fundber. Hessen 3, 1963, 90–100. – R. Gensen, Der Steinwall des Wüstegarten (Heidelburg) im Kellerwald. Fundber. Hessen 3, 1963, 100–101. – Ders., Der Steinwall des Wüstegarten (Heidelburg) bei Dodenhausen. In: Der Schwalm-Eder-Kreis, bearb. vom Landesamt für Denkmalpflege Hessen. Führer arch. Denkmäler Deutschland 8 (Stuttgart 1986) 161–165. – Ders. in: F.-R. Herrmann/A. Jockenhövel (Hrsg.), Die Vorgeschichte Hessens (Stuttgart 1990) 401 f. – Ders. (Anm. 2) 94 Nr. 22; 96 Nr. 27.

18 „Am Espig" (TK 25, Bl. 4823 Melsungen, Höhe 416 am unteren Kartenrand): K. Sippel, Archäologische Funde und Geländedenkmäler. In: R. E. Becker/J. Kulick†, Erläuterungen zur Geologischen Karte von Hessen 1:25.000, Bl.-Nr. 4923 Altmorschen (Wiesbaden 2. Aufl. 1999) 188–206, hier 189; 203 Nr. 43; 206 Nr. 54 (irrig „Waldort ‚Auf dem Lehn'"); unveröff. Unterlagen: hessenARCHÄOLOGIE, Außenstelle Marburg, Ortsakten Melsungen-Adelshausen und Spangenberg-Mörshausen. – 1579 wurde eine Hünenburg zu Mörshausen genannt (Reimer [Anm. 5] 253 s. v. Hünenburg). Vielleicht ist die Wallanlage auf dem Espig gemeint.

19 Staatswald Abt. 511, 516 „Blaue Pfütze".

20 Hegeberg (TK 25, Bl. 4617 Brilon): R. Gensen, Die Schwalenburg bei Schwalefeld im Upland. Führungsblatt zu der frühgeschichtlichen Befestigung bei Willingen-Schwalefeld, Kreis Waldeck-Frankenberg. Arch. Denkmäler Hessen 11 (Wiesbaden 1980; Nachdr. 1993) S. [2], Karte auf S. [3], mit ungenauer Eintragung des Wallverlaufs auf dem Hegeberg.

21 Heiligenberg (TK 25, Bl. 4721 Naumburg): F.-R. Herrmann in: Stadt und Landkreis Kassel, hrsg. von Landesamt für Denkmalpflege Hessen in Verbindung mit den Staatlichen Kunstsammlungen Kassel. Führer arch. Denkmäler Deutschland 7 (Stuttgart 1986) 180 ff.

22 Stadtwald Naumburg Abt. 83 „Ruhlaub". 1704–10 *Rauleib* (SK 52, Bl. 6). 1843/44 „Das Ruhleib" (NKH 25, Bl. 30 Fritzlar, Aufnahme 1843/44, Ausgabe 1859).

23 F. Debus, Flurnamen und Sprachforschung. Zur Deutung und Sammlung hessischer Flurnamen. Hess. Jahrb. Landesgesch. 15, 1965, 235–264, hier 239 f. – Siehe auch ders., Ortsnamen des Kreises Wolfhagen. Heimatjahrb. Kr. Wolfhagen 1, 1966, 18–25, hier 22. – Ders., Zur Gliederung und Schichtung nordhessischer Ortsnamen. Hess. Jahrb. Landesgesch. 18, 1968, 27–61, hier 58 f.

24 Rabenstein (TK 25, Bl. 4820 Bad Wildungen): Unveröff.; Hinweis Dr. M. Schmidt, Göttingen, 2014. Unterlagen über eine Begehung 2014: hessenARCHÄOLOGIE, Außenstelle Marburg, Ortsakten Edertal-Affoldern und Edertal-Mehlen.

25 Staatswald Abt. 146 „Blaue Pfütze". Liegenschaftskataster: „In der blauen Pfütze".

26 Hünstein bei Holzhausen (TK 25, Bl. 5117 Buchenau): W. Dehn, Beiträge zur Ringwallforschung in Hessen. Fundber. Hessen 3, 1963, 83–90, hier 86 ff.; Reuling, Ortslexikon Marburg (Anm. 12) 76 s. v. Holzhausen am Hünstein; E. Schubert in: Herrmann/Jockenhövel (Anm. 17) 342; Gensen (Anm. 2) 94 Nr. 31; 96 Nr. 39.

27 Stutz (TK 25, Bl. 6420 Schlossau): E. Anthes, Die Befestigung und die Ansiedlung auf dem Stutz bei Kailbach im Odenwald. Quartalbl. Hist. Ver. Großherzogthum Hessen N. F. 3, 1904, 508–514. Eigene Begehung am 28.4.2011 unter Führung von Dr. H. Göldner, Darmstadt.

28 K. Kollmann/G. Brandau, Alte Grenzzeichen um Bischhausen. Der Centstein auf dem Rohläufchen. Das Werraland 23, 1971, 12. Danach auch der folgende Beleg von 1845.

29 Staatswald Abt. 769 „Rauhleiber". Die nachstehenden Namensformen können hier nicht ausführlich belegt werden.

30 L. Armbrust, Göttingens Beziehungen zu den hessischen Landgrafen. Zeitschr. Ver. hess. Gesch. u. Landeskde. 41, N. F. 31, 1908, 97–222; 42, N. F. 32, 1908, 31–52; 45, N. F. 35, 1911, 81–137, hier im ersten Teil 137, 142 (1401), 209 Nr. 61 (1400), im letzten Teil 98 f. Nr. 115 (1420 Oktober 11).

31 K. Ranke, Rosengarten, Recht und Totenkult (Hamburg [1951]); Besprechung von K. Frölich in: Zeitschr. Savigny-Stiftung Rechtsgesch., Germanistische Abt. 69, 1952, 462–466; ausführlich und mit weiteren Belegen Niemeyer (Anm. 17) 96 ff.; RGA^2 XXIV (2003) 129 ff. s. v. Ranke, Kurt; RGA^2 XXV (2003) 336 ff. bes. 337 f. s. v. Rosengarten (O. Haid); S. Becker, Der Rosengarten am Galgenberg. In: Von Essen nach Hessen. 850 Jahre Fronhausen 1159–2009, hrsg. von der Gemeinde Fronhausen (Fronhausen 2009) 433–453, allerdings mit einem m. E. nicht zutreffenden Bezug zu einem (wohl später auf einen älteren Gerichtsplatz gesetzten) Richtplatz.

32 Niemeyer (Anm. 17) 96 ff.

33 K. Frölich, Stätten mittelalterlicher Rechtspflege auf südwestdeutschem Boden, besonders in Hessen und den Nachbargebieten. Arb. rechtliche Volkskde. 1 (Tübingen 1938) 7. – A. Schulze, Vom „Alten Steinweg", dem „Blauen Steinweg" und dem „Blauen Stein". Das Werraland 20, 1968, 3–5. – W. Fieber/R. Schmitt, Spur der Blauen Steine – Zu einer in Vergessenheit geratenen Gruppe von Rechtsdenkmalen in Mitteldeutschland. Arch. in Sachsen-Anhalt 4, 2006, 412–423.

34 Frölich (Anm. 33) 8. – B. Deimling, Ad Rufam Ianuam: Die rechtsgeschichtliche Bedeutung von „roten Türen" im Mittelalter. Zeitschr. Savigny-Stiftung Rechtsgesch., Germanistische Abt. 115, 1998, 498–513.

35 StA Marburg, Bestand Kataster I, Oetmannshausen B 2, Bd. 1 (Mitt. Dr. K. Kollmann, Eschwege, 6.8.2014).

36 Vorfränkisches Alter und alte Kultfunktion vieler kirchenbesetzter Gerichtsplätze vertrat schon K. E. Demandt, Hessische Frühzeit. Hess. Jahrb. Landesgesch. 3, 1953, 35–56 bes. 51 ff. – Ders., Geschichte des Landes Hessen (Kassel, Basel 2. Aufl.1972) 113 ff. 121 ff.

37 N. Mehler, Den Rätseln der Thingplätze auf der Spur. Arch. Deutschland 2010, H. 5, 56–57. – N. Mehler/A. Sanmark/F. Iversen/S. Semple, Gerichtsplätze der Wikinger – das Thing in Nordeuropa. Arch. Deutschland 30, 2014, H. 1, 60–63.

38 Dank an Thomas Blumenstein, Roland Gernand, Dr. Andreas Mölder, Dr. Marcus Schmidt und Dr. Ferdinand W. Wetterau für weiterführende Gespräche und Hinweise!

Von Schachfiguren, Murmeln und Spielzeugrevolvern

Zu Kleinfunden der Ausgrabung 1989/90 im Unteren Westsaal des Marburger Schlosses

Eveline Saal

Einleitung

Bereits 1980, im Zuge der Ausgrabung des Domhof-Geländes in Ladenburg (Rhein-Neckar-Kreis), unterstrich Prof. Dr. Egon Schallmayer den hohen Stellenwert des mittelalterlichen und neuzeitlichen Bodenarchivs für die Auswertung der topografischen Entwicklungsgeschichte einer Stadt. Erwartete man von provinzialrömischer Seite hier vor allem neue archäologische Ergebnisse zum römischen Kastell, so wurden unter seiner Leitung „auch die bereits zu Beginn der Grabung zum Vorschein kommenden mittelalterlichen und neuzeitlichen Siedlungsreste mit der gleichen Sorgfalt aufgenommen“[1].

In den Jahren 1985 bis 1994 stellte der Jubilar wiederholt sein großes Interesse an der Mittelalterarchäologie unter Beweis. Er leitete die Ausgrabungen im Ortskern von Ober-Roden, Stadt Rödermark (Lkr. Offenbach), deren Auswertung ihn bis heute beschäftigt[2]. Mit dem Wunsch, die Forschungen im Rahmen der Mittelalter- und Neuzeitarchäologie in Hessen zu stärken und Fundstellen aus der Zeit zwischen 450 und 1950 intensiver wissenschaftlich zu erschließen, etablierte Egon Schallmayer schließlich als neuer hessischer Landesarchäologe im Jahr 2002 das Sachgebiet Mittelalter- und Neuzeitarchäologie in Marburg[3].

Dort hat nun 2015 die Untersuchung und Analyse eines für die geschichtliche Bedeutung Marburgs und Hessens ganz besonderen Bodendenkmals in einem mehrjährigen Projekt begonnen: die Auswertung der Ausgrabungen im Unteren Westsaal des Marburger Landgrafenschlosses. Die in den Jahren 1989/90 erfolgten Ausgrabungen waren eine bautechnische Herausforderung und eine Meisterleistung gleichermaßen. Um die Geschichte der Vorgängerburg des Marburger Schlosses zu untersuchen, grub sich das Ausgrabungsteam unter Leitung von Dr. Christa Meiborg acht Meter tief in die Erde, während fünf mächtige tragende Säulen, nur von einer Stahlkonstruktion gehalten, frei über ihren Köpfen schwebten (Abb. 1). Die Ergebnisse der Großgrabung waren so unerwartet wie aufsehenerregend. War man im 19. Jahrhundert noch davon ausgegangen, das Schloss sei im Sockelbereich auf dem sog. Gisonenfelsen gegründet worden, so konnten durch die archäologischen Untersuchungen mehrere Phasen einer Vorgängerburg festgestellt werden. Keramikfunde aus den ältesten Kulturschichten im Grabungsareal belegen, dass bereits in der späten Karolinger- oder beginnenden

1 Marburger Schloss. Der Untere Westsaal bei der Ausgrabung 1989/90. Während im Ausgrabungsschnitt die Innenseite der polygonalen Umfassungsmauer dokumentiert wird (Bildmitte unten), schweben darüber fünf mächtige Säulen an einer Stahlkonstruktion (oben). Blickrichtung nach Süden (Foto: WIBA, Marburg).

2 Marburger Schloss. Die Schachfigur (Bauer) aus Elfenbein aus dem Nutzungshorizont des Festen Hauses. Höhe 2,8 cm (MSUW Fz-Nr.: 3525, Bef. 380) (Foto: E. Saal, hA).

Ottonenzeit, wohl um 900 oder zu Beginn des 10. Jahrhunderts, auf dem Bergplateau ein rechteckiges Steingebäude („Festes Haus") errichtet worden war. Dieses wurde in der Salierzeit, also im 11./12. Jahrhundert, zu einem quadratischen Wohnturm umgebaut und mit einer polygonalen Umfassungsmauer umgeben (Abb. 1). Schließlich überbaute man auch diese Anlage ab dem zweiten Drittel des 13. Jahrhunderts zugunsten einer repräsentativen Residenz der hessischen Landgrafen[4].

Zahlreiche Beiträge berichten bislang über die Ausgrabungsergebnisse, die nun durch ein Projektteam am Sachgebiet Mittelalter- und Neuzeitarchäologie der hessenARCHÄOLOGIE vollständig ausgewertet und publiziert werden. Neben der Analyse der Befunde durch die federführende Sachgebiets- und Projektleiterin, Dr. Christa Meiborg, werden die Keramikfunde durch Dr. Alexander Pust sowie die Kleinfunde durch die Autorin erfasst und ausgewertet[5]. Die Aufnahme der Kleinfunde in einer Datenbank und einem Katalog sowie die zeichnerische und fotografische Dokumentation ausgewählter Objekte fand mit der großzügigen Förderung der Sparkassen-Kulturstiftung Hessen-Thüringen und mit Unterstützung der Kommission für Archäologische Landesforschung in Hessen e. V. (KAL) statt, wofür beiden Institutionen an dieser Stelle herzlich gedankt sei.

3 Marburger Schloss. Die Bauernfigur mit dreieckigen Ritzverzierungen auf den Seitenflächen und horizontaler Drehrille sowie einer Einstichstelle vom Fertigungsprozess auf der Drehbank. Höhe 2,8 cm (MSUW Fz-Nr.: 3525, Bef. 380) (Zeichnungen: B. Kaletsch, hA).

Kleinfunde erzählen Geschichten: Gesellschaftsspiel und Müßiggang

Wie keine andere Fundgattung ermöglichen die Kleinfunde vielfältige Einblicke in ganz unterschiedliche Lebensbereiche der ehemaligen Burgbewohner. Sie geben etwa Aufschluss über Kleidung und Schmuck der Menschen, deren Arbeitswelt und Lebensweise, über Mobiliar und die Architektur ihres Umfeldes sowie über die Bewaffnung. Außerdem illustrieren sie, wie sich die Marburg im Lauf der Jahrhunderte von einer kleinen Höhenburg zum Residenzschloss der hessischen Landgrafen entwickelte. Das vielfältige Materialspektrum reicht von Fundstücken aus Metall, Glas, Keramik und Knochen bis hin zu solchen aus Stein, Holz, Leder, Lehm und Putz, während sich der zeitliche Bogen von der frühesten Siedlungsphase in der späten Karolingerzeit bis in die moderne Nutzungszeit der jüngsten Vergangenheit spannt. So fand sich im Schlosshof, auf der Westterrasse und vor allem im Unteren Westsaal direkt unterhalb des Fußbodens eine Schuttschicht, die reich an modernen Hinterlassenschaften war. Darin wurden einige eher kuriose Stücke geborgen, die nicht zum alltäglichen Fundgut einer archäologischen Ausgrabung gehören und auf profane Weise Zeugnis von der jüngsten Schlossgeschichte ablegen, so etwa auch aus der Zeit zwischen 1870 und 1938, als das Schloss als Staatsarchiv genutzt worden war[6].

Eine ganz besondere Kategorie innerhalb der Kleinfunde stellt das Spielzeug dar, das im Folgenden näher vorgestellt werden soll. Es repräsentiert nicht nur einen guten Querschnitt der unterschiedlichen Materialien wie Knochen, Keramik, Glas und Metall, sondern gibt durch die Jahrhunderte Auskunft über die Spielfreude, die Geselligkeit und die Freizeitgestaltung der Menschen auf der Burg und dem Schloss Marburg.

Brettspiele: Schachfigur und Spielstein

Das älteste Spielzeug aus dem Fundgut des Marburger Schlosses ist eine einzelne Bauern-Figur des Königsspiels Schach (Abb. 2). Die zylindrische, 2,8 cm hohe Schachfigur aus poliertem Elefantenelfenbein stammt aus dem Nutzungshorizont des Festen Hauses (Befund 380). Im Mittelpunkt der abgerundeten Oberseite befindet sich eine kleine Einstichstelle, die ebenso wie die horizontal umlaufende Drehrille auf der Schulter vom Herstellungsprozess auf der Drechselbank herrührt (Abb. 3). Die Seitenflächen sind durch zwei einander gegenüberliegende, schwach eingeritzte und stehende Dreiecke verziert, deren Spitzen knapp unterhalb der Drehrille enden. Darunter wurde auf der Vorderseite eine v-förmige Ritzung angebracht, durch welche die Figur den Springern eines Schachspiels ähnelt. Vergleichbare abstrakte Schachfiguren, die ursprünglich Heereseinheiten darstellten, gehen auf orientalische Vorbilder des 6. und 7. Jahrhunderts zurück und gelangten wohl vor allem durch Kontakte mit der persisch-arabischen Welt nach Mitteleuropa[7]. Der älteste Nachweis für die Produktion von Schachfiguren in Mitteleuropa liegt mit der Beinschnitzerwerkstatt auf der Kansteinburg bei Langelsheim (Lkr. Goslar) vor. Dort wurde in der zweiten Hälfte des 10. Jahrhunderts ein mit der Marburger Schachfigur vergleichbarer Bauer aus einem exklusiven nordeuropäischen Pottwalzahn gearbeitet[8]. Als Werkstattabfall barg man außerdem noch einen Springer, der zum gleichen Satz unverzierter arabischer Schachfiguren gezählt hatte, die ganz dem aktuellen Zeitgeschmack entsprachen. Im 11. und 12. Jahrhundert gehörten die Figuren des beliebten Strategiespiels zu den höfischen Prestigeerzeugnissen und sind daher häufig auf Burgen und Herrenhöfen des Kleinadels sowie in Kirchenschätzen zu verzeichnen.

Auch am Marburger Hof vertrieben sich die adeligen Burgbewohner die Zeit mit unterschiedlichen Brettspielen, worauf neben der Schachfigur noch ein geborgener flacher zusammengesetzter Spielstein hindeutet (Abb. 4). Die als Fundstelle von Letzterem zu benennende Verfüllschicht zwischen Ringmauer und Südwand des Westflügels (Bef. 267) wurde vor der Mitte des 13. Jahrhunderts eingebracht[9]. Das komplett erhaltene Stück von 3,9 cm im Durchmesser besteht aus zwei vernieteten runden Knochenscheiben, zwischen die man zur Erzeugung eines farblichen Kontrasts ein Buntmetallblech gelegt hatte. Damit dieses golden erscheinende

4 Marburger Schloss. Der beinerne Brettspielstein aus der Verfüllschicht zwischen der Ringmauer und der Südwand des Westflügels. Dm. 3,9 cm (MSUW Fz-Nr.: 2266, Bef. 267) (Foto: E. Saal, hA).

Blech sichtbar war, ritzte der Handwerker nicht nur umlaufende Rillenbänder und zwölf Kreisaugen in die Oberseite ein, sondern bohrte fünf kreisrunde Löcher hindurch (Abb. 5). Zusammengesetzte Brettspielsteine wurden im 11. und 12. Jahrhundert für das in Adelskreisen beliebte und verbreitete Spiel „Trictrac" (oder „Wurfzabel") genutzt. Das Glücksspiel, für das zusätzlich Würfel nötig waren, ist heute mit ganz ähnlichen Regeln besser unter dem Namen „Backgammon" bekannt. Aber auch zum Dame- oder Mühlespiel konnten die flachen Steine verwendet werden. Ein ganz ähnlicher Spielstein, der allerdings mit sechs Durchbrüchen und doppelten Kreisaugen verziert ist, wurde auf dem Plateau der nur ungefähr 4,5 km nordnordwestlich vom Marburger Schlossberg entfernten Burg Weißenstein in Marburg-Wehrda gefunden[10]. Die

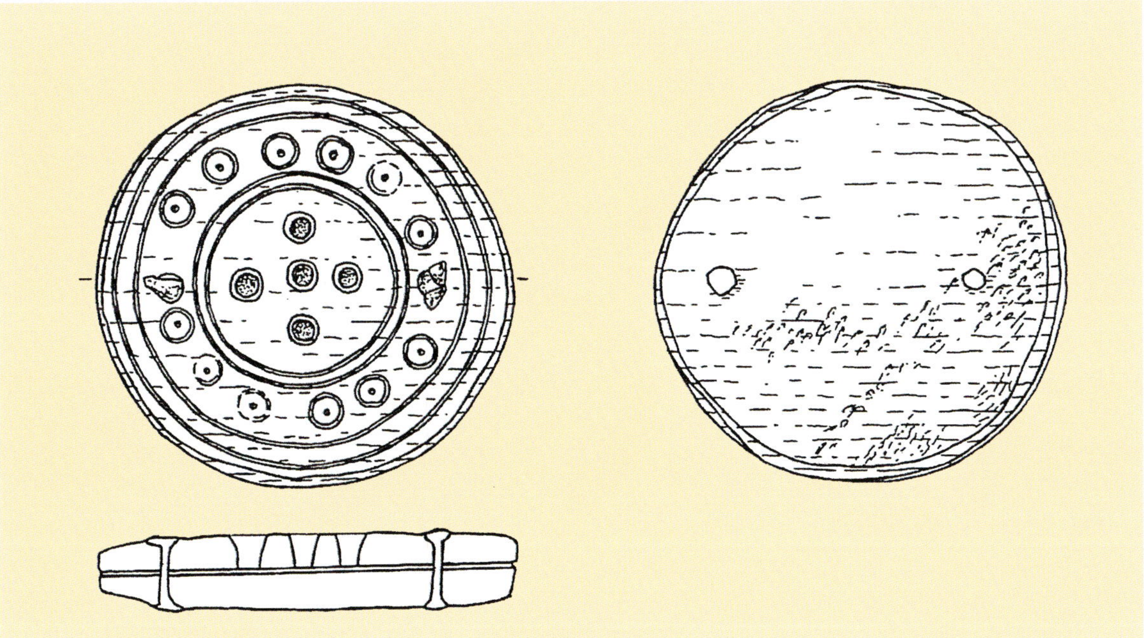

5 Marburger Schloss. Der beinerne Brettspielstein im Aufbau. Dm. 3,9 cm (MSUW Fz-Nr.: 2266, Bef. 267) (Zeichnungen: B. Kaletsch, hA).

6 Marburger Schloss. Das zweifarbige Glasringbruchstück aus der Ausgrabung im Unteren Westsaal (MSUW Fz-Nr.: 475, Bef. 85) (Foto: R.-J. Braun, hA).

Burg Weißenstein wurde gegen Ende des 11. oder zu Anfang des 12. Jahrhunderts zerstört, wodurch ein chronologischer Anhaltspunkt für den möglicherweise werkstattgleichen Marburger Spielstein gegeben ist.

Geschicklichkeitsspiel mit Glasringen?

In größerer Anzahl kommen im Fundmaterial Glasringe bzw. ringförmige Perlen vor, bei denen eine Verwendung als Spielzeug nicht auszuschließen ist. Aus einer Einfüllschicht der ersten Umbauphase, als der erste Westflügel errichtet wurde (Bef. 85), stammt ein opakes, polychromes Ringfragment von grüngrauer Farbe mit aufgelegten und sich kreuzenden gelben Fäden (Abb. 6), das, nach der Dichte und der Farbigkeit zu urteilen, vermutlich aus Bleiglas hergestellt wurde. Aufgrund des Innendurchmessers von 1,5 cm ist in diesem Fall eine Verwendung als Fingerring einer erwachsenen Frau wahrscheinlich. Einfarbige Glasringe oder deren Bruchstücke mit rundstabigem oder D-förmigem Querschnitt liegen mit insgesamt 13 Stücken vor (Abb. 7)[11]. Ihnen ist eine raue, poröse Oberfläche und eine dunkle Farbgebung gemeinsam, die von braun über grau bis hin zu schwarz variiert. Wahrscheinlich hat sich aber die ursprüngliche Farbe der opaken bis schwach transluziden Glasmasse durch die Verwitterungsprozesse im Boden geändert. Die geringe Dichte deutet neben der schlechten Erhaltung darauf hin, dass diese einfarbigen Stücke aus Alkali-Kalk-Glas gefertigt wurden[12]. Einige Exemplare sind ungleichmäßig rund und/oder unregelmäßig dick geformt, was gegen ein sorgfältiges Herstellungsverfahren spricht. Die Schmuckstücke weisen innere Weiten bzw. Lochdurchmesser zwischen 0,5 und 1,1 cm auf und sind damit nur bedingt als Fingerringe – allenfalls für Kinder – anzusprechen. Die kleinsten Exemplare können eher als Perlen gelten.

Um das Jahr 1000 vollzog sich im gesamten Nordeuropa ein Wandel des Glasschmucks, bei dem die Perlen aus der Mode kamen und durch Ringe abgelöst wurden[13]. Mehrfarbige Glasringe wurden seit dem 11. Jahrhundert in slawischen Siedlungsgebieten verwendet und dienten als Schmuck für die Hände oder den Kopfputz[14]. Im 12. und 13. Jahrhundert fanden die Ringe außer im slawischen Siedlungsraum auch in Nordwest- und Westdeutschland Verbreitung, um schließlich im Verlauf des 14. Jahrhunderts in Nordeuropa zahlenmäßig zurückzugehen[15]. Die Herstellung der Glasschmuckstücke wurde bereits zu Beginn des 12. Jahrhunderts von Theophilus Presbyter im Kloster Helmarshausen beschrieben. Im 12. und 13. Jahrhundert wurden sie massenhaft für den Handel gefertigt[16]. Als Beispiele dafür mögen über 600 Glasringfragmente aus der

7 Marburger Schloss. Eine Auswahl von einfarbigen Glasringen aus der Ausgrabung im Unteren Westsaal (MSUW Fz-Nr.: 966, Bef. 94) (Foto: R.-J. Braun, hA).

8 Marburger Schloss. Die Murmeln aus der Ausgrabung im Unteren Westsaal (Foto: E. Saal, hA).

Waldglashütte Steimcke im Bramwald bei Göttingen oder auch die Glaswerkstatt in Erfurt gelten, die bis um 1300 im innerstädtischen Bereich Glasringe und -perlen produzierte[17]. In der Zollrolle für Damme in Flandern von 1252 ist die Einfuhr von einem „Gefäß oder Kasten mit Glasringen" als Handelsware deutscher Kaufleute mit dem Zollsatz von vier Denaren belegt[18]. In Nordhessen sind Glasringe etwa aus der Brandschicht im Inneren des Wohnturms der Burg auf dem Stenderberg bei Liebenau-Ostheim und von der Burg Rodersen bei Wolfhagen (beide Lkr. Kassel) sowie vom Plateau der Boyneburg bei Sontra-Wichmannshausen (Werra-Meißner-Kreis) bekannt[19].

Als Schmuck armer Mädchen finden die zerbrechlichen Ringe bei Walther von der Vogelweide und bei dem Prediger Berthold von Regensburg Erwähnung[20]. Nicht auszuschließen ist, dass die Glasringlein bei dem seit dem 13. Jahrhundert durch Schriftquellen belegten Geschicklichkeitsspiel „Vingerlein schnellen" zum Einsatz kamen. Das Spiel könnte dem noch zu Anfang des 20. Jahrhunderts in Bayern und Österreich bekannten „Schnellfingerln" geähnelt haben, bei dem Jugendliche kleine Glasringe rasch in Richtung eines Wandhakens warfen und dabei versuchten, diesen zu treffen[21]. Interessanterweise ist in der Vita der hl. Elisabeth von Thüringen überliefert, dass die Landgräfin zu ihrer Zeit auf der Wartburg Glasringe und andere Kleinigkeiten als Spielzeug zur Aufmunterung für kranke und bedürftige Kinder kaufte und an diese verschenkte[22]. Elisabeth „[...] *koufte allerhande kin-*

9 Marburger Schloss. Der Spielzeugrevolver aus der Schuttschicht im Innenhof (MSUW Fz-Nr.: 1788, Bef. 212) (Foto: R.-J. Braun, hA).

derspil, kruseln, fingerline vil, die gemachet werden von glase ûnde ouch zu erden ûnde ander cleinode gnuoc“[23]. Dabei dürfte es sich wahrscheinlich um Ringe der vorliegenden Machart gehandelt haben. Aus dem Umfeld des Hospitals der hl. Elisabeth und der Elisabethkirche in Marburg sind solche Glasringe im archäologischen Fundmaterial bislang noch unbekannt[24].

Murmeln aus Keramik

Insgesamt neun tönerne Murmeln (Abb. 8) aus sieben unterschiedlichen Befunden liefern Hinweise auf Geschicklichkeitsspiele im Spätmittelalter und in der Neuzeit. Die z. T. glasierten Keramikkugeln weisen Durchmesser zwischen 1,5 und 2,7 cm auf und sind von grauer, brauner, gelber oder roter Farbe, während ein braunoranges Stück mit einer aufgemalten weißen Spirale verziert ist. Die schon seit der Antike bekannten Murmeln begegnen im mittelalterlichen Fundmaterial des 12. und 13. Jahrhunderts wieder häufiger, doch war das Murmelspiel hauptsächlich im Spätmittelalter und in der frühen Neuzeit populär, wie dann auch Schriftquellen sowie bildliche Darstellungen deutlich belegen. Das Spiel mit den auch als „Klicker“, „Schusser“ oder „Üller“ bezeichneten Kugeln war prinzipiell überall möglich, wobei sich je nach Variante eher unebene Böden mit muldenartigen Vertiefungen oder plane Flächen besser eigneten. Der weitläufige Westsaal und die langen Flure im Marburger Schloss werden zu diesem Zweck sicherlich bei den jungen Bewohnern und Besuchern beliebt gewesen sein. Wie z. B. für Göttingen schriftlich nachgewiesen ist, vertrieben sich auch Erwachsene die Zeit mit dem Murmelspiel und verloren dabei teilweise sogar ihr Vermögen[25]. Nicht weit von Marburg entfernt, nämlich in Dreihausen (Gde. Ebsdorfergrund) wurden Murmeln vom 14. bis 16. Jahrhundert hergestellt und im nordhessischen Großalmerode (Werra-Meißner-Kreis) fand ihre gewerbsmäßige Produktion seit dem 16. Jahrhundert statt[26]. Außer zum Spiel konnten die runden Kugeln aber auch anderweitig eingesetzt werden, etwa bei der Vogeljagd, bei der sie im 16. und 17. Jahrhundert mit einer abgewandelten Armbrust – dem Kugelschnepper – als Geschosse abgefeuert wurden[27].

Spielzeugrevolver im Schlosshof

Um ein nicht ganz alltägliches archäologisches Fundstück handelt es sich bei dem schwarz lackierten Spielzeugrevolver (Abb. 9). Er wurde in einer Schuttschicht im Innenhof (Bef. 212) zusammen mit weiteren modernen Gegenständen, wie z. B. einem Wasserhahnventil, geborgen. Der Spielzeugrevolver, der aus zwei hohlen Blechhalbschalen besteht, ist einer echten Waffe realistisch nachempfunden. Plastisch ausgearbeitet sind der Lauf mit Korn, die Trommel sowie Hahn und Abzug. Sogar die Riefelung des Kolbens ist aus dem Weißblech hervorgehoben dargestellt. Ganz ähnliche Knallpistolen, mit denen per Mechanik Zündplättchen verschossen werden konnten, stellte die 1872 in Velbert (Kr. Mettmann) gegründete Metallwarenfirma Adrian & Rode her. Die Firma, die seit Ende der 1870er-Jahre Spielzeugpistolen produzierte, hatte gegen Ende der 1930er-Jahre 74 unterschiedliche Spielzeugpistolen im Programm. Sie galt mit einem Umsatz von über 200 Mio. Exemplaren zwischen 1904 und 1943 als größter Spielzeugpistolenhersteller in Europa[28]. Wahrscheinlich ging das beliebte Spielzeug seinem Besitzer in der ersten Hälfte des 20. Jahrhunderts bei einem Spiel im Schlosshof verloren.

Spielend durch die Geschichte

Die Anzahl und die Qualität der Spielgegenstände vermögen Auskunft über das soziale Niveau ihrer Besitzer zu geben; so war es doch in einer agrarisch-handwerklich ausgerichteten Gesellschaft der pure Luxus Freizeit zu haben, also Zeit, die man nicht mit der Sicherung des Lebensunterhaltes verbringen musste. Je höher der soziale Stand war, desto mehr Zeit für Muße war vorhanden. Das Wissen um die Regeln eines Brettspiels wurde innerhalb des sozialen Milieus tradiert und blieb somit meist auf die obere Gesellschaftsschicht begrenzt[29]. Zusätzlich wird die soziale Abstufung durch die Verwendung von unterschiedlich wertvollen Materialien betont. Während man bei der Herstellung von Spielfiguren und Spielsteinen auch auf kostengünstige Materialien zurückgreifen konnte, waren die Objekte aus exotischem Elfenbein im Früh- und im Hochmittelalter nur einem exklusiven und eingeschränkten Käuferkreis zugänglich oder wurden als repräsentative Geschenke weitergegeben.

Auch in Marburg waren die Brettspiele Schach und Trictrac sicherlich der adeligen Bewohnerschaft vorbehalten. Für weniger wohlhabende Gesellschaftsschichten waren dagegen im 13. Jahrhundert vielleicht auch die als Massenware produzierten Glasringe erschwinglich, die als Schmuck oder auch für Geschicklichkeitsspiele verwendet werden konnten. Im Spätmittelalter und in der Neuzeit dürften sich eher Kinder ihre Zeit innerhalb und außerhalb der Schlossmauern mit dem Murmelspiel vertrieben haben – ebenso wie in jüngerer Zeit beim Spiel mit dem Spielzeugrevolver.

Wie dieser Einblick in nur eine der vielen Kleinfundkategorien aus der Ausgrabung im Unteren Westsaal des Marburger Schlosses verdeutlichen mag, verspricht das begonnene Auswertungsprojekt des Sachgebietes Mittelalter- und Neuzeitarchäologie einen großen Wissensgewinn zur Siedlungsgeschichte Marburgs von der ersten Höhenburg bis hin zum modern genutzten Landgrafenschloss. Die Auswahl der Spielzeugfunde belegt insgesamt den spielerischen Zeitvertreib und Müßiggang der Burgbewohner.

Abschließend bleibt mir, Herrn Prof. Dr. Egon Schallmayer – abgesehen von seinen Forschungen zur mittelalterlichen Siedlungsentwicklung Ober-Rodens und zur Entstehung des Klosters Rothaha in der Karolingerzeit – ausreichend Zeit für Müßiggang zu wünschen.

Anmerkungen

1 E. Schallmayer, Neue Ausgrabungen in Ladenburg. Denkmalpfl. Baden-Württemberg 10, 1981, 81–86. – Ders./U. Gross, Die mittelalterlichen und neuzeitlichen Befunde und Funde der Grabungen auf dem Gelände des Domhofes in Ladenburg, Rhein-Neckar-Kreis, 1980–1981. In: Forschungen und Berichte der Archäologie des Mittelalters in Baden-Württemberg 8 (Stuttgart 1983) 79–138.

2 E. Schallmayer, Beispiel Ober-Roden (Stadt Rödermark). Ein Ort erhält Geschichte. Geschichtsschreibung und Archäologie im Zusammenwirken. Zeitschr. Arch. Mittelalter 33, 2005, 145–162.

3 E. Schallmayer/Ch. Meiborg, Neue Wege ins alte Hessen. Kongress zur Archäologie des Mittelalters und der Neuzeit. Zeitschr. Arch. Mittelalter 33, 2005, 1–2.

4 Ch. Meiborg, Neue Forschungen zur Frühzeit des Marburger Schlosses. In: H. W. Böhme/O. Volk (Hrsg.), Burgen als Geschichtsquelle. 1. Marburger Mittelaltertagung der Arbeitsgruppe „Marburger Mittelalterzentrum (MMZ)“. 11. und 12. Oktober 2002. Kl. Schr. Vorgesch. Seminar Marburg 54 (Marburg 2003) 151–159. – Dies., Marburg Castle: the Cradle of the Province Hesse, from Carolingian to Ottonian times. In: J. Henning (Hrsg.), Post-Roman Towns, Trade and Settlement in Europe and Byzantium 1. The Heirs of the Roman West. Millenium-Stud. 5,1 (Berlin, New York 2007) 353–366 bes. 356 ff. 363.

5 Für die zahlreichen hilfreichen Gespräche und Anregungen sei den Kollegen an dieser Stelle herzlich gedankt.

6 F. Wolf, Das Landgrafenschloss als Staatsarchiv. In: K. Murk (Hrsg.), Das Marburger Landgrafenschloss im Wandel der Zeiten. Vom Herrschaftssitz zum Erinnerungsort. Marburger Beitr. hess. Gesch. 22 (Marburg 2013) 41–52 bes. 41; 47; 244 f. Abb. 60.

7 A. Kluge-Pinsker, Schachspiel und Trictrac. Zeugnisse mittelalterlicher Spielfreude aus salischer Zeit. Monogr. RGZM 30 (Sigmaringen 1991) 9–14. – H.-W. Peine/E. Treude, Der Erzbischof im Brandschutt: Eine Schachfigur von der Falkenburg. Ausgr. u. Funde Westfalen-Lippe 2011, 106–110 bes. 108.

8 Kluge-Pinsker (Anm. 7) 90; 136 A36. – I. Gabriel, Beinschnitzerwerkstatt. In: M. Puhle (Hrsg.), Otto der Große, Magdeburg und Europa [Ausstellungskat. Magdeburg] (Mainz 2001) 65–67 Abb. II.36b.c. – RGA[2] XXIX (Berlin, New York 2005) 354–363 bes. 360 s. v. Spiel und Spielzeug (I. Gabriel).

9 Ch. Meiborg, Archäologische Funde aus dem Marburger Schloss. In: A. Güssen/R. Stobbe (Hrsg.), Hessen und Thüringen. Von den Anfängen bis zur Reformation [Ausstellungskat. Marburg] (Marburg, Wiesbaden 1992) 160 Kat.-Nr. 213,e. – Dies., Spielstein aus dem Marburger Landgrafenschloss. In: R. Atzbach/S. Lüken/H. Ottomeyer (Hrsg.), Burg und Herrschaft [Ausstellungskat. Berlin] (Berlin 2010) 169 Kat. 8.12. – Kluge-Pinsker (Anm. 7) 84; 218 f. C3.

10 Ch. Meiborg, Burg Weißenstein bei Marburg-Wehrda, Kreis Marburg-Biedenkopf. Die Funde und neue Aspekte der Baugeschichte im Licht einiger ^{14}C-Daten. Fundber. Hessen 39/40, 1999/2000 (2005) 300–355 bes. 328 f. Abb. 15. – Dies., Die Burg Weißenstein bei Marburg-Wehrda. Führungsheft zu einer Höhenburg des 9.–11. Jahrhunderts in Sichtweite des Marburger Landgrafenschlosses, Landkreis Marburg-Biedenkopf. Arch. Denkmäler Hessen 178 (Wiesbaden 2015) 31; 34.

11 Jeweils ein einzelner Glasring stammt aus den Befunden 92, 93, 101, 102, 105 und 262. In Befund 94 wurden dagegen sieben ganze oder zerbrochene Glasringe geborgen.

12 D. G. Ullrich, Halbedelsteine und Glasfunde. In: A. v. Müller/K. v. Müller-Muči, Ausgrabungen, Funde und naturwissenschaftliche Untersuchungen auf dem Burgwall in Berlin-Spandau. Berliner Beitr. Vor- u. Frühgesch. N. F. 6 (Berlin 1986) 57–99 bes. 72.

13 P. Steppuhn, Bleiglasperlen des frühen und hohen Mittelalters in Nordeuropa. In: U. v. Freeden/A. Wieczorek (Hrsg.), Perlen: Archäologie, Techniken und Analysen. Perlensymposium Mannheim 1994. Koll. Vor- u. Frühgesch. 1 (Bonn 1997) 203–209 bes. 206. – Ders., Glasfunde des 8. bis 13. Jahrhunderts in Siedlungen. Veränderungen vom frühen zum späten Mittelalter, dargestellt am Beispiel Haithabu/Schleswig. In: A. Wesse (Hrsg.), Studien zur Archäologie des Ostseeraumes [Festschr. M. Müller-Wille] (Neumünster 1998) 461–467, dort 465.

14 Ullrich (Anm. 12) 58; 68 Abb. 14 (Verbreitungskarte); 71.

15 H.-G. Stephan/K. H. Wedepohl/G. Hartmann, Die Gläser der hochmittelalterlichen Waldglashütte Steimcke. T. 2 – Chemische und formenkundliche Analysen der Gläser. Zeitschr. Arch. Mittelalter 20, 1992, 89–124 bes. 110. – S. Gai/K. H. Krüger/B. Thier, Die Klosterkirche Corvey. Geschichte und

Archäologie. Denkmalpfl. u. Forsch. Westfalen 43.1.1 (Darmstadt 2012) 512. – Steppuhn (Anm. 13: Glasfunde) 465.

16 R. Kroos, Zu frühen Schrift- und Bildzeugnissen über die Heilige Elisabeth als Quelle zur Kunst- und Kulturgeschichte. In: Sankt Elisabeth. Fürstin, Dienerin, Heilige. Aufsätze, Dokumentation, Katalog [Ausstellungskat. Marburg] (Sigmaringen 1981) 180–239 bes. 191 Anm. 153. – Ullrich (Anm. 12) 65 ff.

17 Stephan/Wedepohl/Hartmann (Anm. 15) 100 ff. Abb. 11; 13–15. – D. Wulf, Zur Nutzungsgeschichte eines städtischen Randgebietes: Ergebnisse der Ausgrabungen Trommsdorffstraße und Meyfartstraße. In: M. Escherich/Ch. Misch/R. A. Müller (Hrsg.), Erfurt im Mittelalter: Neue Beiträge aus Archäologie, Bauforschung und Kunstgeschichte (Berlin 2003) 9–30 bes. 14 f. 19 ff. Abb. 9,3. – O. Mecking, Die mittelalterlichen Bleigläser in Thüringen. Archäometrie und Denkmalpflege 2015. Jahrestagung an der Johannes Gutenberg-Universität Mainz 25.–28. März 2015. Metalla, Sonderh. 7 (Bochum 2015) 78–80 bes. 78.

18 Kroos (Anm. 16) 191 Anm. 155. – Stephan/Wedepohl/Hartmann (Anm. 15) 111.

19 Burg auf dem Stenderberg: L. Fiedler, Der Stenderberg bei Liebenau-Ostheim, Kreis Kassel. Eine Kleinburg aus der Übergangszeit vom Früh- zum Hochmittelalter. Arch. Denkmäler Hessen 96 (Wiesbaden 1991) 3 mit Abb. 1,4. Siehe auch Ortsakte der hA Marburg, Liebenau-Ostheim, Fund 3, 19–20. Inv.-Nr. 1997/6a–b. – Burg Rodersen: Ch. Krauskopf, Tric-Trac, Trense, Treichel. Untersuchungen zur Sachkultur des Adels im 13. und 14. Jahrhundert. Veröff. Dt. Burgenvereinigung e. V. A 11 (Braubach 2005) 222 Taf. 41,3. – Boyneburg: U. Fiedler, Die Boyneburg bei Sontra-Wichmannshausen. Siedlung der Jungsteinzeit, Befestigung der keltischen Zeit, Burgen des Hoch- bis Spätmittelalters auf dem Bergplateau im Werra-Meißner-Kreis. Arch. Denkmäler Hessen 98 (Wiesbaden 1992); Fundber. Hessen 41, 2001 (2006) 439. Siehe auch Ortsakte der hA Marburg, Sontra-Wichmannshausen: Bei den Grabungskampagnen in den Jahren 1988–1990 des Seminars für Ur- und Frühgeschichte der FU Berlin wurden insgesamt sieben Glasringe oder deren Bruchstücke auf dem Burgplateau geborgen. Für die Hinweise sei Dr. K. Sippel, hA Marburg, herzlich gedankt.

20 Kroos (Anm. 16) 191 Anm. 154; 156.

21 E. Stauch, „das ist allez kintlich spil". Kinderspiele für draußen. In: A. Pfeiffer (Hrsg.), Spielzeug in der Grube lag und schlief … Archäologische Funde aus Römerzeit und Mittelalter. Ausstellung Städtische Museen Heilbronn 1993. Museo 5 (Heilbronn 1993) 72–79 bes. 75.

22 Kroos (Anm. 16) 187; 191 Anm. 152. – Stephan/Wedepohl/Hartmann (Anm. 15) 110 f. – Gai/Krüger/Thier (Anm. 15) 512.

23 Stauch (Anm. 21) 75.

24 Freundliche Mitt. der Grabungsleiterin Susanne Gütter, hA Marburg. – Zu den Grabungen 2006–2009 und 2011/12 vgl. Ch. Meiborg, Archäologie an der Elisabethkirche. Führungsheft zu den Ausgrabungen 2006–2009 und 2011/12 im Bereich der Deutschordensniederlassung in Marburg, Landkreis Marburg-Biedenkopf. Arch. Denkmäler Hessen 175 (Wiesbaden 2014).

25 Gai/Krüger/Thier (Anm. 15) 526. – S. Schütte, Spielen und Spielzeug in der Stadt des späten Mittelalters. In: J. Wittstock (Hrsg.), Aus dem Alltag der mittelalterlichen Stadt. Handbuch zur Sonderausstellung 1983 im Bremer Landesmuseum für Kunst- und Kulturgeschichte (Bremen 1982) 201–210 bes. 203.

26 H. Schomber, Dreihäuser Steinzeug. Ein hessisches Töpferdorf und seine Geschichte (Ebsdorfergrund-Ebsdorf 1997) 105. – H.-G. Stephan, Großalmerode. Ein europäisches Zentrum der Herstellung von technischer Keramik. Die Geschichte der keramischen Gewerbe in Großalmerode und Epterode und die Entwicklung ihrer Produktion vom 12. bis zum 19. Jahrhundert II (Dransfeld 1995) 119–127.

27 U. Lehmkuhl/H. Schäfer, Spiele für Jung und Alt. In: H. Jöns/F. Lüth/H. Schäfer (Hrsg.), Archäologie unter dem Straßenpflaster. 15 Jahre Stadtkernarchäologie in Mecklenburg-Vorpommern. Beitr. Ur- u. Frühgesch. Mecklenburg-Vorpommern 39 (Schwerin 2005) 361–364 bes. 364.

28 K. Velewald, Made in Velbert – Mehr als Schlösser. Zeitschr. Gesch. Langenberg, Neviges und Velbert, Hist. Beitr. 25, 2014, 38–51 bes. 43. – Für den Hinweis sei Dr. U. Morgenroth, Deutsches Schloss- und Beschlägemuseum Velbert, herzlich gedankt.

29 E. Stauch, Ein nobler Zeitvertreib. Brettspiel von der Römischen Kaiserzeit zum Hochmittelalter. In: Pfeiffer (Anm. 21) 42–49 bes. 45.

Von Hanauer Jägern – ein frühneuzeitliches Weidbesteck vom Freiheitsplatz in Hanau

Dieter Neubauer,
Bernd Steinbring

Zu den flächenmäßig größten Ausgrabungsprojekten, welche während der Amtszeit Prof. Egon Schallmayers als Landesarchäologe im Rahmen stadtarchäologischer Forschung in Hessen durchgeführt wurden, rechnet die Neugestaltung des Freiheitsplatzes in Hanau. Die Maßnahme steht somit auch exemplarisch für die Intensivierung der Arbeiten im Bereich der Archäologie des Mittelalters und der frühen Neuzeit und deren dadurch stetig wachsende Bedeutung, wie sie mit seinem Wirken maßgeblich zu verbinden ist. Zwar bilden mittelalterliche und neuzeitliche Bodendenkmale den größten Teil des archäologischen Quellenbestandes, doch noch bis gegen Ende des 20. Jahrhunderts war es der hessischen Bodendenkmalpflege kaum möglich, die massiven Umbauten in den innerstädtischen Bereichen adäquat archäologisch zu begleiten. Während in anderen Bundesländern bereits eigene Referate für die Archäologie des Mittelalters und für Stadtarchäologie geschaffen worden waren, wurde in Hessen noch Ende der 1980er-Jahre konstatiert, dass das Betätigungsfeld der Bodendenkmalpflege im Frühmittelalter ende, Jüngeres falle in die Zuständigkeit der Baudenkmalpflege. Erst mit der Schaffung des Sachgebietes „Mittelalter- und Neuzeitarchäologie“ im Rahmen des Konzeptes **hessen**ARCHÄOLOGIE**21.** erfolgte auch in Hessen unter der Ägide Egon Schallmayers 2002 ein bedeutsamer Wandel[1].

So standen im Zuge der Stadterneuerung Hanaus zwischen 2010 und 2015 auf dem bis dahin größten Platz der Stadt Bodeneingriffe auf einer Fläche von über vier Hektar für die Neugestaltung des Zentralen Omnibusbahnhofes sowie den Bau des „Forum[s] Hanau“ an, das mittlerweile neben 90 Ladengeschäften und 500 Parkplätzen auch das „Kulturforum“ für sechs öffentliche Bildungs- und Kultureinrichtungen beherbergt. Da bereits die durch den zuständigen Bezirksarchäologen Dr. Guntram Schwitalla † im Einvernehmen mit Sabine Küppers M. A. von der Unteren Denkmalschutzbehörde der Stadt Hanau geforderten Voruntersuchungen 2010 den Nachweis von über Erwarten gut erhaltenen Befunden erbringen konnten, folgten im Vorfeld der umfangreichen Bodeneingriffe großflächige archäologische Ausgrabungen durch die Grabungsfirma AAFL Frank Lorscheider[2].

Der Bereich des Freiheitsplatzes markiert stadthistorisch und topografisch das südliche Vorfeld der

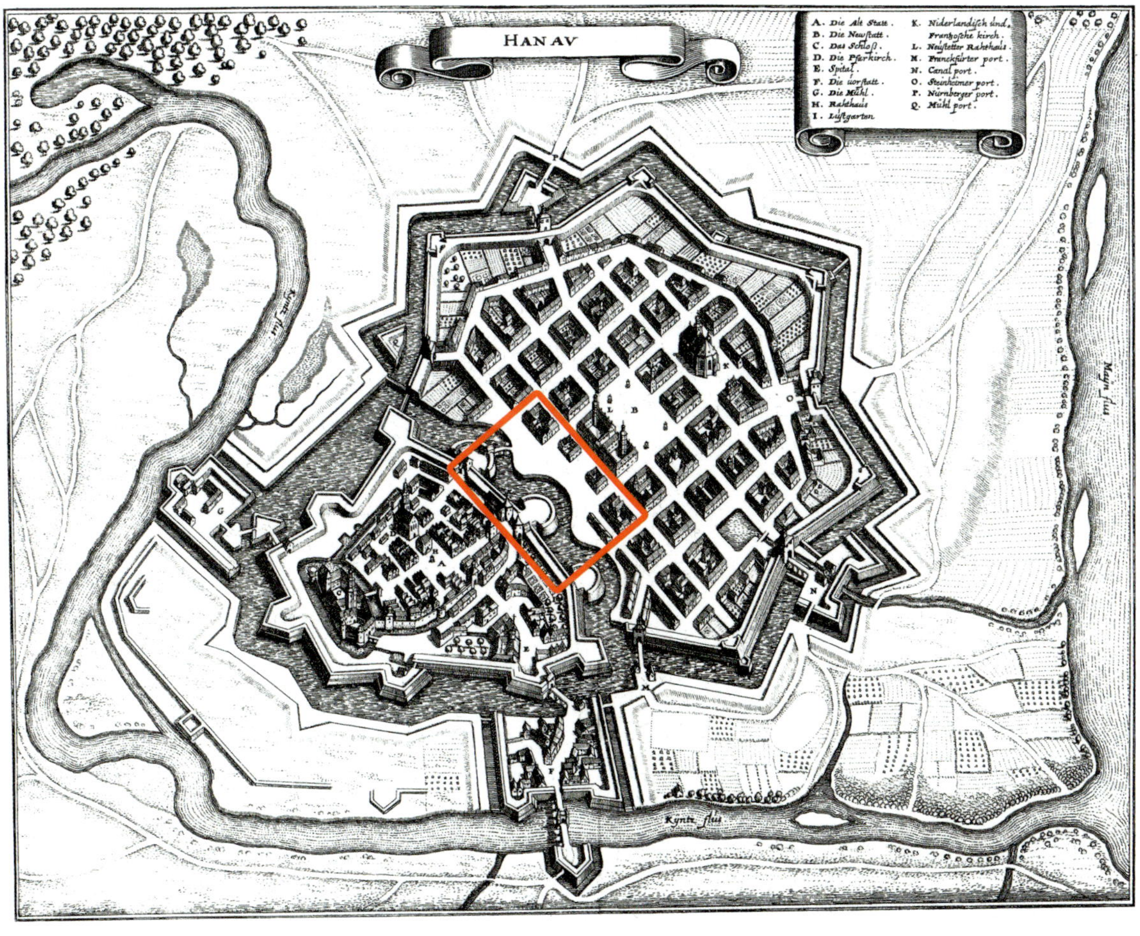

1 Hanauer Weidbesteck. Historischer Stadtplan von Hanau mit der eingezeichneten Untersuchungsfläche (roter Rahmen) (Plangrundlage: Matthaeus Merian, Topographia Hassiae et Regionum Vicinarum, Faks. nach der 2. Auflage 1655, neue Ausgabe, Kassel 1959, S. 82. Siehe auch http://cgi-host.uni-marburg.de/~hlgl/plaene/id.cgi?id=Merian_082_3 [Zugriff 19.08.2016]).

2 Hanauer Weidbesteck. Grabungsansicht der Rondellmauer mit Graben (Foto: F. Lorscheider, Fa. AAFL).

von einer ab 1528 errichteten Festungsanlage umgebenen Altstadt (Abb. 1). Die früher als „Esplanade“ sowie „Paradeplatz“ bezeichnete Freifläche bildete die Verbindung zu der ab 1597 erbauten Neustadt, in welcher sich calvinistische Glaubensflüchtlinge aus Frankreich und den Spanischen Niederlanden ansiedelten[3]. Die Hanauer Neustadt gilt mit ihrem streng geometrischen Straßenraster als älteste Planstadt im deutschsprachigen Raum. Aber erst mit der Niederlegung der trennenden Wallanlagen einschließlich der vorgelagerten Rondelle und der Verfüllung des Festungsgrabens zwischen 1768 und 1779 wurde hier eine zentrale Platzfläche zwischen den beiden Stadtteilen geschaffen[4]. Die in diesem Zuge geschleiften Festungsanlagen waren maßgeblich das Werk eines der führenden Festungsarchitekten seiner Zeit. Reinhard Graf zu Solms-Münzenberg (1491–1561) hatte das Kriegshandwerk im Gefolge Franz von Sickingens erlernt und avancierte in

3 Hanauer Weidbesteck. Profil durch die Rondellmauer und die Grabenverfüllung (linke Bildhälfte). Deutlich zu erkennen ist das dunkle Grabensediment unterhalb der Abbruchschicht (Foto: F. Lorscheider, Fa. AAFL).

der Folge nicht nur zum obersten kaiserlichen Feldmarschall und Rat, sondern war als gefragter Baumeister neben Hanau auch leitend an der Errichtung der Fortifikationen in Lich und Ingolstadt sowie beratend in Landshut, Friedberg, Königshofen, Forchheim und Dillenburg für verschiedene Auftraggeber tätig. Seine Kenntnisse der Festungsbaukunst legte er zudem als einer der frühesten deutschsprachigen Autoren in viel beachteten Schriften nieder[5]. Gerade die Befestigungen an der Südseite der Hanauer Altstadt ließen deutlich seine Handschrift erkennen. Drei halbrund vorspringende Bastionen (Rondelle) flankierten den Hauptwall, welchem ein durch Mauer (Escarpe) und Gegenmauer (Contre-Escarpe) gefasster breiter Graben vorgelagert war. Nachdem aber zwischenzeitlich durch die Befestigung der Neustadt während des frühen 17. Jahrhunderts eine verbesserte Anlage mit tenaillierten Wällen, Kavalieren und Ravelins der Gesamtstadt Schutz bot[6], entschloss sich Erbprinz Wilhelm (der spätere Landgraf Wilhelm IX. bzw. Kurfürst Wilhelm I.) von Hessen-Kassel 1767 durch Niederlegung der die Alt- und Neustadt trennenden Befestigungen und durch Verfüllung des Grabens (1779) seine Residenzstadt zu verschönern[7]. In der Folge wurden im Bereich der solcherart gewonnenen Freifläche ein Komödienhaus sowie das neue Zeughaus errichtet. Während des Zweiten Weltkrieges führte die Anlage von Splitterschutzgräben und Einmannbunkern zur Beseitigung weiterer Festungsreste.

Dennoch zeigte sich im Zuge der archäologischen Ausgrabungen die grabenseitige Mauer des zentral vorgelagerten Rondells der renaissancezeitlichen Wehranlage im Aufgehenden noch erstaunlich gut konserviert[8]. Über einer hölzernen Balkenrostgründung markierte ein etwa 2,1 m hohes Bruchsteinmauerwerk aus Basalt und rotem Sandstein wohl die Tiefe des vorgelagerten Grabens. Darüber waren noch zwei Lagen bossiertes Quadermauerwerk aus Basalt erhalten. Überraschend konnten an drei

Stellen auf Niveau der Abbruchkante im Mauerkern eingemörtelte Keramikbecher nachgewiesen werden, über deren statische, fortifikatorische oder superstitiöse Bedeutung nur spekuliert werden kann. Zudem offenbarte sich, dass der Mauerverlauf, anders als auf den historischen Plänen und Ansichten dargestellt, keine exakt halbrunde Form beschrieb, sondern polygonal verlief. Der Durchmesser des Rondells betrug etwa 82 m (Abb. 2). Beiderseits der Bastion konnte die Mauerfront der Kurtinen auf 110 m und 129 m Länge dokumentiert werden. Auch sie ruhten auf einer hölzernen Rostkonstruktion, auf deren Balken noch die Markierungen der Zimmerleute zu erkennen waren. Die Sockelzone der Mauer bestand wiederum aus Bruchsteinen unterschiedlich großer Basalte, über der ein architektonisches Band aus zwei Lagen roter Sandsteinquader im Bereich der nicht von den Bastionen verdeckten Frontmauern verlief. Die Breite des den Rondellen und Kurtinen vorgelagerten Wassergrabens betrug 30 m, allerdings war die Contre-Escarpe nur auf etwa 5 m Länge und noch 0,65 m hoch erhalten. Eine Holzgründung konnte unter ihr nicht beobachtet werden. Im Grabenbereich kam ein aus Basaltbruchstein mit randlichen Sandsteinquadern gemauertes Wehr von 2,3 m Breite zum Vorschein, welches das Annäherungshindernis in einzelne Segmente gegliedert und wohl in erster Linie der Regulierung des Wasserstandes gedient hatte. Parallel zur Rondellfront verlief eine etwa 1,5 m vorgelagerte Pfahlreihe mit hinterlegten Brettern und Flechtwerk. Die Verfüllung des Grabens bildeten mehrere Planierschichten aus rötlichem Sand und Kies, dazwischen lagen Bauschuttschichten aus reichlich Ziegelbruch, Mörtelresten und Bruchsteinen (Abb. 3). Auf der Grabensohle zeigte sich jedoch über den anstehenden Kiesen und Sanden eine bis zu 0,6 m mächtige, dunkelbraune bis schwarze Lehmschicht, welche von den Ausgräbern aufgrund ihrer Konsistenz sowie der Staunässe als „Faulschlamm“ angesprochen wurde. Das feuchte Milieu des Sedimentes begünstigte die Konservierung organischer Materialien, sodass neben den auch in den höheren Planierschichten auftretenden Keramik-, Glas- und Metallfunden hier darüber hinaus Holzlöffel sowie über fünfzig lederne Schuhsohlen geborgen werden konnten. Während die datierbaren Fundstücke aus den Planierschichten erwartungsgemäß eine zeitliche Einordnung in die zweite Hälfte des 18. Jahrhunderts aufzeigen, deutet sich nach einer ersten Sichtung des in der Sedimentschicht enthaltenen Materials eine etwas ältere Zeitstellung an.

Nicht unwesentlich für diese Datierung spricht ein anfangs nicht deutbares und schließlich als „Bauernwehr“ bezeichnetes Objekt (Abb. 4) aus dem Bereich direkt über der Grabensohle. Nach seiner restauratorischen Erstversorgung offenbarte es sich jedoch als dreiteiliges Weidbesteck, das noch in seiner metallverkleideten Lederscheide steckte[9]. Erst im Zuge der fachgerechten Restaurierung wurden die einzelnen Messer vorsichtig entnommen. Die unterschiedlichen verwendeten Materialien (Eisen, Geweih, Leder, Buntmetall) stellten den Restaurator dabei vor besondere Herausforderungen. So konnten die ledernen Bestandteile des Futterals nur in bescheidenem Umfang konserviert werden.

Das Weidbesteck setzt sich aus einem großen, einschneidigen Weidmesser sowie zwei kleineren Beimessern zusammen (Abb. 5). Wie bei solchen Bestecken üblich, fanden alle drei Schneidewerkzeuge in einer besonders gestalteten, festen Messerscheide ihren Platz. Das große eiserne Messer mit einer Gesamtlänge von 38,5 cm ist vollständig erhalten. Es handelt sich um ein Messer mit Heftkonstruktion; die Klinge geht, sich am Rücken etwas

4 Hanauer Weidbesteck. Das Besteck im Auffindungszustand (Foto: F. Lorscheider, Fa. AAFL).

5 Hanauer Weidbesteck. Das Besteck nach Abschluss der Restaurierungsarbeiten (Foto: B. Steinbring, hA).

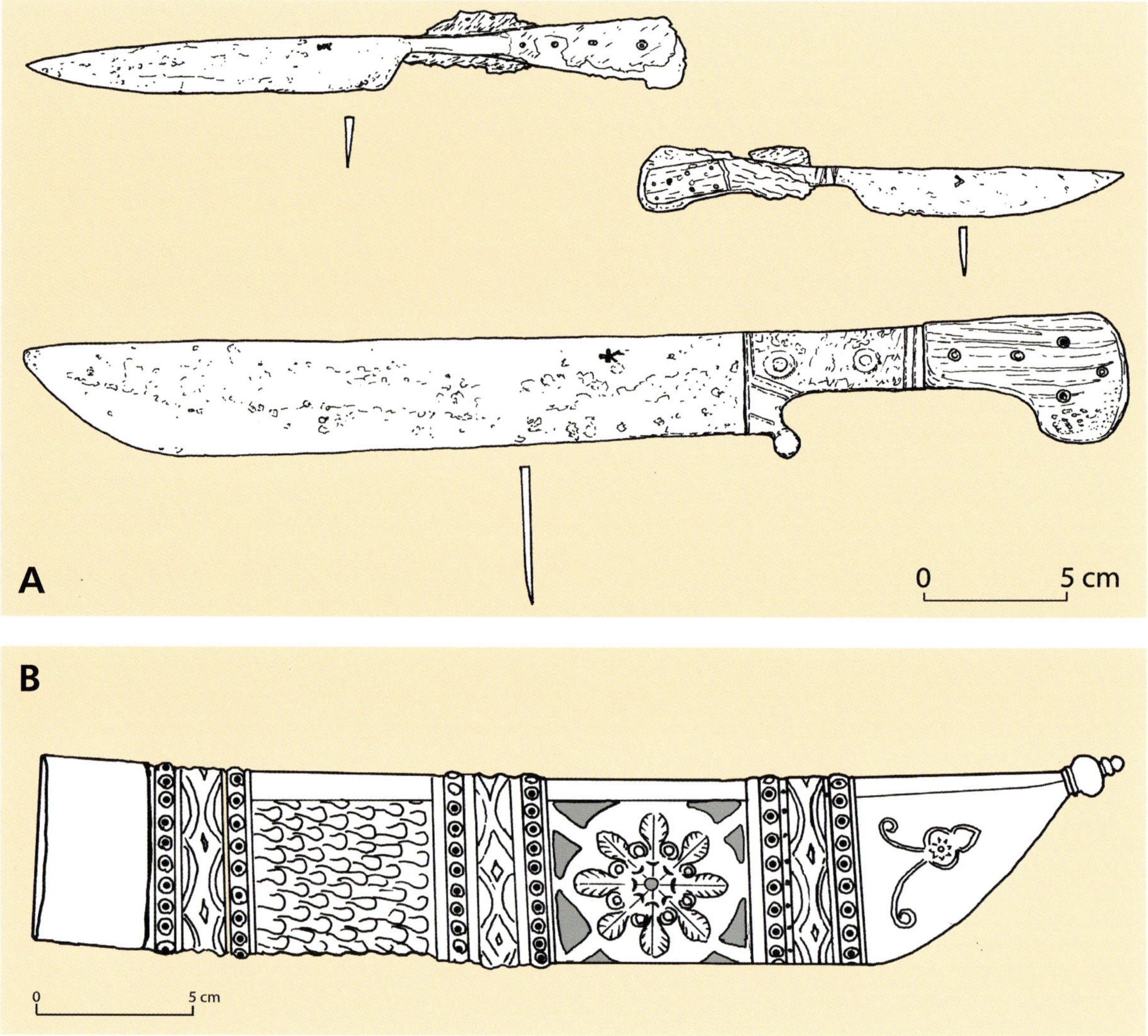

6 Hanauer Weidbesteck. (A) Die drei Messer sowie (B) die Rekonstruktion des Metallbeschlags der Lederscheide (Grafik: B. Steinbring, hA).

verbreiternd, in das Heft über. Der Klingenrücken bildet dabei eine Linie mit dem Heft. Die Klinge weist auf der reversen Seite im oberen Bereich eine eingeschlagene Klingenmarke in Form einer stilisierten Menschendarstellung auf. Der 13 cm messende Griffbereich ist, wie bei vielen Jagdwaffen üblich, in der zum Knaufende weisenden Hälfte mit Griffschalen aus stark gerieftem Geweih versehen. Beide Schalen sind mit vier durchgehenden Nieten verbunden. Die charakteristischen großen Nietköpfe liegen auf der „Schauseite" der Waffe. Der Heftkopf, das Knaufende der Waffe, ist deutlich verbreitert, sodass sich in Kombination mit einem Fingerschutz am Übergang zur Klinge eine regelrechte Griffmulde ergibt. Das Heft liegt dadurch deutlich besser und sicherer in der Hand und schützt vor Abrutschen, gerade bei einer Verwendung des Messers als Haumesser. Die zur Klinge weisende Griffhälfte wird von zwei eisernen Griffplatten gebildet, die mit zwei kräftigen Nietungen unmittelbar auf das Heft aufgebracht und mit mehreren eingravierten Linienbündeln verziert sind. Auf der „Schauseite" des in der Scheide befindlichen Messers endet der vordere Niet einseitig in einem rechtwinklig ausgerichteten, außen sechskantigen, innen aber glatt rund gestalteten Ring („Parierring"). Die beiden eisernen Griffplatten gestalten auch den Übergang zur Klinge, da sie den Bart, das griffseitige Klingenende, einfassen und dadurch verstärken. Wie bei neuzeitlichen Bajonetten weist dieses Messer keine Parierstange im engeren Sinn auf, sondern nur einen einseitig ausgezogenen, kleinen, scheibenförmigen Fingerschutz, der den Zeigefinger des Benutzers vor dem Kontakt mit der anschließenden etwa 25 cm langen Schneide schützt. Die Klinge hat einen gleichbleibenden Querschnitt bei einer maximalen Stärke von etwas über 4 mm. Die Schneide wurde lediglich einseitig und zwar an der Seite mit dem Parierring angeschliffen. Einige Kerben und Ungleichmäßigkeiten belegen, dass dieses Messer durchaus in Gebrauch war. Die Schneide verläuft nahezu parallel zum Klingenrücken und zieht erst im letzten Viertel der Klingenlänge zu ihrer Spitze hoch.

Das Beimesser 1 hat eine Gesamtlänge von 23 cm, die Schneidenlänge beträgt 12,5 cm. Klingenrücken und Schneide verlaufen in den ersten beiden Dritteln der Klingenlänge parallel zueinander; die Klinge verjüngt sich dann im letzten Drittel zunehmend. Auf einer Seite weist sie eine schlüsselförmige Klingenmarke auf. Es handelt sich um ein Messer mit Heftkonstruktion und geschmiedeter Basisverstärkung. Die Anschlüsse der Basisverstärkung an die Griffschalen sind weich gerundet, wie bei zahlreichen derartigen Messern üblich. Eine vertikale Linie am Übergang zu den Griffschalen ist offenbar das einzige Zierelement am Messer. Einseitig hat sich ein Teil der (individuellen) ledernen Scheide erhalten. Das Heft ist zum Griffende hin dünner ausgeschmiedet. Die nicht mehr vorhandenen, wahrscheinlich aus Holz gearbeiteten Griffschalen waren mit einem starken Nietstift und drei dünneren Nietstiften befestigt gewesen. Wie bei dem großen Messer war der nur noch rudimentär erhaltene Heftkopf verbreitert.

Die Klingenform des kleineren, 17 cm langen Beimessers 2 weicht von der des zuvor beschriebenen Exemplars ab; der Klingenrücken bildet eine Linie mit dem Heft und die Schneide schwingt in einem gleichbleibenden Bogen vom gerundeten Bart bis zur Klingenspitze. Auch hier liegt ein Messer mit Heftkonstruktion und geschmiedeter Basisverstärkung vor. Der Bereich des Übergangs zu den Griffschalen ist mit drei Linien verziert. Als Klingenmarke erscheint einseitig ein v-förmiger Winkel. An diesem Messer haben sich, im Gegensatz zum größeren Beimesser, Teile der Griffbeläge erhalten. Die aus Holz gefertigten und wohl mit vier Nieten verbundenen Griffschalen waren mit einer größeren Zahl kleinerer Scheinnieten in geometrischer Anordnung an der Griffangel fixiert.

Die 28 cm lange, im Mundbereich 5 cm breite Scheide besteht aus Eisenblech und war ursprünglich mit Leder gefüttert (Abb. 6). Ihr Umriss folgt der Klingenform des großen Weidmessers; die gerade Scheidenseite, an welcher der Klingenrücken anlag, endet in einem schräg angesetzten, mehrfach profilierten Endknopf. Die Außenseite der Lederscheide ist durch ein gewalztes Eisenblech gefasst, welches offenbar am Stoß entlang der Schneidenseite mit einem Buntmetall (Kupfer?) zusammengelötet wurde. Von der Lederauskleidung haben sich stellenweise deutliche Reste erhalten. Sehr wahrscheinlich steckten die Klingen der drei einzelnen Messer jeweils in separaten ledernen Innenscheiden. Dies belegen neben Aufnahmen des Auffindungszustandes auch Umfang und Querschnitt der Scheide. Das große Messer muss dabei fast ohne Spiel unmittelbar an der Scheidenrückseite angelegen haben. Da die Scheide auf ihrer Rückseite im Bereich des Klingenrückens einen nahezu geraden Abschluss im Eisenblech zeigt, ist anzunehmen, dass sie hier nur in ihrem oberen und unteren Bereich eingefasst war. Als Tragevorrichtung ist etwa 1 cm unterhalb des Scheidenmundes ein massiver x-förmiger Riemenhalter aufgelötet (Abb. 7). Er besteht aus 3 mm starkem Eisendraht und ließ den Durchzug von maximal 30 mm breiten und 4 mm starken Riemen zu. An den Riemenhalter ist der Beschlag einer eisernen Riemenschnalle ankorrodiert, deren D-förmiger Rahmen einen bis zu 16 mm breiten Riemen aufnehmen konnte. Der unverzierte rechteckige Schnallenbeschlag besteht aus einem 14 mm breiten Blechstreifen mit gerundeten Ecken, der um die Dornachse des Rahmens gebogen und einfach vernietet wurde. Die leicht zur Seite verschobene Nietung sowie die Aussparung für den Schnallendorn lassen für den nicht erhaltenen Tragegurt eine weniger qualitätvolle Ausführung vermuten.

7 Hanauer Weidbesteck. Rückseite der Scheide sowie Detail der Aufhängung mit ankorrodiertem Schnallenbeschlag (Foto: B. Steinbring, hA).

Die Schauseite der Messerscheide ist reich in Pressblechtechnik verziert. Auf die etwa dreieckige Ortzone ist eine stilisierte Eichel graviert, aus deren oberem Abschluss zwei einfache Ranken erwachsen. Direkt darüber folgt die erste von drei gleichartig profilierten und waagrecht umlaufenden Zonen. Diese bestehen jeweils aus einem etwa 10 mm breiten zentralen Band mit alternierenden Rautenfeldern, welches – durch Hohlkehlen abgesetzt – oben und unten von etwa 5 mm breiten Buckelbändern flankiert wird. Aufgrund starken Abriebs deutet sich lediglich rudimentär an, dass die Rauten ursprünglich kerbschnittartig mit einer stilisierten Tierkopfdarstellung (Löwenkopf?) im Inneren gestaltet waren. Zwischen unterer und mittlerer Profilzone erscheint ein rechteckiges, durchbrochen gearbeitetes Dekorfeld. Zentrales Motiv ist hier ein Blütenstern mit acht radial angeordneten Blättern innerhalb eines wohl Blattwerk stilisierenden Ringes. Dieser Dekor hob sich ursprünglich gegenüber dem darunterliegenden und in den Durchbrüchen sichtbaren, wahrscheinlich gefärbten Leder der Scheide deutlich ab. Zur Scheidenmündung hin folgt zwischen mittlerem und oberem Profilband ein weiteres rechteckiges Dekorfeld der gleichen Größe. Es zeigt einen Rapport aus schuppenartig gegeneinander versetzt angeordneten und im Umriss tropfenförmigen Buckeln. Zur Mündung hin wird auch dieses flächige Dekorfeld durch eine profilierte Zone begrenzt, deren Abschluss möglicherweise bereits die Stoßkante der separaten Scheiden für die beiden Beimesser bildete. Es ist anzunehmen, dass die Scheide direkt unterhalb der Mündung in ihrem wahrscheinlich unverzierten Metallbeschlag von 20 mm Höhe nur zur Aufnahme des großen Messers konzipiert war. Der sehr fragmentarische Zustand des Scheidenbeschlags sowie die fehlende Ledererhaltung im Mundbereich lassen diesbezüglich leider keine eindeutige Aussage mehr zu.

Neben dem langen Weidmesser (regional auch als „Plötze“ oder „Praxe“/„Brachse“ bezeichnet) vervollständigen somit zwei unterschiedlich lange Beimesser das Zerlegeset. Die zahlreich in fürstlichen Sammlungen und im Kunsthandel erhaltenen Weidbestecke der frühen Neuzeit führen zumeist nur ein Beimesser, assoziiert mit einer Gabel oder einem pfriemartigen Werkzeug. Neben den unterschiedlichen Belägen und Konstruktionsweisen der Griffe zeigen aber auch die unterschiedlichen Klingenmarken auf, dass das Besteck vom Freiheitsplatz nicht mehr in seiner ursprünglichen Zusammensetzung erhalten ist. Während das schwere, nur zum Hieb geeignete Weidmesser zum Zerlegen des Wildes, Ausschlagen des Gehörns oder auch Freischlagen von Pürschpfaden und Ansitzen Verwendung fand, dienten die Besteckmesser als Aufbruch- und Zerwirkmesser. Die Jagdbestecke wurden vornehmlich von den Jagdbediensteten geführt, welche das erlegte Wild aufzubrechen und auszulösen hatten[10]. Im Unterschied zum Jagdschwert oder Hirschfänger wurden sie auf der rechten Körperseite getragen. Hirschfänger und Jagdbesteck zeichneten seit dem Ende des Mittelalters den standesherrlichen wie angestellten Jäger aus. Während in der Bildenden Kunst bis ins 15. Jahrhundert der Jäger auf Tafelmalereien wie Miniaturen als charakteristisches Attribut neben dem Jagdschwert ein umgehängtes Jagdhorn trug, begegneten ab dem mittleren Jahrhundertdrittel erstmalig Abbildungen mit Jagdbesteck. So zeigen wohl als früheste Darstellungen das Fresko des hl. Eustachius in St. Stephan in Obermontani (bei Morter, Südtirol) aus der Zeit um 1430/40 sowie der Kreuzaltar der Augustiner-Stiftskirche in Polling (Lkr. Weilheim-Schongau) von 1444 neben dem Horn zusätzlich ein rechtsseitig getragenes Weidbesteck[11]. Allerdings lassen diese frühen Bildzeugnisse, zu denen auch das Attribut des auf dem Marienaltar der Schlosskirche in Wittenberg, Lkr. Wittenberg, (um 1510) dargestellten Apostels Bartholomäus zu zählen ist[12], noch keine Scheidenbeschläge aus Metall erkennen. Letztere kamen nach Bildquellen – wie die bekannten Gemälde der Hofjagden des sächsischen Kurfürsten von der Hand Lucas Cranachs d. Ä. – erst ab den 1540er-Jahren allgemein in Mode[13]. Die gestiegene Bedeutung der Jagd als höfisches Freizeitvergnügen und adliges Repräsentationsmedium kam dann vornehmlich im 17. Jahrhundert durch immer zahlreichere Darstellungen zum Ausdruck. So lassen sich metallbeschlagene Jagdbestecke auf intarsienverzierten Vertäfelungen[14] ebenso identifizieren wie auf Stillleben, welche eigens und einzig zur Abbildung des herrschaftlichen Jagdgerätes in Auftrag gegeben wurden[15]. Gerade diese Sujetdarstellungen lassen erkennen, dass die Metallbeschläge im Laufe des 17. Jahrhunderts zunehmend umfangreicher wurden und die Lederscheide fast vollständig umkleideten[16].

Auch durch die Betrachtung der zumeist in ehemals fürstlichen Sammlungen überlieferten historischen Originale bestätigt sich dieses Entwicklungsschema. Generell kamen Blankwaffen mit Heftkonstruktion erst im späten Mittelalter auf und bildeten in der frühen Neuzeit das durchgängig gebräuchliche Konstruktionsprinzip[17]. Hierbei variieren im Verlauf der zeitlichen Entwicklung hinsichtlich der Griffgestaltung vornehmlich die verwendeten Materialien sowie die Ausprägung der Parierstange. So finden sich dem Weidmesser vom Freiheitsplatz durchaus ähnliche Exemplare mit einseitig verbreiterter Parierstange, lotrecht aufgesetztem Parierring und nur teilweiser Belegung des Griffes mit Geweih- oder Hornplatten, welche einen tierkopfartig gestalteten Knaufumriss sowie zumindest schauseitig große Nietköpfe zeigen. Im Auftrag des sächsischen Kurfürsten Christian II. fertigte etwa Gabriel Gipfel 1607 und 1608 Jagdgarnituren mit Hirschfänger und Weidbesteck, deren Weidmesser die genannten Konstruktionselemente aufweisen[18]. Gleiches gilt für Jagdmesser der Herzöge Johann Casimir (1564–1633) und Ernst den Frommen (1601–1675), welche in den Kunstsammlungen der Veste Coburg verwahrt werden[19]. Aber auch ein schlichter gehaltenes und daher dem Hanauer Messer besser entsprechendes Vergleichsexemplar aus der Sammlung des Deutschen Historischen Museums in Berlin wird in die Zeit um 1600 datiert[20]. Eines der jüngsten Weidmesser mit den genannten Charakteristika der Griffgestaltung gehört zu einem Besteck von 1662[21]. Als Datierungsspielraum für die Entstehung von Messer und sicherlich auch Scheide unseres Hanauer Jagdbestecks ergeben sich demnach das erste und zweite Drittel des 17. Jahrhunderts. Zum Kennzeichen fast aller hier aufgeführten Beispiele gehört an der metallverkleideten Scheide zwar auch ein schräg gestellter Ortknopf, doch findet sich dieses Gestaltungselement auch an Futteralen des 16. und 18. Jahrhunderts. Während einfache Ausführungen mit schlichter Lederscheide als sog. Fuhrmannsbesteck noch im 19. Jahrhundert gebräuchlich blieben, endete die Mode metallverkleideter Besteckscheiden kurz nach 1800[22].

Scharten und Kerben an der Klinge sowie die an den unterschiedlichen Klingenmarken der drei Messer (Abb. 8) ersichtliche, nicht mehr originale Zusammensetzung des Bestecks vom Freiheitsplatz deuten auf eine längere Verwendung derselben. Aufgrund der Beifunde aus dem Grabensediment kann als Zeitraum für die Niederlegung zwar nur allgemein das fortgeschrittene 17. Jahrhundert angegeben werden, doch bot etwa das wechselvolle Geschick Hanaus während des Dreißigjährigen Krieges, welches ja auch in Grimmelshausens „Simplicissimus“ seinen literarischen Niederschlag gefunden hat, ein mehr als denkbares Szenario, in dessen Kontext das Weidbesteck in den Graben gelangt sein könnte[23].

Das Jagdbesteck vom Hanauer Freiheitsplatz illustriert aber zugleich auch einen gesellschaftspolitischen Wandel, der mit der Aneignung des Jagdregals durch die Landesherren im Zuge der Territorialisierung im 15. Jahrhundert zur Herausbildung eines neuen Berufsstandes, dem des herrschaftlichen Jägers, führte. Hirschfänger und Weidbesteck wurden zum uniformen Standesab-

8 Hanauer Weidbesteck. Klingenmarken der drei Messer. Beimesser 1 (links), Beimesser 2 (Mitte), Weidmesser (rechts) (Fotos: B. Steinbring, hA)

zeichen des jungen Berufes, der mit einer Spezialisierung der Jagdwaffen und -gerätschaften einherging. Auch entwickelte sich die Weidmannssprache zur umfangreichsten berufsbedingten deutschen Sondersprache mit etwa 6.000 eigenen Begrifflichkeiten. Zwar liegen die Anfänge des Jagdberufes bereits im späten Mittelalter[24], doch mit der weitgehenden Monopolisierung des Jagdrechtes durch die Landesherrschaft wurde das im Verlauf des Mittelalters aus dem Forst- und Wildbann entwickelte Jagdregal seit der frühen Neuzeit mit einer stetig zunehmenden Anzahl von Jagdverordnungen gefestigt und gegen jegliche Jagdausübung Nichtprivilegierter abgesichert[25]. Die bäuerlichen Untertanen sowie der Niederadel verloren nicht nur ihr traditionelles Jagdrecht auf eigenem Grund und Boden, wie es noch in den Rechtssammlungen des 13. Jahrhunderts (Sachsenspiegel, Schwabenspiegel) festgehalten worden war, sondern hatten mit Wildschäden, Tierhaltungsbeschränkungen und Jagdfronen zudem die weitreichenden Folgen der herrschaftlichen Jagd zu tragen. Die damit einhergehenden Beschränkungen, etwa durch das Verbot allzu spitze Zäune oder Pfähle zum Schutze der landwirtschaftlichen Nutzflächen anzulegen, damit das Wild sich nicht verletze, oder das Verbot der Rinder- und Pferdeweide auf besonders geeigneten Flächen, damit das Wild dort seine Ruhe habe und das Gebot, entsprechendes Heu ausschließlich für die Wildfütterung zu verwenden, führten zu Beginn der frühen Neuzeit zu zahlreichen Beschwerden und sozialen Unruhen[26]. In Bundschuh-Bewegung und Bauernkrieg war die Befreiung von diesen Lasten immer wieder eine zentrale Forderung[27]. Mit dem Scheitern dieser Erhebungen wurden die folgenden Jahrhunderte vollends zur Periode der höfischen Jagd. Dabei genoss der herrschaftliche Jäger, welcher die rigiden Belastungen gegenüber der breiten Bevölkerung durchzusetzen und zu überwachen hatte, zunehmend geringere Wertschätzung. Wurde der Teufel im Mittelalter durchgängig noch mit tierischen Attributen beschrieben, so wurde er nunmehr „ein Jäger genennt", der sich entsprechend „gern in grünen Kleidern sehen lasse"[28]. In Grimmelshausens Simplicissimus bezeichnet sich Simplicius in der Episode als Jäger von Soest als „Teuffel", der seine Gehilfen, die „Teuffels-Larven", mit einem „Teuffels-Kleid" ausstatte, dem grünen Rock des Jägers[29]. Der negativen Wahrnehmung des Berufsstandes stand aber eine zunehmende Privilegierung seitens der Landeshoheit gegenüber. Auch bei der Einberufung zum Kriegsdienst nahmen die gelernten Jäger eine privilegierte Stellung ein, was in deren Zusammenfassung zu homogenen Einheiten zum Ausdruck kam. Hierbei galten gerade die „Hanauer Jäger", welche bereits 1631 als älteste Jägertruppe im deutschen Sprachraum Erwähnung fanden, als Eliteverband im Dienste des hessischen Landgrafen. Während des 18. Jahrhunderts gelangten sie durch Einsätze in Europa und in Übersee zu bemerkenswerter Berühmtheit. Sicherlich gehörte das Weidbesteck vom Freiheitsplatz zur Ausstattung eines frühen Angehörigen der „Hanauer Jäger". Erst mit der Aufhebung des Jagdregals 1848 wurden Hirschfänger und Weidbesteck als gesunkenes Kulturgut in der bürgerlichen Nachahmung adeliger Jagdsitten zum weidmännischen Allgemeingut. Nach Wilhelm Heinrich Riehl, der sich gleich dem Jubilar zeitweise im Biebricher Schloss aufhielt und als Generalkonservator der Kunstdenkmäler und Altertümer in München 1885 einer der frühesten Amtsvorgänger Egon Schallmayers wurde, war die Periode des herrschaftlichen Jagdwesens eine der Ursachen, dass 1847/48 in Nassau und anderswo dem „[…] armen Bauersmann die ersten liberalen Ideen eingepflanzt wurden"[30]. Die Koinzidenz der Verbreitung liberaler Ideen und des Wirkens Egon Schallmayers als Landesarchäologe von Hessen bedarf hier wohl keiner gesonderten Darstellung.

Anmerkungen

1 Ch. Meiborg, Mittelalter- und Neuzeitarchäologie in Hessen – neue Ergebnisse zu Städten, Klöstern, Kirchen, Burgen, Schlössern und Festungen. In: E. Schallmayer (Hrsg.), Neustart. Hessische Landesarchäologie 2001–2011. Konzeption – Themen – Perspektiven. Hessen-Arch., Sonderbd. 2 (Stuttgart 2012) 231–243.

2 Vorberichte: S. Jäger/S. Küppers/F. Lorscheider/G. M. Schwitalla, Historische Grundlagen zu den Ausgrabungen 2012/13 auf dem Freiheitsplatz in Hanau. Hessen-Arch. 2013 (2014) 177–180. – Dies., Spätmittelalterliche Befunde der Stadtbefestigung unter dem Freiheitsplatz in Hanau. Hessen-Arch. 2013 (2014) 186–189. – Dies., Befunde der renaissancezeitlichen Festung unter dem Freiheitsplatz in Hanau. Hessen-Arch. 2013 (2014) 189–193.

3 H. Bott, Gründung und Anfänge der Neustadt Hanau 1596–1620. I. Die Gründung der Neustadt Hanau 1596–1601 Hanauer Geschbl. 22, 1970. – Ders., Gründung und Anfänge der Neustadt Hanau 1596–1620. II. Die Anfänge der Neustadt Hanau 1602–1620. Hanauer Geschbl. 23, 1971.

4 G. Bott, Graf Friedrich Casimir von Hanau-Lichtenberg und Erbprinz Wilhelm IX. von Hessen-Kassel als Bauherren in der Altstadt Hanau – Gedanken zum Freiheitsplatz. Neues Magazin Hanauische Gesch. 2005, 23–40 bes. 34 ff.

5 Zur Bedeutung Reinhards als Festungsarchitekt und Autor: O. Karnau, Reinhard Graf zu Solms. In: H. Günther, Deutsche Architekturtheorie zwischen Gotik und Renaissance (Darmstadt 1988) 194–205.

6 M. Müller, Bau und Bedeutung der Festung Hanau im Dreißigjährigen Krieg. Hanauer Geschbl. 45, 2011, 93–121.

7 C. Krumm (Bearb.), Stadt Hanau. Denkmaltopographie Bundesrepublik Deutschland – Kulturdenkmäler in Hessen (Wiesbaden 2006) 90.

8 Hier wie im Folgenden: S. Jäger/F. Lorscheider, Bericht zur archäologischen Untersuchung auf dem Freiheitsplatz in Hanau. EV-Nr. 2012/34 (Bericht im Berichtsarchiv der hA, LfDH Wiesbaden). – Jäger/Küppers/ Lorscheider/Schwitalla (Anm. 2: Renaissance) 189–193.

9 Restaurierung durch M. Stotz im Auftrag der Firma AAFL Frank Lorscheider.

10 J. Bäumel, Jagdblankwaffen in der kurfürstlich-sächsischen Rüstkammer. In: H. Hauger/H.-Ch. Täubrich (Red.), Vom Jagen. Begleitband zur Ausstellung „Vom Jagen" (29. Mai bis 30. August 1992) im Schloss Moritzburg (Nürnberg 1992) 47–53; 50. – G. Quaas, Die Geschichte der Jagdwaffen im Berliner Zeughaus. In: G. Quaas (Hrsg.), Hofjagd. Aus den Sammlungen des Deutschen Historischen Museums (Wolfratshausen 2002) 29–63; 40 f.

11 St. Stephan in Obermontani, Morter, Gem. Latsch, nach: http://tarvos.imareal.oeaw.ac.at/server/images/7004556.JPG (Zugriff: 24.10.2016) – Darstellung der Tassilo-Legende auf der Innenseite der beiden Altarflügel des Kreuzaltares der Augustiner-Stiftskirche in Polling, heute Alte Pinakothek München: https://de.wikipedia.org/wiki/Meister_der_Pollinger_Tafeln#/media/File:Meister_der_Pollinger_Tafeln_002.jpg (Zugriff: 24.10.2016). – R. an der Heiden, Die Alte Pinakothek. Sammlungsgeschichte, Bau und Bilder (München 1998) 528 mit Abb., Inv.-Nr. 1368 u. 1369. – I. S. Hoffmann, Der Meister der Pollinger Tafeln. Wege der Erneuerung in der bayerischen Malerei des mittleren 15. Jahrhunderts (Weimar 2007).

12 A. M. Bonnet/G. Kopp-Schmidt, Die Malerei der Deutschen Renaissance (München 2010) 156 ff. mit Abb. auf S. 159.

13 E. Kluth, Lucas Cranach d. Ä. im Dienst von Hof und Diplomatie. In: H. Marx/E. Kluth (Hrsg.), Glaube & Macht. Sachsen im Europa der Reformationszeit [Ausstellungskat. Torgau] (Dresden 2004) 147–164; 158 f. Abb. 218–219.

14 S. Nielius, Die Hornstube von 1632 als Jagdintarsienzimmer von 1825–1840 in den Kunstsammlungen der Veste Coburg (Coburg 2002) z. B. Abb. 130; 138–139; 192.

15 Als besonders eindrucksvolles Beispiel kann auf Schloss Friedrichstein das Stillleben mit den persönlichen Jagdgerätschaften des Landgrafen Karl angesehen werden, das 1675 von Franz de Hamilton angefertigt wurde: G. J. M. Weber, Stilleben alter Meister in der Kasseler Gemäldegalerie (Melsungen 1989) 43 Kat.-Nr. 46. – Abbildung online unter http://altemeister.museum-kassel.de/32753/ (Zugriff: 24.10.2016).

16 So etwa auf dem 1670 angefertigten Stillleben „Jagdgerät an einer Wand" von Cornelis Norbertus Gysbrechts (um 1610–1675), Statens Museum for Kunst Kopenhagen, Inv.-Nr. 3065.

17 H. Westphal, Messerfunde des Paderborner Stadtgebiets zwischen 1949 und 2002. In: S. Spiong/M. Wemhoff (Hrsg.) unter Mitarbeit von A. Löw, Scherben der Vergangenheit. Neue Ergebnisse der Stadtarchäologie in Paderborn. Mittelalterstud. 8 (München 2006) 139.

18 B. Thomas/O. Gamber/H. Schedelmann, Die schönsten Waffen und Rüstungen aus europäischen und amerikanischen Sammlungen (Wiesbaden 1968) Kat.-Nr. 66. – Staatliche Kunstsammlungen Dresden, Inv.-Nr. X 0144 d.02. Abbildung: http://skd-online-collection.skd.museum/de/contents/showArtist?id=506205 (Zugriff: 24.10.2016).

19 P. Lehfeldt/G. Voss (Bearb.), Die Veste Coburg. Bau- und Kunstdenkmäler Thüringens 33: Herzogthum Sachsen-Coburg und Gotha. Landrathsamt Coburg (Jena 1907) 588 mit Abb. auf S. 587; 589.

20 Quaas (Anm. 10) 70 mit Abb. Kat.-Nr. 13.

21 Hauger/Täubrich (Anm. 10) Abb. S. 94. – Objektverzeichnis zur Ausstellung „Vom Jagen" im Museum Schloss Moritzburg vom 29.5.–30.8.1992, 34 f. Kat.-Nr. VII/23.

22 Noch in dieser Zeit galt ein Jagdbesteck mit metallverkleideter Scheide als Meisterstück der Messerschmiedekunst. – J. K. G. Jacobsons technologisches Wörterbuch oder alphabetische Erklärung aller nützlichen mechanischen Künste, Manufakturen, Fabriken und Handwerker, wie auch der dabey vorkommenden Arbeiten, Instrumente, Werkzeuge und Kunstwörter nach ihrer Beschaffenheit und wahrem Gebrauche, fortgesetzt von G. E. Rosenthal, Bd. 8 (Berlin, Stettin 1795) 168: „Weidmesser, (Langmesserschmidt.) Es ist das Meisterstück desselben. Das ganze Messer ist von Eisen, und der Griff desselben muß nach dem Gebrauche dieser Profession erhabene Figuren haben; auch muß die Scheide mit Eisen überzogen seyn, welche gleichfalls erhabene Figuren enthält."

23 M. Müller, Bau und Bedeutung der Festung Hanau im Dreißigjährigen Krieg. Hanauer Geschbl. 45, 2011, 93–122. – Zu Grimmelshausens Darstellung: S. Grünewald, Grimmelshausen und sein Simplicissimus im Kinzigtal. Der Weg einer weltberühmten Romanfigur durch unsere Heimat. Hanauer Geschbl. 45, 2011, 135–150.

24 So schreibt etwa das „Büdinger Waldweistum" 1380 die Unterhaltung eines Forstmeisters sowie von zwölf reitenden Förstern vor, welche zur Jagd u. a. mit Armbrüsten auszurüsten seien. Nach: W. Rösener, Forst- und Wildbannrechte als Herrschaftsinstrumente im Mittelalter: Der Reichsforst Dreieich und der Büdinger Reichswald. Siedlungsforsch.: Arch. – Gesch. – Geogr. 32, 2015, 225–238; 235.

25 Hier wie im Folgenden: H. Hiller, Jäger und Jagd. Zur Entwicklung des Jagdwesens in Deutschland zwischen 1848 und 1914. Kieler Stud. Volkskde. u. Kulturgesch. 2 (Münster 2003). – W. Rösener, Die Geschichte der Jagd. Kultur, Gesellschaft und Jagdwesen im Wandel der Zeit (Düsseldorf 2004). – B. Seemann, Die Geschichte der Jagd im Mittelalter (Norderstedt 2009).

26 W. Konold, Die Prägung mitteleuropäischer Kulturlandschaften durch jagdliche Nutzung. Siedlungsforsch.: Arch. – Gesch. – Geogr. 32, 2015, 39–95 bes. 47 f. 48 f. 62 f.

27 Hierzu grundlegend: H. W. Eckardt, Herrschaftliche Jagd, bäuerliche Not und bürgerliche Kritik. Zur Geschichte der fürstlichen und adligen Jagdprivilegien vornehmlich im südwestdeutschen Raum. Veröff. Max-Planck-Inst. Gesch. 48 (Göttingen 1976).

28 M. Bergengruen, Nachfolge Christi – Nachahmung der Natur. Himmlische und Natürliche Magie bei Paracelsus, im Paracelsismus und in der Barockliteratur (Scheffler, Zesen, Grimmelshausen). Paradeigmata 26 (Hamburg 2007) 253 f.

29 Ders., Macht der Phantasie/Gewalt im Staat. Zur diskursiven Verdopplung des Teufels in Grimmelshausens *Simplicissimus*. Simpliciana. Schr. Grimmelshausen-Ges. 24, 2004, 141–162; 148.

30 W. H. Riehl, Nassauische Chronik des Jahres 1848 (Wiesbaden 1849) 1. – Riehl wurde 1823 als Sohn des herzoglich-nassauischen Schlossverwalters in Biebrich geboren und 1885 Direktor des Bayerischen Nationalmuseums und Generalkonservator der Kunstdenkmäler und Altertümer Bayerns.

485 Pferdestärken aus Ober-Roden

Oder: der *terminus post quem* der Fundschicht über Planum 1 in Fläche 1, Ausgrabung Kirchgarten 1993 in Rödermark–Ober-Roden (Lkr. Offenbach)

Eveline Grönke (mit einem Exkurs von Angelika Ulbrich)

„Der wichtigste Erfolg ist jener, der kommen muss.“
Enzo Ferrari

„Erfolgreiche Menschen sind erfolgreich, weil sie das tun, was andere Menschen nicht tun.“
Henry Ford II.

Von 1985 bis 1994 hat der hier mit einer Festschrift geehrte Egon Schallmayer in seinem Heimatort Ober-Roden umfangreiche archäologische Ausgrabungen im Ortskern durchgeführt und damit erstmals vor- und frühgeschichtliche sowie neuzeitliche Zeugnisse eines Altortes im Rhein-Main-Gebiet wissenschaftlich gesichert[1]. Schriftlich ist seine Verbundenheit zum Geburtsort durch Publikationen zur Geschichte Ober-Rodens dokumentiert. Hier sind insbesondere die Ortschronik und vor allem die umfassende Aufarbeitung der Historie des Ortes im Dritten Reich zu nennen[2].

Um dieses Heimatgefühl in einem Beitrag zur Festschrift zu berücksichtigen, fiel der Verf. daher sogleich ein Fundstück – eine spätmittelalterliche Kruselerfigur[3] – aus den genannten Grabungen ein, das ihr Schallmayer bereits vor langer Zeit zur Publikation angeboten hatte. Bereits damals betonte er, dass sich die Figur in einer der zahlreichen Oberröder Fundkisten verberge. Die Festschrift schien nun eine gute Gelegenheit zu bieten, die kleine Spielzeugfigur erstmals vorzulegen.

Auf die 2015 schließlich erneut gestellte Frage, bei welcher Grabung die Figur am ehesten zutage gekommen sein könnte, antwortete Schallmayer, ohne den Hintergrund des Festschriftbeitrages zu kennen, in einer Email vom 02.04.2015: „Die ist meiner Meinung nach bei den Grabungen am Katholischen Kindergarten oder in der Dieburger Straße 7–11 herausgekommen, eher nicht bei den Grabungen am Zehnthof.“

Ah ja! Da 2014 sämtliche 287 Fundkisten der Grabungen Schallmayers in die Garage des sog. Jägerhauses[4] in Rödermark (Abb. 1) gebracht worden waren, konnte die Verf. im Mai 2015 an zwei Tagen alle 65 diesbezüglichen, bislang unbearbeiteten Fundkisten[5] mit z. T. schwerstem Inhalt ausleeren und durchsehen, allerdings ohne auf das Kruselerfigürchen zu stoßen. Die Publikation der kleinen Tonfigur muss daher noch warten, bis das Objekt bei einer Bearbeitung der Grabungen wieder zum Vorschein kommt[6].

Allerdings tauchte bei der Fundkistendurchsicht in einem Fundbeutel ein anderes Spielzeug auf, das der Verf. als Mutter eines stolzen Besitzers von einst knapp 100 Stück der gleichen Spezies – gesammelt im Laufe von dessen Kindheit – sofort ins Auge fiel und das nun hier erstmals vorgestellt wird (Abb. 2). Es handelt sich um ein fragmentiertes kleines Spielzeugauto auf dessen beiliegendem Fundzettel zu lesen ist:

FO Ober-Roden, Kindergarten
Fund Nr. 1
Funddatum 6. und 9.8.1993
Fläche 1
Über Planum 1, beim Abbaggern und Anlegen des 1. Planums

Laut Fundzettel stammt das Auto damit aus der Ausgrabung Katholischer Kindergarten (Neubau) Grabung 1993/94 (LfD.DA.EV.1995:63). Im selben Fundbeutel (Abb. 3) befinden sich Keramik-, Metall-, Glas-, Plastik-, Schlacken- und Ziegelfragmente, darunter ein kleiner Anhänger in Fischform, eine kleine Spielzeugplastikgans, das Fragment eines schmalen Metallfingerringes, auf dessen Innenseite „Made in Honkong“ zu lesen ist, sowie das Plastikunterteil einer weiteren kleineren Spielzeugfigur mit der Inschrift MERTEN 1235 GERMANY auf der Unterseite. An der Basis sind noch zwei Füße in spitz zulaufenden spätmittelalterlichen Schuhen zu erkennen. Die Seriennummer identifiziert sie als eine Ritterfigur der Berliner Firma Walter Merten Miniaturplastiken, die Plastikspritzgussfiguren herstellte und Mitte der 1990er-Jahre an die Paul M. Preiser GmbH in Steinsfeld verkauft wurde[7].

Die genannte Baggerschicht bis auf Planum 1 weist damit den typischen modernen Mischhorizont des 20. Jahrhunderts innerhalb eines Ortskerns auf.

1 Ford GT 40. Die Fundkisten in der Garage des Jägerhauses in Rödermark–Ober-Roden (Foto: E. Grönke).

2 Ford GT 40. Die Fundtüte mit dem Modellauto (Foto: E. Grönke).

3 Ford GT 40. Alle Funde aus der Fundtüte (Foto: E. Grönke).

Sowohl das Ringfragment als auch die Basis geben allerdings einen ersten Anhalt für einen *terminus post quem* zur näheren Datierung der Fundschicht. Der Ring kann frühestens nach Ende des internationalen Handelsembargos gegen China (1950–1952) als Folge des Koreakrieges nach Deutschland gelangt sein. Die Ritterfigur 1235 mit Streitkolben in der rechten erhobenen Hand wurde über einen längeren Zeitraum von den 1960er-Jahren bis in die 1970er-Jahre hergestellt.

Eine noch genauere Datierung scheint jedoch das Modellauto (Abb. 4) zu versprechen. Das metallene Fahrzeug war wohl ursprünglich weiß und wurde anschließend einmal schwarz überlackiert, denn von der weißen Farbe sind unter der schwarzen noch Reste zu erkennen. Dach, Fenster und Reifen fehlen. Noch vorhanden sind vier gelbe Felgen. Im Cockpit existieren zwei rote Sitze sowie auf der rechten Seite das Lenkrad. Auch an den Seiten der Sitze befindet sich noch schwarzer Lack. Auf der rückwärtigen Motorhaube sind Lüftungsschlitze angedeutet. Der 8-Zylinder-Motor im rückwärtigen Teil des Autos war einst durch eine Scheibe sichtbar, die ebenfalls nicht mehr vorhanden ist. Auf der vorderen Fahrzeughaube zeichnen sich rechts und links Lüftungsschlitze ab, ebenso wie die beiden Scheinwerfer. Weitere Lüftungsschlitze, zwei Scheinwerfer und die beiden Auspuffrohre sind am hinteren Ende des Autos erkennbar.

Die Bodenplatte ist mit zwei Nieten an der Karosserie befestigt. Auf ihr befindet sich eine vollständige Inschrift auf Englisch (Abb. 5), ein Umstand, der jeden Archäologen sogleich erwartungsvoll stimmt, lassen sich doch aufgrund der Analyse Näheres zu Datierung und Herstellung des zu bearbeiteten Fundstückes und damit auch zur zeitlichen Einordnung der Fundschicht erwarten. Die Inschrift lautet:

MADE IN ENGLAND
BY LESNEY
"MATCHBOX" SERIES N° 41
FORD G.T.

Wie auf den ersten Blick zu erkennen ist, gibt die Inschrift das Herstellerland, den Herstellernachweis, das Modell und den Namen des Autos an. Demnach ist das kleine Gefährt ein Modell des legendären Ford GT 40, der als Originalfahrzeug ab 1966 viermal hintereinander das 24-Stunden-Rennen von Le Mans gewann. Hergestellt wurde es als Matchboxauto der Serie Nr. 41 von der Firma Lesney in England.

Das Spielzeugauto wurde in der archäologischen Restaurierungswerkstatt der hessenARCHÄOLOGIE dankenswerterweise von der Restauratorin Angelika Ulbrich vorsichtig gereinigt, fotografiert und restauriert.

Exkurs: Die Restaurierung und Konservierung des Modellautos Ford GT 40 aus Rödermark-Ober-Roden, LfD-Bearb. Nr. 1326

Das 6,8 cm lange, 2,7 cm breite und 32,7 g schwere Modellauto aus einem Zinkdruckguss war in einem sehr schlechten Zustand: Kalkablagerungen und eingeschwemmte Kieselsteine hatten sich im Motor des Fahrzeuges festgesetzt und die Sitze wiesen starke Verschmutzungen auf. Der schwarze Lack war stark

4 Ford GT 40. Das unrestaurierte Modellauto (Foto: A. Ulbrich, hA).

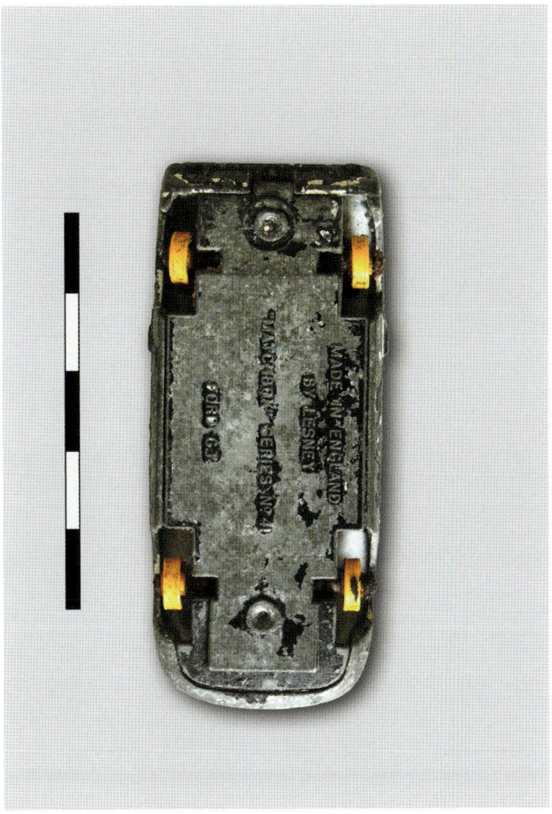

5 Ford GT 40. Die Inschrift auf der Bodenplatte (Foto: A. Ulbrich, hA).

beschädigt, stellenweise bis auf das Unterblech abgeplatzt. An einigen Stellen war die weiße Unterlackierung sichtbar. Der ehemals schwarze Lack auf dem Unterboden war bis auf wenige Reste nicht mehr vorhanden. Die Eisenstäbe der Radachsen waren massiv korrodiert und aufgequollen, die gelben Felgen sehr verschmutzt und partiell von Eisenkorrosionsprodukten überlagert.

Das Fahrzeug wurde zunächst mit Wasser, Pinsel und Wattestäbchen gereinigt. Mittels Microsandstrahlen und Korund als Strahlgut konnte der Motorraum gereinigt werden. Besonders schwierig gestaltete sich die Korrosionsentfernung an den Radachsen, da diese Stellen sehr schwer zugänglich waren. Auch hier wurde mit einer sehr feinen Strahldüse gearbeitet.

Der schwarze Lack des Fahrzeuges wurde nach Abschluss der Reinigungsarbeiten mit Acrylfarbe retuschiert. Zum Abschluss der Restaurierung wurde das gesamte Objekt mit einem konservierenden Acrylharz überzogen (Abb. 6).

(A. Ulbrich)

Der Ford GT 40

Mit dem Ford GT 40 verbindet sich bis heute die spektakulärste Geschichte des internationalen Rennsports, die auf dem spannenden Rivalenkampf zweier Magnaten der Automobil- und Renngeschichte beruht – Enzo Ferrari und Henry Ford II.

Enzo Anselmo Ferrari (* 18. Februar 1898 in Modena; † 14. August 1988 in Modena) stammte aus einer ländlichen Gegend am Rande Modenas in der Emilia-Romagna in Italien[8] (Abb. 7). Sein Vater betrieb dort als Zulieferer der staatlichen italienischen Eisenbahn eine Schlosser- und Schmiedewerkstatt. 1908 nahm ihn sein Vater erstmals in die Provinzhauptstadt mit zu einem Autorennen im Circuito di Modena. Dies sollte sich als ein einschneidendes Erlebnis herausstellen, denn die Leidenschaft des Zehnjährigen für den Rennsport war geweckt und sollte sein ganzes späteres Leben bestimmen.

Nach dem Ersten Weltkrieg, Ende 1918, begann Ferrari als Testfahrer in einem kleinen Unternehmen in Turin. 1919 arbeitete er in Mailand für C. M. N. (Costruzioni Meccaniche Nazionali) als Test- und Rennfahrer und gab noch im selben Jahr sein Debut

6 Ford GT 40. Das restaurierte Modellauto (Foto: A. Ulbrich, hA).

7 Ford GT 40. Der junge Enzo Ferrari als Rennfahrer im Alfa (Foto: Ferrari.com).

beim Bergrennen Parma–Poggio di Berceto. 1920 begann die 20-jährige Zusammenarbeit mit Alfa Romeo, ebenfalls zunächst als Testfahrer, später als Leiter der Alfa-Corse-Motorsportabteilung. Bereits 1924 wurde Enzo Ferrari als „Cavaliere" („Ritter der Arbeit") für seine Erfolge im Motorsport ausgezeichnet. Es war die erste Auszeichnung, die er vom italienischen Staat erhielt[9]. 1925 folgten die Auszeichnungen „Cavaliere Ufficiale" und 1927 schließlich „Commendatore". Bis heute gilt „Il Commendatore" als Synonym für die Person Enzo Ferrari.

Im Jahr 1929 gründete Ferrari in Modena die Scuderia Ferrari (scuderia, ital. Gestüt, Rennstall) mit dem Ziel, Fahrzeugeigentümern Rennteilnahmen zu ermöglichen. Dies war quasi der Startschuss zu leidenschaftlichen Motorsportaktivitäten, die schließlich zur Schaffung des offiziellen Teams führten. Zunächst startete die Scuderia mit Autos von Alfa Romeo und mit Motorrädern. 1932, nach der Geburt seines Sohnes Alfredo „Dino", beendete Enzo Ferrari seine eigene Rennkarriere. Nach der Zerstörung der Gebäude in Modena im Zweiten Weltkrieg zog Ferrari 1943 nach Maranello, wo ab den 1950er-Jahren bis heute auch die exklusiven Sportwagen für den Straßenverkehr gebaut werden, deren Verkaufserlöse die finanzielle Grundlage für den Rennstall bildeten.

Mit großem Ehrgeiz und ebensolcher Ausdauer hatte der Commendatore bis dahin ein mächtiges Rennsportimperium aufgebaut. Doch der ständige Wettbewerb und der Druck, immer schnellere Autos auf die Piste zu schicken, forderten dem Unternehmen große Mengen an Geld ab. Ferrari war stets in Geldnot. Als Enzo ab 1962 tatsächlich daran dachte, sein Unternehmen zu verkaufen, brachte sich der seinerzeit zweitgrößte Automobilunternehmer der Welt – Henry Ford II. – im wahrsten Sinne des Wortes ins Rennen.

8 Ford GT 40. Henry Ford II. mit seinem Großvater Henry Ford 1946 (Foto: media@ford.com).

Henry Ford II.

Henry Ford II. (* 4. September 1917 in Detroit; † 29. September 1987 in Detroit) wurde in eine der bekanntesten und wohlhabendsten Großindustriellenfamilien der Welt hineingeboren[10] (Abb. 8). Sein Großvater Henry Ford (* 30. Juli 1863 Greenfield Township, Michigan; † 7. April 1947 in Dearborn, Michigan) hatte 1903 den Automobilhersteller Ford Motor Company gegründet. Bereits mit seinem ersten Automodell T (Tin Lizzy) nahm Henry Ford an Autorennen teil und war einer der ersten Geldgeber für das Indianapolis-500-Rennen. 1913 zog sich Ford jedoch aus dem Renngeschäft u. a. wegen seiner Unzufriedenheit mit den Bestimmungen im Rennsport zurück. Sein einziger Sohn, Edsel Bryant Ford (* 6. November 1893 in Detroit; † 26. Mai 1943 in Grosse Pointe Shores, Wayne County, Michigan), wurde 1915 sein Sekretär und 1919 Präsident der Ford Motor Company.

Edsel starb im Mai 1943, während sein ältester Sohn, Henry Ford II., bei der US-Marine im Zweiten Weltkrieg diente. Da Ford ein kriegswichtiger Betrieb war, wurde der 26-jährige Leutnant zur See vorzeitig entlassen, um dessen Nachfolge anzutreten. Sein Großvater und Firmengründer Henry Ford war jedoch nicht von den Fähigkeiten seines Enkels überzeugt und übernahm noch einmal die offizielle Leitung des Unternehmens, die er erst am 21. September 1945 endgültig an Henry Ford II. abgab.

Als der Enkel das Ford-Erbe übernahm, war das Unternehmen in seinem Aufbau und seiner Produktion veraltet und am Rande des Ruins. In diesen Jahren waren Erfolge bei Langstreckenrennen wie in Indianapolis, auf dem Nürburgring und als Königsklasse beim 24-Stunden-Rennen von Le Mans in Frankreich das Maß für erfolgreichen Motorsport und zogen ein begeistertes Publikum an die Strecken. An Werbewirksamkeit für die Straßenautos der teilnehmenden Rennställe, die vor allem jüngere Käufer ansprachen, waren Siege bei diesen Massenspektakeln kaum zu übertreffen.

Am Beginn der 1960er-Jahre beabsichtigte Henry Ford II. daher, wieder in den internationalen Rennsport einzusteigen. Zu jener Zeit dominierten die Europäer diese Rennen, nicht zuletzt, weil sich die amerikanischen Automobilhersteller seit 1957 nicht mehr am Motorsport beteiligten. Um möglichst schnell um die vorderen Plätze mitfahren zu können, entschloss sich Ford daher 1962 kurzerhand, die komplette Firma Ferrari samt Serienfertigung und Rennabteilung zu kaufen. 17 Mio. Dollar sollte Ford der Deal kosten. Die anfänglichen Verhandlungen mit Ferrari verliefen noch aussichtsreich. Als Enzo Ferrari jedoch erklärte, er wolle die zukünftige Rennabteilung von „Ford-Ferrari" leiten, die dann natürlich auch „Ferrari-Ford" heißen solle, lehnte Ford brüskiert ab. Im Mai 1963 ließ daraufhin „Il Commendatore" wütend die Verhandlungen kurz vor der Unterschrift der Verträge platzen und verkündete, dass Ferrari nicht mehr zum Verkauf stünde.

Henry Ford II. vs. Enzo Ferrari

Ab diesem Zeitpunkt standen sich die beiden Autotitane – der aufbrausende Italiener und der selbstherrliche Amerikaner – als unversöhnliche Gegner gegenüber, denn Ford betrachtete die Absage als persönlichen Affront. Mit den Worten „Okay, dann werden wir ihm mal Feuer unter dem Hintern machen!" eröffnete Ford einen erbitterten Kampf um die schnellsten Motoren und beschloss, Ferrari in Le Mans, beim prominentesten Grand Prix d'Endurance, zu demütigen, wo der Italiener immerhin neun Mal als Sieger dominiert hatte.

Ford brauche ein Auto, um die „kleinen, schnellen Roten von Ferrari" schlagen zu können, so der damalige Generaldirektor der Ford Motor Company Lee Iacocca. Dafür wurde ein 100 Mio. Dollar schweres, ehrgeiziges Entwicklungsprogramm in Gang gesetzt, dessen Ergebnis 1964 der GT 40 war[11]. Die Zahl 40 (Zoll) bezieht sich auf die Höhe des Fahrzeugs, das – der Aerodynamik geschuldet – mit 1,016 m seinen Fahrern gerade mal bis zur Taille reichte. Dies stellte ein nicht unerhebliches Problem für die Piloten dar, da sie seinerzeit nach dem Start eines Rennens zunächst so schnell wie möglich zu ihren Autos laufen und einsteigen mussten, bevor sie losfahren konnten.

Die beiden ersten Rennen waren noch nicht von dem erhofften Erfolg gekrönt. Doch am 18. Juni 1966 überließ Ford endgültig nichts dem Zufall. 13 GT-Fahrzeuge mit bis zu 485 PS wurden in Le Mans an den Start geschickt, umsorgt von hunderten Helfern und Mechanikern, einem eigenen Rettungshubschrauber sowie zwei Notärzten. Das Rennen selbst startete Ford persönlich als Ehrengast um 16 Uhr[12]. Der ehrgeizige Plan musste aufgehen und er ging auf – schon nach zwölf Stunden fuhren sechs der Fordautomobile mit Abstand an der Spitze. Schließlich kamen die Piloten Chris Amon und Bruce McLaren souverän als erste über die Ziellinie und holten den lang erhofften Sieg über Ferrari (Abb. 9). Auch in den Jahren 1967 und 1968 gingen die Siege in Le Mans an Ford und 1969 machte Jacky Ickx als letzter Sieger in einem GT 40 in Le Mans den Triumph über Ferrari endgültig komplett.

Die Legende war geboren und bis heute ist die Faszination des Ford GT nach wie vor ungebrochen. Das zeigen nicht zuletzt offizielle moderne Neuauflagen als Straßenwagen oder private, aber von Ford geduldete Nachbauten, wie z. B. bei einem der größten Oldtimertreffen im Rhein-Main-Gebiet, den Lufthansa Klassikertagen im Mai 2015 in Hattersheim a. M., zu sehen war (Abb. 10). Und zur Feier des 50. Jahrestages des ersten Le-Mans-Sieges brachte Ford Ende 2016 erneut eine atemberaubende Neuauflage des „Ferrari-Killers" auf den Markt, den 600 PS starken Supersportwagen namens GT, der im Juni 2016 als Rennwagen – bezeichnenderweise mit der Nummer 66 – das erneut emotionsgeladene Rennen in Le Mans tatsächlich gewann[13] (Abb. 11). Die Bewerbungsfrist für den Kauf der Neuauflage des Kultfahrzeuges ist allerdings bereits abgelaufen (Abb. 12).

Die Autos aus der „Streichholzschachtel"

Dass es bereits während der Zeit, in welcher der Konkurrenzkampf der beiden Rennrivalen noch die Motorwelt in Atem hielt, eine Nachbildung des Ford GT 40 in die Welt der Modellautos schaffte, wie die Herstellerinschrift auf dem Exemplar aus Ober-Roden zeigt, verwundert daher nicht. Wie schon damals heißen die kleinen Fahrzeuge noch heute Matchboxautos[14].

In den 1950er-Jahren war es englischen Kindern verboten, Spielzeug, das größer als eine Streichholzschachtel war, mit in die Schule zu bringen. Der britische Ingenieur Jack Odell, der seinerzeit bei der Londoner Zinkdruckgießerei namens Lesney Products tätig war, bastelte daraufhin seiner Tochter Anne in handwerklicher Feinarbeit eine Dampfwalze, die er in einer Streichholzschachtel (matchbox) versteckte. Die namensgebende Idee war geboren. Die Begeisterung in Kinderkreisen

9 Ford GT 40. Die ersten drei Ford-GT-40-Siegerfahrzeuge beim 24-Stunden-Rennen von Le Mans am 19. Juni 1966 (Foto: media@ford.com).

10 Ford GT 40. Der Nachbau eines Ford GT 40 bei den Lufthansa-Klassikertagen im Mai 2015 in Hattersheim, Main-Taunus-Kreis (Foto: E. Grönke).

war groß und Odell stellte die Produktion der Firma ganz auf Zinkspielzeug um. Den Durchbruch feierte die Firma Lesney 1952 mit einer Nachbildung der Krönungskutsche von Elisabeth II., die sich über eine Million Mal verkaufte. Nach der Patentierung der Idee erschien 1953 das erste Automodell der Matchbox-Serie. 1959 waren bereits 75 verschiedene Fahrzeuge im Handel erhältlich. Wegen des wachsenden Platzmangels in den Verkaufsregalen der Händler wurde die Serie auf insgesamt 75 Modelle beschränkt, die daraufhin die Nummern 1–75 erhielten. Für jedes neu erschienene Modell musste ein altes aus der Serie genommen werden.

Die kleine Firma Lesney, die mit 600 Pfund Startkapital begonnen hatte, konnte 1960 zu einer Aktiengesellschaft mit 4 Mio. Pfund Kapital umgewandelt werden. 1979 produzierte die Firma zwischen fünf und sechs Millionen Spielzeugautos pro Woche. In den 1980er-Jahren kamen aufgrund rückgängiger Verkaufszahlen und wachsender Konkurrenz aus Fernost die ersten Schwierigkeiten auf die Firma Lesney zu. Letztendlich führte David Yeh in Hong Kong das Unternehmen mit neuen Ideen und der Verlagerung der Produktion nach Fernost zu neuer Blüte. Bis zu 300.000 Modellautos wurden dort täglich für die Firma Universal Matchbox produziert. 1992 veräußerte David Yeh Universal MATCHBOX an den amerikanischen Spielzeugkonzern Tyco, der wiederum 1997 in den Besitz von MATTEL überging.

Einer der profundesten Kenner von Matchboxautos und ihrer Fabrikation ist zweifelsohne Dirk Schleuer, 1. Vorsitzender des Matchbox Collectors Club Deutschland, der dankenswerterweise in einer

11 Ford GT 40. Der Sieger von Le Mans 2016 (Foto: media@ford.com).

E-Mail vom 06.08.2016 zu dem hier vorgestellten Fundstück Stellung genommen hat:

„Das Modell des Ford GT 40 wurde von Matchbox erstmals 1965 eingeführt, dann 1970 auf die neue Bereifung als Superfast umgestellt und 1972 durch ein Modell namens Siva Spyder abgelöst. Die Modellform wurde danach mitsamt Lizenz weiterverkauft und hinter dem Eisernen Vorhang in Bulgarien und Ungarn weiter benutzt. In Bulgarien und Ungarn hat das Modell alle möglichen Farben und Bedruckungen bekommen, so auch schwarz. Allerdings haben diese Modelle die sog. Superfast-Räder, mit denen Matchbox die aufkommenden HotWheels-Modelle gekontert hat. Matchbox hat bei dem Modell mit den sog. regular wheels niemals ein schwarzes Modell hergestellt. Auch Vorserienmodelle in schwarz sind nicht bekannt. Fragmente der Räder des Fundstücks lassen erkennen, dass es sich um ein frühes Modell aus der Zeit von 1965 bis 1970 handelt. Die schwarze Farbe wurde definitiv nachträglich hinzugefügt. Die Modellkörper wurden auf der Lackierstraße lackiert und anschließend getrocknet. Danach wurde der Aufkleber oder in dem Fall eher der Nassschieber montiert. Erst Tage später trafen sich Modellkörper und Innenleben wie Sitze etc. zur sog. Hochzeit. Fazit: Dass die schwarze Farbe im Werk lackiert wurde, kann man ausschließen!

Das genaue Jahr der Herstellung lässt sich schlecht ableiten, da das Modell zwischen Ende 1965 und Mitte 1970 unverändert in Produktion blieb. Lediglich die Art der Aufkleber hat sich geändert, aber die sind beim Modell nicht mehr zu erkennen.“

Nach dieser Bestimmung kann das Modellauto also frühestens 1965 produziert worden und an dieser Stelle in Ober-Roden in den Boden gelangt sein und gibt somit den *terminus post quem* für die oberste Fundschicht beim Neubau des Katholischen Kindergartens an. Auch die Vermutung, dass der kleine GT 40 im Laufe seiner Lebenszeit einmal schwarz „umlackiert“ worden war, hat sich bestätigt.

Last but not least

Warum und wie das kleine Auto in den Boden kam, kann heute nicht mehr geklärt werden. Ebenso ist der einstige Besitzer des Modellautos nicht mehr zu ermitteln. 1965 war Egon Schallmayer 14 Jahre alt und wohnte nur 400 m entfernt in der Odenwaldstraße 8; das Auto hätte daher durchaus – vielleicht als Sammlermodell – einst in seinem Besitz gewesen sein können. Die vorsichtige mündliche Recherche der Verf., um keinen Verdacht bzgl. des hier abgedruckten Beitrages zu erregen, verlief jedoch negativ. Der hier Geehrte kommt als Eigentümer nicht infrage, da er laut eigener Aussage in seiner Jugend über keine Matchbox-Autos verfügte[15]. Zur weiteren Nachforschung wird die Verf. daher ein Exemplar dieser Festschrift in die Stadtbücherei von Rödermark geben und wer weiß, vielleicht liest der ehemalige Besitzer das Buch und meldet sich.

Anmerkungen

1 E. Schallmayer, Kurzbericht über die archäologische Untersuchung auf dem Grundstück Heitkämperstraße 1 in Rödermark-Ober-Roden. Heimat u. Gesch. Inf. kulturelles Geschehen Kr. Offenbach 12, 1990, 1 ff. – Ders., Archäologische Ausgrabungen und Forschungen zum Kloster Rothaha. Der Odenwald 37, 1990, 43 ff. – Ders., Geschichte bis zum Bau der neuen Kirche. In: 100 Jahre St. Nazarius. Festschrift zum 100-jährigen Bestehen der Pfarrkirsche St. Nazarius in Ober-

12 Ford GT 40. Der neue Straßensportwagen Ford GT (Foto: media@ford.com).

Roden (Rödermark 1996) 19–46. – Ders., Ober-Roden/Rothaha. In: F. Jürgensmeier/F. Büll in Verb. mit E. Schwerdtfeger, Die benediktinischen Mönchs- und Nonnenklöster in Hessen. Germania Benedictina VII (St. Ottilien 2004) 891–899. – Ders., Beispiel Ober-Roden (Stadt Rödermark). Ein Ort erhält Geschichte. Geschichtsschreibung und Archäologie im Zusammenwirken. Zeitschr. Arch. Mittelalter 33, 2005, 145–162. – E. Schallmayer/G. Weber, Mittelalterliche Bodenfliesen aus dem Kreis Offenbach. Kreis Offenbach. Stud. u. Forsch. N. F. 17 (Offenbach a. M. 2000).

2 E. Schallmayer, Zur Geschichte der Röder Mark. In: Rödermark. Festschrift zur Stadtrechtsverleihung am 23. August 1980, hrsg. von Magistrat der Stadt Rödermark (Rödermark 1980) 96–149. – J. Leuschner/E. Schallmayer, 1200 Jahre Ober-Roden in der Rödermark. Chronik 786–1986 (Rödermark 1986). – J. Leuschner/E. Schallmayer, Ober-Roden und Urberach im Dritten Reich. Vorgeschichte, Ereignisse, Dokumente (Rödermark 1998). – E. Schallmayer, Vereinsgeschichte als Spiegelbild der Entwicklung einer Gemeinde – Musikverein 03 Ober-Roden. Landschaft Dreieich 2005, 99–110. – Ders., Ober-Roden und Urberach im Dritten Reich. Landschaft Dreieich 2002, 141–147. – Ders., Kulturhistorische Erlebnisstätte „Auf der Bulau“ bei Rödermark-Urberach. Auf den Spuren der Landschaft, der Kelten und der Römer im Kreis Offenbach. Ebd. 194–196. – Ders., 100 Jahre Musikverein 03 Ober-Roden. Vereinsgeschichte vor dem Hintergrund der Entwicklung einer Gemeinde im 20. Jahrhundert. In: Wir machen Musik! Festschrift 100 Jahre Musikverein 03 Ober-Roden e. V. 1903–2003 (Rödermark 2003) 35–39. – Ders., Keltische und römische Geschichte „auf der Bulau“, Kulturhistorische Erlebnisstätte bei Rödermark-Urberach. Landschaft Dreieich 2004, 33–42.

3 E. Grönke/E. Weinlich, Mode aus Modeln. Kruseler- und andere Tonfiguren des 14.–16. Jahrhunderts aus dem Germanischen Nationalmuseum und anderen Sammlungen. Wiss. Beibd. Anz. Germanisches Nationalmus. 14 (Nürnberg 1998).

4 Die offizielle Adresse lautet Dieburger Straße 21, 63322 Rödermark. Der Namen Jägerhaus verweist auf die letzten Bewohner der Liegenschaft, die Familie Jäger.

5 Es handelt sich um die Funde der Ausgrabungen Katholischer Kindergarten (Neubau) Grabung 1993/94 (LfD.DA.EV. 1995:63) und Dieburger Straße 11 (Abriss Fachwerkhaus 1648) Grabung 1994 (LfD.DA.EV. 1996:125). Die Gesamtzahl der Fundkisten verdanke ich Frau A. Diesch (siehe Anm. 6).

6 Seit Oktober 2016 werden die Ortskerngrabungen von Frau Aika Diesch B. A., M. A. im Rahmen eines Promotionsvorhabens an der Otto-Friedrich-Universität Bamberg bearbeitet. Die Stadt Rödermark und die hessenARCHÄOLOGIE hatten zum Ausscheiden des Landesarchäologen Schallmayer aus dem aktiven Dienst ein diesbezügliches Stipendium ausgelobt, das bei der Kommission für Archäologische Landesforschung in Hessen e. V. (KAL) angesiedelt ist.

7 http://www.merten-figuren.de/cms,geschichte (Zugriff: 24.10.2016). – http://www.preiserfiguren.de/showpage.php?Ueber_uns&SiteID=3 (Zugriff: 24.10.2016).

8 B. Yates, Enzo Ferrari. Leben und Legende. Eine Biographie (München 1991). – Ch. Oppermann, Ferrari. Das schnellste Unternehmen der Welt (Frankfurt a. M. 2005). Weitere Hinweise zur Firmengeschichte verdanke ich Frau Tammy Haines, Pressesprecherin der Ferrari Deutschland GmbH (Wiesbaden).

9 Der Ordine al Merito del Lavoro (Ritter der Arbeit) in verschiedenen Abstufungen ist eine bereits im Königreich Italien eingeführte Auszeichnung, die heute vom Präsidenten der Italienischen Republik verliehen wird. Ausgezeichnet werden italienische Bürger, die u. a. in den Bereichen Industrie, Landwirtschaft, Handel außerordentliche Verdienste erworben haben. Siehe http://www.quirinale.it/qrnw/onorificenze/tipo/cavalierilavoro/doc/cavalierilavo.pdf (Zugriff: 25.10.2016).

10 R. Lacey, Ford. Eine amerikanische Dynastie (Düsseldorf, Wien, New York 1987). An dieser Stelle sei Frau Ute Hubert, Presseabteilung der Ford-Werke GmbH, Köln, ein herzliches Dankeschön gesagt für die freundlichen telefonischen Auskünfte sowie den Zugang zum Presseportal der Firma Ford.

11 D. Hodges, Der Ford GT40, Prototypen und Sportwagen. Serie Auto-Typen 3 (Stuttgart 1971). – J. Allen, FORD GT40 Super Profile (Somerset 1983). – M. Brüggemann, Der Ferrari-Killer Ford GT40. GT40 – die schnellste Art der Ford-Bewegung. Oldtimer Markt 1, 1999, 8–17. – A. Straether, Ford GT. Die Geschichte einer Rennsportlegende (Königswinter 2007). – A. J. Baime, Go like hell: Ford, Ferrari, and their battle for speed and glory at Le Mans (New York 2010). – P. Lerner, Ford GT40: How Ford silenced the critics, humbled Ferrari and conquered Le Mans (Minneapolis 2015).

12 Filmische Dokumentationen des Rennens finden sich z. B. unter https://www.youtube.com/watch?v=7rrVOVuwPV0. – https://www.youtube.com/watch?v=t7eqlay-i20. – https://www.youtube.com/watch?v=JX4H8zRYijU (Zugriff: 25.10.2016).

13 Nach 50 Jahren ist der Ford GT erneut als Sieger über Ferrari zurück in Le Mans, siehe z. B.: https://www.youtube.com/watch?v=nVa4mlFZEmM. – https://www.youtube.com/watch?v=b8rDS9M1zns. – https://www.youtube.com/watch?v=8sla9kSxO8I (Zugriff: 25.10.2016).

14 Vgl. dazu V. Moore: http://www.dailymail.co.uk/news/article-467341/The-man-boyish-Matchbox-toy-actually-DAUGHTER.html (Zugriff: 25.10.2016). – M. Zink, Kinderglück im Kleinformat. Motor Maniacs 1, 2011, 60–66. Frau Anne Esau, Pressesprecherin von Mattel (Frankfurt a. M.), danke ich herzlich für die freundlichen telefonischen Auskünfte sowie die Bereitstellung von Informationsmaterial zur Firmengeschichte von Mattel und insbesondere für den Hinweis und Kontakt zum Matchbox Collectors Club Deutschland.

15 Als Kind besaß Schallmayer laut eigener Aussage keine Matchboxautos, sondern eine Modelleisenbahn der Firma Trix. Die Geschichte der Firma Trix geht auf Stephan Bing, den Sohn und Erben der bekannten Nürnberger Spielzeugfabrikantenfamilie, zurück. Die Firma Bing hatte bereits 1922 als erstes Unternehmen eine Tischeisenbahn auf den Markt gebracht. Ab 1932 entwickelte Bing die elektrische Tischeisenbahn TRIX-EXPRESS. Vgl. J. Franzke (Hrsg.), Trix – Vereinigte Spielwarenfabriken Teil 1. Von den Anfängen bis in die sechziger Jahre. Schuco, Bing & Co. Berühmtes Blechspielzeug aus Nürnberg 4 (Nürnberg 2000).

E-Mail vom 06.08.2016 zu dem hier vorgestellten Fundstück Stellung genommen hat:

„Das Modell des Ford GT 40 wurde von Matchbox erstmals 1965 eingeführt, dann 1970 auf die neue Bereifung als Superfast umgestellt und 1972 durch ein Modell namens Siva Spyder abgelöst. Die Modellform wurde danach mitsamt Lizenz weiterverkauft und hinter dem Eisernen Vorhang in Bulgarien und Ungarn weiter benutzt. In Bulgarien und Ungarn hat das Modell alle möglichen Farben und Bedruckungen bekommen, so auch schwarz. Allerdings haben diese Modelle die sog. Superfast-Räder, mit denen Matchbox die aufkommenden HotWheels-Modelle gekontert hat. Matchbox hat bei dem Modell mit den sog. regular wheels niemals ein schwarzes Modell hergestellt. Auch Vorserienmodelle in schwarz sind nicht bekannt. Fragmente der Räder des Fundstücks lassen erkennen, dass es sich um ein frühes Modell aus der Zeit von 1965 bis 1970 handelt. Die schwarze Farbe wurde definitiv nachträglich hinzugefügt. Die Modellkörper wurden auf der Lackierstraße lackiert und anschließend getrocknet. Danach wurde der Aufkleber oder in dem Fall eher der Nassschieber montiert. Erst Tage später trafen sich Modellkörper und Innenleben wie Sitze etc. zur sog. Hochzeit. Fazit: Dass die schwarze Farbe im Werk lackiert wurde, kann man ausschließen!

Das genaue Jahr der Herstellung lässt sich schlecht ableiten, da das Modell zwischen Ende 1965 und Mitte 1970 unverändert in Produktion blieb. Lediglich die Art der Aufkleber hat sich geändert, aber die sind beim Modell nicht mehr zu erkennen."

Nach dieser Bestimmung kann das Modellauto also frühestens 1965 produziert worden und an dieser Stelle in Ober-Roden in den Boden gelangt sein und gibt somit den *terminus post quem* für die oberste Fundschicht beim Neubau des Katholischen Kindergartens an. Auch die Vermutung, dass der kleine GT 40 im Laufe seiner Lebenszeit einmal schwarz „umlackiert" worden war, hat sich bestätigt.

Last but not least

Warum und wie das kleine Auto in den Boden kam, kann heute nicht mehr geklärt werden. Ebenso ist der einstige Besitzer des Modellautos nicht mehr zu ermitteln. 1965 war Egon Schallmayer 14 Jahre alt und wohnte nur 400 m entfernt in der Odenwaldstraße 8; das Auto hätte daher durchaus – vielleicht als Sammlermodell – einst in seinem Besitz gewesen sein können. Die vorsichtige mündliche Recherche der Verf., um keinen Verdacht bzgl. des hier abgedruckten Beitrages zu erregen, verlief jedoch negativ. Der hier Geehrte kommt als Eigentümer nicht infrage, da er laut eigener Aussage in seiner Jugend über keine Matchbox-Autos verfügte[15]. Zur weiteren Nachforschung wird die Verf. daher ein Exemplar dieser Festschrift in die Stadtbücherei von Rödermark geben und wer weiß, vielleicht liest der ehemalige Besitzer das Buch und meldet sich.

Anmerkungen

1 E. Schallmayer, Kurzbericht über die archäologische Untersuchung auf dem Grundstück Heitkämperstraße 1 in Rödermark–Ober-Roden. Heimat u. Gesch. Inf. kulturelles Geschehen Kr. Offenbach 12, 1990, 1 ff. – Ders., Archäologische Ausgrabungen und Forschungen zum Kloster Rothaha. Der Odenwald 37, 1990, 43 ff. – Ders., Geschichte bis zum Bau der neuen Kirche. In: 100 Jahre St. Nazarius. Festschrift zum 100-jährigen Bestehen der Pfarrkirsche St. Nazarius in Ober-

12 Ford GT 40. Der neue Straßensportwagen Ford GT (Foto: media@ford.com).

Roden (Rödermark 1996) 19–46. – Ders., Ober-Roden/Rothaha. In: F. Jürgensmeier/F. Büll in Verb. mit E. Schwerdtfeger, Die benediktinischen Mönchs- und Nonnenklöster in Hessen. Germania Benedictina VII (St. Ottilien 2004) 891–899. – Ders., Beispiel Ober-Roden (Stadt Rödermark). Ein Ort erhält Geschichte. Geschichtsschreibung und Archäologie im Zusammenwirken. Zeitschr. Arch. Mittelalter 33, 2005, 145–162. – E. Schallmayer/G. Weber, Mittelalterliche Bodenfliesen aus dem Kreis Offenbach. Kreis Offenbach. Stud. u. Forsch. N. F. 17 (Offenbach a. M. 2000).

2 E. Schallmayer, Zur Geschichte der Röder Mark. In: Rödermark. Festschrift zur Stadtrechtsverleihung am 23. August 1980, hrsg. von Magistrat der Stadt Rödermark (Rödermark 1980) 96–149. – J. Leuschner/E. Schallmayer, 1200 Jahre Ober-Roden in der Rödermark. Chronik 786–1986 (Rödermark 1986). – J. Leuschner/E. Schallmayer, Ober-Roden und Urberach im Dritten Reich. Vorgeschichte, Ereignisse, Dokumente (Rödermark 1998). – E. Schallmayer, Vereinsgeschichte als Spiegelbild der Entwicklung einer Gemeinde – Musikverein 03 Ober-Roden. Landschaft Dreieich 2005, 99–110. – Ders., Ober-Roden und Urberach im Dritten Reich. Landschaft Dreieich 2002, 141–147. – Ders., Kulturhistorische Erlebnisstätte „Auf der Bulau“ bei Rödermark-Urberach. Auf den Spuren der Landschaft, der Kelten und der Römer im Kreis Offenbach. Ebd. 194–196. – Ders., 100 Jahre Musikverein 03 Ober-Roden. Vereinsgeschichte vor dem Hintergrund der Entwicklung einer Gemeinde im 20. Jahrhundert. In: Wir machen Musik! Festschrift 100 Jahre Musikverein 03 Ober-Roden e. V. 1903–2003 (Rödermark 2003) 35–39. – Ders., Keltische und römische Geschichte „auf der Bulau“, Kulturhistorische Erlebnisstätte bei Rödermark-Urberach. Landschaft Dreieich 2004, 33–42.

3 E. Grönke/E. Weinlich, Mode aus Modeln. Kruseler- und andere Tonfiguren des 14.–16. Jahrhunderts aus dem Germanischen Nationalmuseum und anderen Sammlungen. Wiss. Beibd. Anz. Germanisches Nationalmus. 14 (Nürnberg 1998).

4 Die offizielle Adresse lautet Dieburger Straße 21, 63322 Rödermark. Der Namen Jägerhaus verweist auf die letzten Bewohner der Liegenschaft, die Familie Jäger.

5 Es handelt sich um die Funde der Ausgrabungen Katholischer Kindergarten (Neubau) Grabung 1993/94 (LfD.DA.EV. 1995:63) und Dieburger Straße 11 (Abriss Fachwerkhaus 1648) Grabung 1994 (LfD.DA.EV. 1996:125). Die Gesamtzahl der Fundkisten verdanke ich Frau A. Diesch (siehe Anm. 6).

6 Seit Oktober 2016 werden die Ortskerngrabungen von Frau Aika Diesch B. A., M. A. im Rahmen eines Promotionsvorhabens an der Otto-Friedrich-Universität Bamberg bearbeitet. Die Stadt Rödermark und die hessenARCHÄOLOGIE hatten zum Ausscheiden des Landesarchäologen Schallmayer aus dem aktiven Dienst ein diesbezügliches Stipendium ausgelobt, das bei der Kommission für Archäologische Landesforschung in Hessen e. V. (KAL) angesiedelt ist.

7 http://www.merten-figuren.de/cms,geschichte (Zugriff: 24.10.2016). – http://www.preiserfiguren.de/showpage.php?Ueber_uns&SiteID=3 (Zugriff: 24.10.2016).

8 B. Yates, Enzo Ferrari. Leben und Legende. Eine Biographie (München 1991). – Ch. Oppermann, Ferrari. Das schnellste Unternehmen der Welt (Frankfurt a. M. 2005). Weitere Hinweise zur Firmengeschichte verdanke ich Frau Tammy Haines, Pressesprecherin der Ferrari Deutschland GmbH (Wiesbaden).

9 Der Ordine al Merito del Lavoro (Ritter der Arbeit) in verschiedenen Abstufungen ist eine bereits im Königreich Italien eingeführte Auszeichnung, die heute vom Präsidenten der Italienischen Republik verliehen wird. Ausgezeichnet werden italienische Bürger, die u. a. in den Bereichen Industrie, Landwirtschaft, Handel außerordentliche Verdienste erworben haben. Siehe http://www.quirinale.it/qrnw/onorificenze/tipo/cavalierilavoro/doc/cavalierilavo.pdf (Zugriff: 25.10.2016).

10 R. Lacey, Ford. Eine amerikanische Dynastie (Düsseldorf, Wien, New York 1987). An dieser Stelle sei Frau Ute Hubert, Presseabteilung der Ford-Werke GmbH, Köln, ein herzliches Dankeschön gesagt für die freundlichen telefonischen Auskünfte sowie den Zugang zum Presseportal der Firma Ford.

11 D. Hodges, Der Ford GT40, Prototypen und Sportwagen. Serie Auto-Typen 3 (Stuttgart 1971). – J. Allen, FORD GT40 Super Profile (Somerset 1983). – M. Brüggemann, Der Ferrari-Killer Ford GT40. GT40 – die schnellste Art der Ford-Bewegung. Oldtimer Markt 1, 1999, 8–17. – A. Straether, Ford GT. Die Geschichte einer Rennsportlegende (Königswinter 2007). – A. J. Baime, Go like hell: Ford, Ferrari, and their battle for speed and glory at Le Mans (New York 2010). – P. Lerner, Ford GT40: How Ford silenced the critics, humbled Ferrari and conquered Le Mans (Minneapolis 2015).

12 Filmische Dokumentationen des Rennens finden sich z. B. unter https://www.youtube.com/watch?v=7rrVOVuwPV0. – https://www.youtube.com/watch?v=t7eqlay-i20. – https://www.youtube.com/watch?v=JX4H8zRYijU (Zugriff: 25.10.2016).

13 Nach 50 Jahren ist der Ford GT erneut als Sieger über Ferrari zurück in Le Mans, siehe z. B.: https://www.youtube.com/watch?v=nVa4mlFZEmM. – https://www.youtube.com/watch?v=b8rDS9M1zns. – https://www.youtube.com/watch?v=8sla9kSxO8I (Zugriff: 25.10.2016).

14 Vgl. dazu V. Moore: http://www.dailymail.co.uk/news/article-467341/The-man-boyish-Matchbox-toy-actually-DAUGHTER.html (Zugriff: 25.10.2016). – M. Zink, Kinderglück im Kleinformat. Motor Maniacs 1, 2011, 60–66. Frau Anne Esau, Pressesprecherin von Mattel (Frankfurt a. M.), danke ich herzlich für die freundlichen telefonischen Auskünfte sowie die Bereitstellung von Informationsmaterial zur Firmengeschichte von Mattel und insbesondere für den Hinweis und Kontakt zum Matchbox Collectors Club Deutschland.

15 Als Kind besaß Schallmayer laut eigener Aussage keine Matchboxautos, sondern eine Modelleisenbahn der Firma Trix. Die Geschichte der Firma Trix geht auf Stephan Bing, den Sohn und Erben der bekannten Nürnberger Spielzeugfabrikantenfamilie, zurück. Die Firma Bing hatte bereits 1922 als erstes Unternehmen eine Tischeisenbahn auf den Markt gebracht. Ab 1932 entwickelte Bing die elektrische Tischeisenbahn TRIX-EXPRESS. Vgl. J. Franzke (Hrsg.), Trix – Vereinigte Spielwarenfabriken Teil 1. Von den Anfängen bis in die sechziger Jahre. Schuco, Bing & Co. Berühmtes Blechspielzeug aus Nürnberg 4 (Nürnberg 2000).

E-Mail vom 06.08.2016 zu dem hier vorgestellten Fundstück Stellung genommen hat:

„Das Modell des Ford GT 40 wurde von Matchbox erstmals 1965 eingeführt, dann 1970 auf die neue Bereifung als Superfast umgestellt und 1972 durch ein Modell namens Siva Spyder abgelöst. Die Modellform wurde danach mitsamt Lizenz weiterverkauft und hinter dem Eisernen Vorhang in Bulgarien und Ungarn weiter benutzt. In Bulgarien und Ungarn hat das Modell alle möglichen Farben und Bedruckungen bekommen, so auch schwarz. Allerdings haben diese Modelle die sog. Superfast-Räder, mit denen Matchbox die aufkommenden HotWheels-Modelle gekontert hat. Matchbox hat bei dem Modell mit den sog. regular wheels niemals ein schwarzes Modell hergestellt. Auch Vorserienmodelle in schwarz sind nicht bekannt. Fragmente der Räder des Fundstücks lassen erkennen, dass es sich um ein frühes Modell aus der Zeit von 1965 bis 1970 handelt. Die schwarze Farbe wurde definitiv nachträglich hinzugefügt. Die Modellkörper wurden auf der Lackierstraße lackiert und anschließend getrocknet. Danach wurde der Aufkleber oder in dem Fall eher der Nassschieber montiert. Erst Tage später trafen sich Modellkörper und Innenleben wie Sitze etc. zur sog. Hochzeit. Fazit: Dass die schwarze Farbe im Werk lackiert wurde, kann man ausschließen!

Das genaue Jahr der Herstellung lässt sich schlecht ableiten, da das Modell zwischen Ende 1965 und Mitte 1970 unverändert in Produktion blieb. Lediglich die Art der Aufkleber hat sich geändert, aber die sind beim Modell nicht mehr zu erkennen."

Nach dieser Bestimmung kann das Modellauto also frühestens 1965 produziert worden und an dieser Stelle in Ober-Roden in den Boden gelangt sein und gibt somit den *terminus post quem* für die oberste Fundschicht beim Neubau des Katholischen Kindergartens an. Auch die Vermutung, dass der kleine GT 40 im Laufe seiner Lebenszeit einmal schwarz „umlackiert" worden war, hat sich bestätigt.

Last but not least

Warum und wie das kleine Auto in den Boden kam, kann heute nicht mehr geklärt werden. Ebenso ist der einstige Besitzer des Modellautos nicht mehr zu ermitteln. 1965 war Egon Schallmayer 14 Jahre alt und wohnte nur 400 m entfernt in der Odenwaldstraße 8; das Auto hätte daher durchaus – vielleicht als Sammlermodell – einst in seinem Besitz gewesen sein können. Die vorsichtige mündliche Recherche der Verf., um keinen Verdacht bzgl. des hier abgedruckten Beitrages zu erregen, verlief jedoch negativ. Der hier Geehrte kommt als Eigentümer nicht infrage, da er laut eigener Aussage in seiner Jugend über keine Matchbox-Autos verfügte[15]. Zur weiteren Nachforschung wird die Verf. daher ein Exemplar dieser Festschrift in die Stadtbücherei von Rödermark geben und wer weiß, vielleicht liest der ehemalige Besitzer das Buch und meldet sich.

Anmerkungen

1 E. Schallmayer, Kurzbericht über die archäologische Untersuchung auf dem Grundstück Heitkämperstraße 1 in Rödermark-Ober-Roden. Heimat u. Gesch. Inf. kulturelles Geschehen Kr. Offenbach 12, 1990, 1 ff. – Ders., Archäologische Ausgrabungen und Forschungen zum Kloster Rothaha. Der Odenwald 37, 1990, 43 ff. – Ders., Geschichte bis zum Bau der neuen Kirche. In: 100 Jahre St. Nazarius. Festschrift zum 100-jährigen Bestehen der Pfarrkirche St. Nazarius in Ober-

12 Ford GT 40. Der neue Straßensportwagen Ford GT (Foto: media@ford.com).

Roden (Rödermark 1996) 19–46. – Ders., Ober-Roden/Rothaha. In: F. Jürgensmeier/F. Büll in Verb. mit E. Schwerdtfeger, Die benediktinischen Mönchs- und Nonnenklöster in Hessen. Germania Benedictina VII (St. Ottilien 2004) 891–899. – Ders., Beispiel Ober-Roden (Stadt Rödermark). Ein Ort erhält Geschichte. Geschichtsschreibung und Archäologie im Zusammenwirken. Zeitschr. Arch. Mittelalter 33, 2005, 145–162. – E. Schallmayer/G. Weber, Mittelalterliche Bodenfliesen aus dem Kreis Offenbach. Kreis Offenbach. Stud. u. Forsch. N. F. 17 (Offenbach a. M. 2000).

2 E. Schallmayer, Zur Geschichte der Röder Mark. In: Rödermark. Festschrift zur Stadtrechtsverleihung am 23. August 1980, hrsg. von Magistrat der Stadt Rödermark (Rödermark 1980) 96–149. – J. Leuschner/E. Schallmayer, 1200 Jahre Ober-Roden in der Rödermark. Chronik 786–1986 (Rödermark 1986). – J. Leuschner/E. Schallmayer, Ober-Roden und Urberach im Dritten Reich. Vorgeschichte, Ereignisse, Dokumente (Rödermark 1998). – E. Schallmayer, Vereinsgeschichte als Spiegelbild der Entwicklung einer Gemeinde – Musikverein 03 Ober-Roden. Landschaft Dreieich 2005, 99–110. – Ders., Ober-Roden und Urberach im Dritten Reich. Landschaft Dreieich 2002, 141–147. – Ders., Kulturhistorische Erlebnisstätte „Auf der Bulau" bei Rödermark-Urberach. Auf den Spuren der Landschaft, der Kelten und der Römer im Kreis Offenbach. Ebd. 194–196. – Ders., 100 Jahre Musikverein 03 Ober-Roden. Vereinsgeschichte vor dem Hintergrund der Entwicklung einer Gemeinde im 20. Jahrhundert. In: Wir machen Musik! Festschrift 100 Jahre Musikverein 03 Ober-Roden e. V. 1903–2003 (Rödermark 2003) 35–39. – Ders., Keltische und römische Geschichte „auf der Bulau", Kulturhistorische Erlebnisstätte bei Rödermark-Urberach. Landschaft Dreieich 2004, 33–42.

3 E. Grönke/E. Weinlich, Mode aus Modeln. Kruseler- und andere Tonfiguren des 14.–16. Jahrhunderts aus dem Germanischen Nationalmuseum und anderen Sammlungen. Wiss. Beibd. Anz. Germanisches Nationalmus. 14 (Nürnberg 1998).

4 Die offizielle Adresse lautet Dieburger Straße 21, 63322 Rödermark. Der Namen Jägerhaus verweist auf die letzten Bewohner der Liegenschaft, die Familie Jäger.

5 Es handelt sich um die Funde der Ausgrabungen Katholischer Kindergarten (Neubau) Grabung 1993/94 (LfD.DA.EV. 1995:63) und Dieburger Straße 11 (Abriss Fachwerkhaus 1648) Grabung 1994 (LfD.DA.EV. 1996:125). Die Gesamtzahl der Fundkisten verdanke ich Frau A. Diesch (siehe Anm. 6).

6 Seit Oktober 2016 werden die Ortskerngrabungen von Frau Aika Diesch B. A., M. A. im Rahmen eines Promotionsvorhabens an der Otto-Friedrich-Universität Bamberg bearbeitet. Die Stadt Rödermark und die hessenARCHÄOLOGIE hatten zum Ausscheiden des Landesarchäologen Schallmayer aus dem aktiven Dienst ein diesbezügliches Stipendium ausgelobt, das bei der Kommission für Archäologische Landesforschung in Hessen e. V. (KAL) angesiedelt ist.

7 http://www.merten-figuren.de/cms,geschichte (Zugriff: 24.10.2016). – http://www.preiserfiguren.de/showpage.php?Ueber_uns&SiteID=3 (Zugriff: 24.10.2016).

8 B. Yates, Enzo Ferrari. Leben und Legende. Eine Biographie (München 1991). – Ch. Oppermann, Ferrari. Das schnellste Unternehmen der Welt (Frankfurt a. M. 2005). Weitere Hinweise zur Firmengeschichte verdanke ich Frau Tammy Haines, Pressesprecherin der Ferrari Deutschland GmbH (Wiesbaden).

9 Der Ordine al Merito del Lavoro (Ritter der Arbeit) in verschiedenen Abstufungen ist eine bereits im Königreich Italien eingeführte Auszeichnung, die heute vom Präsidenten der Italienischen Republik verliehen wird. Ausgezeichnet werden italienische Bürger, die u. a. in den Bereichen Industrie, Landwirtschaft, Handel außerordentliche Verdienste erworben haben. Siehe http://www.quirinale.it/qrnw/onorificenze/tipo/cavalierilavoro/doc/cavalierilavo.pdf (Zugriff: 25.10.2016).

10 R. Lacey, Ford. Eine amerikanische Dynastie (Düsseldorf, Wien, New York 1987). An dieser Stelle sei Frau Ute Hubert, Presseabteilung der Ford-Werke GmbH, Köln, ein herzliches Dankeschön gesagt für die freundlichen telefonischen Auskünfte sowie den Zugang zum Presseportal der Firma Ford.

11 D. Hodges, Der Ford GT40, Prototypen und Sportwagen. Serie Auto-Typen 3 (Stuttgart 1971). – J. Allen, FORD GT40 Super Profile (Somerset 1983). – M. Brüggemann, Der Ferrari-Killer Ford GT40. GT40 – die schnellste Art der Ford-Bewegung. Oldtimer Markt 1, 1999, 8–17. – A. Straether, Ford GT. Die Geschichte einer Rennsportlegende (Königswinter 2007). – A. J. Baime, Go like hell: Ford, Ferrari, and their battle for speed and glory at Le Mans (New York 2010). – P. Lerner, Ford GT40: How Ford silenced the critics, humbled Ferrari and conquered Le Mans (Minneapolis 2015).

12 Filmische Dokumentationen des Rennens finden sich z. B. unter https://www.youtube.com/watch?v=7rrVOVuwPV0. – https://www.youtube.com/watch?v=t7eqlay-i20. – https://www.youtube.com/watch?v=JX4H8zRYijU (Zugriff: 25.10.2016).

13 Nach 50 Jahren ist der Ford GT erneut als Sieger über Ferrari zurück in Le Mans, siehe z. B.: https://www.youtube.com/watch?v=nVa4mlFZEmM. – https://www.youtube.com/watch?v=b8rDS9M1zns. – https://www.youtube.com/watch?v=8sla9kSxO8I (Zugriff: 25.10.2016).

14 Vgl. dazu V. Moore: http://www.dailymail.co.uk/news/article-467341/The-man-boyish-Matchbox-toy-actually-DAUGHTER.html (Zugriff: 25.10.2016). – M. Zink, Kinderglück im Kleinformat. Motor Maniacs 1, 2011, 60–66. Frau Anne Esau, Pressesprecherin von Mattel (Frankfurt a. M.), danke ich herzlich für die freundlichen telefonischen Auskünfte sowie die Bereitstellung von Informationsmaterial zur Firmengeschichte von Mattel und insbesondere für den Hinweis und Kontakt zum Matchbox Collectors Club Deutschland.

15 Als Kind besaß Schallmayer laut eigener Aussage keine Matchboxautos, sondern eine Modelleisenbahn der Firma Trix. Die Geschichte der Firma Trix geht auf Stephan Bing, den Sohn und Erben der bekannten Nürnberger Spielzeugfabrikantenfamilie, zurück. Die Firma Bing hatte bereits 1922 als erstes Unternehmen eine Tischeisenbahn auf den Markt gebracht. Ab 1932 entwickelte Bing die elektrische Tischeisenbahn TRIX-EXPRESS. Vgl. J. Franzke (Hrsg.), Trix – Vereinigte Spielwarenfabriken Teil 1. Von den Anfängen bis in die sechziger Jahre. Schuco, Bing & Co. Berühmtes Blechspielzeug aus Nürnberg 4 (Nürnberg 2000).

Autoren

Dr. Carsten Amrhein
Landesamt für Denkmalpflege Hessen, hessenARCHÄOLOGIE, Römerkastell Saalburg, Am Römerkastell 1, 61350 Bad Homburg v. d. H.

Thomas Becker M. A.
Landesamt für Denkmalpflege Hessen, hessenARCHÄOLOGIE, Außenstelle Darmstadt, Ida-Rhodes-Straße 1, 64295 Darmstadt

Prof. Dr. Ursula Braasch-Schwersmann
Hessisches Landesamt für geschichtliche Landeskunde (HLGL), Wilhelm-Röpke-Straße 6C, 35032 Marburg (Brief)

Prof. Dr. Claus Dobiat (i. R.)
Philipps-Universität, Seminar für Vor- und Frühgeschichte, Biegenstraße 11, 35032 Marburg

Dr. Anita Gaubatz-Sattler
Landesamt für Denkmalpflege im Regierungspräsidium Stuttgart, Dienstsitz Karlsruhe, Moltkestraße 74, 76133 Karlsruhe

Michael Gottwald M. A.
Landesamt für Denkmalpflege Hessen, hessenARCHÄOLOGIE, Schloss Biebrich (Ostflügel), 65203 Wiesbaden

Dr. Eveline Grönke
Schlehenweg 12, 65719 Hofheim

Dr. Andrea Hampel
Denkmalamt 60B, Kurt-Schumacher-Straße 10, 60311 Frankfurt a. M.

Dr. Thomas Keller
Am Ebelfeld 135, 60488 Frankfurt a. M.

Prof. Dr. Fleur Kemmers
Goethe-Universität Frankfurt am Main, Institut für Archäologische Wissenschaften, Abt. II: Archäologie und Geschichte der römischen Provinzen sowie Archäologie von Münze, Geld und von Wirtschaft in der Antike, Norbert-Wollheim-Platz 1, 60629 Frankfurt a. M.

Ralf Klausmann,
Landesamt für Denkmalpflege Hessen, hessenARCHÄOLOGIE, Außenstelle Darmstadt, Ida-Rhodes-Straße 1, 64295 Darmstadt

Jens Köhler M. A.
Alte Kasseler Straße 46, 35039 Marburg

Prof. Dr. Jürgen Kunow
LVR-Amt für Bodendenkmalpflege im Rheinland, Endenicher Straße 133, 53115 Bonn

Dr. Esther Lehnemann
Landesamt für Denkmalpflege Hessen, hessenARCHÄOLOGIE, Außenstelle Marburg, Ketzerbach 10, 35037 Marburg

Dr. Jörg Lindenthal
Archäologische Denkmalpflege des Wetteraukreises, FB. 4 Regionalentwicklung und Umwelt, Europaplatz, 61169 Friedberg

Dr. Christa Meiborg
Landesamt für Denkmalpflege Hessen, hessenARCHÄOLOGIE, Außenstelle Marburg, Ketzerbach 10, 35037 Marburg

Jessica Meyer M. A.
Lothringer Straße 33, 65195 Wiesbaden

Dr. Cecilia Moneta
Landesamt für Denkmalpflege Hessen, hessenARCHÄOLOGIE, Römerkastell Saalburg, Am Römerkastell 1, 61350 Bad Homburg v. d. H.

Dr. Dieter Neubauer
Landesamt für Denkmalpflege Hessen, hessenARCHÄOLOGIE, Schloss Biebrich (Ostflügel), 65203 Wiesbaden

Dr. Udo Recker M. A.
Landesamt für Denkmalpflege Hessen, hessenARCHÄOLOGIE, Schloss Biebrich (Ostflügel), 65203 Wiesbaden

Johanna Ritter M. A.
Johannes Gutenberg-Universität, Institut für Altertumswissenschaften, Arbeitsbereich Vor- und Frühgeschichtliche Archäologie, Schillerstraße 11, 55116 Mainz

Christoph Röder M. A.
Landesamt für Denkmalpflege Hessen, hessenARCHÄOLOGIE, Schloss Biebrich (Ostflügel), 65203 Wiesbaden

Dr. Eveline Saal
Landesamt für Denkmalpflege Hessen, hessenARCHÄOLOGIE, Schloss Biebrich (Ostflügel), 65203 Wiesbaden

Prof. Dr. Joachim Schachtner
Philipps-Universität, Präsidium, Biegenstraße 10, 35032 Marburg

Dr. Sabine Schade-Lindig
Landesamt für Denkmalpflege Hessen, hessenARCHÄOLOGIE, Schloss Biebrich (Ostflügel), 65203 Wiesbaden

Dr. Peter Schallmayer
Schwimmbadstraße 7, 79848 Bonndorf

Prof. Dr. Markus Scholz
Goethe-Universität Frankfurt am Main, Institut für Archäologische Wissenschaften, Abt. II: Archäologie und Geschichte der römischen Provinzen sowie Archäologie von Münze, Geld und von Wirtschaft in der Antike, Norbert-Wollheim-Platz 1, 60629 Frankfurt a. M.

Dr. Klaus Sippel
Landesamt für Denkmalpflege Hessen, hessenARCHÄOLOGIE, Außenstelle Marburg, Ketzerbach 10, 35037 Marburg

Prof. Dr. C. Sebastian Sommer
Bayerisches Landesamt für Denkmalpflege, Abt. Praktische Denkmalpflege – Bodendenkmäler, Hofgraben 4, 80539 München

Dr. Bernd Steinbring
Landesamt für Denkmalpflege Hessen, hessenARCHÄOLOGIE, Schloss Biebrich (Ostflügel), 65203 Wiesbaden

Dr. Andreas Thiedmann
Landesamt für Denkmalpflege Hessen, hessenARCHÄOLOGIE, Außenstelle Marburg, Ketzerbach 10, 35037 Marburg

Angelika Ulbrich,
Landesamt für Denkmalpflege Hessen, hessenARCHÄOLOGIE, Schloss Biebrich (Ostflügel), 65203 Wiesbaden

Dr. Ralf Urz
Philipps-Universität, Fachbereich Geographie (FB 19), Deutschhausstraße 10, 35032 Marburg

Dr. Frank Verse M. A.
Vonderau Museum, Jesuitenplatz 2, 36037 Fulda

Gesine Weber M. A.,
Kreis Offenbach, Fachdienst Bauaufsicht, Untere Denkmalschutzbehörde, Werner-Hilpert-Straße 1, 63128 Dietzenbach